及时出场的父亲

张丛　著

中国纺织出版社有限公司

图书在版编目（CIP）数据

及时出场的父亲 / 张丛著 . -- 北京 : 中国纺织出版社有限公司, 2025. 5. -- ISBN 978-7-5229-2752-7

Ⅰ. G78

中国国家版本馆 CIP 数据核字第 2025N555J8 号

责任编辑：刘桐妍　　责任校对：李泽巾　　责任印制：储志伟

中国纺织出版社有限公司出版发行
地址：北京市朝阳区百子湾东里 A407 号楼　邮政编码：100124
销售电话：010—67004422　传真：010—87155801
http://www.c-textilep.com
中国纺织出版社天猫旗舰店
官方微博 http://weibo.com/2119887771
山东博雅彩印有限公司印刷　各地新华书店经销
2025 年 5 月第 1 版第 1 次印刷
开本：880×1230　1/32　印张：6
字数：136 千字　定价：59.80 元

序

在校园、社交媒体等诸多场所，霸凌行为宛如一把寒光凛凛的利刃，无情地刺痛着孩子们稚嫩的心灵。当我们深入探究长期遭受欺凌孩子的成长轨迹，就会发现一个令人痛心疾首的现象——父亲在这些孩子的成长历程中往往处于缺席状态。联合国教科文组织2023 年发布的全球校园暴力研究报告中也明确指出：在持续遭受同伴欺凌的青少年群体里，高达 76% 的家庭存在父爱缺席的问题。

从发展心理学的角度来看，父亲在孩子人格的形成过程中，发挥着三个特别重要的作用：

第一，父亲是孩子心理上的安全堡垒。当孩子遇到困难、感到有压力的时候，父亲的关心和支持，能帮孩子缓解这些压力。

第二，父亲是孩子社交能力的好榜样。在和孩子相处的过程中，父亲怎样与人打交道、怎样解决矛盾，孩子都会看在眼里、学在心里。

第三，父亲还是帮助孩子认识自己的一面镜子。父亲对孩子的肯定和引导能帮助孩子树立正确的价值观，同时也能让孩子更清楚地认识到自己是个什么样的人，知道自己应该坚持什么。

但是，在养育子女的过程中，如果父亲角色长期缺席，对孩子的心理影响非常大，孩子的心理防御系统会呈现“去抑制化”特征——前额叶皮层对杏仁核的情绪调控能力降低，血清素分泌水平下降，这会导致孩子面对欺凌时既缺乏抵抗的勇气，又缺失求助的认知策略。

所以，那些在教室里总是一个人待着、不敢和同学交流的孩子，还有在社交平台上从不发言、好像把自己藏起来的孩子，其实都是因为缺少父亲的关心和保护。

本书以孩子生命起始的十八年作为时间轴，以五个成长阶段为线索，围绕四大教养维度，即陪伴、鼓励、帮助、引导，精心勾勒出父亲守护孩子成长的全景蓝图。“及时出场”并非苛求父亲时刻陪伴在孩子身旁，而是着重强调在孩子成长的关键节点，父亲的力量能够成为孩子一生的坚实底气。

在孩子幼儿阶段，父亲那温暖而有力的臂弯是孩子安全感的重要源泉。神经科学实验充分表明，父亲独特的低沉声音频率，能够有效激活婴儿大脑中负责情绪稳定的区域。在这一阶段，孩子可能会怕进医院、不爱分享、动手打人、怕黑，而在这些关键时刻，父亲的及时出场，不仅能够缓解孩子当下的恐惧、愤怒等情绪，更对塑造他们日后强大、稳定的情绪内核有着关键作用。

当孩子处于学龄前阶段，在面对社交冲突、参加亲子活动时，父亲的及时出场，无疑会给孩子带来十足的安全感，让孩子深知在面对问题时，不必惊慌害怕。

孩子进入小学后，父亲的及时出场开始发挥独特的规则塑造作用。在操场边给予的击掌鼓励，耐心倾听孩子所受的委屈等日常陪伴行为，会逐步构建起孩子的价值体系。当霸凌者出现时，那些曾被父亲认真倾听的孩子，能够凭借长期积累的心理资本，勇敢地对霸凌说“不”。

初高中阶段的孩子正处于青春期，青春期堪称孩子成长的风暴期，此时父亲的及时出场，恰似迷雾中的灯塔，发挥着至关重要的作用。初中阶段面临的社交排斥、高中阶段遭遇的群体压力，都需要父亲运用巧妙的养育智慧，引导孩子顺利度过。

在这个深受996工作制和传统观念影响的时代，其实，父亲养育子女无须“时时在场”，只需“及时出场”。父亲并非一定时刻陪伴孩子左右，而是必须在关键节点给予孩子坚定的支持。

本书共设六个章节，宛如六块稳固的基石，内容致力于重新确立父亲在家庭教育中的重要地位。书中每个成长阶段的案例分析和贴心话术，都为父亲的及时出场提供重要参照，而且会让父亲明白：自己是孩子成长的强大动力，而非被忽视的黯淡背景。

当我们看到幼儿园里能够勇敢表达诉求的孩子，小升初时能够理性分析处境的学生，高中时能够坚守底线的少年，我们就会深刻明白：及时出场的父爱，是孩子抵御人生风雨的一剂强效疫苗。

张 丛

2025年4月16日

目 录

第一章 父亲在孩子幼儿期的及时出场

第二章 父亲在孩子学龄前阶段的及时出场

第三章 父亲在孩子小学阶段的及时出场

第四章 父亲在孩子初中阶段的及时出场

第五章 父亲在孩子高中阶段的及时出场

第六章 这些事情，父亲也要及时出场

第一章

父亲在孩子幼儿期的及时出场

孩子害怕去医院，父亲及时出场安抚更有效

孩子两三岁的时候，感知能力飞速发展，他们就像个好奇的小探险家，通过观察周围的环境、与人交流、触摸不同的物品等方式来了解世界。在这个时期，医院那充满消毒水味的环境、穿着白大褂的陌生人，以及各种冰冷的医疗器械，常常让他们感到恐惧和不安。这个阶段带他们去医院，他们就会哭闹，想尽快摆脱那个环境。有的孩子甚至能认出去医院、诊所的路，当妈妈带着他走到那条路上，就开始哭泣、焦躁不安。这时如果爸爸及时出现，哪怕只说一句话："宝宝，不要哭，爸爸在这里。"孩子的情绪可能就会得到平息，内心安全感十足。

要知道，爸爸在孩子心里，就代表着力量、安全感和稳稳的依靠。爸爸一出现，孩子心里就像有了主心骨。

相比母亲的温柔安抚，父亲独特的处理方式和沟通技巧，有时能更有效地帮助孩子克服内心的恐惧，使孩子在面对令他们害怕的情境时，学会勇敢与坚强。

那天上午，阳光明媚，本应是美好的一天，小米妈妈却被女儿小米的一阵哭闹声打破。妈妈摸了摸小米滚烫的额头，38.8 摄氏度！她发烧了。妈妈给小米爸爸简单发了个消息，赶忙抱小米去医院。

医院走廊嘈杂，哭闹声、脚步声、广播声交织，消毒水味弥漫，氛围压抑。小米搂着妈妈脖子，小脸皱成一团，身体颤抖，嘟囔着要回家。自从一岁半起，因为秋季腹泻小米连续在医院输液五天，她就深深记住了这个地方，每次路过医院都会说："妈妈，我们不去医院。"

此刻，妈妈虽轻声安慰，但小米还是连声说：“妈妈，我不要在这，我要回家！”小米妈妈感觉自己也在她的影响下焦急，内心无助。

就在这时，小米爸爸匆忙从单位赶来，额头满是汗珠。小米见了爸爸，压抑的哭声瞬间爆发。爸爸立刻抱过她，理了理她被泪水打湿的头发，温柔且坚定地说：“宝贝，爸爸来啦，不怕。”声音低沉有力，接着，爸爸紧紧把小米抱在怀里。过了一会，爸爸指着墙上卡通画说：“小熊生过病，但看医生后好了，小米也要勇敢呀。”小米哭声渐停，只是偶尔有点抽噎。

等待就诊时，小米情绪又不稳定，爸爸掏出玩具逗她，模仿汽车声，小米破涕为笑。就诊时，小米害怕医生，紧紧地抱住爸爸脖子，爸爸边拍背边向医生说明情况，又哄小米说医生是超级英雄，看完病买小马宝莉，小米犹豫后点了点头。

在孩子两三岁时期，他们对医院都有恐惧心理，此时父亲的及时安抚和正确引导至关重要。通过下面这些充满爱与智慧的方法，父亲可以帮助孩子逐渐克服内心的恐惧，在成长的道路上变得更加勇敢。

（1）营造轻松氛围，转移注意力

在前往医院的路上或者在医院等待时，父亲可以通过指出一些有趣的事物，如医院里的装饰、播放的音乐等，将孩子的注意力从令他们害怕的医院环境中转移开，让孩子的情绪逐渐放松下来。

父亲这样说

“宝贝，你看医院的这个角落有好多彩色的气球，就像派对一样！我们去看看吧。”

“你听，医院里放的这首音乐多好听呀，我们一起跟着节奏拍拍手。”

（2）借助故事与想象，化解恐惧

在陪伴孩子就医时，父亲可以用孩子熟悉和喜欢的故事角色或情境，将看病这件事融入其中，让孩子在想象的世界里，减轻对医院和医生的恐惧，这样孩子更愿意配合检查和治疗。

父亲这样说

“宝宝，你知道吗？在一个很远的地方，有一个小精灵生病了，它也很害怕看医生。但是它还是勇敢地去了，医生给它吃了一颗神奇的药丸，它就好起来啦。我们也像小精灵一样勇敢，好不好？”

（3）给予积极肯定，增强勇气

在孩子表现出勇敢的行为时，哪怕只是一点点，父亲都要及时给予肯定和鼓励，让孩子感受到自己的努力被认可，从而增强他们继续面对困难的勇气和信心。

父亲这样说

“宝贝，你刚才已经很勇敢地走进医院了，这很棒！接下来我们只要再让医生叔叔简单检查一下，就离好起来更近一步啦，你肯定可以做到的。”

（4）做出承诺与奖励，激励配合

父亲适当的承诺和奖励可以成为孩子配合的动力，但要注意承诺一定要兑现，不然会失去孩子的信任。

父亲这样说

“宝贝，你看，上次我们说好了你打完针我们就去游乐园，你做到了，爸爸也做到了，我们都很守信用哦！”

孩子不爱分享，父亲及时出场正确引导

两三岁的孩子自我意识开始逐渐萌发，他们往往对自己的物品有着强烈的占有欲，不爱分享的情况时有发生。在这个关键阶段，父亲及时给予正确引导是很重要的。

父亲不但要在孩子不分享时及时引导，更要在孩子主动分享时及时表扬。比如：孩子把自己的玩具分享给其他小朋友玩时，父亲恰好就在身边，这时要及时给予孩子正向反馈。父亲可以说：“宝贝，你把玩具分享给小朋友一起玩，你做得太棒了，爸爸为你骄傲。”听到爸爸的表扬，宝贝会非常开心，甚至手舞足蹈。这件事看似很微小，但是作为家庭中最有威严的父亲，这种积极的反馈会强化孩子的分享行为，让他们明白：分享玩具或者食物给别人，别人会高兴，我们自己也会感到快乐。

父亲在家庭中通常代表着规则与榜样的形象，当孩子出现不爱分享的行为时，父亲的及时介入能让孩子清晰地认识到自己的行为边界，明白什么是正确的社交行为。同时，父亲以其独特的思维方式和沟通方法，能够从不同于我们母亲的角度帮助孩子理解分享的意义，让孩子在感受到父爱的同时，学会如何与他人友好相处。

阳光明媚的周末，公园里满是欢声笑语。轩轩妈妈带着刚满三岁的儿子来到沙坑旁玩耍。轩轩兴奋地拿着他心爱的小铲子和小桶，准备在沙坑里大干一场。

不一会儿，一个小男孩也来到了沙坑边。他看到轩轩的玩具，眼中满是羡慕，小心翼翼地问：“我可以和你一起玩吗？”轩轩听后，立刻把玩具抱在怀里，大声说：“不行，这是我的！”小男孩的眼神瞬间黯淡下来，站在一旁不知所措。

轩轩妈妈试图引导儿子：“轩轩，和小朋友一起玩会更开心哦。”可轩轩根本不听，紧紧地护着他的玩具，还对小男孩皱起了眉头。气氛一下子变得有些尴尬，就在这时，轩轩爸爸正好买水回来了。看到这一幕，没有立刻指责轩轩，而是走到他身边，轻轻地摸了摸他的头，然后蹲下身，微笑着对轩轩说：“宝贝，爸爸知道你很喜欢这些玩具，它们对你很重要。”轩轩听了，用力地点了点头。爸爸接着说：“你看，那个小朋友没有玩沙子的玩具，我们可以和他一起玩，你们一起说不定能堆出更漂亮的城堡呢！而且玩完沙子，你还可以玩他手里的汽车呢？你问问小朋友？”

听了爸爸的话，轩轩把玩具递给了小男孩，开心地说：“那我们一起玩吧，玩完我们再一起玩小汽车？”小男孩开心地笑了，连忙说：“好的，好的，谢谢你！” 两个孩子很快就一起玩了起来，沙坑边又充满了欢声笑语。

在孩子两三岁时，面对他们不爱分享的问题，父亲可以通过理解、讲故事、示范和鼓励的方式，帮助孩子打开心扉，学会分享，让孩子在充满爱的环境中茁壮成长，让他们成为一个有爱心、懂得与他人相处的人。

（1）共情理解，建立沟通基础

在发现孩子不愿意分享时，父亲首先要表达对孩子的理解，不强迫孩子分享，让孩子知道自己的想法被尊重。这种共情能拉近与孩子的距离，为后续的引导建立良好的沟通基础。

父亲这样说

“宝贝，爸爸知道这个玩具是你最喜欢的，你不想给别人玩是很正常的，爸爸小时候也有特别宝贝的东西，也不想和别人分享。”

（2）讲述故事，传达分享理念

父亲可以通过生动有趣的故事，将分享的道理融入其中，用孩子易于接受的方式来引导。故事中的角色和情节可以引发孩子的思考和共鸣，帮助他们理解分享的意义。

（3）亲身示范，树立榜样力量

父亲在日常生活中要以身作则，通过自己的行为向孩子展示分享的行为。无论是与家人分享食物，还是和朋友分享物品，孩子会在潜移默化中受到影响，逐渐学会分享。

父亲这样说

“宝贝，你看爸爸今天买了春天的第一茬樱桃，又大又红，我们洗一洗，先给爷爷奶奶分享一半，你觉得怎么样？”

（4）鼓励尝试，及时肯定反馈

当孩子做出分享的行为时，哪怕只是小小的尝试，父亲都要及时给予肯定和鼓励。正面的反馈能强化孩子的分享行为，让他们感受到分享带来的成就感和快乐，从而更愿意主动分享。

父亲这样说

“宝贝，你刚才把玩具给小朋友玩了，你做得太棒了！你们一起玩是不是也更有意思啦？学会分享是一个超级棒的孩子！”

“宝贝，刚才爸爸看见你把自己的恐龙给小朋友分享，你们一起玩的时候，你非常开心是不是？所以分享也可以让自己快乐！你真棒！”

不买新玩具就哭闹，父亲及时出场劝导

对两三岁的孩子来说，新玩具有着极大的吸引力。孩子一旦得不到心仪的玩具，可能就会哭闹不止，这对很多妈妈来说都是很头疼的事情。尤其是在一些公众场合，如果不买，孩子哭闹不止，围观的人越来越多，窃窃私语，搞得妈妈很没面子；如果买了，又担心纵容孩子，破坏了规则。

这时就需要父亲及时出场劝导孩子，不是打骂、吼叫，而是蹲下来，严肃、坚定且温柔地跟孩子说："宝贝，先控制一下自己，咱们停止哭泣，平复一下心理，听爸爸说，你这样哭闹解决不了问题。"这样等到孩子平复情绪后再继续引导。

在养育子女中，父亲有一个重要角色，那就是"情绪教练"，当孩子情绪出现巨大波动时，父亲要尽快回应孩子的情感需求，让孩子的情绪得以释放。孩子因为不买新玩具哭闹时，父亲需要及时出场平复孩子的情绪，然后再耐心引导，帮助孩子理解欲望与现实的关系，建立家庭规则，让孩子学会克制自己不合理的需求。

周末，果果妈妈带着三岁的儿子去商场购物，路过玩具区时，果果的眼睛瞬间被一个崭新的变形金刚玩具吸引住了，他的脚步不由自主地停了下来，眼睛直勾勾地盯着那个玩具，嘴里嘟囔着："妈妈，我想要那个变形金刚。"妈妈看了看价格，觉得有些贵，而且家里已经有不少类似的玩具了，便拒绝道："果果，家里有好多玩具了，我们今天不买这个。"

没想到，妈妈的拒绝让果果瞬间"爆发"，他的小脸憋得通红，"哇"

的一声大哭起来，嘴里不停地喊着：“我就要，我就要嘛！家里没有这个形态的。”周围的人纷纷投来异样的目光，果果妈妈顿时觉得尴尬不已，怎么哄果果都无济于事。

这时候正在旁边图书区域看书的爸爸闻声赶来，他看到这一幕，没有立刻批评果果，而是走到果果身边，蹲下身子，温柔地抱住他。片刻后，爸爸看着果果满是泪水的小脸，轻声说：“宝贝，爸爸知道你很喜欢那个变形金刚，得不到它心里很难过，对不对？”果果抽泣着点了点头。爸爸接着说：“爸爸小时候也有特别想要的东西，没得到的时候也会不开心。但是我们可以先冷静一下，好好说。”在爸爸的安抚下，果果的哭声稍微小了一些。

爸爸继续说：“果果，我们先站起来，这样坐在地上会着凉的。而且，一直哭也不能把变形金刚带回家呀。”果果听了爸爸的话，慢慢地站了起来。

面对孩子因玩具哭闹的情况，父亲的及时劝导和正确引导方法至关重要。父亲可以通过理解、过往回忆、明确规则、转移注意力和鼓励等待等方式，帮助孩子正确看待自己的需求，学会控制情绪，培养良好的品质和习惯。

（1）共情理解，安抚情绪

在孩子哭闹时，父亲首先要表达对孩子感受的理解，让孩子知道自己的情绪被接纳。这种共情能让孩子感受到父亲的爱，从而逐渐平复激动的情绪，为后续的沟通奠定基础。

父亲这样说

“宝贝，爸爸知道你特别喜欢那个新玩具，得不到它你心里肯定不好受，爸爸小时候也有过这样的经历，所以爸爸特别理解你现在的心情。不过，一直哭也解决不了问题，我们先把眼泪擦干，好吗？”

（2）回忆过往，引发孩子的思考

父亲可以通过引导孩子回忆过去对玩具的态度，让孩子思考自己对新玩具的真实需求。帮助孩子认识到，一时的喜欢并不代表长久的热爱，避免孩子因冲动而追求新玩具。

父亲这样说

“果果，你还记得上次我们买的那个玩具车吗？刚买的时候你特别喜欢，玩了几天就不怎么玩了。如果买了这个变形金刚，过几天你也不喜欢了，它就只能放在角落里，多可惜呀。我们可以想想，是不是真的特别需要它。”

（3）制定明确的规则，设定界限

父亲要给孩子制定明确的购买玩具规则，让孩子明白家庭的消费原则和界限。这不仅能帮助孩子学会克制自己的欲望，还能培养他们的理财意识和延迟满足的能力。

父亲这样说

“宝贝，我们可以一起定个规则。每个月只能买一个新玩具，这样你可以把钱存起来，等到遇到真正特别喜欢的玩具时再买。这次我们已经有计划了，不能随意改变哦。”

（4）转移注意力，提供新选择

当孩子执着于某一个玩具时，父亲可以尝试转移孩子的注意力，为他们提供其他有趣的选择。比如带孩子去图书区、手工区等，让孩子发现除了玩具外，还有很多有趣的事物值得关注和探索。

父亲这样说

“果果，你看那边有一个超级大的图书区，里面有好多有趣的故事书和绘本，我们去看看吧，说不定能找到一个比变形金刚还好玩的故事呢。或者我们去手工区，自己动手做一个独一无二的小玩具，怎么样？”

（5）鼓励等待，培养孩子的耐心

父亲要告诉孩子学会等待，让他们明白美好的事物值得付出时间去期待。这有助于培养孩子的耐心和毅力，让他们在面对生活中的各种诱惑时，能够保持理性和克制。

父亲这样说

“宝贝，爸爸知道你很想要这个变形金刚，但是我们上周刚刚买了一个，所以今天确实不能买。你要是真的喜欢，我们可以等下次过生日的时候，把它当作生日礼物。在这之前，你可以好好期待，这样等你拿到它的时候会更开心哦。爸爸相信你一定能做到。”

孩子爱动手打人，父亲及时出场正确引导

两三岁的幼儿如同一张白纸，他们对世界的认知和行为规范都在逐步形成。这个年龄段的孩子语言表达能力还在发展中，当他们感到愤怒、兴奋、受挫或者需求没有得到满足时，很难用语言准确地表达自己的情绪，就会出现一些冲动的行为，其中就包括打人。

比如，孩子想要某个玩具，但是无法用语言向父母或者其他小朋友说明，就可能会通过打人这种比较直接的肢体动作来表达自己的不满。此时，父亲需要及时出场，迅速制止孩子的不当行为，并坚定温柔地对孩子说："宝贝，不可以动手！因为小朋友会疼的，他很伤心！"让孩子明确自己行为的边界。同时，父亲要帮助孩子理解暴力行为的危害，引导孩子学会用平和、恰当的方式表达自己的情感和需求。

孩子爱动手打人虽然是一个正常现象，不过早期的正确引导，对孩子的性格塑造、社交能力培养以及未来的人际关系发展都起着关键作用，能助力孩子成长为一个有责任感、懂得尊重他人的人。

那天，妈妈带着两岁多的儿子乐乐去亲子乐园玩耍。一进乐园，乐乐就像只欢快的小鸟，兴奋地穿梭在各种玩具和游乐设施之间。妈妈跟在他身后，看着他开心的模样，心里也满是欢喜。

在积木搭建区，乐乐正专注地搭建着他心中的"城堡"。这时，一个小男孩也来到了这里，他对乐乐手中的一块彩色积木很感兴趣，伸手就想拿。乐乐不愿意，紧紧地攥着积木，嘴里嘟囔着："这是我的。"小男孩没有放弃，又试图去抢。突然，乐乐扬起手，重重地打在了小

男孩的脸上，小男孩“哇”地哭了起来。此时，小男孩的妈妈听到哭声，急忙赶过来，一脸心疼地抱起孩子，同时向乐乐妈妈投来不满的目光。妈妈又着急又尴尬，赶忙向对方道歉，可乐乐却还气鼓鼓的，丝毫没有意识到自己的错误。

就在妈妈不知如何是好的时候，乐乐爸爸恰好过来找他们，他看到这一幕，快步走到乐乐身边。爸爸没有立刻责备乐乐，而是先走到小男孩和他妈妈面前，真诚地说：“实在不好意思，给你们带来麻烦了，是我们家孩子做得不对。”安抚完小男孩和他妈妈后，爸爸蹲下身，表情严肃但语气温和地对乐乐说：“乐乐，爸爸看到你刚才打人了，这是不对的。你看，小朋友都被你打哭了，他很疼、也很难过，你应该跟这位小朋友道歉。”乐乐看着爸爸，眼神里有一丝内疚，他低声对小男孩说：“对不起，我不应该打你。”

面对孩子动手打人的问题，父亲的正确引导是孩子成长的关键。通过以下这些方法，父亲能够纠正孩子不良行为，帮孩子树立正确的价值观和行为准则，为孩子的健康成长保驾护航。

（1）冷静制止，表明态度

当发现孩子打人时，父亲要迅速且冷静地制止孩子的行为，用坚定的语气让孩子知道这种行为是不被允许的，明确行为的底线，让孩子立刻停止打人动作。

父亲这样说

“宝贝，马上停下来！打人是绝对不可以的行为。”

“动手是不对的，我们有话好好说，不能用打人这种方式来解决问题。”

（2）耐心询问，了解原因

制止打人行为后，父亲要耐心地询问孩子打人的原因，通过沟通了解孩子行为背后的动机，可能是因为争抢玩具、感到不满或者不知道如何表达自己，这样才能有针对性地进行引导。

父亲这样说

“宝贝，告诉爸爸，你为什么要打小朋友呀？是他抢你东西了，还是有别的原因？”

“宝贝，爸爸想知道你动手的原因，把心里的想法说出来，我们一起解决。”

“宝贝，你好像很生气，还动手打人了，你可以跟爸爸说说为什么要这样做吗？”

（3）共情引导，让孩子认识错误

父亲可以引导孩子换位思考，让他们明白自己的行为给别人带来的痛苦。通过共情的方式，让孩子从内心认识到打人是错误的行为，培养孩子的同理心。

父亲这样说

“如果你被小朋友这样打，是不是会很疼，心里也会很难过？我们要学会站在别人的角度想问题。”

“宝贝，你看小朋友哭得多伤心，打人是不对的，你应该给他道歉。”

（4）教授方法，让孩子正确表达

父亲要教会孩子用语言来表达自己的感受和需求，替代打人这种不当行为，让他们在遇到问题时能够用文明、合理的方式解决。另外，爸爸还可以通过角色扮演游戏，模拟各种场景，让孩子练习用语言表达需求，掌握正确的沟通技巧。这样，孩子在遇到问题时，就能用文明、合理的方式解决，逐渐改掉动手打人的毛病。

父亲这样说

“下次如果小朋友抢你东西，你可以大声说‘这是我的，我还在玩’，而不是动手打人哦。”

“要是你不开心了，就告诉爸爸、妈妈或者直接和小朋友说，而不是用打人来表达。”

（5）必要时适当惩罚，强化记忆

在孩子认识到错误后，父亲可以根据情况给予适当的惩罚，如减少玩耍时间、取消某项小奖励等。让孩子明白错误行为会带来不好的后果，强化他们对正确行为的记忆和遵守规则的意识。但惩罚要适度，避免伤害孩子的自尊心，同时在孩子表现好时及时给予肯定和鼓励。

父亲这样说

“因为你今天打人了，所以今天晚上不能看你喜欢的绘本故事了，希望你能记住这次的教训，以后不再打人。”

“宝贝，爸爸知道你刚刚可能很生气，但打人会让小朋友受伤。今天你不能玩最喜欢的玩具，好好想想下次怎么用嘴巴表达，好吗？”

孩子怕黑，父亲及时出场有效开导

在幼儿阶段，父亲对孩子安全感的建立至关重要。尽管在传统观念中母亲常被视为孩子的主要照料者，但是，父亲出场参一些重要事情，不但能与孩子建立差异化的互动模式和稳定的情感联结，还能帮助孩子形成更完整的安全依恋。

两三岁的孩子认知和心理处于快速发展的阶段，他们对世界充满了好奇与探索的欲望，但同时也伴随着许多莫名的恐惧，怕黑便是其中极为常见的一种。

孩子之所以有怕黑的心理，主要源于对世界认识懵懂，不理解周围事物关系，对黑暗中的一切产生不确定性，安全感降低，会把黑暗中不熟悉的东西当成有生命的妖魔鬼怪，认为鬼怪伤害自己。所以，有的孩子睡觉的时候要开着灯、拉上窗帘才能入睡。这时爸爸就要及时出场，温柔地对孩子说："宝贝，别怕，你看，爸爸一直在你身边。天黑了就是太阳公公下班去休息了，但是我们的家还是很安全的，没有什么可怕的东西。如果你非要亮光，我们把小夜灯打开，爸爸给你讲故事。"

当孩子在黑暗中感到恐惧时，父亲的出现就如同明亮的灯塔，瞬间照亮孩子心中的阴霾。父亲的强大形象能让孩子在心理上获得极大的依靠，从而有勇气去面对内心的恐惧。而且，父亲处理问题的方式通常更具理性和果断性，能够帮助孩子正确地认识黑暗，引导孩子逐渐克服怕黑的心理，这对于孩子的心理健康和性格发展有着深远的影响，有助于培养孩子勇敢、坚毅的品质。

那是一个宁静的夜晚，窗外月光如水，洒在房间的角落。妈妈像往常一样，给三岁半的女儿悦悦讲故事。故事讲完后，便关上灯准备离开房间，让她独自入睡。

然而，就在妈妈轻轻关上门的那一刻，房间里突然传来悦悦惊恐的哭声："妈妈，妈妈，我害怕，我不要一个人！"妈妈赶忙打开门，只见悦悦蜷缩在被子里，小脸满是恐惧，眼泪止不住地流。妈妈心疼地抱起她，轻声安慰了许久，可她还是不停地抽泣着，嘴里嘟囔着："我怕黑，我怕黑……"

就在这时，悦悦的爸爸听到哭声走进了房间，他看到悦悦害怕的样子，眼中满是心疼。爸爸轻轻地从妈妈怀里接过悦悦，坐在床边，温柔地说："宝贝，爸爸在这儿呢，不怕不怕。"悦悦听到爸爸的声音，很快就平静了下来。

面对孩子怕黑的问题，父亲的及时有效处理是孩子战胜恐惧、获得安全感的关键。以下这些充满爱与智慧的方法，能让父亲帮助孩子驱散心中对黑暗的恐惧，使孩子在温暖中健康成长。

（1）给予陪伴，建立安全感

当孩子怕黑时，父亲首先要给予孩子足够的陪伴。坐在孩子床边，轻轻地抚摸孩子或者抱抱他，让孩子感受到父亲的存在，从而建立起安全感。在孩子情绪稳定后，再慢慢尝试离开，让孩子逐渐适应独自在黑暗中入睡。

父亲这样说

“宝贝，爸爸在这儿陪着你，你不用害怕，安心睡觉吧。”

“别怕，爸爸会一直守着你，等你睡着了爸爸再离开。”

（2）科学解释，消除误解

爸爸可以用简单易懂的语言向孩子解释黑夜形成的原因，让孩子从科学的角度了解黑夜，消除他们对黑夜的误解和恐惧。通过这种方式，帮助孩子建立正确的认知，明白黑夜并不可怕。

父亲这样说

“宝宝，黑夜其实就是没有光了，并不是有什么可怕的东西。我们闭上眼睛的时候，也是一片漆黑呀，没什么好怕的。”

“宝贝，晚上天黑是因为地球在转动，太阳公公去别的地方上班啦。等明天早上，太阳公公就会回来，又会变得很亮很亮。”

（3）借助故事，引导想象

父亲可以给孩子讲一些关于勇敢面对黑暗的故事，也可以引导孩子展开想象，让孩子在美好的故事和想象中，减少对黑暗的恐惧。

父亲这样说

“悦悦，爸爸给你讲个故事。有一只小熊也很怕黑，但是有一天晚上，它在黑暗中发现了好多闪闪发光的萤火虫，这些萤火虫就像小灯笼一样，把周围照得美极了。后来小熊就不再怕黑了，还喜欢上了夜晚。你也可以像小熊一样勇敢哦。”

“宝贝，在黑暗的森林里，住着一群小精灵。它们会在夜晚出来玩耍，还会用魔法把森林变得五彩斑斓，说不定我们的房间里也有小精灵在守护着你呢。”

（4）设置“安全物”，增强心理依靠

父亲可以为孩子准备一个小夜灯或者孩子喜欢的玩偶等“安全物”，让孩子在黑暗中有一个心理依靠。父亲还告诉孩子这些“安全物”会保护他们，让孩子在心理上获得安慰，从而增强孩子独自面对黑暗的勇气。

父亲这样说

“宝宝，这个小夜灯送给你，它会在晚上一直陪着你，就像爸爸在你身边一样。只要你看到它亮着，就不用害怕啦。”

“宝贝，这是你最喜欢的小熊玩偶，让它陪你一起睡觉，它会保护你，有它在，黑暗中的小怪兽都不敢来哦。”

（5）鼓励面对，并适当挑战

在孩子逐渐适应黑暗的过程中，父亲要适时地给予鼓励，肯定孩子的进步。同时，根据孩子的情况，适当增加一些挑战，如逐渐调暗夜灯的亮度或者延长孩子独自在黑暗中待的时间，帮助孩子逐步克服怕黑的心理，但要注意不要给孩子造成过大的心理压力。

父亲这样说

“宝贝，你看，你已经勇敢地在黑暗中待了一会儿了，你真棒！我们再试试关上灯，看能不能自己睡着，爸爸相信你可以的。”

“宝贝，今天我们比昨天进步了，敢自己在房间里待一会儿了。明天我们可以试着把夜灯调暗一点，你愿意挑战一下吗？爸爸会一直在旁边支持你的。”

父亲通过独特游戏方式，锻炼孩子的体能与胆识

在幼儿时期，孩子的身体正处于快速生长发育的关键阶段。这一时期，锻炼孩子的体能与协调能力对其成长有着不可估量的重要意义。这个时候父亲及时出场，带着孩子玩一些独特的，带有冒险性质的游戏，不但能锻炼孩子的体能，还可以锻炼孩子的胆识。

有些游戏具有一定的冒险性，处于安全考虑，妈妈们可能是不允许孩子接触的，比如攀爬游戏或者在户外探索陌生的小路。孩子们对这些事情充满好奇，想去探索，当然孩子也会面对挑战，需要克服内心的恐惧。这时爸爸及时出场，在旁边的鼓励和引导孩子去参与非常重要，这会让孩子逐渐学会勇敢地面对困难。例如，在进行丛林探险游戏时，孩子可能会害怕树林中的小虫子或者崎岖的小路，爸爸及时出场，带着孩子一起观察虫子，并告诉孩子："相信爸爸，虫子一般不会伤害人的，爸爸小时候在农村，田地里有很多小虫子，非常有趣。"爸爸可以牵着孩子的手走过难走的路段，让孩子在实践中变得更加勇敢。

下列这些游戏，都是父亲可以陪孩子一起探索和体验的：

（1）障碍穿越游戏

爸爸可以在家里利用沙发、靠垫、椅子等物品设置一些简单的障碍，让孩子在穿越障碍的过程中锻炼平衡能力、腿部力量和身体协调性。在孩子进行游戏时，父亲要在旁边给予鼓励和指导，确保孩子的安全。

父亲这样说

“宝贝，看前面有好多小障碍，我们要像超级特工一样，巧妙地穿越过去，出发吧！”

“宝贝，小心这个‘小水坑’（用垫子模拟），跨过去，你可以的！哇，你真厉害，一下子就成功啦！”

（2）抛接游戏

准备一个柔软的小球，如海绵球或布球，父亲和孩子面对面站立，保持适当距离，互相抛接球。这个游戏可以锻炼孩子的手眼协调能力和反应速度，同时增强亲子间的互动。

父亲这样说

“宝贝，我们来玩抛球游戏啦！爸爸把球抛给你，你要像小能手一样接住哦！”

“宝贝，你看球飞过来啦，伸出小手，对，就是这样，太棒了，你接住了！现在你抛给爸爸吧。”

（3）爬行挑战

爸爸可以用，用床单、桌子等物品搭建一个简易的“爬行空间”，鼓励孩子在里面爬行。爬行可以锻炼孩子的四肢力量、身体协调性和空间感知能力。在孩子爬行过程中，父亲可以在前面引导，或者在后面保护，增加游戏的趣味性和安全性。

父亲这样说

“宝贝，前面有一个神秘的山洞（用床单搭成），我们要像小爬虫一样爬过去，看看里面有什么宝藏。”

“宝贝，加油爬，你爬得好快呀！马上就要到终点啦，你是最勇敢的小探险家。”

（4）跳跃游戏

父亲可以在地面上用彩色胶带或纸张贴出跳房子的图案，或者利用家里的小台阶，让孩子进行跳跃游戏。跳跃游戏能锻炼孩子的腿部肌肉力量、弹跳能力和身体平衡能力。父亲要提醒孩子注意安全，根据孩子的能力调整游戏难度。

父亲这样说

“宝贝，我们来玩跳房子游戏，像小兔子一样，跳到每个格子里，看看你能不能一次跳对。”

“宝贝，看这个小台阶，我们试着跳上去，再跳下来，你是勇敢的小跳跳虎，肯定没问题！”

第二章

父亲在孩子学龄前阶段的及时出场

父亲作为孩子的坚强后盾，一起提前参观幼儿园

在孩子的成长旅程中，幼儿园是他们迈向社会的关键起点。对于年幼的孩子而言，幼儿园既充满新奇，却也带着陌生感。因此，作为父亲，陪孩子参观幼儿园这一行为，意义非凡。提前参观幼儿园，能让孩子熟悉环境，有父亲的出场陪伴则更加减少他们对新环境的恐惧与焦虑。

当孩子初次踏入幼儿园，面对陌生的一切，内心难免不安。不同的是，有了父亲的陪伴，孩子能对教室布局、活动场地设施等有更清晰的认识，明白自己日后的学习、玩耍和休息之处。这种熟悉感会让孩子在正式入园时更加从容，更快适应幼儿园生活。

父亲往往象征着力量与安全感，在孩子面对陌生的幼儿园环境时，父亲及时出场宛如坚强后盾，给予孩子勇气和信心。而且，父亲参与这一重要时刻，能让孩子感受到深深的父爱，助力建立亲密的亲子关系。

晓妍是一位全职妈妈，她的儿子轩轩即将入园。起初，晓妍觉得自己陪轩轩参观幼儿园就足够了，然而，参观当天发生的事，让她深刻认识到父亲陪伴的重要性。

那天，晓妍带着轩轩来到幼儿园，一进大门，轩轩就被滑梯吸引，兴奋地跑了过去。但看到滑梯上有小朋友玩耍，他犹豫了，不敢上前。晓妍鼓励无果，此时恰巧轩轩爸爸赶来。爸爸蹲下对轩轩说：“宝贝，滑梯多好玩呀，小朋友们都很开心。爸爸相信你也能勇敢尝试，爸爸在这儿看着你。”在爸爸鼓励下，轩轩鼓起勇气滑了滑梯，脸上露出

自信的笑容，晓妍也欣慰不已，意识到爸爸的鼓励有着特殊力量。

随后在教室里，轩轩因害羞紧紧拉着晓妍衣角，不敢和老师说话。爸爸轻拍轩轩肩膀说："轩轩，老师很喜欢你，想和你做朋友，介绍好玩的玩具，你可以大胆打招呼。"轩轩小声向老师问好，得到夸奖和小贴纸后开心极了。

参观中，爸爸还和轩轩探讨幼儿园设施与活动。看到图书角时，爸爸说："轩轩，以后你能在这儿看很多有趣故事书，看完回来讲给爸爸听，好不好？"轩轩眼中满是期待，用力点头。

父亲在陪孩子参观幼儿园时的陪伴与引导，对孩子顺利入园和健康成长影响重大。每一位父亲都应重视这一过程，用爱与力量，为孩子入园之旅保驾护航，成为孩子成长路上的坚实后盾。

那么，父亲在陪孩子参观幼儿园时，要注意哪些细节呢？

（1）用积极的语言引导孩子探索

当孩子面对新环境时，可能有些不知所措，这时父亲不能批评、指责孩子，尽量用积极的语言激发孩子对幼儿园的好奇和探索欲望。

父亲这样说

“宝贝，这个幼儿园里有好多好玩的地方，我们一起去看看吧！”

“你看这些小朋友做的手工多漂亮呀，等你来了幼儿园，也能做出这么好看的东西，说不定还能想出更有创意的呢！”

（2）鼓励孩子与他人交流

在遇到老师或者其他小朋友时，父亲要鼓励孩子主动打招呼和交流。如果看到其他小朋友在玩耍，父亲可以鼓励孩子加入，帮助孩子克服社交恐惧，培养他们的社交能力。

父亲这样说

“宝贝，去和老师问个好，老师会很高兴的，老师还会跟你做很多有趣的游戏呢。”

“你看那些小朋友玩得多开心，你也去和他们一起玩吧，说不定能交到好朋友哦。”

（3）拉着孩子的手，带他参观教室

参观幼儿园时，父亲坚实的大手尽量紧紧握着孩子柔软的小手，让孩子每走一步都感受着力量与安心。在参观教室时，孩子可能会被教室里琳琅满目的玩具所吸引，但又因陌生而有些怯生生。这时，父亲可以陪同孩子一起坐下来玩玩具。

父亲这样说

“宝贝，你看这些玩具多有趣，咱们一起试试吧，爸爸在这儿陪着你。”

“宝贝，来看这么多好玩的玩具，很多都是咱们家没有的，我们一起来玩吧！”

（4）带孩子到操场上去体验

参观幼儿园时，来到操场，滑梯、秋千等游乐设施常常让孩子兴奋不已，但孩子又对新环境心存顾虑。父亲这时可以亲自示范玩耍的方法，让孩子放心，设备足够安全。孩子在父亲的示范下，放下心中的担忧，欢快地加入玩耍的队伍。

父亲这样说

“宝贝，像爸爸这样玩，可好玩啦，爸爸保护你。”

“宝贝真勇敢，第一次玩一点都没有胆怯，而且做的这么好，你太棒了！”

入园焦虑哭闹，父亲及时出场能给足孩子安全感

学龄前期，是孩子成长过程中充满挑战与变化的阶段。入园，意味着孩子要离开熟悉的家人和舒适的家，走进陌生的集体环境。这种转变通常让孩子内心不安，所以，孩子入园焦虑、哭闹的情况屡见不鲜。

彤彤今年三岁半了，她满心期待开启幼儿园生活，可现实却让她陷入焦虑，也让妈妈犯了难。

开学两周了，彤彤每天都不想去幼儿园，从早上起床就开始闹脾气。当妈妈轻声叫彤彤起床时，彤彤就把脸埋进被子，抽噎着喊：“我不去幼儿园，要和妈妈在家。”妈妈温柔哄劝，毫无效果。穿衣时，彤彤又踢又闹，好不容易穿戴整齐，到门口就抱住鞋柜，双脚乱蹬，哭声愈发响亮。

到了幼儿园门口，彤彤紧紧搂住妈妈脖子，像受惊小兽。妈妈想把她交给老师，彤彤瞬间满脸泪痕，声音沙哑地哭喊：“妈妈别走！别走！”老师上前温柔安慰，彤彤依旧哭得歇斯底里，妈妈只能狠下心离开，满心担忧。

每天放学接彤彤回家，老师都在门口送彤彤，并且问她：“彤彤，在幼儿园开心吗？明天还来不来呢？”彤彤也总是说：“开心，明天还来！”但是到了第二天，同样的情形又继续上演——从起床就开始哭闹不止。这样的情况一直持续了两周，彤彤妈妈心力交瘁，无计可施。

三岁左右的孩子正处于心理上的依恋期，对父母等主要照顾者有很强的依赖。离开熟悉的家人进入幼儿园，意味着与亲人的分离，会让孩子产生强烈的不安全感和恐惧。而且这个阶段的孩子自我认知和表达能力还不够完善，当在幼儿园遇到困难或不舒服时，可能无法清晰地向老师和同伴表达自己的感受和需求，从而产生焦虑情绪，只能通过哭闹来表达。

当孩子长时间被入园焦虑笼罩，陷入哭闹情绪时，父亲就要及时出场，帮助妈妈一起解决这个问题了。因为父亲是家庭教育中不可或缺的安全感来源，父亲即使内心焦虑，也需在分离时刻保持“稳定的愉悦”——嘴角上扬的告别、坚定有力的拥抱，这样孩子潜意识里就会接收到信号：“这个地方连爸爸都放心，一定是安全的。”通常 2~4 周后，大多数孩子会在父亲构建的“可预测的信任体系”中逐渐适应。

那么，父亲要如何建立这个“可预测的信任体系”呢？

（1）导演一场“分离预演”

父亲和孩子可以用玩偶扮演“爸爸上班，宝宝在幼儿园”的场景。用毛绒玩偶代替孩子，父亲送孩子去幼儿园要明确告知孩子离开和回来的时间，如“太阳到幼儿园旁边那栋楼后边的时候，爸爸来接你”。玩偶在幼儿园吃饭、玩玩具、等爸爸，来接玩偶放学时，爸爸要热情拥抱并夸奖玩偶！

父亲这样说

“你看小熊虽然想爸爸，但它知道爸爸下班一定会来接它，对吗？”

（2）建立“爸爸护送”模式

如果孩子长时间上幼儿园焦虑哭闹，父亲就要代替妈妈送孩子上幼儿园。父亲可以设定好一条上学路线，如果不是太远，可以牵着孩子的手步行上学，一路上可以跟孩子玩“词语接龙”“发现10个红色物体”等游戏，转移孩子焦虑注意力。

父亲这样说

“现在是春天，我们就从‘春天’这个词开始，一起来玩你喜欢的词语接龙好不好，我来说第一个词——春天，接下来该你了！”

（3）掌握好分离的黄金时间

父亲送孩子入园时，最好提前10分钟到达，避免迟到，但停留不超过8分钟，因为停留时间越长孩子哭闹可能越久。

另外，在跟孩子告别时，要蹲下来，平视孩子，并鼓励他自己走进幼儿园，同时要明确告诉他："你们吃过晚饭洗手的时候，爸爸一定会准时出现在幼儿园门口的滑梯旁。"这样具体化的描述，让孩子更有安全感。当爸爸微笑挥手跟孩子说再见后立即转身，不要回头张望，因为你的犹豫会传递焦虑。

（4）提前与老师沟通

跟孩子告别后，父亲可以告知老师孩子的一些基本情况，比如：独特的安抚方式（如爸爸习惯摸摸孩子的头）、压力信号（如孩子咬袖口表示想上厕所）、偏好称呼（如孩子喜欢被叫"小船长"而非本名）。

父亲这样说

"老师，如果他哭得喘不过气，请对他说'爸爸留了宝藏在你口袋里'。"（口袋里提前放一个爸爸和孩子经常一起玩的小玩具。）

每年至少参加一次亲子活动，让孩子以你为骄傲

幼儿园的亲子活动是每年必不可少的项目，通常情况下，这个项目都是妈妈参加。爸爸们一定要注意：每年应该至少参加一次亲子活动，因为对于孩子而言，父亲在亲子活动中的及时出场，是一种强大的情感支撑。当父亲参与到亲子活动中，孩子会感受到自己被重视、被关爱，内心充满安全感。这种积极的情感体验，有助于孩子建立自信，让他们在面对新环境和挑战时更加勇敢无畏。

此外，父亲参与亲子活动能为孩子带来独特的思维方式和解决问题的视角。父亲往往更倾向于鼓励孩子探索、冒险，培养孩子的独立性和创造力。在亲子活动中，父亲的言传身教可以拓宽孩子的视野，激发他们的好奇心和求知欲，对孩子的智力发展和性格塑造有着深远的影响。

同时，也是对家庭关系的有力维护，不仅能增进亲子之间的感情，还能让孩子感受到家庭的温暖与和谐，为孩子营造一个健康、积极的成长环境。

儿童节这天，幼儿园的操场上热闹非凡，到处都是孩子们的欢声笑语和家长们的加油助威声。儿子小宇早早地就拉着妈妈来到了操场，可他的眼神中却隐隐透露出一丝失落，妈妈知道他是在期待爸爸的到来。

儿童节的这场活动是在两周之前确定的，当时小宇到家非常开心地跟妈妈和爸爸分享了这件事，并且非常认真地说：“爸爸，这次活

动你能来参加吗？幼儿园里举办的活动，你从来都没参加过，我想你来参加。”小宇眼神充满了无限的期待。

“没问题，爸爸这次无论如何都要参加，和你一起比赛！”小宇爸爸爽快地答应了，小宇非常开心。

终于，活动进行到一半，小宇爸爸气喘吁吁地赶到了。小宇的眼睛瞬间亮了起来，兴奋地朝着爸爸跑去，“爸爸，你终于来啦！”小宇开心地喊道。小宇爸爸一把抱起小宇，笑着说：“宝贝，对不起，爸爸来晚了，今天一定好好陪你比赛！”

在接下来的亲子接力比赛中，小宇和爸爸配合得十分默契。爸爸一边跑一边给小宇加油鼓劲：“小宇，加油！我们是最棒的，像风一样奔跑起来！”小宇受到爸爸的鼓舞，小脸涨得通红，努力地向前冲去。在他们冲过终点线的那一刻，小宇兴奋地跳了起来，大声喊道：“我们赢啦！爸爸，你太厉害啦！”看着小宇那骄傲的神情，妈妈知道在这一刻，爸爸成了他心中的超级英雄。

在亲子活动中，父亲的及时出场并不是“母亲的替补”，而是以“差异化养育生态”的构建者身份，帮助孩子形成更立体的认知框架与情感模式。当父亲放下“教育者”身份，以“共同成长伙伴”的姿态参与，便是对家庭最好的“教育”。

那么，父亲在参加亲子活动时，都要注意哪些具体事项呢？

（1）用积极鼓励激发热情

在亲子活动中，父亲要善于发现孩子的闪光点，及时给予鼓励和赞美，这样能提高孩子的自信心。

父亲这样说

“宝贝，你做得太棒了！爸爸就知道你有这个能力，继续加油，你还能做得更好！”

“别害怕，宝贝，爸爸相信你可以克服这个小困难，我们一起想办法，你一定行！”

（2）和孩子平等交流、共同决策

在亲子活动中，父亲要把孩子当成伙伴，与他们共同商量、决策，用一种平等的交流方式让孩子感受到被尊重，培养他们的自主意识和思考能力。

父亲这样说

“宝贝，这里有好多有趣的项目，你想先参加哪个呢？爸爸尊重你的想法。”

“你觉得我们应该怎么做呢？爸爸想听听你的主意，说不定你的办法会更好哦！”

（3）保持耐心陪伴，专注地投入

在亲子活动中，父亲要全身心地投入，耐心陪伴孩子，让孩子感受到父亲的爱和关注，增强他们的安全感。当孩子在讲述自己的想法或感受时，父亲要认真倾听，并用眼神和语言回应。在孩子进行活动时，父亲要专注地看着他们，给予及时的帮助和指导。

父亲这样说

“宝贝，爸爸在听呢，你说得很有意思，接着说。”

“宝贝，小心一点，爸爸在这里保护你。你看，这样做是不是会更好一些呢？”

（4）和孩子分享经验，拓展视野

在亲子活动中，父亲可以适时地分享自己的经验和知识，让孩子从父亲身上学到更多的东西，拓宽孩子的视野，激发他们的学习兴趣。

父亲这样说

“爸爸小时候也经常做手工，我还知道一些小技巧，我们一起来试试吧。”

“宝贝，你看这棵大树，它的名字叫……它有很多有趣的特点，爸爸讲给你听。”

（5）适当示弱，培养孩子的能力

有时候，父亲可以适当示弱，让孩子有机会展现自己的能力，这样既能满足孩子的成就感，又能培养他们的责任心和领导力。

父亲这样说

“宝贝，爸爸这方面好像不太擅长，你能教教爸爸吗？我相信你肯定比爸爸做得好。”

遇到恐惧心结，一定要父亲及时出场帮忙解开

在学龄前期，孩子们宛如稚嫩幼苗，怀揣好奇探索世界。但他们内心敏感脆弱，极易对某件事情产生恐惧。有时，黑暗中的一个影子、陌生环境里的一声异响，都可能在孩子心中留下巨大阴影。此时，父亲一定要及时出场并帮助孩子理性拆解恐惧源，培养孩子的“恐惧代谢能力”，这对孩子的成长意义非凡。

比如，冬天的傍晚，放学时孩子总感觉幼儿园门口的小花园里的假山像一个巨人，所以每次从门口走过，孩子都非常紧张，神色匆匆。这时候父亲及时出场，可以拿着大大的手电筒，照亮小花园，带着孩子走近观察，并对跟她说：“宝贝，别怕，你看你以为的巨人，其实就是白天看到的假山，一点都可怕。”

当孩子陷入恐惧时，父亲的角色不仅是保护者，更应成为 “恐惧转化训练师”——通过科学引导将恐惧转化为心理韧性。也就是说，父亲的及时出场，不是为孩子消除所有恐惧，而是培养孩子的“恐惧代谢能力”——当父亲示范如何理性拆解恐惧源，孩子将逐渐习得：“害怕是大脑的警报器，我可以选择检查警报是否真实，再决定如何行动。”这种能力将成为他们一生的心理免疫屏障。

六岁的强强近来变化明显，原本活泼爱探索，如今却胆小怯懦，不仅不敢独自去小区花园玩耍，晚上睡觉还总是开着灯，且常从梦中惊醒，这让强强爸爸忧心忡忡。

一天晚饭后，爸爸主动和强强谈心。爸爸轻轻地问：“宝贝，爸爸发现你最近好像很害怕，是不是碰上什么事儿了？跟爸爸说说。”

强强犹豫片刻，小声道：“爸爸，我怕花园里的滑梯，感觉有怪物。”原来如此，爸爸终于了解了强强恐惧的源头。

周末，爸爸带着强强来到滑梯旁，他仔细观察，发现滑梯部分掉漆，在阳光反射下光影怪异，他蹲下来问强强：“你说的怪物是不是滑梯上边总是反光、晃眼？”“是啊，以前从来不这样。”强强还是很担心地说。爸爸指着滑梯向强强解释：“宝贝，你看到晃眼的东西不是怪物，而是滑梯掉漆了，所以看着怪，其实很安全。不信咱们走近看看。”说着，强强爸爸牵着强强的手走近一看，果然如此。爸爸还坐上了滑梯亲自给孩子示范了一下，随后鼓励强强尝试。强强起初犹豫，在爸爸不断鼓励下，终于小心翼翼爬上滑梯，慢慢滑下。爸爸马上鼓掌夸赞：“宝贝，你太厉害了！看，滑梯不可怕吧。”

恐惧情绪由杏仁核主导，而负责人类理性分析的前额叶皮层在十二岁前未发育成熟，所以当孩子遇到恐惧事情时，家长无法单纯通过“别怕”这种字眼让孩子消除恐惧。这时，爸爸用男性更擅长的系统化思维帮助孩子找到恐惧源、拆解恐惧源，有助于让孩子彻底消除恐惧感。

那么，在拆解恐惧源的过程中，父亲应该如何与孩子沟通呢？

（1）耐心倾听与共情

当发现孩子被恐惧困扰时，父亲要第一时间给予关注，找一个安静舒适的地方，和孩子坐下来进行交流。在孩子讲述的过程中，父亲要认真倾听，适时回应，让孩子感受到父亲的理解与共情，从而愿意打开心扉。

父亲这样说

“宝贝，爸爸发现你刚才一直不去池塘边玩，而且好像不太开心，是不是遇到什么事情了？可以和爸爸说说，不管什么事，爸爸都在这儿陪着你。”

“原来是这样，难怪你会害怕，换做爸爸，可能也会有点担心呢。”

（2）理性解释与分析

找到孩子恐惧的原因后，父亲要用简单易懂的语言为孩子理性分析和解释，让孩子从科学的角度认识恐惧源，帮助他们消除误解，减少恐惧心理。

父亲这样说

“宝贝，打雷其实是云里面的电互相碰撞产生的声音，就像两个小朋友在天上拍手一样。虽然声音有点大，但它不会伤害到我们的。我们在屋子里很安全，不用害怕。”

“你看，这个影子其实是光线照到东西上形成的，它没有生命，也不会伤害你。就像我们玩手影游戏一样，都是假的。”

（3）亲身示范与鼓励

父亲可以通过亲身示范，用自己的行动和语言激发孩子的勇气，向孩子展示如何勇敢面对恐惧。

父亲这样说

“宝贝，你看爸爸，像这样就可以轻松地做到啦。其实只要掌握了方法，就一点也不可怕。爸爸相信你也能行，要不要试试看？爸爸会一直在旁边看着你。”

“对，就是这样，你做得很好！再勇敢一点，你马上就成功了！”

（4）创造轻松氛围

在孩子面对恐惧时，父亲可以通过讲笑话、玩游戏等方式，创造一个轻松愉快的氛围，缓解孩子的紧张情绪，让孩子在笑声中放松心情，减轻恐惧。

父亲这样说

“宝贝，我们来玩个游戏，假装我们是两个医生，要去给玩具小熊看病。等我们玩好了，再去医院，说不定就会发现医院也没那么可怕啦。”

（5）给予积极的心理暗示

父亲的积极心理暗示能够重塑孩子的认知，帮助他们以更积极的视角看待令其恐惧的事物。当孩子对某件事产生恐惧时，父亲的鼓励话语能在孩子心中种下勇敢的种子，逐渐改变他们的思维模式，让他们从害怕转变为敢于尝试。

父亲这样说

“宝贝，你是个很勇敢的孩子，不管遇到什么困难，你都有能力去解决。”

“你看，你做到了！你比自己想象中还要勇敢，以后不管遇到什么，都要相信自己。”

“宝贝，爸爸知道你现在很害怕，这是很正常的，很多人遇到这种情况都会害怕。但是爸爸相信你有足够的勇气去面对它，你之前做过那么多厉害的事，这次也一定没问题。”

在幼儿园受到霸凌，父亲及时出场使孩子更有安全感

孩子的成长就像一场欢乐的冒险，幼儿园本该是个充满笑声、的快乐天地，是小家伙们探索世界、结交小伙伴的美好起点。可生活有时候就爱跟人开玩笑，讨厌的霸凌阴影，特别是身体霸凌，可能会偷偷跑出来捣乱，让孩子小小的心灵和身体都受伤。每当遇到这种困难时刻，妈妈们总是无比痛心，恨不得马上就去找那个同学和家长理论。但是注意，这个时刻，爸爸及时出场比妈妈更有效，因为他们的干预通常兼顾理性维权与心理重建，既保护了孩子安全，又避免过度反应引发二次伤害。那就像给孩子吃了颗定心丸，能变成孩子最可靠的大靠山，给他们满满的安全感。

一位曾在幼儿园工作的老师，遇到过这样一个令人心疼的案例。

班上有个叫瑶瑶的小女孩，性格内向、乖巧懂事。起初，老师并未察觉到有什么异样，直到有一天，老师发现瑶瑶总是小心翼翼地躲避着一个叫朋朋的小男孩。有一次课间活动，老师看到朋朋突然跑过去推了瑶瑶一把，瑶瑶毫无防备，摔倒在地，膝盖擦破了皮，疼得眼泪在眼眶里直打转，而朋朋却像什么事情都没发生一样跑开了。

瑶瑶默默爬起来，没有哭闹，只是默默走到角落里，自己揉着受伤的膝盖。老师赶忙过去询问情况，瑶瑶却只是小声说："没事，老师。"尽管如此，老师还是要求朋朋给瑶瑶道歉。从那之后，老师开始格外留意瑶瑶和朋朋的举动，发现朋朋经常会故意碰一碰瑶瑶，有时还会抢她的玩具。老师及时批评了朋朋，同时，老师和常来接瑶瑶放学的

妈妈也进行了沟通，及时反映了这一情况。

没过多久，有一天放学，平日里鲜少出现的瑶瑶爸爸来接她。接到瑶瑶后，爸爸陪她一起在操场玩滑梯，恰巧朋朋和其他很多小朋友也在，朋朋又一次伸出手，用力地推了瑶瑶。这一幕，像慢镜头一般，刺痛了爸爸的双眼，他不假思索，脚步如疾风般冲上前去，稳稳地伸出双臂，像一道坚固的屏障，将瑶瑶接住。

爸爸心疼地将瑶瑶抱起来，紧紧地拥在怀里，像是要把所有的温暖都传递给她，并坚定地对她说："宝贝，别怕，爸爸在这呢，爸爸帮你解决这个问题，不会再让任何人欺负你。"说完，爸爸迈着沉稳的步伐，带着瑶瑶找到了老师。随后，他们一起和朋朋以及朋朋的家长进行了认真、严肃的沟通，最终朋朋当着老师和双方家长的面给瑶瑶道歉，之后这种情况再也没有发生过。

在这个场景中，我们可以想象瑶瑶当时内心的感受。在面对霸凌时，她是那么无助和害怕，小小的心灵承受着巨大的压力。而爸爸的及时出现，就像一束光照进了黑暗的角落，驱散了她心中的恐惧。爸爸高大的身影、坚定的眼神和温暖的怀抱，都让瑶瑶感受到了前所未有的安全感。

对于父亲来说，当发现孩子在幼儿园受到身体霸凌时，应该怎样做呢?

（1）安抚孩子情绪，给他温暖的拥抱

孩子遭受霸凌后，内心充满恐惧与不安，这时父亲要第一时间给予孩子温暖拥抱，用温柔且坚定的话语安慰，让孩子感受到安全与依靠，逐渐平复情绪。

父亲这样说

“宝贝，别怕，爸爸在这儿，不会再有人伤害你。”

“宝贝，爸爸来了，放心，没人敢伤害你。”

“宝贝，爸爸发现你最近好像有点不开心，是不是在幼儿园遇到什么烦心事啦？”

“宝贝，不管发生什么，都可以告诉爸爸，爸爸会一直在你身边保护你。”

（2）多方面了解事情经过

待孩子情绪稍稳，以温和、耐心的态度询问事情经过。避免使用诱导性问题，鼓励孩子用自己的方式表达，确保了解真实、全面情况。如果孩子没有表达清楚，父亲可以打电话跟老师了解情况。

父亲这样说

“宝贝，能告诉爸爸刚刚发生什么了吗？”

“宝贝，发生了什么事情，别害怕，别哭，慢慢讲给爸爸听。”

“宝贝，你能勇敢地告诉爸爸，真的很棒。你没有做错任何事，那些欺负你的行为是不对的。”

（3）与园方沟通

遇到霸凌事情，父亲一定要及时与幼儿园老师、园长沟通，出示收集的证据，客观描述事情经过，要求园方重视并严肃处理。强调保障孩子安全与正常学习生活的重要性，共同商讨解决方案。注意最好不要绕开园方跟对方家长直接沟通。

父亲这样说

“我一直都很信任咱们幼儿园，也知道老师们平时工作很辛苦，对孩子们都很负责。但这次的事情，希望园方能够重视起来，加强对孩子们行为规范的教育，同时多留意孩子们之间的互动，避免类似的霸凌事件再次发生。”

“想问问您，针对这种情况，幼儿园接下来会采取哪些措施呢？后续我也希望能及时了解处理进展。”

（4）与对方家长沟通

在园方协调下，与霸凌者家长心平气和沟通。尽量避免指责与争吵，以事实为依据，表达对孩子所受伤害的关切，希望对方家长带领孩子给自己的孩子道歉，并且加强教育引导，避免类似事件再次发生。

父亲这样说

“我觉得咱们可以一起跟孩子们讲讲友好相处的重要性，让他们学会互相尊重和分享。另外，我希望两个孩子能当面把事情说清楚，解开彼此的心结。而且我家孩子的确身心受到了伤害，希望您回去跟孩子说，让他跟我家孩子道个歉。”

（5）关注孩子后续状况

幼儿园霸凌事件处理后，父亲要持续关注孩子情绪、行为及心理变化。若孩子出现噩梦、不愿上学、性格改变等情况，及时寻求专业心理咨询师帮助，进行心理疏导。若霸凌行为严重，对孩子身心造成极大伤害，园方与对方家长未能妥善处理，可咨询律师，考虑通过法律途径维护孩子合法权益。

与小朋友发生冲突，父亲及时出场构建孩子责任心

孩子年幼时，自我意识逐渐觉醒，但规则意识和情绪管理能力还在培养之中。当与小伙伴发生冲突时，他们往往陷入混乱与迷茫。比如：玩得很好的两个小男孩，突然因为一个玩偶就吵得不可开交。此时，父亲若能及时出现，正确对孩子进行引导，就可以将争吵行为转化为社交学习契机。父亲的智慧在于：不把争吵看作孩子的问题，给孩子贴标签，而是把这当作孩子学习正确与他人交往的机会。

既不会让孩子的错误行为定义他的人格，也不让包容异化成纵容。当孩子明白“力量应用来保护而非伤害”，便是真正成长的开始。

周末午后，小区中心广场非常热闹，很多小朋友都在这里玩耍。六岁的阳阳来到滑梯旁，这是阳阳特别喜欢玩的一架大型滑梯。可就在阳阳刚要踏上滑梯台阶时，同住一个小区的乐乐像一阵风似的冲了过来，他也想第一时间玩滑梯，没想到却直接撞向阳阳，把阳阳撞得往后退了好几步。阳阳站稳后，满脸愤怒，大声喊道：“你干嘛呀！我先来的，我要先玩滑梯！”乐乐却丝毫没有让步的意思，双手握拳，大声回怼：“我才不管，我现在就要玩！”

就这样，阳阳和乐乐两人你一言我一语，互不相让，情绪愈发激动。突然，阳阳猛地伸手用力推了乐乐一把，乐乐一下子摔倒在地，膝盖擦破了皮，疼得他“哇”地一声哭了出来。阳阳也没想到会这样，一时间站在原地不知所措。

这样的场景相信很多家长都非常熟悉。在孩子的日常生活中，难免会出现与其他人冲突的状况，这时需要爸爸及时出场帮助孩子解决问题，引导他们形成正确的社交思维。

具体来讲，爸爸可以通过以下几种方式，来正确引导孩子：

（1）要保持冷静，不要急于插手

孩子之间发生冲突时，爸爸一定要给孩子自己解决问题的机会，在适当的时候介入，了解事情的全貌，而不是只听一方之词。

父亲这样说

“宝贝，爸爸看到你和小伙伴好像有点不愉快，先别着急，慢慢说，爸爸在听。”

“小朋友，你也别着急，把你们的想法都告诉叔叔。”

“宝贝，我知道你很心疼你的东西，但是我们想想，如果你不小心弄坏了别人的东西，别人也会很难过呀。我们要学会站在别人的角度看问题。”

“宝贝，你看你不小心把小朋友的东西弄坏了，他很伤心。我们一起想办法把它修好，然后跟小朋友道个歉，好吗？做错了事没关系，重要的是我们要勇敢面对，想办法弥补。”

（2）引导反思，承担责任

了解事情经过后，爸爸需要引导孩子反思自己的行为，让孩子明白自己的行为对他人造成的影响，培养他们的责任感。

父亲这样说

“宝贝，我们来想一想，刚刚你做的哪些事可能不太对呢？每个人都要为自己的行为负责哦。”

“你能勇敢承认错误，爸爸真为你骄傲。”

“就像上次你搭积木，小伙伴不小心弄倒了，你是不是也很难过？这次你这样做，你的小伙伴也会有同样的感受呀。”

（3）鼓励沟通，协商解决

当孩子之间发生冲突，父亲要鼓励孩子们通过沟通来解决冲突，而不是争吵，甚至动手。在孩子沟通协商过程中，父亲在旁边适当给予支持和引导。

父亲这样说

“宝贝，爸爸相信你能和小伙伴好好商量，找到一个大家都开心的办法。你可以先问问他的想法哦。”

“你们都是好朋友，一起想想怎么解决这个问题，好不好？叔叔相信你们可以的。”

“要不我们换个角度想想，看看这样行不行？”帮助孩子学会换位思考，找到双方都能接受的解决方案。

（4）总结经验，预防冲突

双方冲突解决后，父亲要和自己的孩子一起总结经验，让他从事件中吸取教训，提升自己的人际交往能力，减少冲突的发生。

父亲这样说

“宝贝，今天这个小插曲让我们学到了很多呢。以后和小朋友一起玩的时候，怎么做才能避免再发生这样的不愉快呀？”

“爸爸小时候也和小伙伴闹过矛盾，后来我们学会了互相理解，关系反而越来越好，你也可以试试哦。”

玩刺激游戏时，父亲及时出场给孩子自我保护建议

孩子宛如充满活力的小精灵，对周围的一切都兴致盎然，尤其是那些刺激有趣的游戏，更像是有着神奇魔力，深深吸引着他们。不过，这类游戏在带来欢乐刺激的同时，也伴随着潜在的安全风险，所以妈妈们通常不喜欢带孩子玩。

此时就需要父亲及时出场。当孩子投身于刺激游戏时，父亲鼓励的话语能让孩子内心充满安全感："宝贝，太空漫步看起来比较惊险，但是别怕，有爸爸保护你，还有安全带，大胆往前走，你一定能行，加油！"父亲这些鼓励的话语使其能全身心地沉浸在游戏的乐趣之中。

在玩刺激性游戏过程中，父亲凭借其理性冷静的特质和丰富的生活阅历，能精准地洞察游戏里潜藏的危险，及时给予孩子实用有效的自我保护方法。这不仅能让孩子在游戏当下避免受伤，还能在长期的影响下，助力孩子养成良好的安全意识，掌握必备的自我保护技能，为孩子未来的人生之路铺设坚实的安全基石。

与此同时，父亲在游戏过程中与孩子的积极互动，能极大程度地增进亲子之间的感情。孩子会深切体会到，不管遭遇何种困境，父亲永远是那个能给予他们支持和帮助的人。这种深厚的亲子关系，会成为孩子成长过程中的强大精神支柱，让孩子有足够的勇气和自信去探索未知的世界。

那是一个风和日丽的周六，妈妈带着女儿萌萌来到了儿童乐园。

萌萌一看到那色彩鲜艳、充满挑战的大型游乐设施，眼睛瞬间亮了起来，兴奋地飞奔过去。

妈妈站在一旁，看着她欢快的身影，心里既欣慰又隐隐有些担心。过一会儿，妈妈看见萌萌在玩一个较高的旋转滑梯时，十分犹豫，坐在滑梯口停住了。

这时萌萌爸爸在滑梯下方大声喊道："萌萌，别慌！把腿伸直，双手撑住滑梯两边！"萌萌听到爸爸的声音，原本犹豫的表情逐渐镇定下来，按照爸爸说的做，稳住了身体，顺利滑了下来。

等萌萌来到身边，爸爸蹲下身子，温柔而认真地说："宝贝，玩游戏的时候一定要注意安全。像玩滑梯，要等前面的小朋友完全滑下去，确定没有危险了，你再出发。下滑的时候，速度别太快，要保持好姿势，这样才不容易摔倒受伤。"

接着，爸爸又指着攀爬架说："爬这个的时候，手要牢牢抓住，脚要稳稳踩实，一步一步慢慢来。要是觉得太高或者害怕了，就赶紧下来，千万不要勉强自己，记住了吗？"

爸爸还耐心地叮嘱："在游乐园里和其他小朋友一起玩，不要推推搡搡，要互相谦让。要是不小心碰到别人，一定要马上说对不起。"

萌萌懂事地点点头，又开心地跑去玩了。这次，她明显更加小心，玩得既尽兴又安全。

在孩子的成长过程中，父亲在游戏中的安全引导是不可或缺的。通过以下这些方法和话术，父亲能更好地守护孩子在游戏中的安全，让孩子在快乐玩耍的同时，健康茁壮地成长。

（1）针对高落差类刺激游戏（如滑梯、蹦床等）

孩子在玩这类游戏时，速度的控制和正确的姿势至关重要。父亲可以告诉孩子，在下滑或者跳跃时，要保持身体平衡，不要随意扭动身体。比如玩滑梯时，双脚伸直并拢，双手轻轻放在滑梯两侧来控制速度。

另外，要让孩子明白，在玩高落差游戏时，一定要注意和其他小朋友保持适当的间隔，避免碰撞。

（2）针对攀爬类刺激游戏（如攀爬架、绳索桥等）

在孩子攀爬之前，父亲要教导孩子检查每个抓手和落脚点是否稳固，并且在攀爬过程中，一定要紧紧抓住攀爬的物体。另外，要让孩子清楚自己的能力范围，不要过度挑战超出自己能力的高度或难度。如果感到害怕或者遇到困难，要及时向大人求助。

孩子不讲理并大吵大闹，父亲及时出场建立规则

孩子在幼儿时期，如同初涉世间的小探险家，对周围的一切充满好奇，同时也在摸索着如何表达自己的需求和情绪。然而，这个阶段的孩子还不善于管理自己的情绪，偶尔会出现不讲理、大吵大闹的情况，也是很正常的。

我们之前讲过，父亲是孩子的情绪教练，当孩子情绪失控时，父亲就要及时出场稳定局面。父亲不是要成为“永远平静的圣人”，而是通过真实而可控的情绪波动，让孩子理解：情绪如海浪般自然起伏，真正重要的是学会冲浪而非阻止浪潮。当孩子能说出“我现在像爸爸上次堵车时一样烦躁，需要嚼颗薄荷糖冷静”，这便意味着情绪免疫系统已成功内化。

那是一个宁静的傍晚，妈妈和儿子毛毛正在客厅里玩拼图。突然，毛毛想要一块妈妈手中的拼图，妈妈还没来得及回应，他就伸手来抢，没抢到便开始大哭大闹。“我就要那块，现在就要！”毛毛一边哭一边跺脚，妈妈试图安抚他，告诉他要轮流使用拼图，这是之前制订的规则，可他根本听不进去，哭声越来越大，还把面前的拼图一把推到了地上。就在妈妈无比愤怒，准备发火的时候，毛毛爸爸从卧室来到客厅。

爸爸看到这一幕，没有立刻批评毛毛。他先静静地站在一旁观察了一会儿，等毛毛的哭声稍微小了一些，才走到他身边。

爸爸先温柔地对毛毛说：“宝贝，你现在哭得这么厉害，内心一定很难过，爸爸看你这样也很难过，你先别哭，和爸爸说说你为什么会这样呢？”毛毛抽抽搭搭地表达了自己的想法：“我想尽快把拼图拼完。”接着，爸爸地说：“毛毛，我刚才听妈妈说你们要轮流来，

这是之前定好的规则吗？”“是的。”毛毛小声说道。“对呀，既然是定好的规则，你说大家是不是都要遵循呢？”爸爸继续温柔坚定地说。“要遵守，可是……”“可是，你还是想自己快点拼完，然后就跟妈妈哭闹是不是？如果妈妈也像你这样，不遵守规定，这游戏是不是就完不成了？”爸爸继续说到。“嗯，是的。”毛毛低头说。“那么现在你是否应该跟妈妈道歉呢？道歉后，你可以选择继续玩拼图，也可以选择跟我一起玩飞行棋。”一番开导之后，毛毛终于平复了情绪，跟妈妈道歉后继续玩起了拼图。

学前的孩子语言表达能力还在发展中，他们在遇到事情时，可能无法完全用语言表达自己的需求或情绪，所以容易通过行为来发泄。同时，他们的自我调节能力还不成熟，情绪激动也是很常见的现象。这时父亲的引导很重要，在引导过程中，父亲需要既保持权威又不失温暖，具体方法，可以参考以下几点。

（1）要保持冷静，掌握孩子的情绪

当孩子“大喊大叫”时，父亲需要知道，孩子的这种行为背后可能有多种原因，处理这种情况时，重要的是先处理情绪，再处理问题。

父亲首先要做的是保持冷静，不能被孩子的情绪所左右。只有自己冷静下来，才能更好地处理孩子的问题。同时，要耐心倾听孩子的诉求，让孩子感受到被关注和理解。

父亲这样说

“宝贝，爸爸看到你现在很生气，先别哭，慢慢说，爸爸在听呢。”

“我知道你现在心里不好受，你可以把心里的想法告诉爸爸，我们一起解决。”

（2）把规则明确化，严肃告知孩子

在孩子情绪稍微稳定后，父亲要明确地向孩子阐述规则，让孩子清楚知道自己的行为哪些是正确的，哪些是不被允许的。在表达规则时，语气要严肃，态度要坚决，让孩子认识到规则的权威性。

父亲这样说

“宝贝，我们在玩游戏的时候要遵守规则，不能随便抢别人的东西。如果你想要什么，可以好好说，大家轮流玩。”

“哭闹解决不了任何问题，而且在公共场合或者家里大吵大闹是不礼貌的行为，爸爸不希望再看到这样的情况。”

（3）可以进行适当的惩罚，以强化认知

如果孩子违反了规则，父亲可以给予适当的惩罚，让孩子为自己的错误行为承担后果。惩罚要与孩子的错误行为相关联，且适度合理，目的是让孩子认识到自己的错误，而不是单纯为了惩罚而惩罚。

父亲这样说

“因为你刚才抢东西还哭闹，所以我们今天晚上不能看你喜欢的动画片了，希望你能记住这次的教训。”

“你把拼图弄乱了，现在需要你自己把它们收拾好，这是你应该承担的责任。”

（4）进行正面引导，鼓励孩子改正

在孩子认识到错误后，父亲要给予正面的引导，鼓励孩子改正错误，让孩子知道如何做才是正确的。同时，要对孩子的积极表现给予

肯定和赞扬，增强孩子的自信心和积极性。

父亲这样说

“我相信你下次遇到这种情况，会用礼貌的方式和别人沟通，对不对？爸爸期待你的表现。”

“宝贝，你看你现在把拼图收拾得这么整齐，做得真棒！以后遇到问题都像这样解决，你就是个懂事的好孩子。”

（5）进行正面引导，鼓励孩子改正

在孩子认识到错误后，父亲要给予正面的引导，鼓励孩子改正错误，让孩子知道如何做才是正确的。同时，要对孩子的积极表现给予肯定和赞扬，增强孩子的自信心和积极性。

父亲这样说

“我相信你下次遇到这种情况，会用礼貌的方式和别人沟通，对不对？爸爸期待你的表现。”

“宝贝，你看你现在把拼图收拾得这么整齐，做得真棒！以后遇到问题都像这样解决，你就是个懂事的好孩子。”

第三章

父亲在孩子小学阶段的及时出场

面对孩子不喜欢的同学，父亲及时出场耐心开导

在小学阶段，孩子开始逐步拓展自己的社交圈子，在与同学相处的过程中，难免会遇到一些困扰。当孩子面对不喜欢的同学时，内心不但会充满纠结和困惑，还会对方产生反感与厌恶。

比如，孩子放学后经常反映："我的同学太邋遢了，把铅笔屑弄得满桌子都是，午饭喝的酸奶剩下的盒子也不及时扔垃圾桶，真是讨厌！"这时候，父亲及时出场并耐心倾听，给孩子一个情绪出口，"真是这样啊，这可太糟糕了！"让孩子的情绪得到释放，肯定孩子的感受，这对孩子的社交成长有着极为关键的意义。倾听、共情，然后再共同商讨办法解决，这样孩子不但宣泄了情绪，还学会了正确处理人际关系。

女儿悠悠放学回来后，一声不吭地走进自己房间，还重重地关上了门。妈妈察觉到她的异样，心里有些担心。过了一会儿，妈妈轻轻敲开她的房门，看到她正趴在桌子上，眼睛红红的。在妈妈的追问下，悠悠委屈地说："今天在学校，同桌总是抢我的铅笔用，还不还给我，我真的好讨厌他。""原来是这样啊，没多大点事，明天去跟他要回来，他不给的话，你就把这件事告诉老师，让老师帮你解决，没必要自己烦恼！"妈妈帮着孩子出主意，然后继续到厨房做晚饭。

过了一会，爸爸下班回来了，妈妈跟他说了悠悠遇到的烦心事，爸爸走到她的房间，坐在悠悠身边，温柔地说："宝贝，爸爸知道你心里委屈，你能把事情经过再跟爸爸说一下吗？慢慢说，爸爸都听着。"听完悠悠的抱怨，爸爸说："这真让人心里不舒服，换成是我，我也

不开心。”爸爸轻轻抚摸着悠悠的头说，然后继续引导，“我们想想，他抢你铅笔，会不会是他太着急用，又不知道怎么跟你借呢？我们换个角度看，说不定能发现不一样的原因。下次他再这样，你就礼貌地告诉他你现在要用，让他等一等或者自己去想办法。勇敢地表达自己的想法，说不定问题就解决了。”

在爸爸的耐心开导下，悠悠的心情逐渐平复，脸上也露出了笑容。从那以后，悠悠和同桌之间的关系有了很大的改善，她也变得更加开朗自信了。

孩子面对社交困惑时，父亲及时出场，可以将人际摩擦转化为社会情绪学习的良机，让孩子掌握了比学业知识更重要的社交智慧。具体来讲，父亲可以通过以下方法来引导孩子。

（1）倾听孩子的感受，给予理解

当孩子倾诉对同学的不满时，父亲首先要做的就是认真倾听，让孩子感受到自己被重视和理解。只有充分了解孩子的感受，才能更好地进行后续的引导。

父亲这样说

“宝贝，爸爸在听呢，你慢慢说，把心里的委屈都告诉爸爸。”

“听起来你今天在学校过得不太开心，爸爸特别心疼，你和这个同学之间肯定发生了很多让你不舒服的事吧。”

（2）引导孩子思考，分析原因

在孩子倾诉完后，父亲可以引导孩子思考不喜欢这位同学的深层原因，帮助孩子从不同角度去看待问题，而不是仅仅停留在表面的情绪上。

父亲这样说

“宝贝，我们来想一想，他总是抢你的铅笔用，是不是他自己忘记带了，又不知道怎么跟你说呢？有时候，别人的行为可能并不是故意要惹我们生气。”

“你说讨厌他，除了抢铅笔这件事，还有没有其他原因呢？我们把这些原因都列出来，一起分析分析。”

（3）传授沟通技巧，鼓励交流

教会孩子正确的沟通方式和解决事情的办法，这是解决同学间矛盾的关键。父亲可以通过分享一些实用的沟通技巧，鼓励孩子主动与同学交流，表达自己的想法和感受。如果还没有得到解决，可以把问题反映给老师，主动找老师帮忙。

父亲这样说

“下次他再抢你的铅笔，你可以看着他的眼睛，认真地跟他说‘我现在正在用这支铅笔，如果你需要，可以等我用完，或者你也可以自己去买一支’，这样清楚地表达自己的想法，他可能就知道该怎么做了。”

“宝贝，如果你跟他说了自己的观点，他还没有改正，可以把问题反馈给老师，找老师帮忙。”

与异性起冲突，父亲及时出场引导

小学时期是孩子性别意识逐渐形成、社交观念初步构建的关键阶段。当孩子与异性同学发生冲突时，内心往往充满困惑与不安。如果不能得到妥善的解决，这些冲突可能会在孩子心中留下阴影，影响他们对异性的看法，甚至阻碍正常社交能力的发展。尤其是家有女孩，在学校与男同学产生矛盾，父亲可以凭借其成熟的思维和丰富的人生阅历，给予孩子独特的视角和实用的建议，帮助孩子化解矛盾，正确理解和处理与异性的关系，从而建立起健康、积极的社交心态。

三年级的聪聪最近遇到了大麻烦，他的新同桌叫小蕊，是一个扎着蝴蝶结、文具永远按颜色分类的女生。自从上周聪聪把橡皮屑弹到她的数学书上，两人的课桌中间就画起了一道“三八线”。

“谁越线谁是小狗！”小蕊气鼓鼓地说。聪聪不服气，故意把胳膊肘探过三八线，结果被小蕊用铅笔尖戳中了手腕，疼得聪聪龇牙咧嘴。午休时，聪聪报复性地在分界线上画了条吐舌头的蛇，小蕊立刻用修正液把蛇涂成白色。

就这样，冷战持续到美术课上。在美术课上，林老师要求同桌合作完成一个手工作品——用彩泥制作自己喜欢的字母，然后合力把作品粘贴到相框里。可聪聪和小蕊谁也不理睬对方，而且同桌之间仅有的一个相框也在小蕊手里，她只是把自己的作品设计到里边，完全不顾及聪聪。聪聪非常生气，“凭什么你自己霸占着相框？哼！”聪聪说完，一把抢过相框。小蕊也非常生气，起身站起来对老师说："林老师，王聪凯不好好完成作品，我拿着相框他还抢！"老师走过来问聪聪到底发生了什么情况，聪聪气呼呼的不肯与老师沟通。林老师看聪聪不做声，判断他是默认小蕊的观点，就让聪聪罚站了五分钟。

放学后，聪聪还没有从美术课上气愤的情绪中走出来，妈妈接到他时就一脸不高兴，噘着嘴，而且妈妈说什么都没有耐心听。

在孩子成长的道路上，与异性同学的交往是一个重要课题。像聪聪这样在日常生活中与异性产生摩擦、矛盾也是常有的事情，这时父亲及时出场进行引导和沟通能够帮助孩子正确处理冲突，让他们在社交中不断成长，收获宝贵的友谊，为未来的人际交往奠定坚实的基础。以下这几个可行的方法，可以帮助父亲妥善处理孩子与异性冲突的问题。

（1）引导孩子客观看待冲突

当孩子与异性产生冲突时，父亲切忌不要不问青红皂白就责备、批评孩子，而是蹲下来耐心倾听孩子的表达，安慰孩子，帮助孩子从情绪化的状态中走出来，并且和孩子一起客观分析冲突产生的原因，避免片面地指责对方。

父亲这样说

"宝贝，爸爸很理解你现在的心情，我们来想一想，你们之间的矛盾是不是有什么误会呢？也许她挑你毛病并不是故意针对你，可能她也有自己的想法。"

"一件事情的发生往往有很多方面的原因，你现在很清楚自己的做法和感受，那么我们是不是也可以从她的角度去想想，这样才能更全面地了解情况。"

（2）传授孩子解决冲突的沟通技巧

孩子与异性起冲突时，爸爸要劝解孩子不要有心理压力，通过这件事让孩子学会如何与异性同学进行有效的沟通，表达自己的想法和感受。同时要引导孩子学会倾听他人的意见，鼓励孩子一起商量解决方案，培养其解决问题能力与合作精神。

父亲这样说

“下次再遇到问题，你可以找个合适的时间，心平气和地跟她说‘我知道我们之间有些小矛盾，我们能不能好好说一说，看看怎么解决’，这样真诚地沟通，说不定能化解矛盾。”

“在和她交流的时候，要注意说话的语气和方式，不要着急，也不要发脾气，尊重对方才能更好地解决问题。”

（3）男女不同，尊重差异

父亲引导孩子时，要让孩子明白男生和女生在思维方式、行为习惯等方面存在差异，要学会尊重这些差异，避免因不理解而产生冲突。

父亲这样说

“儿子，你要知道男生和女生是不一样的，她的一些行为可能在你看来很奇怪，但对女生来说也许是很正常的。我们要尊重这些不同，这样才能更好地相处。”

“每个人都有自己的特点，尤其是男生和女生之间，差异会更明显。当你不理解她的行为时，不要马上生气，试着去了解一下，说不定你会发现新的东西。”

（4）树立正确交往观念

引导孩子树立健康、积极的交往观念，让他们明白与异性同学友好相处是成长中重要的一部分。

父亲这样说

“在学校里，和异性同学一起学习、玩耍是很正常的，大家可以互相帮助，共同进步。偶尔的小冲突也是成长的经历，我们要学会从中汲取经验。”

“不要因为一次冲突就对和异性同学交往产生抵触情绪，只要我们用正确的方式去相处，就可以和她们成为好朋友，一起度过快乐的时光。”

受到老师不恰当的批评，父亲及时出场进行处理

孩子在小学阶段，学校生活占据了重要的部分。然而，孩子在学校里难免会遭遇一些困扰，比如，受到老师不恰当的批评和指责："你就是三差学生，成绩差、纪律差、品德差，自己还不知道反思。"这样的批评往往让孩子充满委屈、沮丧和自我怀疑。如果这种负面情绪得不到及时的疏导和化解，可能会让孩子对学习产生抵触情绪，厌烦学校，对老师失去信任，甚至影响到他们的自信心和人际交往。

通常情况下，家长都比较尊重老师的权威和身份，但如果有不恰当的批评，家长需要在维护孩子和尊重老师之间找到平衡。当孩子遭遇老师不恰当批评时，父亲一定要及时出场，处理问题时，既不能过于对抗老师，也不能让孩子感到无助。在引导孩子过程中，父亲沉稳、理性的形象能给予孩子强大的心理支撑。同时，父亲及时出场，也能够帮助孩子正确看待老师的批评，引导他们从挫折中吸取经验教训，培养孩子坚韧不拔的性格。

周一晚上，明明爸爸结束了一天忙碌的工作，他吃过晚饭在客厅休息时，手机里传来微信消息提示音，他掏出手机，只见老师给他发了一条私信："佳明爸爸，您好，今天在教室里，小明与同学追跑打闹，而且还说了不文明用语，不遵守学校纪律，我当时对他批评教育，感觉孩子还不服气，希望家长能在家加强教育。"

佳明爸爸盯着手机屏幕，眉头拧成了个"川"字，眼神里满是惊讶与不悦，手指不自觉地在屏幕上轻轻敲击，心中暗自想着："这孩子，怎么这么不让人省心，在学校说脏话了？"

佳明爸爸强压着心中的怒火，板着脸，大步走到正在书房写作业的明明跟前，声音不自觉提高了几分：“老师给我发私信，说你在学校说脏话，到底怎么回事？”明明听到爸爸的质问，手中的笔“啪嗒”一声掉落在桌上，他抬起头，看着爸爸说：“我没有说脏话啊！”“那老师为什么说你在学校讲不文明的语言？”爸爸有点愤怒，认为明明不承认错误。

明明眼眶瞬间红了，泪水在眼眶里打转，嘴巴微微颤抖着，委屈地说道：“爸爸，我真的没有说脏话，今天上体育课我脚疼请假了。看见班里几个男生玩闹，我就说了一句‘赤条条来去无牵挂’，恰好班主任来了，她就说我不应该说这句话！”“那在教室追跑打闹怎么回事？”爸爸听了明明这样说，气消了点，但还是继续追问。“是别人在打闹，我在旁边看着的！”明明委屈地解释道。“真的是这样吗？”“是啊，我脚疼，怎么能打闹呢？其他几个男生在打闹，我们刚学完的一篇课文和《红楼梦》有关，我就想起贾宝玉曾经说的一句话，然后就把那句话用到李威身上，因为他把外套脱了，就剩一个短袖，露着胳膊，其他的话我什么都没说。”明明说完后，爸爸觉得这件事并不是他想的那样，语气瞬间缓和下来。

“老师说你不服气又是怎么回事呢？”爸爸问道。“老师批评我，说我打闹，我说我没有，他说我说不文明用语，我说这是《红楼梦》里的一句话。然后老师就认为我顶嘴，不服管教，然后让我最后一节课罚站！”明明说完委屈极了，眼睛里闪烁着泪花。

此时，明明爸爸才了解了事情的全部经过。

其实，明明的遭遇并不罕见，在学校，每个孩子都有可能遭遇老师不恰当的批评，这也是情有可原的，因为人与人的相处难免会存在一些误会、偏颇。

当孩子受到老师不恰当的批评时，作为父亲应该及时出场成为孩子的情绪防弹衣与权利护航者。父亲既要阻断老师不当批评给孩子带来的心理伤害，也要避免因此事形成敌对的师生关系。

父亲可以采取以下方法，用智慧化解危机，培养孩子理性维权与建设性质疑的珍贵能力，这才是应对不公的最佳教育方式。

（1）共情孩子，并立刻做出干预

孩子向父母倾诉在学校遭受的不恰当批评，家长千万不要上来就跟老师一样批评指责孩子，要先耐心听孩子把事情讲完，让情绪找到宣泄出口。然后再根据情况立刻做出干预：如果孩子非常伤心，哭泣不止，可以先抱抱孩子，再用湿毛巾给孩子擦脸进行触觉干预，阻断负面记忆反刍；如果孩子只是比较气愤，也要拥抱孩子，鼓励孩子慢慢说出事情的经过。

父亲这样说

“宝贝，别着急，跟爸爸慢慢说，到底发生了什么事情。”

“老师的话的确像突如其来的暴雨，但爸爸会和你一起修好屋顶。现在告诉我：哪部分批评你觉得不合理？哪部分可能有道理？”

（2）用五维信息还原事件

父亲在询问孩子事情发生的经过时，为了避免信息遗漏，可用五维信息来精准采集。这五个维度分别是：时间、地点、老师原话、你的行为、旁观者。从这五个维度收集信息，基本可以保证事件的真实性。

父亲这样说

“宝贝，你能详细跟爸爸说一说这件事情吗？什么时候、在哪里发生的？老师说了什么、做了什么？你的反应是什么？当时除了你和老师，其他人还有谁在？”

（3）拆解事件，确定处理方法

通过五维信息还原事件后，父亲可以跟孩子一起拆解事件，在这个过程中，父亲可以向孩子提几个问题：你觉得老师的哪些行为和言语让你不开心，为什么？你觉得自己在这件事情中有没有做错的部分，是哪里，为什么错了？你希望我们怎样来处理这件事情呢？

父亲与孩子拆解事件，最终一起确定解决这件事情的办法：是在父亲的帮助下自己把坏情绪排除，还是要找到老师解决。如果找老师解决的话，是选择电话、微信沟通，还是当面沟通呢？

父亲这样说

“老师您好，我是佳明的爸爸。收到您反应的情况后，我非常重视，刚刚与佳明深入交谈了一下，根据我了解的情况，这件事可能是有些误会，具体事情是这样的……”

“老师，我非常感谢您对孩子的关心和教导。这次的事情我想和您交流一下，看看我们怎么能更好地帮助孩子认识问题，同时也避免类似的误解再次发生。”

当孩子被孤立，父亲及时出场正确应对

校园孤立是儿童成长过程中常见的心理创伤事件。据某儿童心理研究所研究表明，约35%的小学生曾经历过不同程度的校园孤立，这种经历会激活大脑的杏仁核，引发持续的压力反应，影响孩子前额叶皮层的正常发育。

孩子在被孤立的处境中，通常内心充满了恐惧与无助，他们急需一个强大的依靠，此时，父亲的及时出场，能给予孩子心理上的安全感，让他们知道自己并非独自面对这一切。而且，父亲的理性思维方式有助于双方冷静地分析问题，找到解决孤立困境的有效途径，帮助孩子重新融入集体，重拾自信与快乐。

小叶妈妈永远忘不了那段日子，女儿小叶每天放学回家都满脸落寞，原本活泼的她变得沉默寡言。妈妈心里隐隐觉得不安，却又不知道问题出在哪里。直到有一天，爸爸在房间里跟小叶聊天，小叶才小声哭泣着说，她在学校被孤立了。

“爸爸，我在学校没人和我玩，同学们都不理我。以前玩得好的两个朋友说我太无趣了，其他同学也跟着附和。”

“体育课自由活动时间，大家纷纷组队玩游戏。但是没有人跟我组队，他们说我跑得那么慢，会拖后腿。”

“下课时，原本几个女孩经常一起上厕所，现在她们去也不叫上我了！”

……

开始小叶是小声抽泣着说，爸爸轻轻抚摸她的头，耐心地听着，

没有打断她，还不时地安慰她，最后小叶趴在爸爸怀里大哭起来，爸爸抱着她轻声说道："没关系小叶，爸爸知道你很难过，放心，爸爸一定帮你解决这件事的！"

当孩子在学校被孤立时，父亲首先要做的就是共情，耐心倾听孩子描述自己在同学、朋友们之间的处境，等孩子情绪稳定之后，再尝试着采取下列措施帮助孩子解决被孤立的问题。

（1）与孩子一起分析原因

在孩子倾诉完后，父亲要和孩子一起冷静、客观地分析被孤立的原因。通过分析原因，帮助孩子认识到问题所在，也让孩子明白事情是有解决办法的。

父亲这样说

"宝贝，我们一起来想想，有没有可能是最近发生了什么特别的事，让同学们有了这样的反应呢？"

"原来是这样，也许他们当时有些失望。不过每个人都会犯错呀，我们可以找个机会和同学们解释清楚，告诉他们你很想弥补，也很想和大家一起好好相处。"

（2）鼓励孩子主动沟通

父亲鼓励孩子勇敢地去和同学沟通，这是打破孤立局面的关键一步。同时，父亲可以教孩子一些沟通的技巧，比如真诚地表达自己的感受和想法，学会倾听他人的意见。

父亲这样说

“宝贝，爸爸相信你有勇气去和同学们聊聊，把你的想法说出来。你可以试着这样说：‘我知道之前可能有些地方做得不好，我很想和大家成为好朋友，我们能不能一起好好相处呢？’”

“在和同学交流的时候，看着对方的眼睛，认真听他们说什么，这样他们会感受到你的真诚。”

（3）联系老师，了解孩子在学校的情况

父亲要及时与老师取得联系，了解孩子在学校的情况。老师在学校能更全面地观察到孩子们之间的互动，通过与老师沟通，父亲可以更好地掌握情况，共同制订帮助孩子的方案。当然，老师也许会提供一些班级活动的信息，父亲可以鼓励孩子积极参与，融入集体。

父亲这样说

“老师您好，我想跟您了解一下孩子在学校的情况，请问通过您的观察，孩子和同学们在平时相处上有什么问题吗？”

（4）提供情感支持与赋能

孩子在学校被孤立了，父亲在家里一定要肯定孩子的价值，强调被孤立不等于自身有问题。父亲还可以通过故事或自身经历，教孩子理解社交中的正常波动。

父亲这样说

“有些人暂时还没发现你的优点，但爸爸妈妈知道你有多棒。”

“朋友是会变化，真正的朋友迟早会出现的。”

孩子遭受霸凌，父亲及时出场给孩子底气

小学生正处于人格塑造和社交发展的关键时期，校园霸凌行为会使他们陷入极度恐惧、焦虑的情绪深渊。长期遭受霸凌的孩子，其自尊心和自我价值感会被无情摧毁，而且极易滋生自卑、孤僻、抑郁等心理问题。

当孩子遭遇了校园霸凌，作为父亲，必须第一时间出场。因为霸凌具有重复性和升级性，父亲的介入能直接向同学和学校施压，迫使对方重视并采取措施，避免孩子继续受害，而且父亲冷静、坚定的态度，也教会孩子如何理性应对冲突，而非逃避或暴力回击。

五年级的晓峰家境普通，性格内向，平时和同学们相处虽不亲密，但也从未有过矛盾。一天课间，晓峰正安静地坐在座位上看一本有趣的课外书，几个同学在教室里追逐打闹，玩得忘乎所以。突然，一名叫宇轩的同学撞到了晓峰的桌子，晓峰手中的书掉在地上。晓峰皱了皱眉，捡起书，小声说："你们小心点。"

就是这个普通的提醒，宇轩却觉得在同学面前丢了面子，一把夺过晓峰手中的书，嘲讽道："哟，看个书还这么宝贝，装什么爱学习。"晓峰涨红了脸，伸手想拿回书，宇轩却将书扔给旁边的同学，就这样几人开始来回抛扔，晓峰只能着急地在一旁跟着跑。

最后一节是体育课，晓峰独自在操场边练习跳绳，宇轩和那几个同学又凑了过来，为了在伙伴面前炫耀，宇轩故意伸出脚绊倒晓峰。晓峰毫无防备，重重摔倒在地，膝盖擦破了皮，手掌也磨出了血，他疼得眼眶泛红，宇轩却和同伴们在一旁哈哈大笑，还说："这点小伤

算什么，别装得这么可怜。”

放学后，晓峰带着伤和满心的委屈回到家，父亲看到孩子的样子，心疼不已，询问后得知了事情经过。父亲没有冲动，先安抚好晓峰，并且在晓峰的伤口处上了药，让他好好休息。

当天晚上，晓峰父亲就联系到班主任，把情况说明后，还给老师发了晓峰受伤的照片。过了不一会，宇轩的爸爸就打电话给晓峰爸爸，态度非常诚恳，他代替宇轩向晓峰表达了歉意，并且询问是否需要带晓峰去医院检查。

第二天，晓峰来到学校，宇轩和其他几位同学都真诚地给晓峰道了歉。班主任对这件事高度重视，她在班级里对宇轩和其他几位同学进行了严厉的批评，宇轩也认识到自己的错误。

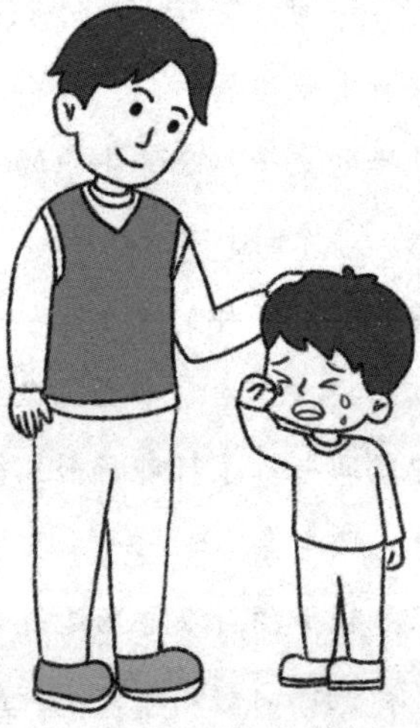

孩子被霸凌后常陷入无助与恐惧，父亲此时及时出场，无疑是给孩子传递明确信号：“爸爸会保护你，这不是你的错。”父亲可以通过下列这些方法和话术，正确处理校园霸凌，给予孩子足够的底气和力量。

（1）给予温暖安抚，让孩子安心倾诉

当得知孩子遭受霸凌，父亲首先要做的是给予孩子温暖的安抚，让他们在惊恐不安中找到安全感，然后通过耐心的引导，让孩子勇敢地倾诉内心的痛苦，这不仅能缓解孩子的心理压力，也能让父亲全面了解事情的经过。

父亲这样说

“宝贝，别怕，爸爸在这儿呢。不管发生什么，爸爸都会一直在你身边，保护你不再受到伤害。”

“现在，你可以慢慢和爸爸说说发生了什么，不管多小的细节，都告诉爸爸，只有这样爸爸才能知道怎么更好地帮你。把心里的委屈都倒出来，爸爸接着呢。”

（2）评估孩子身心所受的伤害

像故事中晓峰这种情况，遭受霸凌后能明显能看到膝盖擦破了皮，手掌也磨出了血。但除了这些直观伤口，父亲还需留意孩子身体其他隐蔽部位，比如检查四肢是否有淤青、肿胀，活动是否受限，轻轻按压身体各处，询问孩子是否有疼痛感，查看头部是否有撞击迹象等。

一旦发现外伤，务必及时带孩子前往医院就诊，在就医过程中，要保留好所有的诊断证明、病历、检查报告等资料，同时用手机拍摄受伤部位的清晰照片，这些都将作为后续处理霸凌事件的有力证据。

另外，心理创伤也是不能忽视的。孩子遭遇校园霸凌后，在日常行为中如果情绪低落、哭闹、食欲不振，甚至拒绝上学等情况，都需引起父亲的高度重视。如果有必要，父亲可以考虑联系专业的心理咨询师，为孩子提供及时、有效的心理干预，帮助孩子尽快走出心理阴影。

父亲这样说

“宝贝，爸爸知道这件事可能让你心里很难受，如果有什么不开心的，随时都可以和爸爸说。不要把这些情绪都憋在心里，爸爸会一直陪着你，帮你一起赶走这些不开心。”

（3）表明坚定立场，给孩子心理和行动上的支撑

遭受霸凌后，父亲要明确地向孩子表明自己坚定的立场，让孩子知道正义必将得到伸张，让孩子感受到父亲的决心，从而在心理上获得强大的支撑，不再害怕霸凌者的威胁。

父亲这样说

“宝贝，你没有做错任何事，那些欺负你的人必须为他们的行为付出代价。爸爸绝对不会容忍这种事情发生，一定会让他们知道欺负人是不对的。”

“不要因为他们的欺负而害怕，你是个勇敢的孩子。爸爸会和你一起面对，以后再遇到这种情况，你要大声地说出来，不要沉默，爸爸会第一时间帮你解决。”

（4）与学校积极沟通，寻求公正处理

父亲应及时与学校相关负责人取得联系，积极沟通孩子遭受霸凌的情况。通过与学校的紧密合作，借助学校的力量对霸凌行为进行制止，对霸凌者进行教育，为孩子营造一个安全的校园环境。在与学校沟通后，父亲要及时将沟通的情况告知孩子，让孩子了解事情的进展，对解决问题充满信心。

父亲这样说

“老师您好，我是XX的父亲。我刚刚得知孩子在学校遭受了霸凌，这让我们家长非常担心和气愤。我们希望学校能够高度重视这件事，立即展开调查，严肃处理霸凌者，给孩子一个公正的交代。同时，也希望学校能够加强校园安全管理，避免类似事件再次发生。”

“宝贝，爸爸已经和学校说了你的事情，学校很重视，会马上调查处理。他们一定会给你一个公正的结果，你就安心学习，不要担心。”

（5）传授应对技巧，增强孩子自我保护能力

父亲要教导孩子一些应对霸凌的实用技巧，增强他们的自我保护能力。同时，父亲还可以教孩子一些沟通技巧，让孩子学会在适当的时候表达自己的态度。

父亲这样说

“宝贝，如果再遇到那些欺负你的人，不要慌张。尽量往人多的地方跑，大声呼救，引起周围人的注意，这样他们就不敢轻易动手了。而且，要记得保护好自己的重要部位，比如头部、腹部，不要让他们伤害到你。”

“如果他们言语上欺辱你，你要勇敢地看着他们的眼睛，大声说‘我不喜欢你这样说’，让他们知道你不会任由他们欺负。”

当孩子撒谎时，父亲及时出场引导教育

明明没有写作业，却说作业忘在家里了；考试只得了80多分，撒谎对家长说得了95分……面对孩子不诚实的瞬间，每个家长内心都会掀起复杂的波澜，他们总是焦虑地想到：孩子假如养成这种习惯，长大后万一走上违法犯罪道路怎么办？

学校要举办绘画比赛，热爱画画的飞飞满心期待，立志要拿个好成绩。比赛那天，飞飞发挥得不太理想，对自己的作品不太满意。交完画后，飞飞看到同桌琪琪的画色彩鲜艳、构图精巧，心里既羡慕又失落。

几天后，比赛结果公布，琪琪荣获一等奖，而飞飞榜上无名，这让飞飞心里很不是滋味。回到家，面对父母关切的询问，飞飞竟然鬼使神差地说："我得了二等奖呢，老师说我的画很有创意，就是颜色涂得不够均匀，才没拿到一等奖。"父母信以为真，对飞飞夸赞一番，还承诺周末带他去游乐园。

撒了谎的飞飞并没有想象中的开心，每次听到父母提及此事并且流露出欣慰的笑容时，他都觉得心里像压了块大石头。更糟糕的是，一周之后，美术老师在群里公布：获奖同学周三美术课要在全班面前展示画作，并分享创作思路，而名单中并没有飞飞。至此，飞飞的父母才知道，原来孩子在这件事上撒了谎。

在孩子的成长中，像飞飞这样的撒谎事件是很常见的。儿童发展心理学研究表明，在6~12岁的年龄段中，有85%的孩子都曾有过撒谎行为，这是认知发展的必经阶段。这种行为的背后往往隐藏着三个核心动机：

规避惩罚的本能反应；

获得关注的社交需求；

维护自尊的心理防御。

当孩子出现撒谎行为时，父亲要及时出场，分析孩子说谎的动机，而非停留在行为表象。根据孩子撒谎的动机，父亲可以从以下这几个方面做出相应的引导和教育。

（1）按下情绪暂停键，不吼不叫冷静处理

了解到孩子撒谎时，父亲要保持冷静，不要对孩子大声指责，甚至吼叫。要冷静地与孩子沟通，这样孩子才会感受到父亲的理智与包容，也会让他们更愿意敞开心扉，讲述撒谎背后的真实原因。

如果孩子撒谎造成很严重的后果，父亲非常生气，可以采取语言延迟策略和环境隔离技巧，让自己冷静下来。具体做法如下：

先深呼吸3次，通过生理调节抑制杏仁核的应激反应，避免愤怒情绪主导教育过程。

采取语言延迟策略，可以使用话术延迟与孩子的讨论，这样一来给孩子和自己都建立一段心理缓冲期。

使用环境隔离技巧，将冲突场景从公共区域转移到私密空间，避免围观压力加剧对抗情绪。

父亲这样说

“我需要时间思考这个问题，咱们20分钟后在书房讨论这件事。”

“现在我们都平静一下，咱们回到家里再讨论这件事。”

（2）解密孩子撒谎的核心动机

有研究指出，能够准确识别孩子撒谎动因的父母，其教育有效性提升73%。父亲可以建立“三问”诊断机制判断孩子撒谎的核心动机：

这个行为想达成什么目的？

孩子当时的情绪状态如何？

是否缺乏解决问题的正确方法？

父亲围绕这三个维度对孩子提出问题，可以有效穿透孩子撒谎的表象，触及问题本质。

父亲这样说

“孩子，这次画画比赛你没有得名次，却告诉爸爸获得二等奖，爸爸想知道这到底是怎么回事呢？”

“宝贝，你跟爸爸妈妈说自己得了二等奖之后，你内心是什么感受呢？”

“宝贝，现在爸爸知道你为什么这么做了。那你有没有想过，其实有更好的办法来解决这个问题？”

（3）在信任基础上有效沟通

有效的教育始于平等的对话。面对孩子撒谎的事实，父亲要创造“安全——接纳”的沟通场域，采用“共情”表达法，而非指责孩子“你又撒谎了”。“共情”表达方式可以降低防御机制启动概率，使沟通效率提升40%。

父亲这样说

“你的画作没有获奖，这让你很难过，对吗？”

“老师让交作业，可是你没有做完，这让你有些担心，是不是？”

（4）建立“三级反馈机制”纠正孩子的行为

如果孩子说谎了，在行为纠正层面，父亲需要建立“三级反馈机制”：

即时反馈，保持教育时效性；

过程反馈，强调认知重构；

结果反馈，完成闭环教育。

在开篇的故事中，当飞飞父亲发现孩子撒谎后，首先应该立即沟通（即时），共同分析前因后果（过程），最后制订改进方案并跟踪（结果）。

有时候，孩子撒谎其实是对家长缺乏信任，他们会担心诚实相告后遭到家长严厉惩罚、不被理解或失去某些权益，进而选择撒谎。

所以，父亲及时出场进行引导教育时，需要重建与孩子之间的信任感，这时利用“三明治沟通法”就非常有效。

“三明治沟通法”就是：肯定优点＋指出问题＋表达期待。如“飞飞，你平时很诚实（肯定），这次谎称画作获奖让爸爸感到很意外（问题），相信下次会勇敢面对这样的问题（期待）”，这种沟通方法能使孩子接受度提高65%。

（5）这些沟通禁忌要注意

当父亲发现孩子撒谎后，有些沟通禁忌一定要注意：

不贴人格标签：避免“你就是骗子”等定性评价，始终区分“行为”与“人格”概念；

不设逻辑陷阱：禁用“你是不是……”的诱导式提问，改为“我想知道……”的表达方式；

不翻陈旧错误：每次谈话仅处理单一事件，严禁累积算账；

不破坏安全感：即使发现谎言，仍需保证基本权利不受剥夺（如禁止吃饭、当众羞辱）。

教育不是瞬间的胜负，而是持续的系统工程。当父亲用理解的眼光穿透谎言表象，用科学的方法构建引导体系，用坚定的爱守护成长轨迹，那些曾被谎言遮蔽的心灵，终将在智慧之光的照耀下，绽放出诚实自信的光芒。这种教育方法，正是父亲给予孩子最珍贵的“人生底色”。

第四章

父亲在孩子初中阶段的及时出场

男孩青春期来临，父亲及时出场普及生理常识

在孩子的成长旅程中，青春期无疑是一段充满挑战与变化的关键时期。对于初中阶段的男孩而言，身体和心理上的一系列变化如潮水般涌来，这些变化让他们既好奇又困惑。在这个特殊时期，父亲的角色至关重要，其及时的出场介入和引导，能为男孩们驱散青春期的迷雾，帮助他们顺利度过这个关键阶段。

在青春期，男孩的身体经历着显著的变化——身高会快速增长，骨骼发育加速，肌肉也逐渐变得强壮，同时，男孩的第二性征开始显现：声音变得低沉沙哑，喉结突出，胡须开始生长，阴毛和腋毛也陆续出现。很多男孩在这段时间开始在意自己的外貌，重视同伴间的关系，也常常思考“我擅长什么”“我的价值在哪”等问题，渴望在学业、运动或兴趣领域证明自己，获得他人认可。

父亲，作为男孩成长过程中的男性榜样，在孩子青春期时及时出场，给予男孩生理常识方面的指导有非常有必要的。男孩在青春期会经历身体外形的变化、第二性征的出现等，这些变化可能会让他们感到不安和羞涩。父亲以自己的成长经验为基础，用男性特有的视角和方式，能让男孩更坦然地接受这些变化，理解这是成长的必经之路。而且，父亲的参与能让男孩在心理上获得一种力量感和认同感，有助于他们培养健康的男性气质和自我认知。

丁丁的妈妈察觉到丁丁的行为有些反常，以往大大咧咧的他，变得敏感又害羞，洗澡时间变长了，还总是独自待在房间里。妈妈心想：初一的儿子或许是进入青春期了。

丁丁妈妈把自己的猜测告诉了丁丁爸爸，他也很重视，打算找个时间和丁丁好好谈谈。

晚饭后，丁丁在客厅读书，爸爸很自然地坐在他的身边，看着他身上的T恤衫说道：“呦，这件衣服今年才买的吧，感觉小了呀，看起来你这段时间没少长个头啊！”听到丁丁爸爸这样说，妈妈起身去卧室，以免接下来的谈话会让丁丁觉得尴尬。

“嗯，是有点小！”丁丁回答道，他的嗓子也正经历变声期，有点沙哑。

过了一会，爸爸又说：“丁丁，你的脸上也起了小痘痘，不过，这都是正常的，爸爸像你这么大的时候，身体也有好多奇妙的变化，你现在是不是也有这种感觉？”丁丁默默回答：“是的！”

妈妈轻轻地把卧室门关上。这是属于青春期孩子和父亲的对话，也是父亲给儿子上的青春期生理课……

在男孩的青春期，父亲通过分享经验、讲解知识帮助孩子更好地认识自己的身体和心理变化，以积极健康的心态迎接青春期的挑战。

父亲可以通过下面这些方法与儿子巧妙沟通青春期生理问题，拉近与儿子的距离。

（1）选准时机，轻松开启话题

父亲一定要找一个放松的时刻开启与青春期儿子的对话，比如：周末的午后，一家人在院子里晒太阳，这样轻松的氛围和环境能让男孩放下戒备，打开话匣子。

父亲这样说

“儿子，我看你最近脸上起了好多青春痘，最好不要用手抠，否则可能会留下疤痕。爸爸像你这么大的时候，脸上也起了很多小痘痘，那时候……”

（2）分享自身经历，拉近距离

父亲可以真诚地分享自己青春期的故事，这更能让男孩感同身受。通过分享，男孩会明白自己的经历并不特殊，从而坦然面对。

父亲这样说

“爸爸也是在初二的时候开始突然长高，新买的衣服裤子，不到半年就小了。而且早上起来，发现自己下巴冒出了小胡茬，嗓音也变得粗粗哑哑的，唱歌都不在调上了。”

（3）通过书籍或视频让孩子了解生理知识

父亲可以借助一些专业的科普书籍或视频，让孩子自己了解相关知识，用科学驱散男孩心中的疑惑。

父亲这样说

“儿子，来看看这本关于青春期的书，写得非常详细，它能为你解答这段时期心中的疑惑。”

（4）注重卫生，养成良好生活习惯

儿子处于青春期阶段，父亲要引导他注重个人卫生，这对其健康很重要。另外，要养成良好的生活习惯，早睡早起，多参加体育锻炼，比如跑步、打篮球这些运动都是可以的。运动能促进青春期男孩的骨骼生长、增强心肺功能，从而让他们的精力更充沛。

青春期女孩收到男孩小纸条，父亲及时出场教孩子正确应对

当女孩步入青春期，她的世界仿佛悄然打开了一扇新的大门，里面满是成长的小秘密与小烦恼。其中，收到来自异性的小纸条，或许就是众多烦恼中的一个。

女儿收到男孩的小纸条，这样的事情对于很多妈妈来说都非常焦虑，甚至有时候会失了分寸，去找男孩的家长理论，显然这种处理方法是不恰当的。这时就需要父亲的及时出场，父亲可以用轻松、理解的语气对女儿说："我们的宝贝长大了，这么优秀，班级里有男同学喜欢很正常。"父亲这种看似轻描淡写的言语会让女孩明白青春期对异性产生好感是正常的，但要正确区分友情和爱情，同时要考虑到自己目前的主要任务是学习和成长，不能因为感情问题影响到自己的未来发展。

李女士最近发现正处于青春期的女儿有点不一样。以往一回家就叽叽喳喳说个不停，可这几天总是安安静静地回房间，还时不时看着手机发呆，脸上露出一些李女士看不懂的表情。

一天晚上，李女士在帮女儿整理书包时，一张小纸条不小心掉了出来。上面写着："我真的很喜欢你，每天都想跟你聊天。"李女士的心猛地一紧，意识到女儿可能遇到青春期的小烦恼了。

李女士赶忙和孩子爸爸商量。孩子爸爸听完李女士的描述后，沉思了一会，他说："咱们先装作不知道，看她是否主动跟我们提起这件事，如果不提，再找机会从其他角度来给她聊聊青春期情感的问题。"

过了几天，女儿并没有想把这件事告诉父母的意思，于是在周末

的午后，孩子爸爸坐在阳台上喝茶，他笑着把女儿叫到身边说："宝贝，来尝一杯别人送给爸爸的绿茶，这可是今年的新茶哦！"停顿了一会，孩子爸爸见女儿情绪比较放松，于是又说："爸爸看你今天穿的这件衣服真的像大孩子了，看着你我突然想起自己上学的时候，也有过喜欢的女生呢。你在学校有没有遇到让你觉得特别的同学呀？"女儿的脸一下子红了，犹豫了一下，小声说："有个男生给我写了纸条。"

爸爸接着说："这说明咱宝贝很有魅力呀！不过你们现在还小，就像还没成熟的果实，这个时候太关注感情，可能会影响成长哦。"爸爸又耐心地给女儿讲了他当年的经历，告诉她要把更多的精力放在学习和自我成长上。

看着父女俩认真交流的样子，李女士心里很欣慰。

当青春期女儿收到异性小纸条时，父亲的处理方式直接影响孩子的性别认知、情感边界建立和亲子信任关系。以下这些应对策略，既保护了孩子情感萌芽，又强化其独立判断能力。

（1）敏锐观察但不质问

在女孩青春期阶段，父亲要敏锐观察女儿的行为，留意她是否频繁查看手机或书包，是否突然格外注重打扮，这些细节可能暗示着某些情况，但切忌直接搜查私人物品。可以巧妙创造轻松话题，从讨论校园生活切入，传递自己开放态度。

父亲这样说

"你们班最近有没有什么有趣的事？我们当年传纸条还被老师没收过呢。"

（2）运用“成长视角”展开对话

当青春期女孩收到男孩小纸条时，父亲可以运用“成长视角”与女儿展开对话，肯定这个阶段男孩女孩的情感萌动是正常的，并真诚跟她一些心理体验。另外，父亲还可以用树木作比喻，帮助女儿区分“好感”与“喜欢”：“好感像春天发芽的嫩枝，需要时间才能知道它会不会长成大树。”

如果女儿主动与父亲分享纸条内容，父亲要依据纸条不同内容类型巧妙应对：

面对赞美外貌的纸条，要引导女儿关注内在价值；

面对要求单独见面的纸条，强化安全边界；

面对威胁式表白，启动反 PUA 教育。

父亲这样说

“有人欣赏说明你很有魅力，爸爸在这个年纪收到纸条也会心跳加速，这是青春期的美好体验。”

“宝贝，收到男孩子的小纸条，说明你很优秀，招人喜欢呢。不过你们现在年纪还小，就像小树苗还没长成参天大树，这个时候太关注感情，可能会影响你们的成长。”

（3）使用“三问自检法”

父亲用“成长视角”与其展开对话后，可以通过巧妙的问题为女儿赋能，这些问题可以总结为“三问自检法”：

这个人是否尊重我的感受？

如果我拒绝，他会不会攻击我？

这件事会让我更好还是更焦虑？

回答完这三个问题后，父亲和女儿可以进行角色扮演，设计礼貌又坚定的回应方式：“谢谢你的欣赏，但我现在更想专注学习，所以我们还是做普通朋友比较合适。”

此外，父亲还要帮女儿制定“情感应急预案”，分别给出相应应对方案，全方位为女儿的情感决策赋能。

压力场景	应对方案
被持续纠缠	立即告知班主任并保存证据
隐私遭泄露	联系平台要求删除信息
遭遇舆论攻击	启用家庭后援团（父母+信任的老师）

（4）构建正确爱情观

在帮助青春期女儿建构正确爱情观时，父亲可利用影视剧作为教材进行正面引导就是不错的选择。父亲可以推荐女儿观看《怦然心动》这部电影，并与她展开讨论：“朱莉为什么一开始喜欢布莱斯，后来又改变想法？”借此引导女儿思考爱情的本质。同时让孩子明白，每个人的情感就像一个账户，健康的关系就是要让两个人都往账户里存钱，这些钱就是给予关心、尊重、呵护，而不是一味索取、控制。

此外，父亲还要强化女儿主体意识，陪她制作“我的价值清单”，列出自己除外貌之外的20项优势，时刻提醒她：“你不需要通过被喜欢来证明自己值得。”

（5）这些禁忌不要碰

青春期女儿收到男生小纸条后，父亲在与女儿沟通时，有一些沟通禁忌需要避免：

错误做法	正确应对
没收手机检查隐私	不妨在客厅设置“手机的家”
嘲讽孩子“早恋没出息”	分享自己青春期糗事
联系对方家长施压	引导她自主处理，并告知“需要时爸爸永远是你的谈判顾问”
禁止参加集体活动	组织家庭朋友露营，在安全环境中观察其社交模式

孩子对妈妈动手辱骂，父亲及时出场教育引导

在孩子的成长旅程中，初中时期是一段充满挑战的阶段。这个时期的孩子，身体和心理都在发生巨大的变化，青春期的叛逆往往会让他们情绪失控，做出一些令人痛心的行为，比如对妈妈动手辱骂。此时，父亲的及时出场与正确引导至关重要，他不仅能迅速稳定局面，更能帮助孩子认识错误，引导孩子走向正确的成长道路。

一直以来，晓晓的妈妈都努力陪伴孩子成长，见证着他从咿呀学语到如今步入初中。本以为自己足够了解他，可最近孩子却像变了个人。

那天，晓晓放学回家后就一直躺在床上玩手机，作业摆在一旁，动都没动。妈妈提醒了他好几次，让他先完成作业，可他就像没听见似的，眼睛始终没离开手机屏幕。妈妈忍不住提高了音量，再次催促，他却突然不耐烦地冲我吼道："你能不能别管我！烦死了！"妈妈被他的态度惊到，伸手想拿他的手机，希望他能先专注学习。

没想到，他猛地站起来，用力把妈妈推开，一个不稳差点摔倒，更让妈妈愤怒的是，他嘴里还不停地说着难听的话："天天叨叨个没完，像个唐僧似的！"那一刻，妈妈呆立在原地，满心的委屈与震惊，怎么也想不到曾经乖巧的孩子竟会这样对自己。

当面对孩子对妈妈动手辱骂的情况时，父亲要及时采取有效的方法进行教育引导，既帮助孩子认识错误，改正行为，助力孩子健康成长，又让家庭重新回归温暖与和谐。

（1）冷静制止，稳定局面

当看到孩子对妈妈动手辱骂的场景，父亲要第一时间果断介入，表情严肃，声音坚定有力。紧接着，父亲可以稍微缓和一下语气，但依然保持严肃。这样的引导能给孩子一个缓冲的时间，让他们从愤怒的情绪中稍微抽离出来，开始反思自己的行为。

父亲这样说

"马上停下来！不许再这样对待妈妈！"

"先冷静下来，站到一边去，好好想想自己刚才做了什么。"

（2）严肃批评，明确错误

等孩子稍微平静一些后，父亲要和孩子进行严肃的谈话，语气坚定，明确指出这种行为严重违背了家庭的基本准则和道德底线，对妈妈造成了极大的伤害,让孩子从内心深处对自己的错误有清晰的认知。

父亲这样说

"你今天的行为让爸爸非常失望和生气。妈妈辛苦养育你，关心你的生活和学习，你怎么能用这样恶劣的方式对待她？动手和辱骂是对妈妈极大的不尊重，这是绝对错误的行为，你必须认识到自己的问题有多严重。"

（3）耐心沟通，了解根源

在批评之后，父亲要转变语气，进行耐心的沟通。这种沟通方式能让孩子感受到父亲的理解和关心，从而愿意打开心扉，倾诉自己内心的想法和困扰。只有了解到孩子行为背后的真正原因，才能更好地帮助他们解决问题，避免类似的冲突再次发生。

父亲这样说

“爸爸知道你现在正处在青春期，可能有很多烦恼和压力，是不是遇到了什么事情让你这么生气？可以跟爸爸说说，我们一起解决。但不管有什么理由，都不能成为你伤害妈妈的借口。”

（4）引导反思，承担责任

父亲要引导孩子反思自己的行为，让他们学会承担责任，并让孩子明白自己的行为给妈妈带来了伤害，需要承担起弥补过错的责任，同时学会自我约束和情绪管理。

父亲这样说

“从现在开始，你要学会控制自己的情绪，遇到问题要冷静，不能再用暴力和恶语解决。你要向妈妈真诚地道歉，并且用实际行动来证明你会改正错误。”

（5）制定规则，强化教育

最后，父亲要和孩子一起制定家庭规则，强化教育效果。通过明确的规则和奖惩机制，让孩子清楚知道什么是可以做的、什么是不被允许的，从而在行为上进行自我约束，逐渐养成良好的行为习惯和家庭观念。

父亲这样说

“为了避免以后再发生这样的事情，我们要制定一些规则。如果你再对家人不尊重，动手或者辱骂，就会受到相应的惩罚，要么减少你的娱乐时间，要么取消周末的外出活动。但只要你遵守规则，尊重家人，我们也会看到你的进步，为你感到骄傲。”

孩子开始注重外表了，父亲及时出场给出良好建议

初中是孩子成长的关键转折点，生理和心理都在发生巨大变化。很多家长可能会突然发现，孩子开始注重外表了。这一转变，或许是孩子突然对发型挑剔起来，或许是执着于某件衣服，又或许是对镜子的关注度大幅提升。这是孩子自我意识觉醒的重要表现，他们渴望通过外在形象得到他人的认可和关注。

当孩子开始注重外表，妈妈们可能会担忧，担心孩子因此忽视学习，或者被不良审美影响。这时就需要父亲的及时出场，比如孩子说："我想烫头发，现在的发型太难看了！"父亲不用立刻反驳，而是先对他的想法表示理解，然后进一步引导孩子树立正确的价值观和审美观念。这会对孩子的成长产生积极影响。

睿睿上初中后，就像变了个人，以前穿什么衣服都无所谓，现在天天对着镜子照，还总嫌弃自己衣服不够好看、发型不够帅气。睿睿的妈妈正愁怎样和孩子聊这件事，谁料，睿睿的爸爸先行动起来。

一天晚饭过后，睿睿爸爸把儿子叫到身边，笑着说："儿子，夏天快要到了，你的鞋子还是春款，爸爸给你买双夏季的运动鞋吧，你看看想要什么样的？我觉得你现在开始有自己的想法了，挺好的！"睿睿一听，眼睛都亮了，坐得直直的。

睿睿爸爸接着说："不过呢，咱们现在毕竟还是学生，而且你还在长个，鞋子就不买那种特别贵的，你觉得呢？"

就这样，睿睿爸爸以给儿子买鞋这个话题切入，跟睿睿深刻地聊

起了外貌焦虑这个话题。

“外表好看可不只是穿漂亮衣服。每天把脸洗干净，头发梳整齐，衣服穿得清清爽爽，这样不管走到哪儿，别人看着舒服，自己也自在。”孩子若有所思地点点头。

睿睿妈妈在一旁看着，心里直感叹。爸爸的话，没有一点批评，孩子听得也非常认真。

青春期是孩子自我意识迅速发展的时期，他们开始更加关注自己在他人眼中的形象，将外表视为自我表达和展示个性的重要方式，希望通过外表来展现独特的自己，获得他人的认可和关注。这个阶段，父亲的及时引导至关重要。通过下面这些具体的建议和温暖的话语，可以帮助孩子在追求美的道路上，既展现出青春的活力与风采，又逐步树立正确的价值观念，健康快乐地成长。

（1）保持整洁干净

父亲要让孩子明白，干净整洁是对他人的尊重，也是对自己的尊重。督促孩子养成早晚洗脸刷牙、勤洗澡、勤换衣物的好习惯，这些看似简单的行为，却是塑造良好形象的基础。

父亲这样说

“宝贝，一个人的外表，干净整洁是最重要的。就像一间明亮整洁的屋子，让人看着舒心，自己待着也惬意。保持清爽干净，这样无论走到哪里，都会让人感觉舒服，自己也会更自信。”

（2）选择合适的穿着

初中阶段的孩子，追求个性但往往缺乏辨别能力，所以带孩子挑选衣服时，帮助他们分析哪些款式适合他们的身材和气质，让孩子逐渐学会根据不同场合选择合适的服装。

父亲这样说

“孩子，咱们穿衣服要选适合自己年龄和身份的。你们现在是学生，穿着要得体大方，校服就是很好的选择，它代表着青春活力。平时出去玩，也别选太花哨或者暴露的衣服，简单舒适又能展现你的朝气就是最好。”

（3）注重内在修养

外表固然重要，但内在修养才是一个人真正的魅力所在，鼓励孩子参与各种有益的活动，培养兴趣爱好，丰富自己的内心世界。

父亲这样说

“孩子，一个人的美不仅仅在外表，更在内心。善良真诚、待人谦和、学识丰富，这些美好的品质会让你散发出独特的光芒。就像那些有学问的人，一开口就能让人感受到他们的魅力。所以，在关注外表的同时，千万别忘记好好学习，多读书，提升自己的内在修养。”

（4）培养积极心态

初中孩子很容易因为外貌上的一点小缺陷而自卑。这时父亲要给予孩子足够的肯定和鼓励，帮助孩子正确看待自己的外貌，接受自己的不完美，培养积极乐观的心态。当孩子遇到挫折或者因为外表被人嘲笑时，引导他们学会坚强，告诉他们真正的美丽源于内心的强大 。

父亲这样说

“宝贝，每个人都不是完美的，你也一样。你看，你的眼睛特别明亮，笑起来还有个小酒窝，多可爱呀！不要总盯着自己的小缺点，要多发现自己的优点，自信的你才是最美丽的。”

孩子沉迷手机，父亲及时出场了解其内心需求

在这个信息飞速发展的时代，手机就像一把双刃剑，给孩子们带来便捷与乐趣的同时，也面临视力受损、成绩下滑等隐患。当孩子沉迷手机时，父亲的及时出场显得尤为关键，因为父亲在家庭中往往代表着理性、力量与方向，他们独特的思维方式和教育风格，能从不同于母亲的角度去理解孩子的内心世界，给予孩子坚韧的支持和引导。父亲的及时出场，不仅能帮助孩子建立规则意识，还能在孩子成长的关键时期，塑造他们坚强、独立的性格，这对孩子的身心健康和未来发展意义重大。

晓宇与手机“缘分”从小学时期就开始了，那时，晓宇的父母忙于工作，无暇时刻照看他，为了安抚晓宇，手机常常充当“电子保姆”的角色。手机里面丰富的动画片、有趣的小游戏，瞬间就抓住了晓宇的心。从那以后，手机便成了晓宇的亲密伙伴，陪伴他度过许多独处时光。

升入初中，青春期的叛逆因子在晓宇体内疯狂生长。父母意识到晓宇过度依赖手机，试图制定规则：每天只能玩一小时，写作业时必须关机等。可晓宇把这些规则当作耳边风，他心里满是对父母管束的抵触，觉得自己已经长大，有权决定如何使用手机。于是，他常常背着父母，在被窝里玩到深夜，甚至还把手机带到学校，在课堂上，趁老师转身，偷偷拿出手机刷短视频、玩游戏。放学回家晓宇也一头扎进游戏里，对父母的呼喊充耳不闻。原本整齐的书桌堆满了没写的作业，曾经热爱的篮球也被扔在角落，落满灰尘……

当孩子沉迷手机时，父亲的及时引导和帮助是孩子走出困境的关键。通过以下这些方法，用爱和智慧为孩子指引方向，可以帮助他们重新拥抱健康、充实的生活：

（1）深度沟通，打开心灵密码

父亲需要用温柔且充满好奇的话语开场，让孩子感受到父亲对自己爱好的尊重，从而愿意敞开心扉分享手机里的乐趣。当孩子倾诉后，父亲要用引导式的提问，启发孩子思考并说明自己沉迷手机的深层原因，从而走进孩子的内心世界。

父亲这样说

“孩子，爸爸知道手机里的世界很精彩，你愿意和我讲讲最吸引你的是什么吗？”

“听起来确实很有意思，不过爸爸想知道，是不是在生活里有些小烦恼，才让你更愿意待在手机的世界里呢？”

（2）制定规则，筑牢行为边界

父亲需要以商量的口吻制定规则，让孩子参与其中，这样可以增强他们的自主意识和责任感。另外，用明确的奖惩机制，让孩子清晰地知道行为的边界，激发他们自我约束的动力。以下这样的规则，可以作为参考。

规则	内容
基础规则	课堂／就餐前 1 小时禁用（全家遵守）
弹性规则	每周 3 小时自由支配时间（可累积兑换大块游戏时间）
特权规则	连续 5 天达标可解锁特别体验（如露营断网旅行）

（3）培养兴趣，转移关注焦点

当父亲发现孩子潜在的兴趣点时，一定要用鼓励和期待的话语激发孩子的热情，并用持续的肯定让孩子在兴趣中获得成就感，逐渐转移对手机的注意力。

父亲这样说

“孩子，我发现你对绘画似乎很有天赋，爸爸给你准备了一套专业的绘画工具，说不定你以后能成为一名出色的画家呢！”

“这幅画的色彩搭配太漂亮了！你的创意真独特，继续加油，爸爸相信你会越画越好！”

（4）亲子互动，填充生活色彩

通过提议有趣的户外活动，父亲能引导孩子走出家门，亲近自然，感受现实世界的美好。另外，丰富的亲子互动，能让孩子在亲情陪伴中找到快乐，让他们意识到现实生活远比手机里的虚拟世界更丰富多彩。

父亲这样说

“周末我们一起去爬山吧，听说山顶的风景美不胜收，爸爸好久都没和你一起挑战高峰啦！”

“今晚我们一起看一部有趣的电影吧，看完后我们来分享彼此的感受，一定很有意思。”

（5）鼓励社交，拓展生活圈子

父亲可以鼓励孩子邀请朋友来家中聚会，为孩子创造社交机会，让他们在与同龄人相处中获得快乐和成长。另外，要积极为孩子寻找社交平台，让孩子在更广阔的社交圈子里找到归属感，减少对手机的依赖。

父亲这样说

“孩子，你可以邀请同学们来家里一起做手工、玩游戏，大家聚在一起肯定特别开心。”

“爸爸帮你报名了一个科学兴趣小组，在那里你能结识很多志同道合的小伙伴，一起探索科学的奥秘。”

孩子顶撞学校老师，父亲及时出场正确应对

在成长过程中，孩子与老师发生冲突、甚至顶撞老师的情况并不罕见，尤其是青春期阶段，孩子的身体发育加速，体内激素水平变化，导致情绪容易波动，变得敏感和易怒。同时，面对学习压力、人际关系等问题，他们可能会积累一些负面情绪，当这些情绪在课堂上或与老师交流时被触发，就可能会以顶撞老师的方式爆发出来。这时候，父亲的及时出场有着至关重要的意义。父亲坚毅、沉稳的特质，能帮助孩子在冲动的情绪中冷静下来，理性地看待问题。而且父亲积极处理问题的态度，也能让孩子明白，面对错误和冲突需要承担责任并正确面对，这对塑造孩子的性格和价值观有着深远影响。

周一数学课上，老师在讲一道复杂的几何题时，一向活跃的李桐提出了不同看法，他直接站起来大声打断老师，说出了自己的方法。老师让他先按课本思路来，课后再讨论，李桐却有点不服气，坐下之后还嘟囔着，这让原本安静的课堂躁动不安。老师严肃批评李桐扰乱课堂纪律，可是，年轻气盛的李桐觉得委屈，当场顶撞了老师，老师也直接把他赶出课堂，在教室门口站了一节课。

当天晚上，李桐爸爸下班回家，看到孩子心情低落，对着摊开的书本发呆。爸爸坐到他身旁，轻声问：“儿子，今天有点不开心呀？是在学校有什么不开心的事情吗？愿意跟爸爸讲讲吗？”李桐抬起头，眼里还有气愤，把事情经过一股脑说了出来。

爸爸耐心听完，语重心长地说：“儿子，爸爸理解你急于表达想法，

老师对你这种积极思考的同学也是非常喜欢的，但是课堂有课堂的纪律，老师也有自己讲课的节奏，打断老师讲课的节奏也是不礼貌的。老师语气可能重了些，但可不管怎样，顶撞老师这件事，既是对老师的不尊重，又伤害了老师的感情，同时也不利于你以后学习。”李桐听了，低下头陷入沉思。

“爸爸，我知道我做得不对。”李桐低声说道。

爸爸提议：“明天爸爸陪你去学校，当面跟老师道歉，把你的想法和歉意真诚地说出来，怎么样？”李桐想到自己的冲动行为，犹豫片刻后，点头答应了。

第二天，爸爸陪着李桐找到数学老师。李桐红着脸说：“老师，我错了，昨天不应该在课堂上那么冲动，不尊重您，更不应该顶撞您。”老师见李桐态度诚恳，欣慰地笑了：“老师也有错，不该在课堂上那样批评你。其实你的想法挺有创意，只是要注意交流场合和方式。”自那之后，李桐课堂上发言积极，对老师也越发尊重了。

当孩子顶撞老师时，父亲的正确引导能帮助孩子化解与老师的矛盾，让孩子在这个过程中学会控制情绪、反思错误、正确沟通，从而健康快乐地成长。以下这几个方法，可以让父亲有效与孩子沟通，妥善化解矛盾、助力孩子成长。

（1）耐心倾听，了解缘由

父亲与孩子沟通时，不能一开口就是批评指责，要用充满关爱的话语开场，让孩子感受到父亲的理解与支持，从而使孩子愿意倾诉。等孩子倾诉完后，父亲再进一步引导孩子深入表达内心想法，为后续解决问题找准方向。

父亲这样说

“孩子，爸爸知道你和老师之间可能发生了一些不愉快的事，能跟爸爸详细说一下事情的经过吗？不管发生什么，爸爸都在这儿听你说。”

“听你说完，爸爸大概了解了情况，那你能不能再和爸爸说说，当时事情发生的时候，你是怎么想的呢？”

（2）双线验证，多方调查

当孩子在学校顶撞老师时，父亲一方面要跟孩子了解情况，另一方面还要需全面了解事件真相，此时“双线验证”调查法就很有效。

首先，父亲可采用询问同学的策略，借助孩子好友家长的力量获取第三方视角，从侧面了解事情的真实情况。

其次，重视物证收集，比如，课堂笔记内容可反映孩子当时的学习状态，当天作业批改痕迹也有助于判断孩子情绪是否受影响。

通过询问同学与物证收集双管齐下，父亲能更客观、准确地掌握事件全貌。

父亲这样说

“我家孩子说那天课堂上有个小插曲，您家孩子回家提过类似的事吗？”

“磊磊爸爸，您好，磊磊在家吗？我想跟磊磊了解一下今天科学课堂上的事情，方便请他接一下电话吗？”

（3）引导反思，认识错误

了解冲突缘由后，父亲要引导孩子反思自身行为。可以找个合适时机，和孩子一起回顾事件，比如晚饭后散步时，鼓励孩子思考自己行为对老师、班级秩序的影响。若孩子意识到错误，父亲要鼓励孩子向老师道歉。

另外，父亲还可以和孩子一起制定改进计划，如遵守课堂纪律、积极参与课堂互动等，帮助孩子重新赢得老师信任，修复师生关系，让孩子在和谐的学习环境中健康成长。

父亲这样说

“宝贝，咱们现在冷静想想和老师的冲突，你觉得自己当时哪些地方做得不太合适呢？”

“孩子，我们来仔细想想，顶撞老师这种行为是不是不太合适呢？老师平时还是很关心你们的学习的，就算当时老师有做得不好的地方，我们是不是也应该用更礼貌的方式去沟通呢？”

“爸爸知道你可能不是故意要冒犯老师，但是你的行为已经伤害到了老师的感情，我们得想想怎么弥补这个错误。”

孩子考试成绩频频下滑，父亲及时出场应对处理

在成长的过程中，很多孩子的学业成绩起伏犹如波澜，时而平静，时而汹涌。当孩子考试成绩频频下滑时，父亲的及时出场至关重要。

在孩子迷茫失措时，父亲需要像一盏明灯一样照亮孩子前行的道路；在孩子被失败的阴霾笼罩时，父亲要成为坚实的依靠，给予孩子重新振作的勇气。比如：全区统考孩子成绩下降，孩子自己知道成绩后也垂头丧气，“又没考好，自己太笨了，就是不适合学习！”当孩子出现这些负面情绪时，父亲积极的引导和有效的应对策略，不仅能帮助孩子重获自信，更能塑造孩子坚韧不拔的性格，让孩子在面对未来人生的种种挑战时，有足够的底气和智慧去应对。

进入初中后，原本成绩不错的小刚，最近几次考试成绩却一路走低，仿佛坐上了急速下降的电梯，势头令人担忧。

在刚结束的这学期期中考试，曾经数学成绩一直稳定在班级前十的他，这次竟险些不及格。看着试卷上那些刺眼的红叉，不少基础计算题都因粗心大意丢分，复杂的几何证明题更是几乎全军覆没，小刚满心都是懊恼与不解。物理成绩也同样糟糕，力学、电学等知识点的综合题目，他完全找不到解题思路，成绩从原本的优秀掉到了中等偏下。

放学回到家，小刚把自己关在房间里，书包随手一扔，瘫坐在书桌前，眼神空洞地望着那堆试卷。往日活泼开朗的他，如今眉头紧锁，满心被成绩下滑的阴霾笼罩，甚至连晚饭都没心思吃。

父亲下班回家，察觉到家里气氛不对劲。走进小刚房间，看到儿子这般模样，又瞧见桌上那几张惨不忍睹的试卷，心中一紧。他默默在一旁坐下，目光落在试卷上，那些不理想的分数像尖锐的针，刺痛着他的心。父亲看着日渐消沉的儿子，知道必须要做点什么了，可成绩下滑的原因到底在哪，又该从何下手解决，成了摆在他面前棘手的难题。

根据马斯洛需求层次理论，我们知道：家庭的关爱与支持是孩子学习的基础。在孩子成绩下降时，父亲可以通过以下几个方法多与孩子交流，耐心倾听他们在学习上的烦恼，帮助孩子一起找到提升成绩的方法。

（1）在轻松的沟通氛围中倾听孩子心声

父亲要选择一个合适的时机，比如在晚餐后散步时，或者一起参与孩子喜欢的活动时，和孩子开启对话。避免在孩子刚拿到成绩单或者情绪激动的时候追问，以免让孩子产生抵触心理。在交流过程中，要耐心倾听孩子的想法，不要打断，让孩子充分表达自己的感受，了解成绩下滑背后的真正原因，是学习方法不当、课程难度增加，还是因为家庭、学校的人际关系等因素。

父亲这样说

“宝贝，今天咱们就抛开学习，好好聊聊，不管你有什么烦恼，都可以跟爸爸说，爸爸就是你最坚实的后盾。”

“孩子，爸爸知道最近考试成绩让你不太开心，其实成绩不是最重要的，我更关心你心里是怎么想的。”

（2）树立正确成绩观念，帮减轻孩子压力

很多时候，孩子成绩下滑后会陷入自我怀疑，认为自己不够优秀。父亲要及时帮助孩子树立正确的成绩观念，让孩子明白成绩只是学习过程中的一个参考，不能代表孩子的能力和价值。可以通过讲述一些名人在学习阶段也遭遇挫折，但最终凭借坚持和努力取得成功的故事，让孩子明白失败是成功之母，鼓励孩子不要被暂时的困难打倒。

父亲这样说

“成绩只是对一段时间学习的检验，它不能定义你的全部，只要你努力了，就是最棒的。”

“一次两次的成绩下滑没什么大不了的，每个人都会有低谷期，重要的是我们要从失败中吸取教训。”

（3）协助制订学习计划，培养良好习惯

父亲可以和孩子一起分析各科成绩，找出薄弱环节，然后根据孩子的实际情况制定详细的学习计划。合理安排学习时间，制订每天的学习任务清单，包括预习、复习、做作业以及阅读课外书籍等。在制定计划的过程中，要充分尊重孩子的意见，让孩子参与其中，这样孩子才会更有积极性去执行。同时，父亲要监督孩子按照计划执行，帮助孩子养成良好的学习习惯。

父亲这样说

“我们一起分析一下，看看哪些科目需要多花些时间，爸爸帮你制定一个合理的学习计划。”

“宝贝，从今天开始，我们每天抽出一点时间来复习和预习，养成好的学习习惯，成绩肯定会慢慢提高的。”

（4）鼓励孩子自我激励，增强自信心

当孩子成绩下滑时，自信心会受到打击。父亲要善于发现孩子在学习过程中的闪光点，及时给予肯定和鼓励。通过具体的事例，如孩子在某道题上的出色表现、作业完成质量的提高等，让孩子看到自己的努力和进步，从而增强自信心。同时，引导孩子学会自我激励，让孩子明白成功是靠自己一步一个脚印走出来的，只要坚持不懈，就一定能取得好成绩。

父亲这样说

“你看，这次数学作业你有好几道难题都做对了，这就是你的进步，爸爸相信你在考试中也能发挥出自己的实力。”

“宝贝，你可以给自己设定一些小目标，每实现一个目标就给自己一个小奖励，这样你会越来越有动力。”

（5）关注孩子全面发展，劳逸结合

父亲不能只关注孩子的学习成绩，还要关心孩子的身心健康和兴趣爱好。在孩子成绩下滑期间，不要给孩子过多的学习压力，鼓励孩子适当参加一些体育活动、阅读课外书籍或者发展自己的兴趣爱好，做到劳逸结合。这样不仅能让孩子放松身心，缓解学习压力，还能培养孩子的综合素质，促进孩子的全面发展。

父亲这样说

“学习固然重要，但也要注意休息和放松，爸爸陪你去打打球怎么样？”

“宝贝，你最近喜欢的那本漫画书爸爸给你买来了，学习累了就看看，放松一下心情。”

孩子看不健康网站，父亲及时出场给予正向引导

在当下这个移动互联网时代，网络如同一个巨大的潘多拉魔盒，其中既有丰富的知识和精彩的世界，也隐藏着许多不良信息的陷阱。当孩子不小心接触到不健康网站时，父亲一定要及时出场给予正确引导。

在青少年时期，孩子对世界充满好奇，自我约束能力和辨别是非的能力尚未完全成熟。不健康网站的内容往往会对他们的身心健康造成严重的负面影响，可能会扭曲他们的价值观、影响他们的心理发展，甚至干扰他们正常的学习和生活。此时，父亲的介入可以帮助孩子正确识别这些不良信息，增强他们的自我保护意识，避免孩子在错误的道路上越走越远，为孩子的健康成长保驾护航。

一个普通的周末午后，初中生小明在家写作业，父亲在书房处理工作。当父亲起身去客厅接水时，不经意间瞥见小明房间半掩的门内，小明正紧盯着平板电脑屏幕，神色紧张又好奇。父亲远远一看，屏幕上竟然出现一些不适合未成年人观看的内容。

父亲的心猛地一沉，但他没有立刻发火，而是坐在沙发上深吸一口气，让自己冷静下来。过了十分钟，父亲轻轻敲了敲门，小明被这突如其来的敲门声吓了一跳，急忙想关掉网页，手忙脚乱间差点碰倒了桌上的水杯。

父亲走到小明身边，缓缓坐下，轻声说道：“儿子，爸爸知道你可能只是不小心点到了这些。但网上这些内容不适合你现在看，你能跟爸爸说说，怎么会看到这些的吗？”小明低着头，红着脸，声音小

得像蚊子嗡嗡："我在查学习资料，网页上突然弹出了这个链接，我……我就点进去了。"

父亲耐心地听着，接着说："网络上信息繁杂，有好的，也有坏的。我们要学会辨别，保护好自己。你这个年纪，对很多东西充满好奇，这很正常，但我们得知道什么该看，什么不该看。这些不良内容不仅会影响你的身心健康，还可能分散你的学习精力。"

小明默默地点点头，眼睛里满是愧疚。

（1）建立信任关系，坦诚沟通

父亲要选择一个安静、私密的环境，让孩子感到放松和安全。以平和的态度开场，先分享自己年少时的类似经历，让孩子知道每个人都会有好奇和犯错的时候，消除孩子的抵触心理。通过这样的方式建立起信任关系，让孩子愿意坦诚地说出自己的想法和困惑。

父亲这样说

"孩子，爸爸知道你现在可能有点不好意思，但没关系，爸爸像你这么大的时候也对很多事情充满好奇，不管遇到什么，都可以跟爸爸说，爸爸永远不会怪你。"

"宝贝，我们是最亲密的父子（女），你可以信任爸爸，今天我们就来聊聊你最近是不是接触到了一些让你困惑的东西 。"

（2）普及性知识，树立正确观念

当孩子接触到不健康网站时，很可能是因为对性知识的好奇。父亲可以借此机会，用科学、客观的态度向孩子普及性知识，让孩子了解身体的发育和变化是正常的生理现象。同时，引导孩子树立正确的性观念，让他们明白性不仅仅是生理层面的，还涉及到情感、道德和责任。

父亲这样说

“孩子，随着你慢慢长大，身体会发生一些变化，对一些事情产生好奇是正常的。但是那些不健康网站上的内容是片面的、不真实的，关于性知识，爸爸现在就可以和你好好讲讲。”

“宝贝，性是很自然的一部分，但它应该建立在相互尊重、平等和合法的基础上，不是那些不良网站上所展示的扭曲模样。”

（3）强调网络危害，提升辨别能力

父亲要清楚地向孩子说明浏览不健康网站可能带来的危害，包括对心理、学业以及网络安全方面的影响。可以列举一些实际的案例，让孩子直观地了解到这些危害的严重性。同时，教导孩子如何辨别网络信息的好坏，提高他们的信息甄别能力，让孩子在面对网络世界的纷繁复杂时，能够保持清醒的头脑。

父亲这样说

“孩子，那些不健康网站不仅会影响你的思想，还可能存在病毒和诈骗信息，会给我们带来很多麻烦。以后上网一定要学会辨别哪些是好的信息，哪些是不好的。”

“宝贝，网络上的信息很复杂，我们要学会保护自己。不健康网站上的内容会分散你的注意力，影响你的成长，所以我们要远离它们。”

（4）丰富课余生活，转移注意力

孩子浏览不健康网站可能是因为课余生活过于单调，缺乏有趣的活动来吸引他们的注意力。父亲可以引导孩子培养一些健康的兴趣爱好，如运动、绘画、音乐、阅读等，丰富孩子的课余生活。鼓励孩子多参加户外活动和社交活动，让他们在现实生活中找到乐趣和成就感，从而减少对网络的过度依赖，降低接触不良信息的概率。

父亲这样说

“孩子，爸爸看你最近对画画好像挺感兴趣的，我们周末一起去参加绘画班怎么样？这样你就可以学到更多有趣的东西。”

“宝贝，我们一起去运动吧，打球既能锻炼身体，又能让你放松心情，比一直待在网上好多了。”

第五章

父亲在孩子高中阶段的及时出场

高中选科时，父亲及时出场帮助孩子规划未来

高中选科是孩子人生旅程中的一个关键转折点，它如同岔路口，不同的选择将引领孩子走向不同的发展路径。

高中阶段的孩子虽已逐渐成长，但在面对如此重要且复杂的抉择时，往往会感到迷茫和困惑。他们对自身的兴趣、优势和未来职业方向缺乏清晰认知，而选科又直接关联到高考志愿填报以及未来的专业学习和职业发展。

比如，儿子非常苦恼地吐槽："我特别喜欢历史，每次上历史课，我就感觉是在跟古人对话，我想学文科，但大家都说未来是理科生的天下，好纠结！"此时，父亲凭借其丰富的人生阅历、成熟的思考方式以及对社会行业的广泛了解，及时出场给与孩子引导，就能够为他提供全面而深入的分析与建议。而且父亲的及时出场可以帮助孩子拨开迷雾，更理性地看待选科，并根据孩子的爱好做出符合其自身发展的最佳选择，为孩子的未来奠定坚实基础。

张琪刚迈入高一，父亲就敏锐察觉到选科对孩子未来发展极为关键，迅速从宏观角度为张琪制定了选科引导计划。

高一上学期，父亲主动出击，广泛搜集资料，精心梳理高中各学科的特性，以及不同学科组合关联的大学专业和职业走向。只要一有空闲，父亲就和张琪倾心交谈，细致询问他初中时学习各学科的体验，引导他大胆表达对学科的兴趣偏好。当得知张琪钟情物理，却担心高中物理难度时，父亲给予他充分肯定与鼓励，帮他筑牢追逐兴趣学科的决心。

整个高一年级，父亲还经常带着张琪参与线上线下的大学专业科普讲座，让孩子拓宽对不同专业领域的视野。

步入高二，父亲的引导进一步深化，他联系自己在各行各业的朋友，邀请他们为张琪分享工作日常与行业发展态势，让张琪对职业有了更切实的认知。在父亲长期且系统的引领下，张琪从最初面对选科的迷茫无措，到逐渐明晰目标，有条不紊地规划高中学习，坚定地朝着理想未来稳步迈进。

高中选科关系到孩子未来发展，在这个重要节点，父亲要提前收集信息，并且结合孩子的兴趣爱好，给予他们积极且恰当的引导，为孩子拨开迷雾，助力其做出理想选择。

父亲可以通过以下几个方面，积极参与孩子的选科规划。

（1）进入高中就提前规划

从进入高中起，父亲就要积极引导孩子注重选科和自身爱好的发掘，要主动与孩子沟通高中各个学科的情况，了解孩子对每个学科的态度，注意在沟通中保持轻松、开放的氛围，避免强行灌输自己的观点。鼓励孩子充分表达对各个学科的喜好、学习体验以及内心的困惑。通过耐心倾听，父亲能准确把握孩子的兴趣点和潜在优势，为后续的选科建议提供有力依据。

父亲这样说

“孩子，选科是关乎你未来的大事，爸爸特别想听听你对各个学科的真实感受，你喜欢哪些科目，觉得哪些科目学起来比较轻松或者困难呢？”

“宝贝，爸爸知道你心里可能有一些想法，不管是什么，都可以毫无保留地跟爸爸说，咱们一起探讨。”

（2）分析学科特点与发展前景

父亲可以利用自己的知识储备和对社会的了解，向孩子详细介绍各个学科的特点、学习难度以及未来在大学专业选择和职业发展方面的关联。结合实际案例和行业趋势，让孩子对每个学科有更全面、深入的认识，帮助孩子从长远角度考虑选科。

父亲这样说

“孩子，你看数学是一门基础学科，它的逻辑性很强，学好数学对于以后很多专业的学习都有帮助，像计算机、金融等专业都离不开数学。”

“宝贝，历史学科能让我们了解过去，洞察人类社会的发展规律。选择历史，未来在文学、教育、考古等领域都有很多发展机会。”

（3）结合孩子优势，提供合理建议

基于对孩子兴趣和学科特点的了解，父亲要敏锐地发现孩子的优势和特长，为孩子提供有针对性的选科建议。帮助孩子认识到自己的优势所在，引导孩子选择能够发挥自身长处的学科组合，让孩子在高中学习中更有信心和动力。

父亲这样说

“孩子，你在语言表达方面很有天赋，记忆力也不错，语文和外语对你来说应该是比较擅长的科目。如果选科能包含这两门，你在学习上会更有优势。”

“宝贝，你动手能力很强，对实验操作很感兴趣，像化学、生物这类注重实践的学科，或许很适合你，咱们可以重点考虑一下相关的学科组合。”

（4）提供多元信息渠道，鼓励自主探索

除了自己的经验分享，父亲还可以为孩子提供丰富的信息资源，如专业的选科指导书籍、权威的教育网站、相关的讲座视频等。鼓励孩子主动去获取信息，自主探索不同学科组合和未来职业发展的可能性。培养孩子独立思考和自主决策的能力，让孩子在选科过程中逐渐明确自己的方向。

父亲这样说

“孩子，爸爸给你找了一些关于高中选科的资料，还有一些大学专业介绍的书籍，你可以看看，多了解一些信息。”

“宝贝，网上也有很多关于选科和职业规划的讲座，你可以抽时间听听，说不定能从中找到一些启发，自己去探索一下，看看什么样的选择最适合自己。”

孩子学业繁忙，父亲及时出场缓解压力

在高中这个充满挑战的学习阶段，孩子犹如负重前行的行者，学业的压力如影随形。堆积如山的作业、频繁的考试以及对未来的憧憬与担忧，常常让他们喘不过气来。

前段时间很火的一段视频，一个高三的女孩，哭着给他爸爸打电话："爸爸，我学不下去了，感觉好累！我想回去！"爸爸接到电话，没有一丝指责、抱怨，而是笑呵呵地说："学不下去不学了，没事的！我去接你，你看看什么时间合适？"正是这位父亲的及时出场，给了女儿爱与安全感，而且让女儿巨大的压力有了释放的出口。

在学习遇到压力时，父亲的鼓励和支持能让孩子重新燃起斗志，以更积极的心态面对学习和生活中的挑战，避免孩子因长期处于高压状态而产生心理问题，确保孩子在成长的道路上健康、快乐地前行。

小树进入高中后，学习任务日益繁重，妈妈明显感觉到他的压力越来越大。每天晚上，小树都在书桌前埋头苦学，脸上的笑容也越来越少。

有一天，妈妈看到孩子疲惫地趴在书桌上，眼神中满是迷茫和无奈。妈妈尝试着安慰他，可效果并不理想。就在这时，孩子的父亲回来了。他看到孩子的状态，什么也没说，只是轻轻地拍了拍小树的肩膀，然后把他叫到了客厅。

父亲让孩子坐下，给他倒了一杯水，然后开始和他聊天。父亲没有直接提及学习，而是说起了自己高中时的经历。他说自己当年也面

临着巨大的学习压力，感觉快要崩溃了。但是，他通过一些方法成功地缓解了压力，重新找回了学习的动力。小树听着父亲的讲述，渐渐被吸引住了，脸上的表情也不再那么紧绷。

接着，父亲和小树一起回忆了他们曾经一起度过的快乐时光，比如去海边游玩、一起看电影等。小树的眼神中开始闪烁着光芒，脸上也露出了久违的笑容。那一刻，妈妈知道父亲的方法奏效了，他用自己的方式让孩子从沉重的学习压力中暂时解脱了出来。

面对高中生学习压力大的情况，父亲可以从以下几个方面帮助孩子缓解压力。

（1）倾听与共情

孩子学习压力大的时候，父亲千万不要再讲大道理，给孩子灌输无用的鸡汤。父亲可以找一个安静舒适的环境，让孩子坐下来倾诉一下学习的苦闷和学校的事情，不要中途打断孩子，用眼神和简单的回应给予孩子关注，让孩子感受到被尊重和理解。通过共情，让孩子知道父亲明白他的辛苦，从而在情感上得到支持。

父亲这样说

“孩子，爸爸知道你最近学习压力很大，不管遇到什么烦心事，都可以跟爸爸说，爸爸就在这儿听着。”

“宝贝，爸爸特别理解你现在的感受，高中学习确实不容易，压力大是正常的，说出来或许会好受些。”

（2）分享自身经历

父亲可以讲述自己高中时期面对压力的故事，包括当时的感受、遇到的困难以及如何克服的。让孩子明白压力是成长过程中都会遇到的，并且是可以战胜的，为孩子树立榜样，增强孩子的信心。

父亲这样说

"孩子，爸爸当年高中的时候，也和你一样压力特别大，觉得作业永远写不完，考试一场接着一场。但后来我发现，只要调整好心态，合理安排时间，压力是可以慢慢缓解的。"

"孩子，爸爸那时候也有想放弃的时候，但是坚持下来后，发现一切都值得。你现在也一样，爸爸相信你能行。"

（3）复盘学习计划

如果是成绩不好给孩子造成的压力，那么父亲可以和孩子一起复盘他目前的学习任务和时间安排，找出不合理的地方，再根据孩子的实际情况，制订详细的学习计划，合理安排学习和休息时间，帮助孩子将大目标分解成小目标，让孩子能够清晰地看到自己的进步，减轻压力。

父亲这样说

"孩子，我们一起来看看你的学习任务，把它们梳理一下，制定一个合理的计划，这样学习起来会更有条理，压力也会小一些。"

"宝贝，我们把每天的学习时间和休息时间合理分配一下，该学习的时候认真学，该休息的时候就好好放松，你觉得怎么样？"

（4）鼓励运动放松

越是压力大，父亲越要鼓励孩子进行适量的运动，如打篮球、跑步、骑自行车等。运动不仅可以释放身体内的压力，还能促使大脑分泌内啡肽，让人产生愉悦感。父亲可以亲自陪伴孩子运动，增加亲子互动，同时也能监督孩子坚持锻炼。

父亲这样说

“儿子（女儿），学习累了就别一直坐着了，爸爸陪你出去打打球，运动一下，出出汗，能让你放松很多。”

“宝贝，运动是缓解压力的好方法，每天抽出一点时间去跑跑步，回来再学习，效率会更高哦。”

（5）培养兴趣爱好

父亲最了解孩子的兴趣爱好，在压力大的时候，父亲可以带着孩子去做他喜欢的事情，比如：游泳、打球、看电影，或者建议孩子约朋友出来一起吃饭放松。兴趣爱好可以帮助孩子转移注意力，从学习压力中暂时解脱出来，让他们身心得到放松和滋养。

父亲这样说

“孩子，爸爸知道你一直喜欢绘画，最近学习压力大，不妨抽出点时间画几笔，这也是一种很好的放松方式。”

“宝贝，你不是爱听音乐吗？学习间隙听听喜欢的歌曲，能让你的心情舒畅，缓解学习带来的紧张感。”

孩子厌学、逃课，父亲及时出场应对解决

高中时期，是孩子成长道路上的关键阶段，学业压力、社交困扰、自我认知的变化等诸多因素交织在一起，可能使孩子产生厌学逃学的行为。妈妈们在得知孩子厌学，尤其是逃课后，心理上很难接受，“这孩子怎么会逃课呢？”“不上学，未来可怎么办啊！”这种负面情绪直接会影响到跟孩子沟通的结果，最终孩子厌学逃课的情况不但没有改观，亲子关系反而更加紧张。

孩子出现厌学、逃课的现象，父亲需要及时出场应对解决。父亲作为家庭中重要的权威角色，其出场能有力重塑规则意识。与母亲的温柔引导不同，父亲坚定、严肃的态度，能让孩子清晰认识到逃学、厌学行为的严重性，进而引导孩子走出困境，重新回归正常的学习生活。

奇奇进入高中后，开始频繁地抱怨学习压力大，作业做不完，考试成绩也不理想。渐渐地，妈妈发现他开始逃避学习，早上总是磨磨蹭蹭不想去学校，甚至有几次直接逃学了。

妈妈心急如焚，尝试和孩子沟通，可每次奇奇都很不耐烦，不愿意和她交流。看到孩子这样，妈妈感到无比焦虑和无助。就在这时，孩子的父亲决定出面解决这个问题。

那天晚上，奇奇的父亲把孩子叫到了书房，妈妈在门外隐隐约约听到他们的对话。父亲没有一开始就严厉地指责孩子，而是用平和的语气说：“儿子，爸爸知道你最近在学习上遇到了很多困难，心里不好受。爸爸像你这么大的时候，也有过一段特别难熬的时光，对学习

也产生过抵触情绪。”听到父亲这么说，孩子原本紧绷的身体放松了下来，开始和父亲倾诉自己在学校的种种遭遇，包括学习上的难题、和同学之间的小矛盾等。

父亲认真地听完后，耐心地给奇奇分析问题，提出建议。在父亲的引导下，奇奇的表情逐渐变得轻松，眼神里也有了一丝希望。那一刻，妈妈看到了奇奇重新回归学习的曙光。

在孩子成长过程中，逃学、厌学现象一旦出现，往往预示着孩子在学业与心理层面遭遇了棘手困境。此时，父亲的深度介入具有不可替代的关键作用，以下方法可以帮助父亲全方位解决问题。

（1）建立平等沟通，倾听孩子心声

父亲要营造一个宽松、安全的沟通环境，选择孩子情绪相对稳定的时候，与孩子进行一对一的交流。放下家长的架子，以平等的姿态倾听孩子的想法，让孩子感受到父亲的尊重和关爱。在孩子倾诉过程中，不打断、不急于评判，给予孩子表达机会，了解孩子厌学逃学的真正原因。

父亲这样说

“孩子，爸爸知道你现在心里有很多委屈和烦恼，不管是什么，都可以跟爸爸说，爸爸保证不批评你，咱们就像朋友一样聊聊天。”

“儿子（女儿），爸爸特别关心你现在的感受，学习上的事、学校里的事，都能跟爸爸讲讲，说出来也许会好受一些。”

（2）分析问题根源，提供解决方案

在了解孩子的想法后，父亲要和孩子一起深入分析导致厌学逃学

的原因。如果是学习上的困难，就帮助孩子制订合理的学习计划，提供学习方法上的指导；如果是人际关系问题，就引导孩子如何正确处理与同学、老师之间的关系。

父亲这样说

“孩子，我们一起来分析分析你不想上学的原因。是学习太难了，还是和同学、老师相处不愉快？找到问题，咱们就能一起想办法解决。”

（3）重塑学习目标，激发内在动力

父亲可以和孩子一起回顾过去的梦想和目标，结合孩子的兴趣爱好和特长，帮助孩子重新树立明确的学习目标。将大目标分解成一个个小目标，让孩子在逐步实现目标的过程中，获得成就感，从而激发孩子内在的学习动力。

父亲这样说

“孩子，你以前学习那么努力，肯定是有自己的目标的。现在咱们重新找找目标，想想以后想成为什么样的人，过什么样的生活，学习就是实现这些目标的重要途径。”

“儿子（女儿），爸爸知道你有很多潜力还没发挥出来。咱们一起定一个小目标，比如这次考试进步多少名，实现了就给自己一个小奖励，这样慢慢找回学习的动力，好不好？”

（4）关注身心健康，给予情感支持

孩子在厌学逃学期间，身心健康往往受到影响。父亲要密切关注孩子的身体状况和情绪变化，鼓励孩子进行适当的运动，保证充足的休息和营养。在情感上，给予孩子无条件的支持和鼓励，让孩子感受到家庭的温暖和关爱。

父亲这样说

“孩子，爸爸发现你最近压力很大，身体和心情都不太好。学习固然重要，但你的健康快乐更重要。咱们一起出去走走，放松放松。”

“宝贝，不管遇到什么困难，爸爸都会一直在你身边支持你。你永远是爸爸最骄傲的孩子，不要给自己太大压力。”

重要考试没考好，父亲及时出场劝导

在高中阶段，考试如同一场场战役，承载着孩子的努力与期望。当孩子在重要考试中失利，情绪陷入低落时，父亲一定要及时出场加以引导。

高中的孩子正处于心理敏感且自我认知不断构建的关键时期。一次重要考试的失败，可能会让他们对自己的能力产生怀疑，陷入自我否定的漩涡，甚至影响到后续的学习动力和信心。“完了，还有三个月就高考，我的成绩突然下降了 20 分，排名也下降了不少，这样下去还怎么考心仪的大学呢？”“这次考试下降 20 分，下次考试万一再下降怎么办啊？”此时，父亲的及时出场，帮助孩子正确认识失败，让孩子明白一次考试失利并不能定义他们的未来，从而引导孩子走出情绪的低谷，重拾学习的热情和勇气。

高三上学期的一次月考成绩公布后，一向成绩优异的晓峰，名次大幅下滑。这个变化引起了父亲的注意。晚上，父亲在书房仔细翻看

晓峰的成绩单，眉头紧锁，物理、数学等优势科目分数明显下降，错题多是因为粗心和基础知识遗忘。

周末的午后，父子俩坐在客厅，父亲率先开口：“儿子，这次月考成绩波动有点大，其实也算正常，不过爸爸还是想听听你的想法。”晓峰低着头，手指不安地搓着衣角，犹豫片刻说：“最近学习状态不太好，老是走神。”父亲看着儿子，没有立刻追问，而是分享起自己高中时的经历：“我高中那会，也遇到过学习状态不好的时候，后来发现是兴趣爱好和学业时间分配不合理，你觉得自己问题出在哪呢？”

在父亲的引导下，晓峰终于道出实情：他最近学习压力非常大，上课的时候经常注意力不集中，明明数学是优势学科，但是感觉有的题突然就听不懂了，晚上也经常失眠。爸爸听后立刻说：“没关系，这样看来你还是心理压力比较大导致的，咱们一起来复盘一下之前的学习计划，看看根据现在的情况怎么调整一下。”

随后，父亲和晓峰一起复盘了之前的学习计划，并根据当下的情况进行了完善：每天晚自习下课到家后有固定的学习时间，除此之外，周末还安排适当的休闲放松。这样过了两周，晓峰的状态明显有了好转，在接下来的月考中也取得了不错的成绩。

孩子在重要考试没考好时，父亲具体应该怎样做呢？

（1）表达理解与接纳

父亲要第一时间让孩子感受到自己被理解和接纳，让孩子知道自己的情绪被认可。避免在此时批评孩子或者说一些空洞的“别难过”之类的话。用温暖的语言和肢体动作，如拥抱、拍拍肩膀等，给予孩子情感上的支持，让孩子在安全的氛围中释放情绪。

父亲这样说

“孩子，爸爸知道这次考试成绩让你很失望，爸爸特别心疼你现在的感受。一次考试失利并不能说明什么，每个人都会有状态不好的时候。”

“宝贝，爸爸完全理解你现在的心情，你要是想哭就哭出来，别憋着，爸爸就在这儿陪着你。”

（2）分享自身经历

父亲可以讲述自己曾经面对考试失利或其他挫折的经历，让孩子明白失败是人生常态，每个人都会经历。通过分享自己如何从失败中走出来，为孩子提供解决问题的思路和面对挫折的勇气，让孩子知道挫折是可以战胜的，增强孩子的心理韧性。

父亲这样说

“儿子，爸爸年轻的时候，也有过考试考砸的经历，当时我也觉得天都要塌了，特别沮丧。但后来我发现，这不过是人生中的一个小坎儿，只要不放弃，就一定能跨过去。”

“孩子，爸爸跟你说，那次失败之后，我总结了经验教训，调整了学习方法，后来的考试就取得了好成绩。你也可以的，咱们一起找找问题出在哪里。”

（3）理性分析问题

在孩子情绪稍微稳定后，父亲要引导孩子理性地看待考试失利。和孩子一起分析试卷，找出孩子在学习中存在的问题，如知识点的漏洞、学习方法的不当等。帮助孩子制定合理的学习计划，让孩子明白通过努力可以解决这些问题，从而重新树立学习的信心。

父亲这样说

“孩子，我们一起来看看这次考试的试卷，分析分析哪些地方是因为知识点没掌握好，哪些是因为粗心大意丢分的。”

“宝贝，爸爸觉得我们可以把这次考试的错题整理一下，找到问题的根源，然后制定一个学习计划，有针对性地去学习，下次肯定能进步。”

（4）鼓励与肯定

父亲要充分肯定孩子的努力和优点，让孩子知道自己的付出是被看到的。通过鼓励的话语，增强孩子的自我认同感，让孩子明白一次考试的失败不能代表自己的全部。激发孩子的内在动力，让孩子有勇气重新面对学习中的挑战。

父亲这样说

“孩子，你一直都是个很努力、很有上进心的孩子，这次的失败只是暂时的。爸爸相信你有能力在下次考试中取得好成绩。”

“宝贝，你在学习上有很多优点，比如你的坚持和认真，这些都是成功的必备品质。不要因为这一次的失利就否定自己，继续加油。”

高中谈恋爱影响成绩，父亲及时出场帮孩子树立正确婚恋观

高中时期，孩子正处于身心快速发展的阶段，情感的萌动往往悄然而至。当恋爱的出现影响到孩子的学业时，父亲需要及时介入。

高中学业的压力如影随形，孩子的主要任务是通过学习储备知识，为未来的人生奠定基础。而恋爱中的情绪波动，无论是甜蜜还是争吵带来的烦恼，都极易分散孩子的注意力。

在这个关键时期，父亲需要帮助孩子正确认识爱情与学业的关系，树立健康、正确的婚恋观，避免孩子因感情问题陷入迷茫与困扰，确保孩子在学业的道路上稳步前行，同时也为孩子未来的情感生活奠定良好的认知基础。

杨杨进入高中后，妈妈发现他的学习状态逐渐有了变化。原本成绩稳定且积极向上的他，开始变得有些浮躁，作业完成得不再那么认真，考试成绩也有所下滑。妈妈心里隐隐有些担忧，在一次偶然的机会，她发现孩子似乎在谈恋爱。

妈妈尝试和孩子沟通，可孩子总是回避这个话题，因此感到很无助。这时，杨杨的父亲决定出面和孩子谈谈。那天晚上，父亲没有一开始就指责杨杨，而是用温和的语气说：“儿子，爸爸知道你现在可能有了喜欢的人，这是很正常的，每个人在青春期都会对爱情充满向往。”杨杨听了，原本紧张的神情放松了一些。

父亲接着说：“爸爸像你这么大的时候，也有过喜欢的女孩，那种感觉很美好，但也因为没有处理好，影响了自己的学习。后来我明白了，在不同的人生阶段，有不同的重要任务。”杨杨开始和父亲倾

诉自己在恋爱中的感受，以及因为恋爱和学习的冲突而产生的烦恼。父亲耐心地倾听着，不时给出一些建议。在父亲的引导下，他逐渐认识到自己目前应该以学业为重。

当发现孩子在高中阶段陷入恋爱时，父亲需要审慎且智慧地应对。既不能简单粗暴地训斥，引发孩子的逆反心理；也不能放任不管，任由情感影响学业。父亲应参照以下几个方法，把握好沟通的时机与方式，站在理解与引导的角度，帮助孩子正确看待这份感情，平稳度过高中关键期。

（1）表达理解与尊重，建立沟通基础

当父亲发现孩子早恋后，找准恰当的时机与其沟通至关重要。父亲要精心营造出轻松、平和的交流氛围，开启对话时，放下家长的威严，以朋友的亲切姿态切入，让孩子真切感受到被理解、被尊重。父亲先坦诚表达对孩子情感的接纳，化解孩子内心可能存在的抵触情绪，这样才能顺利打开孩子的话匣子，为后续深入有效的沟通筑牢根基 。

父亲这样说

“孩子，爸爸知道你现在心里有喜欢的人，这是很美好的情感，爸爸理解你，也尊重你的感受。每个人在青春期都会经历这样的阶段，所以不要觉得不好意思。”

“宝贝，爸爸想和你聊聊你喜欢的那个同学，我很想知道他（她）身上有哪些闪光点吸引了你。我保证，咱们就是平等地交流，爸爸不会批评你。”

（2）“三不原则”建立信任

当发现孩子早恋时，父亲若想与孩子建立信任，不妨遵循 “三不原则”：

不可搜查孩子私人物品。像日记、手机这类承载孩子内心世界的物件，贸然翻看会严重侵犯隐私，破坏孩子对父亲的信任。

不当面评价对方的外貌与家境。因为这容易让孩子觉得父亲在无端评判自己的感情，引发反感。

不向亲戚同事公开孩子早恋情况。青春期情感萌动对于高中生是很正常的事情，这也是他们的隐私，大肆宣扬会让孩子陷入尴尬境地。

父亲秉持这“三不原则”，才能更好地走进孩子内心，构建稳固信任关系。

（3）阐述正确婚恋观，明确责任与成长

父亲要向孩子传递正确的婚恋观，让孩子明白爱情不仅仅是情感上的吸引，还包含着责任和成长。引导孩子认识到，在高中阶段，努力提升自己，为未来的人生积累资本，是对自己和对方负责的表现。

父亲这样说

“孩子，真正的爱情是需要双方共同成长、相互成就的。现在你们都还在成长阶段，只有让自己变得更优秀，才能给对方更好的未来。”

“宝贝，恋爱不仅仅是两个人在一起开心，还意味着责任。在高中时期，你们的主要责任是好好学习，为自己的未来打拼。等你们有了足够的能力，才能更好地经营一段感情。”

（4）协助制定规划，平衡恋爱与学业

在孩子认识到需要平衡恋爱与学业后，父亲可以和孩子一起制订

具体的计划。帮助孩子合理分配时间，确保在不影响学业的前提下，也能兼顾恋爱中的情感交流。

父亲这样说

“孩子，我们一起来制订一个计划，合理安排学习和相处的时间。比如每天固定拿出一定时间一起学习，互相鼓励，共同进步。”

“宝贝，爸爸建议你和对方约定好，在学习时间就专注学习，不被感情的事情干扰。周末可以一起参加一些有益的活动，增进感情的同时，也能放松身心。”

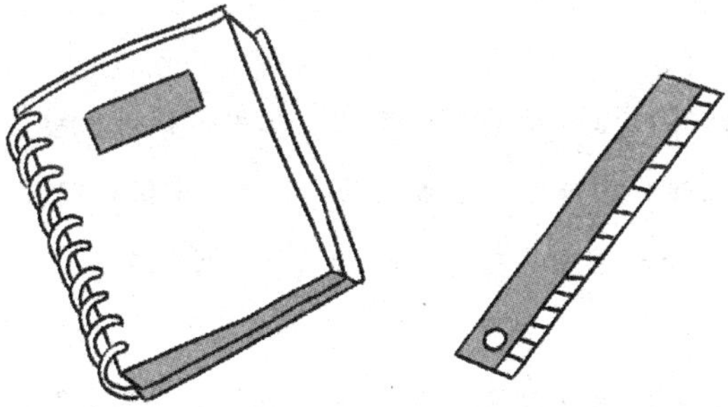

孩子遭受网络霸凌，父亲及时出场应对流言蜚语

在互联网高度发达的今天，网络霸凌已成为悬在孩子们头顶的一片乌云，随时可能带来伤害。当孩子遭受网络霸凌，陷入流言蜚语的漩涡时，父亲需要帮助孩子应对。

孩子的心理防线在面对网络霸凌时往往脆弱不堪。那些恶意的言论、无端的指责，如同锋利的刀刃，一点点侵蚀着孩子的自信和安全感。他们可能会陷入自我怀疑、焦虑甚至抑郁的情绪中，严重影响学习和生活。

此时，父亲的介入不仅能给予孩子情感上的慰藉，让孩子感受到温暖和支持，还能凭借其丰富的社会经验和理性思维，采取有效的措施应对网络霸凌，帮助孩子摆脱困境，重新勇敢地面对网络世界和现实生活。

晓妍是一名性格开朗的高一学生，在学校积极参与社团活动，还经常在社交媒体分享自己的生活点滴。在一次学校组织的文艺汇演中，晓妍凭借出色的舞蹈表演赢得了阵阵掌声，可这却引来了同班同学小美的嫉妒。

小美在社交媒体上匿名发布了一条动态，恶意诋毁晓妍，称她在排练时故意刁难其他同学，还靠不正当手段争取表演机会。这条虚假信息迅速传播，一些不明真相的网友开始跟风对晓妍进行辱骂和攻击，私信中满是不堪入目的话语。晓妍看到这些评论后，内心深受打击，原本开朗的她变得沉默寡言，甚至产生了厌学情绪。

晓妍的父亲察觉到女儿的异样，在父亲耐心沟通下，晓妍哭着说

出了自己遭受网暴的事情。父亲深知情况紧急，他先紧紧抱住女儿，轻声安慰：“宝贝，别害怕，爸爸会处理好的。”

随后，父亲迅速行动起来，他用手机将所有网暴言论截图、录屏保存，并详细记录了发布时间和发布者信息。接着，他联系了涉事的社交媒体平台，按照平台的投诉流程，详细描述了事件经过，上传了保存的证据，要求平台尽快处理。同时，父亲带晓妍去咨询了律师，在律师的指导下向公安机关报了案。

在等待处理结果的日子里，父亲每天都会陪晓妍聊天，鼓励她不要因为这些不实言论否定自己。平台很快封禁了涉事账号，删除了相关内容。随着警方的介入调查，小美也认识到了自己的错误，向晓妍公开道歉。

任何人都不希望自己的孩子遭受网络霸凌，如果这件事发生在自己孩子身上，作为父亲如何应对呢？在案例中，晓妍的父亲已给我们提供了处理这类事件的可行样本，我们不妨一起来回顾一下。

（1）保留证据

一旦得知孩子遭遇网暴，父亲应立即着手证据留存工作，使用手机、电脑等设备，对网暴言论进行截图、录屏。如果是截图，务必保证完整呈现发布者信息、发布时间以及具体言论内容。对于视频形式的网暴内容，及时下载保存。若涉及动态更新的网页，可利用网页保存功能，将整个页面留存。这些证据是后续维护孩子权益的关键，能提供有力支撑。

（2）联系平台处理

保留证据以后，要迅速找到涉事网络平台的投诉渠道，一般在平台设置中都能找到“举报”或“反馈”入口。在投诉时，详细描述网暴事件经过，清晰说明孩子遭受网暴的起始时间，附上之前保留的证据，明确要求平台对涉事账号进行处理，如封禁、限制发言等，同时删除相关网暴内容，防止其进一步传播，从源头阻断伤害扩散。

（3）安抚孩子情绪

发现孩子遭受网络霸凌后，父亲要及时安抚孩子情绪，耐心倾听孩子倾诉内心的委屈、恐惧与愤怒，不打断、不评判，用拥抱、轻抚后背等肢体动作给予孩子安全感，让孩子知道父亲是他坚强的依靠，用温柔且坚定的语言告诉孩子，这不是他的错，不要让孩子陷入自我否定。

（4）与学校沟通，寻求协助

孩子遭受霸凌时，如果对方是孩子的同学，父亲一定要及时与孩子的学校取得联系，向老师和学校领导详细说明情况，提供相关证据，请求学校协助调查，并对涉事学生进行教育和处理。

父亲这样说

“老师您好，我是xx的父亲。孩子最近在网络上遭受了霸凌，这对孩子的身心造成了很大的伤害。希望学校能重视这件事，帮助我们一起解决，也保护好孩子的安全。”

（5）引导孩子调整心态，增强自我保护意识

在处理网络霸凌事件的过程中，父亲要引导孩子调整心态，不要让这次经历成为孩子心中的阴影。鼓励孩子积极面对生活，不要因为网络霸凌而封闭自己。同时，教育孩子增强自我保护意识，传授孩子一些网络安全知识和应对网络霸凌的方法，让孩子在未来能够更好地保护自己。

父亲这样说

“孩子，虽然这次经历很不愉快，但它也让我们学会了如何保护自己。以后遇到这种情况，不要害怕，要及时告诉爸爸和妈妈。同时，我们也要调整好心态，不要让那些言论影响到我们的生活和心情。”

“宝贝，爸爸希望你能从这次事情中吸取教训，提高自己的网络安全意识。不要随意在网上透露自己的个人信息，遇到不良信息要及时远离，学会保护自己的身心健康。”

高考结束报专业，父亲及时出场为孩子出谋划策

高考结束，填报专业成了孩子人生的又一重要转折点。这一选择不仅关系到孩子未来四年的大学生活，更可能影响他们一生的职业发展和人生轨迹。在这个关键时刻，父亲需要及时参与进来。

高中刚毕业的孩子，虽然已经经历了高考的洗礼，但在面对专业选择时，往往会感到迷茫和困惑。他们对大学专业的了解大多停留在表面，不清楚各个专业的具体课程内容、就业方向以及发展前景。而父亲凭借自己丰富的人生阅历、对社会行业的深入洞察以及理性的思维方式，能够为孩子提供全面且有价值的建议。父亲的参与可以帮助孩子拨开专业选择的迷雾，让孩子做出更符合自身兴趣、能力和未来发展需求的决策，为未来奠定坚实的基础。

林宇刚进入高中，父亲便深知学业规划的重要性，早早为孩子的未来做打算。高一高二期间，父亲利用周末时间带林宇参加了几次本市大学的专业科普讲座。林宇在一场计算机科学讲座中，对大数据处理、人工智能等前沿技术产生浓厚兴趣。此后，父亲鼓励他在数学、物理等基础学科努力，还在林宇物理学习遇阻时，帮他分析问题、制定计划，联系专业人士答疑，助他提升成绩。

高考结束，分数公布了，填报志愿的战役也正式打响。林宇的分数相当不错，超一本线50分。晚餐后，父亲和林宇坐在书桌前，面前摊开厚厚的报考资料。父亲率先开口："儿子，你的分数有挺大选择空间，咱们先从你的爱好出发，你一直钟情计算机，咱们就锁定开设计算机专业的学校。"林宇点头认同。

考虑到家庭经济状况，父亲缓缓说道：“咱家条件一般，要是选外地学校，学费、生活费开销不小。如果有教学质量相当的本地院校，性价比会更高，你觉得呢？” 林宇明白父亲顾虑，认真思考起来。

接着，父子俩讨论地域问题。父亲指着地图，耐心分析：“一线城市机会多，计算机行业发展成熟，能接触到最新技术和项目，但竞争也激烈，生活成本高。二线城市生活压力小些，也有不错的互联网企业。你更倾向哪类城市？”林宇思索片刻，说：“我想在大城市开拓眼界，不过也得考虑实际情况。”

随后几天，父亲陪着林宇查阅大量资料，将符合分数、专业要求，且地域、开销合适的学校罗列出来。对每所学校，父亲都和林宇一起研究优势学科、就业前景。在填报志愿的前一晚，父亲再次询问林宇：“儿子，这是咱们一起筛选出的学校，不过决定权还是在你手里，你想好了吗？”林宇坚定地圈出心仪院校，眼中满是对未来的期待。

最终，林宇成功被心仪大学的计算机专业录取。收到录取通知书时，林宇激动万分，他深知，这一路离不开父亲多年来的用心陪伴与精心规划，父爱始终照亮着他的学业之路。

高考结束后，面对志愿填报这一关键环节，不少家庭将目光投向专业报考机构，期望借助专业力量为孩子谋得理想前程。不可否认，专业机构在数据整合、政策解读上有一定优势，但无论外界助力如何，父亲在其中的角色都无可替代。

父亲必须及时出场，深度参与孩子的报考工作。在整个报考进程中，凭借自身阅历与对孩子的深切了解，为孩子剖析各院校专业的利弊，从就业前景到发展潜力，从学科特色到校园氛围，全方位给出契合孩子实际的建议，成为孩子志愿填报路上的坚实依靠。

（1）做好前期准备，了解孩子兴趣优势

整个高中阶段，父亲都应该在每一学期找一个合适的时间，与孩子进行深入交流。鼓励孩子坦诚地表达自己的兴趣爱好，无论是对某个学科的偏爱，还是对某种活动的热衷，都可能成为选择专业的重要依据。同时，引导孩子找出自己的优势学科和擅长领域，为高考结束专业选择提供参考方向。

（2）提供建议但不主导

基于前期收集的信息和对孩子的了解，高考之后，给孩子提供一些选择的建议。可以分析不同专业的优缺点、就业形势等，如果父亲自己对某一行业和职业也了解不深，可以与孩子一起学习、分析。但父亲要明确最终的决定权在孩子手中。

父亲这样说

“计算机专业就业面很广，薪资待遇也不错，但学习过程可能会比较辛苦，需要有较强的逻辑思维能力，你要考虑清楚是否真的感兴趣。”

（3）结合家庭情况提供现实考量

考虑家庭的实际情况，为孩子的专业选择提供现实层面的考量。如果家庭在某个行业有一定的人脉资源或背景，可以让孩子在选择相关专业时获得更多的学习和实践机会，增加未来就业的竞争力。但要注意尊重孩子的意愿，不能强行将家庭资源与孩子的专业选择捆绑。

父亲这样说

“孩子，咱们家有一些从事教育行业的亲戚，如果你选择师范类专业，以后在实习和就业方面可能会得到一些帮助和指导。”

“宝贝，爸爸在工程领域工作多年，积累了一些人脉和经验。如果你对工程类专业感兴趣，在大学期间可以跟着爸爸去一些项目上学习实践，对你以后的职业发展会很有帮助。”

（4）避免盲目跟风

有些专业可能因为当前的热门趋势而受到很多人追捧，但父亲要提醒孩子不要盲目跟风。要分析专业的长期发展潜力，而不是仅仅看眼前的热度。

父亲这样说

“这个专业现在确实很热门，但几年后就业市场可能会发生变化，我们要综合考虑它的可持续发展性。”

（5）跟孩子一起填报志愿

填报志愿是个复杂又细心的事情，父亲要和孩子一起研究高考志愿填报的规则和流程，包括批次设置、投档方式、专业调剂等，确保填报过程不出差错。可以参加一些志愿填报讲座或线上课程，加深对填报规则的理解。

和孩子一起根据孩子的分数、兴趣专业和收集的信息，制定合理的志愿填报方案，确定冲、稳、保的院校和专业组合。既要鼓励孩子勇敢追求理想院校，也要确保有保底的选择，避免滑档。

在填报截止前，仔细核对填报的院校、专业代码、个人信息等是否准确无误，确保志愿填报工作圆满完成。

第六章

这些事情，父亲也要及时出场

父亲和孩子谈谈自己曾经的理想，引导孩子追求自己的梦想

青少年时期正是形成自我同一性的关键阶段，清晰的梦想有助于他们确立自我价值与未来方向。可当下不少孩子处于迷茫之中，缺乏目标与梦想。在这个键时刻，父亲的积极介入极为重要。

父亲可借助自我表露这一心理学技巧，向孩子讲述自身经历，如追逐梦想时的挫折与突破。通过生动鲜活的故事，在潜移默化间激发孩子对未来不同可能性的思考，助力孩子探索兴趣，逐步明晰内心渴望，为树立梦想提供引导与启发。

妈妈看着小勇一天天长大，时常思考如何能让他找到自己的人生目标。有一天，妈妈发现孩子有些迷茫，对学习和未来似乎都提不起兴趣，于是尝试和孩子交流，却效果不佳。

小勇的父亲也察觉到了孩子的状态，一天傍晚，全家人一起出去吃火锅，在餐桌上父亲开始讲述自己年轻时的故事。妈妈在一旁静静地听着。父亲说：“儿子，爸爸年轻的时候，特别想成为一名画家。那时候，我一有空就拿着画笔，模仿挂历上的山水画来画，或者模仿一些小说的插图。”听到这里，小勇的眼睛一下子亮了起来，说道：“怪不得你现在那么爱去美术馆、博物馆呢！”接着，儿子又好奇地问：“那后来呢，爸爸？”父亲微笑着继续说：“后来，我就一直是自己画，爸爸生活的小镇上并没有真正的美术老师，不像现在，大街上有很多美术班，我高考时候自然也没有报美术学院。工作之后，我就把对美术的热爱转移到摄影上，所以咱们家有好几款相机，现在摄影、看画展、

去博物馆，都会让我感到快乐和满足。”

小勇听得入神，父亲接着说：“爸爸想告诉你，有梦想是一件很美好的事情，它能让你充满动力。不管最后能不能实现，追求梦想的过程才是最珍贵的。”小勇若有所思地点点头。

毫无疑问，父亲通过分享自己追求梦想的故事能激发孩子对未来的憧憬，让他们勇敢地去探索自己内心真正渴望的东西，找到属于自己的人生方向。

（1）真诚讲述梦想起源

父亲要以真诚的态度，详细地向孩子讲述自己梦想产生的背景和原因，通过真实的描述，让孩子身临其境般感受到父亲当时的心境，从而引发孩子的情感共鸣，激发他们对梦想的好奇和向往。

父亲这样说

“孩子，爸爸小时候生活在一个充满自然气息的地方，漫山遍野的花草树木，每到春天，整个世界都像一幅美丽的画卷。从那时起，我就梦想着成为一名画家，想要用画笔把这些美好的瞬间永远留住。”

“宝贝，爸爸第一次看到飞机在天空翱翔的时候，心中就涌起了一个强烈的愿望——成为一名飞行员。那种在蓝天中自由穿梭的感觉，让爸爸无比向往。”

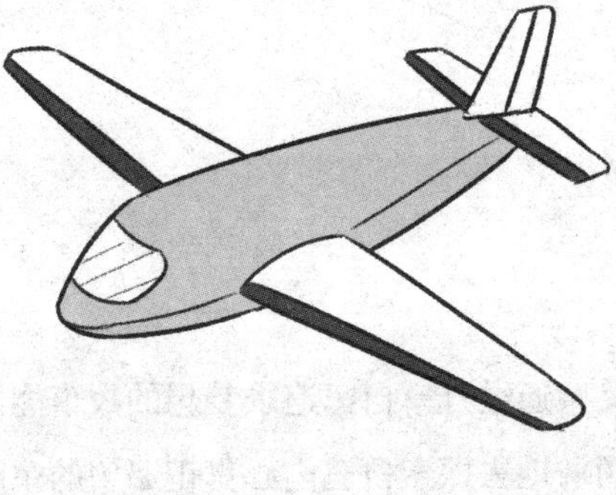

（2）分享追梦过程点滴

父亲在与孩子分享自己梦想时，可以列举一些关键节点，包括遇到什么困难、付出怎样的努力以及如何克服这些困难。这样可以让孩子明白：梦想的实现并非一帆风顺，它需要坚持不懈的努力和付出，更需要非凡的勇气和毅力。

父亲这样说

“儿子，为了能画得更好，爸爸每天都会花很多时间练习，从最基础的线条画起，不断地临摹、创作。有时候一幅画要修改很多次，但爸爸从来没有觉得累，因为心中有梦想在支撑着。”

“孩子，爸爸为了实现成为飞行员的梦想，努力学习各种知识，尤其是数学和物理，每天都早起锻炼身体，就是为了能达到飞行员的身体素质要求。”

（3）阐述梦想带来的影响

父亲一定要把这个梦想对自己人生的积极影响传达给孩子，无论是培养了某种技能、塑造了某种品质，还是带来了珍贵的友谊和人生体验等，都讲给孩子听，让他们明白：梦想不仅仅是一个目标，更是一种能让自己变得更好的动力。

父亲这样说

“宝贝，虽然爸爸最后没有成为一名职业画家，但绘画让爸爸学会了观察生活中的美，也让爸爸在遇到压力的时候有了一个很好的放松方式。”

“孩子，爸爸的飞行员梦想虽然没有完全实现，但在追求梦想的过程中，爸爸养成了自律的习惯，也结识了很多志同道合的朋友，这些都对爸爸的人生产生了很大的影响。”

（4）引导孩子探索梦想

在分享完自己的梦想后，父亲要引导孩子思考自己的梦想。鼓励孩子去尝试各种活动，接触不同的事物，通过亲身体验来发现自己的兴趣所在。激发孩子的内在动力，让他们主动去探索和追求自己的梦想。

父亲这样说

“儿子，听了爸爸的故事，你有没有想过自己喜欢什么？对什么事情充满热情？也许那就是属于你的梦想。”

“宝贝，每个人都有自己独特的梦想，爸爸希望你能去尝试不同的事情，去发现自己真正感兴趣的领域，勇敢地去追寻自己的梦想。”

教孩子学会下棋，锻炼孩子思维能力

在孩子的成长过程中，培养良好的思维能力至关重要，棋类游戏，如围棋、象棋等，是人类智慧的结晶，它们融合了策略、逻辑、计算和创造力等多种元素。父亲作为孩子成长路上的重要引路人，凭借自身的耐心与经验，引导孩子走进棋类的世界，能为孩子打开一扇通往思维殿堂的大门。

在下棋过程中，孩子需要不断思考、分析局势、预测对手行动并制定应对策略，这一系列的思维活动能有效锻炼孩子的逻辑思维、空间想象、决策判断等能力。同时，父亲与孩子在棋盘上的互动，不仅能增进亲子关系，还能让孩子在父亲的言传身教中学会坚持、冷静面对输赢的正确态度。

多多五岁了，妈妈跟多多爸爸商量，想给孩子报一个思维训练班，多多爸爸微微一笑："没有那么复杂，这事情交给我，一分钱不用花，还能让多多的思维能力棒棒的。"

第二天，多多爸爸早早地回到家，拿出了一副围棋，微笑着对孩子说："儿子，今天爸爸教你下围棋，这可是一个充满智慧和乐趣的游戏哦。"孩子好奇地看着棋盘，眼中闪烁着期待的光芒。

多多爸爸先从围棋的基本规则开始讲解，他耐心地说："儿子，围棋的棋盘就像一个大战场，黑白棋子就是我们的士兵，我们要想办法用棋子占领更多的地盘。"多多听得津津有味，不时提出一些问题，爸爸都一一耐心解答。

在接下来的日子里，多多爸爸每天都会抽出一些时间陪孩子下棋。

在棋局中，爸爸会引导孩子思考每一步棋的意义和影响，比如：“儿子，你看，如果我们下在这里，对方可能会怎么应对呢？我们要提前想好下一步哦。”多多逐渐学会了思考和分析，做事情也更加有耐心了。

（1）耐心讲解规则

教孩子下棋的第一步，是让孩子清晰地了解规则。父亲要保持耐心，用简单易懂的语言和生动的比喻，将复杂的棋类规则拆解开来。父亲可以结合实际的棋盘演示，让孩子直观地看到规则的应用，确保孩子理解每个环节。在讲解过程中，父亲要鼓励孩子提问，及时解答孩子的疑惑，让孩子在轻松的氛围中掌握规则。

父亲这样说

我们先从认识棋盘开始，围棋的棋盘有纵横各19条线，形成了361个交叉点，我们的棋子就是要放在这些交叉点上。”

“宝贝，下棋的规则很重要哦，黑白双方交替落子，棋子下在棋盘上后就不能移动了，谁围的地盘大谁就赢。爸爸慢慢讲，你别着急，有什么不懂的随时问。”

（2）引导基础布局

当孩子掌握规则后，父亲要引导孩子学习基础的布局方法。通过实际的棋局演示，向孩子介绍常见的布局思路和策略，让孩子明白布局对于整个棋局的重要性。同时，鼓励孩子思考布局背后的逻辑，培养孩子的分析能力和逻辑思维。在孩子尝试布局时，给予肯定和指导，让孩子逐渐掌握布局的技巧。

父亲这样说

“孩子，下棋一开始的布局很关键，就像盖房子要先打好地基一样。我们一般会先在棋盘的角上和边上落子，这样更容易建立起自己的阵地。”

“宝贝，你看这几个常见的布局方式，它们各有特点。我们先从这个简单的布局学起，你想想为什么要这么下呢？”

（3）注重思维启发

在孩子下棋的过程中，父亲要注重启发孩子的思维。引导孩子不仅仅关注当下的一步棋，而是要从全局出发，思考每一步棋对后续局势的影响。鼓励孩子预测对手的行动，并提前制定应对策略。通过不断地提问和引导，让孩子在思考中锻炼逻辑思维、空间想象和决策能力。

父亲这样说

“儿子，你下这步棋的时候，有没有想过接下来几步的变化呢？下棋要学会提前思考，多想想几种可能性。”

“宝贝，当你面对对手的棋时，不要只看眼前这一步，要从全局去考虑，看看怎么应对才能让自己处于更有利的位置。”

（4）正确对待输赢

下棋过程中，输赢是不可避免的。父亲要教导孩子正确对待输赢，让孩子明白输赢并不是下棋的唯一目的。赢的时候，引导孩子保持谦虚，总结经验，不断提升自己；输的时候，鼓励孩子不要气馁，从失败中吸取教训，分析自己的失误，培养孩子坚韧不拔的精神和面对挫折的良好心态。

父亲这样说

“孩子，赢了固然开心，但我们不能骄傲，要总结经验，看看还有哪些地方可以做得更好。”

“宝贝，输了也没关系，这是很正常的。每一次失败都是一次学习的机会，我们可以从这盘棋中找到自己的不足，下次就能下得更好。”

参与孩子的社交活动，让孩子学会如何与他人相处

在孩子的成长过程中，社交能力如同基石，支撑着他们在社会生活中稳步前行。

孩子正处于性格塑造和社交技能培养的关键时期，他们在与人相处时，往往会遇到各种困惑与挑战。父亲参与孩子的社交活动，能让孩子在真实的社交场景中学习如何沟通、合作、分享与解决冲突。这不仅有助于孩子建立良好的人际关系，增强自信心，还能培养他们的团队协作精神和社会责任感，为孩子未来融入社会打下坚实的基础。

妈妈发现晨晨在与小伙伴相处时，总是有些内向和胆怯，不太懂得如何主动交流和融入集体。妈妈尝试鼓励孩子去和其他小朋友一起玩，但效果并不明显。

一个周末，小区里有几个小朋友在玩足球，父亲带着晨晨走了过去。父亲微笑着对孩子们说："小朋友们，我们家晨晨也想和大家一起玩足球，大家欢迎吗？"小朋友们热情地回应，晨晨也受到了鼓舞，慢慢加入了游戏。

在玩球的过程中，父亲看到晨晨有些犹豫，不太敢主动去抢球，便在旁边轻声说："宝贝，别害怕，大胆去尝试，大家都是一起玩的好朋友，勇敢地展现自己。"孩子听了父亲的话，鼓起勇气去参与到激烈的球赛中。

后来，孩子们在讨论谁来当守门员时出现了分歧，大家都想当。这时，父亲走上前说："小朋友们，我们可以轮流来当守门员呀，这

样每个人都能体验到不同的位置，大家也都能玩得开心。”孩子们听了觉得很有道理，愉快地达成了共识。

经过这次活动，妈妈惊喜地发现晨晨变得开朗了许多，在与其他小朋友相处时更加自信和主动。

（1）创造社交机会

父亲要主动为孩子创造各种社交机会，关注社区、学校或者兴趣班组织的各类活动，鼓励孩子积极参与。通过这些活动，孩子能接触到不同年龄、不同背景的小伙伴，拓宽社交圈子，增加与他人交流互动的机会，逐渐克服社交中的羞涩与胆怯。

父亲这样说

“宝贝，爸爸听说周末小区里有个小朋友们的手工活动，我们一起去参加吧，这样你可以认识很多新朋友。”

“孩子，爸爸单位组织了亲子运动会，会有很多小朋友参加，咱们一起去和他们一起玩，一起比赛，好不好？”

（2）示范沟通技巧

在社交场合中，父亲要以身作则，为孩子示范良好的沟通技巧，比如，主动热情地与他人打招呼、使用礼貌用语、认真倾听对方说话等。通过父亲的示范，让孩子学会如何与他人开启对话，如何表达自己的想法，以及如何尊重他人的意见，从而提高孩子的沟通能力。

父亲这样说

“宝贝，你看爸爸这样跟小朋友打招呼，是不是很友好？你也可以试试，主动和小伙伴们交流自己的想法和兴趣。”

（3）引导合作互动

当孩子与其他小朋友一起参与活动时，父亲要引导他们进行互动。鼓励孩子们共同制订计划、分工协作，完成一些需要团队合作的任务，如搭积木、玩团队游戏等。在这个过程中，让孩子学会与他人相互配合、相互支持，培养团队合作精神。

父亲这样说

“孩子们，这个游戏一个人可玩不了，我们需要一起合作。大家分工明确，才能更快地完成任务，你们觉得怎么分工好呢？”

“宝贝，和小伙伴一起合作的时候，要学会倾听别人的建议，发挥自己的优势，这样才能把事情做好。”

（4）教会解决冲突

在孩子的社交中，冲突在所难免。父亲要在孩子遇到冲突时，及时介入，引导他们正确解决问题。教会孩子用理性的方式表达自己的观点和感受，倾听他人的意见，共同寻找解决冲突的方法，让孩子学会理解、包容和妥协，提高解决矛盾的能力。

父亲这样说

“小朋友们，我知道你们刚才有些小矛盾，这很正常。我们可以坐下来，好好说一说自己的想法，看看怎么解决这个问题。”

“宝贝，当和小伙伴发生冲突时，不要着急生气，要冷静下来，用平和的语气说出自己的感受，大家一起商量解决办法。”

（5）鼓励分享交流

父亲要鼓励孩子学会分享，无论是玩具、食物还是自己的想法和经历。分享能让孩子收获快乐，让他们互相了解彼此的感受和体验，进一步加深彼此之间的了解和友谊，同时也有助于培养他们的慷慨、善良等品质。

父亲这样说

“宝贝，你有这么多好玩的玩具，和小伙伴们一起分享，大家都会很开心的，而且你们还能一起发现更多有趣的玩法。”

“孩子们，玩完之后，大家可以互相分享一下自己的感受和想法，这样你们能更好地了解彼此。”

老师找家长，什么样的问题必须父亲出面

在孩子的教育进程里，家校沟通是极为关键的一环。通常情况下，因母亲在孩子的教养过程中参与度较高，所以当老师就特定问题联系家长时，出面应对的大多是母亲。然而，某些情形下，父亲若能及时参与其中，往往能发挥出难以替代的作用，带来至关重要的影响。

一天午后，明明妈妈正忙碌于家务，手机铃声骤然响起，一看来电显示是明明的老师，妈妈内心顿时紧张起来，并涌起一丝不安。接通电话，老师语气严肃地告知妈妈，孩子在学校和同学起了激烈的冲突，甚至动手打人了。这消息如同一记重锤，打得明明妈妈又着急又担心，一时完全没了主意，只在电话里反复向老师道歉。

放下电话后，妈妈立刻给孩子爸爸发了一条信息，告诉他这件事。十五分钟后，孩子爸爸打过来电话，电话那头，他的声音透着凝重："我知道了，别慌，我来处理。"从他简短有力的话语中，妈妈感受到他对此事的重视。

明明爸爸询问清楚孩子放学时间和老师的安排后，立刻向领导请假，提前下班。他顾不上回家换身衣服，便径直赶往学校。

当孩子在学校与同学发生冲突，并且动手打架时，父亲一定要出面解决。因为父亲出面能以男性的力量感和决断力，教会孩子勇敢面对问题，并引导孩子用恰当方式捍卫自身权益，这是母亲较难给予的。

那么，除了上述情况，当老师主动联系家长时，哪些事情最好由父亲及时出场协助解决呢？

（1）严重违反纪律

如果孩子在学校出现如打架斗殴、欺负同学、严重破坏课堂秩序等违反校规校纪的行为，父亲需要及时出场。因为父亲往往代表着规则和权威，父亲与老师沟通，能让孩子感受到问题的严重性，也便于三方共同探讨如何建立更明确的行为规范，帮助孩子改正错误。

（2）品德出现问题

当孩子出现如撒谎、偷窃、不尊重他人等品德方面的问题时，父亲及时和老师的交流，可以从男性的角度和家庭价值观的层面，与老师一起分析问题的根源，共同商讨如何引导孩子树立正确的道德观念和价值观。

（3）体育特长培养

如果孩子在体育方面有突出的表现或潜力，老师希望与家长商讨关于孩子体育特长的培养计划，如是否参加校队、参与专业训练、参加体育竞赛等，父亲及时出场更有优势，因为男性对体育活动通常更感兴趣，也更了解体育训练的相关事宜。

（4）教育理念冲突

如果老师发现家庭的教育方式与学校的教育理念存在较大冲突，影响到孩子的学习和成长，比如家长过于溺爱孩子或对孩子要求过于严格、采用了不恰当的教育方法等，父亲及时出场与老师沟通，可以共同探讨如何调整教育方式，形成家校一致的教育理念，为孩子创造更好的成长环境。

（5）家庭环境变化

若家庭中发生了重大变故，如父母离异、亲人离世等，对孩子的学习和生活产生了明显影响，老师希望与家长沟通如何帮助孩子渡过难关时，父亲作为家庭的重要成员，需要及时出场与老师密切配合，共同关注孩子的情绪和心理变化，给予孩子足够的支持和关爱。

孩子习惯不好，父亲及时出场立规矩

在孩子的成长旅程里，习惯恰似稳固基石，深深影响着他们未来发展的走向。当孩子出现不良习惯时，父亲及时出面立规矩，具有不可忽视的重要作用。

孩子正处在可塑性极高的时期，行为模式与思维方式尚未定型。此时，若不良习惯未能得到及时纠正，便极有可能逐步固化，进而对孩子的学习、日常生活，甚至日后的社会交往，都产生诸多负面效应。在家庭环境中，父亲往往承担着规则制定者与榜样示范者的关键角色。凭借其果断、坚毅的特质，父亲能够让孩子清晰地意识到规则的严肃性与权威性，使孩子深刻理解规则不容轻易违背。

刚上小学三年级的轩轩，有个让父母头疼的坏习惯——做事拖沓。每天放学回家，本应半小时就能完成的作业，他却能磨蹭两三小时。一会儿摆弄文具，一会儿跑去喝水、上厕所，注意力严重不集中。

轩轩爸爸察觉到问题的严重性，长此以往，不仅影响学习效率，还可能养成敷衍了事的做事态度。于是，爸爸决定出手帮助轩轩改正。

一天晚饭后，爸爸把轩轩叫到身边，心平气和地说："轩轩，爸爸发现你写作业的时候有点慢，是不是遇到什么困难啦？咱们一起想想办法，怎么样？"轩轩低着头，小声说："我也不知道怎么回事，就是写着写着就想干别的。"爸爸摸了摸轩轩的头，说："没关系，爸爸小时候也有这样的问题。咱们可以试试定个小目标，比如先集中精力写 15 分钟作业，休息 5 分钟，再继续，这叫番茄学习法，我们来试试用这种方法是不是能早点完成作业。"

爸爸和轩轩一起制定了详细的学习时间表，把作业按科目和难易程度划分，每完成一项，就在表格上打个勾。为了激励轩轩，爸爸还准备了一个小奖励箱，完成一周的计划，轩轩就能从箱子里挑选一个小礼物。

一开始，轩轩还是忍不住走神。每当这时，爸爸不会立刻斥责，而是轻声提醒："轩轩，看看时间表，咱们现在该做什么啦？"渐渐地，轩轩专注的时间越来越长。

除了学习，爸爸还注重在生活中培养轩轩的时间观念。周末出游时，爸爸提前和轩轩说好出发时间，让他自己收拾东西。若是轩轩磨蹭导致出发延迟，爸爸也不会迁就，按原计划执行，让轩轩体会到拖沓带来的后果。

经过一个多月的努力，轩轩不但能在规定时间内认真完成作业，而且生活里也不再拖拖拉拉，整个人变得更加自信、有条理。

父亲出面立规矩，不仅能够帮助孩子纠正不良习惯，培养自律意识，还能为孩子提供明确的行为准则，让他们在成长的道路上有章可循，从而塑造出积极向上的生活态度和良好的行为习惯，为孩子的未来发展筑牢根基。

（1）明确问题，严肃沟通

父亲要敏锐地察觉到孩子存在的不良习惯问题，选择一个合适的时机，与孩子进行严肃认真的沟通。清晰地指出孩子的问题所在，让孩子明白这些不良习惯带来的负面影响，引起孩子对问题的重视，为后续立规矩做好铺垫。

父亲这样说

“儿子，爸爸发现你最近总是很晚睡觉，早上又起不来，这对身体发育非常不好，而且影响学习。我们必须要改变这种情况，制定一些作息规矩。”

“宝贝，你最近吃饭的时候总是看电视，这样不专心吃饭不利于消化。爸爸觉得我们需要立个规矩，吃饭时不能看电视。”

（2）制定规则，清晰明确

与孩子一起制定具体、清晰、可操作的规则，要明确规定孩子应该做什么、不应该做什么，以及违反规则的后果。规则的制定要合理，考虑孩子的实际情况和需求，让孩子能够接受并愿意遵守。

父亲这样说

“孩子，从今天起，每天晚上九点半必须上床睡觉，早上七点按时起床。这样你才能保证充足的睡眠，有精力学习。”

“宝贝，我们规定每周一到周五晚上不能玩电脑游戏，周末可以在完成作业后玩两小时。这个时间安排既能让你放松，又不会影响你的学习。”

（3）以身作则，树立榜样

父亲要以身作则，在日常生活中严格遵守自己制定的规则，为孩子树立良好的榜样。孩子往往会模仿父母的行为，父亲的言传身教能够让孩子更加深刻地理解规则的意义，从而自觉地遵守规则。

父亲这样说

“儿子，你看爸爸每天都早睡早起，按时锻炼身体，这样才能有好的精神去工作。你也要像爸爸一样，遵守作息规矩。”

“宝贝，爸爸吃饭的时候从来不玩手机，认真享受每一顿饭。你也要遵守我们吃饭不看电视的规矩哦。”

（4）及时监督，适当提醒

父亲给孩子定好规则后，在规则执行的过程中，父亲要及时进行监督。当孩子出现违反规则的行为时，要给予提醒，但不要一味地批评指责，用温和而坚定的态度让孩子意识到自己的错误，引导孩子自觉遵守规则。

父亲这样说

“儿子，时间到了，该放下游戏去睡觉了。我们要遵守睡觉的规矩。”

“宝贝，吃饭的时候不能看电视，记得我们的规矩哦。”

（5）合理奖惩，强化规则

制定合理的奖惩机制，当孩子遵守规矩时，要及时给予肯定和奖励，如表扬、小礼物、一起做喜欢的活动等，强化孩子的良好行为；当孩子违反规矩时，要按照规定给予适当的惩罚，如减少娱乐时间、取消某些特权等，但惩罚要适度，避免伤害孩子的自尊心。

父亲这样说

“儿子，你这周都能按时完成作业，而且遵守了玩游戏的时间规定，爸爸很开心。周末我们可以一起去你喜欢的公园玩。”

“宝贝，你今天没有遵守吃饭不看电视的规矩，所以今天晚上不能看动画片了，希望你下次能记住。”

陪孩子坚持一项运动，让他养成健康的生活方式

孩子正处在身体和心理快速发展的阶段，健康的体魄是他们应对学习压力、探索世界的基础。运动不仅能锻炼身体，增强体质，还能促进大脑发育，提升孩子的专注力和学习能力。

同时，在运动过程中，孩子能够学会坚持、克服困难，有助于培养坚韧不拔的意志品质。父亲作为孩子成长中的重要男性榜样，其参与和陪伴能让孩子感受到强大的支持与鼓励，会潜移默化地影响孩子，让孩子更容易在运动中养成持之以恒的习惯，从而逐渐建立起健康的生活方式，受益终身。

小明曾经是个十足的“宅娃”，课余时间都与电子设备相伴，对运动十分抵触。他的父亲李先生看在眼里，急在心里，决心改变这一状况。李先生深知，强迫只会适得其反，要想让小明做出改变，需要培养他对某一项运动的兴趣。李先生平时喜欢看篮球比赛，他决定慢慢引导孩子，让小明参与到篮球运动中来。

之后，李先生每周都带小明去公园散步，让他慢慢适应户外的活动氛围。散步时，李先生和小明轻松聊天，给他讲 NBA 的故事，让小明对运动的态度渐渐从抗拒变为好奇。接着，李先生给小明制定了初步运动计划：每周三次慢跑，每次 20 分钟。刚开始，小明跑得气喘吁吁，没跑几步就想放弃。李先生不但耐心鼓励他，还始终陪他一起跑，边跑边教他调整呼吸。

一个月后，小明适应了慢跑，李先生便增加难度，加入篮球练习。每周两次，每次 30 分钟，从简单的拍球、传球开始。随着时间推移，

小明逐渐掌握技巧，对运动，尤其是篮球的热情日益高涨，从最初的被动参与变成了主动要求。

（1）挖掘兴趣，选择运动

父亲要细心观察孩子的日常喜好，挖掘孩子潜在的运动兴趣点。可以通过观察孩子对不同体育赛事的关注度、平时玩耍的偏好等，来确定适合孩子的运动项目。当发现孩子的兴趣方向后，用充满吸引力的话语引导孩子参与该项运动，让孩子对即将开始的运动充满期待。

父亲这样说

“儿子（女儿），爸爸发现你看篮球比赛的时候特别专注，是不是对篮球很感兴趣呀？我们可以一起去打篮球，感受一下在球场上奔跑的快乐。”

“宝贝，爸爸觉得你身体协调性很好，或许你会喜欢跳绳这项运动。跳绳能让你变得更灵活，还能长高哦。”

（2）制订计划，循序渐进

父亲要和孩子一起制订详细的运动计划，根据孩子的身体状况和运动基础，合理安排运动的时间、强度和频率。计划要循序渐进的推进，避免一开始就给孩子设定过高的目标，要让孩子在逐步提升的过程中感受到自己的进步，增强自信心和坚持下去的动力。

父亲这样说

“孩子，我们制订一个篮球训练计划，今天先练习 15 分钟的运球，明天增加到 20 分钟，慢慢增加时间和难度，这样你就能稳步提高了。”

“宝贝，跳绳的话，我们第一天跳 50 个，分 5 组进行，每组 10 个。等你适应了，再逐渐增加数量和组数。”

（3）亲身示范，耐心指导

在孩子运动过程中，父亲要亲自示范正确的运动姿势和技巧。以耐心的态度，细致地讲解每个动作的要点，并让孩子模仿练习。及时纠正孩子的错误动作，避免因错误动作导致受伤，同时帮助孩子更快地掌握运动技能，提高运动效果。

父亲这样说

“儿子，看爸爸怎么投篮，双脚微微分开，膝盖弯曲，双手拿球，然后向上起跳，同时将球投出。你照着爸爸的样子试试。”

“宝贝，跳绳的时候，手臂要自然摆动，手腕用力，脚轻轻跳起，不要跳得太高。来，爸爸示范给你看。”

(4) 鼓励陪伴，共同坚持

在孩子坚持运动的过程中，父亲要不吝惜自己的鼓励和赞美。及时肯定孩子的每一点进步，让孩子感受到自己的努力得到了认可。同时，父亲要始终陪伴在孩子身边，与孩子一起坚持运动，让孩子在陪伴中感受到温暖和力量，增强孩子坚持运动的决心。

父亲这样说

“孩子，今天你比昨天多运了10分钟的球，进步很大啊！只要坚持下去，你一定会成为篮球高手的。”

“宝贝，爸爸很开心能和你一起跳绳，我们已经坚持一周了，继续加油，一定会越来越棒的。”

(5) 变换形式，增加乐趣

为了避免孩子对单一的运动形式产生厌倦，父亲可以适时变换运动的方式和玩法。比如在篮球运动中设置一些有趣的比赛环节，或者在跳绳时尝试不同的花样，如双人跳绳、交叉跳绳等。通过增加运动的趣味性，让孩子始终保持对运动的热情，更愿意主动坚持运动。

父亲这样说

“儿子，我们今天来一场篮球投篮比赛吧，看谁投进的球多，输的给赢的买一个小冰淇淋。”

“宝贝，我们试试双人跳绳，我摇绳，你和我一起跳，这样会更有趣哦。”

（6）完成目标，给予奖励

父亲可以和孩子约定完成一定运动目标给予奖励，奖励能激发孩子积极性，让他更有动力坚持运动计划。

父亲这样说

“这个月你坚持每天跳绳1000下，周末爸爸就带你去吃你最爱的冰淇淋，或者买你喜欢的运动装备。”

父亲陪伴孩子做公益活动，让他成为一个温暖的人

在孩子的成长旅程中，培养他们善良、温暖的品质是塑造健全人格的重要基石。10 岁左右的孩子正处在价值观形成的关键时期，他们如同一张白纸，对外界的一切充满好奇与学习的渴望。而公益活动为孩子打开了一扇了解社会、关爱他人的窗口，此时，父亲的及时出场可以扮演着引路人的角色，不仅能让孩子更好地参与公益活动，收获成长，还能在孩子心中种下善良与温暖的种子，让他们在未来的人生道路上，始终保持对他人的关爱和对社会的责任感，成长为一个有温度、有担当的人。

有一天，学校组织去养老院做公益，鹏鹏回家后兴奋地跟妈妈说他很想去参加。我虽然很支持孩子，但也担心他不太懂得如何与老人相处。

后来，孩子的父亲知道了这件事，他决定和孩子一起去参加这次公益活动。出发那天，父亲对孩子说："宝贝，我们去养老院是为了给爷爷奶奶们带去快乐和温暖，所以要用心去和他们交流，认真听他们说话哦。"孩子用力地点点头。

到了养老院，父亲带着孩子一起帮老人们打扫房间、整理物品。之后，父亲又鼓励孩子给老人们表演节目。孩子有些害羞，父亲轻声说："儿子，你唱歌那么好听，爷爷奶奶们一定会喜欢的，大胆去展示自己，给他们带来快乐。"在父亲的鼓励下，孩子勇敢地为老人们唱了一首歌，老人们脸上洋溢着幸福的笑容，纷纷鼓掌。

接着，父亲和孩子一起坐在一位老奶奶身边，陪她聊天。父亲耐

心地询问老奶奶的生活情况，孩子也在一旁认真地听着，不时插上几句话。看着孩子和父亲与老奶奶聊得那么开心，我心里暖暖的。

通过这次公益活动，我发现孩子变得更加懂事、有爱心了。他会主动关心身边的人，还经常说要多参加公益活动。

父亲带孩子参加公益活动，对孩子成长意义非凡。在品德塑造上，能培养孩子的同理心与责任感，会理解他人不易，激发内心善意。那么，在带领孩子做公益活动时，父亲应该注意哪些事情呢？

（1）深度沟通，激发内在动力

在参与公益活动前，父亲要和孩子进行深入的沟通。让孩子明白公益活动的意义和价值，不仅仅是简单地去做一件事，而是通过自己的行动去影响他人、帮助他人。引导孩子思考自己能从公益活动中获得什么，激发孩子内心的善良和同情心，让孩子主动积极地参与到公益活动中。

父亲这样说

"孩子，我们要去参加公益活动是因为有很多人需要帮助，当我们给他们带去快乐和温暖时，自己也会收获很多。你想想，这样是不是会很开心呢？"

"宝贝，每个人都有困难的时候，我们去做公益，就是在传递爱和力量。你这次去养老院，准备怎么给爷爷奶奶们带来快乐呀？"

（2）亲身示范，传递关爱细节

在公益活动现场，父亲要以身作则，用实际行动向孩子展示如何关爱他人。从一些细微的动作和言语中，让孩子学会关心他人的感受。比如在帮助老人时，注意动作的轻柔；与他人交流时，注意语气和表情等。通过父亲的示范，让孩子在潜移默化中学会关爱和尊重他人的技巧。

父亲这样说

“儿子，你看这位爷爷行动不太方便，我们要轻轻地扶着他，动作要慢一点，这样爷爷才会舒服。”

“宝贝，和老奶奶说话的时候，声音要大一点，让她能听清楚。而且要面带微笑，这样奶奶会觉得很亲切。”

（3）鼓励表达，分享内心感受

活动结束后，父亲要鼓励孩子分享自己在公益活动中的感受和想法。让孩子有机会表达自己的所见所闻、所思所想，这有助于孩子更好地理解公益活动的意义。同时，父亲认真倾听孩子的分享，给予积极的回应和肯定，让孩子感受到自己的想法被重视，进一步强化孩子参与公益活动的积极性。

父亲这样说

“孩子，今天在养老院和爷爷奶奶们相处，你有什么感受呀？可以和爸爸说一说。”

“宝贝，你觉得自己做的哪件事让爷爷奶奶最开心呢？把你的想法告诉爸爸。”

（4）引导反思，深化公益认知

父亲要引导孩子对公益活动进行反思，帮助孩子从活动中总结经验，思考如何能更好地帮助他人。让孩子明白公益不仅仅局限于特定的活动，还可以延伸到日常生活中。通过反思，深化孩子对公益的认知，培养孩子持续关注他人需求、主动帮助他人的意识。

父亲这样说

“儿子，你想想，今天我们做的这些，对爷爷奶奶们的生活有没有什么帮助呢？如果下次再来，我们还可以做些什么让他们更开心？”

“宝贝，通过这次公益活动，你学到了什么呢？以后在生活中，我们还可以怎么帮助别人？”

（5）持续鼓励，培养长期习惯

父亲要持续鼓励孩子参与公益活动，对孩子的每一次参与都给予肯定和赞扬。让孩子在鼓励中感受到自己的价值，从而培养孩子长期参与公益活动的习惯。让公益成为孩子生活的一部分，使孩子在不断的公益实践中，成长为一个真正温暖、有爱心的人。

父亲这样说

“孩子，你这次在公益活动中表现得非常棒，爸爸为你骄傲。以后我们要多参加这样的活动，让更多的人感受到我们的爱。”

“宝贝，公益活动能让我们变得更有爱心，也能让这个世界变得更美好。爸爸希望你能一直保持这份热情，继续在公益的道路上前行。”

孩子交友陷入迷途，父亲及时出场保驾护航

在孩子的成长过程中，交友是极为重要的一环。然而，人类前额叶皮质到 25 岁才发育完善，这决定了无论是儿童，还是青少年，他们的社交判断是存在生理局限的，也就是说，他们在交友过程中难免会陷入迷途。此时，父亲就要及时出场，为孩子的交友之路保驾护航。父亲的教育智慧在于：既要做看得见的护航者，在关键时刻为孩子亮起警示灯，更要做隐形的架构师，帮助孩子建立内在的社交导航系统。当孩子学会用理性审视友情，用价值衡量关系，那些曾令人担忧的迷途，终将化作成长路上的珍贵坐标。

小勇是一名刚踏入初中校园的学生，对新环境充满好奇。在一次大课间，小勇偶然认识了初二的阿强，阿强和他的几个朋友篮球打得很好，这让小勇非常羡慕，而且觉得他们特别酷，于是，便很快和他们熟络起来。

开始，阿强经常带小勇一起在大课间打篮球。慢慢地，阿强还带着小勇在厕所角落抽烟，并说一些不堪入耳的脏话。起初，小勇心里有些抵触，可又怕被他们嘲笑胆小，便硬着头皮尝试。渐渐地，小勇习惯了这种行为，还觉得自己融入了一个“厉害”的团体。

就这样，小勇在上课时常常无法集中精力，满脑子都是和阿强他们一起玩乐的场景。老师提问，他一脸茫然，回答不上来。作业也开始敷衍了事，成绩直线下滑。老师多次找他谈话，他却不以为然。

有一回，阿强他们怂恿小勇一起逃课去网吧打游戏。小勇心里害怕，但又不敢拒绝，只好跟着去了。网吧里乌烟瘴气，小勇虽然有些

紧张，但也感受到了一种“刺激”。此后，逃课去网吧的次数越来越多。

直到有一天，小勇在网吧遇到了隔壁班同学的家长。家长惊讶地看着小勇，随后告知了他的班主任。班主任严肃地批评了小勇，并通知了他的父母。父母得知后，十分痛心，看着父母失望的眼神，小勇的心里五味杂陈。

如果孩子在交友过程中陷入迷途，父亲一定要及时出场，运用正确的方法进行甄别和引导。父亲可以通过敏锐观察、多渠道了解、积极引导以及拓展社交圈子等方式，助力孩子结交到真正志同道合、互帮互助的朋友，让孩子在健康的友谊滋养下茁壮成长。

（1）敏锐观察孩子状态，察觉交友异常

作为父亲，日常要留意孩子的情绪变化、行为举止，以及学习表现等方面。如果孩子近期突然情绪波动大，时而异常兴奋，时而低落沮丧，或者原本规律的生活作息被打乱，学习成绩出现下滑，这些都可能是交友方面出了问题的信号。同时，父亲也要关注孩子的社交圈子，了解他们日常都和哪些人一起玩耍、交流。若发现孩子与一些行为习惯不佳、有不良嗜好或经常惹是生非的孩子频繁往来，这就需要父亲及时出场，防止孩子在错误的交友道路上越走越远。

（2）多渠道了解孩子朋友，全面认识其特点

为了准确甄别孩子朋友的好坏，父亲需要通过多种渠道收集信息：

与孩子进行深入交流。这是父亲了解孩子朋友的首要途径，父亲要以轻松、平等的方式询问孩子关于朋友的情况。

与孩子的老师沟通。老师在学校能观察到孩子们在集体中的互动情况，能提供更客观的评价。

此外，观察孩子朋友在家庭聚会或户外活动等场合的表现也很重要。比如，在一次家庭聚会中，父亲发现孩子的朋友对长辈没有礼貌，随意浪费食物，这些细节都能帮助父亲更全面地认识孩子的朋友。

父亲这样说

“儿子，你新交的那个朋友平时都喜欢做些什么呀？”

“儿子，你的朋友王浩然今天是不是生病了？爸爸看见他的家长在群里请假了，他每天和你一样骑自行车上学吗？”

（3）引导孩子思考分析，树立正确交友观

当父亲对孩子的朋友有了一定了解后，要引导孩子自己去思考分析。与孩子分享一些关于友谊的故事或案例，如历史上管鲍之交的佳话，让孩子明白真正的朋友是相互理解、支持和帮助的。然后结合孩子朋友的实际情况，和孩子一起探讨他们的行为是否符合正确的交友标准。

父亲这样说

“李强叫你一起去网吧玩游戏？你觉得如果是真正的好朋友，他会鼓励你做这种影响学习的事情吗？”

（4）拓展孩子社交圈子，提供优质交友机会

如果父亲发现孩子目前的交友圈子存在问题，除了甄别和引导，还应为孩子拓展更优质的社交圈子，可以鼓励孩子参加各类兴趣班、社团活动或公益项目。例如，孩子喜欢绘画，父亲可以帮孩子报名参加绘画班，在那里孩子能结识到同样热爱绘画的伙伴，他们因为共同的兴趣爱好相聚，更有可能建立起积极健康的友谊。

父亲还可以组织家庭聚会，邀请亲戚朋友家年龄相仿且品行良好的孩子来家中做客，为孩子创造轻松愉快的交友环境，让孩子从中学习到良好的行为习惯。

文学之都
经典文库

文学之都经典文库

丛书主编 陈勇

随园诗话

〔清〕袁枚 著
王英志 校注

南京出版社

图书在版编目（CIP）数据

随园诗话 /(清) 袁枚著；王英志校注 .-- 南京：南京出版社 ,2020.5

（文学之都经典文库）

ISBN978-7-5533-2816-4

Ⅰ．①随… Ⅱ．①袁…②王… Ⅲ．①诗话－中国－古代②《随园诗话》－注释Ⅳ．① I207.22

中国版本图书馆 CIP 数据核字（2020）第 036294 号

丛 书 名： 文学之都经典文库
丛书主编： 陈 勇
书　　名： 随园诗话
作　　者： 袁 枚
校　　注： 王英志
出版发行： 南 京 出 版 社
社址：南京市太平门街53号　邮编：210016
网址：http://www.njcbs.cn　电子信箱：njcbs1988@163.com
联系电话：025-83283893、83283864（营销）　025-83112257（编务）

出 版 人： 项晓宁
出 品 人： 卢海鸣
责任编辑： 刘 娟
装帧设计： 王 俊
责任印制： 杨福彬

制　　版： 南京新华丰制版有限公司
印　　刷： 南京工大印务有限公司
开　　本： 787mm × 1092mm　1/16
印　　张： 31.25
字　　数： 525千
版　　次： 2020年5月第1版
印　　次： 2021年9月第2次印刷
书　　号： ISBN978-7-5533-2816-4
定　　价： 198.00元

南京出版社
图书专营店

“文学之都”经典文库出版缘起

在著名南京籍作家叶兆言看来，“文学与城市，显然是有关系的”。他常用大诗人李白寓居南京时写下的“金陵子弟来相送，欲行不行各尽觞”这句诗，形容南京这座城市对文学的热情——一种自发的、持久的文学热情。这种热情，在一千多年后，以一种特殊的形式被全世界所认可——2019 年 10 月 31 日，南京入选世界“文学之都”。

世界“文学之都”评选是联合国教科文组织为进一步促进世界各国文学艺术的发展而组织的一项具有全球影响力的活动。南京能够成为中国首个获此殊荣的城市，与其厚重悠远的历史文化积淀密不可分。作为举世瞩目的“六朝古都”“十朝都会”，南京有着近 2500 年的建城史、约 450 年的建都史，其依山带水的特殊地理形胜和荡气回肠的城市发展史，激发了历代文人墨客不竭的创作灵感。他们在此或尽显风流，或抚今怀古，或吟咏慨叹，或指点江山，为中国乃至整个世界，留下了一批又一批不朽的精品佳作。正所谓：前朝繁盛皆为序章，今夕加冕实至名归。

数以万计的传世经典不仅是南京成功申报“文学之都”的重要砝码，同时也是先贤们留给古都南京的宝贵文化遗产，更是南京城市的一张张靓丽的“文化名片”。中国古代第一部诗歌理论专著《诗品》、第一部文学理论专著《文心雕龙》、第一部儿童启蒙读物《千字文》、现存最早的诗文总集《昭明文选》等，均诞生在南京。皇皇巨著《红楼梦》《儒林外史》《桃花扇》，也都与南京密不可分。近现代以来，鲁迅、朱自清、张恨水、张爱玲、赛珍珠等文坛巨匠也都与南京有着千丝万缕的联系。当代文学名家高晓声、陆文夫、苏童、叶兆言、毕飞宇、黄蓓佳等在南京创作了许多脍炙人口的作品。

“文学之都”桂冠，一方面是世界对南京文学资源、文化底蕴、文化氛围和创作活动的认可；另一方面，也是一种期待，一种世界对来自不同地域、不同传统、不同风格、不同语言的文学资源做进一步了解的期待。这种期待，与国家大力弘扬中华优秀传统文化的战略不谋而合。“文学之都经典文库”的出版也应运而生。

“文学之都经典文库”作为面向世界、服务当代的产物，具备三个基本特点：

一、“文库”所选作品均是中国历史上的传世佳作，均有着鲜明的“南京元素”。它们或是内容以南京为题材，或是在南京创作完成，或是在南京完成首印（首次刊刻），或是由南京人所创作。

二、“文库”所选作品尤其是古籍，均邀请国内一流学者，选择最好的版本进行整理或导读，在体现最新学术成果的同时，将作品的版本价值和文化传承价值更好地呈现给读者。

三、为了惠及更多的读者，同时考虑到现今读者的阅读习惯，“文库”所选作品，均以简体横排形式刊印，采用国际通行的开本，选用符合环保要求的纸张和工艺进行排印。

我们希望通过“文学之都经典文库”的出版，回答以下两个问题：第一，如何发挥代表中华优秀传统文化的精华——文学作品的时代价值？换句话说，如何在新时代进一步传承和创新这些中华文化的优秀成果，并在世界范围内进行传播和弘扬，普惠全人类？第二，如何利用文学载体弘扬南京优秀传统文化，促进文学与普通市民生活的有机结合，使人民群众在品味文学经典的过程中升华出更多的获得感与幸福感？

作为一项系统性的出版工程，“文库”的出版工作不可能一蹴而就，因此，我们也诚挚地邀请社会各界的朋友为“文库”的出版工作出谋划策，同时也希望“文库”的出版能得到广大读者的支持与厚爱。

前言

王英志

清代著名文学家袁枚（1716–1798），字子才，号简斋，原号存斋，世称随园先生，晚年自号仓山居士、随园老人等。钱塘（今浙江杭州）人。祖籍慈溪（今属浙江宁波）。乾隆四年（1739）进士，选庶吉士，入翰林院。乾隆七年（1742）外发江南，历任溧水、江浦、沭阳、江宁等地知县。乾隆十四年（1749）辞官，居于江宁（今江苏南京）小仓山随园。以后除了乾隆十七年（1752）出于生计曾赴陕西任职不到一年外，终生绝迹仕途。袁枚主持乾隆诗坛，为性灵派领袖。一生著述甚丰，有《小仓山房诗集》《小仓山房文集》《随园诗话》《子不语》《小仓山房尺牍》《随园随笔》等十来种。

袁枚所处时代是所谓的"乾隆盛世"，学术思想十分活跃，崇理学与反理学、重汉学与反汉学斗争颇为激烈，袁枚是坚定地站在反理学与反汉学的立场上的；与学术思想上的斗争相应，文艺上复古与反复古、重教化与主性灵的斗争也一直未停止，袁枚则是乾隆诗坛反复古、主性灵思潮的杰出代表。袁枚倡导性灵说诗论，以反对乾隆诗坛流行的主张复古与诗教的沈德潜格调说，并批评翁方纲以汉学考据作诗的不良风气。其所倡导的性灵说诗学，推动了清代诗歌的健康发展，在清诗史上具有重要意义。蒋湘南《游艺录》说，"袁简斋独倡性灵之说，江南江北靡然从之。自荐绅先生下逮野叟方外，得其一字，荣过登龙，坛坫之局生面别开"。可见袁枚之广泛影响。

其实倡言“性灵”古已有之。“性灵”一词最早的源头乃《文心雕龙》(详参拙文《〈文心雕龙〉与袁枚性灵说》,《文学评论》2008年第5期),钟嵘《诗品》、唐宋诗人直至明代公安派等都曾论述过性灵说。而袁枚不仅汲取了古代性灵说的营养,更有自己的发明,并最终形成了比较完备的性灵说诗论。对于袁枚性灵说的内涵,中外研究者有过或深或浅的探讨,从而做出不同的解说。概括说来,有以下四类:一曰“性情”。如清代钱泳《履园谭诗》所谓“性灵者,即性情也”。二曰“灵感”。如羊春秋认为,袁枚标举性灵,是强调“灵感作用”(《历代论诗绝句选》第292页,湖南人民出版社1981年版)。三曰“灵妙的性情”。日本学者多持此观点,如松下忠说,“‘性灵’系指活动起来、利用起来的既灵妙又新鲜的状态中的人的性情”(《袁枚“性灵说”的特色》,《文艺理论研究》1981年第2期)。四曰性情于灵感并重。如《中国历代文论选》之说明称,“性灵之说,不仅重视性情之真,同时十分强调艺术上的灵感作用”(第三册第471页,上海古籍出版社1980年版)。

以上四说虽然都一定程度上触摸到袁枚性灵说的某种内涵,但在研究方法上多局限在对“性灵”一词的诠释,而未能从袁枚整个诗歌理论体系进行鸟瞰与考察,所以未免以偏概全,有简单化的缺陷。如何探讨袁枚性灵说的奥秘,其实袁枚《仿元遗山论诗》评夫己氏(翁方纲)就提供了一把钥匙:“抄到钟嵘《诗品》日,该他知道性灵时。”袁枚自己探讨钟嵘的性灵说时并不囿于钟嵘《诗品》中的“性灵”一词,而是着眼于《诗品》所体现的“吟咏情性”、“羌无故实”、“自然英旨”、反对声病之说等诸方面思想。借鉴袁枚的方法,笔者认为可以这样归纳袁枚性灵说的内涵:袁枚性灵说的理论主旨是从诗歌创作的主观条件出发,强调创作主体表现具有真情、个性、诗才三方面的要素。在这三块理论基石上又生发出创作构思需要灵感,艺术表现应具有独创性并自然天成;作品内容以抒发真情实感、表现个性为主,感情所寄寓的诗歌意象要灵活、新鲜、生动、风趣;诗歌作品以感发人心,使人产生美感为其主要艺术功能等观点(详参拙著《清人诗论研究·袁枚“性灵说”新探》，江苏古籍出版社1986年版）。

袁枚著作影响最大的是《随园诗话》。《随园诗话》计有正编16卷、补遗10卷，乃袁枚辞官后开始编撰，正编成书于乾隆末期（今有乾隆五十四年、五十五年、五十七年等说法，笔者倾向于五十五年），补遗写至病故为止，全部成书于嘉庆初期。其体制为分条排列，每条或述一评，或采一诗或数诗，或记一事，为随笔式。

《随园诗话》是袁枚性灵说的主要载体。《随园诗话》一方面对性灵说做理论上的阐释，一方面选录大量符合性灵说理论要求的诗歌作品进行印证，通俗易懂，广受青睐。

性灵说的真情论主张：一，真情为诗人创作的首要条件，《随园诗话》所谓“诗人者，不失其赤子之心者也”（卷三），“赤子之心”即性灵、真情。二，真情是诗歌所表现的主要内容，所谓“自《三百篇》至今日，凡诗之传者，都是性灵，不关堆垛”（卷五）。三，以真情感人是诗的主要审美功能，所谓“圣人称‘诗可以兴’，以其最易感人也”（卷一二）。此论乃针砭沈德潜的“诗教”说。

性灵说的个性论主张：一，诗人须具有个性，故称“作诗，不可以无我”，“有人无我，是傀儡也”（卷七）。“我”，即独具的个性。二，艺术创作须有独创性，既不囿于古人，亦不盲从俗流，“要之，以出新意、去陈言，为第一着”（卷六）。三，反拟古，反格调，“明七子论诗，蔽于古而不知今”（卷三），“专唱宫商大调，易生人厌”（卷四）。此说实际亦批评了明七子的后继者沈德潜。

性灵说的诗才论主张：一，诗人创作须具备特殊才能。“性灵”的本义即指人灵智的本性，故亦即灵性。袁枚论诗有“笔性灵”“笔性笨”之分（见《补遗》卷二）。“笔性灵”则有诗才，乃针对翁方纲以考据为诗而发的：“经学渊深，而诗多涩闷，所谓学人之诗，读之令人不欢。”（卷四）二，诗人创作需要灵感。首先，灵感降临时诗人处于艺术思维的高潮，“兴会所至，容易成篇”（卷二）。其次，灵感持续时间甚短，不易把握，当“兴会已过”，花“千力万气”亦不易再得（见卷二）。最后，灵感的偶然性与必然性相统一，所谓“尽日觅不得，有时还自来”（卷二）。三，艺术表现须自然天成，因此推重“天籁最妙”（《补遗》卷五），即使对素材提炼加工，亦须不露斧凿痕迹。四，诗歌意象要生动、灵活、有趣。《随园诗话》引用杨万里语“风趣专写性灵”（卷一），又一再标举“生气”“生趣”（《补遗》卷三），即倡导以生动、灵活、风趣的意象抒写性灵。

《随园诗话》的精华在于“话”，而基础却在于“诗”。故书中采录了大量可以印证性灵说诗论的作品，而且不拘时代、流派，不拘作者身份、性别，尤可称道者是采录闺秀之作甚多，为鼓励女子作诗做了好事。《随园诗话》还记有不少诗坛掌故、诗歌本事、诗人轶事，从中可见清代文化状况的一个侧面。

《随园诗话》之采诗、论诗，对集结起队伍宏大的性灵派，进行反拟古、反以考据为诗的斗争，引导诗歌创作回归抒写真性情的轨道做出了重要贡献。但长期以来，学界对《随园诗话》褒贬不一。清代章学诚《文史通义·书坊刻诗话后》斥之为“非圣无法，而恣为倾邪淫荡之说”（《章氏遗书》本），当代郭沫若《读随园诗话札记·序》贬之为“新颖之见已觉无多，而陈腐之谈却为不少”（作家出版社 1962 年版），皆非客观评价。钱钟书评《随园诗话》“往往直凑单微，隽谐可喜，不仅为当时之药石，亦足资后世之攻错”（《谈艺录》第 195–196 页，中华书局 1984 年版），不失为公允之论。

《随园诗话》最早校点本为人民文学出版社 1960 年的顾学颉校点本。其后有笔者主编的《袁枚全集》繁体字校点本（江苏古籍出版社 1993 年初版、1997 年修订再版），以及笔者根据全集本校订的简体字本（凤凰出版社 2000 年版），皆据清嘉庆随园藏版为底本，并参校民国本。本书根据简体字本再加校订，是最接近文本原貌的本子。

本书为便于读者了解袁枚“诗话”的写作背景、涉及的清代重要诗人，以及认识袁枚的诗学思想，对比较重要的内容进行了注释与批点。凡涉及诗人名字处若前面已做介绍，后面再出现则一般不重复介绍了。此举属于尝试，欢迎读者批评指正！

本书在编纂过程中，内子周嫣承担了搜集、复印、誊录有关资料的事务，付出了劳动，特此说明。本书原由凤凰出版社于 2009 年出版。今由南京出版社再版，笔者有所修订。

目　录

随园诗话 补遗

卷　一

一　古英雄未遇时，都无大志，非止邓禹希文学、马武望督邮也。晋文公有妻有马，不肯去齐。光武贫时，与李通讼逋租于严尤。尤奇而目之。光武归谓李通曰："严公宁目君耶？"窥其意，以得严君一盼为荣。韩蕲王为小卒时，相士言其日后封王。韩大怒，以为侮己，奋拳殴之。都是一般见解。鄂西林相公《辛丑元日》云："揽镜人将老，开门草未生。"《咏怀》云："看来四十犹如此，便到百年已可知。"皆作郎中时诗也。玩其词，若不料此后之出将入相者。及其为七省经略，《在金中丞席上》云："问心都是酬恩客，屈指谁为济世才？"《登甲秀楼》绝句云："炊烟卓午散轻丝，十万人家饭熟时。问讯何年招济火，斜阳满树武乡祠。"居然以武侯自命，皆与未得志时气象迥异。张桐城相公则自翰林至作首相，诗皆一格。最清妙者："柳阴春水曲，花外暮山多。""叶底花开人不见，一双蝴蝶已先知。""临水种花知有意，一枝化作两枝看。"《扈跸》云："谁怜七十龙钟叟，骑马踏冰星满天？"《和皇上〈风筝〉》云："九霄日近增华色，四野风多仗宝绳。"押"绳"字韵，寄托遥深。

批注：鄂西林相公，"讳尔泰，字毅庵，满洲镶蓝旗人。西林者，其旧居部落也"，"方颐广颡，须髯若神，色温而语庄，面兼春秋二气"，"于近今人才，一善一技不肯忘"。己未会试，尝向主考官蒋公推荐袁枚。然"壬戌，试翰林翻译，枚最下等，公所定也。启糊名，大恨，召枚往赐饭，与深语"。（袁枚《武英殿大学士太傅鄂文端公行略》）

二　杨诚斋曰："从来天分低拙之人，好谈格调，而不解风趣。何也？格调是空架子，有腔口易描；风趣专写性灵，非天才不办。"余深爱其言。须知有性情，便有格律；格律不在性情外。《三百篇》半是劳人思妇率意言情之事；谁为之格，谁为之律？而今之谈格调者，能出其范围否？况皋、禹之歌，不同乎《三百篇》；《国风》之格，不同乎《雅》《颂》：格岂有一定哉？许浑云："吟诗好似成仙骨，骨里无诗莫浪吟。"诗在骨不在格也。

批注：文论"性灵"一语，乃源自刘勰《文心雕龙》，如"惟人参之，性灵所钟，是谓三才"（《原道》），此指"才智"；"若乃综述性灵，敷写器象"（《情采》），此指性情。二义皆为袁枚性灵说汲取。南宋杨万里论性灵乃流而非源也。

三　前明门户之习，不止朝廷也，于诗亦然。当其盛时，高、杨、张、徐，各自成家，毫无门户。一传而为七子；再传而为钟、谭，为公安；又再传而为虞山：率皆攻排诋呵，自树一帜，殊可笑也。凡人各有得力处，各有乖谬处；总要平心静气，存其是而去其非。试思七子、钟、谭，若无当日之盛名，则虞山选《列朝诗》时，方将搜索于荒村寂寞之乡，得半句片言以传其人矣。敌必当王，射先中马：皆好名者之累也！

批注：高、杨、张、徐，即高启、杨基、张羽、徐贲，并称"吴中四杰"。七子，前七子以李梦阳、何景明为首，后七子以李攀龙、王世贞为首，皆倡"文必秦汉，诗必盛唐"。钟、谭，钟惺、谭元春，湖北竟陵派；三袁，袁宗道、袁宏道、袁中道，湖北公安派；皆诗主性灵。虞山，常熟钱谦益也。

四　于耐圃相公，构蔬香阁，种菜数畦，题一联云："今日正宜知此味；当年曾自咬其根。"鄂西林相公，亦有菜圃对联云："此味易知，但须绿野秋来种；对他有愧，只恐苍生面色多。"两人都用真西山语，而胸襟气象，却迥不侔。

五　落第诗，唐人极多。本朝程鱼门云："也应有泪流知己，只觉无颜对俗人。"陈梅岑云："得原有命他休问，壮不如人后可知。"家香亭云："共说文章原有价，若论侥幸岂无人？"又云："愁看僮仆凄凉色，怕读亲朋慰藉书。"王菊庄云："亲朋共怅登程日，乡里先传下第名。"皆可与唐人颉颃。然读姚武功云："须凿燕然山上石，《登科记》里是闲名。"则爽然若失矣。读唐青臣云："不第远归来，妻子色不喜。黄犬恰有情，当门卧摇尾。"则吃吃笑不休矣！其他如："不辞更写公卿卷，恰是难修骨肉书。""失意雅不惬，见花如见仇。路逢白面郎，醉簪花满头。""枉坐公车行万里，譬如闲看华山来。""乡连南渡思菰米，泪滴东风避杏花。"俱妙。

批注：

下第（其二）

袁香亭

纷纷车马踏街尘，簇簇银袍过眼新。

共说文章原有价，若论侥幸岂无人？

狂言好慰红颜妇，愉色难宽白发亲。

三载从头再相待，少年能过几时春？

六 余作诗，雅不喜叠韵、和韵及用古人韵。以为诗写性情，惟吾所适。一韵中有千百字，凭吾所选，尚有用定后不慊意而别改者；何得以一二韵约束为之？既约束，则不得不凑拍；既凑拍，安得有性情哉？《庄子》曰："忘足，履之适也。"余亦曰："忘韵，诗之适也。"

批注：袁枚《山居绝句》（其九）有云："问我归心向何处，三分周孔二分庄。"其性灵说可远溯至《庄子》，此一例也。

袁枚《续诗品·择韵》："次韵自系，叠韵无味。"

七 常州赵仁叔，有一联云："蝶来风有致，人去月无聊。"仁叔一生，只传此二句。某《拟古》云："莫作江上舟，莫作江上月。舟载人别离，月照人离别。"其人一生，所传亦只此四句。金圣叹好批小说，人多薄之；然其《宿野庙》一绝云："众响渐已寂，虫于佛面飞。半窗关夜雨，四壁挂僧衣。"殊清绝。孔东堂演《桃花扇》曲本，有诗集若干，佳句云："船冲宿鹭排樯起，灯引秋蚊入帐飞。"其他首未能称是。

批注：袁枚此处评诗人过苛，然所举诗句，多有情致，有生趣，盖与其性灵说暗合焉。而评金圣叹语，可知其鄙薄小说，乃传统观点，不足为训。

八 嵩亭上人《题活埋庵》云："谁把庵名号'活埋'？令人千古费疑猜。我今岂是轻生者？只为从前死过来。"周道士鹤雏，有句云："大道得从心死后，此身误在我生前。"两诗于禅理俱有所得。

九 乾隆丙辰，余二十一岁，起居叔父于广西。抚军金震方先生一见，有国士之目，特疏荐博学宏词：首叙年齿，再夸文学，并云："臣朝夕观其为人，性情恬淡，举止安详。国家应运生才，必为大成之器。”一时司道争来探问。公每见属吏，谈公事外，必及余之某诗某句，津津道之，并及其容止动作。余在屏后闻之窃喜。探公见客，必随而窃听焉。呈七排一首，有句云：“万里阙前修荐表，百官座上叹文章。”盖实事也。公有诗集数卷，殁后无从编辑；仅记其《答幕友祝寿》云：“浮生虚逐黄云度，高士群歌《白雪》来。”《题八桂堂》云：“尽日天香生画戟，有时鹤舞到匡床。”想见抚粤九年，政简刑清光景。

批注：广西巡抚金震方名鉷，字震方，一字德山。初见袁枚，命为诗，大异之，又试以《铜鼓赋》，枚援笔立就，金大赏之，乃荐举博学鸿词试。枚临终犹告二子：金公为“此六十年来，生平第一知己也”（《随园老人遗嘱》）。

一〇　己未朝，考题是《赋得“因风想玉珂”》。余欲刻画“想”字，有句云：“声疑来禁院，人似隔天河。”诸总裁以为语涉不庄，将置之孙山。大司寇尹公，与诸公力争曰：“此人肯用心思，必年少有才者；尚未解应制体裁耳。此庶吉士之所以需教习也。倘进呈时，上有驳问，我当独奏。”群议始息。余之得与馆选，受尹公知，从此始。未几，上命公教习庶吉士。余献诗云：“琴爨已成焦尾断，风高重转落花红。”

批注：“因风想玉珂”见杜甫《春宿左省》诗。尹公，尹继善，字元长，晚号望山，满洲镶黄旗人。历任江苏巡抚、两江总督、云贵广三省总督，又任刑部尚书（大司寇）、文化殿大学士，谥文端，为袁枚生平“第二知己”。袁枚不仅朝考得尹公提携，其一生平安无事，亦多赖尹公呵护。故世人有“公宠枚，纵枚，过誉枚，听从枚”（袁枚《答尹相国书》）之说。

一一　尹文端公总督江南，年才三十，人呼“小尹”。海宁诗人杨守知，字次也，康熙庚辰进士。以道员诖误，候补南河，年七十矣。尹知为老名士，所以奖慰之者甚厚。杨喜，自指其鬓叹曰：“蒙公盛意，惜守知老矣！‘夕阳无限好，只是近黄昏。’”公应声曰：“不然！君独不闻‘天意怜幽草，人间重晚晴’乎？”杨骇然，出语人曰：“不谓小尹少年科甲，竟能吐属风流。”

一二　尹文端公好和韵，尤好叠韵。每与人角胜，多多益善。庚辰十月，为勾当公事，与嘉兴钱香树尚书相遇苏州，和诗至十余次。一时材官傔从，为送两家诗，至于马疲人倦。尚书还嘉禾，而尹公又追寄一首，挑之于吴江。尚书覆札云：

"岁事匆匆,实不能再和矣!愿公遍告同人,说香树老子,战败于吴江道上。何如?"适枚过苏，见此札，遂献七律一章，第五、六云:"秋容老圃无衰色，诗律吴江有败兵。"公喜。从此又与枚叠和不休。押"兵"字，有"消寒须用美人兵""莫向床头笑曳兵"之句，盖探枚方娶妾故也。其好谐谑如此。己卯八月，枚江北获稻归，饮于公所。酒毕，与诸公子夜谈。公从后堂札示云:"山人在外初回，家姬必多相忆。盍早归乎?"余题札后云:"夜深手札出深闺，劝我新归应早回。自笑公门懒桃李，五更结子要风催。"除夕，公赐食物。枚以诗谢，末首云:"知公得韵便传笺,倚马才高不让先。今日教公输一着,新诗和到是明年。"公见之,大笑。

批注:"俗传(尹)公貌类佛,而不喜佛法。闻人才后进,则倾衿推毂,提训孳孳。每公余，一卷一灯，如老诸生，寒暑匆辍。诗成，喜人吟听，至顿挫处，手为拍张。或半字未安，必严改乃已，以故清词丽句，虽专门名家，自愧不如。"(袁枚《文华殿大学士尹文端公神道碑》)尹继善虽峨冠博带，亦属风雅之士，故可与袁枚等诗人共享吟诗之乐也。

一三　托冢宰庸,字师健,作江宁方伯时,潘明府涵,极言公风雅,强余入谒。果一见如平生欢。读其《送人赴陕》诗云:"潞河冰合悲风生，欲曙不曙鸟飞鸣。寒山历历路不尽，班马萧萧君独行。公孙阁下正延士，博望关西方用兵。北去知君未即返，月明空有相思情。"音节可爱。遂献公二律，前四句云:"七十神仙海鹤姿，六年人悔见公迟。学穷宋理谈偏妙，诗合唐音自不知。"次日，公过访随园。坐定，忽正色曰:"吾欲借君一贵重之物，未知肯否?"余愕然，问何物。公笑出袖中和韵诗,第二句仍是"六年人悔见公迟"七字耳。彼此輾然。两人诗都遗失。余只记押"心"字韵。尹相国和云:"若非元老怜才意，争动闲云出岫心?"

批注:托庸，字师健，号瞻园，曾任江苏布政使(方伯)，官至吏部尚书(冢宰)。枚《后知己诗·吏部尚书托公庸》记二人交情:"无端一面交，大恨相知晚。爱我神超解，呼为心中人。我亦爱公雅，如坐风中春……"

一四　以昌黎之崛强，宜鄙俳体矣;而《滕王阁序》曰:"得附三王之末，有荣耀焉。"以杜少陵之博大，宜薄初唐矣;而诗曰:"王、杨、卢、骆当时体"，"不废江河万古流"。以黄山谷之奥峭，宜薄西昆矣;而诗云:"元之如砥柱，大年若霜鹄。王、杨立本朝，与世作郛郭。"今人未窥韩、柳门户，而先扫六朝;未得李、杜皮毛，而已轻温、李：何蜉蝣之多也！

批注：

戏为六绝句（其一）

杜甫

王、杨、卢、骆当时体，轻薄为文哂未休。

尔曹身与名俱灭，不废江河万古流。

一五 “怀仁辅义天下悦，阿谀顺旨要领绝。”子陵语也。“崇山幽都何可偶，黄钺一下无处所。”光武语也。两人同学，故言语相同，皆七古中硬句。

批注：子陵，即严光，字子陵，汉代隐士。光武，即东汉刘秀，建武元年（25）即位。

一六 古无类书，无志书，又无字汇；故《三都》《两京》赋，言木则若干，言鸟则若干，必待搜辑群书，广采风土，然后成文。果能才藻富艳，便倾动一时。洛阳所以纸贵者，直是家置一本，当类书、郡志读耳；故成之亦须十年、五年。今类书、字汇，无所不备；使左思生于今日，必不作此种赋。即作之，不过翻摘故纸，一二日可成。可抄诵之者，亦无有也。今人作诗赋，而好用杂事僻韵，以多为贵者，误矣！

批注：古代类书、字汇型赋今已过时，而今人作诗赋仍好用杂事僻韵，可谓不识时务。类似见解亦见于《历代赋话序》，系袁枚集外文。

一七 “乐府”二字，是官监之名，见霍光、张放两传。其《君马黄》《临高台》等乐章，久矣失传。盖因乐府传写，大字为辞，细字为声，声词合写，易至舛误。是以曹魏改《将进酒》为《平关中》，《上之回》为《克官渡》，共十二曲，并不袭汉。晋人改《思悲翁》为《宣受命》，《朱鹭》为《灵之祥》，共十二曲，亦不袭魏。唐太白、长吉知之，故仍其本名，而自作己诗。少陵、张、王、元、白知之，故自作己诗，而创为新乐府。元稹序杜诗，言之甚详。郑樵亦言：“今之乐府，崔豹以义说名，吴兢以事解目，与诗之失传一也。《将进酒》而李余乃序烈女，《出门行》而刘猛不言别离，《秋胡行》而武帝云‘晨上散关山，此道当何难’：皆与题无涉。”今人犹贸贸然抱《乐府解题》为秘本，而字摹句仿之，如画鬼魅，凿空无据；且必置之卷首，以撑门面，犹之自标门阀，称乃祖乃宗绝大官衔，而不知其与己无干也。

批注：此说“乐府”变迁，可见袁枚文学发展观，而今拟古者犹对汉乐府字摹句仿，不知后来乐府内容皆与题无涉。“如画鬼魅”云云，妙语解颐，一针见血。

一八　《左氏》：郑伯享赵孟于垂陇，七子赋诗。伯有赋《鹑奔》。赵孟斥之曰：“床笫之言不逾阈，非使人之所闻也。”然则其他之赋《野有蔓草》《有女同车》及《萚兮》者，其非淫奔之诗，明矣。

批注：《鹑奔》等皆《诗经》中篇名。

此条为吴翌凤《逊志堂杂钞》辑录，袁枚照抄。

一九　“庚”字古音同“冈”，故字法“康”从“庚”，汉以前无读“羹”者。“庆”字古音同“羌”，汉以前无读“磬”者。“令”字古音同“连”，入“先”“仙”韵，转去声作“恋”，汉以前无读“灵”者。

二〇　《文选》诗，有五韵、七韵者，李德裕所谓“意尽而止，成篇不拘于只偶”也。

二一　陆放翁“烧灰除菜蝗”，“蝗”字作仄声。徐骑省“莫折红芳树，但知尽意看”，“但”字作平声。李山甫《赴举别所知》诗“黄祖不怜鹦鹉客，志公偏赏麒麟儿”，“麒”字作仄声。王建《赠李仆射》诗“每日城南空挑战”，“挑”字作仄声。《赠田侍中》“绿窗红灯酒”，“灯”字作仄声。皆本白香山之以“司”为“四”，“琵”为“别”，“凝脂”为“佞”，“红桥三百九十桥”，“十”字读“谌”也。韩愈《岳阳楼》诗“宇宙隘而妨”，“妨”作“访”音。《东都》诗“新辈只朝评”，“评”作“病”音。元稹《东南行百韵》诗“征俸封鱼租”，“封”音“俸”。《痁卧》诗“一生长苦节，三省讵行怪”，“怪”音“乖”。《岭南》诗“联游亏片玉，洞照失明鉴”，“鉴”音“间”。《夜池》诗“高屋无人风张幙”，“张”音“丈”。“苦思正旦酬白雪，闲观风色动青旂”，“正旦”读作“真丹”。又白居易《和令狐相公》诗“仁风扇道路，阴雨膏闾阎”，“扇”平声，“膏”去声。李商隐《石城》诗：“簟冰将飘枕，帘烘不隐钩。”自注：“‘冰’去声。”陆龟蒙《包山》诗“海客施明珠，湘蕤料净食。”自注：“‘料’平声。”朱竹垞《山塘纪事》诗“殷勤短主簿，端笏立阼阶”，“阼”音“徂”。杜少陵用“中兴”“中酒”“王气”“贞观”等字，忽平忽仄，随其所便。大抵“相如”之“相”、“灯檠”之“檠”、“亲迎”之“迎”、“亲家”之“亲”、“宁馨”之“馨”、“葡萄”之“葡”、“鄚侯”之“鄚”、“马援”之“援”、“别离”之“离”、“急难”之“难”、“上应”之“应”、“判舍”之“判”、“量移”之“量”、“处分”之“分”、“范蠡”之“蠡”、“称衡”之“称”、“伍员”之“员”，皆平仄两用。

批注：袁枚论诗本不甚重音韵格律，此并非其不通音韵，而是避免以韵害意也。此条可知其于音韵是下过工夫的。

二二　宋人《雪》诗：“待伴不嫌鸳瓦冷，羞明常怯玉钩斜。”已新矣。郑所南《雪》诗：“拇战素手白相敌，酒潮上脸红不鲜。”更新。萧德藻《梅花》诗：“湘妃危立冻蛟背，海月冷挂珊瑚枝。”已新矣。徐巢友《梅》诗：“过墙新水滴眠鹤，压屋冷云眠定僧。”更新。

批注：《续诗品·着我》倡导“吐故吸新”，此处连用四“新”字，枚于“新”可谓一往情深矣。“新”一要“出新意”，意新；二要“去陈言”，言新。

二三　《三余编》言：“诗家使事，不可太泥。”白傅《长恨歌》：“峨嵋山下少人行。”明皇幸蜀，不过峨嵋。谢宣城诗“澄江净如练”，宣城去江百余里，县治左右无江。相如《上林赋》：“八川分流。”长安无八川。严冬友曰：“西汉时，长安原有八川，谓泾、渭、灞、浐、沣、滈、潦、潏也；至宋时则无矣。”

批注：王士禛《池北偶谈》引王维诗“九江枫树几回青，一片扬州五湖白”，称“下连用兰陵镇、富春郭、石头城诸地名，皆寥远不相属。大抵古人诗画，只取兴会神到，若刻舟缘木求之，失其旨矣”，可与此相发明。

二四　人称才大者，如万里黄河，与泥沙俱下。余以为：此粗才，非大才也。大才如海水接天，波涛浴日，所见皆金银宫阙，奇花异草，安得有泥沙污人眼界耶？或曰：“诗有大家，有名家。大家不嫌庞杂，名家必选字酌句。”余道：作者自命当作名家，而使后人置我于大家之中；不可自命为大家，而转使后人屏我于名家之外。尝规蒋心馀太史云：“君切莫老手颓唐，才人胆大也。”心馀以为然。

批注：蒋士铨，号清容，字心馀，一字苕生，与袁枚、赵翼并称“乾隆三大家”。“其摇笔措意，横出锐入，凡境为之一空。”（袁枚《蒋心馀藏园诗序》）

二五 凡神庙扁对，难其用成语而有味。或造仓颉庙，求扁。侯明经嘉𤄯，提笔书“始制文字”四字。人人叫绝。或求戏台对联。姚念兹集唐句云：“此曲只应天上有；斯人莫道世间无。”又，张文敏公戏台集宋句云：“古往今来只如此；淡妆浓抹总相宜。”苏州戏馆集曲句云：“把往事，今朝重提起；破工夫，明日早些来。”俱妙。或题诸葛庙，用“丞相祠堂”四字，亦雅切。

批注：袁枚《续诗品·辨微》：“老手颓唐，才人胆大。”谓老手神衰则诗浮泛无力，才人胆大难免诗泥沙混淆，必须谨慎。

二六 余不喜黄山谷诗，而古人所见有相同者。魏泰讥山谷：“得机羽而失鹍鹏，专拾取古人所吐弃不屑用之字，而矜矜然自炫其奇，抑末也。”王弇州曰：“以山谷诗为瘦硬，有类驴夫脚跟，恶僧藜杖。”东坡云：“读山谷诗，如食蝤蛑，恐发风动气。”郭功甫云：“山谷作诗，必费如许气力，为是甚底？”林艾轩云：“苏诗如丈夫见客，大踏步便出去。黄诗如女子见人，先有许多妆裹作相。此苏、黄两公之优劣也。”余尝比山谷诗：如果中之百合，蔬中之刀豆也，毕竟味少。

批注：袁枚论诗主情致，重趣味，而黄山谷诗重来历，拗峭避俗，“往往意为词累，性情反而为所掩”（赵翼《瓯北诗话》），“筋骨有余，肉味绝少”（李东阳《怀麓堂诗话》）。故枚“不喜山谷诗”：“百合”味苦，“刀豆”味涩，皆非诗味也。

二七 徐凝咏《瀑布》云：“万古常疑白练飞，一条界破青山色。”的是佳语。而东坡以为恶诗，嫌其未超脱也。然东坡《海棠》诗云：“朱唇得酒晕生脸，翠袖卷纱红映肉。”似比徐诗更恶矣！人震苏公之名，不敢掉罄。此应邵所谓“随声者多，审音者少”也。

批注：袁枚不“震苏公之名”，为徐凝咏《瀑布》诗翻案，独抒己见，诚为有胆有识之“审音者”。

二八 某孝廉有句云：“立誓乾坤不受恩。”盖自矜风骨也。余不以为然，寄书规之，云：“人在世间，如何能不受人恩？古人如陶靖节之高，而以乞一顿食，至于冥报相贻。杜少陵以稷、契自许，而感孙宰存恤，至于愿结弟昆。范文正公是何等人，而以晏公一荐故，终身执门生之礼。盖太上贵德，其次务施报，圣人之所不讳也。”若商宝意太史之诗则不然，曰：“名心未了难遗世，晚景无多怕受恩。”

蒋苕生太史之诗亦不然，曰："不是微禽敢辞惠，只愁无处觅金环。"此皆不立身份，而身份弥高。

批注：商盘，字宝意，号苍雨，会稽（今浙江绍兴）人。官至元江太守。有《质园诗集》。袁枚于商亡故后作《祭商宝意太守文》悼念之。

二九 山阴胡天游稚威，以旷代才，受知于大宗伯任香谷先生。其待之之厚，不亚于令狐相公之待玉溪生也。馆于其家。八月五日，宗伯指庭前葡萄曰："彼实垂垂矣。若能以'侪''淮'险韵，刻划其状，当令某伶进酒为欢。"稚威刻烛二寸，成四十韵。其警句云："一树微藏晓，添幽得小斋。拏藤高屋起，缚架碧霄排。翻水层筛网，行天爪掷钗。枚惊千钉错，结古百绳偕。见拟通身胆，环雕出目蛙。巧悬沤泡住，危累弹丸佳。多觉欺邻枣，贫犹敌庾鲑。粉粘云母腻，光逼水晶揩。软谢金刀切，津宜贝齿湝。人窥雨余馆，凉破日斜阶。寒别关门远，肥怜壤性乖。岂知根入塞，不比橘逾淮！"一时传诵。后乾隆辛卯冬日，严冬友侍读在沈学士云椒席上，偶谈及稚威以险韵咏葡萄事。沈因指席间橄榄，命其门人陈梅岑云："汝能以十三'覃'韵赋此乎？"陈即席成二十韵。警句云："青子当秋熟，评芳自岭南。嘉名忠可喻，真意谏同参。种类炎方别，林园壮月探。阴还连野屋，高欲逼层岚。摘去梯难架，收来杖易担。求温凭箬裹，致远藉筒函。买或论千百，尝应只二三。颦眉今莫讶，苦口旧曾谙。细共槟榔嚼，香逾豆蔻含。讨寻偏耐久，风格在回甘。核试花生烛，仁挑粟缀簪。幸登君子席，佳话并传柑。"余亦在席上，命门人杨蓉裳仿之，咏《钱》云："鱼伯飞来后，平添利海波。斫铜耶水曲，铸币历山阿。轻影翻鲸甲，花纹皱凤罗。五铢工剪凿，四柱细摩挲。轮郭分乌漉，文章备隶蝌。好从床脚绕，谁向梦中磨？萧库悬标榜，吴宫卫甲戈。营中赎才士，帐下买青娥。藏处同牛吼，行来倩马驮。无缘休慕'孔'，有癖定归和。积窖千缗朽，当筵一掷多。裁皮嗤大业，剪叶记阇婆。只我偏穷薄，终年叹轗轲。逐贫空有赋，得宝不成歌。壁立已如此，囊空将奈何！画叉三十块，挂壁羡东坡。"陈、杨二君，年未弱冠。

批注：袁枚《胡稚威哀词》记云："戊寅（乾隆二十三年，1758）秋，程鱼门信来曰：'胡稚威死矣。'呜呼！稚威固不死也。稚威之言曰：'古今人皆死，惟能文章者不死。虽有圣贤豪杰瑰意奇行，离文章则其人皆死。'"可见其重文章价值。又记云：“吾与稚威同荐鸿词，初见，谓曰：‘美才多，奇才少，子奇才也。年少修业而息之，他日为唐之文章者，吾子也。’”可见其对袁枚之欣赏。

严长明，字冬友（一字冬有），江宁（今江苏南京）人。官至内阁侍读。有《归求草堂诗文集》等。

陈熙，字梅岑，袁枚弟子。

杨芳灿，字才叔，号蓉裳，金匮（今江苏无锡）人。晚年官户部员外郎，举为会典总纂修。有《芙蓉山馆文钞》等。袁枚弟子。

三〇　方望溪删改八家文，屈悔翁改杜诗；人以为妄。余以为八家、少陵复生，必有低首俯心而遵其改者，必有反覆辩论而不遵其改者。要之，抉摘于字句间，虽“六经”颇有可议处，固无劳二公之舍其田而芸人之田也。

批注：方苞（号望溪）删改唐宋八大家文，屈复（号悔翁）妄改杜甫诗，自以为是，好为人师如此！

三一　余甲戌春，往扬州，过宏济寺，见题壁云：“随着钟声入梵宫，凭谁一喝耳双聋？桫椤不解无言旨，孤负拈花一笑中。”“山水争留文字缘，脚跟犹带九州烟。现身莫问三生事，我到人间廿四年。”末无姓名，但著“苕生”二字。余录其诗，归访年余。熊涤斋先生告以苕生姓蒋，名士铨，江西才子也。且为通其意。苕生乃寄余诗云：“鸿爪春泥迹偶存，三生文字系精魂。神交岂但同倾盖，知己从来胜感恩。”已而入丁丑翰林，假归，侨寓金陵，与余交好。壬申春，余过良乡，见旅店题诗云：“满地榆钱莫疗贫，垂杨难系转蓬身。离怀未饮常如醉，客邸无花不算春。欲语性情思骨肉，偶谈山水悔风尘。谋生消尽轮蹄铁，输与成都卖卜人。”末亦无姓名，但书“篁村”二字。余和其诗，有“好叠花笺抄稿去，天涯沿路访斯人”之句。隔十三年，劳宗发观察来江南，云渠宰良乡时，见店壁有此二诗，为馆钦差故，主人将圬去；心甚爱之，抄诗请于制府方敏悫公。方亦欣赏，谕令勿圬。然彼此不知篁村何许人。壬辰，在梁瑶峰方伯署中，晤篁村。方知姓陶，名元藻，会稽诸生也。以此语告陶。陶感三人之知己，而伤方、劳二公之已亡，重赋云：“匹马曾从燕、蓟趋，桥霜店月已模糊。人如旷世星难聚，诗有同声德未孤。自笑长吟忘岁月，翻劳相访遍江湖。秦淮河上敦槃会，应识今吾即故吾。”“三间老屋夕阳村，底事高轩过此门？飞盖翠摇新蘸墨，华镫红照旧题痕。不教画墁佣奴易，便胜纱笼佛殿尊。惆怅怜才青眼客，几番剪纸为招魂。”

批注：此条言“甲戌（1754）春，往扬州”，见苕生题壁诗；《寄蒋苕生太史并序》小序则称“壬申（1752）过扬州，见僧壁题诗绝佳，末有‘苕生’二字”。袁枚著作多有误记处，此一例也。当以后者为准。

据袁枚《篁村题壁记》，袁枚初识陶篁村在乾隆三十四年己丑（1769），《喜晤陶篁村》诗亦编于是年。此条言在乾隆三十七年壬辰（1772），相差三年。此处当误记。

三二　本朝王次回《疑雨集》，香奁绝调，惜其只成此一家数耳。沈归愚尚书选国朝诗，摈而不录，何所见之狭也！尝作书难之云：“《关雎》为《国风》之首，即言男女之情。孔子删诗，亦存《郑》《卫》，公何独不选次回诗？”沈亦无以答也。唐李飞讥元、白诗“纤艳不逞，为名教罪人”。卒之千载而下，知有元、白，不知有李飞。或云飞此言见于杜牧集中。牧祖佑，年老不致仕，香山有诗讥之；故牧假飞语以诋之耳。

批注：王彦泓（1593—1642），字次回，金坛（今属江苏）人。其乃明末人，非清朝人。沈归愚选国朝诗摈而不录很自然。袁枚即此难之，并无道理。但主张“情所最先，莫如男女”（《答蕺园论诗书》），为情诗张目则应肯定。

三三　余戏刻一私印，用唐人“钱塘苏小是乡亲”之句。某尚书过金陵，索余诗册。余一时率意用之。尚书大加苛责。余初犹逊谢，既而责之不休，余正色曰：“公以为此印不伦耶？在今日观，自然公官一品，苏小贱矣。诚恐百年以后，人但知有苏小，不复知有公也。”一座辴然。

批注：袁枚为南朝齐歌妓苏小小辩护，而当面顶撞某尚书，怜香惜玉，胆大包天！

三四　高文良公夫人，名琬，字季玉，蔡将军毓荣之女，尚书珽之妹也。其母国色，相传为吴宫旧人。夫人生而明艳，娴雅能诗。公巡抚苏州，与总督某不合，屡为所倾，而公卓然孤立。咏《白燕》第五句云：“有色何曾相假借？”沉思未对。适夫人至，代握笔曰：“不群仍恐太分明。”盖规之也。夫人博极群书，兼通政治。文良公之奏疏、文檄等作，每与商定。诗集不传。记其《咏九华峰寺》云：“萝壁松门一径深，题名犹记旧铺金。苔生尘鼎无香火，经蚀僧厨有蠹蟫。赤手屠鲸千载事，白头归佛一生心。征南部曲今谁是？剩有枯禅守故林。”此为其父平吴逆后，获咎归空门而作也。

批注：袁枚针对“俗称女子不宜为诗”的“陋言”，反其道而行之，于《随园诗话》中大量采录闺秀诗作，胆识非凡，此亦说明清代女子为诗已蔚成风气。

三五　《宋蓉塘诗话》讥白太傅在杭州，忆妓诗多于忆民诗。此苛论也，亦腐论也。《关雎》一篇，文王辗转反侧，何以不忆王季、太王，而忆淑女耶？孔子厄于陈、蔡，何以不思鲁君，而思及门耶？

批注：袁枚驳论常借助经典与圣人，此“打鬼借助钟馗”之法也。

三六　诗人陈制锦，字组云，居南门外，与报恩寺塔相近。樊明徵秀才赠诗云：“南郊风物是谁真？不在山巅与水滨。仰首陆离低首诵，长干一塔一诗人。”陈嫌不佳。余曰：“渠用意极妙，惜未醒耳。若改‘仰首欲攀低首拜’，则精神全出，仅易三字耳。”陈为雀跃。樊博学好古，尤精篆隶之学。余所得两汉金石文字，皆所赠也。卒后，余挽联云：“地下又添高士伴；生前原当古人看。”

批注：明谢榛云：“诗不厌改，贵乎精也。”（《四溟诗话》）袁枚《续诗品·勇改》称：“知一重非，进一重境。”樊秀才之诗经袁枚改三字，确实一塔一诗人皆“精神全出”。

三七　靖逆侯张勇，字非熊，国初定鼎，即仗剑出关，求见英王。王大奇之。提督甘肃，知吴三桂将反，命子云翼间道入都，首发其奸。圣祖亲解御袍赐之。功成后，谥襄壮。相传其封公梦夏侯惇而生侯。薨后葬坟，掘地得夏侯碑碣，亦一奇也。性好吟诗，《过崆峒》云：“蚩尤战后久消兵，此处犹存访道名。万里山河尘不起，松风常带凤鸾声。”

三八　人谋事久而不得，则意思转淡。何士颙秀才《感怀》云：“身非无用贫偏暇，事到难图念转平。”真悟后语也。其他如：“贫犹买笑为身累，老尚多情或寿征”，“书因补读随时展，诗为留删尽数抄”，皆不愧风人之旨。殁后，余闻信，飞遣人到其家，搜取诗稿，得三百余首。为付梓行世，板藏随园。

批注：何士颙，字南园，秣陵（今南京）人，袁枚诗弟子。袁枚称："何子南园，生而与诗俱来者也。虽为秀才，不喜制艺；虽读书，不矜博览；虽为诗，不事驰骋。其志约，故边幅易周；其思专，故性情易得。居秣陵城闉愔愔然，竹篱堇垣，与方外人游憩，薄醉微慵，雨余风停，有惬于怀，一付于诗。"（《南园诗选序》）

三九　余宰沭阳时，淮安诸生吕文光，馆于沭之吴姓家。其弟子某赴童子试，吕为代倩文字，被余侦获。爱其能文，不加之罪，且延为西席，以姨妻之。和余《春草》云："绵力漫言承露薄，灵根自信济人多。"又云："托根何必蓬莱上？得气均沾雨露中。"余笑曰："此县令诗，不能作翰林者。"已而果中辛未进士，出知滑县。

批注：袁枚有仁爱之心，以提携后学为己任，对"后生少年一言之美，称之不容口"（《清史稿·袁枚传》）。吕文光只是被其提携者之一。

四〇　江西魏允迪，字懋堂，豪迈不羁，官中书侍读。以抚军公子，而家资散尽，因之失官。《咏山中积雪》云："寂寞山涯更水滨，漫天匝地白如银。前村报道溪桥断，可喜难来索债人。""干霄篁竹翠盈眸，雪压风欺扑地愁。莫讶此君无劲节，一经沦落也低头。"又，《出门》云："凭着牵衣儿女送，只挥双泪不回头。"读之令人神伤。与余同召试友也。

批注：所选诗写出作者的真性情，并有独特的感受与构思，故足以打动人心。

四一　苏州舁山轿者最狡狯，游冶少年多与钱，则遇彼姝之车，故意相撞，或小停顿。商宝意先生有诗云："直得舆夫争道立，翻因小住饱看花。"虎丘山坡五十余级，妇女坐轿下山，心怯其坠，往往倒抬而行。鲍步《江竹枝》云："妾自倒行郎自看，省郎一步一回头。"

批注：所选诗句皆通俗、诙谐，符合性灵诗审美要求。

四二　李义山《咏柳》云："堤远意相随。"真写柳之魂魄。与唐人"山远始为容，江奔地欲随"之句，皆是呕心镂骨而成。粗才每轻轻读过。吴竹桥太史亦有句云："人影水中随。"

批注：普通的字眼"随"，点铁成金，有出人意料的韵味，全靠用心锤炼。

四三　陆鲁望过张承吉丹阳故居，言："祐善题目佳境，言不可刊置别处。此为才子之最也。"余深爱此言。自古文章所以流传至今者，皆即情即景，如化工肖物，着手成春，故能取不尽而用不竭。不然，一切语古人都已说尽，何以唐、宋、元、明才子辈出，能各自成家而光景常新耶？即如一客之招，一夕之宴，开口便有一定分寸，贴切此人、此事，丝毫不容假借，方是题目佳境。若今日所咏，明日亦可咏之，此人可赠，他人亦可赠之，便是空腔虚套，陈腐不堪矣。尹文端公在制府署中，冬日招秦、蒋两太史及余饮酒，曰："今日席上，皆翰林，同衙门，各赋一诗。"蒋诗先成，首句云："卓午人停问字车。"公笑曰："此教官请客诗也。"秦惧不肯落笔。余亦知难而退。公不许。乃呈一律云："小集平泉夜举觞，春风座上不知霜。偶然元老开东阁，难得群仙共玉堂。"公大喜，曰："开口已包括全题。白傅夸刘禹锡《金陵怀古》诗'前四句已探骊珠'，此之谓矣！"

批注：好诗的标准是"即情即景"，抒写自己真实产生的感情，描写眼前所见的真实景物；而"化工肖物"，即如自然造物者般精巧地刻画形象，即可如司空图《诗品·自然）所言"着手成春"，写出清新自然的佳作，从而"光景常新"，避免"空腔虚套"、与人雷同。

秦，即秦大士；蒋，即蒋士铨。

四四　余每作咏古、咏物诗，必将此题之书籍，无所不搜；及诗之成也，仍不用一典。尝言：人有典而不用，犹之有权势而不逞也。

批注："有典而不用"，与翁方纲考据诗划清界限。

四五　熊掌、豹胎，食之至珍贵者也；生吞活剥，不如一蔬一笋矣。牡丹、芍药，花之至富丽者也；剪彩为之，不如野蓼、山葵矣。味欲其鲜，趣欲其真；人必知此，而后可与论诗。

批注："味欲其鲜，趣欲其真"，论诗八字箴言，"鲜"与"真"，是性灵诗灵魂。

四六　襄勤伯鄂公容安，好吟诗，如有宿悟。《竹林寺》云："初地相逢人似旧，前身安见我非僧？"《悼亡》云："伤心最是怀中女，错认长眠作暂眠。"

《记》曰："学然后知不足。"可见知足者，皆不学之人，无怪其夜郎自大也。鄂公《题甘露寺》云："到此已穷千里目，谁知才上一层楼。"方子云《偶成》云：

“目中自谓空千古，海外谁知有九州？”

批注：鄂容安，鄂尔泰之子，曾任两江总督、西路参赞大臣。

四七　昔人言白香山诗无一句不自在，故其为人和平乐易；王荆公诗无一句自在，故其为人拗强乖张。愚谓荆公古文，直逼昌黎，宋人不敢望其肩项；若论诗，则终身在门外，尤可笑者，改杜少陵“天阙象纬逼”为“天阅象纬逼”，改王摩诘“山中一夜雨”为“一半雨”，改“把君诗过日”为“过目”，“关山同一照”为“同一点”：皆是点金成铁手段。大抵宋人好矜博雅，又好穿凿，故此种剜肉生疮之说，不一而足。杜诗：“天子呼来不上船。”此指明皇白龙池召李白而言。船，舟也。《明道杂记》以为：“船，衣领也。蜀人以衣领为船。谓李白不整衣而见天子也。”青莲虽狂，不应若是之妄。东坡《赤壁赋》：“而吾与子之所共适。”适，闲适也。罗氏《拾遗》以为：“当是‘食’字。”引佛书以睡为食，则与上文文义平险不伦。东坡虽佞佛，必不自乱其例。杜诗：“王母昼下云旗翻。”此王母，西王母也。《清波杂志》以“王母”为鸟名，则与云旗杳无干涉。王勃《滕王阁序》：“落霞与孤鹜齐飞。”此落霞，云霞也。与孤鹜不类而类，故见妍妙。吴獬《事始》以落霞为飞蛾，则虫鸟并飞，味同嚼蜡。杜牧《阿房宫赋》“未云何龙”，用《易经》“云从龙”也。《是斋日记》以为用《左氏》“龙见而雩”。宫中，非雩祭地也。《文选》诗“挂席拾海月”，妙在“海月”之不可拾也。注《选》者，必以“海月”为蚌蟜之类，则作此诗者，不过一摸蚌翁耳。少陵诗：“无风云出塞，不夜月临关。”其妙处在无风而云，不夜而月故也。注杜者以“不夜”“无风”为地名，则何地无云，何地无月，何必此二处才有风、月耶？“三峡星河影动摇”，即景语也。注杜者必引《天官书》“星动为用兵之象”，未必太平时，星光不动也。宋子京手抄杜诗，改“握节汉臣归”为“秃节”。“秃”字不如“握”字之有神也。刘禹锡《瀼西》诗“春水縠纹生”，明是春水方生之义。而晏元献以“生”为生熟之生。岂织绮縠者，定用生丝，不用熟丝耶？东坡《雪》诗，用“银海”“玉楼”，不过言雪色之白，以银玉字样衬托之，亦诗家常事。注苏者必以为道家肩目之称，则当下雪时，专飞道士家，不到别人家耶？《明道杂志》云：“坡诗：‘客行万里半天下，僧卧一庵初白头。’黄元以为‘白’字不可对‘天’字，遂妄改为‘日’字。对则工矣，其如‘初日头’三字文理不通？”袁瓘《秋日》诗：“芳草不复绿，王孙今又归。”此“王孙”，公子王孙之称也。宋人云：“王孙，蟋蟀也。”引《诗纬》

云："楚人名蟋蟀为王孙。"又以为"猿"，引柳子厚"憎王孙"为证。博则博矣，意味索然。《冷斋夜话》云："太白诗：'昔作夫容花，今为断肠草。'本陶弘景《仙方注》'断肠草一名夫容'故也。乃知诗人无一字闲话。"方密之笑曰："太白冤哉！草不妨同名，诗人何心作药师父耶？"凡此种种，其病皆始于郑康成。康成注《毛诗》"美目清兮"："目上为明，目下为清。"然则"美目盼兮"，"盼"又是何物？注"亦既觏止"，为男女交媾之媾。注"五日为期"，为"妾年未五十，必与五日之御。五日不御，故思其夫"。注"胡然而天，胡然而帝"，便是"灵威仰，赤熛怒"。注"言从之迈"，言"将自杀以从之"，其迂谬已作俑矣！尧之时，老人击壤。壤，土也。周处《风土记》则曰："壤，以木为之，长三尺四寸。"引皇甫元晏十七岁与从姑子击壤于路为证。不知尧之时，安得有木壤？果有之，又何得历夏、商、周而不一见于咏乐耶？要知周处《风土记》，亦宋人伪作。

批注：宋人王安石妄改杜诗，点金成铁，不足为训。而宋人好矜博雅，又好穿凿，"剜肉生疮"之弊尤其可笑。此条所引解"船"为"衣领"、"落霞"为"飞蛾"、"海月"为"蚌蟜"、"王孙"为"蟋蟀"等例，皆为求深而歪曲诗意，解者多为经学考据家，完全不懂诗为何物。袁枚云"凡此种种，其病皆始于郑康成"，郑康成，名玄，字康成，汉经学家，擅考据，可称考据之祖。袁枚认为考据家不可与论诗，此条大量论据足以证明矣。

四八　本朝有某孝廉献吴逆诗云："力穷楚覆求秦救，心死韩亡受汉封。"圣祖爱其巧于用典，遣人访之。其人逃。余以为此仿宋汪彦章为张邦昌雪罪表也。其词云："孔子从佛肸之召，卒为尊周；纪信乘汉王之车，将以诳楚。"可谓善于文过者。

四九　有妓与人赠别云："临歧几点相思泪，滴向秋阶发海棠。"情语也。而庄荪服太史《赠妓》云："凭君莫拭相思泪，留着明朝更送人。"说破，转觉嚼蜡。佟法海《吊琵琶亭》云："司马青衫何必湿？留将泪眼哭苍生。"一般杀风景语。

批注：诗重"情语"，但若"说破，转觉嚼蜡"无味。

五〇　有人哭一显者云："堂深人不知何病，身贵医争试一方。"说尽贵人患病情状。

五一　吾乡陈星斋先生《题画》云："秋似美人无碍瘦，山如好友不嫌多。"

江阴翁征士朗夫《尚湖晚步》云："友如作画须求淡，山似论文不喜平。"二语同一风调。

五二 本朝开国时，江阴城最后降。有女子为兵卒所得，绐之曰："吾渴甚！幸取饮，可乎？"兵怜而许之。遂赴江死。时城中积尸满岸，秽不可闻。女子啮指血题诗云："寄语路人休掩鼻，活人不及死人香。"

批注：清初汉族抗清之惨烈，于此可见一斑。诗掷地作金石之声！

五三 同征友万柘坡光泰，精于五、七古。程鱼门读之，五体投地。近体学宋人，有晦涩之病。陈古渔专工近体，宗七子；故闻鱼门赞万诗，大相抵牾。余为作跋，释两家之憾，且摘柘坡近体之佳者，以晓古渔。其《题开元寺》云："古树鸟巢密，疏寮客到稀。""铃空随瓦坠，碑断入墙填。"《方镜》云："自笑相逢同枘凿，封侯谁有面如田？"《金鳌玉蝀桥》云："晓来浓翠东西映，也算蛾眉对仗班。"陈乃折服。

批注：袁枚《万柘坡诗集跋》："亡友万柘坡，遗集若干，程鱼门昵之，陈古渔非之。二人皆深于诗者也，讼而质于余。余欲通两家之意，特加点按。"

五四 余长姑嫁慈溪姚氏。姚母能诗，出外为女傅。康熙间，某相国以千金聘往教女公子。到府，住花园中，极珠帘玉屏之丽。出拜两姝，容态绝世。与之语，皆吴音；年十六七，学琴、学诗，颇聪颖。夜伴女傅眠，方知待年之女，尚未侍寝于相公也。忽一夕，二女从内出，面微红。问之，曰："堂上夫人赐饮。"随解衣寝。未二鼓，从帐内跃出，抢地呼天，语呶呶不可辨；颠仆片时，七窍流血而死。盖夫人赐酒时，业已酖之矣！姚母踉跄弃资装，即夜逃归。常告人云："二女，年长者尤可惜。"有《自嘲》一联云："量浅酒痕先上面，兴高琴曲不和弦。"

批注：一出封建社会纳妾习俗造成的惨剧！

五五 咏物已难，而和前人之韵则更难。近惟陈其年之和王新城《秋柳》，奇丽川方伯之和高青丘《梅花》，能不袭旧语，而自出新裁。陈云："尽日邮亭挽客衣，风流放诞是耶非。将军营里年光晚，京兆街前信息稀。愁黛忍令秋水见，柔条任与夜乌飞。舞腰女伴如相忆，为报飘零愿已违。""鹅黄搓就便相怜，记得金城几树烟。未到阿那先麗㲻，任为抛掷也缠绵。由来春好惟三月，待得花开又一年。此日秋山太迢递，株株摇落画楼边。”又云：“似尔陌头还拂地，有人楼上怕开箱。”俱妙。方伯云：“枝头何处认轻痕，霜亦精神雪亦温。一径晓风寻旧梦，半林寒月失孤村。吟情欲镂冰为句，离恨难招玉作魂。寄语溪桥桥上客，莫从香里误柴门。”“点额谁教入汉宫，冻云合处路难通。胧胧照去月疑落，瓣瓣擎来雪又空。无梦不随流水去，有香只在此山中。松间竹外谁知己？地老天荒玉一丛。”又云：“珊珊仙骨谁能近，字与林家恐未真。”“陇首只今春意薄，山中自昔故人稀。”其高淡之怀，梅花有知，当呼知己。

批注：

秋柳（四首其三）

王士禛（新城）

东风作絮糁春衣，太息萧条景物非。
扶荔宫中花事尽，灵和殿里昔人稀。
相逢南雁皆愁侣，好语西乌莫夜飞。
往日风流问枚叔，梁园回首素心违。

梅花九首（其四）

高启（青丘）

淡淡霜华湿粉痕，谁施绡帐护香温？
诗随十里寻春路，愁在三更挂月村。
飞去只忧云作伴，销来肯信玉为魂。
一尊欲访罗浮客，落叶空山正掩门。

五六　康熙间，于清端公总督江南，举其族弟襄勤公来守江宁。二人俱名成龙，不以为嫌；且俱以清节卓行，名震海内，洵圣朝佳话也。襄勤巡抚京畿，不避权贵，故演戏者有“红门寺诛奸僧”一节。事虽附会，非无因也。其孙紫亭先生，名宗瑛者，甲戌翰林，人品高逸，善画工诗。余戊申游虞山，紫亭之子静夫明府适宰昭文，以《来鹤堂诗》见示。如《题画》云：“寒声两岸虫，秋怀千顷荻。雨断月初明，孤篷犹滴沥。”《游马氏园》云：“隔树未知处，缘溪已到门。”《折杏花赠某》云：“灯红人影摇芳树，手动花阴落满身。”《归车》云：“急雨惊风翻碧沼，归云学水亦东流。”皆超超玄箸，不食人间烟火。静夫云清端、襄勤二公，亦有诗集；他日捡出，为余寄来。

批注：于成龙（1617–1684），字北溟，号于山，山西永宁（今吕梁离石）人。谥清端。官至兵部尚书、大学士。有“天下廉吏第一”之誉。其族弟襄勤公亦名于成龙，字振甲，号如山，谥襄勤。官都察院左都御史等职。

五七　李尚书雍熙学道，散遣歌姬。王西樵责以诗云：“听歌曾入忘忧界，不应忽缚枯禅戒。未是香山与病缘，何妨樊子同春在？安石携妓自不凡，处仲开阁终无赖。谁为公画此策者，狂奴恨不鞭其背！”阮亭亦云：“万种心情消未尽，忍辞骆马遣杨枝？”余惜秦少游未闻此言。

批注：白居易《不能忘情吟序》：“妓有樊素者，年二十余，绰绰有歌舞态，善唱《杨枝》，人多以曲名之。由是名闻洛下。”又云：“马有骆者，驵壮骏稳，乘之亦有年。”

五八　江西某太守，将伐古树。有客题诗于树云：“遥知此去栋梁材，无复清阴覆绿苔。只恐月明秋夜冷，误他千岁鹤归来。”太守读之，怆然有感，乃停斧不伐。

批注：感人之作，可抑恶扬善。

五九　南宋宫嫔墓在越中者甚多，质湖之滨，狮山之侧，茔址可识者，二十四处，俗传“廿四堆”是也。山阴邵姜畦先生诗云：“贳湖湖水莹如镜，照出兴亡事可哀。‘二十四堆’春草绿，钱塘风雨翠华来。”绰有深情。先生尤长五言，咏《济南趵突泉》云：“倒翻庐阜瀑，长涌浙江潮。”一时诸名士，为之搁笔。又有句云：“溪澄花影偶，山静屐声孤。”

六〇　江南黄梅时节，潮湿可厌。徐金粟云：“不待雨来先地湿，并无云处亦天低。”

批注：诗写黄梅时节气象，细致入微。

六一　丁巳前辈沈云蜚先生馆选后，乞假归娶。逾年入都，以习国书故，僦屋邻余，欲彼此宣究。未半年，以瘵疾亡。余入奠，见纸墨丛残，家僮殡殓，为之泣下。哭以四绝句，五十年来，全不省记。忽内子诵之琅琅，乃追录之，以存其人。诗云："仙山楼阁本茫茫，容易青年到玉堂。底事昙花才一现，已蒙上帝遣巫阳？""明知病体颓唐甚，何事间关万里来？想是神仙厌乡土，特教玉骨葬蓬莱。""几度蓬门歇小车，挥毫同习上清书。而今难字从谁问？旅榇灰停一寸余！""半年汤药滞天涯，腰瘦何人报沈家？少妇昨宵家信到，催君迎看帝城花。"

批注：四绝句真情流露，故得流传于民间。

六二 钱塘洪昉思昇，相国黄文僖公机之女孙婿也。人但知其《长生》曲本，与《牡丹亭》并传，而不知其诗才在汤若士之上。《晓行》云："咿喔晨鸡鸣，仆夫驾轮鞅。四野绝无人，但闻征铎响。"《夜泊》云："竹篾随潮落，蒲帆逐月飞。维舟已深夜，还上钓鱼矶。"性落拓不羁。晚年渡江，老仆坠水。先生醉矣，提灯救之，遂与俱死。《送高江村宫詹入都》五排一百韵，沉郁顿挫，逼真少陵。

先生为王贞女作《金镮曲》云："王家有女字秀文，少小绰约兰蕙芬。项郎名族学《诗》《礼》，金镮为聘结婚姻。十余年来人事变，富儿那必归贫贱。一朝别字豪贵家，三日悲啼泪如霰。手摘金镮自吞食，将死未死救不得。柔肠九曲断还续，卧地只存微气息。讵料国工赐灵药，吐出金镮定魂魄。至性由来动彼苍，一夜银河驾乌鹊。嗟哉此女贞且贤，项郎对之悲复怜。朝来笑倚镜台立，代系金镮云鬓边。"其事、其诗，俱足千古。篇终结句，余韵悠然。

批注：诗、词、曲之间本无鸿沟阻隔，洪昇能写出传世佳作《长生殿》，汤显祖能写出传奇经典《牡丹亭》，皆有"诗才"的底子在。

六三 苏州徐文靖公，明季殉难。二子昭文、贯时，俱守父志，不仕。尤西堂为贯时作传，言其少时美好，自称"三十六帝外臣"。《过平原有见》云："玉面珠珰坐锦车，蟠云作髻两分梳。春风解下貂回脖，露出蝤蛴雪不如。""曲水池头倚玉阑，袯除初起晓妆寒。新来传得江南样，也是梳头学牡丹。"摩写燕、赵佳人，风流可想。贯时先生名柯。其孙龙饮，精赏鉴，与余交好。

六四 洪昉思《咏燕女》云："燕姬生小习原野，春草茸茸猎城下。身轻不许健儿扶，捉鞭自上桃花马。"胡稚威亦咏此题，中四句云："蝤蛴明处缘裁领，荑手攕时为揽妆。云髻半笼花压额，巾罗斜挂水成行。"

批注：洪昇诗有生气，动作性强，更显燕女风采。

六五　梅定九先生以算法、《易》理，受知圣祖。人但知其朴学，而不知诗故风雅。其《断藤坑夜雨》云："万壑连为瀑，千峰撼欲平。虚堂渔艇似，短烛月华明。"《答周昆来》云："墨妙时看珍共璧，心期今见托双鱼。"周故奇士，舞刀夺槊，豪气逼人。画龙一幅，人以千金相购。识戴雪村学士于未济时，以女妻之。

六六　余翰林归娶，长安赠行诗甚多，记其佳者。邹太和学士云："菊黄枫紫小春天，送尔南归是锦旋。才子扫眉宜赤管，洞房停烛有金莲。归鞍尚带同文课，时余方习清书。吟篋新添《却扇》篇。此日和鸣谁不羡？凤凰山下看神仙。"张南华宫詹云："艳雪飞新句，红丝系夙缘。人间留玉杵，天上撤金莲。官柳萦袍绿，宫花压帽鲜。君恩许归娶，仍弹曲江鞭。""遥识催妆日，金花艳擘笺。湖山留粉黛，毫墨乱云烟。两美应空越，双飞伫入燕。绿窗眉画早，银烛看朝天。"沈椒园御史云："金闺才子爱袁丝，年少承恩出玉墀。丹诏命趋双鹤发，绣帏交护两琼枝。笙歌院落时衣锦，梅柳江村晓画眉。伫看还朝成《博议》，文章报国正相期。"蒋御史和宁，时作诸生，云："金莲银烛数行低，照见鸳鸯两两栖。风动流苏侵夜漏，应疑铃索海棠西。"魏允迪中翰，以余文捷，戏云："争传才子擅文词，顷刻千言不构思。若使画眉须缓款，那容横扫笔尖儿？"大司空裘叔度，时为庶常，云："袁郎走马出京华，折得东风上苑花。一路香尘南国近，苎萝村是阿侬家。""画壁旗亭句浪传，蓝桥归去会神仙。从今厌看闲花草，新种湖头并蒂莲。"盖调余狎许郎也。又云："玉镜台前一笑时，石螺亲为画双眉。乌丝竞艳《催妆》句，只恐流传恼雪儿。""双绾同心带一条，华灯椽烛好良宵。锦衾宛转留春住，莫忘鸣珂趁早朝。"毗陵相国程聘三，时作庶常，诗云："金灯花下沸笙歌，宝帐流香散绮罗。此日黄姑逢织女，漫言'人似隔天河'。"盖戏用余朝考句也。

座主蒋文恪公，时为学士，诗云："群仙艳羡送天涯，重叠诗笺压小车。马上玉郎春应醉，满身香雪落梅花。""我闻堂上两亲居，划荻含丸廿载余。此日江南花烛好，承欢同上紫泥书。"

批注：乾隆四年（1739）春袁枚二十四岁中进士，名列第五，入翰林院庶常馆为庶吉士，学习满文。其《胪唱》所谓"我愧牧之名第五，也随太史看祥云"。十月，乞假归娶，《乞假归娶，留别诸同年》四首其一："还乡非耀锦衣鲜，为赋房中乐一篇。惭愧少年贫里过，玉堂春在洞房先。"所娶妻王氏。"洞房花烛夜，金榜题名时"，封建社会士子的两大喜事同一年降临，袁枚年轻得志，处于人生最得意的时期。所录众多送行诗，乃借以炫耀当年之荣也。

六七 余以翰林改官江南，一时送行诗甚多。其佳者如：刘文定公纶，时官编修，诗云："弱水神仙少定居，词头草罢领除书。蒋山南去秦淮路，好雨翛翛梅熟初。""三载头衔共冷官，几人乡梦出长安。君行若过吾庐外，五月江深草阁寒。""定子当筵唱《石城》，离堂烛跋不胜情。芰荷香动三千里，谁共编诗记水程？"宗伯齐公召南，时为侍讲，诗云："尊前言别重踟蹰，一向推袁话岂虚？才子何妨为外吏，名山况可读奇书。携将佳偶花能笑，吟得新诗锦不如。转眼蒲帆催北上，未容风物恋鲈鱼。""官河柳色雨余新，故里风光更绝伦。书画一船烟外月，湖山十里镜中人。浣衣香裛芙蓉露，评史清浇竹叶春。回首同时趋直客，蓬莱犹是在红尘。"庄参政有恭，时为修撰，诗云："庐陵事业起夷陵，眼界原从阅历增。况有文章堪润色，不妨风骨露崚嶒。廉分杯水余同况，明彻晶笼尔独能。儒吏风流政多暇，新诗好与寄吴绫。"副宪申甫，时为孝廉，诗云："鹓行惊失凤池春，百里初除墨绶新。簿领竟须烦史笔，朝廷原自重词臣。交情未免怜今别，公论尤应惜此人。终是读书能有用，他时端不负斯民。""鹤书到日广求贤，殿上挥毫各少年。遭遇未尝非盛事，滞留或恐是前缘。公卿誉满君犹出，仆婢诗成我自怜。可忆僧窗风雨夜，灯花只为一人妍？戊午，榜发前一日，与张少仪诸人同饮，喜灯有花，惟君获隽。""平台缥缈见烟峦，客至能令眼界宽。谈笑每欣多旧雨，杯盘常愧累贫官。由来气类关偏切，此后风流继必难。说与能诗姚秘监，豪情略为洗儒酸。戏南奇。""临期草草话难穷，高柳凉飘弄袖风。客里惊心多聚散，酒边分手又西东。对衙山色浓于染，绕郭溪光淡若空。此景江南曾不少，有人时在梦魂中。"其时长安诸公，以笏山四首为独绝。少宗伯刘公星炜，时为诸生，仿昌谷体作七古一篇，云："壬之年，癸之月，一鲸驱云云不行，走上江南木兰楫。"诗长，不能备录。

批注：乾隆七年壬戌（1742）三月，袁枚学习期满，因满文考试不及格，遂外放为江南溧水县知县。袁枚任文学侍从之梦落空，赋《落花》七律十五章以见志，如："清皇曾荷皇恩宠，飘泊原非上帝心。""此去竟成千古恨，好春还待一年看。""容颜未老心先谢，雨露虽轻泪不消。"皆满腹牢骚。《改官白下留别诸同年》亦云："三年春梦玉堂空，珂马萧萧落叶中。生命粗才甘外吏，去犹忍泪为诸公。""此去好修《循吏传》，当年枉读《上清书》。三生弱水缘何浅，一宿空桑亦有余。手折芙蓉下人世，不知人间竟何如。"送行者之诗多劝慰之词，少有特色。

卷　二

一　丁巳余流落长安，寓刑部郎中王公讳琬者家。同寓人常熟孝廉赵贵璞，字再白，倾盖相知，西林相公门下士也。欲荐余见西林，有尼之者，因而中止。未几，王公出守兴化。余傫然无归。赵以寒士而留余仍住王公旧屋，供其饔飧，彼此倡和。赵诗才清警，《过仙霞岭》云："万竹扫天青欲雨，一峰受月白成霜。"其曾祖某，生天启间，《题天圣阁》云："天在阁中看世乱，民从地上作人难。"

批注：袁枚《赵舍人诔》："余二十一岁，鸿词报罢，居长安，大难"，得赵舍人相助，"舍人名贵璞，字再白，江南常熟人，以某年月卒京师。乙卯（1735）孝廉，官止中书舍人，寿四十余"。

二　丙子九月，余患暑疟。早饮吕医药，至日昳，忽呕逆，头眩不止。家慈抱余起坐，觉血气自胸偾起，性命在呼吸间。忽有同征友赵藜村来访。家人以疾辞。曰："我解医理。"乃延入，诊脉看方，笑曰："容易。"命速买石膏，加他药投之。余甫饮一勺，如以千钧之石，将肠胃压下，血气全消。未半盂，沉沉睡去，额上微汗，朦胧中闻家慈唶曰："岂非仙丹乎？"睡须臾醒，君犹在坐，问："思西瓜否？"曰："想甚。"即命买瓜，曰："凭君尽量，我去矣。"食片许，如醍醐灌顶，头目为轻。晚便食粥。次日来，曰："君所患者，阳明经疟也。吕医误为太阳经，以升麻、羌活二味升提之，将君妄血逆流而上，惟白虎汤可治。然亦危矣！"未几，君归。余送行诗云："活我自知缘有旧，离君转恐病难消。"先生亦见赠云："同试明光人有几？一时公干鬓先斑。"

批注：

谢赵藜村徵君治病，即以送别（其二）

袁枚

已将仙露挹灵苗，便引晨风去碧霄。

活我只因缘有旧，离君转恐病难消。

秋深古道诗逾健，霜满黄河浪不骄。

倘拜东平宪王墓，为言故吏鬓飘萧。

（藜村故简亲王客。）

“活我”句诗话所载与原作略有不同。

三　藜村《鸡鸣埭访友》云：“佳辰结良觌，言采北山杜。鸡鸣古埭存，登临浑漫与。萧梁此化城，贻为初地祖。六龙行幸过，金碧现如许。欲辨六朝踪，风乱塔铃语。江南山色佳，玄武湖澄澈。豁开几盎间，秀出庭木末。延陵敦夙尚，藉以纾蕴结。山能使人澹，湖能使人阔。聊共发啸吟，无为慕禅悦。”赵名宁静，江西南丰人。

四　少陵云：“多师是我师。”非止可师之人而师之也。村童、牧竖，一言一笑，皆吾之师，善取之皆成佳句。随园担粪者，十月中，在梅树下喜报云：“有一身花矣！”余因有句云：“月映竹成千‘个’字，霜高梅孕一身花。”余二月出门，有野僧送行，曰：“可惜园中梅花盛开，公带不去！”余因有句云：“只怜香雪梅千树，不得随身带上船。”

批注：杜甫《戏为六绝句》云：“转益多师是汝师。”袁枚认为“多师”不仅指文人雅士，亦包括普通百姓，堪称卓识。

五　凡古人已亡之作，后人补之，卒不能佳，由无性情故也。束皙补《由庚》，元次山补《咸英》《九渊》，皮日休补《九夏》，裴光庭补《新宫》《茅鸱》，其词虽在，后人读之者寡矣。

批注：“性情”是诗的本质，“无性情”亦即无诗，补古人已亡之作无性情。

六　唐人《咏柳》云：“长条乱拂春波动，不许佳人照影看。”宋人《咏柳》云：“爱把长条恼公子，惹他头上海棠花。”

七　张燕公称阎朝隐诗，炫装倩服，不免为风雅罪人。王荆公因之作《字说》云："诗者，寺言也。寺为九卿所居，非礼法之言不入，故曰'思无邪'。"近有某太史恪守其说，动云"诗可以观人品"。余戏诵一联云："'哀筝两行雁，约指一勾银。'当是何人之作？"太史意薄之，曰："不过冬郎、温、李耳！"余笑曰："此宋四朝元老文潞公诗也。"太史大骇。余再诵李文正公昉《赠妓》诗曰："便牵魂梦从今日，再睹婵娟是几时？"一往情深，言由衷发，而文正公为开国名臣。夫亦何伤于人品乎？《孝经·含神雾》云："诗者，持也。持其性情，使不暴去也。"其立意比荆公差胜。

批注：晋陆机《文赋》云"诗缘情以绮靡"，"情"亦包括男女之情。"非礼法之言不入"，所谓"必关系人伦日用"（沈德潜语），皆有道学意味。

八　刘昭禹曰："五律一首，如四十贤人，其中着一屠沽儿不得。"余教少年学诗者，当从五律入手：上可以攀古风，下可以接七律。

九　孔子与子夏论诗曰："窥其门，未入其室，安见其奥藏之所在乎？前高岸，后深谷，泠泠然不见其里，所谓深微者也。"此数言，即是严沧浪"羚羊挂角""香象渡河"之先声。

批注：郭绍虞称："此即不能信为孔子之言，但总可知汉以前所谓诗教之说，有此一义。""一义"即论诗之含蓄蕴藉。"羚羊挂角""香象渡河"，见宋严羽《沧浪诗话·诗辨》。

一〇　卢雅雨《塞外接家书》云："料来狼狈原应尔，便说平安那当真。"何南园《都中寄家书》云："每因疾病愁家远，强说平安下笔难。"

一一　《宋稗类抄》第一卷《遭际类》云："陈了翁之父尚书，与潘良贵义荣之父交好。潘一日谓陈曰：'吾二人官职、年齿，种种相似，恨有一事不如公。'陈问之。潘曰：'公有三子，我乃无之。'陈曰：'吾有妾，已生子矣，可以奉借。他日生子，当即见还。'既而遣至，即了翁之母也。未几，生良贵。后其母遂往来两家。一母生二名儒，前所未有。"此事太通脱，今人所断不为，而宋之贤者为之，且传为佳话。高南阜太守题诗曰："赠妾生儿古人有，儿生还妾古人无。宋贤豁达竟如此，寄语人间小丈夫！"杭州冯山公先生，以春秋卢蒲嫳为齐之忠臣，云："替庄公报仇，要灭崔氏，非庆封不可；欲输心庆封，非易内不可。五伦中，君、父最大，夫、妻为小。卢顾大伦，故不顾小伦也。”其言甚创，人多怪之。余按东汉《独行传》：犍为任永避王莽之乱，伪病青盲，妻淫于前，佯为不见。似山公之言，未尝无证。

批注：陈了翁，字华父，南宋庆元进士，曾官浙东安抚使，卒赠太师，谥文靖。潘良贵，字义荣，官至中书舍人，不附权臣蔡京，亦不附投降派秦桧，后告归。《后汉书》有《独行列传》。

一二　唐翰林学士最荣，入值，许借飞龙厩马。白香山《赠钱翰林》诗曰：“分班皆命妇，对苑即储皇。”盖最亲宫禁也。是以韦绶，学士也，而覆以蜀襭之袍；韩渥，学士也，而暗藏金莲之烛。《十国春秋》载：“后蜀王建待翰林过优，人尤之。建曰：‘我昔值禁军，见唐天子待翰林之厚，虽朋友不如也。我不过万分之一耳。’”

一三　古称状元，不必殿试第一名。唐郑谷登第后，《宿平康里》诗曰：“好是五更残酒醒，耳边闻唤状元声。”按谷登赵昌翰榜，名次第八，非第一也。周必大有《回姚状元颖启》《回第二人叶状元适启》。当时新进士，皆得称状元。惟南汉状元不可作。《十国春秋》载：“刘龑定例，作状元者，必先受宫刑。”罗履先《南汉宫词》云：“莫怪宫人夸对食，尚衣多半状元郎。”古称探花，不必第三名。《天中记》“唐进士杏园初会，使少俊二人探花游园，若他人先折名花，则二人被罚”。《蔡宽夫诗话》云：“故事：进士朝集，择年少者为探花使。”是探花者，年少进士之职，非必第三名也。进士帽上多插花。太宗曰：“寇准少年，正插花饮酒时。”温公性严重，不肯插花。或曰：“君恩也。”乃插一枝。大概以年少者为贵。某《及第》诗曰：“人老簪花不自羞，花应羞上老人头。醉归扶杖人多笑，十里珠帘半下钩。”或又曰：“平康过尽无人问，留得宫花醒后看。”皆伤老之词。熙宁间，余中请禁探花，以为伤风化，遂停此例。后中以赃败，人咸鄙之。王弇洲曰：“禁探花之说，譬如新妇入门，不许妆饰，便教绩麻、造饭。理非不是也，而事太早矣。”余按李焘《长编》载：“陈若拙中进士第三名，以貌陋，人称瞎榜。”盖宋以第三名为榜眼，亦探花不必第三名之证。

批注：《随园诗话》间有考据文字，乃受乾嘉学风之影响。

一四　商宝意有甥吴鉴南溃，为诗人尊莱之子，亦能诗。严海珊赠云：“何无忌酷似其舅，严挺之乃有此儿。”真巧对也。鉴南以主事从温将军征金川，大军溃于木果，中炮坠溪死。未死时，知不免，写诗两册，以一册付其妻叔周某逃归，以一册自置怀中。今秋帆先生所刻者，周带回之一册也。与程鱼门交好。程诵其《陶然亭》云：“偶着芒鞋策策行，到来心迹喜双清。短芦一片低如屋，空翠千层远入城。野旷每留残照久，地高先觉早凉生。老僧解得登临意，劝听残蝉曳树声。”《赠人》云：“波虽无恨终归海，人到忘情却省才。”与乃舅宝意“人因福薄才生慧，天与才多恰费心”之句相似。

批注：《陶然亭》诗领联、颈联不仅对仗工整，且意境清新，颈联更令人感受真切，富于哲理。故袁枚选录也。

一五 近今风气，有不可解者：士人略知写字，便究心于《说文》《凡将》，而束欧、褚、钟、王于高阁；略知作文，便致力于康成、颖达，而不识欧、苏、韩、柳为何人。间有习字作诗者，诗必读苏，字必学米，侈然自足，而不知考究诗与字之源流。皆因郑、马之学多糟粕、省费精神，苏、米之笔多放纵、可免拘束故也。

批注：《凡将篇》传汉司马相如所作，是最早的识字课本，宋代已佚，清代有辑本。此指代字书。乾嘉汉学大兴，训诂考据热门，然而全不知书法家欧阳询等，亦不知文学家欧阳修等。

一六 改诗难于作诗，何也？作诗，兴会所至，容易成篇；改诗，则兴会已过，大局已定，有一二字于心不安，千力万气，求易不得，竟有隔一两月，于无意中得之者。刘彦和所谓“富于万篇，窘于一字”，真甘苦之言。荀子曰：“人有失针者，寻之不得，忽而得之；非目加明也，眸而得之也。”所谓“眸”者，偶睨及之也。唐人句云：“尽日觅不得，有时还自来。”即“眸而得之”之谓也。

批注：欧阳修《六一诗话》：“又有咏诗者云：‘尽日觅不得，有时还自来。’本谓诗之好句难得耳，而说者云：‘此失却猫儿诗。’人皆以为笑也。”袁枚谓“唐人”，指贯休和尚。

一七 香亭弟出守广东，余赋诗送行云：“君恩深处忘途远，家运隆时惜我衰。”一时和者甚多。惟押“衰”字颇难。胡书巢妹夫和云：“江南政绩新遗爱，海外文章旧起衰。”余作书深美之。胡答书云：“为押‘衰’字颇费心，今果见许，足征兄之能知此中甘苦也。”书巢尤长五古，《途中望二华》云：“连山如洪涛，一泻不得住。散作平冈低，万壑此争赴。奔腾势未已，倔强有余怒。数里渐逶迤，坡陀相错互。草木何繁滋，容畜钦美度。落日下翠微，苍苍群峰暮。白云幻奇形，屡顾有时误。”《大散关》云：“蜀门自此通，谷口望若合。日月互蔽亏，阴阳隐开阖。微径临深溪，马蹄畏虚踏。泉流乱石中，砰訇肆击磕。时节已初春，气候如残腊。黄叶间青条，风吹鸣飒飒。时见采樵人，行歌互相答。”《朝天峡》云：“旬月去云栈，登顿劳下上。舆中困掀簸，厌闻马蹄响。今晨改水涉，失喜听双桨。羌舟小如叶，羌水平如掌。健疑青鹘飞，疾类枋榆抢。滩转峡角来，双峙袤千丈。石裂怒欲落，畏压不敢仰。洞阴中惨栗，白日迷惝恍。其深蟠蛟龙，其毒聚蛇蟒。侧目望天关，阁道更渺茫。行人偶失足，一坠讵可想！”《寄香亭》云：“携手天水桥，送我北新关。君归我夜泊，咫尺不能攀。何况万余里，远隔千重山。子来既无期，我行犹未还。至今梦寐中，桥下闻潺潺。流水无已时，思君如连环。森森九种竹，灿灿十样笺。六六双鲤鳞，泠泠三峡泉。险易虽有殊，穷达何与焉？自惜结隆爱，金石贯贞坚。与子同一心，岂与时俗迁！寓书奈不达，在远情空延。子即能我谅，我衷胡由宣？相思如萱草，忧忿何时捐？”书巢受业于嘉禾布衣张庚，而诗之超拔，青出于蓝。因书巢全集未梓，为代存数章。

批注：胡书巢，名德琳，字书巢，桂林人。袁枚大堂妹袁杰之夫婿。乾隆十七年（1752）中进士，初入蜀任什邡县令。此条所录诗即写入蜀途中所咏山水之什。袁枚《仿元遗山论诗》评其诗云：“书巢健笔颇崚嶒，入蜀诗多近少陵。”可见其风格学杜甫，具有阳刚之气。胡书巢有《碧腴斋诗存》，存诗八卷。其于乾隆末期亡故后，由袁枚刻印问世，并作序。

一八 尹文端公论诗最细，有“差半个字”之说。如唐人：“夜琴知欲雨，晚簟觉新秋。”“新秋”二字，现成语也。“欲雨”二字，以“欲”字起“雨”字，非现成语也，差半个字矣。以此类推，名流多犯此病。必云“晚簟恰宜秋”，“宜”字方对“欲”字。

批注：唐人指温庭筠，诗见《初秋寄友人》。

一九 诗无言外之意，便同嚼蜡。杭州俞苍石秀才《观绳伎》云：“一线腾身险复安，往来不厌几回看。笑他着脚宽平者，行路如何尚说难？”又：“云开晚霁终殊旦，菊吐秋芳已负春。”皆有意义可思。严冬友壮年不仕，《韦曲看桃花》

云：“凭君眼力知多少，看到红云尽处无？”

批注：诗无言外意，不耐咀嚼，无想象空间，故味如嚼蜡。引诗则含蓄蕴藉，有味外之味可品，有思想寄托在焉。

二〇　痘神之说，不见经传。苏州名医薛生白曰：“西汉以前，无童子出痘之说。自马伏波征交阯，军人带此病归，号曰‘虏疮’，不名痘也。”语见《医统》。余考史书，凡载人形体者，妍媸各备，无载人面麻者。惟《文苑英华》载：“颍川陈黯，年十三，袖诗见清源牧。其首篇《咏河阳花》，时痘痂新落，牧戏曰：‘汝藻才而花面，何不咏之？’陈应声曰：‘玳瑁应难比，斑犀点更嘉。天怜未端正，满面与妆花。’”似此为痘痂见歌咏之始。

批注：薛雪（1680—1770），字生白，号一瓢，江苏吴县（今苏州）人。清代名医，亦工诗，有《一瓢诗话》。袁枚性灵说曾受其启发。

二一　唐人有“南宫歌管北宫愁”之句，盖赋体也。不如方子云《晚坐》云“西下夕阳东上月，一般花影有寒温”，以比兴体出之，更妙。

批注：诗有比兴，方形象生动，寄托深远。

二二　安徽方伯奇丽川，席间诵和亲王《风筝》诗云：“风高欲上不得上，风紧求低不得低。”方伯《咏梅》云：“淡影是云还是梦，暗香宜雨亦宜烟。”风调相似。

批注：“风调相似”在意象灵活、变幻，供人遐思。

二三　康熙间，曹练亭为江宁织造。每出，拥八驺必携书一本，观玩不辍。人问：“公何好学？”曰：“非也。我非地方官，而百姓见我必起立，我心不安，故藉此遮目耳。”素与江宁太守陈鹏年不相中。及陈获罪，乃密疏荐陈。人以此重之。其子雪芹撰《红楼梦》一部，备记风月繁华之盛。明我斋读而羡之。当时红楼中有某校书尤艳，我斋题云：“病容憔悴胜桃花，午汗潮回热转加。犹恐意中人看出，强言今日较差些。”“威仪棣棣若山河，应把风流夺绮罗。不似小家拘束态，笑时偏少默时多。”

批注：曹寅，号“楝亭”，非“练亭”；雪芹为其孙，而非“其子”；明我斋所题是林黛玉，非妓女。郭沫若讥之“心中有妓奈何他”。此条虽差错颇多，但却是《红楼梦》为曹雪芹著的证据。

二四 青阳秀才陈蔚，字豹章，能文，爱客，受业随园。《江行杂咏》云：“日沉远树青，烟起遥山失。何处舣孤舟？一灯古渡出。昨发螃蟹矶，今泊针鱼觜。秋风一夜生，吟冷半江水。”随其兄芳郁庭远行云：“江梅开遍雨霏霏，同驻邮亭整客衣。今日反嗟人似雁，一行齐向异乡飞。”郁庭有《草堂杂咏》云：“处士应门惟使鹤，高人去榻更无宾。小桥时有云遮断，不使游人过水西。”兄弟俱耽吟咏，人以双丁、二陆比之。

莆田有吴荔娘者，庖人之女也。性爱洁而能诗。豹章聘为旁妻。未二年，卒。豹章为写其《兰坡剩稿》，有《春日偶成》云：“曈曈晓日映窗疏，荏苒韶光一枕余。深巷卖花新雨后，开门插柳嫩寒初。莺儿有语迁乔木，燕子多情觅旧庐。那用踏青郊外去，芊芊草色上阶除。”又：“深院不知春色早，忽惊墙外卖花声。”

批注：双丁，指三国魏丁仪、丁廙兄弟；二陆，指东晋陆机、陆云兄弟。

二五 向读金陵孙秀才韶《咏小孤山》云：“江心突兀耸孤峦，飘渺还疑月里看。绝似凌云一支笔，夜深横插水精盘。”后过此山，方知此句之妙。

批注：写诗要江山之助，读诗亦需江山之助。

二六 河南抚军毕秋帆先生簉室周月尊，字漪香，长洲人也。酷嗜文墨，礼贤下士。《咏水仙》云：“影疑浮夜月，香不隔帘栊。”《偶成》云：“家如夜月圆时少，人似秋云散处多。”夫人还吴门，先生七夕寄诗云：“汴水吴山同怅望，今宵两地拜双星。”

批注：毕秋帆诗逊色其妾周月尊多矣！前者直白少味，后者清新蕴藉。

二七 泗州选贡毛俟园藻，辛卯秋赴金陵乡试，主试为彭芸楣侍郎。其友罗孝廉恕，彭门下士也。寓书索观近艺，戏为《催妆》俳语。毛答以诗云：“月影空濛柳影疏，秦淮水涨石城隅。小姑独处无郎惯，争似罗敷自有夫？”榜揭，毛获隽。罗往贺，入门狂叫曰：“今日小姑亦嫁彭郎矣！”一时传为佳话。

批注：毛藻之诗，罗恕之贺，皆风趣诙谐语，故得袁枚青睐。

二八　古人官贵行船多伐鼓，少陵诗曰："打鼓发船谁氏郎？"白香山诗曰："两岸红灯数声鼓，使君楼艓下巴东。"皆伐鼓之证也。今人开船鸣钲，未知起于何时。

二九　刘曾灯下诵《文选》，倦而就寝，梦一古衣冠人告之曰："魏、晋之文，文中之诗也；宋、元之诗，诗中之文也。"既醒，述其言于余。余曰："此余夙论如此。"

批注：古衣冠人之语，谓魏、晋文形象，有诗意；宋、元诗理胜于文，多议论，以文为诗：深刻！

三〇　余画《随园雅集图》，三十年来，当代名流题者满矣，惟少闺秀一门。慕漪香夫人之才，知在吴门，修札索题，自觉冒昧。乃寄未五日，而夫人亦书来，命题《采芝小照》。千里外，不谋而合，业已奇矣！余临《采芝图》副本，到苏州，告知夫人，而夫人亦将《雅集图》临本见示，彼此大笑。乃作诗以告秋帆先生曰："白发朱颜路几重？英雄所见竟相同。不图刘尹衰颓日，得见夫人林下风。"

批注：《随园雅集图》为无锡吴省曾绘，图中五人为沈德潜、蒋士铨、尹似村、陈熙、袁枚。所谓"雅集"乃"求其实而初无有也"（彭启丰题诗小序），是虚构。但亦可见袁与沈虽论诗不合，而情谊甚笃。

三一　王梦楼太守，精于音律。家中歌姬轻云、宝云，皆余所取名也。有柔卿者，兼工吟咏。成啸崖公子赠以诗云："侍儿原是纪离容，红豆拈来意转慵。时方示疾。一曲未终人不见，可堪江上对青峰？"柔卿和云："生小原无落雁容，秋风偶觉病身慵。挂帆公子金陵去，望断青青江上峰！"

批注：清代女子多工诗者，歌姬之作亦有诗味。

三二　杭州孙令宜观察，余世交也。女公子云凤，幼聪颖，八岁读书，客出对云："关关雎鸠。"即应声曰："嗈嗈鸣雁。"观察大奇之。和余《留别杭州》诗四首，录其二云："扑帘飞絮一春终，太史归来去又匆。把菊昔为三径客，盟鸥今作五湖翁。囊中有句皆成锦，闺里闻名未识公。遥忆花间挥手别，片帆天外挂长风。""未曾折柳倍留连，纵得重来又隔年。远水夕阳青雀舫，新蒲春雨白鸥天。三千歌管归花县，十二因缘属散仙。安得讲筵为弟子，名山随处执吟鞭！"

批注：孙云凤（1764—1814），字碧梧，袁枚浙江女弟子之首，地位仅次于江苏女弟子席佩兰。袁枚《二闺秀诗》云："扫眉才子少，吾得二贤难。鹫岭孙云凤，虞山席佩兰。"

三三　羊后答刘曜语，轻薄司马家儿："再醮之妇，媚其后夫；所谓闺房之内，更有甚于画眉者。"床笫之言不逾阈，史官何以知之？杨妃洗儿事，新、旧《唐书》皆不载，而温公《通鉴》乃采《天宝遗事》以入之。岂不知此种小说，乃委巷谰言，所载张嘉贞选婿，得郭元振，年代大讹，何足为典要，乃据以污唐家宫闱耶？余《咏玉环》云："《唐书》新、旧分明在，那有金钱洗禄儿？"盖雪其冤也。第李义山《西郊百韵》诗，有"皇子弃不乳，椒房抱羌浑"之句。天中进士郑嵎《津阳门》诗，亦有"禄儿此日侍御侧""绣羽褓衣日屃屃"之句。岂当时天下人怨毒杨氏，故有此不根之语耶？至于杨妃缢死佛堂，《唐书》《通鉴》俱无异词，独刘禹锡《马嵬》诗云："贵人饮金屑，倏忽舜英暮。"似贵妃之死，乃饮金屑，非雉经矣。传闻异词，往往如是。

批注：《资治通鉴·唐玄宗天宝十载》："上闻后宫欢笑，问其故，左右以贵妃三日洗禄儿对。上自往观之，喜，赐贵妃洗儿金银钱。"旧俗婴儿出生后三日替其洗身。安禄山被杨贵妃认作养儿，故有为之洗澡之传。袁枚辩云无此等事，以雪其冤，可见对杨之偏爱。

三四　唐人诗话："李山甫貌美。晨起方理发，云鬟委地，肤理玉映。友某自外相访，惊不敢进。俄而山甫出，友谢曰：'顷者误入君内。'山甫曰：'理发者即我也。'相与一笑。"余弟子刘霞裳有仲容之姣，每游山必载与俱。赵云松调之云："白头人共泛清波，忽觉沿堤属目多。此老不知看卫玠，误夸看杀一东坡。"

批注：刘霞裳，山阴（今浙江绍兴）人，袁枚重要弟子，陪袁枚晚年出游，"从游朝腊屐，共寝夜连床。寒暑三年共，文章一路商。"因刘貌美，人疑其与袁有断背之嫌。

三五　"忍冻不禁先自去，钓竿常被别人牵。"宋人句也。默禅上人一联云："水藻半浮苔半湿，浣纱人去不多时。"俱眼前语，而余韵悠然。

批注："眼前语"，诗来自自然，来自生活。

三六　余过袁江，蒙河督李香林尚书将所坐船亲送渡河。席间读尚书诗，《野行》云："香闻春酒熟茅店，红惜秋花开野塘。"《宿永平》云："树树鸟相语，山山水上看。"皆佳句也。又见赠二律，已梓入集中矣。其尊人湛亭尚书，先督南河，《遥湾夜泊》云："风雪荆山道，春帆滞水涯。几声深夜犬，知近野人家。"《赴南河》云："过颡应知因搏致，彻桑须及未阴时。"用《孟子》语，而治河之道，思过半矣。

批注：李香林尚书，名奉翰，其诗句佳在"俱眼前语"，一味白描，活色生香。

三七　钱文端公少时，乡试落第。其科主试者赵侍郎也，别号长眉公，观演《小尼姑下山》，戏题云："三寸黄冠绾碧丝，装成十六女沙弥。无情最是长眉佛，诉尽春愁总不知。"毛西河选闺秀诗，独遗山阴女子王端淑。王献诗云："王嫱未必无颜色，争奈毛君笔下何？"一藏其名，一切其姓。

批注：王端淑，字玉映，号映然子，山阴（今浙江绍兴）人。工诗文，善书画。编有《名媛文纬》《诗纬》，著有《吟红集》。

三八　尹似村有句云："自与情人和泪别，至今愁看雨中花。"蒋廷镕有句云："自从环珮无消息，檐马丁东不忍听。"

三九　阮亭先生，自是一代名家。惜誉之者，既过其实；而毁之者，亦损其真。须知先生才本清雅，气少排奡，为王、孟、韦、柳则有余，为李、杜、韩、苏则不足也。余学遗山，《论诗》一绝云："清才未合长依傍，雅调如何可诋娸？我奉渔洋如貌执，不相菲薄不相师。"

批注："不相菲薄不相师"，是袁枚于王士禛（号阮亭）神韵诗的态度。既肯定其"一代正宗"的地位，是所谓"不相菲薄"；亦批评其"气少排奡""才力薄"，是所谓"不相师"。这就与"奉若斗山"及"弃若刍狗"的极端做法划清了界限。

四〇　本朝古文之有方望溪，犹诗之有阮亭：俱为一代正宗，而才力自薄。近人尊之者，诗文必弱；诋之者，诗文必粗。所谓佞佛者愚，辟佛者迂。

四一　郑夹漈笑韩昌黎《琴操》诸曲为《兔园册子》，薄之太过。然《羑里操》一篇，末二句云："臣罪当诛，天王圣明。"深求圣人，转失之伪。按《大雅》："文王曰咨，咨汝殷商，汝炰烋于中国，敛怨以为德。"文王并不以纣为圣明也。昌黎岂不读《大雅》耶？东坡言孔子不称汤、武。按《革卦·系词》："汤、武革命，顺乎天而应乎人。”《系词》，孔子所作也。东坡岂不读《易经》耶？刘后村为吴恕斋作《诗序》云：“近世贵理学而贱诗赋，间有篇章，不过押韵之语录、讲章耳。”余谓此风，至今犹存。虽不入理障，而但贪序事、毫无音节者，皆非诗之正宗。韩、苏两大家，往往不免。故余《自讼》云：“落笔不经意，动乃成苏、韩。”

批注：诗如“押韵之语录、讲章”，或“贪序事、毫无音节”，皆非真诗，盖无真性情，无音韵之美也。

四二 为人不可不辨者：柔之与弱也，刚之与暴也，俭之与啬也，厚之与昏也，明之与刻也，自重之与自大也，自谦之与自贱也，似是而非。作诗不可不辨者：淡之与枯也，新之与纤也，朴之与拙也，健之与粗也，华之与浮也，清之与薄也，厚重之与笨滞也，纵横之与杂乱也，亦似是而非。差之毫厘，失之千里。

批注：《续诗品·辨微》亦云：“是新非纤，是淡非枯，是朴非拙，是健非粗。急宜判分，毫厘千里。勿混淄渑，勿眩朱紫。”于诗貌似神异的风格，须谨慎辨别。

四三 明季以来，宋学太盛。于是近今之士，竞尊汉儒之学，排击宋儒，几乎南北皆是矣。豪健者尤争先焉。不知宋儒凿空，汉儒尤凿空也。康成臆说，如用麒麟皮作鼓郊天之类，不一而足。其时孔北海、虞仲翔早驳正之。孟子守先王之道，以待后之学者，尚且周室班爵禄之制，其详不可得而闻。又曰：“尽信书，不如无书。”况后人哉？善乎杨用修之诗曰：“三代后无真理学，‘六经’中有伪文章。”

批注：袁枚一生既批宋明理学，又反汉学。其《遣兴》之二十二云：“郑、孔门前不掉头，程、朱席上懒勾留。”但他并未卷入宋学与汉学之争，是其特立独行之处。

四四 后之人未有不学古人而能为诗者也。然而善学者，得鱼忘筌；不善学者，刻舟求剑。

批注：为诗不能不学古人，关键是“善学”。

四五 韩侂胄伐金而败，与张魏公之伐金而败，一也。后人责韩不责张，以韩得罪朱子故耳。然金人葬其首，谥曰忠缪，以其忠于为国，缪于谋身也。钱辛楣少詹过安阳吊之曰："匆匆函首议和亲，昭雪何心及老秦。一局残棋偏汝着，千秋公论是谁伸？横挑强敌诚非计，欲报先仇岂为身？一样北征师挫衄，符离未戮首谋人。"少詹又吊姚广孝云："空登北郭诗人社，难上西山老佛坟。"

四六　唐僧大雅《半截碑》，颂吴大将军李夫人曰："圆仪替月，润脸呈花。"邯郸淳作《孝女曹娥碑》曰："令色孔仪，巧笑倩兮。"颂其德，及其貌，皆涉轻佻，与题不称。然大旨是仿《硕人》一章。迂儒读之，必起物议。

批注：二碑确"涉轻佻，与题不称"，袁枚强为之辩，实乃青睐于"轻佻"之作也。

四七　方敏悫公三妹能诗，自画牡丹，题云："菊瘦兰贫植谢家，愧无春色绘年华。剩来井底胭脂水，学画人间富贵花。"公咏《清凉山桃花》云："倾将一井胭脂水，和就六朝金粉香。"似袭乃妹诗，而风趣转逊。

敏悫公未遇时，祖、父俱以罪戍塞外。公南北奔走，备极流离。清凉寺僧号中州者，知为伟人，时周恤之。公赠诗云："须知世上逃名易，只有城中乞食难。"后官制府，为中州弟子丽雅重建清凉寺，殿宇焕然。余过而有感，亦题诗云："细读纱笼数首诗，尚书回首忆前期。英雄第一心开事，挥手千金报德时。"苏州薛皆三进士有句云："人生只有修行好，天下无如吃饭难。"意与方公相似。

批注：方观承（1698—1768），字遐谷，号问亭，安徽桐城人。乾隆年间官至直隶总督。谥敏悫。工诗，善书法。著有《问亭集》《述本堂诗》等。

四八　虞山王次山先生峻，风骨严峭；馆蒋文肃公家，晚不戒于酒，肆口嫚骂。蒋家人群欲殴之。文肃呵禁。次日，待之如初。先生不自安，辞去。余己未会试，出文恪公门下，闻此说而疑之。后读先生《哭文肃公》诗云："回首却伤门下士，少时无赖吐车茵。"方知此事信有，愈征文肃之贤，而先生之不讳过也。先生少所许可，独誉枚不绝于口。以故，枚虽报罢鸿词科，而名声稍起公卿间。惜无所树立，以酬先生之知。而先生自劾罢都御史彭茶陵，直声震天下。后竟卧病不起，悲夫！

博陵尹元孚先生，少孤贫，以母教成名。督学江南，好教人读《小学》，宗程、朱。余时宰江宁，意趣不合。一日，先生驺唱三山街，为某大将军家奴所窘，诈称某王遣来。太守不敢诘，予收缚置狱。先生以此见重。适高相国斌有事来江宁，先生面称枚云："才如子建，政如子产。"亡何，先生薨。予感知己之恩，将赋挽诗，见次山先生四章，不能再出其右，遂搁笔焉。其警句云："母教成三徙，君恩厚两朝。"又曰："士幸方知向，天何遽夺公！"

从古文人得功于母教者多，欧、苏其尤著者也。次山题钱古亭《夜纺授经图》曰："辛勤篝火夜灯明，绕膝书声和纺声。手执女工听句读，须知慈母是先生。"

批注：王峻（1694—1751），字次山，号艮斋，江苏常熟人。清雍正进士，历任云南乡试正考官、江西道监察御史。工诗，善书法。有《艮斋诗文集》等。

尹会一，字元孚，号健馀，博野（今属河北）人。清雍正甲辰进士。官至吏部侍郎。有《健馀诗草》。

四九 尹元孚先生，任两淮鹾务时，布衣鲍皋以诗受知。今有《海门集》行世，皆先生为之提倡。鲍《奉陪先生泛海口》诗云："蓬莱清切逢仙侣，蛟鳄威棱避显官。"其相得如此。因忆明大学士刘健好理学，恶人作诗，曰："汝辈作诗，便造到李、杜地位，不过一酒徒耳。"嘻！《记》云："不能诗，于礼缪。"孔子教人学诗，在《论语》中，至于十一见；而刘公乃为此言，不如尹公远矣！

批注：袁枚一生与理学作对，连明代大学士刘健"好理学，恶人作诗"亦不放过。

五〇 随园有对联云："此地有崇山峻岭茂林修竹；是能读《三坟》《五典》《八索》《九丘》。"故是李侍郎因培所赠，悬之二十余年。忽一日，岳大将军钟琪之子参将名濬者来谒。入门先问此联有否，现悬何处。予指示之。端睇良久，曰："此后书舍，可有蔚蓝天否？"予问："何以知之？"曰："余在四川时，梦先大人引游一园，有此联额，且曰：'将我交此园主人。'濬惊醒，遍访川中，无人知者。今来补官江宁，有人谈及，故来相访。"因出将军行状二十余页，稽首求传。予读之，杂乱舛错，为编纂七日方成。而岳又调往金川，不复再见矣。今年夏间，偶抄选鲍海门诗二十余首，其子之钟适渡江来。余告以选诗之事，问："尊人有余集否？"鲍不觉泣下，曰："异哉！余今而知梦之有灵也！吾渡江前三日，梦与先人游随园：先人与公同修船，以纸补其窗棂。醒而不解。今思之：夫船者，传也；纸者，诗之所附以传者也。今公抄选先人之诗，岂不暗相吻合耶？"甚矣！鬼神之好名也！

批注：此条可当袁枚《子不语》读，梦游随园之事，只能姑妄听之。

五一 诗贵翻案。神仙，美称也；而昔人曰："丈夫生命薄，不幸作神仙。"

杨花，飘荡物也；而昔人云：“我比杨花更飘荡，杨花只有一春忙。”长沙，远地也；而昔人云：“昨夜与君思贾谊，长沙犹在洞庭南。”龙门，高境也；而昔人云：“好去长江千万里，莫教辛苦上龙门。”白云，闲物也；而昔人云：“白云朝出天际去，若比老僧犹未闲。”“修到梅花”，指人也；而方子云见赠云：“梅花也有修来福，着个神仙作主人。”皆所谓更进一层也。

批注：“诗贵翻案”，因翻案可打破陈说，产生新意，予人陌生化的艺术效果。推陈出新是“性灵说”的重要追求。

五二　苕溪女子姚益鳞，嫁严林溪，以夭亡。《送姊之泽溪》云：“姊妹花窗下，相依两意同。拈针五夜火，拜月一襟风。忽逐分飞雁，都为断梗蓬。拟将苕水阔，送尽别离衷。”《闰七夕》云：“微云依约接银河，一月佳期两度过。倘把重逢欢较昔，翻教添得别愁多。”

批注：《送姊》诗姊妹情深，以昔衬今，一片性灵。

五三　沈学子有女弟子徐瑛玉，字若冰，昆山人，嫁孔氏，能诗，早亡。与王兰泉夫人许云清，及吾乡方宜照之女芷斋，唱和甚多。和学子《送春》云：“春光心事两蹉跎，愁见飞花槛外过。漫说穷愁诗便好，算来诗不敌愁多。”《病起》云：“重开鸾镜施膏沐，卷上珠帘怯晓风。病起不知秋几许，飞来黄叶满庭中。”《七夕》云：“银汉横斜玉漏催，穿针瓜果饤妆台。一宵要话经年别，那得工夫送巧来？”

批注：沈大成（1700—1771），字学士，号沃田，松江华亭（今属上海）人。诸生。其女弟子徐瑛玉和其诗，可见乾隆年间文人培养女弟子风气之一斑。

五四　顾东山有女，美而不嫁，好服坏色衣，持念珠，作六时梵语。其母哂之，曰：“汝故是优婆夷耶？”女微哂而已。行年三十，操修益坚。父母知其志，为筑即是庵处之，因号即是庵主人。许太夫人题其庵云：“上界遭沦谪，人言萼绿华。十年贞不字，一室语无哗。遣兴惟吟絮，逢春欲避花。结庵殊可羡，萱草傍兰芽。”

五五　嘉善曹六圃廷栋，少宰蓼怀之孙，隐居不仕。自号慈山居士，自为寿藏，不下楼者二十年，著作甚富。余爱其晚年佳句，如：“废书只觉心无着，少饮从教睡亦清。”“病教揖让虚文减，老觉婆娑古意多。”“诗真岂在分唐、宋，语妙何曾露刻雕？”余称其诗，专主性情。慈山寄札谢云：“老人生平苦心，被君一语道破。”屡招余往，而竟不遂其愿。卒已八十五矣。

批注：曹六圃“诗真岂在分唐、宋，语妙何曾露刻雕”之言，兼容唐、宋，标举自然的诗学观，正与袁枚“性灵说”笙磬相应。

五六 余性不饮酒，又不喜唱曲，自惭窭人子。故音律一途，幼而失学。偶读桐城张文和公《元夕寄弟药斋》诗云：“亦知令节休虚度，其奈疏慵本性何？天与人间清净福，不能饮酒厌闻歌。”公为大学士文端公之子，一生富贵，而独缺东山丝竹之好，何耶？岂金星不入命之故耶？余亲家徐题客，健庵司寇孙也，五岁能拍板歌。见外祖京江张相国，相国爱之，抱置膝上。乳母在旁夸曰：“官官虽幼，竟能歌曲。”相国怫然曰：“真耶？”曰：“真也！”相国推而掷之，曰：“若果然，儿没出息矣！”两相国性情相似。后徐竟坎壈，为人司音乐，以诸生终。《自嘲》云：“文章声价由来贱，风月因缘到处新。”此语，题客亲为余言。

批注：袁枚不擅词曲，除了不愿受词曲音律束缚的主观原因之外，此处又道出因自幼家境贫困而音律失学的客观原因，值得注意。

五七 吾乡孝廉王介眉，名延年，少尝梦至一室，秘帖古器，盎然横陈。榻坐一叟，短身白须，见客不起，亦不言。又有一人，颀而黑，揖介眉而言曰：“余汉之陈寿也，作《三国志》，黜刘帝魏，实出无心；不料后人以为口实。”指榻上人曰：“赖彦威先生以《汉晋春秋》正之。汝乃先生之后身，闻方撰《历代编年纪事》，夙根在此，须勉而成之。”言讫，手授一卷书，俾题六绝句而寤。寤后仅记二句曰：“惭无《汉晋春秋》笔，敢道前身是彦威？”后介眉年八十余，进呈所撰《编年纪事》，赐翰林侍读。

批注：此条亦属《子不语》文字，姑妄听之。

五八 同年储梅夫宗丞，能养生，七十而有婴儿之色。乾隆庚辰，奉使祭告岳渎，宿搜敦邮旅店。是夕，灯花散彩，倏忽变现，喷烟高二三尺。有风雾回旋。急呼家童观之，共为诧异，相戒勿动。梦群仙五六人，招至一所，上书“赤云冈”三字，呼储为云麾使者。诸仙列坐联句，有称海上神翁者首唱，曰：“莲炬今宵献瑞芝。”次至五松丈人，续曰：“群仙佳会飘吟髭。”又次，至东方青童，曰：“春风欲换杨柳枝。”旁一女仙曰：“此云麾《过凌河》句也，汝何故窃之？”相与一笑，忽灯花如爆竹声，惊而醒。

批注：此《子不语》文字。

五九 蒋苕生太史序玉亭女史之诗，曰：“《离》象文明，而备位乎中；女子之有文章，盖自天定之。玉亭名慎容，姓胡，山阴人，嫁冯氏；所天非解此者，遂一旦焚弃之。然其韵语，已流播人间，有《红鹤山庄诗》行世。其女兄弟采齐、景素，亦皆能诗，俱不得志。玉亭尤郁郁，未四旬，殁矣！”其《病中》云：“惚惚魂无定，飘飘若梦中。扶行惊地软，倚卧觉头空。放眼皆疑雾，闻声似起风。那堪窗下雨，寂寞一灯红。”《窥采齐晓妆》云：“徘徊明镜漫凝神，个里伊谁解效颦？一树梨花一溪月，隔窗防有断魂人。”《女郎词》云：“相呼同伴到帘帏，偷看新来客是谁。又恐被人先瞥见，却从纨扇隙中窥。”《残梅》云：“才发疏林便褪妆，冰姿空对月昏黄。东风只顾吹零雨，那惜枝头有暗香？”采齐，名慎仪。《早起》云：“一番花信五更风，那管春宵梦未终。起傍芳丛频检点，夜来曾否损深红？”《夜眠》云：“银蟾朗彻有余光，静坐庭轩寄兴长。地僻不知更漏永，瞥惊花影过东墙。”《赠苕生》云：“沽酒每闻捐玉佩，济人时复典宫袍。”殊贴切苕生之为人。余问苕生：“玉亭貌可称其才否？”苕生乃诵其《菩萨蛮》一阕云：“人言我瘦形同鹤，朝朝揽镜浑难觉。但见指尖长，罗衣褪粉香。　若能吟有异，不管腰身细。清减肯如梅，凋零亦是魁。”可想见风调，使人之意也消。

《红鹤山庄诗》，乃王菊庄孝廉为之刊行。玉亭作词谢云：“多谢诗人，深蒙才士，不憎戚末堪因倚。吴头楚尾一相逢，白云红鹤传千里。　南浦悲吟，西窗闲技，居然卷附秋香里。寸心从此莫言愁，人间已有人知己。”其女思慧，嫁刘侍郎秉恬，亦才女也，《过岭》云：“半岭梅花成故旧，两肩书本是行装。”

批注：玉亭女史焚诗之遭际，可见封建社会女子为诗之难。所引其诗词则可见其才情之高。袁枚爱惜之情不言而喻。

六〇 孔莛谷扶乩，有女仙，自称袁茝君，名沅，年十五，入蜀王昶宫中，给事花蕊夫人。未进御，而唐兵下蜀，茝君匿民间，被人搜得，将献之大帅，行次剑阁，投水死，年才十八。今石壁间有垂红珊瑚树者，即其藁葬所也。菊庄为题诗云：“剑阁崔巍万古存，西川宫殿总成尘。可怜殉国磨笄者，不是昭阳宠幸身！”

六一 苏州杨文叔先生，掌教吾乡敷文书院，以实学教人。余年十九，即及门焉。后宰江宁，而先生掌教钟山，又复追随绛帐。近闻其家式微，诗稿遗失，仅传《孝陵》二首，云："鼎湖龙去上升天，弓剑埋藏四百年。金碗玉鱼无恙在，不须清泪滴铜仙。""竖儒瞻拜旧山陵，落日平芜百感生。欲奏通天台下表，只怜才谢沈初明。"先生名绳武，康熙癸巳翰林，维斗先生孙也。

批注：杭州敷文书院掌教者杨文叔，丰才博学，所设教处，文人蔚兴。袁枚少作《高帝论》《郭巨论》为其所赞赏："文如项羽用兵，所过无不残灭。汝未弱冠，英勇乃尔！"

六二　江宁方伯永公之子明新，字竹岩，性耽风雅。其弟亮，字铁崖，亦聪颖。在江宁时，与余交好，选胜征歌，时时不绝。后永公内用。竹岩留别诗云："春风几度坐琼筵，玉屑霏霏细雨天。盛会忽然成往事，别情无那到尊前。挂帆江上三秋雨，写恨银灯五色笺。此后梦魂来不易，琴声重听是何年？"铁崖云："雁唳空天气泬寥，骊歌未唱已魂消。两年师弟情何重，一别关山路正遥。海上瑶琴惊忽断，岩前丛桂怅难招。离怀此际凭谁说，只可长亭折柳条！"其师严翼祖孝廉，亦留别四首，末云："子云笔札君卿舌，到处听人说感恩。"铁崖《游河房》云："水深不觉渔舟过，橹动先看月影摇。"

六三　咏物诗无寄托，便是儿童猜谜。读史诗无新义，便成《廿一史弹词》；虽着议论，无隽永之味，又似史赞一派：俱非诗也。余最爱常州刘大猷《岳墓》云："地下若逢于少保，南朝天子竟生还。"罗两峰《咏始皇》云："焚书早种阿房火，收铁还留博浪椎。"周钦来《咏始皇》云："蓬莱觅得长生药，眼见诸侯尽入关。"松江徐氏女《咏岳墓》云："青山有幸埋忠骨，白铁无辜铸佞臣。"皆妙。尤隽者，严海珊《咏张魏公》云："传中功过如何序？为有南轩下笔难。"冷峭蕴藉，恐朱子在九原，亦当干笑。

海珊自负咏古为第一，余读之果然。《三垂冈》云："英雄立马起沙陀，奈此朱梁跋扈何？赤手难扶唐社稷，连城犹拥晋山河。风云帐下奇儿在，鼓角灯前老泪多。萧瑟三垂冈下路，至今人唱《百年歌》。"

批注：读史诗一要有"新义"，有独到的史识；二要有"隽永之味"，可供人咀嚼反思。否则就不成其为诗了。

严遂成（1694—？），字海珊，乌程（今浙江湖州）人。雍正进士。名列"浙西六家”。

六四　桐城张药斋宗伯，三任江南学政，奖擢名流，诗尤清婉。《题三妹澄碧楼》云：“小轩近对碧波澄，隔着疏杨唤欲应。最好淡云微月夜，半帘相望读书灯。”《寄女》云：“香羹洗手调晨膳，书案分灯补旧襦。”《喜若需归里》云：“一匹绢堪怜宦况，五车书足艳归装。”余以翰林改官，公向其兄文和公作元相语曰：“韩愈可惜！”

批注：（韩愈）“既行，众皆危之。元稹奏曰：‘韩愈可惜！’”（唐李翱《韩愈行状》）

六五　崔念陵进士《鄱阳道中》云：“班鸠呼雨两三处，毛竹编篱四五家。流水声中行半日，薰风不动晚禾花。”《折柳》云：“陌头杨柳正垂丝，泣雨含风送别离。今日儿心正飘荡，折枝休折带花枝。”崔有如此才，而以微罪褫职，漂泊江宁僧舍。当事者欲逐回籍，予力为护持，久之乃行。

批注：崔龙见，字念陵，永济（今属山西）人。仕途不顺。其妻钱孟钿为袁枚女弟子。

六六　年家子任进士大椿，诗学选体，独《了义寺》一首，脱尽齐、梁金粉。词曰：“过坞指归林，到寺停双楫。风吹烟穗斜，入户气骚屑。境僻罕来踪，日落见残雪。不识此何人，隔竹闻僧说。”又有句云：“抱琴看月去，吹鬓爱风来。”

六七　壬申冬，阳羡诗人汪溥，落魄金陵。余小有周济，蒙赠诗云：“邂逅得蒙青眼顾，此生今已属明公。”还家后，寄其弟玉珩《图山草堂诗》来，有“屋角响松涛，晴日长疑雨”之句。又《柳絮》云：“明知绣阁多春思，故傍帘前款款飞。”

六八　竹筠女子早卒。自焚诗稿，仅传其《宫词》云：“中官宣诏按新筝，玉指轻弹别恨声。恰被东风吹散去，君王乍听未分明。”高东井题云：“丛残私字叠鸳鸯，零乱残脂尽断肠。赖是六丁收不尽，一编擎出返魂香。”

批注：女子“自焚诗稿”，乃当时普遍现象。这些诗稿若皆保留至今，清代闺阁诗作，该是何等繁盛景象！

六九　同年邵叔岩太史《玉芝堂四六》一编，直逼齐、梁，诗亦高雅。掌教常州，余泊舟相访。别后寄七律四章，有句云：“兴来不觉风吹帽，坐久方知露湿衣。”《北归》云："终朝济水随船尾，尽日淮山在眼中。"

七〇 曹学士洛禋言：少时过市，买《椒山集》归。夜阅之倦，掩卷卧，闻叩门声，启视，则同学迟友山也。携手登台联句云："冉冉乘风一望迷，"迟"中天烟雨夕阳低。来时衣服多成雪，"曹"去后皮毛尽属泥。但见白云侵月冷，"迟"微闻黄鸟隔花啼。行行不是人间象，手挽蛟龙作杖藜。"曹吟罢，友山别去。学士归语其妻，妻不答；呼仆，仆不应。复坐北窗，取《椒山集》，掀数页，回顾，则身卧竹床上。大惊，始知梦也。少顷，友山讣至。

批注：杨继盛，字仲芳，号椒山。明嘉靖进士，官至兵部员外郎，著名谏臣。著有《杨椒山集》，"《椒山集》"当指此集。

七一 周少司空青原未遇时，梦人召至一处，金字榜云"九天玄女之府"。周入拜，见玄女霞帔珠冠，南面坐，以手平扶之，曰："无他相属，因小女有像，求先生诗。"出一卷，汉、魏名人笔墨俱在，淮南王刘安隶书最工，自曹子建以下，稍近钟、王风格。周题五律四首。玄女喜，命女出拜。神光照耀，周不敢仰视。女曰："周先生富贵中人，何以身带暗疾？我为君除之，作润笔资。"解裙带，授药一丸。周幼时误吞铁针，着肠胃间，时作隐痛。服后霍然。醒来诗不能记，惟记一联云："冰雪消无质，星辰系满头。"

批注：此《子不语》文字。

七二 尤琛者，长沙人，少年韶秀，过湘溪野庙，见塑紫姑神甚美，题壁云："藐姑仙子落烟沙，冰作阑干玉作车。若畏夜深风露冷，槿篱茅舍是郎家。"夜有叩门者。启之，曰："紫姑神也。读郎诗，故来相就。"手一物与尤曰："此名紫丝囊。吾朝玉帝时，织女所赐。佩之，能助人文思。"生自佩后，即登科出宰。女助其为政，有神明之称。余按尤诗颇蕴藉，无怪神女之相从也。其始末甚长，载《新齐谐》中。

批注：《新齐谐》即《子不语》，可见《随园诗话》时杂《子不语》材料，非纯粹诗话之作。

七三 先祖旦釜公有诗一册，皆蝇头草书。予幼时曾手录之。一行为吏，屡移眷属，竟尔遗失。仅记其《咏雪》云："忽然卷幔如逢月，可惜开窗不见山。"《途中遇雪》云："四望平林飞鸟绝，一肩行李店房疏。"《巩县幕中五十自寿·沁园春》

二阕，云："自寿三杯，仰天稽首，屈指徘徊。叹一经糟粕，挂名入泮；八场傀儡，逐队登台。渐渐消磨，人生老矣，富贵功名安在哉！休伤感，且搜寻秃管，别作生涯。　佣书事属吾侪，权混迹藩篱学卖呆。任纡青拖紫，名齐北斗；论黄数白，富比长淮。与我无干，事皆前定，何苦攒眉不放开？与君约，在醉乡深处，不饮休来。"又云："自寿三杯，从今客邸，追数年华。忆金灯纵饮，呼卢喝雉；雕鞍驰射，问柳寻花。此兴非遥，廿年前事，倏忽皤然老缺牙。忧来处，把唾壶敲缺，羯鼓频挝。　几年浪迹天涯，若个是狂夫不忆家。看零丁弟妹，睁睁望我；娇柔儿女，悄悄呼爷。恨不乘风，飘然归去，可奈关河道路赊！黄昏后，问有谁伴我，数点寒鸦。"先祖慈溪籍，前明槐眉侍御之孙。槐眉与其父茂英方伯，有《竹江诗集》行世。

批注：自述先祖旦釜公及其祖槐眉、曾祖茂英方伯皆工诗，可见袁枚工诗渊源有自，血脉里有诗之"基因"。

七四　叔父健磐公，游西粤三十余年。卒时，香亭弟年才十岁，以故诗多散失。余归其丧，搜簏中，仅存见寄五律云："独向空庭立，诗思入沭阳。才先施简邑，俸可养高堂。汝岂池中物？吾愁鬓上霜。何时一尊酒，相对话沧桑？""吾生最飘泊，泪迹满征衣。紫陌春犹在，青年事已非。水宽鱼未活，树密鸟难依。朽骨埋何处？秋原瘴雨飞。"

批注：袁枚叔父袁鸿，字健磐。袁枚乾隆元年（1736）赴广西桂林曾得其照顾。袁鸿之子袁树（1730—？），字豆村，号香亭。官至端州太守。有《红豆村人诗稿》。

七五　尹似村《小园》绝句云："春草自来芟不尽，与花无碍不妨多。"深得司马温公所云"草非碍足不芟"包容气象。

批注：尹似村，尹继善之子。

七六　扬州郭元釪，字于宫，江左十五子之一也。秋闱文卷，偶误一字，乃挖小孔，补缀书之。收卷官勘以违例，不许入场。于宫作《挖孔》诗云："吾道真成一喟然，仰高未已忽钻坚。甲午首题：《仰之弥高》。似餐脉望三枚字，未补娲皇五色天。眼底金镵昏待刮，年来玉楮刻将穿。海山伴侣飞腾尽，惭愧偏为有漏仙。""一罅亏成抵海宽，功名赢得齿牙寒。世情毕竟吹毛易，笔力须知透背难。

混沌画眉良可已，虚空着楔本无端。些些纰缪无多子，劳动诸君反复看。”又：“谁知百步穿杨手，如此夸张洞札工。”“身世自怜还自笑，此生相误只毛锥。”真不愧才人吐属。

批注：江左十五子者，王士丹（方谷）、吴廷桢（山抡）、宫鸿历（友鹿）、徐昂发（大临）、钱名世（亮工）、张大受（日容）、杨抡（青村）、吴士玉（荆山）、顾嗣立（侠君）、李必恒（百药）、蒋廷锡（扬孙）、缪沅（湘芷）、王图炳（麟照）、徐永宣（学人）、郭元釪（于宫）。宋荦编有《江左十五子诗选》。

七七 余在王孟亭太守处，翻阅旧簏。得刘大山先生手书诗册。贺其祖楼村修撰移居云：“官如蚕受茧丝缠，郁郁惟将邸舍迁。家具无多移校易，街坊太远住堪怜。月逢庙市刚三日，俸算词林已六年。闭户忍饥都不患，只愁囊乏买书钱。”“碧山堂里老尚书，二十年前此卜庐。任昉交游今在否？羊昙涕泪痛何如！颓廊有鼪奔饥鼠，废圃无墙种野蔬。此日君居最相近，教余一到一踌躕。”大山名岩，江浦人，人但知其工作时文，而不知诗才清妙乃尔。所云碧山堂尚书者，即东海徐健庵司寇，领袖名场者也。查浦先生亦有诗云：“分明万壑归东海，不到朝宗转自疑。”可谓善于推尊者矣。

七八 芜湖范兆龙，字荔江，馆江宁宰陆兰村署中，时以诗见示，归后身亡。记其《雨宿韩家庙》一首云：“阴云蔽空白日冥，疾风满路驱雷霆。幸接招提投一宿，空廊寂寂飞鼯鼪。斋厨无人烟火熄，佛前几卷堆残经。燃灯枯坐双耳冷，侧听万斛松涛倾。檐溜须臾声渐止，门外潺湲犹未已。开轩月露浩盈阶，仰看天光净如洗。”

七九 上虞陈少亭爱童二树五言，为《摘句图》，仿阮亭之摘施愚山也。余尤喜其“早烟山际重，春雾水边多”“看花蜂立帽，问水鹭随人”“晴流鸣断壑，山影卧空田”数联。

批注：引诗有性灵小诗意象新奇、纤细、生动之特点。

卷　三

一　余尝语人云:“才欲其大,志欲其小。才大,则任事有余;志小,则愿无不足。孔北海志大才疏,终于被难。邴曼容为官不肯过六百石,没齿晏然。”童二树诗云:“所欲不求大,得欢常有余。”真见道之言。

批注:童钰,字二树,号璞岩、借庵,山阴(今浙江绍兴)人。弃举业,专攻诗。袁枚为之撰墓志铭。

二　夫用兵,危事也;而赵括易言之,此其所以败也。夫诗,难事也;而豁达李老易言之,此其所以陋也。唐子西云:“诗初成时,未见可訾处,姑置之,明日取读,则瑕疵百出,乃反复改正之。隔数日取阅,疵累又出,又改正之。如此数四,方敢示人。”此数言,可谓知其难而深造之者也。然有天机一到,断不可改者。余《续诗品》有云:“知一重非,进一重境;亦有生金,一铸而定。”

批注:唐庚,字子西,四川眉州人。宋朝进士。有《唐子西集》。其论诗须反复改正,乃心得之语。袁枚进而论有的诗恰到好处,“断不可改”,亦甚精辟。

三　《西河诗话》载:曹能始先生《得家信》诗:“骤惊函半损,幸露语平安。”以为佳句。一客谓:“‘露’字不如‘剩’字之当。大抵‘平安’注函外,损余曰‘剩’;若内露,不必巧值此字矣。”人以为敏。余独谓不然。“剩”字与“半”字不相叫应,函不过半损,则剩者正多,不止“平安”二字。“幸露语平安”,正是偶然触露,所以羁旅之情,为之惊喜耳。若曰“不必巧值”,则又何以知其必不巧值耶?

批注:《西河诗话》作者毛奇龄(1623—1713),字大可,号西河,浙江萧山人。

清康熙朝任明史馆纂修官等。

四 卢雅雨先生与蒋萝村副宪，同谪塞外。蒋年老，虑不得归。卢戏作文生祭之。文甚谲诡。尹文端公一日谓余曰："汝见卢《出塞集》乎？"曰："见矣。"曰："汝最爱何诗？"余未答。公曰："汝且勿言，我猜必是《生祭蒋萝村》文。"余不觉大笑，而首肯者再：喜师弟之印可也。其词曰："先生之寿，七十有七。先生之壮，如其壮日。先生旷达，不讳其恤。先生有教，乃载之笔。先生书来，示我云云。昔同转运，与君为寅。今同谪戍，与君为邻。我欲生祭，乞君一言。仆谢不敏，非甘懒惰。诅老咒生，无乃不可！既而思之，公非欺我。辱公之教，奈何弗果！爰卜吉日，乃驾黄骊。羔羊烝炙，酪酥淋漓。干糇窖酒，载携载随。造庐展笑，大放厥词。昔公早达，久食天禄。遭际尧廷，而登宪副。有其志之，非仆所录。仆识公晚，盖始投荒。过公信宿，示我周行。何以图报？祝寿而康。今年闻公，报三周岁。忆公语我：'军台有制！诸弛形徒，考绩为例；瓜代为常，喜而不寐。'何期命宫，磨蝎流连！帝闻臣罪，未闻臣年。草霜风烛，能否再延？有死之心，无生之气。仆忝同群，敢忘敦慰。言之违心，听之无味。破涕用奇，于是乎祭。世之祭者，罗鼎列牲。岂无酹奠，谁进一觥？岂无呼告，谁应一声？祷尔曰诔，莫若及生。我闻设台，防厄鲁特：雪山为窟，师老难克。鬼能为厉，殊便杀贼。生不如人，死当报国。我闻西域，佛教常新：恒河沙数，皆不坏身。此去天竺，无间关津。一灵不昧，便入法门。我闻阎罗，即包孝肃：其家庐州，仆曾为牧。牧不负神，神应电瞩。为问年来，神颇忆不？我闻冥司，分隶城隍：我辈头衔，颇与相当。定容抗礼，谦尊而光。岂如井底，妄肆蛙张？我闻此地，李陵所窜：苗裔及唐，犹通祖贯。游子河梁，妙绝词翰。地下相逢，定非冰炭。我闻归化，葬古昭君：青冢表表，血食为神。乃心汉阙，同乡是亲。死如卜宅，请傍佳人。凡诸幻想，谓死有觉；有觉而死，不改其乐。若本无知，何嫌沙漠？沧桑以来，谁非委壑？公曰信哉，君言慨慷。君浮我白，我奉君觞。饮既尽兴，食亦充肠。饮食醉饱，是为尚飨。"

批注：卢见曾（1690—1768），字抱孙，号澹园，别号雅雨山人，山东德州人。康熙进士，曾官至扬州两淮盐运使，与名流唱和，主东南文坛，一时称海内宗匠。后被诬发配新疆乌鲁木齐。但终被平反赐还，任长芦盐运使。著有《雅雨堂诗文全集》。辑录刻印有《国朝山左诗钞》等。从其为左副都御史蒋萝村所写诗来看，有较高诗歌造诣。

五 松江曹黄门先生陆夫人，自号秀林山人。归先生时，年才十七；奁具旁，皆文史也。尤爱《楚词》，针黹暇，必朗诵之。侍婢私语曰："夫人所诵，与在家时何异？"先生因赠诗云："幽意闲情不自知，碧窗吟遍楚人词。添香侍女听来惯，笑说书声似旧时。"因戒夫人曰："卿爱屈子词，此生不当得意。"已而果亡。先生为梓其《梯山阁遗稿》。《冬日病起》云："病里生涯百事赊，一弦一柱谱《平沙》。弹来却怪人偷听，闲倚栏杆看雪花。"《寄外》云："烟水迢迢泛木兰，寒风残雪怯衣单。客裘自着江边雨，莫作临行泪点看。"余闻方问亭宫保，少时亦爱《离骚》。自忏云："爱读《离骚》便不祥。"其后功名显赫。然则黄门先生之言，亦未必尽然与？先生讳一士，官御史。

六 人或问余以本朝诗谁为第一，余转问其人：《三百篇》以何首为第一？其人不能答。余晓之曰：诗如天生花卉，春兰秋菊，各有一时之秀，不容人为轩轾。音律风趣，能动人心目者，即为佳诗；无所为第一、第二也。有因其一时偶至而论者，如"不愁明月尽，自有夜珠来"一首，宋居沈上。"文章旧价留鸾掖，桃李新阴在鲤庭"一首，杨汝士压倒元、白是也。有总其全局而论者，如唐以李、杜、韩、白为大家，宋以欧、苏、陆、范为大家是也。若必专举一人，以覆盖一朝，则牡丹为花王，兰亦为王者之香。人于草木，不能评谁为第一，而况诗乎？

批注：此条提出"佳诗"标准：一曰符合"音律"，《续诗品·结响》云："诗本乐章，按节当歌。"二曰"风趣"，有意味。三曰"动人心目"，即要"感人"。且佳诗表现形态多样，各有千秋，无须"人为轩轾"。

七 王阳明先生云："人之诗文，先取真意；譬如童子垂髫肃揖，自有佳致。若带假面伛偻，而装须髯，便令人生憎。"顾宁人与某书云："足下诗文非不佳。奈下笔时，胸中总有一杜一韩放不过去，此诗文之所以不至也。"

批注：王守仁（1472—1528），字伯安，余姚（今属浙江）人。因被贬贵州时曾居于阳明洞，世称阳明先生。倡导"心学"，与程、朱理学相抗。袁枚受其影响。

八 王梦楼侍讲云："诗称家数，犹之官称衙门也。衙门自以总督为大，典史为小。然以总督衙门之担水夫，比典史衙门之典史，则亦宁为典史，而不为担水夫。何也？典史虽小，尚属朝廷命官；担水夫衙门虽尊，与他无涉。今之学杜、韩不成，而矜矜然自以为大家者，不过总督衙门之担水夫耳。”叶横山先生云：“好摹仿古人者，窃之似，则优孟衣冠；窃之不似，则画虎类狗。与其假人余焰，妄自称尊，孰若甘作偏裨，自领一队？”

批注：叶燮（1627—1703），字星期，号己畦，嘉兴（今属浙江）人，晚年定居江苏吴江之横山，世称横山先生。著《原诗》，反明七子复古，主张诗歌发展变化，袁枚“性灵说”汲取其思想。

九 东坡近体诗，少蕴酿烹炼之功，故言尽而意亦止，绝无弦外之音、味外之味。阮亭以为非其所长，后人不可为法，此言是也。然毛西河诋之太过。或引“春江水暖鸭先知”，以为是坡诗近体之佳者。西河云：“春江水暖，定该鸭知，鹅不知耶？”此言则太鹘突矣。若持此论诗，则《三百篇》句句不是:在河之洲者，斑鸠、鸣鸠皆可在也，何必“雎鸠”耶？止丘隅者，黑鸟、白鸟皆可止也，何必“黄鸟”耶？

批注：毛奇龄《西河诗话》批苏东坡诗，似不懂诗意之典型化原则。“鸭”正代表所有禽鸟也。

一〇 富贵诗有绝妙者。如唐人：“偷得微吟斜倚柱，满衣花露听宫莺。”宋人：“一院有花春昼永，八荒无事诏书稀。”“烛花渐暗人初睡，金鸭无烟却有香。”“人散秋千闲挂月，露零蝴蝶冷眠花。”“四壁宫花春宴罢，满床牙笏早朝回。”元人：“宫娥不识中书令，问是谁家美少年。”“袖中笼得朝天笔，画日归来又画眉。”本朝商宝意云：“帘外浓云天似墨，九华灯下不知寒。”“那能更记春明梦，压鬓浓香侍宴归。”汤西崖少宰云：“楼台莺蝶春喧早，歌舞江山月坠迟。”张得天司寇云：“愿得红罗千万匹，漫天匝地绣鸳鸯。”皆绝妙也。谁谓“欢娱之言难工”耶？

一一 贫士诗有极妙者。如陈古渔：“雨昏陋巷灯无焰，风过贫家壁有声。”“偶闻诗累吟怀减，偏到荒年饭量加。”杨思立：“家贫留客干妻恼，身病闲游惹母愁。”朱草衣：“床烧夜每借僧榻，粮尽妻常寄母家。”徐兰圃：“可怜最是牵衣女，哭说邻家午饭香。”皆贫语也。常州赵某云：“太穷常恐人防贼，久病都疑犬亦仙。”“短气莫书赊酒券，索逋先长（按：民国本作“畏”）扣门声。”俱太穷，令人欲笑。

一二 杨花诗最佳者，前辈如查他山云：“春如短梦初离影，人在东风正倚阑。”黄石牧云：“不宜雨里宜风里，未见开时见落时。”严遂成云：“每到月明成大隐，转因云热得佯狂。”薛生白云：“飘泊无端疑‘白也’，轻盈真欲类‘虞兮’。”王菊庄云：“不知日暮飞犹急，似爱天晴舞欲狂。”虞东皋云：“飘来玉屑缘何软？看到梅花尚觉肥。”意各不同，皆妙境也。近有人以此命题，燕以均云：“小院无端点绿苔，问他来处费疑猜。春原不是一家物，花竟偏能离树开。质洁未堪污道路，身轻容易上楼台。随风似怕儿童捉，才扑阑干又却回。”蔡元春云：“沾裳似为衣添絮，扑帽应怜鬓有霜。似我辞家同过客，怜君一去便无归。”李荧云：“偶经堕地时还起，直到为萍恨始休。”杨芳灿云：“掠水燕迷千点雪，窥窗人隔一重纱。”“愿他化作青萍子，傍着鸳鸯过一生。”方正澍云：“春尽不堪垂老别，风停亦解步虚行。”钱履青云：“风便有时来砚北，月明无影度墙东。”

批注：前辈杨花诗多佳在咏物而有寄托，神韵悠远；近人杨花诗多佳在有性灵，富性情。

一三　严海珊咏《桃花》云：“怪他去后花如许，记得来时路也无？”暗中用典，真乃绝世聪明。

一四　最爱周栎园之论诗曰：“诗以言我之情也，故我欲为则为之，我不欲为则不为。原未尝有人勉强之，督责之，而使之必为诗也。是以《三百篇》称心而言，不著姓名，无意于诗之传，并无意于后人传我之诗。嘻！此其所以为至与！今之人，欲借此以见博学，竞声名，则误矣！”

批注：周亮工（1612—1672），字元亮，号栎园，祥符（今河南开封）人。著《赖古堂集》《因树屋书影》。论诗主言情、自然，于袁枚“性灵说”当有启发。

一五　英梦堂相公，诗才清绝。作里河同知，与余游扬州僧寺云：“萧寺廊回水一层，阑干闲处有人凭。书生自笑酸寒甚，不看春灯看佛灯。”后三十年，金陵弟子龚元超有一首云：“烟萝暗处石棱嶒，翠竹玲珑月作灯。听是谁家吹玉笛，画栏清冷夜深凭。”何其风韵之相似也！

一六　合肥进士田实发，庚戌会试，梦其母浴小儿于盆，意颇恶之。过黄河，资尽，不能雇车，意阑珊欲返。有驴夫苦劝前行。问夫：“何姓？”曰：“姓孟。”因忆梦中：儿者，子也；盆者，皿也。或者此行其有益乎？果以是科获隽。《咏晓钟》云：“雨云魂梦初惊后，名利心思未动前。”又：“鸟立树梢徐坠果，风来檐隙自翻书。”

颇近放翁小品。《咏花下鸳鸯》云："翠幄红帱梦未阑，频倾香露不知寒。除非花上蜂儿落，才肯抬头仔细看。"

一七 余尝谓：诗人者，不失其赤子之心者也。沈石田《落花》诗云："浩劫信于今日尽，痴心疑有别家开。"卢仝云："昨夜醉酒归，仆倒竟三五。摩挲青莓苔，莫嗔惊着汝。"宋人仿之，云："池昨平添水三尺，失却捣衣平正石。今朝水退石依然，老夫一夜空相忆。"又曰："老僧只恐云飞去，日午先教掩寺门。"近人陈楚南《题〈背面美人图〉》云："美人背倚玉阑干，惆怅花容一见难。几度唤他他不转，痴心欲掉画图看。"妙在皆孩子语也。

批注：所谓"赤子之心"，乃因袭明李贽《童心说》"夫童心者，绝假纯真，最初一念之本心也。若失却童心，便失却真心；失却真心，便失却真人"的思想。是袁枚"性灵说"的根本之一。

一八 诗有认假为真而妙者。唐人《宿华山》云："危栏倚遍都无寐，犹恐星河坠入楼。"宋人《咏梅花帐》云："呼童细扫潇湘簟，犹恐残花落枕旁。"有认真为假而妙者。宋人《雪中观妓》云："恰似春风三月半，杨花飞处牡丹开。"元人《美人梳头》云："红雪忽生池上影，乌云半卷镜中天。"

一九 黄梨洲先生云："诗人萃天地之清气，以月露、风云、花鸟为其性情。月露、风云、花鸟之在天地间，俄顷灭没；惟诗人能结之于不散。"先生不以诗见长，而言之有味。

批注：黄宗羲（1610—1695），字太冲，号南雷，学者誉为梨洲先生，余姚（今属浙江）人。清初大儒，今人编有《黄宗羲全集》。

二〇 江州进士崔念陵室许宜媖，七岁《玩月》云："一种月团圞，照愁复照欢。欢愁两不着，清影上阑干。"其父叹曰："是儿清贵，惜福薄耳！"宜媖不得于姑，自缢死。其《春怀》云："无穷事业了裙钗，不律闲拈小遣怀。按曲填词调玉笛，摘诗编谱入牙牌。凄凉夜雨谋生拙，零落春风信命乖。门外艳阳知几许，兼花杂柳鸟喈喈。"《寄外》云："花缸对月相怜夜，恐是前身隔世人。"进士已早知其不祥，解环后，颜色如生。进士哭之云："双鬟双绾娇模样，翻悔从前领略疏。"崔需次京师，又聘女鸾媖为妾。崔故贫士，归来省亲，媖之养父强售之于某千户，媖不从，诡呼千户为爷，而诉以原定崔郎之故。千户义之，不夺其志，仍以归崔。媖生时，母梦凤集于庭。崔赠云：“柳如旧皱眉，花比新啼颊。挑灯风雨窗，往事从头说。”

崔有《灌园余事》一集，载宜媖事甚详。陈淑兰女子阅之，赋诗责崔云：“可惜江州进士家，灌园难护一枝花。若能才子情如海，争得佳人一念差？”“自说从前领略疏，阿谁牵绕好工夫？宜媖此后心宜淡，莫再人间挽鹿车。”呜呼！淑兰吟此诗后十余年，亦缢死，可哀也！然宜媖死于怨姑，淑兰死于殉夫：有泰山、鸿毛之别矣。

批注：陈淑兰为袁枚女弟子。袁枚有《陈淑兰女子诗序》，称“金陵女士陈淑兰”，“直可傲左芬于晋代，追三妹于刘家”。但袁枚称其殉夫重于泰山，甚陈腐。

二一　常宁欧永孝序江宾谷之诗曰：“《三百篇》：《颂》不如《雅》，《雅》不如《风》。何也？《雅》《颂》，人籁也，地籁也，多后王、君公、大夫修饰之词。至十五《国风》，则皆劳人、思妇、静女、狡童矢口而成者也。《尚书》曰：‘诗言志。’《史记》曰：‘诗以达意。’若《国风》者，真可谓之言志而能达矣。”宾谷自序其诗曰：“予非存予之诗也；譬之面然，予虽不能如城北徐公之面美，然予宁无面乎？何必作窥观焉？”

批注：“性灵说”推重《国风》一样的“矢口而成”之什，相对于“人籁”“地籁”之《雅》《颂》，此乃“天籁”自然之音。“天籁”语出《庄子·齐物论》，喻诗浑成自然之趣。

二二　吾乡吴修撰鸿，督学湖南。壬午科，湖南主试者为嘉定钱公辛楣、陕西王公伟人。诸生出闱后，各以闱卷呈吴。吴所最赏者，为丁甡、丁正心、张德安、石鸿翥、陈圣清五人，曰：“此五卷不售，吾此后不复论文矣。”榜发日，吴招客共饮，使人走探。俄而抄榜来，自第六名至末，只陈圣清一人。吴旁皇莫释。未几，五魁报至，则四生已各冠其经，如联珠然。吴大喜过望。一时省下传为佳话。先是，陈太常兆仑在都中，以书贺吴云：“今科楚南得人必盛。”盖预知吴、钱、王三公之能知文，能拔士也。吴首唱一诗，云：“天鼓喧传昨夜声，大宫小徵尽含鸣。当头玉笋排班出，入眼珠光照乘明。喜极转添知己泪，望深还慰树人情。文昌此日欣连曜，谁向西风诉不平？”一时和者三十余人。后甲辰三月，余游匡庐，遇丁君宰星子，为雇夫役，作主人，相与序述前事，彼此慨然。且曰：“正心管领庐山七年，来游者先生一人耳。”

二三 钱香树先生为侍读时出都，泊济宁，立船头为霜所滑，失足入水，家人救以篙，得不死。笑谓宾客曰："吾闻坠水死者，必有鬼物凭之。倘昨夜遇李太白，便把臂去矣！"明日过李白楼，题云："昨夜未曾逢李白，今朝乘兴一登楼。楼中人已骑鲸去，楼影当空占上游。"

批注：钱陈群，字文敬，号香树，浙江嘉兴人。康熙进士，历官侍读学士、内阁学士、刑部侍郎等。有《香树斋诗集》。

二四 予在转运卢雅雨席上，见有上诗者，卢不喜。余为解曰："此应酬诗，故不能佳。"卢曰："君误矣！古大家韩、杜、欧、苏集中，强半应酬诗也。谁谓应酬诗不能工耶？"予深然其说。后见粤西学使许竹人，先生自序其《越吟》云："诗家以不登应酬作为高。余曰：不然。《三百篇》行役之外，赠答半焉。逮自河梁，洎李、杜、王、孟，无集无之。己实不工，体于何有？万里之外，交生情，情生文；存其文，思其事，见其人，又可弃乎？今而可弃，昔可无赠；毋宁以不工规我？"

批注：应酬诗佳与不佳全在是否能"情生文"，关键在于"情"字。此条为"应酬诗不能工"说翻案，不无道理。

二五 比来闺秀能诗者，以许太夫人为第一。其长嗣佩璜，与余同征鸿博。读太夫人《绿净轩自寿》云："自分青裙终老妇，滥叨紫綍拜乡君。"《元旦》云："剩有湿薪同爆竹，也将红纸写宜春。"《喜雨》云："愆期休割乖龙耳，破块粗安野老心。不独清凉宜翠簟，可知点滴尽黄金。"皆佳句也。夫人为徐清献公季女，名德音，字淑则。王太仓相公掞出清献之门，其视学浙江也，遣人告墓。夫人有句云："鱼菽荐羹惟弱女，松楸酹酒属门人。"

批注：闺秀诗"以许太夫人为第一"，显系溢美之词。可见袁枚有些评语出于人情世故，不可当真。

二六 尹望山制府在途中寄鄂夫人诗云："正因被冷想装绵，又接音书短榻前。暖阁遥思春雪冷，长途更犯晓冰坚。不言家事知予苦，频寄征衣赖汝贤。依旧疏狂应笑否？偷闲时复耸吟肩。"夫人为鄂文端公之从女，贤淑能诗。常侍尹、鄂两公小饮。鄂公老矣，向尹公云："阁务殷繁，何日得抽身是好？"夫人正色曰："女闻圣人云'事君能致其身'，其次则明哲保身，未闻有抽身之说。"公为莞然。

二七　辽东三老者：戴亨，字遂堂；陈景元，字石闾；马大钵，字雷溪。三人皆布衣不仕，诗宗汉、魏，字学二王，不与人世交接，来往者李铁君一人而已。戴诗不传。陈有《崇兆寺》诗云："世外招提境，浮生寄一时。铃声吟殿角，涧影落松枝。鸟语留归念，山僧笑索诗。东方明月上，若遇此心期。"马《闻西师振旅寄宁远大将军》云："雪飘组练归榆海，花满弓刀入玉关。"《偶成》云："晒药偶然来竹外，修琴不复到人间。"石闾弟景钟，字橘洲，有《夜阑曲》云："春夜频倾金叵罗，胡姬按板对筵歌。低徊笑语牵红袖，如此风光可奈何！"明七子论诗，蔽于古而不知今，有拘墟皮傅之见。辽东三老，亦复似之。铁君作《尚史》，专搜三代以上事，而竟不知本朝有马骕之《绎史》，亦囿于闻见之一端。然近今士人，先攻时文，通籍后始学为诗，大概从宋、元入手，俗所称"半路上出家"是也。源流不清，又不若三家之力争上乘矣。

铁君名锴，父为总督，而能隐居不仕，自称廌青山人，有《蛲螟斋集》行世。录其《梅花》云："众木正如梦，一枝方自春。遂令江水上，真见独醒人。"《咏月》云："清绝自成照，何曾挂树生？有时通夜白，一片得秋明。远水若相接，浮云或并行。年年圆便缺，谁悟善持盈？"

批注：借评辽东三老，批明七子盲目学汉、唐复古，不知新变。又批近人学宋、元，不知诗之"上乘"。藉此可知于袁枚心目中，汉、唐诗终高于宋、元诗。

二八　康熙初，吴兆骞汉槎谪戍宁古塔。其友顾贞观华峰馆于纳兰太傅家，寄吴《金缕曲》云："季子平安否？""谅绝塞苦寒难受。廿载包胥曾一诺，盼乌头马角终相救。置此札，兄怀袖。""词赋从今须少作，留取心魂相守。""归日急翻行戍稿，把空名料理传身后。言不尽，观顿首。"太傅之子成容若见之，泣曰："河梁生别之诗，山阳死友之传，得此而三。此事三千六百日中，我当以身任之。"华峰曰："人寿几何？公子乃以十载为期耶？"太傅闻之，竟为道地，而汉槎生入玉门关矣。顾生名忠者，咏其事云："金兰倘使无良友，关塞终当老健儿。"一说：华峰之救吴季子也，太傅方宴客，手巨觥，谓曰："若饮满，为救汉槎。"华峰素不饮，至是一吸而尽。太傅笑曰："余直戏耳！即不饮，余岂遂不救汉槎耶？虽然，何其壮也！"呜呼！公子能文，良朋爱友，太傅怜才，真一时佳话。余常谓：汉槎之《秋笳集》，与陈卧子之《黄门集》，俱能原本七子，而自出精神者。

批注：吴兆骞（1631—1684），字汉槎，吴江（今属江苏）人。顺治十四年（1657）中举人，南闱科场案发，被诬牵连。翌年家产籍没入官，父母兄弟妻子一并流放宁古塔（今黑龙江宁安）达二十三年之久。有《秋笳集》等。

太傅纳兰明珠拯救吴兆骞事乃文坛佳话。其子纳兰性德（1655—1685），原名成德，字容若，清代第一词人。救汉槎其亦有功焉。

二九 阮亭《池北偶谈》笑元、白作诗，未窥盛唐门户。此论甚谬。桑弢父讥之云："大辨才从觉悟余，香山居士老文殊。渔洋老眼披金屑，失却光明大宝珠。"余按：元、白在唐朝所以能独竖一帜者，正为其不袭盛唐窠臼也。阮亭之意，必欲其描头画角若明七子，而后谓之窥盛唐乎？要知唐之李、杜、韩、白，俱非阮亭所喜。因其名太高，未便诋毁；于少陵亦时有微词，况元、白乎？阮亭主修饰，不主性情。观其到一处必有诗，诗中必用典，可以想见其喜怒哀乐之不真矣。或问："宋荔裳有'绝代消魂王阮亭'之说，其果然否？"余应之曰："阮亭先生非女郎，立言当使人敬，使人感且兴，不必使人消魂也。然即以消魂论，阮亭之色，亦并非天仙化人，使人心惊者也。不过一良家女，五官端正，吐属清雅；又能加宫中之膏沐，熏海外之名香，倾动一时，原不为过。其修词琢句，大概捃摭于大历十子，宋、元名家，取彼碎金，成我风格，恰不沾沾于盛唐，蹈七子习气，在本朝自当算一家数。奈归愚、子逊奉若斗山，玙沙、心馀弃若刍狗：余以为皆过也。"

批注：王士禛（号阮亭）有"清秀李于鳞"之称。此谓其步明后七子李攀龙（字于鳞）"描头画角"、步盛唐之后尘，而王只是摹仿王孟一派而已。此条批王虽嫌太过，但亦对其自成"风格"予以肯定，评价大抵公正。

三〇 杭州周汾，字蓉衣，《咏春柳》云："西湖送我离家早，北道看人得第多。"不脱不粘，得古人未有。惜客死于清江。

三一 壬寅余过天台，齐侍郎召南亡久矣。其昆季延余小饮，捧侍郎全集，高尺许，乞作序。尽半日之暇，为之翻撷，见其鸿富，美不胜收。仅记其《咏汉武》七律一首，后四句云："亲承文景升平业，开辟唐虞未有天。到底英雄晚能悔，轮台一诏是神仙。"其兄周南、弟世南，俱以甲科作广文，庞眉白发，年八十余。

三二 陶篁村置屋孤山。余月夜访之，怜其孤寂，劝置燕玉，为暖老计。篁村以为然，购一小鬟。梁山舟侍讲调以诗云："病来久不见陶潜，隔着重城似隔天。

昨夜中庭看星象，小星正在少微边。”“见说榕江泛橹枝，已成阴后未凉时。一根椰栗无人管，分付樵青好护持。”“不比朝云侍老坡，也如天女伴维摩。对门有个林和靖，冷抱梅花奈尔何？”“好将班管画眉双，莫染星星鬓上霜。比似诗人张子野，莺花还有廿年狂。”山舟又有句云：“毕竟人间胜天上，不然刘阮不归来。”余适从天台山归，诵此，为之一笑。

批注：梁同书（1723—1825），字元颖，号山舟，钱塘（今浙江杭州）人。著名书法家，亦工诗。有《频罗庵遗集》。

三三　余寓西湖漱石居，有徽州汪明府见访，名乔年，字绣林，年八十矣。适余外出，未获相见。蒙其题壁云：“无人不识元才子，今我来寻李谪仙。底事闲云无处捉？教侬空荡钓鱼船。”

三四　诗如言也，口齿不清，拉杂万语，愈多愈厌。口齿清矣，又须言之有味，听之可爱，方妙。若村妇絮谈，武夫作闹，无名贵气，又何藉乎？其言有小涉风趣，而嚅嚅然若人病危，不能多语者，实由才薄。

批注：好诗须简洁、有味、动听。

三五　诗不可不改，不可多改。不改则心浮，多改则机窒。要像初拓《黄庭》，刚到恰好处。孔子曰：“中庸不可能也。”此境最难。予最爱方扶南《滕王阁》诗云：“阁外青山阁下江，阁中无主自开窗。春风欲拓滕王帖，蝴蝶入帘飞一双。”叹为绝调。后见其子某云：“翁晚年嫌为少作，删去矣。”予大惊，卒不解其故。桐城吴某告予云：“扶南三改《周瑜墓》诗，而愈改愈谬。”其少作云：“大帝君臣同骨肉，小乔夫婿是英雄。”可称工矣。中年改云：“大帝誓师江水绿，小乔卸甲晚妆红。”已觉牵强。晚年又改云：“小乔妆罢胭脂湿，大帝谋成翡翠通。”真乃不成文理！岂非朱子所谓“三则私意起而反惑”哉？扶南与方敏恪公为族兄。敏恪寄信，苦劝其勿改少作，而扶南不从。方知存几句好诗，亦须福分。

批注：“诗不可不改，不可多改”，其中自有艺术辩证法，要把握好度。所谓“千锤百炼”，未必能改出佳作。

三六　诗虽奇伟，而不能揉磨入细，未免粗才。诗虽幽俊，而不能展拓开张，终窘边幅。有作用人，放之则弥六合，收之则敛方寸，巨刃摩天，金针刺绣，一以贯之者也。诸葛躬耕草庐，忽然统师六出；蕲王中兴首将，竟能跨驴西湖：圣人用行舍藏，可伸可屈，于诗亦可一贯。书家北海如象，不及右军如龙，亦此意耳。余尝规蒋心馀云："子气压九州矣；然能大而不能小，能放而不能敛，能刚而不能柔。"心馀折服曰："吾今日始得真师。"其虚心如此。

批注："奇伟"与"细致"，"幽俊"与"开张"，"大"与"小"，"放"与"敛"，"刚"与"柔"，并不截然对立，而应相辅相成，其中亦有艺术辩证法在焉。

三七　梦中得诗，醒时尚记，及晓，往往忘之。似村公子有句云："梦中得句多忘却，推醒姬人代记诗。"予谓此诗固佳，此姬人尤佳。鲁星村亦云："客里每先顽仆起，梦中常惜好诗忘。"

三八　徐雨峰中丞士林，巡抚苏州。人以为继汤文正公之后，一人而已。母丧去官，有诏夺情，不起。其方正如此。然其诗极绵丽。官中书时有句云："归来惹得山妻问：侍女熏香近有无？"

批注："方正"之人亦有此妙句！

三九　金陵僧药根，工楷法，住扬州某庵。商人洪姓者，欲买其庵旁隙地起花园。药根意不欲，乃投以诗云："自笑蜗庐傍寺开，邻园树木迥崔巍。侬家院小难栽树，但有青青一片苔。"洪知其意，乃不果买。药根《泊瓜渚》云："星光全在水，渔火欲浮天。"《喜晴》云："雨收亦似痊沉病，日出浑如见故人。"

四〇　贤者多情，每离所官之地，动致留连。韩魏公离黄州，依依不舍。尹太保四督江南，三十余年。乙酉入相，正值重九之时，先别栖霞，再辞蜀阜，凄然泣下。公不能舍江南，犹江南之人亦不能舍公也。余送至清江浦，每晚必见。及渡黄河，公犹教以明晨作别。临期，余乍盥面，而公遣家人来，云："公已上马行矣！"盖恐面别之难为情耳。后从京师寄诗云："歌到离亭声断续，人分淮浦影东西。"又曰："三年只觉流光速，一别方知见面难。"

批注：舒批本《随园诗话》批语（据邓之诚考，批语疑为满人福建总督伍拉纳之子舒仲山所写。下简称"批本语"。）："尹太保性宽厚，四督江南，民情贴服。"尹太保，尹继善，袁枚知己与恩人。

四一　古之忠臣、孝子，皆情为之也。胡忠简公劾秦桧，流窜海南，临归时，恋恋于黎倩。此与苏子卿娶胡妇相类。盖一意孤行之士，细行不矜。孔子所谓“观过知仁”，正此类也。乃朱子讥之云：“十年浮海一身轻，归对黎涡恰有情。世上无如人欲险，几人到此误平生？”高守村和云：“批鳞一疏死生轻，万死投荒尚有情。不学遁翁捧蓍草，甘心钳口自偷生。”

批注：此“情”指“情所最先，莫如男女”（《答蕺园论诗书》）之情，最为袁枚所称道。

四二　闺秀能文，终竟出于大家。张侯家高太夫人著《红雪轩稿》，七古排律至数十首，盛矣哉！其本朝之曹大家乎？夫宗仁袭封靖逆侯，家资百万，以好客喜施，不二十年，费尽而薨。夫人暗埋三十万金于后园，交其儿谦，始能袭职：其识力如此。夫人名景芳，父琦，为浙闽总督。作女儿时，年十五，《晨妆》云：“妆阁开清晓，晨光上画栏。未曾梳宝髻，不敢问亲安。妥贴加钗凤，低徊插佩兰。隔帘呼侍婢，背后与重看。”又《示谦儿》云：“高捧名花求插髻，遍寻佳果劝尝新。”

批注：曹大家，“家”通“姑”，指汉才女班昭，嫁曹世叔，屡召入宫，为皇后及诸贵任教师，号曰“大家”。

四三　余不喜佛法，而独取“因缘”二字，以为足补圣经贤传之缺。身在名场五十余年，或未识面而相憎，或未识面而相慕：皆有缘、无缘故也。己亥省墓杭州。王梦楼太守来云：“商丘陈药洲观察，愿见甚切。”予不解何故。晤后，方知其尊人讳履中者，曾在尹制府署中读余诗而爱之，事已三十余年。其夫人李氏见余名纸，诧曰：“是子才耶？吾先君门下士也。”盖夫人为存存先生之女。先生名惺，宰钱塘时枚年十二，应童子试，受知入泮。因有两重世好，欢宴月余。别后，观察见怀云：“早从仙佛参真谛，且向渔樵伴此身。”又曰：“犹记何郎年少日，新诗赏共沈尚书。”

批注：因缘，佛教称“十二因缘”，指揭示过去、现在、未来三世的因果轮回循环的规律。此处实际是讲“缘分”、机缘。

四四　汪度龄先生中状元时，年已四十余。面麻身长，腰腹十围。买妾京师，有小家女陆氏，粗通文墨，观弹词曲本，以为状元皆美少年，欣然愿嫁。结婚之夕，于烛下见先生年貌，大失所望。业已郁郁矣。是夕，诸同年嬲饮巨杯，先生量宏兴豪，沉醉上床，不顾新人，和衣酣寝；已而呕吐，将新制枕衾尽污腥秽。陆女恚甚，未五更，雉经而亡。或嘲之曰："国色太娇难作婿，状元虽好却非郎。"

四五 商宝意诗集刻成，有人摘其疵累，余为怅然。仲小海曰："但愿人生一世，留得几行笔墨，被人指摘，便是有大福分人。不然，草亡木卒，谁则知之？而谁议之？"余谓此言沉痛，深得圣人疾没世无名之意。然古来曹蜍、李志，又转以庸庸而得存其名，岂非不幸中之幸耶？宝意先生有句云："明知爱惜终须割，但得流传不在多。"

四六 黄允修云："无诗转为读书忙。"方子云云："学荒翻得性灵诗。"刘霞裳云："读书久觉诗思涩。"余谓此数言，非真读书、真能诗者不能道。

四七 谚云："死棋腹中有仙着。"此言最有理。余平生得此益，不一而足；要之，能从人而不徇人，方妙。乐取于人以为善，圣人也；无稽之言勿听，亦圣人也。作史三长：才、学、识，缺一不可。余谓诗亦如之，而识最为先；非识，则才与学俱误用矣。北朝徐遵明指其心曰："吾今而知真师之所在。"其识之谓欤？

批注：此处言才、学、识，"而识最为先"，乃承袭唐刘知几的观点。识，指观察、认识生活的独特能力与独到见解，还指构思立意开拓诗意的功夫。《续诗品》专有《尚识》篇，识可以领才、学。但他亦说过"才为尤先"（《蒋心馀藏园诗序》），因着重点不同。

四八 汪舟次先生作周栎园诗序曰："《赖古堂集》欲小试神通，加以气格，未必不可以怖作者；但添出一分气格，定减去一分性情，于方寸中，终不愉快。"

四九 淡莲洲明府称芜湖胡漱泉秀才，有"日影度花轻"五字，得五言妙境。江君旭东亦赏沙斗初"花气半湖阴"五字，所见与莲洲同。

五〇 诗境最宽，有学士大夫读破万卷，穷老尽气，而不能得其阃奥者。有妇人女子、村氓浅学，偶有一二句，虽李、杜复生，必为低首者。此诗之所以为大也。作诗者必知此二义，而后能求诗于书中，得诗于书外。

批注：重"妇人女子，村氓浅学"之诗，此"性灵说"之所以广泛传播也。

五一 陶悔轩方伯任衡阳时，署中小池，为署外居民所买。先生赎归，置轩其上。朱玉阶督学赠句云："官廨买归三径内，夜窗补惜寸阴余。"一咏其事，一切其姓。石君文成为序云："先失楚弓，旋归赵璧。汶阳田反，合浦珠还。支公之鹤可高飞，子产之鱼真得所。鹍鹏待化，行看君去朝天；台榭长存，知是谁来作主？”

五二 癸酉春，余在王孟亭太守处，见建德布衣徐凤木席间吟一绝云：“自笑不如原上草，春风吹到也开花。”《除夕在外》云：“阅历深知客路难，非关白首恋江干。岁除一息争千古，莫作寻常旅夜看。”武进庄念农初宰建德，即往相访，赠诗云：“玉峰花影扬帘旌，罨户闲云静不扃。未必山城无绮皓，斯人即是少微星。”“粗官未敢师严武，泥饮无由续旧题。剧喜少陵居杜曲，得闲还过浣花溪。”凤木得诗喜，刻之集中。后庄殁十余年，诗多散失，其子宸选搜寻不可得，予于凤木集中抄此与之。呜呼！使无凤木代为之存，则人琴俱亡矣；岂非爱才之报乎？

批注：王箴舆，字敬倚，号孟亭，宝应（今属江苏）人。康熙进士，曾官卫辉知府。

五三 蒋用庵侍御罢官后，与姚云岫观察同修《南巡盛典》。《过随园咏菊》云：“名花自向闲中老，浮世原宜淡处看。”后姚为广西巡抚，寄信来犹吟及之。

五四 余年二十三，馆今相国嵇（按：原误作稽）公家，教其幼子承谦。今四十三年矣。承谦官侍读，行走上书房，假满赴都，过随园，赠云：“万事由来夙有缘，七龄问字记当年。读书好处心先觉，立雪深时道已传。每盼凤巢阿阁上，果摩麟顶绛帷前。德门善庆知无限，伫见骊珠颗颗圆。”余附书相国云：“当日七龄公子，为问字之佳儿；此时白发词臣，作青宫之师傅。能无对之欣然、思之黯然也乎？”

批注：嵇璜（1711—1794），字尚左，海宁（今属浙江）人。官至吏部尚书、协办大学士。乾隆三年（1738）袁枚困于京师，曾在嵇府任私塾教师。

五五 千古善言诗者，莫如虞舜。教夔典乐曰：“诗言志。”言诗之必本乎性情也。曰：“歌永言。”言歌之不离乎本旨也。曰：“声依永。”言声韵之贵悠长也。曰：“律和声。”言音之贵均调也。知是四者，于诗之道尽之矣。

批注：以“性情”即情诠释“志”，是对“载道”之志的“革命”，遂与旧观念决裂。

五六 每见热中人锐进不已，身家交瘁，未尝不隆隆而升；一旦化去，若烘开花，精神已竭，次年必萎。尝咏《唐花》云：“百花开落虽天定，倘不烘开落或迟。”

又见媚长官者，损下益上，徒招怨尤，而于己毫无享受。《戏咏箸》云："笑君攫取忙，送入他人口。一世酸咸中，能知味也否？"

五七 己未翰林五十人。蒋君麟昌，年才十九，大京兆晴崖公讳炳之长子也；目空一世，尝言："同馆中，吾服叔度、子才耳。归愚先生虽耆年重望，意不属也。"和皇上《消夏》诗，援笔立就，赐葛二匹。旁观者疑君正�青云，而竟一病以卒。余《别后寄怀》云："干将莫邪虞缺折，我有数言赠李邕。"乃成谶语。诗有奇气，《咏七夕》云："一报人间箫鼓喧，羊灯无焰秋云碧。"《中元》诗云："两岸红沙多旋舞，惊风不定到三更。"刘相国纶序其诗曰："十八载夜熸太白，知臣则但问王公；廿七年昼见绯衣，召汝而重呼阿奶。阿翁投杖，谁当荷此析薪；稚子牵衣，未得预其元草。"盖静存亡时，大父犹存，子尚幼故也。同年金质夫哭之云："渐看豪气笼人上，不料英年似梦中。"余哭之云："一榜少年今剩我，九原才子又添君。"

五八 某侍郎督学江苏，罗致知名之士。所选五古最佳；七古则不拘何题，动辄千言，引典填书，如涂涂附，杳不知其命意之所在。程鱼门阅之，掀髯笑曰："欲吓人耶？此扬子云所谓'鸿文无范也'，吾不受其吓矣！"

批注："某侍郎，盖谓朱石君也。"（批本语）朱石君，官至大学士。其所选诗"引典填书"则如同考据，无"神活现"之致。

五九 乾隆辛未，予在吴门。五月十四日，薛一瓢招宴水南园。座中叶定湖长杨、虞东皋景星、许竹素廷鑅、李客山果、汪山樵俊、俞赋拙来求，皆科目耆英，最少者亦过花甲；惟余才三十六岁，得遇此会。是夕大雨，未到者沈归愚宗伯、谢淞洲征士而已。叶年八十五，诗云："潇潇风雨满池塘，白发清尊扫叶庄。不有忘形到尔汝，那能举座尽文章？轩窗远度云峰影，几席平分水竹光。最是葵榴好时节，醉吟相赏昼方长。"虞八十有二，句云："入座古风堪远俗，到门新雨欲催诗。"俞六十有九，句云："社开今栗里，树老古南园。"次月，一瓢再招同人相会，则余归白下，竹素还太仓，客山死矣。主人之孙寿鱼赋云："照眼芙蕖半开落，满堂名士各西东。"

六〇 升平日久，海内殷富，商人士大夫慕古人顾阿瑛、徐良夫之风，蓄积书史，广开坛坫。扬州有马氏秋玉之玲珑山馆，天津有查氏心谷之水西庄，杭州有赵氏公千之小山堂，吴氏尺凫之瓶花斋：名流宴咏，殆无虚日。许珮璜刺史赠查云："庇人孙北海，置驿郑南阳。"其豪可想。此外，公卿当事，则有唐公英之在九江，鄂公敏之在西湖，皆以宏奖为己任。不四十年，风流顿尽。唐公号蜗寄老人，司九江关，悬纸墨笔砚于琵琶亭，客过有题诗者，命关吏开列姓名以进。公读其诗，分高下，以酬赠之。建白太傅祠，肖己像于旁。甲辰冬，余过九江，则太傅祠改作戏台，唐公像亦不见。

批注：商贾赞助文化事业，公卿宏奖文士，乾隆时期屡见不鲜，故有风雅之盛。

六一　马氏玲珑山馆，一时名士如厉太鸿、陈授衣、汪玉枢、闵莲峰诸人，争为诗会，分咏一题，裒然成集。陈《田家乐》云：“儿童下学恼比邻，抛堕池塘日几巡。折得松梢当旗纛，又来呵殿学官人。”闵云：“黄叶溪头村路长，挫针负局客郎当。草花插鬓偎篱望，知是谁家新嫁娘？”秋玉云：“两两车乘轂觫轻，田家最要一冬晴。秋田晒罢村醪熟，翻爱糟床滴雨声。”汪《养蚕》云：“小姑畏人房闼潜，采桑那惜春葱纤。半夜沙沙食叶急，听作雨声愁雨湿。”陈云：“蚕娘养蚕如养儿，性知畏寒饥有时。篱根卖炭闻荡桨，屋后邻园桑剪响。”皆可诵也。余题甚多，不及备载。至今未三十年，诸诗人零落殆尽；而商人亦无能知风雅者。莲峰年八十三岁，傫然尚存；闻其饥寒垂毙矣！

批注：厉鹗（1692—1752），字太鸿，号樊榭，钱塘（今浙江杭州）人。康熙举人。尝馆扬州马氏玲珑山馆多年。学问渊博，为浙派诗词巨匠。有《樊榭山房全集》《宋诗纪事》等。

六二　金陵女徐氏，适桐城张某，夫久客不归，寄诗云：“残漏已催明月尽，五更如度五重关。”又有鲁月霞者，嫁徽邑程生而寡，有《扫花》诗云：“触我朱栏三日恨，费他青帝一春功。”陈淑兰读两诗而慕之，题其集云：“吟来恍入班昭座，恨我迟生二十年。”

六三　本朝诗家，序事学古乐府《孔雀东南飞》而绝妙者，如陈元孝之《王将军歌》，许衡紫之《伍节女歌》，马墨麟之《戴烈妇歌》，胡稚威之《孝女李三行》，皆古藻淋漓。惜篇页繁重，不能尽录。

六四　乾隆初，杭州诗酒之会最盛。名士杭、厉之外，则有朱鹿田樟、吴鸥亭城、汪抱朴台、金江声志章、张鹭洲湄、施竹田安、周穆门京，每到西湖堤上，掎裳联袂，若屏风然。有明中、让山两诗僧留宿古寺，诗成传抄，纸价为贵。《南屏坐雨》，朱云：“一角山昏秋欲晚，满窗叶战雨来初。”张云：“荷声冷带跳珠雨，铎语遥飞泼墨山。”汪云：“云气半遮山下塔，秋光早入水边村。”施云：“浓云拥树湖先暝，凉雨到窗山欲应。”让山句如：“多情无过鸟，到处似留人。”“室敞许云住，竹深无暑通。”“树声满壑秋初到，山影一池泉洗青。”明中句如：“烧烟隔岸水犹静，初日到窗山自移。”皆可爱也。四十年来，儒、释两门，一齐寂灭，竟无继起者。

批注：杭州诗酒之盛，乃乾隆朝经济、文化昌盛之缩影。

六五　山阴吴修龄有句云：“雁将秋色去，帆带好山移。”人因呼之曰“吴好山”。好山《晚晴》云：“江皋收宿雨，征雁卷帘闻。野戍空千里，高秋无片云。海明天落日，风响马归群。赋罢衫巾岸，应书白练裙。”与胡稚威交好，两序皆胡所作。胡和其《寒夜》一联云：“冻苦星辰白，霜明鼓角干。”真乃不愧孟郊。

批注：吴乔，字修龄，一说太仓（今属江苏）人。著《围炉诗话》，反复古，倡个性，于袁枚性灵说有影响。

六六　或云：“诗无理语。”予谓不然。《大雅》“于缉熙敬止”“不闻亦式，不谏亦入”，何尝非理语，何等古妙！《文选》：“寡欲罕所缺，理来情无存。”唐人：“廉岂活名具，高宜近物情。”陈后山《训子》云：“勉汝言须记，逢人善即师。”文文山《咏怀》云：“疏因随事直，忠故有时愚。”又，宋人：“独有玉堂人不寐，六箴将晓献宸旒。”亦皆理语，何尝非诗家上乘？至乃“月窟”“天根”等语，便令人闻而生厌矣。

批注：诗可有“理语”，但此“理”宜有见识，有哲理，可供人品味；而非令人生厌的老生常谈。

六七　诗家有不说理而真乃说理者。如唐人《咏棋》云：“人心无算处，国手有输时。”《咏帆》云：“恰认己身住，翻疑彼岸移。”宋人：“君王若看貌，甘在众妃中。”“禅心终不动，仍捧旧花归。”《雪》诗：“何由更得齐民暖，恨不偏于宿麦深。”《云》诗：“无限旱苗枯欲尽，悠悠闲处作奇峰。”许鲁斋《即景》云：“黑云莽莽路昏昏，底事登车尚出门？直待前途风雨恶，苍茫何处觅烟村？”无名氏云：“一点缁尘涴素衣，瘢瘢驳驳使人疑。纵教洗遍千江水，争似当初未涴时？”

批注：貌似叙事，而蕴含哲理，乃“说理”之高境界，尤胜于直接说理。

六八 苏州黄子云，号野鸿，布衣能诗。有某中丞欲见之，黄不可，题一联云："空谷衣冠非易觏，野人门巷不轻开。"《郊外》云："村角鸟呼红杏雨，陌头人拜白杨烟。"《上王虚舟先生》云："两晋而还谁翰墨，九州之内独声名。"皆佳句也。子云于城外构一草屋，客至，则具鸡黍，夜留榻焉。父子终夜读书。客叹其好学。曰："非也。我父子只有一被，撤以供客，夜无以为寝，故且读书耳。"

批注：黄子云（1691—1754），字士龙，号野鸿。昆山（今属江苏）人。有《野鸿诗稿》。

六九 己卯乡试，丹阳贡生于震，负诗一册，踵门求见，年五十余矣。曰："苦吟半生，无一知己；今所望者惟先生，故以诗呈教。如先生亦无所取，则震将投江死矣。"余骇且笑，急读之。是学前明七子者，于唐人形貌，颇能描摹，因称许数言。其人大喜而去。黄星岩戏吟云："亏公宽着看诗眼，救得狂人蹈海心。"

七〇 刘春池赋《白牡丹》云："神仙队里风流易，富贵场中本色难。"陈紫澜宫詹浩赋《白桃花》云："后庭歌罢醒初醒，前度人来鬓已华。"蒋用庵御史亦赋《白桃》云："亡息国因红粉累，避秦人是白衣尊。"皆妙。

七一 山阴胡西垞素行诡激，落魄扬州，屡谒卢转运不得见，乃除夕投诗云："莽莽乾坤岁又阑，萧萧白发老江干。布金地暖回春易，列戟门高再拜难。庾信生涯最萧瑟，孟郊诗骨剧清寒。自怜七字香无力，封上梅花阁下看。"雅雨先生见之，即呼驺往拜，馈朱提数笏。

七二 卢招人观虹桥芍药，诸名士集二十余人；独布衣金司农诗先成，云："看花都是白头人，爱惜风光爱惜身。到此百杯须满饮，果然四月有余春。枝头红影初离雨，扇底狂香欲拂尘。知道使君诗第一，明珠清玉比精神。"卢大喜，一座为之搁笔。

批注：金农（1687—1763），原名金司农，仁和（今浙江杭州）人。流寓扬州，为"扬州八怪"核心人物。

七三 诗家闺秀多，青衣少。高明府继允有苏州薛筠郎，貌美艺娴，赋《秋月》云："风韵乱传杵，云华轻入河。"《旅思》云："如何野店闻钟夜，犹是寒山寺里声。"《晓行》云："并马忽惊人在后，贪看山色又回头。"皆有风调。筠郎随主人入都，卒于保阳。高刻其遗稿，属余题句。余书三绝，有云："绝好齐、梁诗弟子，不教来事沈尚书。”

七四 沈归愚选《明诗别裁》,有刘永锡《行路难》一首云:“云漫漫兮白日寒,天荆地棘行路难。”批云:“只此数字,抵人千百。”予不觉大笑。“风萧萧兮白日寒”,是《国策》语。“行路难”三字是题目。此人所作,只“天荆地棘”四字而已,以此为佳,全无意义。须知《三百篇》如“采采芣苢,薄言采之”之类,均非后人所当效法。圣人存之,采南国之风,尊文王之化;非如后人选读本,教人摹仿也。今人附会圣经,极力赞叹。章藯斋戏仿云:“点点蜡烛,薄言点之。点点蜡烛,薄言剪之。”注云:“剪,剪去其煤也。”闻者绝倒。余尝疑孔子删诗之说,本属附会。今不见于《三百篇》中,而见于他书者,如《左氏》之“翘翘车乘,招我以弓”“虽有姬姜,无弃憔悴”;《表记》之“昔吾有先正,其言明且清”;古诗之“雨无其极,伤我稼穑”之类:皆无愧于《三百篇》,而何以全删?要知圣人述而不作。《三百篇》者,鲁国方策旧存之诗,圣人正之,使《雅》《颂》各得其所而已,非删之也。后儒王鲁斋欲删《国风》淫词五十章,陈少南欲删《鲁颂》,何迂妄乃尔!

批注:刘永锡《行路难》两句诗十四字,只“天荆地棘”四字为自己所作,余皆抄袭前人成句,而沈、袁评价迥然不同,可见沈主拟古,袁主创造,泾渭分明。

七五 宋人好附会名重之人,称韩文杜诗,无一字没来历。不知此二人之所以独绝千古者,转妙在没来历。元微之称少陵云:“怜渠直道当时事,不着心源傍古人。”昌黎云:“惟古于词必己出,降而不能乃剽贼。”今就二人所用之典,证二人生平所读之书,颇不为多,班班可考;亦从不自注此句出何书,用何典。昌黎尤好生造字句,正难其自我作古,吐词为经。他人学之,便觉不妥耳。

批注:此条与上条意旨相同,批评诗文“无一字没来历”,而不能“于词必己出”。

七六 女宠虽自古为患,而地道无成,其过终在男子。使太宗不死,武氏何能为祸?李白云:“若教管仲身常在,宫内何妨更六人!”杨诚斋云:“但愿君王诛宰嚭,不愁宫里有西施。”唐人《咏明皇》云:“姚、宋不亡妃子在,胡尘那得到中华?”《僖宗幸蜀》诗云:“地下阿瞒应有语,这回休更怨杨妃。”范同叔云:“吴国若教丞相在,越王空送美人来。”此数首,皆为美人开脱。余《咏陈宫》云:“若教褒妲逢君子,都是《周南》传里人。”亦此意也。唐人又有句云:“吴王事事都颠倒,未必西施胜六宫。”尤妙。

批注：此条批“红颜祸水”的传统偏见，矛头指向为患之男性君主，自然可取。然郭沫若对袁枚称武则天执政为“祸”，则评为“此见甚为庸腐”。（郭评语见《读随园诗话札记》，下同）

七七 余雅不喜四皓事，著论非之；且疑是子长好奇附会，非真有其人也。后读杜牧“四皓安刘是灭刘”、钱辛楣先生“安吕非安刘”二诗，可谓先得我心。顾禄伯亦有诗诮之云：“垂老与人家国事，几闻巢、许出山来？”

批注：秦末汉初东园公唐秉、角里先生周术、绮里季吴实和夏黄公崔广隐藏于商山，不愿出仕。出山时年八十余，眉皓发白，人称“商山四皓”。事见《史记·留侯世家》。

七八 己酉夏间，鳌静夫图明府与张荷塘过访随园，蒙见赠云：“太史藏书地，因山得一园。西风吹蜡屐，凉雨叩蓬门。霜重枫将老，秋酣菊已繁。十年荒旧学，诗律待深论。”此诗虽成，逾年不寄。直至鳌公调任金山，余过松江，舟中相晤，方出以相示。予问：“何不早寄？”曰：“荷塘道不佳。”余笑曰：“此诗通首清老，一气卷舒，不求工于字句间。古大家往往有之，颇可存也。想荷塘引《春秋》之义，必欲责备贤者，诱出君惊人之句耶？”彼此輾然。鳌第三句是“西风吹倦客”。荷塘道：“‘倦’字对不过‘蓬’字。”为改作“西风蜡山屐”。余道：“‘蜡’字又与‘风’字不相联贯，不如改‘西风吹蜡屐’，益觉清老也。”

七九 奇丽川方伯，笃友谊而爱风雅。辛亥清明后三日，寄札云：“有惠山侯生，名光第，字枕渔者，尝携之同至黔中。诗多清妙，而身亡后，散失无存，向其家搜得古今体一卷，特耑函寄上。倘得采录入《诗话》中，则鲰生附以不朽，而余亦有以报故人也。”余读之，颇近中唐风格，为录其《送友之河南》云：“亲老难为别，家贫耐远行。东风吹客梦，落日已孤征。尽此一樽酒，相将无限情。梁园春正好，莫听鹧鸪声。”《山塘竹枝词》云：“当垆十五鬓堆鸦，称体单衫浅碧纱。玉盏劝郎拼醉饮，更无花好似侬家。”“陂塘春水碧于油，树树垂杨隐画楼。楼上玉人春睡足，一帘红日正梳头。”其他佳句，五言如：“蝉吟出高树，山色落孤篷。”“隔水犬争吠，断桥僧独归。”七言如《吊李白》云：“千载比肩惟杜甫，一生低首只宣城。”《落花》云：“丁宁落向春波去，不许东西两处流。”

批注：奇丰额，字丽川，满洲正白旗人。官至中丞。袁枚有《三贤合传》记之。

卷 四

一 凡作诗者，各有身份，亦各有心胸。毕秋帆中丞家漪香夫人，有《青门柳枝词》云："留得六宫眉黛好，高楼付与晓妆人。"是闺阁语。中丞和云："莫向离亭争折取,浓阴留覆往来人。"是大臣语。严冬友侍读和云:"五里东风三里雪，一齐排着等离人。"是词客语。夫人又有句云："天涯半是伤春客，飘泊烦他青眼看。"亦有慈云护物之意。张少仪观察和云:"不须看到婆娑日，已觉伤心似汉南。"则的是名场耆旧语矣。

批注:"凡作诗者,各有身份,亦各有心胸",即袁枚所谓"着我",或"性情遭际,句句有我在焉"(《答沈大宗伯论诗书》),属"性灵说"之个性论。

二 恽南田寿平之父逊庵，遭国变，父子相失，寿平卖杭州富商某为奴。其故人谛晖和尚，在灵隐坐方丈，苦无救策。会二月十九日观音生辰，天竺烧香者，过灵隐寺必拜方丈。谛晖道行高，贵官男女来膜拜者，以万数，从无答礼。富商夫人从苍头婢仆数十人，来拜谛晖。谛晖探知颀而纤者，恽氏儿也，矍然起，跪儿前，膜拜不止，曰："罪过！罪过！"夫人惊问故。曰："此地藏王菩萨也。托生人间，访人善恶。夫人奴畜之，无礼已甚;闻又鞭扑之，从此罪孽深重，奈何！"夫人惶急，归告某商。次早，某商来，长跪不起，求开一线佛门之路。谛晖曰："非特公有罪，僧亦有罪。地藏王来寺，而僧不知迎，僧罪大矣！请以香花清水，供养地藏王入寺，缓缓为公夫妇忏悔，并为僧自己忏悔。"某商大喜，布施百万，以儿付谛晖。谛晖教之读书、学画，一时声名大起。寿平佳句，如:"蝉移无定响，星过有余光。""送迎人自老，新旧岁无痕。""只为花阴贪坐久，不须归去更熏衣。"

皆清绝也。《十四夜望月》云："平开图画含千岭，尽扫星河占一天。"真乃自喻其笔墨之高矣。其时，石揆僧与谛晖齐名。石揆有弟子沈近思，后官总宪。人问谛晖："孰优？"曰："近思讲理学，不出周、程、张、朱范围；寿平作画，能脱文、沈、唐、仇窠臼：似恽优矣。"

批注：恽格（1633—1690），字寿平，号南田，武进（今江苏常州）人。书画家，亦工诗，有《瓯香馆集》。

三　诗用经书成语，有对仗极妙者。前辈卢玉岩云："头既责余余责头，腹亦负公公负腹。"近人吴文溥云："人非磨墨墨磨人，我自注经经注我。"姚念慈云："野无青草霜飞后，菊有黄花雁到初。"汪韩门云："白凫化后成衰老，黄雀飞来谢少年。"胡稚威云："春水绿波芳草色，杂花生树乱莺飞。"朱鹿田《得子》云："我求壮艾三年药，汝似王瓜五月生。"皆用经书、乐府成语也。余戏集乐府云："背画天图，子星历历；东升日影，鸡黄团团。"

四　题古迹能翻陈出新最妙。河南邯郸壁上或题云："四十年中公与侯，虽然是梦也风流。我今落魄邯郸道，要替先生借枕头。"严子陵钓台或题云："一着羊裘便有心，虚名传诵到如今。当时若着蓑衣去，烟水茫茫何处寻？"凡事不能无弊，学诗亦然。学汉、魏、《文选》者，其弊常流于假；学李、杜、韩、苏者，其弊常失于粗；学王、孟、韦、柳者，其弊常流于弱；学元、白、放翁者，其弊常失于浅；学温、李、冬郎者，其弊常失于纤。人能吸诸家之精华，而吐其糟粕，则诸弊尽捐。大概杜、韩以学力胜，学之，刻鹄不成，犹类鹜也。太白、东坡以天分胜，学之，画虎不成，反类狗也。佛云："学我者死。"无佛之聪明而学佛，自然死矣。

批注："翻陈出新最妙"，岂止"题古迹"，佳作皆然。出新并不排斥学古，但要善学，"吸诸家之精华，而吐其糟粕"，否则必"死"无疑。

五　昔人称谢太傅"功高百辟，心在一丘"。范希文经略西边，犹恋恋于曩日之圭峰月下，与友人书，时时及之。秋帆尚书巡抚陕西，有《小方壶忆梅》诗，节其大概云："仙人家住梅花村，寒香万顷塞我门。门巷寂寂嵌空谷，冷艳繁枝环破屋。尘缘未了出山去，回头别花花不语。北走燕云西入秦，问梅精舍知何处？岁云暮矣风雪骤，驿使音稀断陇首。天涯人远乍黄昏，料得花还如我瘦。松林翠羽最相思，梦绕南枝更北枝。花神曩日盟言在，重订还山在几时？香落琴弦弹一曲，尔音千里同金玉。花如不谅余精诚，请问邓尉山樵徐友竹。”徐名坚，苏州木渎人，能诗工画，余旧交也。张文敏公《题横山西庐》云：“壶中长日静中缘，我亦曾经四小年。不及苍髯墙外叟，梅花看到菊花天。”与毕公同有“心在一丘”之想。

批注：谢太傅，指谢安，东晋政治家。范希文，即范仲淹，宋政治家。秋帆，即毕沅（1730—1797），字秋帆，太仓（今属江苏）人。乾隆状元，历任陕西、山东巡抚，湖广总督等。博学多才。著有《灵岩山人诗文集》《山海经校注》等。

六　尹文端公年七十七而薨。薨时，满榻纷披，皆诗草也。病革，闻皇上有驾临之信，才略收拾。前一月，命诸公子作送春诗。西席解吉庵赋云：“也知住已经三月，其奈逢须隔一年。遗爱只留庭树好，余晖空托架花鲜。”公甚赏之，动笔加圈。殁后方知皆谶。公第四公子树斋为尚书，应第三句。又一联云：“千红万紫费安排，底事功成驾便回？”亦暗藏骑箕之意，皆无心偶触云。

七　副宪赵学斋先生提倡后学，爱才如命。掌教万松书院，识拔英俊少年，一时遂有《北史》张雕武之谤。不数年，所识拔者，云蒸霞起，如：吴云岩、叶登南辈，皆作状元词翰，浮言始息。有项春台秀才早卒，先生哭之云：“文章灵气归何处？师弟情缘结再生。”余在京师，《送王卿华归里》云：“风怀似我能怜我，客路逢君又别君。”先生读之，谓卿华曰：“此种人才，当铸黄金事之。”先生讳大鲸。

批注：“当铸黄金事之”，此袁枚借他人自我标榜，终难免文人好名习气。

八　蒋南庄守颍州，有句云：“人原是俗非因吏，仕岂能优且读书。”谦而蕴藉。《过泷喉》云：“乱石磨舟泉有骨，双桡拨雾水生尘。”与徐凤木布衣“水浅搁舟沙怒语，山弯转舵月回眸”相似。蒋名熊昌，常州人。

九　汤潜庵巡抚江苏，《出郭》云：“按部雨余香稻熟，课农花发晓云轻。”人言公理学名儒，何诗之清婉也？余记座师孙文定公亦有《咏梅》云：“天地心从数点见，河山春借一枝回。”诗不腐，而言外俱含道气。

一〇　朱子立中丞，高颧长髯，多权谋，人称“双料曹操”；与西林相公共事云南，彼此抵牾。朱有句云：“畏暑铺长簟，思风去短屏。”颇闲雅，不类其为人。康熙间，施沣帅讳世纶者，亦刚不可犯。有句云：“爱山移舫对，隔水问花多。”与中丞同调。朱名纲。

一一　己未冬，余乞假归娶；路过扬州，转运使徐梅麓先生止而觞之。席无杂宾，汪度龄应铨、唐赤子建中，皆翰林前辈。余科最晚，年最少，终席敬慎威仪，不敢发一语。但见壁上有赤子先生《端午竹枝》云：“无端铙鼓出空舟，赚得珠帘尽上钩。小玉低言娇女避，郎君倚扇在船头。”

一二　湖南张少廷尉名璨，字岂石，紫髯伟貌，议论风生，能赤手捕盗。与鲁观察亮侪，俱权奇自喜。题所居云：“南轩北牖又东扉，取次园林待我归。当路莫栽荆棘草，他年免挂子孙衣。”言可风世。又《戏题》云：“书画琴棋诗酒花，当年件件不离他。而今七事都更变，柴米油盐酱醋茶。”殊解颐也。又谓人云：“见鬼莫怕，但与之打。”人问：“打败奈何？”曰：“我打败，才同他一样。”

批注：鲁之裕，字亮侪，奇男子也。详见袁枚《书鲁亮侪》。

“又谓人云”三句，《子不语》之言也。

一三　冯古浦在西林相公席上咏《牡丹》云：“诗到清平能动主，花虽富贵不骄人。”西林喜，赠遗甚厚。此诗若在他人席上作，便觉无谓。

一四　丙辰，余在都中，受知于张鹭洲先生。先生作御史，立朝侃侃，颇著风绩。有《柳鱼集》行世。余购得，被人攫去，时为恼闷。甲午岁，余泊舟丹阳，旁有小舟相并。时天暑，彼此窗开。余舱中诗稿堆积几上。邻舟一女子，容貌庄姝，每伺余出舱，便注目偷视，若领解者。余心疑之。问其家人，乃先生女，嫁汪文端公从子某。因招汪入舱话旧。问先生诗，不能记。入问夫人，夫人乃诵其《巡台湾作》云：“少寒多暖不霜天，木叶长青花久妍。真个四时皆是夏，荷花度腊菊迎年。”

批注：张湄，字鹭洲，号南漪，钱塘（今浙江杭州）人。官至兵科给事中，乾隆六年至八年（1741—1743）曾任台湾御史兼理学政。《巡台湾作》即作于此期间。有《柳渔诗钞》。

一五　宛平黄昆圃先生，康熙辛未词林予告后，在长安主持风雅。人有一技一长，必为揄扬，无须识面。李方伯渭来江南，余往衙参。一见，便云：“昆圃先生交好耶？”余曰：“未也。”方伯云：“我出都时，黄公以足下再三托我。”方知先生怜才，有古人风。《庚午重赴鹿鸣》诗曰：“蕊榜新开敞盛筵，漫劳车马问衰年。雀罗门巷群相讶，鹤发重联桂籍仙。”《辛未重赴琼林》诗曰：“天鼓声喧晓漏余，春风吹雨洒庭除。婆娑老眼看新榜，仿佛青云接敝庐。”“鹤返故巢无宿侣，花开仙洞见新枝。辅轩南国追畴昔，风雨桥山怆梦思。”先生巡抚浙江，追感两朝恩遇，故诗中及之。

批注：黄叔琳，字昆圃，号金墩，顺天大兴（今属北京）人。历康、雍、乾三朝。官吏部侍郎。著述丰富。有《文心雕龙辑注》等。

一六 姜白石云：“人所易言，我寡言之；人所难言，我易言之：诗便不俗。”

批注：姜夔（1155？—1221？），字尧章，号白石道人，宋词人。

一七 古人诗有全篇用平声者，天随子《夏日》诗，四十字皆平声。有全篇用仄声者，梅圣俞《酌酒与妇饮》一篇皆仄声。有通首不用韵者，古《采莲曲》是也。有平仄各押韵者，唐末章碣以八句诗平仄各有一韵是也。诗家变体，宋魏菊庄《诗人玉屑》，言之最详。

批注：《诗人玉屑》以辑录体收选两宋诸家论诗语。编者魏庆之，字醇甫，号菊庄，南宋建安（今属福建）人。

一八 税关巡拦书吏，如捕役缉贼，虎视眈眈；但一见书册，兴便索然。姚云上作七古，前四句云：“劬劳王事前旌驱，咿唔星夜关山逾。笋束牛腰橐负载，关吏疾呼书书书！”此辈声口宛然，读之欲笑。南丰谢鸣篁有句云：“近海风涛壮，当关仆隶尊。”或和云：“客久囊虽破，船装书便尊。”

一九 郑所南井中《心史》，虽用铁匣浸水中，然年历二百，纸墨断无不坏之理。所载元世祖剖割文天祥，食其心肺，又好食孕妇腹中小儿，语太荒悖，殊不足信。惟四言诗一首殊妙，曰：“今日之今，霍霍栩栩；少焉瞩之，已化为古。”

二〇 女心外向，自古为然。南越古蛮洞，秦时最强，俗尤善弩；每发锢箭，贯十余人。赵佗畏之。蛮王有女兰珠，美而艳，制弩尤精。佗乃遣子某赘其家。不三年，尽得其制弩、破弩之法。遂起兵伐之，虏蛮王以归。此事见《粤峤志》。余赋诗云：“赵王父子开边界，赖种兰珠一朵花。铜弩三千随婿去，女儿心太为夫家。”按后世开边，往往收功于妇人。洪武时，贵州宣慰使霭翠妻奢香，为都督马聘（按：当为马晔）所裸挞，乃走诉京师。太祖问：“朕为汝报仇，何以报我？”曰：“愿立龙场九驿，通黔、蜀之道。”后果如其言。吴明卿诗云：“君不见蜀道之辟五丁神，犍为万卒迷无津。帐中坐叱山河走，谁道奢香一妇人？”

批注：奢香，彝族人。其夫霭翠病逝后，代袭贵州宣慰使之职，在明朝消灭故元梁王政权、统一云南的战役中做出了贡献。后为反抗汉官马氏所作的斗争，以马氏下狱结束，“居然巾帼丈夫雄”。

二一　古来奇女子，如冯嫽及冼夫人，事载史书，惜见于诗者绝少。惟石柱土司之秦良玉，能为国杀贼。明怀宗赐诗云：“桃花马上请长缨。”又云：“试看他年麟阁上，丹青先画美人图。”本朝朱鹿田先生作七古美之，警句云：“一时巾帼尽须眉，马上红旗马前酒。蜀亡不肯树降旗，残疆犹为君王守。”又曰：“绿沉枪舞春星转，花桶裙拖锦带红。”

批注：秦良玉（1574—1648），字素员，忠州（今重庆忠县）人。明末女将军，有胆有谋，曾北上抗清。入《明史》。

二二　僧无称“郎”之理，而北魏谚云：“支郎眼中黄，形躯似智囊。”是僧可称“郎”之一证。魏有三高僧：支谦、支谅、支谶也。

二三　香山诗：“杨柳小蛮腰。”妓名也。后《寄禹锡》诗：“携将小蛮去，招得老刘来。”自注云：“小蛮，酒榼也。”“小蛮”竟有二解。

二四　汪舒怀先生云：“钱笺杜诗，穿凿附会，令人欲呕。如以黄河十月冰为棱盖之冰，煎弦续胶为美馔愈疾，以《洗兵马》《收两京》二篇为刺肃宗，比之商臣、杨广，此岂少陵忠君爱国之心耶？尤可笑者，跋元人汪水云诗：‘客中忽忽又重阳，满酌葡萄当菊觞。谢后已叨新圣旨，谢家田土免输粮。’‘第二筵开八九重，君王把酒劝三宫。酡酥割罢行酥酪，又进椒盘剥嫩葱。’就此二首，遂以为谢后有失节之事。按《宋史》：理宗谢后宝庆三年册立，垂四十年，而度宗嗣位，尊为太皇太后，已老病不能听政。德祐二年，宋亡，徙越，七年而崩，寿七十四。是至燕时，已六十七矣；宁有刘曜、羊后之虑哉？水云又咏宋宫人分嫁北匠云：‘君王不重色，安肯留金闺？’则世祖为人可知。《元史》又称宏吉剌皇后见幼主入朝而不乐，为全太后不习水土，代奏乞放还江南。帝虽不许，而封幼主为瀛国公。则别置邸第，完全眷属可知。水云诗云：‘昭仪别馆香云暖，手把诗书授国公。’是王昭仪亦未入元宫也。”

批注：钱谦益有《钱注杜诗》，采用史诗互证方法笺注杜甫诗，自有其价值，不可一笔抹杀。

二五　陈后山岭诗最刻苦，《九日》云："人事自生今日意，寒花只作去年香。"郑毅夫云："夜来过岭忽闻雨，今日满溪都是花。"此种句，似易实难。人能知易中之难，可与言诗。

批注："易"指诗看上去平易，"难"指锤炼功夫。"易"实出于"难"。

二六　雍正甲寅，海宁陈文简公予告在家，来游西湖。人知三朝元老，观者如堵。余年十九，犹及仰瞻风采。先生仙风道骨，年已八十，犹替人题陈章侯《莲鹭图》云："墨花吹得绿差差，小景分来太液池。白鹭不飞莲不谢，摇风立雨已多时。"书法绝似董香光。余生平所见翰林前辈，如徐蝶园相国、陈文简公、黄昆圃中丞、熊涤斋太史，皆鲁灵光也。

批注：陈元龙，字广陵，号乾斋。雍正朝官至礼部尚书，谥文简。

鲁灵光，汉代鲁恭王建有灵光殿，屡经战乱而岿然独存，后比喻硕果仅存的人或物。

二七　谚云："读书是前世事。"余幼时，家中无书，借得《文选》，见《长门赋》一篇，恍如读过，《离骚》亦然。方知谚语之非诬。毛俟园广文有句云："名须没世称才好，书到今生读已迟。"

二八　凡作人贵直，而作诗文贵曲。孔子曰："情欲信，词欲巧。"孟子曰："智譬则巧，圣譬则力。"巧，即曲之谓也。崔念陵诗云："有磨皆好事，无曲不文星。"洵知言哉！

或问："诗如何而后可谓之曲？"余曰：古诗之曲者，不胜数矣！即如近人王仔园《访友》云："乱乌栖定夜三更，楼上银灯一点明。记得到门还不扣，花阴悄听读书声。"此曲也。若到门便扣，则直矣。方蒙章《访友》云："轻舟一路绕烟霞，更爱山前满涧花。不为寻君也留住，那知花里即君家。"此曲也。若知是君家，便直矣。宋人《咏梅》云："绿杨解语应相笑，漏泄春光恰是谁？"《咏红梅》云："牧童睡起朦胧眼，错认桃林欲放牛。"咏梅而想到杨柳之心，牧童之眼，此曲也；若专咏梅花，便直矣。

批注："曲"者，曲折宛转也。"曲"与"直"相对，诗文曲则耐咀嚼，有回味，可拓展读者想象空间。

二九 诗虽贵淡雅，亦不可有乡野气。何也？古之应、刘、鲍、谢、李、杜、韩、苏，皆有官职，非村野之人。盖士君子读破万卷，又必须登庙堂，览山川，结交海内名流，然后气局见解，自然阔大；良友琢磨，自然精进。否则，鸟啼虫吟，沾沾自喜，虽有佳处，而边幅固已狭矣。人有乡党自好之士，诗亦有乡党自好之诗。桓宽《盐铁论》曰："鄙儒不如都士。"信矣！

批注："乡野气"，当谓见识短浅，阅历简单，眼光狭窄。诗无"乡野气"，则气局阔大，内容深广，不为"鸟啼虫吟"之乡野细物所限制。

三〇 吾乡宋笠田明府女，名右妍，能诗，有"残溜积来频洗砚，炉灰拨去屡添香"之句。嫁婿徐金粟，亦少年能诗。《七夕》云："一湾河汉影，万国女儿情。"《晚坐》云："风带残云归远岫，树摇余滴乱斜阳。"

三一 丙辰以布衣荐鸿词者，海内四人：一江西赵宁静，一河南车文，一陕西屈复，一嘉禾张庚。车之著作，余未经见。张善画，长于五古，人亦朴诚。独屈叟傲岸，自号悔翁，出必高杖，四童扶持。在京师，见客，南面坐；公侯学诗者，入拜床下。专改削少陵，訾诋太白，以自夸身份。耳食者抵死奉若神明。山左颜懋伦心不平，独往求见。坐定，即问曰："足下诗，有《书中干蝴蝶》二十首，此委巷小家子题目，李、杜集中，可曾有否？"屈默然惭。人以为快。沈归愚刻《别裁集》，仅录屈《王母庙》一首，云："秦地山河留落日，汉家宫阙见孤灯。如今应是蟠桃熟，寂寞何人荐茂陵？"

批注：屈复（1668—1739后），字见心，号金粟，晚号悔翁，蒲城（今属陕西）人。有《弱水集》等。

三二 庆雨峰玉观察芜湖，因旧署荒芜，前任刘公未加修葺。雨峰抵任，为培花树，戏题一绝寄刘云："笑杀河阳旧吏来，地无青草长莓苔。岭梅岩桂江干竹，都是刘郎去后栽。"

批注：庆玉，尹继善之子，字两峰。本书他处皆作"两峰"，惟此处误作"雨峰"。

三三　辛未圣驾南巡，西湖僧某迎于圣因寺。上以手抚其左腕，其僧遂绣团龙于袈裟之左偏；客来相揖者，以右手答之，而左臂不动。杭堇浦嘲之云：“维摩经院境清嘉，依旧红尘送岁华。夸道赐衣曾借紫，竹边留客晒袈裟。”

批注：杭世骏（1696—1773），字大宗，号堇甫，一作堇浦，仁和（今浙江杭州）人。官至御史。清经学家，亦工诗画。

三四　丙辰征士王藻，字载扬，吴江人，贩米为业。《偶题〈桃源图〉》云：“相看何物同尘世？只有秦时月在天。”以此受知于沈舵翁先生，四处揄扬，遂弃业读书。吴大宗伯荆山荐举鸿词科，廷试报罢，往来扬州，与诗人结社吟咏。貌琐瘦急遽，小声音，好蓄宋板书、青田石印章。有友借观，误堕地碎，载扬垂泣三日。其风趣如此。《读〈梅村集〉》云：“百首淋浪长庆体，一生惭愧义熙民。”《剪梅》云：“大抵端相求入画，最难割爱似删诗。”

三五　余少时过江西泸溪，舟中把书吟咏。岸上儿童指曰：“此学士船也。”余喜而成句，云：“衣冠僧识江南客，翰墨儿呼学士舟。”后三十年，读无锡顾公奎光《赴辰州》诗云：“村民久识泸溪令，笑指篷窗满几书。”两意相同，而俱成于泸溪，亦奇。顾《咏傀儡》云：“闲来惟挂壁，用我也登场。”《过沅江》云：“名场似弈无同局，吏道如诗有别才。”

批注：此即景成诗之例。

三六　陈沧州先生守苏州，《重游虎丘》诗云：“雪艇松龛阅岁时，廿年踪迹鸟鱼知。春风再扫生公石，落照仍衔短薄祠。雨后万松全遝匝，云中双塔半迷离。夕佳亭上凭阑处，红叶空山绕梦思。”“尘鞅删余半晌闲，青鞋布袜也看山。离宫路出云霄上，法驾春留紫翠间。代谢已怜金气尽，再来偏笑石头顽。楝花风后游人歇，一任鸥盟数往还。”其时总督噶礼，以诗为诽谤，句句旁注，而劾奏之，摘印下狱。圣祖诏云：“诗人讽咏，各有寄托。岂可有意罗织，以入人罪？”命复其官。寻擢霸昌道。

批注：总督噶礼所为可见清代文字狱之一斑。袁枚为圣祖康熙唱赞歌，亦可理解。

三七　杭州赵钧台买妾苏州。有李姓女，貌佳而足欠裹。赵曰：“似此风姿，可惜土重。”土重者，杭州谚语：脚大也。媒妪曰：“李女能诗，可以面试。”赵欲戏之，即以《弓鞋》命题。女即书云：“三寸弓鞋自古无，观音大士赤双趺。不知裹足从何起，起自人间贱丈夫！”赵悚然而退。

批注：李女貌佳诗奇，蛾眉远胜须眉！

三八　古闺秀能诗者多，何至今而杳然？余宰江宁时，有松江女张氏二人，寓居尼庵，自言文敏公族也。姊名宛玉，嫁淮北程家，与夫不协，私行脱逃。山阳令行文关提。余点解时，宛玉堂上献诗云：“五湖深处素馨花，误入淮西估客家。得遇江州白司马，敢将幽怨诉琵琶？”余疑倩人作，女请面试。予指庭前枯树为题，女曰：“明府既许婢子吟诗，诗人无跪礼；请假纸笔立吟，可乎？”余许之。乃倚几疾书曰：“独立空庭久，朝朝向太阳。何人能手植，移作后庭芳？”未几，山阳冯令来。予问：“张女事作何办？”曰：“此事不应断离。然才女嫁俗商不称，故释其背逃之罪，且放归矣。”问：“何以知其才？”曰：“渠献诗云：‘泣请神明宰，容奴返故乡。他时化蜀鸟，衔结到君旁。’”冯故四川人也。

批注：写多才女子以才自救，亦是对俗称“女子不宜为诗”之反驳。

三九　雍正间，京师伶人刘三，色艺冠时，独与翰林李玉洲先生交好。苏州张少仪观察为诸生时，封公谪戍军台，徒步入都，为父赎罪。一时有“三子”之称，盖云公子、才子、孝子也。沿门托钵，尚缺五百余金。偶于先生席上言及此事，刘慨然曰：“此何难？公子有此孝心，我能相助。”遂遍告班中人云：“诸君助张，如助我也。”择日设席江南会馆，请诸豪贵来，已乃缠头而出。一座倾靡，掷金钱者如雨，果得五百余金。尽以与张，而封公之难遂解。余丙辰入都，在先生处见刘，则已老矣。但闻先生未第时甚贫，刘爱其才，以身事之。余疑而不信。偶过薙发铺壁上，无名氏题云：“欲得刘三一片心，明珠十斛万黄金。一钱不费偏倾倒，妒杀江南李翰林。”方知果实事也。先生在吴门，《与朱约岑送采官北上》云：“莫惜当筵舞鬓斜，多情曾为损才华。玉郎此会成长别，飞尽江南陌上花。”朱和之，有“春灯红照一枝花”之句。朱为张匠门先生之故人，相见京师，年已八十，恶见发须之白，日日薙之，与翁霁堂同癖。

四〇　乾隆己未，京师伶人许云亭名冠一时。群翰林慕之，纠金演剧。余虽年少，而敝车羸马，无足动许者。许流目送笑，若将昵焉。余心疑之，未敢问也。

次日侵晨，竟叩门而至，情款绸缪。余喜过望，赠诗云：“笙清簧暖小排当，绝代飞琼最擅场。底事一泓秋水剪，曲终人反顾周郎？”

批注：袁枚有“龙阳之好”，此条可证。但敢于披露，不以为耻，亦可见当时社会风气。

四一 李桂官与毕秋帆尚书交好。毕未第时，李服事最殷：病则称药量水，出则授辔随车。毕中庚辰进士，李为购素册界乌丝，劝习殿试卷子，果大魁天下。溧阳相公，康熙前庚辰进士也，重赴樱桃之宴，闻桂郎在坐，笑曰：“我揩老眼，要一见状元夫人。”其名重如此。戊子年，毕公官陕西。李将往访，路过金陵，年已三十，风韵犹存。余作长歌赠之，序其《劝毕公习字》云：“若教内助论勋伐，合使夫人让诰封。”

四二 今人论诗，动言贵厚而贱薄，此亦耳食之言。不知宜厚宜薄，惟以妙为主。以两物论，狐貉贵厚，鲛绡贵薄。以一物论，刀背贵厚，刀锋贵薄。安见厚者定贵，薄者定贱耶？古人之诗，少陵似厚，太白似薄；义山似厚，飞卿似薄：俱为名家。犹之论交，谓深人难交，不知浅人亦正难交。

批注：诗或厚或薄，视题材风格而论，厚与薄并无高下之分。判定诗佳否惟在“妙”字。

四三 庚寅元旦，皇上登保和殿受朝贺，望见远处有烟腾空而起，问大学士曰：“得毋民间有失火者乎？”首相舒文襄公奏曰：“似烟非烟。”诸公服其吐属典雅。古语：“似烟非烟，是谓庆云。”

批注：据昭梿《啸亭续录》：“按文襄舅氏，以谏阻征金川，谪戍伊犁，庚寅（1770）岁朝，谪居绝域，焉能敷陈殿廷？”袁枚当误记。

四四 杭人土音，呼“朋”作“蓬”之本音，“崩”为“蓬”之阳音，皆“一东”韵也。韵书都收入“十烝”，则与“一东”远矣。然《左传》：“翘翘车乘，招我以弓；岂不欲往，畏我友朋。”《三国志》：“张昭作《陶谦哀词》曰：‘丧复失恃，民知困穷。曾不旬月，五郡溃崩。’”是将“朋”“崩”二字，俱押入“一东”也。

四五 彭城李涓，字蓉湄，以选拔入京师。一日，欲救某友之窘，卖所乘小驷赠之。赋诗云：“从此蹒跚懒行步，好花都让别人看。”亡何，不第而亡。人以为谶。

蓉湄貌美。扬州绸铺女儿，有国色，好养鹦鹉，每早喂食。一日方提笼，而目有所睇，不觉笼落于地。旁人咸讶之，察所睇，则蓉湄方过其门故也。刘霞裳闻而赋诗云：“贪看野鸳鸯，忘堕手鹦鹉。可惜此时情，鹦鹉不能语。”

四六 陆陆堂、诸襄七、汪韩门三太史，经学渊深，而诗多涩闷，所谓学人之诗，读之令人不欢。或诵诸诗：“秋草驯龙种，春罗狎雉媒。”“九秋易洒登高泪，百战重经广武场。”差为可诵，他作不能称是。相传康熙间，京师三前辈主持风雅，士多趋其门。王阮亭多誉，汪钝翁多毁，刘公㦷持平。方望溪先生以诗投汪，汪斥之。次以诗投王，王亦不誉。乃投刘，刘笑曰：“人各有性之所近，子以后专作文，不作诗可也。”方以故终身不作诗。近代深经学而能诗者，其郑玑尺、惠红豆、陈见复三先生乎？

批注：此“学人之诗”即以学为诗，以考据为诗，少性情，无风趣，故令人不欢。

四七 吟诗自注出处，昔人所无。欧公讥元稹注《桐柏观碑》，言之详矣。况诗有待于注，便非佳诗。韩门先生《蚊烟诗》十二韵，注至八行，便是蚊类书，非蚊诗也。《赠友》云：“知来匪鹊休论往，为主如鸿喜得宾。”上句注：“《淮南子》：‘干鹊知来而不知往。’”下句注：“《孔疏》：‘鸿以先至者为主，后至者为宾。’”作诗何苦乃尔？惟张雪子云南典试归，将近长安而殁，先生哭之云：“路纾双节重，天近一星沉。”便觉清妙。又有《咏柳絮》一绝云：“沾襟撩袖自矜妍，未化为萍绝可怜。叹息春风竟何意，团揉无处不成绵。”

批注：“吟诗自注出处”，乃用僻典之故。而“用一僻典，如请生客”（《续诗品·选材》），读者不识。此意已先见于薛雪《一瓢诗话》：“有意逞博，翻书抽帙，活剥生吞，搜新炫奇；犹夫生客满座，高贵接席，为主人者，虚躬浃洽，有何受用处？”

四八 恽南田少时受知王太仓相国。有监司某延之作画，不即赴；乃迫致苏州，拘官厅所，明旦将辱之。南田以急足至娄水乞援，时已二更，相国急命呼舟；将出，复击案曰：“马最速，舟不如。”遽跨马，命仆以竹竿挑灯缚背上，行九十里，抵郡城，尚未五鼓也。守门者知为相国，遽启门，直诣监司署，问南田所在，携之以归。监司随诣太仓谢过，乃释。南田画《拙修堂宴集图》，题诗云：“花残江国滞征缨，绿浦红潮柳岸平。芳草有心抽夜雨，东风无力转春晴。艰难抱子还乡国，落拓浮家仗友生。只为踌躇千里别，归期临发又重更。”

四九　黄莘田妻月鹿夫人，与莘田同有研癖。先生罢官时，囊余二千金：以千金市十研，以千金购侍儿金樱以归。有二女：长曰淑窕，字姒洲；次曰淑畹，字纫佩。《题〈杏花双燕图〉》云："艳阳天气试轻衫，媚紫娇红正斗酣。记得春明池馆静，落花风里话呢喃。""夕阳亭院曲栏东，语燕时飞扇底风。不管春来与春去，双双长在杏花中。"金樱明艳，能诗。许子逊酒间举其《夜来香》绝句云："知隔绛纱帷暗坐，谢娘头上过来风。"

五〇　白云禅师作偈曰："蝇爱寻光纸上钻，不能透处几多难。忽然撞着来时路，始觉平生被眼瞒。"雪窦禅师作偈曰："一兔横身当古路，苍鹰才见便生擒。后来猎犬无灵性，空向枯椿旧处寻。"二偈虽禅语，颇合作诗之旨。

批注：二偈一合作诗产生灵感现象，一合作诗须有"灵性"、诗才之旨，皆为"性灵说"之"诗才论"的内容。

五一　冬友侍读出都，过天津查氏，晤佟进士濬；言其母赵夫人苦节能诗，《祭灶》云："再拜东厨司命神，聊将清水饯行尘。年年破屋多灰土，须恕夫亡子幼人。"查恂叔言其叔心谷《悼亡姬》诗，和者甚众。有佟氏姬人名艳雪者，一绝甚佳，其结句云："美人自古如名将，不许人间见白头。"此与宋笠田明府"白发从无到美人"之句相似。

五二　乙丑岁，予宰江宁。五月十日，天大风，白日晦冥。城中女子韩姓者，年十八，被风吹至铜井村，离城九十里。其村氓问明姓氏，次日送女还家。女已婚东城李秀才之子。李疑风无吹人九十里之理，必有奸约，控官退婚。余晓之曰："古有风吹女子至六千里者，汝知之乎？"李不信。予取元郝文忠公《陵川集》示之，曰："郝公一代忠臣，岂肯作诓语者？第当年风吹吴门女，竟嫁宰相，恐汝子没福耳！"秀才读诗大喜，两家婚配如初。制府尹公闻之，曰："可谓宰官必用读书人矣！"其诗曰："八月十五双星会，花月摇光照金翠。黑风当筵灭红烛，一朵仙桃落天外。梁家有子是新郎，芊氏负从钟建背。争看灯下来鬼物，云鬟欹斜倒冠佩。须臾举目视旁人，衣服不同言语异。自说吴门六千里，恍惚不知来此地。甘心肯作梁家妇，诏起高门榜天赐。几年夫婿作相公，满眼儿孙尽朝贵。须知伉俪有因缘，富者莫求贫莫弃。"

批注：元郝文忠公，即郝经（1223—1275），字伯常，谥文忠。陵川（今山西晋城）

人。任翰林侍读学士。曾任国信史，与南宋谈判，入宋被囚十余年始归。

五三 或问："明七子摹仿唐人，王阮亭亦摹仿唐人。何以人爱阮亭者多，爱七子者少？"余告之曰："七子击鼓鸣钲，专唱宫商大调，易生人厌。阮亭善为角徵之声，吹竹弹丝，易入人耳。然七子如李崆峒，虽无性情，尚有气魄。阮亭于气魄、性情，俱有所短：此其所以能取悦中人，而不能牢笼上智也。"

批注：李梦阳（1473—1530），字献吉，号崆峒子，庆阳（今属甘肃）人。与何景明等组成明前七子派，倡导文摩秦汉，诗规盛唐，主张复古。

五四 近有《声调谱》之传，以为得自阮亭，作七古者，奉为秘本。余览之，不觉失笑。夫诗为天地元音，有定而无定，到恰好处，自成音节。此中微妙，口不能言。试观《国风》、《雅》、《颂》、《离骚》、乐府，各有声调，无谱可填。杜甫、王维七古中，平仄均调，竟有如七律者；韩文公七字皆平，七字皆仄；阮亭不能以四仄三平之例缚之也。倘必照曲谱排填，则四始、六义之风扫地矣。此阮亭之七古所以如杞国伯姬，不敢挪移半步。

批注：《声调谱》实为赵执信所著，并非得自王士禛。但袁枚强调"诗为天地元音，有定而无定，到恰好处，自成音节"，无须为《声调谱》所束缚，自有其见识。

五五 南朝人云："鹅性最傲，鹤更甚焉。"余尝畜一鹤，偶过池堤甚窄，鹤故意张翅拦之，颇为所窘。后读陆甥诗云："境仄鹤妨人去路，窗虚云搅雨来天。"方赏其词之工。

批注：陆甥，外甥陆建，字湄君，号豫庭。有《湄君诗集》，由袁枚刻印行世。

五六 诗虽小技，然必童而习之。入手先从汉、魏、六朝，下至三唐、两宋，自然源流各得，脉络分明。今之士大夫，已竭精神于时文八股矣；宦成后，慕诗名而强为之，又慕大家之名而挟取之。于是所读者，在宋非苏即黄，在唐非韩则杜，此外付之不观。亦知此四家者，岂浅学之人所能袭取哉？于是专得皮毛，自夸高格，终身由之，而不知其道。《书》曰："德无常师，主善为师。"子贡曰："夫子焉不学？而亦何常师之有？"此作诗之要也。陶篁村曰："先生之言固然，然亦视其人之天分耳。与诗近者，虽中年后，可以名家；与诗远者，虽童而习之，无益也。磨铁可以成针，磨砖不可以成针。”

批注：学诗须博学，故《续诗品》有《博习》篇，若只知唐韩、杜，宋苏、黄，则路径狭窄。杜甫云：“转益多师是汝师。”

五七 余于古人之诗，无所不爱，恰无偏嗜者。于今人之诗，亦无所不爱，恰于高文良公《味和堂集》、黄莘田先生《香草斋诗》，有偏嗜焉。岂亦性之所近耶？

批注：此条可与上条对照读，“偏嗜”正与“博习”相反。

五八 丙戌年，庆树斋、雨林两公子过苏州。余招饮唐氏棣华书屋，一时都知、录事佳者云集。三人各有所属。雨林即席云：“度曲花犹遮半面，迎眸春已透三分。”别后又寄诗云：“天河落向碧窗纱，十二瑶台雾不遮。香暖绣帏春似海，一鸳鸯抱一枝花。”友人陶夔典赠余一姬；载还家，方知已有娠，乃送还之。雨林所昵，以事到官，有困于株木之惨。雨林和余《懊恼词》云：“无奈别春何，诗筒驴背驮。花开仍散影，水小亦生波。顿改繁华梦，惟余《懊恼歌》。金钗虽十二，难解此情多。”“沧浪烟水际，无复荡舟来。完璧仍归赵，明珠别有胎。倚栏频缱绻，对月暗低徊。环珮声偏远，销魂又几回？”“犹记旗亭夜，红灯语不休。芙蓉经雨损，风蝶为花愁。薄命原应尔，无情笑此流。心同天外月，空自照苏州。”又寄《游仙》一首云：“吹残琼树下蓬莱，自断仙缘万念灰。底事无风花也落，方知立地有轮回。”树斋公子后一年为威远将军，出镇伊犁，予寄七律三章，末二句戏云：“倘夺胭脂好颜色，江南儿女要平分。”

批注：庆桂（树斋）、庆兰（雨林），皆尹继善之子。

五九 乙丑余知江宁，救火水西门；见喧嚷时，一美少年着单缣衣，貌颇闲雅，异而问焉。曰：“秀才也。姓龚，名如璋，号云若。”次日，以文作贽，来往甚欢。后十年，中进士，改名孙枝。过随园见赠云：“早结山堂水竹缘，朝簪重脱未华颠。有诗何但称循吏，不老方知是谪仙。细雨渐消寒食候，秾花争放曲尘天。谢公墩外峰峰好，屐齿逡巡又一年。”龚后出宰山西榆次县，王师西征，烹羊享兵，得奇句云：“拔刀割肉目眦裂，太平时羊乱时妾。”

六〇 诗得一字之师，如红炉点雪，乐不可言。余祝尹文端公寿云：“休夸与佛同生日，转恐恩荣佛尚差。”公嫌“恩”字与佛不切，应改“光”字。《咏落花》云：“无言独自下空山。”邱浩亭云：“空山是落叶，非落花也；应改‘春’字。”《送黄宫保巡边》云：“秋色玉门凉。”蒋心馀云：“‘门’字不响，应改‘关’字。”《赠乐清张令》云：“我惭灵运称山贼。”刘霞裳云：“‘称’字不亮，应改‘呼’字。”凡此类，余从谏如流，不待其词之毕也。浩亭诗学极深，惜未得其遗稿。

批注：《续诗品·求友》云：“临池正领，倚镜装花。笑倩旁人：是耶非耶？”此乃诗人“从谏如流”，喜得“一字之师”的原因，或曰“知一重非，进一重境”(《续诗品·勇改》)。

六一　苕生分校礼闱，作诗云：“再燃丹炬照波心，恐有遗珠碧海沉。记得当时含水石，十年辛苦作冤禽。”朱香南太史有句云：“寄语群公高着眼，青衫明日泪痕多。”余甲子分校，亦有句云：“带入秋闱示同伴，当时落第泪痕衫。”

六二　桐城女子方筠仪嫁左君文全而寡，年二十有六，即守节以终，有《含贞阁集》。其《偶检先夫遗草》云：“鹦鹉才高屈数奇，未开箧笥泪先垂。平生映雪囊萤力，不见腾蛟起凤时。狱底龙埋光讵掩，墓门鹤返事难期。九京应悔呕心血，百卷文章待付谁？”

六三　春江公子，戊午孝廉，貌如美妇人；而性倜傥，与妻不睦，好与少俊游，或同卧起，不知乌之雌雄。尝赋诗云：“人各有性情，树各有枝叶；与为无盐夫，宁作子都妾。”其父中丞公见而怒之。公子又赋诗云：“古圣所制礼，立意何深妙！但有烈女祠，而无贞童庙。”中丞笑曰：“贱子强词夺理，乃至是耶！”后乙丑入翰林，妻杨氏亡矣。再娶吴氏，貌与相抵，遂欢爱异常。余赠诗云：“安得唐宫针博士，唤来赵国绣郎君。”尝观剧于天禄居，有参领某，误认作伶人而调之，公子笑而避之。人为不平。公子曰：“夫狎我者，爱我也。子独不见《晏子春秋·谏诛圉人》章乎？惜彼非吾偶耳，怒之则俗矣。”参领闻之，踵门谢罪。

六四　诗少作则思涩，多作则手滑；医涩须多看古人之诗，医滑须用剥进几层之法。

批注：诗少作或多作，皆有度。

六五　萧子显自称：“凡有著作，特寡思功；须其自来，不以力构。”此即陆放翁所谓“文章本天然，妙手偶得之”也。薛道衡登吟榻构思，闻人声则怒；陈后山作诗，家人为之逐去猫犬，婴儿都寄别家：此即少陵所谓“语不惊人死不休”也。二者不可偏废：盖诗有从天籁来者，有从人巧得者，不可执一以求。

批注：“天籁”与“人巧”是作诗两种状态，前者是自然，后者是人功。前者虽佳妙，后者亦不可废弃。两者本相辅相成。袁枚论诗通达，不偏执，由此可见。

六六 己未殿试，予傲诸同年云：“霓裳三百都输我，此处曾来第二回。”盖试鸿博曾在保和殿也。同征友蘧云墀曾与章藻功太史、蒋文肃相公同时角逐名场，而流落不偶，誓不登科不娶妻；寓京师晋阳庵五十余年而卒。康熙庚子中北闱副车。妻年五十，竟以处女终。余有诗吊之云：“五十四年萧寺老，终身一曲《雉朝飞》。”云墀名骏，常熟人。

云墀七十生日，金江声观察率同人携樽晋阳庵，即席赋诗云：“卅年京洛已成翁，经学人推钘子弓。酒熟漫将孤影劝，诗成先拣妙香烘。龛灯清昼同弥勒，慧业前生定玉童。天眼视君多道气，纷纷真愧可怜虫！”

圜东张学林为京江相公之孙，守河南时，云墀荐余司记室事，公欣然相延。余以道远，不果往。记其赠蘧云：“征尘才拂卸行縢，亟叩禅扉访旧朋。七度春明惟剩尔，卅年萧寺竟同僧。卖文自昔家悬磬，爱士于今局似冰。我亦栖栖倦行役，二毛相对感鬅鬙。”公暮年升观察，阅河工，惫甚。有女六岁，泣曰：“爷何不归家？”婢戏云：“作官岂不好耶？”女答曰：“大家原好，爷一个独苦耳。”公凄然泣下，赋诗云：“恩重难抽七尺身，愧她黄口语酸辛。”

批注：封建科举害人之深，不言而喻。袁枚晚年《示儿》云“可晓儿翁用意深，不教应试只教吟”，良有以也。

六七 康熙中年，金陵诗人有三布衣：一马秋田，一袁古香，一芮瀛客。古香年老，在都中馆康亲王府。芮年少后至，意颇轻之，常短袁于王前。一日，王命宦者封一纸出付客，题是《贺人新婚》，韵限“阶”“乖”“骸”“埋”四字，外银二封，一重一轻，能作此诗者取重封，留邸；不能者持轻封，作路费归。芮辞不能；而袁独咏云：“裴航得践游仙约，簇拥红灯上绿阶。此夕双星成好会，百年偕老莫相乖。芝兰气吐香为骨，冰雪心清玉作骸。更喜来宵明月满，团圆不为白云埋。”王大欣赏。芮惭沮，即日辞归。马客中有句云：“二更闻雁月在水，半夜打钟天有霜。”

六八 宋王禹偁咏《月波楼》，自注："不知月波出处。"按汉乐府"月穆穆以金波"，昌黎诗"微风吹空月舒波"，已用之矣。

六九 松江张梦喈之妻汪氏，名佛珍，能诗而有干才。梦喈外出，有偷儿入其室；汪佯为不知，喈曰："今夕赖得某在家相护，可无忧矣。"某者，其戚中之有勇力者也。偷儿闻之潜逃。夫人佳句，如《对月》云："万户恍临城不夜，千年惟有兔长生。"《对雪》云："自携尊酒酬滕六，莫损篱边竹外枝。"两子兴载、兴镛，皆能诗。来江宁秋试，兴载见赠云："海内论交皆后辈，江南何福着先生？"兴镛见赠云："绝地通天双管擅，登山临水一筇先。"人夸其妙，不知皆母训也。兴载云："桐乡有程拱宇者，画《拜袁揖赵哭蒋图》，其人非随园、心馀、云松三人之诗不读。"想亦唐时之任华、荆州之葛清耶？程字墨浦，廪膳生。

批注：由《拜袁揖赵哭蒋图》可见乾隆三大家袁枚、赵翼、蒋士铨于当时影响之大。但蒋论诗与袁、赵并不合，故不属性灵派，宜以张问陶代之。

七〇 李敏达公抚浙时，威不可犯，独能敬读书人。设志局修书，所延皆一时名士。公余之暇，放艇西湖，屡开文宴。汪西颢沆赋诗云："西湖大好作春游，环珮如云簇水头。谁似尚书能爱士？日斜堤外未回舟。"其时，余才九岁。后五十年，西颢在庄相国席上见赠云："花卮同泛小山堂，回首星霜三载强。野叟尚能夸旧政，群公每见誉文章。君卿老去言逾妙，陶令归来乐未央。莫道随园秋色淡，萱庭日月闭门长。"与余在席上论元次山文，有《恶圆》一篇。余道："天体尚圆，何可见恶？"西颢因指身上衣袖冠领、席上盘碗壶碟，曰："诸物皆圆，才适于用。"彼此大笑。

七一 诗文用字，有意同而字面整碎不同、死活不同者，不可不知。杨文公撰《宋主与契丹书》，有"邻壤交欢"四字。真宗用笔旁抹批云："鼠壤？粪壤？"杨公改"邻壤"为"邻境"，真宗乃悦。此改碎为整也。范文正公作《子陵祠堂记》，初云："先生之德，山高水长。"旋改"德"字为"风"字，此改死为活也。《荀子》曰："文而不采。"《乐记》曰："声成文谓之音。"今之诗流，知之者鲜矣！

批注："诗文用字，有意同而字面整碎不同、死活不同者"，此似袁枚独到之见，诗文须创新，诗论亦应有创见。

七二 昔人有"王琨回面避家姬"之句，嗤其迂也。元相燕帖木儿侍妾数百。

一日宴侍郎赵世延家，见帘内人，惊为绝色，窜取至家，即其第二十九房妾也。虞启，蜀秀才，题其事云："一帘相隔未模糊，上眼心惊即故夫。绝似采桑相遇处，大元宰相作秋胡。"

七三 《唐书》载："贺知章在礼部选挽郎，取舍不公，门荫子弟喧闹盈门。知章不敢出，乃于后园舁一梯，出头墙外，以决事。"康熙辛丑会试，李穆堂先生用通榜法，所取皆一时名士。落第者纠众作闹，新进士无由入谒。或呈一诗云："门生未必敢升堂，道路纷纷闹未央。我献一梯兼一策，墙头高立贺知章。"丙辰，予在都中，见先生白须伟貌，有泰山岩岩气象。待后辈，当面必训斥，逢人必赞扬，人以故畏而服之。余谓此张乖崖待彭公乘法也。前辈率真，亦可不必。

七四 周青原云："不知谁把芙蓉摘，枝上分明见爪痕。"刘悔庵云："镜影不知双鬓白，书声宁识此翁衰？"余谓："不知得妙。"王至淳云："水边红影一灯过，知有人从堤上行。"杨子载云："忽惊雨后青龙爪，知是苍松倒挂枝。"余谓："知得妙。"乔慕韩云："梦回枕上窗微白，知是天明是月明？"余谓："似知非知得妙。"

七五 宜兴储氏多古文经义之学，少吟诗者。吾近今得二人焉：一名润书，字玉琴，《赠梅岑》云："一曲吴歌酒半醺，当筵争识杜司勋。天花作骨丝难绣，春水如情剪不分。话到西窗刚近月，人于东野愿为云。应知此后相思处，日日江头倚夕曛。"又句云："山气作寒啼鸟外，春阴如梦落花初。"其一名国钧，字长源。《梁溪》云："纸鸢轻扬午晴开，杂沓游人傍水隈。多半画船犹未拢，知从池上饲鱼来。"《即目》云："日午横塘缓棹过，风吹花气荡层波。依篷不肯轻回首，近水楼台茜袖多。"晚年飘泊，《六十自寿》云："谁言老去离家惯？转恐归来卒岁难。"窘状可想。他如："树凉宜散帙，梅尽始熏衣。""烟消松翠淡，雪堕柳枝轻。""酒旗翻冻雪，土锉燎征衣。""岚翠忽从亭午变，扇纨都向嫩晴开。""银筝度曲徐牵舫，镜槛悬灯不隔纱。"皆诗人之诗。殁后，知之者少矣！

批注："诗人之诗"，与"学人之诗"相对也。"诗人之诗"以白描为主，忌堆砌典故。

七六 余宰江宁时，查宣门居士开赠《蔗塘诗》一集，盖其族人心谷先生为仁所作。本籍海宁，寓居天津，十九岁即经患难，在狱八年，始得释归；怜才爱士，置驿通宾，其诗清妙，盖深得初白老人之教者。《同友集空谷园》云："郊居尘埃少，幽访共沿回。柳下孤篷泊，花间白版开。高人还掩卧，稚子识曾来。小立窥鸥鹭，忘机客不猜。”《秋夜病中》云：“巷尾迢迢报柝声，虚堂如水断人行。云移一朵月吞吐，竹啸几声风送迎。不向枚生求《七发》，只凭曲部觅三清。调糜煮药经旬卧，白发萧萧又几茎。”他如：“酒无千日醉，事有百年忙。”“风愁撼树响，鼠厌数钱声。”“为问亭边三五树，春来花发几多枝？”皆可诵也。己未余乞假归娶，杭堇浦前辈为余通书。先生命其子俭堂礼登船厚贶，至今未敢忘也。

先生有《莲塘诗话》载初白老人教作诗法云：“诗之厚在意不在辞，诗之雄在气不在句，诗之灵在空不在巧，诗之淡在妙不在浅。”其言颇与吾意相合，特录之。

批注：初白老人，指查为仁，号莲坡。

《莲塘诗话》，据《清诗话》本应名《莲坡诗话》，盖查为仁号莲坡也。

卷五

一　余春圃、香亭两弟，诗皆绝妙。而一累于官，一累于画，皆未尽其才。春圃有《扬州虹桥》二律云:“出郭聊为汗漫游,虹桥晓放木兰舟。芰荷香气宜初日，鸥鹭情怀赴早秋。自喜琴尊今雨共，敢夸风雅昔贤俦。盈盈绿水依依柳，暂拟名园作小留。”“雁落平沙古调稀，冰弦声彻树间扉。荷亭避暑茶烟扬，竹院寻僧木叶飞。山雨暗移游客舫,水风凉上酒人衣。林鸦枥马都喧散,宾从传呵子夜归。”又:“山堂胜迹先贤重，莲界慈云大士尊。”皆佳句也。

批注:袁春圃，袁枚族弟，曾任观察。郭沫若批“累于画”说是“藐视画家”，实乃偏见。

二　戊辰秋,余初得隋织造园,改为随园。王孟亭太守,商宝意、陶西圃二太史,置酒相贺，各有诗见赠。西圃云：“荒园得主名仍旧，平野添楼树尽环。作吏如何耽此事，买山真不乞人钱。”宝意云：“过江不愧真名士，退院其如未老僧。领取十年卿相后，幅巾野服始相应。”盖其时，余年才过三十故也。惟孟亭诗未录，只记“万木槎丫绿到檐”一句而已。嗟乎！余得随园之次年，即乞病居之。四十年来，园之增荣饰观，迥非从前光景；而三人者，亦多化去久矣！

批注：隋赫德，康熙年间任江宁织造，故称隋织造。其在小仓山之北构建了名为“隋园”的私家园林。袁枚辞官前夕以三百金购此园,并归隐于此,曾三改随园。

三　西林鄂公为江苏布政使，刻《南邦黎献集》；沈归愚尚书时为秀才，得与其选。后此本进呈御览，沈之受知，从此始也。公《春风亭会文赠华豫原》一律，中四句云："谬以通家尊世讲，敢当老友列门生。文章报国科名重，洙泗寻源管乐轻。"其好贤礼士，情见乎词。公亡后，门下生杨潮观梓其诗五百余首。《苦热》云："未能作霖雨，何敢怨骄阳？"《偶成》云："杨柳情多因带水，芭蕉心定不闻雷。"《题某寺》云："飞云倚岫心常住，明月沉潭影不流。"《别贵州》云："身名到底都尘土，留与闲人袖手看。"呜呼！公出将入相，垂二十年，经略七省。诸郎君两督、两抚，故吏门生亦多显贵。而平生诗集，终传于一落托书生。檀默斋诗云："不有三千门下客，至今谁识信陵君？"

四 扬州孝廉马力畚，自负古文作家，与汪可舟会于卢转运席上。汪虽布衣，诗才实出马上。马意颇轻之，汪又不肯自下。于是二人终席不交一语。后五日，马病卒。沙斗初戏可舟曰："汝与马君前日席间，已阴阳分界矣。"汪《送方守斋之白下兼怀随园》云："此邦赖有旧神君，除却斯人孰与群？久卧林泉犹未老，只谈风月别无闻。山中白石同谁煮？座上名香待尔焚。听说扁舟去吴会，料应归看早秋云。"

五 丁丑，余觅一抄书人，或荐黄生，名之纪，号星岩者，人甚朴野。偶过其案头，得句云："破庵僧卖临街瓦，独井人争向晚泉。"余大奇之，即饷米五斗。自此欣然大用力于诗。五言句云："云开日脚直，雨落水纹圆。""竹锐穿泥壁，蝇酣落酒尊。""钓久知鱼性，樵多识树名。""笔残芦并用，墨尽指同磨。"七言云："小窗近水寒偏觉，古木遮天曙不知。""旧生萍处泥犹绿，新落花时水亦香。""旧甓恐闲都贮水，破墙难补尽糊诗。""有帘当槛云仍入，无客推门风自开。"

批注：黄之纪为袁枚得意弟子，袁枚《赠黄生序》《黄生借书说》皆为写给黄之纪的名篇。

六 曾南村好吟诗，作山西平定州刺史，仿白香山将诗集分置圣善东林故事，乃将《上党咏古》诸作，命门人李珍聘书藏文昌祠中。身故十余年，陶悔轩来牧此州，过祠拈香，见此藏本；既爱诗之清妙，而又自怜同为山左人，乃序而梓之，并附己作于后。曾《过盘石关》云："盘石关前石路微，离离黄叶小村稀。斜阳忽送奇峰影，千叠层云屋上飞。"陶咏《遗诗轩》云："一代文章擅逸才，开轩吟罢兴悠哉。官闲且喜能医俗，为与诗人坐卧来。"陶又咏《嘉山书院》云："新开艺苑育群英，文学风传古艾城。借得公余无俗累，携朋来听读书声。"

批注：曾尚增，字南村，山东人。曾任芜湖县令。与袁枚为己未年同科进士。乾隆十年（1745）袁枚于《答曾南村论诗》中首次提出“提笔先须问性情，风裁休划宋元明”的观点，可视为“性灵说”思想之雏形，值得重视。

七 吴门名医薛雪，自号一瓢，性孤傲。公卿延之不肯往；而予有疾，则不招自至。乙亥春余在苏州，庖人王小余病疫不起，将掩棺，而君来；天已晚，烧烛照之，笑曰：“死矣！然吾好与疫鬼战，恐得胜亦未可知。”出药一丸，捣石菖蒲汁调和，命舆夫有力者，用铁箸锲其齿灌之。小余目闭气绝，喉汩汩然似咽似吐。薛嘱曰：“好遣人视之，鸡鸣时当有声。”已而果然。再服二剂而病起。乙酉冬，余又往苏州，有厨人张庆者，得狂易之病，认日光为雪，啖少许，肠痛欲裂，诸医不效。薛至，袖手向张脸上下视曰：“此冷痧也，一刮而愈，不必诊脉。”如其言，身现黑瘢如掌大，亦即霍然。余奇赏之。先生曰：“我之医，即君之诗，纯以神行。所谓‘人居屋中，我来天外’是也。”然先生诗亦正不凡，如《夜别汪山樵》云：“客中怜客去，烧烛送归桡。把手各无语，寒江正落潮。异乡难跋涉，旧业有渔樵。切莫依人惯，家贫子尚娇。”《嘲陶令》云：“又向门前栽五柳，风来依旧折腰枝。”《咏汉高》云：“恰笑手提三尺剑，斩蛇容易割鸡难。”《偶成》云：“窗添墨谱摇新竹，几印连环按覆盂。”

批注：“人居屋中，我来天外”，乃袁枚《续诗品·精思》中语，“我来天外”形容精思神行，超迈非凡。薛雪借以赞赏自己的医术与袁枚之诗歌。

八 张文敏公以书法掩诗名。余见手书《春莺啭》云：“绸压香筒坠宿云，花魂愁杀月如银。独听鱼钥西风冷，又是深秋一夜人。”

九 方敏恪公勋位隆赫，而诗情极佳。未第时，《途中看花》三绝云：“数枝红艳困轻尘，陇后风前别有春。袖底飞英吹特地，似怜驴背有诗人。”“女儿装罢鬓鬖鬖，鬓底桃花一面酣。结伴前村携手去，每逢花处又重簪。”“稽首茅庵古白华，道旁人献道旁花。慈云座下无多愿，每到花时婿在家。”

一〇 己卯夏，蒋秦树中翰偶过金陵，箧中藏海宁许衡紫名灿者诗一卷。《湖上》云：“秋思动孤往，凌波遂渺然。湖云多上树，山雨忽如烟。白鹭来菱外，红蕖落槛前。淡妆西子笑，风急莫回船。”作《河西杂诗》，有明七子气魄。如：“龙沙扫雪秋驰马，兔魄凝霜夜照旗。”“边丁日课屯田麦，使者星驰属国瓜。”皆极雄健。

又绝句云："铁马寒风日日秋，绣旂猎猎卷蚩尤。何缘身作平安火，一夜东还过肃州。"余慕其人，遍访卅年，卒无知者。

一一 丙辰秋，召试者同领月俸于户部。同乡程鄘渠指一人笑曰："此吾家'娘子秀才'也。"入学时，初名默，寓居金陵，工诗，今遁而穷经，改名廷祚，别字绵庄，以其闲静修洁，故号"程娘子"。因与数言而别。读其《海淀园林》一绝云："隔岸迢遥御路明，林间倒影见人行。朝天多少朱轮过，添入山泉作水声。"《京中忆女》云："三龄幼女萦离梦，一自能言未得看。戏罢颇闻知记忆，书来渐解问平安。慰情欲比真男子，努力应加远客餐。啼笑更教听隔舍，茫茫愁思到更阑。"《武林怀古》云："一自休兵国怨除，君王酣醉九重居。云开凤岭笙歌满，梦冷龙城驿使疏。海日忽惊宫漏尽，春潮犹笑将坛虚。谁知立马吴山客，不惜千金买谏书。"诗甚绵丽，不作经生语。后苏抚雅公荐先生经学，卒报罢。年七十七，无子而卒。著书盈尺，俱付随园。

批注：程廷祚（1691—1767），原名默，字启生，号绵庄，又自号青溪居士，祖籍安徽歙县，后迁江宁（今江苏南京）。经学家，清初颜李学派成员。袁枚思想深受颜元、李塨影响。

一二 乙亥秋，余吊于绵庄家。绵庄指一少年告我曰："此严冬友秀才也，年未弱冠。前日学使问《笙诗》有声无辞，生条举十六家之说，以辨其非。"余心敬之。已而见过，以《秀容小草》相示。《晚眺》云："别院鸣钟鼓，登楼报晚晴。一山清有待，千树暖无声。渐得东风信，弥伤旅客情。沧洲明发早，应负好春生。"《舟次仇湖》云："际天双岸失，出雾一帆轻。"

一三 通州保井公，工填词；自号四乡主人，盖言睡乡、醉乡、温柔乡、白云乡也。《咏崔莺莺》一阕，甚佳，末二句云："交相补过，还他一嫁。"癸酉秋，见访随园，相得甚欢。别三十年，余游狼山，井公久亡矣。其子款接甚殷。壁上糊余手札数行，视之，乃游客某所假也；然已厚贶之矣，其两代之好贤若此。

一四 陕州巩、洛间，人多凿土而居。余自西秦归，遇雨，住窑中三日，吟诗未成。后二十年，年家子沈孝廉琨有《过陕》一联云："人家半凿山腰住，车马都从屋上过。"直是代予作也。又《过高淳湖》云："凉生宿鹭眠初稳，风静游鱼听有声。"

一五 宋维藩字瑞屏，落魄扬州。卢雅雨为转运，未知其才，拒而不见。余为代呈《晓行》云："客程无晏起，破晓跨驴行。残月忽堕水，村鸡初有声。市桥霜渐滑，野店火微明。不少幽居者，高眠梦不惊。"卢喜，赠以行资。苏州浦翔春《晓行》云："早出弇山口，秋风袱被轻。背人残月落，何处晓鸡声？客久影俱瘦，宵阑气更清。行行远树里，红日自东生。"二人不相识，而二诗相似，且同用"八庚"韵，亦奇。浦更有佳句云："旧塔未倾流水抱，孤峰欲倒乱云扶。"又："醉后不知归路晚，玉人扶着上花骢。"

一六 杭州宴会，俗尚盲女弹词。予雅不喜，以为女之首重者目也，清畔不盼，神采先无。有王三姑者，雅好文墨，对答名流，人人如其意之所出。王梦楼侍讲作七古一章，中有八句云："成君浮磬子登璈，金醴曾经侍玉霄。谪降道缘犹未减，不将青眼看尘嚣。纨质由来兼黠慧，传神岂待秋波媚？轻云冉冉月宜遮，香雾濛濛花爱睡。"杭堇浦赠诗云："晓妆梳掠逐时新，巧笑生春又善颦。道客胜常知客姓，目中莫谓竟无人。""檀槽圆股晓生寒，也学曹刚左手弹。众里自嫌衰太甚，幸无老态被卿看。"

批注：王文治（1730—1802），字禹卿，号梦楼，丹徒（今江苏镇江）人。乾隆进士，官至云南临安知府。曾出使琉球。书法家兼诗人。有《梦楼诗集》等。

一七 乾隆戊寅，卢雅雨转运扬州，一时名士，趋之如云。其时刘映榆侍讲掌教书院，生徒则王梦楼、金棕亭、鲍雅堂、王少陵、严冬友诸人，俱极东南之选。闻余到，各捐饩廪延饮于小全园。不数年，尽入青云矣。鲍见赠《玉堂仙人篇》，不及省记；仅记梦楼《偕全公魁使琉球》二首云："一行金埒响琼琚，公子群过水竹居。丱发也须千万值，绮年多是十三余。将离更唱红兰曲，相忆应看青李书。鹦鹉香醪斟酌遍，不知凉月透交疏。""那霸清江接海门，每随残照望中原。东风未与归舟便，北里空销旅客魂。尽夜华灯舞鸜鹆，三秋荒岛狎鲸鲲。他时若话悲欢事，衣上涛痕并酒痕。"余按：琉球国王贵戚子弟，皆傅脂粉，锦衣玉貌，能歌，以敬天使，故移尊度曲。汪舟次先生集中所咏，与梦楼同。

一八 有某太史以《哭父》诗见示。余规之曰："哭父，非诗题也。《礼》：'大功废业。'而况于斩衰乎？古人在丧服中，三年不作诗。何也？诗乃有韵之文，在衰毁时，何暇挥毫拈韵？况父母恩如天地，试问：古人可有咏天地者乎？六朝刘昼赋六合，一时有'疥骆驼'之讥。历数汉、唐名家，无哭父诗。非不孝也，非皆生于空桑者也。《三百篇》有《蓼莪》，古序以为刺幽王作。有'陟岵''陟屺'，其人之父母生时作。惟晋傅咸、宋文文山有《小祥哭母》诗。母与父似，略有间，到小祥哀亦略减；然哭二亲，终不可为训。”

批注：《蓼莪》见《诗·国风·谷风之什》，其“蓼蓼者莪，匪莪伊蒿。哀哀父母，生我劬劳”云云。一般认为是抒发父母不幸亡故之哀痛。袁枚反对诗哭父母，郭沫若认为“可怪”“难于理解”。

一九 常州庄荪菔太史《冬日》诗云：“磨来冻墨无浓色，典后朝衣有皱痕。”扬州程午桥太史赠唐改堂前辈云：“春生秋扇随新令，霉久朝衣检旧斑。”

二〇 常州顾文炜有《苦吟》一联云：“不知功到处，但觉诵来安。”又云：“为求一字稳，耐得半宵寒。”深得作诗甘苦。

二一 人畏冷，卧必弯身。高翰起司马《宿明港驿》云：“灯昏妨睡频移背，衾薄愁寒屡曲腰。”野行者尝见牛背上负群鸟而行。鲁星村云：“春田牛背鸠争落，野店墙头花乱开。”船小者，人不能起立。程鱼门云：“别开新样殊堪哂，跪着衣裳卧读书。”

批注：引诗皆即景而吟，有真实感受，非无病呻吟者。

二二 黄星岩《随园偶成》云：“山如屏立当窗见，路似蛇旋隔竹看。”厉樊榭咏《崇先寺》云：“花明正要微阴衬，路转多从隔竹看。”二人不谋而合。然黄不如厉者，以“如”字与“似”字犯重。竹垞为放翁摘出百余句，后人当以为戒。

批注：竹垞，朱彝尊（1629—1709）号，字锡鬯，秀水（今浙江嘉兴）人。与王士禛齐名。有《曝书亭集》。

二三 戊戌九月，余寓吴中。有嘉禾少年吴君文溥来访，袖中出诗稿见示，云将就陕西毕抚军之聘，匆匆别去。予读其诗，深喜吾浙后起有人，而叹毕公之能怜才也。录其《游孤山》云：“春风欲来山已知，山南梅萼先破枝。高人去后春草草，万古孤山迹如扫。巢居阁畔酒可沽，幸有我来山未孤。笑问梅花肯妻我，我将抱鹤家西湖。”其他佳句，如：“不知新月上，疑是水沾衣。”“底事春风欠公道，儿家门巷落花多？”深得唐人风味。

批注：毕沅曾任陕西巡抚，故称“毕抚军”。

二四　巢县汤郎中，名懋纲，性高淡，如其吟咏。《早起》云："老杏着东风，红芳几回变。何必远寻春，日日墙头见。昨夜雨无声，地上青苔遍。早起快登楼，钩帘进双燕。"他如："溪清山影入，风动竹阴移。""游山心在山，合眼飞岚绕。"真得静中三昧者。其子扩祖能诗，有父风；过随园见访不值，寄诗云："花含宿雨柳含烟，隐士园林别有天。高卧白云人不见，一家鸡犬翠微巅。"

二五　杭州符郎中，名曾，字幼鲁，诗主高淡。嵇相国为余诵其"三日不来秋满地，虫声如雨落空山"一联。余同召试，记其《斋宫》云："寒云添暝色，老屋聚秋声。"《咏唐花》云："当时不藉吹嘘力，少待阳和也自开。"《哭扬州马秋玉》云："心死便为大自在，魂归仍返小玲珑。"小玲珑山馆者，马氏花园也；属对甚巧。《贺周石帆学士纳妾》云："药炉经卷都抛却，只向灯前唤夜深。"尤蕴藉。

二六　吴中七子，有赵损之而无张少华，二人交好，忽中道不终，都向余啧啧有言；而余亦不能为两家骑驿也。未十年，张一第而卒，赵亦殉难金川。史弥远云："早知泡影须臾事，悔把恩仇抵死分。"信哉！少华《苏堤》三首云："拍堤新涨碧于罗，堤上游人连臂歌。笑指纷纷水杨柳，那枝眠起得春多。""碧琉璃净夜云轻，箫管无声露气清。好是柳阴花影里，月华如水踏莎行。""沙棠衔尾按筝琶，邻舫停桡静不哗。云母窗中双鬓影，亭亭低映小红纱。"《消夏》云："水厄不辞茶七碗，火攻愁对烛三条。"

二七　王道士至淳有句云："东风大是无知物，吹老春光昼转长。"黄星岩有句云："饭余一睡都成例，五月何曾觉昼长。"陈古渔有句云："静坐晴冬昼亦长。"三押"长"字，俱妙。

二八　朱草衣《哭槎儿》云："罗浮南海历秋冬，烟水云山隔万重。前日寄书书面上，红签犹写汝开封。"洪銮《赠徐小鹤》云："早离讲席赋离居，知己逢难别易疏。正是开门逢去使，接君三月十三书。"严冬友《忆女》云："料得此时依母坐，看封书札寄长安。"三诗，人传诵以为天籁；不知蓝本皆出于王次回。其《过妇家感旧》云："归宁去日泪痕浓，锁却妆楼第二重。空剩一行遗墨在，丙寅三月十三封。"

二九　余挂冠四十年，久不阅《缙绅》，偶有送者，擷之都非相识。偶读赵秋谷《题〈缙绅〉》云："无复堪容位置处，渐多不识姓名人。"为之一笑。先生康熙己未翰林，至乾隆己未，而身犹强健，惟两目不能见物；与余为先后同年。

相传所著《谈龙录》痛诋阮亭，余索观之，亦无甚抵牾。先生名执信，以国忌日演戏被劾，故有句云："可怜一曲《长生殿》，直误功名到白头！"

批注：赵执信（1662—1744），字伸符，号秋谷，晚号饴山老人，益都（今属山东）人。官至右赞善。因在佟皇后丧期观演《长生殿》被革职。其《谈龙录》论诗主"诗中有人"，与袁枚论诗须"有我"相通。

三〇　祝太史芷塘以诗集见示，予小献刍荛，太史深为嘉纳。别后从京师寄怀云："盖世才名大，游仙福量深。江河不废业，松柏后凋心。酌兕祈难老，将雏得好音。平生行乐处，古少莫论今。""孤踪淹丙舍，公亦返乡闾。一见笑谈剧，廿年倾倒余。定文丁敬礼，赋海木元虚。何日秦淮曲，相逢重起予？"

三一　咏古诗有寄托固妙，亦须读者知其所寄托之意，而后觉其诗之佳。卢雅雨先生长不满三尺，人呼"矮卢"，故《题李广庙》云："明禋自有千秋貌，不在封侯骨相中。"薛皆三进士，门生甚少，《题〈桃源图〉》云："桃花不相拒，源路自家寻。"余起病补官，年未四十，《题邯郸庙》云："黄粱未熟天还早，此梦何妨再一回？"

批注：咏古诗有寄托，即与个人遭际、性情结合，不可与"今"脱离。寄托又不可晦涩，要使人能领悟方佳。

三二　从古权贵在朝，未有能和协者。宋人《登山》诗云："直到天门最高处，不能容物只容身。"唐人《闺情》云："若非形与影，未必肯相容。"《宫词》云："闻有美人新进入，六宫无语一齐愁。"又曰："三千宫女如花貌，几个春来没泪痕？"皆可谓说尽世情。

三三　人有满腔书卷，无处张皇，当为考据之学，自成一家；其次，则骈体文，尽可铺排。何必借诗为卖弄？自《三百篇》至今日，凡诗之传者，都是性灵，不关堆垛。惟李义山诗，稍多典故；然皆用才情驱使，不专砌填也。余续司空表圣《诗品》，第三首便曰《博习》，言诗之必根于学，所谓"不从糟粕，安得精英"是也。近见作诗者，全仗糟粕，琐碎零星，如剃僧发，如拆袜线，句句加注，是将诗当考据作矣。虑吾说之害之也，故续元遗山《论诗》，末一首云："天涯有客号诗痴，误把抄书当作诗。抄到钟嵘《诗品》日，该他知道性灵时。"

批注：此条批评翁方纲等人以考据为诗，提出“凡诗之传者，都是性灵，不关堆垛”的“性灵说”重要观点。

《续诗品·博习》之“糟粕”，乃用《庄子·天道》典：轮扁问桓公读书于堂上，问“所读为何言”，桓公答：“圣人之言也。”轮扁认为只是“古人之糟粕”。故“糟粕”指书籍。此强调读书于作诗之重要性。

三四 宋人论诗，多不可解。杨蟠《金山》诗云：“天末楼台横北固，夜深灯火见扬州。”的是金山，不可移易。而王平甫以为是牙人量地界诗。严维：“柳塘春水慢，花坞夕阳迟。”的是静境，无人道破。而刘贡父以为“春水慢”不须“柳坞”。孟东野《咏吹角》云：“似开孤月口，能说落星心。”月不闻生口，星忽然有心。穿凿极矣，而东坡赞为奇妙。皆所谓好恶拂人之性也。

批注：袁枚认为解诗不可“穿凿”附会，否则优劣不分。然郭沫若认为孟东野诗确是“奇妙”，“诗人于万事万物均可赋予以生命”。

三五 余素慕山左高凤翰之名，不得一见。初之朴太守为诵其《送人》一首，云：“君胡为者昨日来？青灯绿酒欢无涯。君胡为者今日去？挽断征鞭留不住。君来君去总伤神，不如悠悠陌路人。”高字南阜，晚年病臂，以左手作书。卢雅雨哭之云：“再散千金仍托钵，已残一臂尚临池。”高珍藏卫青印一方，临终，赠陕中刘介石刺吏。斗纽方寸，篆法虽佳，而玉已经火炙。余见之，颇不当意。按《明史》亦有卫青，此印未必便是汉大将军之物。

批注：“初之朴，亦山东人，其始元朝色目也。作江西粮道，与巡抚陈淮不睦，遂告病归。”（批本语）

三六 苏州袁秀才钺，自号青溪先生，嫉宋儒之学，著书数千言，专驳朱子；人以怪物目之。年八十余，犹生子；善医工书，诗多自适，不落古人家数。《明觉寺题壁》云：“灯火荧荧满法堂，僧家爱静却偏忙。亦知世上逍遥客，踏月吟诗到上方。”《夏日写怀》云：“风过静听松子落，雨余闲数药苗抽。”《冬暖》云：“似闵敝裘留质库，为开薄雾送朝暾。”颇见性情。青溪解“唯求则非邦也与？”“惟赤则非邦也与？”皆夫子之言，非曾点问也。人以为怪。不知《论语》何晏古注，原本作此解。宋王旦怒试者解“当仁不让于师”，“师”字作“众”字解，以为悖古。

不知说本贾逵，并非杜撰。少所见之人，以不怪为怪。

三七 元遗山讥秦少游云："'有情芍药含春泪，无力蔷薇卧晚枝。'拈出昌黎《山石》句，方知渠是女郎诗。"此论大谬。芍药、蔷薇，原近女郎，不近山石；二者不可相提而并论。诗题各有境界，各有宜称。杜少陵诗，"光焰万丈"；然而"香雾云鬟湿，清辉玉臂寒"，"分飞蛱蝶原相逐，并蒂芙蓉本是双"。韩退之诗，"横空盘硬语"，然"银烛未销窗送曙，金钗半醉坐添春"，又何尝不是"女郎诗"耶？《东山》诗："其新孔嘉，其旧如之何？"周公大圣人，亦且善谑。

批注：元好问（1190—1257），字裕之，号遗山。太原秀容（今山西忻州）人。金代诗人。其诗见《论诗三十首》组诗。袁枚反驳其贬秦观，倡导诗境界、风格之多元化。

三八 抱韩、杜以凌人，而粗脚笨手者，谓之权门托足。仿王、孟以矜高，而半吞半吐者，谓之贫贱骄人。开口言盛唐及好用古人韵者，谓之木偶演戏。故意走宋人冷径者，谓之乞儿搬家。好叠韵、次韵，刺刺不休者，谓之村婆絮谈。一字一句，自注来历者，谓之骨董开店。

批注：此条对当朝格调诗、神韵诗、浙派诗、考据诗等弊端进行全面批判。

三九 余咏《春草》，一时和者甚多；独徐绪和"人"字韵云："踏青渺渺前无路，埋玉深深下有人。"余为叹绝。其他则周青原云："拾翠暗遗金钿小，踏青微碍绣裙低。"严冬友云："坐来小苑同千里，梦去朱门又一年。"龚元超云："春回地上人难测，绿到门前柳未知。"李参将炯云："旷野有人知醉醒，荒园无主自高低。"诸作虽佳，皆不如徐之沉着也。惟程鱼门有"长共春来不共归"七字殊觉大方，惜忘其全首。

四〇 作古体诗，极迟不过两日，可得佳构；作近体诗，或竟十日不成一首。何也？盖古体地位宽余，可使才气卷轴；而近体之妙，须不着一字，自得风流，天籁不来，人力亦无如何。今人动轻近体，而重古风，盖于此道，未得甘苦者也。叶庶子书山曰："子言固然。然人功未极，则天籁亦无因而至。虽云天籁，亦须从人功求之。"知言哉！

批注："天籁"与"人功"相辅相成。

四一　诗人家数甚多，不可硁硁然域一先生之言，自以为是，而妄薄前人。须知王、孟清幽，岂可施诸边塞？杜、韩排奡，未便播之管弦。沈、宋庄重，到山野则俗。卢仝险怪，登庙堂则野。韦、柳隽逸，不宜长篇。苏、黄瘦硬，短于言情。悱恻芬芳，非温、李、冬郎不可。属词比事，非元、白、梅村不可。古人各成一家，业已传名而去。后人不得不兼综条贯，相题行事。虽才力笔性，各有所宜，未容勉强；然宁藏拙而不为则可，若护其所短，而反讥人之所长，则不可。所谓以宫笑角、以白诋青者，谓之陋儒。范蔚宗云："人识同体之善，而忘异量之美。此大病也。"蒋苕生太史《题〈随园集〉》云："古来只此笔数枝，怪哉公以一手持。"余虽不能当此言，而私心窃向往之。

批注：古来诗人家数多样，皆有其合理性，后人不可妄薄前人，不可"忘异量之美"，如此才有诗苑万紫千红之盛景。此论见袁枚诗学观之开放性。

四二　古人门户虽各自标新，亦各有所祖述。如《玉台新咏》、温、李、西昆，得力于《风》者也。李、杜排奡，得力于《雅》者也。韩、孟奇崛，得力于《颂》者也。李贺、卢仝之险怪，得力于《离骚》《天问》《大招》者也。元、白七古长篇，得力于初唐四子；而四子又得之于庾子山及《孔雀东南飞》诸乐府者也。今人一见文字艰险，便以为文体不正。不知"载鬼一车""上帝板板"，已见于《毛诗》《周易》矣。

批注：此条于唐诸名家诗风溯其源头，颇具眼力，亦可见袁枚诗学造诣不浅。

四三　诗宜朴不宜巧，然必须大巧之朴；诗宜淡不宜浓，然必须浓后之淡。譬如大贵人，功成宦就，散发解簪，便是名士风流。若少年纨袴，遽为此态，便当笞责。富家雕金琢玉，别有规模；然后竹几藤床，非村夫贫相。

批注："大巧之朴""浓后之淡"，乃诗作极高境界，具有超诣的艺术辩证法。

四四　牡丹诗最难出色。唐人"国色朝酣酒，天香夜染衣"之句，不如"嫩畏人看损，娇疑日炙消"之写神也。其他如："应为价高人不问，恰缘香甚蝶难亲。"别有寄托。"买栽池馆疑无地，看到子孙能几家？"别有感慨。宋人云："要看一尺春风面。"俗矣！本朝沙斗初云："艳薄严妆常自重，明明薄醉要人扶。"裴春台云："一栏并力作春色，百卉甘心奉盛名。"罗江村云："未必美人多富贵，断无仙子不楼台。”胡稚威云：“非徒冠冕三春色，真使能移一世心。”程鱼门云：“能教北地成香界，不负东风是此花。”此数联，足与古人颉颃。元人贬牡丹诗云：“枣花似小能成实，桑叶虽粗解作丝。惟有牡丹如斗大，不成一事又空枝。”晁无咎《并头牡丹》云：“月下故应相伴语，风前各自一般愁。”

批注：咏物诗重在写物之神，别有寄托感慨，并非为物穷形尽相，做写生图也。

四五 诗以比兴为佳。王孟亭箴舆守怀庆时，与卢中丞焯同寅。王被劾罢官。二十年后，卢为浙江巡抚。王往见之，卢相待甚优，许其荐举。而王自伤老矣，不欲再谈往事。《西湖小集》诗云：“再移画舫春应老，重拨朱弦恨转生。”

批注：比，以彼物比此物；兴，先言他物，以引起所咏之辞。

四六 江阴翁明经照，字朗夫，馆嵇相国家。相公非朗夫倡和不吟诗，人呼为“诗媒”。雍正乙卯，以鸿博荐。朗夫谢诗云：“此身得遇裴中令，不向香山老一生。”一时传诵。朗夫有《春柳》云：“千里因依惟夜月，一生消受是东风。迎来桃叶如相识，猜得杨枝是小名。”皆佳句也。平生有谦癖，拜起纡迟；年登八十，犹熏衣饰貌，寸髭不留。余初相见，知其多礼，乃先跪叩头，逾时不起。先生愕然。余告人曰：“今日谦过朗夫矣！”

四七 李啸村《虎丘竹枝词》，已极新艳。而杨次也先生《西湖竹枝》，乃更过之。李云：“横塘七里路西东，侍女如云踏软红。才到寺门欢喜地，一时花下笋舆空。”“仰苏楼畔石梯悬，步步弓鞋剧可怜。五十三参心暗数，欹斜扶遍阿娘肩。”“佛座烧香一瓣新，慈云低覆落花尘。不妨诉尽痴儿女，那有如来更笑人？”“女冠装裹认依稀，只少穿珠百八围。岂是闺人真好道，阿侬爱着水田衣。”杨云：“自翻黄历拣良辰，几日前头约比邻。郎自乞晴侬乞雨，要他微雨散闲人。”“斟酌衣裳称体难，回时暄热去时寒。侍儿会得人心意，半臂轻绵隔夜安。”“乍晴时节好天光，纨绮风来扑地香。花点胭脂山泼黛，西湖今日也浓妆。”“乌油小轿两肩扶，纰缦窗纱有若无。里面看人原了了，不知人看可模糊。”“时样梳妆出意新，鄂王坟上小逡巡。抬头一笑匆匆去，不避生人避熟人。”“游人鱼贯各分行，就里妍媸略自量。老婢当头娘押尾，垂髫娇女在中央。”“珠翠丛中逞别才，时新衣服称身裁。谁知百裥罗裙上，也画西湖十景来？”“白石敲光细火红，绣襟私贮小金筒。口中吹出如兰气，侥幸何人在下风？”“苔阴小立按双鬟，贴地弓鞋一寸弯。行转长堤无气力，累人搀着上孤山。”“白舫青尊挟妓游，语音轻脆认苏州。明知此地湖山胜，偏要违心誉虎丘。”“悄密行踪自戒严，朱藤轿子绿垂檐。轻风毕竟难防备，故拣人丛揭轿帘。”“朋侪游兴略相同，里外湖桥宛转通。觌面几番成一笑，刚才分路又相逢。”“画舫人归一字排，半奁春水净如揩。斜阳独上长堤立，拾得花间小凤钗。”黄莘田先生《虎丘竹枝》云：“昏崖老树落朱藤，漏出红纱隔叶灯。不畏霓裳有风露，吹笙楼上坐三层。”“斑竹薰笼有旧恩，湘妃节节长情根。吴娘酷爱衣香好，个个将钱买泪痕。”“千点琉璃八角亭，剑池寒水浸华星。天生一片笙歌石，留与千人广坐听。”“画鼓红牙节拍繁，昆山法部斗新翻。顺郎年少何戡老，海燕亭前较一番。”“楼前玉杵捣红牙，帘下银灯索点茶。十五当垆年少女，四更犹插满头花。”“湘帘画楫趁新凉，衣带盈盈隔水香。好是一行乌桕树，惯遮珠舫坐秋娘。”又《西湖竹枝》云：“画罗纨扇总如云，细草新泥簇蝶裙。孤愤何关儿女事，踏青争上岳王坟。”“梨花无主草堂青，金缕歌残翠黛凝。魂断萧萧松柏路，满天梅雨下西陵。”三人《竹枝》，皆冠绝一时。又，程太史午桥《虹桥竹枝》云：“青溪碧草两悠悠，酒地花场易惹愁。月暗玉钩人散后，冷萤飞上十三楼。”“米家舫子只琴书，秋水新添二尺余。一带管弦归棹晚，桥边帘幕上灯初。”“游人争唤酒家船，儿女心情更可怜。未出水关三四里，家家开阁整花钿。”“不厌朝阴爱晓晴，园林相倚百花生。梨红杏白休轻唤，帘底防人认小名。”“法海桥头酒半阑，水嬉烟火尽余欢。笑他避客双环女，一半搴帘侧鬓看。”

批注：李勉，字啸村，怀宁（今属安徽）人。寓居扬州贺园。诸生。杨次也，海宁（今属浙江）人。官太守。

四八　岳大将军钟琪，为一代名将；容状奇伟，食饮兼人，而工于吟诗。丙辰赦归后，种菜于四川之百花洲。尹文端公赠诗云：“他日玉书传诏日，江天何处觅渔翁？”未几，王师征金川，果复起用。《过邯郸题壁》云：“只因未了尘寰事，又作封侯梦一场。”周兰坡学士祭告西岳，所过僧壁山岩，见题诗甚佳，字亦奇古，款落“容斋”，不知即岳公也。

批注：岳钟琪（1686—1754），字东美，号容斋，成都（今属四川）人。清朝宁远大将军。曾参与平定准噶尔叛乱等军事行动。因失战机被削爵夺职。后起用征金川获胜。

四九　明将军瑞殉节缅甸，赐谥忠烈，工于吟诗。《雨中过石门》云："自怜马上櫜鞬客，独立溪边问渡船。"《元夜归省》云："陌上晚烟飞素练，渡头残雪踏银沙。"《送弟瑶林使乌斯藏》云："寒分百战袍，渴共一刀血。"皆名句也。弟明义，字我斋，诗尤娴雅。其《醉后听歌》云："官柳萧萧石路平，欢场回首隔重城。可怜骄马情如我，步步徘徊不肯行。""凉风吹面酒初醒，马上敲诗鞭未停。寄语金吾城慢闭，梦魂还要再来听。"又，《偶成》云："东风不解瞒人度，才入竹来便有声。"《早起》云："平明钟鼓严寒夜，不负香衾有几人？"

将军三娶名媛，皆见逐于姑，有放翁之恨。最后娶都统常公季女，伉俪甚笃。征缅时，夫人送行诗，有"但愿同凋并蒂莲"之句。公果死节，而夫人亦自缢。

五〇　京师故事：凡缙绅陪吊于丧家者，闻前辈至，则易吉服相见；然有易有不易者，以来客之未必皆前辈也。余陪吊于座主甘大司马家，忽闻徐蝶园相公来，则满堂尽吉服矣。公名元梦，康熙癸丑进士，与韩慕庐同年，满朝公卿，皆其后辈。时年九十余，短身赤鼻，面少须髯。诗宗盛唐。《送人出塞》云："君到居庸北，应怜一雁回。沙平疑地尽，山豁讶天开。落日重关闭，秋风万马来。勉旃从此役，莫上望乡台。"大学士舒公赫德，其孙也。

五一　苏州逸园，离城七十里，在西碛山下，面临太湖，古梅百株，环绕左右，溪流潺潺，渡以石桥；登腾啸台，望飘渺诸峰，有天际真人想。主人程钟，字在山，隐士也。妻号生香居士。夫妇能诗。有绝句云："高楼镇日无人到，只有山妻问字来。"可想见一门风雅。予探梅邓尉，往访不值。次日，程君入城作答，须眉清古，劝续前游，而予匆匆解缆。逾年再至苏州，程君已为异物。记其《杂咏》一首云："樵者本在山，山深没樵径。不见采樵人，樵声谷中应。"

五二　诗家活对最妙。宋人《赠某》云："每怜民若子，还喜稻成孙。"真山民《咏杜鹃》云："归心千古终难白，啼血万山都是红。"华亭李进《哭友》云："诔词作自先生妇，遗稿归于后死朋。"王介祉《咏牡丹》云："相公自进姚黄种，妃子偏吟李白诗。"李穆堂《贺安溪相公生子》云："其间原必有，几日辨之无。"沈淑园《登陶然亭》云："每来此地皆重九，有约同游至再三。"胡宗绪祭酒《赠友》云："两人拍手齐大笑，一路同行到小姑。"皆活对也。

批注：活对，指律诗对仗工整、巧妙而自然也。

五三　扬州为盐贾所居，风尚侈靡。崔尚书应阶诗云："青山也厌扬州俗，多少峰峦不过江。”郑板桥诗云：“千家生女先教曲，十里栽花当种田。”

批注：郑燮（1693—1765），字克柔，号板桥，兴化（今属江苏）人。擅丹青，亦工诗文。“扬州八怪”之重镇。

五四 常熟陈见复先生为海内经师，而诗极风韵。《悼亡》云：“出门交寡入门求，晤语居然近上流。寂寞于陵停织屦，他时谁与谥黔娄？”“何必他生订会期，相逢即在梦来时。乌啼月落人何处？又是一番新别离。”中进士，不殿试而归，曰：“马力健知游冀北，橹声柔觉到江南。”“题名浪逐看花伴，去国还同落第人。”

五五 钱稼轩司寇之女，名孟钿，嫁崔进士龙见，为富平令。严侍读从长安归，夫人厚赠之。严问：“至江南，带何物奉酬？”曰：“无他求，只望寄袁太史诗集一部。”其风雅如此。因诵其五言云：“啼乌空绕树，残梦只随钟。”有《浣青集》行世。其号“浣青”者，欲兼浣花、青莲而一之也。夫人通音律，尝在秋帆中丞座上，听客鼓琴，曰：“角声多，宫声少，且多杀伐之音。何也？”问客，果从塞外军中来。余庚申夏，乘舟北上，遇稼轩南归：时未中状元也。见其手抱幼女，才周晬，今四十八年矣。在杭州见夫人，谈及此事。夫人笑云：“所抱者，即年侄女也。”余故题其诗册有云：“尔翁南下赋归欤，值我新婚北上初。水面匆匆通数语，怀中正抱女相如。”

批注：钱孟钿（1739—1806），字冠之，号浣青，武进（今江苏常州）人。刑部尚书钱维城之女。袁枚女弟子。多怀古咏史之什，有阳刚之气，颇具胆识，不让须眉。

五六 诗有有篇无句者，通首清老，一气浑成，恰无佳句令人传诵。有有句无篇者，一首之中，非无可传之句，而通体不称，难入作家之选。二者一欠天分，一欠工夫。必也有篇有句，方称名手。

批注：诗人作诗主观条件天分、工夫缺一不可。

五七 杭州布衣吴颖芳，字西林，博学多闻，尝自序其诗曰：“古人读书，不专务词章，偶尔流露讴吟，仅抒所蓄之一二。其胸中所贮，渊乎其莫测也。递降而下，倾泻渐多。逮至元、明，以十分之学，作十分之诗，无余蕴矣。次焉者，或溢其量以出。故其经营之处，时露不足；如举重械，虽同一运用，而劳逸之态各殊。古人胜于近代，可准是以观。”予尝试武童，见有开弓至十石而色变手战者。晓之曰：“汝务十石之名，而丑态尽露；何若用五石、六石之从容大方乎？”颇与吴言相合。

西林与杭、厉诸公同时角逐。及诸公俱登科第，而西林如故也。故咏《笋腊》结句云：“回头看同队，一一上云烟。”又，《答客至》曰：“田间住却携锄手，来与诸公话白云。”

批注：诗人须博学，但诗作无须炫耀学问。学与诗之关系不是表现，而是涵养。

五八 诗须善学，暗偷其意，而显易其词。如《毛诗》：“嗟我怀人，置彼周行。”唐人学之，云“提笼忘采叶，昨夜梦渔阳”是也。唐人诗云：“忆得去年春风至，中庭桃李映琐窗。美人挟瑟对芳树，玉颜亭亭与花双。今年花开如旧时，去年美人不在兹。借问离居恨深浅，只应独有庭花知。”宋人学之云：“去年除夕归自北，行李到门天已黑。今年除夕客南方，雪满关山归不得。老妻望我眼将穿，只道今年似去年。古树夕阳鸦影乱，犹同小女立门前。”

五九 白香山诗云：“周公恐惧流言日，王莽谦恭下士时。若使当时身早死，两人真伪有谁知？”宋人反其意，曰：“少年胯下安无忤，老父圯边愕不平。人物若非观岁暮，淮阴何必减文成？”

六〇 毗陵王艺山明府，女玉瑛，字采薇，嫁孙星衍秀才，伉俪甚笃，年二十四而夭。秀才求予志墓。其《舟过丹徒》云：“幽行已百里，村落半柴扉。只鸟时依树，孤萤不上衣。月高人影小，潮定橹声稀。沿水星星火，归惊宿鹭飞。”其他佳句，如：“户低交叶暗，径小受花深。”“研墨污罗袖，看鱼落翠钿。”“虫依香影垂帘网，蛾怯晨光堕帐纱。”“一院露光团作雨，四山花影下如潮。”皆妙绝也。秀才后中丁未榜眼；采薇竟不及见，悲夫！

批注：王玉瑛“四山花影下如潮”句，后为龚自珍所袭用。龚《梦中四截句》之一云：“叱起海红帘底月，四厢花影怒于潮。”虽后来居上，但非自创也。

六一 李北海见崔颢投诗曰：“十五嫁王昌。”骂曰：“小儿无礼！”秦少游见孙莘老投诗曰：“平康在何处？十里带垂杨。”孙骂曰：“小子又贱发！”二前辈方严相似，而考其生平，均非能作诗者。

批注：李邕，唐江都（今江苏扬州）人，官北海太守，称李北海。崔颢，唐诗人。王昌，对青少年的统称。

六二 镇江布衣李琴夫《咏佛手》云："白业堂前几树黄？摘来犹似带新霜。自从散得天花后，空手归来总是香。"咏佛手至此，可谓空前绝后矣。

六三 余少贫不能买书，然好之颇切。每过书肆，垂涎翻阅；若价贵不能得，夜辄形诸梦寐。曾作诗曰："塾远愁过市，家贫梦买书。"及作官后，购书万卷，翻不暇读矣。有如少时牙齿坚强，贫不得食；衰年珍羞满前，而齿脱腹果，不能餍饫，为可叹也！偶读东坡《李氏山房藏书记》，甚言少时得书之难，后书多而转无人读：正与此意相同。

六四 黄石牧太史言："秦禁书，禁在民，不禁在官；故内府博士所藏，并未亡也。自萧何不取，项羽烧阿房，而书亡矣。"年家子高树程《咏萧相》云："英风犹想入关初，相国功勋世莫如。独恨未离刀笔吏，只收图籍不收书。"

六五 扬州转运使朱子颖，工画能诗。王梦楼为诵其佳句云："一水涨喧人语外，万山青到马蹄前。"

六六 老年之诗多简练者，皆由博返约之功。如陈年之酒，风霜之木，药淬之匕首；非枯槁简寂之谓。然必须力学苦思，衰年不倦，如南齐之沈麟士，年过八旬，手写三千纸，然后可以压倒少年。

批注："简练"，诗之高境界，是精粹、浓缩。

六七 上官仪诗多浮艳，以忠获罪。傅玄善言儿女之情，而刚正嫉恶，台阁生风。扬子云自拟《周易》，乃附新莽。余中请禁探花，而后以赃败。席豫一生不作草书，而荐安禄山公正无私。

批注：诗文未必尽如其人。

六八 余门生谈羽仪，字毓奇，家富而好买书；自署一联曰："闭户自知精力减；贮书还望子孙贤。"

六九 宋严有翼诋东坡诗："误以葱为韭，以长桑君为仓公，以摸金校尉为摸金中郎。"所用典故，被其捃摘，几无完肤。然七百年来，人知有东坡，不知有严有翼。

批注：典故毕竟不是诗。尽管误用典故，东坡仍不失为大诗人。

七〇 用事如用兵，愈多愈难。以汉高之雄略，而韩信只许其能用十万。可见部勒驱使，谈何容易！有梁溪少年作怀古诗，动辄二百韵。予笑曰："子独不见唐人《咏蜀葵》诗乎？"其人请诵之。曰："能共牡丹争几许，被人嫌处只缘多。"

七一 某太史掌教金陵，戒其门人曰："诗须学韩、苏大家，一读温、李，便终身入下流矣。"余笑曰："如温、李方是真才，力量还在韩、苏之上。"太史愕然。余曰："韩、苏官皆尚书、侍郎，力足以传其身后之名。温、李皆末僚贱职，无门生故吏为之推挽，公然名传至今，非其力量尚在韩、苏之上乎？且学温、李者，唐有韩偓，宋有刘筠、杨亿，皆忠清鲠亮人也。一代名臣，如寇莱公、文潞公、赵清献公，皆西昆诗体，专学温、李者也，得谓之下流乎？"

批注：温、李诗富旖旎风光，故为袁枚所赏。

七二 "传"字"人"旁加"专"，言人专则必传也。尧、舜之臣只一事，孔子之门分四科，亦专之谓也。唐人五言工，不必七言也；近体工，不必古风也。宋以后，学者好夸多而斗靡。善乎方望溪云："古人竭毕生之力，只穷一经；后人贪而兼为之，是以循其流而不能溯其源也。"

批注：袁枚论诗虽调和唐、宋，但其骨子里仍偏爱唐诗，于宋诗常有微言。

七三 乾隆丙辰，召试博学宏词。海内荐者二百余人。至九月而试保和殿者一百八十人。诗题是《山鸡舞镜》七排十二韵，限"山"字。刘文定公有句云："可能对语便关关。"上深嘉奖，亲拔为第一，遂以编修，致身宰相。二百人中，年最高者，万九沙先生讳经；最少者为枚。全谢山庶常作《公车征士录》，以先生居首，枚署尾。己亥枚还杭州，先生之少子名福者，持先生小像索诗。余题一律，有"当年丹诏召耆英，骥尾龙头记得清"之句。诗载集中。

批注：袁枚题诗名曰《题万九沙先生小像有序》，载《小仓山房诗集》卷二十六。

七四 明洪紫溪自言："三十年读书，才消得胸中'状元'二字。"陋哉言乎！如欲状元之名副其实，则"状元"二字，胸中不可一日忘也。如倚状元为骄人之具，则"状元"二字，胸中不可一日不忘也。何待读书三十年哉？味其言，紫溪自以为忘，正其终身不忘之证。同年钱文敏公《胪唱第一口号》云："自惭才出刘蒉下，独对春风转厚颜。"其胸襟出紫溪上矣！

七五 郑夹漈极夸杜征南之注《左传》、颜师古之注《汉书》，妙在不强不知以为知。杜不长于鸟兽虫鱼，颜不长于天文地理，故俱缺之，不假他人以訾议也。余谓作诗亦然，青莲少排律，少陵少绝句，昌黎少近体。善藏其短，而长乃愈见。

批注：作诗扬长避短，乃成功途径之一。

七六 《大雅》："文王在上"，《毛传》：称文王受命而作。然则文王生而谥文乎？自以为"于昭于天"乎？郑笺"平王之孙"为"平正之王"，"成王不敢康"为"成此王功，不敢自安逸"，"不显成康"亦解为"成安祖考之道"：皆舍先王之谥法，而逞其穿凿之臆说。朱子驳而正之，是矣。

七七 顾宁人曰："夫其巧于和人者，其胸中本无诗，而拙于自言者也。"又曰："舍近今恒用之字，而借古字之通用以相矜者，此文人之所以自文其陋也。"

七八 人悦西施，不悦西施之影。明七子之学唐，是西施之影也。

批注："人"活"影"死，妙喻！

七九 皋陶作歌，禹、稷无闻；周、召作诗，太公无闻；子夏、子贡可与言诗，颜、闵无闻。人亦何必勉强作诗哉？

八〇 《宋史》："嘉祐间，朝廷颁阵图以赐边将。王德用谏曰：'兵机无常，而阵图一定；若泥古法，以用今兵，虑有偾事者。'"《技术传》："钱乙善医，不守古方，时时度越之，而卒与法会。"此二条，皆可悟作诗文之道。

批注：此乃作诗之"活法"：既有法又无法。

八一 崔念陵进士，诗才极佳；惜有五古一篇，责关公华容道上放曹操一事。此小说演义语也，何可入诗？何屺瞻作札，有"生瑜""生亮"之语，被毛西河诮其无稽，终身惭悔。某孝廉作关庙对联，竟有用"秉烛达旦"者；俚俗乃尔，人可不学耶？

批注："小说演义语"多虚构之辞，故不可作为典故入诗。

八二 宋曾致尧谓李虚己曰：“子诗虽工，而音韵犹哑。”《爱日斋诗话》曰：“欧公诗，如闺中孀妇，终身不见华饰。”味此二语，当知音韵、风华，固不可少。

八三 某太史自夸其诗：不巧而拙，不华而朴，不脆而涩。余笑谓曰：“先生闻乐，喜金丝乎？喜瓦缶乎？入市，买锦绣乎？买麻枲乎？”太史不能答。

批注：此亦诗重“音韵、风华”之意也。

卷　六

一　王荆公作文，落笔便古；王荆公论诗，开口便错。何也？文忌平衍，而公天性拗执，故琢句选词，迥不犹人。诗贵温柔，而公性情刻酷，故凿险缒幽，自堕魔障。其平生最得意句云：“青山扪虱坐，黄鸟挟书眠。”余以为首句是乞儿向阳，次句是村童逃学。然荆公恰有佳句，如：“近无船舫犹闻笛，远有楼台只见灯。”可谓生平杰作矣。

批注：王安石（1021—1086），字介甫，号半山，临川（今属江西）人。封荆国公，谥文，世称王荆公。官至宰相，以变法闻名。宋政治家、文学家，其个性、诗风与袁枚所好不合。

二　宋沈朗奏：“《关雎》，夫妇之诗，颇嫌狎亵，不可冠《国风》。”故别撰《尧》《舜》二诗以进。敢翻孔子之案，迂谬已极；而理宗嘉之，赐帛百匹。余尝笑曰：“《易》以《乾》《坤》二卦为首，亦阴阳夫妇之义。沈朗何不再别撰二卦以进乎？”且《诗经》好序妇人，咏姜嫄则忘帝喾，咏太任则忘太王：律以宋儒夫为妻纲之道，皆失体裁。

批注：袁枚好情诗，而借经典与圣人之名倡导之，甚是“狡猾”。

三　顾宁人言：“《三百篇》无不转韵者。唐诗亦然。惟韩昌黎七古，始一韵到底。”余按《文心雕龙》云：“贾谊、枚乘，四韵辄易，刘歆、桓谭，百韵不迁：亦各从其志也。”则不转韵诗，汉、魏已然矣。

四　今诗称“篇什”者，本《左传》所谓“以什其车，必克”之义。“什”者，十人为耦也。《国风》诗少，可以同卷；《雅》《颂》篇多，故每十为卷，而即以卷首之篇为什。

五　晏子以二桃杀三士，事本荒唐；后人演为《梁父吟》，尤无意味。而孔明好吟之，殊不可解。秋胡一妒妇，刘知几《史通》诋之甚力。乃乐府外，前人又有诗云：“郎心叶荡妾冰清，郎说黄金妾不应。若使偶然通一语，半生谁信守孤灯？”

批注：诸葛亮《隆中对》：“亮躬耕陇亩，好为《梁父吟》。”

六　杨用修笑今之儒者，皆宋儒之应声虫。吾以为孔颖达真郑康成之应声虫也。最可笑者，郑注“曾孙来止，以其妇子”，以“曾孙”为成王，“妇子”为王后太子。王肃非之云：“劝农不必与王后太子同行。”而孔颖达以为：“圣贤所训，与日月同悬。”其识见之谬如此，安得不误认王世充为真主乎？

批注：借汉郑玄误注《诗·国风·甫田》“曾孙来止，以其妇子”句之例，批评汉学家之“谬”。

七　安徽方伯陈密山先生，讳德荣，人淳朴而诗极风趣。每瞻园花开，必招余游赏，不以属吏待。适阶下蚁斗，公用扇拂之，作诗云：“退食展良觌，逍遥步深院。树根见群蚁，纷纷方交战。呼童前布席，拂以蒲葵扇。顷刻缘草根，求穴各奔窜。伊有记事臣，载笔应上殿。大书某日月，两军正相见。忽然风扬沙，师溃互踏践。收队各依垒，蓄锐更伺便。人生亦倮虫，扰扰盈赤县。嗜欲各有求，情伪递相煽。吞噬蠢然动，吉凶见常变。岂无飞仙人，乘鸾注遐盼？”余按宋人诗云：“蟭螟杀敌蚊眉上，蛮触交争蜗角中。何异诸天观下界，一微尘里斗英雄？”即此意也。先生《郊行》云：“芳园青草绿离离，好是人家祭扫时。何处纸钱烧不尽，东风吹上野棠枝？”又，《女儿曲》云：“睡眼朦胧春梦觉，不知额上有梅花。”

八　鲁星村《得雨》诗云：“一雨人心定，歌声四野闻。”何南园《春雨》诗云：“芳草不知春，一雨猛然省。”曹澹泉《偶成》云：“东风力尚微，一雨众山绿。”同用“一雨”二字，俱可爱。

九　福建郑王臣，为兰州太守，年未六十，以弟丧乞病归。《留别寅好》云：“畏闻使过频移疾，懒答人言但托聋。”《闺情》云：“最怜待月湘帘下，银烛烟多怕点灯。”俱暗用故事，使人不觉。杭堇浦题其《归来草》云：“东京风俗由来厚，每为期功便去官。陈实、谯玄吾目汝，莼鲈人错比张翰。”“东皋舒啸复西畴，人较柴桑更远游。《七录》异时标别集，竟应题作郑兰州。”在随园小住，一日，买书两船，打桨而去。

批注：“暗用故事，使人不觉”，即卷七“用典如水中着盐，但知盐味，不见盐质”之意。

一〇　湖州徐溥雨亭，在金陵为人司织局；每吟诗，与机声相和。《钱塘竹枝》云：“芳心脉脉夜迢迢，郎在江南第几桥？欲寄尺书写肠断，西湖只恨不通潮。”“落尽杨花郎未归，空烦刀尺制罗衣。人前怕卷珠帘看，蝴蝶一双相对飞。”《虎丘题壁》云：“好景半藏峰顶寺，美人多住水边楼。”

一一　常熟王介祉之弟，名岱，字次岳，能继其家风。宿随园见赠云：“贫分鹤俸还留客，老惜鸿才尚著书。”其他句云：“片雨前村过，微云半岭阴。”“故山解慰归人望，隔水先迎一髻青。”《清明》云：“忽忽春光过半时，浴蚕天气雨如丝。无端柳色侵书幌，忆着河桥折处枝。”

一二　锡山邹世楠过孟庙，梦悬对句云：“战国风趋下，斯文日再中。”觉而异之。遍观廊庑，无此十字。后数年过苏州，得黄野鸿集读之，乃其集中句也。岂孟子爱之，而冥冥中书以自娱耶？田实发《题孟庙》云：“孔门功冠三千士，周室生虚五百年。”似逊黄作。黄以论诗忤沈归愚，故吴人多摈之。然其佳句，自不可掩。《夜归》云：“儿童喧笑各纷纷，未解灯前刺绣纹。夜半醉归人不觉，叩门独有老妻闻。”

一三　在都，余与金质夫文淳、裘叔度曰修居最相近。金棋劣于裘，而偏欲饶裘。金移居，裘以诗贺云：“追趋秘阁两年余，一日何曾赋索居？雪苑对裁新著稿，风帘同校旧抄书。吟简惠我宁嫌数，棋局饶人实自誉。早有声华传白下，故知名士定无虚。”余作七古一首，中四句云：“我愿同年如春树，枝枝叶叶相依附。不愿同年如落花，鸾漂凤泊飞天涯。”裘读而叹曰：“子才终竟有性情。”呜呼！此皆四十年前事。今裘官至尚书，声施赫奕；而质夫为太守，两遭罪遣，谪戍以死。岂亦如花之飞茵飞溷，各有前因耶？金死后，余搜其遗诗，了不可得；仅得其《游张园》云：“绿杨门外板桥横，新水如船接岸平。三月春寒花尚浅，一帘烟重雨初成。攲危瘦竹扶衰步，高下疏畦入晚晴。莫便酒阑催晚棹，野怀吾欲与鸥盟。”《偶成》云：“一虫吟到晓，两客淡无言。”

批注：金文淳，字质夫，翰林出身，后官锦州太守。

裘曰修（1712—1773），字叔度，新建（今属南昌）人。历官礼、工、刑部尚书。

一四 阎百诗云："百里不同音，千年不同韵。《毛诗》凡韵作某音者，乃其字之正声，非强为押也。"焦氏《笔乘》载：古人"下"皆音"虎"：《卫风》云"于林之下"，上韵为"爰居爰处"；《凯风》云"在浚之下"，下韵为"母氏劳苦"；《大雅》云"至于岐下"，下云"率西水浒"。"服"皆音"迫"：《关雎》云："寤寐思服"，下韵为"辗转反侧"；《候人》云"不濡其翼"，下句为"不称其服"；《离骚》云"非时俗之所服"，下句为"依彭咸之遗则"。"降"皆音"攻"：《草虫》云"我心则降"，下句为"忧心忡忡"；《旱麓》云"福禄攸降"，上韵为"黄流在中"。"英"皆音"央"：《清人》云"二矛重英"，下句为"河上乎翱翔"；《有女同车》云"颜如舜英"，下句为"佩玉将将"；《楚词》云"华采衣兮若英"，下句为"烂昭昭兮未央"。"风"皆读"分"：《绿衣》云"凄其以风"，下句为"实获我心"；《晨风》云"鴥彼晨风"，下句为"郁彼北林"；《烝民》云"穆如清风"，下句为"以慰其心"。"忧"皆读"喓"：《黍离》云"谓我心忧"，上句为"中心摇摇"；《载驰》云"我心则忧"，上句为"言至于漕"；《楚词》云"思公子兮徒离忧"，上韵为"风飒飒兮木萧萧"。其他则"好"之为"吼"，"雄"之为"形"，"南"之为"能"，"仪"之为"何"，"宅"之为"托"，"泽"之为"铎"：皆玩其上下文，及他篇之相同者，而自见。"风"字，《毛诗》中凡六见，皆在"侵"韵，他可类推。朱子不解此义，乃以后代诗韵，强押《三百篇》，误矣！至于"委蛇"二字有十二变，"离"字有十五义，"敦"字有十二音：徐应秋《谈荟》言之甚详。

一五 王氏《续通考》言："唐武夷山人吴棫深恶沈约、周颙之韵，以为穿凿无理。乃稽考《毛诗》《周易》《尚书》，而别为韵书，分'麻''遮'、'归''飞'为二，合'东''冬'、'江''阳'为一。"予以为此《洪武正韵》之先声也。然积习已久，虽帝王之力，尚不能挽；况其下乎？文公逆祀，去者三人；定公顺祀，叛者三人。商鞅废井田而天下怨，王莽复井田而天下怨。一改旧习，人以为怪。从前解经者，河北宗王，河南宗郑。今之经解，专宗程、朱，亦《诗韵》类耳。

一六 山左朱文震，字青雷，在慎郡王藩邸；善画，能诗，兼工篆刻。偶宿随园，为镌小印二十余方。余惊其神速。君笑曰："以铁画石，何所不靡？凡迟迟云者，皆故作身份耳。"记其《红桥晚步》云："西风开遍野棠花，垂柳丝丝数点鸦。多少画船归欲尽，夕阳偏恋玉钩斜。”《过扬子江》云：“笑对篷窗酒一罂，黄梅时节恰扬舲。凭君说尽风波恶，贪看金、焦漫不听。”《雨霁》云：“雨霁碧天阔，夕阳蝉复吟。偶然行树下，余点湿衣襟。”

一七 杨公子揩，父笠湖公，刺邛州。公子自任上归，其弟蓉裳索蜀中土宜。公子赠蜀椒、雅莲，附诗云：“宦久并无囊，土物置何许？且开药笼看，赠子辛与苦。”有《雨后》一联云：“坐吹紫玉树声杂，行近白莲人影香。”《渔父词》云：“若使樵青绝世，闲身愿作渔童。”

一八 随园西有放生庵。余偶至其地，见僦居一寒士，衣敝履穿，几上有诗稿，题是《夏日杂吟》，云：“香焚宝鸭客吟哦，万轴牙签手遍摩。此事未知何日了，著书翻恨古人多。”余惊问姓名。曰：“丁珠，字贯如，怀宁人，访亲不值，流落于此。”因小有馈赠，劝其攻诗。作札，荐与安庆太守郑公时庆。郑拔作府案首入学，次年即举乡试。记其《遣怀》云：“我口所欲言，已言古人口。我手所欲书，已书古人手。不生古人前，偏生古人后。一十二万年，汝我皆无有。等我再来时，还后古人否？”《咏淮阴侯》云：“淮阴当穷时，乞食一饿殍。及其封王后，被诛尤草草。穷不能自保，达不能自保：万古称人杰，为之一笑倒。”陈古渔尤爱其“江心浪险鸥偏稳，船里人多客自孤”之句。

批注：袁枚有教无类，无愧为“广大教化主”之称。

一九 乙酉乡试，徽州汪秀才廷昉，以诗受业。《路过淳安》云：“扁舟一叶枕江滨，邑小如村俗尚淳。出郭千家围竹木，浪游五日识风尘。云垂有脚疑成雨，水落无声欲断津。偻指故园归信早，天涯极目倚闾人。”俄而竟以丁忧归。

二〇 卢抱经学士，有《张迁碑》，拓手甚工。其同年秦涧泉爱而乞之，卢不与。一日，乘卢外出，入其书舍，攫至袖中。卢知之，追至半途，仍篡取还。未半月，秦暴亡。卢往奠毕，忽袖中出此碑，哭曰：“早知君将永诀，我当时何苦如许吝耶？今耿耿于心，特来补过。”取帖出，向灵前焚之。予感其风义，为作诗云：“一纸碑文赠故交，胜他十万纸钱烧。延陵挂剑徐君墓，似此高风久寂寥。”

批注：卢文弨（1717—1795），字召弓，号矶渔等，其堂颜“抱经”，人称抱经先生。仁和（今浙江杭州）人。官至侍读学士。著名校勘家。有《抱经堂文集》等。

秦大士（1714—1777），字鲁一，号涧泉，金陵（今江苏南京）人。乾隆年间状元，官至侍讲学士。袁枚弟子。

二一　卢抱孙先生转运扬州，名流毕集，极东南坛坫之盛。己卯十月，余饮署中，见其少子谟，年甫十五六，玉雪可念。后三十年，家籍没矣。公子虽举孝廉，而飘泊无归。《上渤海公》二首，云："城旦余生剩藐孤，十年飘泊到江湖。桐花久堕怀中羽，香饭谁抛屋上乌？踽踽葛衣留冻骨，栖栖蹇足耐征途。年来鸡鹜同争食，不是当年小凤雏。""拂拭知谁眼独青？褵褷弱鸟许梳翎。量来碧海输愁浅，嗅到黄粱感涕零。将母谁怜栖逆旅？忍饥犹勉诵残经。箫声吹彻吴门市，敢望山阳旧雨听？"

二二　用巧无斧凿痕，用典无填砌痕，此是晚年成就之事。若初学者，正要他肯雕刻，方去费心；肯用典，方去读书。

批注：学诗须循序渐进。

二三　宝山范秀才起凤，字瘦生，有诗癖。《咏梅》云："微月云际升，独鹤踏花影。"又："风急众香齐渡水，夜深孤月独当天。"皆可喜也。万华峰应馨赠云："瘦真同鹤立，命若与仇谋。"其困踬可想。《送别》云："酒惟可化当前泪，诗尚能传别后情。"《咏桃源》云："树木自生无税地，子孙常读未烧书。""避地不知谁日月，成仙可惜废君臣。"范后遭奇祸，竟得脱免，终落托以死。

二四　吴下进士苏汝砺，宰黄陂。有句云："水面星疑落，船头树似行。"与宋人"山远疑无树，湖平似不流"相似。吾乡王麟徵有句云："鸟翻仍恋树，波定尚摇人。"与宋人"窥鱼光照鹤，洗钵影摇僧"相似。李铁君："斗禽双堕地，交蔓各升篱。"与唐人"惊蝉移别树，斗雀堕闲庭"相似。

二五　诗情愈痴愈妙。红兰主人《归途赠朱赞皇》云："大漠归来至半途，闻君先我入京都。此宵我有逢君梦，梦里逢君见我无？"许宜媖《寄外》云："柳风梅雨路漫漫，身不能飞着翅难。除是今宵同入梦，梦时权作醒时看。"

批注：情"痴"，即情真、情深之极也。

二六　吴竹桥太史见访湖上，赠诗，有"湖气逼人将上楼"之句。范瘦生《观梅太湖》亦云："湖光都欲上楼来。"两意相同。吴《题扬州天宁寺》云："铃声得露清如语，塔势随云远欲奔。"尤妙。

二七　欧公学韩文，而所作文，全不似韩：此八家中所以独树一帜也。公学韩诗，而所作诗颇似韩：此宋诗中所以不能独成一家也。

批注："学"而"不似"，乃学精神；"学"而"颇似"，乃得皮毛。

二八　七律始于盛唐，如国家缔造之初，宫室粗备，故不过树立架子，创建规模；而其中之洞房曲室，网户罘罳，尚未齐备。至中、晚而始备，至宋、元而愈出愈奇。明七子不知此理，空想挟天子以临诸侯；于是空架虽立，而诸妙皆捐。《淮南子》曰："鹦鹉能言，而不能得其所以言。"

批注：明七子倡言"诗必盛唐"，而七律至唐"中、晚始备"，则其所仿七律还是"空架"而无"诸妙"。

二九　朱竹君以学士降编修，分校得老名士程鱼门，京师传为佳话。殁后，张中翰埙哭以一律，后四句云："丹旐书铭前学士，青山送葬老门生。从今前辈无人哭，拼与先生泪尽倾。"瘦铜诗多雕刻，而此独沉着。

三〇　郑板桥爱徐青藤诗，尝刻一印云："徐青藤门下走狗郑燮。"童二树亦重青藤，《题青藤小像》云："抵死目中无七子，岂知身后得中郎？"又曰："尚有一灯传郑燮，甘心走狗列门墙。"

批注：徐青藤，指明徐渭，号青藤。中郎，指明袁宏道，字中郎，公安派主将。二人论诗皆主性灵，为袁枚前驱。

三一　二树名钰，山阴诗人。幼时，女史徐昭华抱置膝上，为梳髻课诗；及长，少所许可。独于随园诗，矜宠太过。奈从未谋面。今春在扬州，特渡江见访。适余游天台，相左。嗣后，寄声欲秋间再来。余以将往扬州，故作札止之。旋为他事滞留。到扬时，则童已殁十日矣。闻其临终时，帘开门响，都道余之将至也。故余入哭，作挽联云："到处推袁，知君雅抱千秋鉴；特来访戴，恨我偏迟十日期。"童病中梦二叟，自称紫阁真人、浮白老人，手牵鹤使骑。童辞衣装未备。真人晓以诗曰："昔从赤身来，今从赤身去。一丝且莫挂，何论麻与絮？不若五铢衣，随风自高举。"童答云："多谢群真招我归，殷勤持赠五铢衣。相从化鹤吾真愿，要傍先人陇上飞。"吟毕，求宽期。紫阁真人立二指示之。果越二十日而卒。

二树临终，满床堆诗，高尺许；所以殷殷望余者，为欲校定其全稿而加一序故也。余感其意，为编定十二卷、作序外，录其《黄河》云："一气直趋海，中含万古声。划开神禹甸，横压霸王城。几见荣光出，刚逢彻底清。浮槎如可借，应犯斗、牛行。"《金山》云："三山名胜岂寻常？彼岸居然一苇航。重叠楼台知地少，奔腾江海觉天忙。梵音只许鱼龙听，佛面时分水月光。回首蓬莱应不远，几声长啸极苍茫。"五言如："落花随棹转，隔树看山移。""蚁闲缘水过，蜂健负花归。""山远云平过，天空月直来。"《观潮》云："一气自开辟，众星相动摇。"《齿落》云："无烦重漱石，所恨不关风。"七言如："秋声如雨不知处，落月带霜还照人。""风梅落纸画犹湿，松雪扑弦琴一鸣。""客感每从孤馆集，老怀常觉暮秋多。""茶声响杂花梢雨，帘影晴通竹坞烟。""讵有庚寅同正则？敢夸丁卯是前生。""花犹解媚开如笑，水不忘情去有声。"皆可传也。二树画梅，题七古一篇，叠"须"字韵八十余首，神工鬼斧，愈出愈奇。余雅不喜叠韵，而见此诗，不觉叹绝。易箦时，令儿扶起，画梅赠我。梅成，题诗三句，而气绝矣。余装潢作跋，传子孙，以表不识面之交情，拳拳如此。

批注：童二树一生钦慕袁枚，而未与袁谋面即卒，其遗憾之情可知。由此亦可见袁枚当时影响之一斑。

袁枚作《童二树诗序》，见《小仓山房文集》卷二十八；又《童二树先生墓志铭》，见《小仓山房文集》卷二十六。

三二　芜湖观察张莨亭先生，性耽风雅，工诗善书。有《散步》一首云："霜林落叶点人衣，散步郊原趁夕晖。禾熟更经新雨润，雀驯常傍旧檐飞。余霞近水添红艳，远岫排空接翠微。洗却纤尘天宇近，闲吟不觉带星归。"乙酉秋，来江宁监试。余以竹叶裹粽馈之，附诗云："劝公莫负便便腹，不嚼红霞嚼绿云。"公和云："倘得携筇亲奉访，管教嚼尽岭头云。"

三三　汉军董元镜，在京师市上买端砚，中有黄气一缕，即《砚谱》中所谓"黄龙"也。旁题云："虽有虹贯日，竟无客入秦。可怜易水上，愁杀白衣人。"

三四　尹文端公于近体诗，推敲最细。尝招陈太常星斋、申副宪笏山小集。申和"廉"字云："得天厚只论诗刻，待客丰惟自奉廉。"余按宋人亦有句云："诗律伤严似寡恩。"

三五　唐有无名氏诗云："烈风拔大树，未拔根已露。上有寄生草，依依犹未悟。"明季国事危矣，姚雪庵大司马在朝，有友画猴儿抱藤眠枯树上寄之，题云：

“猴儿要醒而今醒，莫待藤枯树倒时。”

三六　白门张启人句云：“书为重看多折角，诗因待酌暂存双。”陈古渔亦有句云：“却恐好书轻看过，折将余页待明朝。”

批注：写出人人共有之意，好诗！

三七　桐城张文端公，贺同馆翰林某新婚云：“坐对玉人无辨处，只分云鬓与花钿。”可想见其人之美。余，故史文靖公门生，而其子抑堂少司马，则儿女亲家也。壬寅二月，访抑堂于溧阳，席间出文靖公《玉堂归娶图》，命题。画美少年骑马、行亲迎礼于扬州许氏。事在康熙庚辰，公才十九岁，至今八十余年矣。抑堂笑谓余曰：“亲家当日亦系翰林归娶。何不归娶人题《归娶图》乎？”卷中前辈诗之最佳者：郭元釪云：“彩灯十道簇香轮，花满游缨踏路尘。似有路人传盛事，公然许史是天亲。”徐葆光云：“华灯夹道拥鸣驺，诏许乘鸾衣锦游。十里珠帘春尽卷，谁家少妇不登楼？”蒋仁锡云：“宴罢红绫乐事赊，翩翩走马帽檐斜。似闻却扇先私语，谁夺迎门利市花？”余题四绝，末一首云：“愧作彭宣拜后堂，绝无衣钵继安昌。算来只有归迎事，曾学黄粱梦一场。”

批注：乾隆四年（1739），袁枚中进士入翰林院，恩师为尹继善。次年改为史贻直，其字敬弦，号铁崖，谥文靖，溧阳（今属江苏）人。袁枚颇受其教益。但袁枚后来被尹继善荐为高邮州刺史，遭吏部驳回；吏部尚书即史贻直也。真乃“成也萧何，败也萧何”。

三八　人问：“妓女始于何时？”余云：“三代以上，民衣食足而礼教明，焉得有妓女？惟春秋时，卫使妇人饮南宫万以酒，醉而缚之。此妇人当是妓女之滥觞。不然，焉有良家女而肯陪人饮酒乎？若管仲之女闾三百，越王使罢女为士缝衽：固其后焉者矣。”戴敬咸进士，过邯郸，见店壁题云：“妖姬从古说丛台，一曲琵琶酒一杯。若使桑麻真蔽野，肯行多露夜深来？”用意深厚，惜忘其姓名。

批注：“卫”系“陈”之误。据《左传·庄十一年》：宋闵公大夫南宫万，弑闵公另立新君，宋国贵族败之，南宫万逃至陈国。陈国人使妇人饮之酒，醉而缚之，送还宋国。

三九　霞裳从余游琴溪归。次日，同游之盛明经复初以二律见投。余问：“盛公何句最佳？”霞裳应声云：“惟‘赤鲤去千载，青山留一峰’。”余曰：“然。果近太白。”后三日，路遇雨。霞裳曰：“偶得‘雨过湿云忙’五字。”余极称其得雨后云走之神，代作出句云：“风停干鹊噪。”家春圃观察曰：“‘噪’字对不过‘忙’字，为改‘喜’字。”霞裳《过鄱阳湖》云：“风能扶水立，云欲带山行。”亦佳。

批注：“风能扶水立，云欲带山行”，合“性灵说”字活、风趣之旨。

四〇 余在安庆许司狱席上，见小伶扇上画一白头翁，题曰：“山中一只鸟，独立心悄悄。所欢胡不来？相思头白了。”又《题蜡嘴鸟》云：“世味嚼来浑似蜡，莫教开口向人啼。”

四一 高文端公第七公子，字雨亭，从京师寄小照索题：画美少年，着缣单衣，坐松石上。余题就寄去，而公子死矣。其弟广德搜其遗稿，属余为序。录其《七夕》一首，云：“女伴穿针乞巧时，半弯新月动相思。天边星宿人间客，一样明朝有别离。”《咏柳》云：“柳色连溪碧，依依傍玉台。门前无知己，青眼为谁开？”又：“怀人随梦去，隔世带愁来。”皆不似富贵人语。

四二 有某以诗见示，题皆“雁字”“夹竹桃”之类。余谓之曰：“尊作体物非不工；然享宴者，必先有三牲五鼎，而后有葵菹蚳醢之供；造屋者，必先有明堂大厦，而后有曲室密庐之备。似此种题，大家集中非不可存；终不可开卷便见。韩昌黎与东野联句，古奥可喜。李汉编集，都置之卷尾：此是文章局面，不可不知。”

四三 凡作诗，写景易，言情难。何也？景从外来，目之所触，留心便得；情从心出，非有一种芬芳悱恻之怀，便不能哀感顽艳。然亦各人性之所近：杜甫长于言情，太白不能也；永叔长于言情，子瞻不能也。王介甫、曾子固偶作小歌词，读者笑倒，亦天性少情之故。

批注：“性灵说”最重诗“言情”。此情来自内心，情从心出，而诗自情生。

四四 甬东顾鉴沙，读书伴梅草堂，梦一严装女子来见，曰：“妾月府侍书女，与生有缘。今奉敕赉书南海，生当偕行。”顾惊醒，不解所谓。后作官广东，于市上买得叶小鸾小照，宛如梦中人，为画《横影图》索题。钱相人方伯有句云：“怪他才解吟诗句，便是江城笛里声。”余按：小鸾粤人，笄年入道，受戒于月朗大师。佛法：受戒者，必先自陈平生过恶，方许忏悔。师问：“犯淫否？”曰：“征歌爱唱《求凰曲》，展画羞看《出浴图》。”“犯口过否？”曰：“生怕泥污嗤燕子，为怜花谢骂东风。”“犯杀否？”曰：“曾呼小玉除花虱，偶挂轻纨坏蝶衣。”

批注：明代有叶小鸾（1616—1632），字琼章，一字瑶期，吴江（今属江苏）人。工部郎叶绍袁季女。母沈宜修。母女皆著名才女。但此条曰“小鸾粤人，笄年入道”云云，当是与明叶小鸾同姓名者。

四五　余在杭州，杭人知作《诗话》，争以诗来，求摘句者，无虑百首。余只爱朱亦钱《春晚书怀》云：“春当三月原如客，人过中年欲近僧。”沈菊人一联云：“双雀露浓移别树，孤萤风静引归人。”福建女子林氏《贺黄莘田重赴鹿鸣》云：“丹桂花开六十秋，振衣人到广寒游。嫦娥细认曾相识，前度人来竟白头。”

批注：袁枚编《随园诗话》声传遐迩，实为诗坛一大事，清代其他人诗话无法比拟。

四六　周德卿之言曰：“文章徒工于外者，可以惊四筵，不可以适独坐。”斯言也，余颇非之。文章非比阴德，不求人知。景星庆云，明珠美玉，谁不一见即知宝贵哉？吟蛩唧唧，呓语愔愔，彼虽自鸣得意，岂足传之不朽？得之虽苦，出之须甘；出人意外者，仍须在人意中：古名家皆然。况四座之惊，有知音，有不知音；独坐之适，有敝帚之享，有寸心之知：不可一概而论。

批注：“得之虽苦，出之须甘”，谓创作构思艰苦，表现要令人容易接受；“出人意外者，仍须在人意中”，谓作品的艺术效果，既令读者惊奇，又使读者共鸣。

四七　司空表圣论诗，贵得味外味。余谓今之作诗者，味内味尚不能得，况味外味乎？要之，以出新意、去陈言，为第一着。《乡党》云：“祭肉不出三日；出三日，则不食之矣。”能诗者，其勿为三日后之祭肉乎！

批注：司空图（837—908），字表圣，河中虞乡（今山西永济）人。晚唐诗人。有《二十四诗品》等。

四八　博士卖驴，书券三纸，不见“驴”字，此古人笑好用典者之语。余以为：用典如陈设古玩，各有攸宜：或宜堂，或宜室，或宜书舍，或宜山斋；竟有明窗净几，以绝无一物为佳者，孔子所谓“绘事后素”也。世家大族，夷庭高堂，不得已而随意横陈，愈昭名贵。暴富儿自夸其富，非所宜设而设之，置槭窬于大门，设尊罍于卧寝：徒招人笑。吴西林云："诗以意为主，以辞采为奴婢。苟无意思作主，则主弱奴强；虽僮指千人，唤之不动。古人所谓诗言志，情生文，文生韵：此一定之理。今人好用典，是无志而言诗；好叠韵，是因韵而生文；好和韵，是因文而生情。儿童斗草，虽多亦奚以为！"

批注：袁枚虽主张诗"一味白描神活现"，但并不排斥用典。关键是该用则用，用宜恰到好处，忌讳"自夸其富"，以词害意。

袁枚《续诗品·崇意》："意似主人，辞如奴婢。主弱奴强，呼之不至。"当从吴西林语化出。

四九　欲作佳诗，先选好韵。凡其音涉哑滞者、晦僻者，便宜弃舍。"葩"即"花"也，而"葩"字不亮；"芳"即"香"也，而"芳"字不响：以此类推，不一而足。宋、唐之分，亦从此起。李、杜大家，不用僻韵；非不能用，乃不屑用也。昌黎斗险，掇《唐韵》而拉杂砌之，不过一时游戏：如僧家作盂兰会，偶一布施穷鬼耳。然亦止于古体、联句为之。今人效尤务博，竟有用之于近体者：是犹奏雅乐而杂侏儒，坐华堂而宴乞丐也，不已慎乎！

批注：袁枚《续诗品·择韵》诗，称"韵八千字，人何乱探"，"勿瓦缶撞，而铜山鸣"，主张选韵，韵要自然，可以参照。

五〇　唐人近体诗，不用生典：称公卿，不过皋、夔、萧、曹；称隐士，不过梅福、君平；叙风景，不过"夕阳""芳草"；用字面，不过"月露风云"：一经调度，便日月崭新。犹之易牙治味，不过鸡猪鱼肉；华佗用药，不过青粘漆叶：其胜人处，不求之海外异国也。余《过马嵬吊杨妃》诗曰："金舄锦袍何处去？只留罗袜与人看。"用《新唐书·李石传》中语，非僻书也，而读者人人问出处。余厌而删之，故此诗不存集中。

批注：诗用熟典，不用生典。但熟典要用出新意乃佳。

五一　王梦楼云："词章之学，见之易尽，搜之无穷。今聪明才学之士，往往薄视诗文，遁而穷经注史。不知彼所能者，皆词章之皮面耳。未吸神髓，故易于决舍；如果深造有得，必愁日短心长，孜孜不及，焉有余功，旁求考据乎？"予以为君言是也。然人才力各有所宜，要在一纵一横而已。郑、马主纵，崔、蔡主横，断难兼得。余尝考古官制，捡搜群书，不过两月之久；偶作一诗，觉神思滞塞，亦欲于故纸堆中求之。方悟著作与考订两家，鸿沟界限，非亲历不知，或问：“两家孰优？”曰：“天下先有著作，而后有书；有书而后有考据。著述始于三代‘六经’，考据始于汉、唐注疏。考其先后，知所优劣矣。著作如水，自为江海；考据如火，必附柴薪。‘作者之谓圣’，词章是也；‘述者之谓明’，考据是也。”

批注：亲历考据与著述实践，袁枚更有深切体会；著述在先，考据在后；著述可自立，考据须依赖。两者何优何劣，不言自明。

五二　余任江宁时，送尹文端公移督广州，云：“天上本无常照月，人间还有再来春。”未五年，果仍督江南。

五三　元相称韩舍人诗：“欲得人人服，能教面面全。”又曰：“玉磬声声彻，金铃个个圆。”韩舍人，即昌黎也。昌黎硬语横空，而元相以此二联称之。此中消息，非深于诗者不知。

批注：元相，即唐诗人元稹也，因其曾拜平章事，居相位三月，故称。

五四　怀古诗，乃一时兴会所触，不比山经、地志，以详核为佳。近见某太史《洛阳怀古》四首，将洛下故事，搜括无遗，竟有一首中，使事至七八者。编凑拖沓，茫然不知作者意在何处。因告之曰：“古人怀古，只指一人一事而言，如少陵之《咏怀古迹》：一首武侯，一首昭君，两不相羼也。刘梦得《金陵怀古》，只咏王濬楼船一事，而后四句，全是空描。当时白太傅谓其‘已探骊珠，所余鳞甲无用’。真知言哉！不然，金陵典故，岂王濬一事？而刘公胸中，岂止晓此一典耶？”

批注：怀古诗，亦缘于一时兴会，无须于作诗前搜罗无数故事，填砌典故。

五五　松江有徐媛者，十峰先生之女。黄石牧太史述其《续绣余集》一绝云：“仰视天无星，俯视月如霜。月正人影短，月斜人影长。”其母张夫人能诗，所云《续绣余》者，以母夫人先有此集名也。

五六　黄石牧太史未遇时，馆于青浦盛氏。范笏溪先生访之，为阍人所阻，懊恼而返。华亭至青浦，已百里矣。黄知之，深不自安。赠诗云：“高鸿渺渺过无迹，凡鸟匆匆去未题。妒杀绿杨丝万缕，曾牵范舸在长堤。”后海宁陈文简公延石牧于家，范所荐也。范于黄为先辈。范卒后，黄为序其《四香楼诗集》，而述其在叶忠节公席上《赠欠山》诗云："有客夜归迷旧路，隔村树黑远疑山。"

批注：黄之隽（1668—1748），字石牧，号㾮堂，江苏华亭（今上海松江）人。康熙进士，雍正编修、福建督学。戏剧家、诗人。有《四才子》杂剧、《㾮堂集》等。

五七 余幼时家贫，除"四书""五经"外，不知诗为何物。一日，业师外出，其友张自南先生携书一册，到馆求售，留札致师云："适有亟需，奉上《古诗选》四本，求押银二星：实荷再生，感非言罄。"予舅氏章升扶见之，语先慈曰："张先生以二星之故，而词哀如此，急宜与之。留其诗可，不留其诗亦可。"予年九岁，偶阅之，如获珍宝：始《古诗十九首》，终于盛唐。伺业师他出，及岁终解馆时，便吟咏而摹仿之。呜呼！此余学诗所由始也。自南先生其益我不已多乎！

批注：自述学诗始于九岁，正式接触古代经典之作。其另有《童戏四咏八岁作》（见《随园集外诗》）。此处"九岁"或系"八岁"之误记。

五八 阮亭尚书自言一生不次韵，不集句，不联句，不叠韵，不和古人之韵。此五戒，与余天性若有暗合。

批注：袁枚与王士禛本有相通之处。

五九 甲辰秋，余在广州，有传蒋苕生物故者。未几，接苕生手书，方知讹传。到桂林，告岑溪令李献乔明府。李喜，《口号》一绝云："狂生有待两公裁，未便先期一岳摧。岂为路逢章子厚，端明已自道山回。"李心折袁、蒋两家诗，与赵云松同癖。

六〇 余在桂林，淑兰女弟子偶过随园，题壁见怀云："为访桃源偶驻车，仙云何处落天涯？喜看几笔簪花字，犹领春风护绛纱。""几度蒙招未得过，居然人似隔天河。偷公朝考句。非关学得嵇康懒，半为风多半病多。"

六一 戊辰秋，余宰江宁，将乞病归；适长沙陶士璜方伯调任福建，路过金陵，谓余曰："子现题升高邮州，宪眷如此；年方三十，忽有世外之志，甚非所望于贤者也。"余虽未从其言，而至今感其意。甲辰在广州，遇方伯之孙，诵乃祖《买书歌》曰："十钱买书书半残，十钱买酒酒可餐。我言舍酒僮曰'否'，咿唔万卷不疗饥。斟酌一杯酒适口，我感僮言意良厚。酒到醒时愁复来，书堪咀处味逾久。淳于豪饮能一石，子建雄才得八斗。二事我俱逊古人，不如把书聊当酒。虽然一编残字半蠹鱼，区区蠡测我真愚！秦灰而后无完书。”

批注：“题升高邮州”事并未实现，此亦袁枚辞官原因之一也。

六二 同年李湖，字又川，巡抚广东，以清严为政。舆人歌云：“广东真乐土，来了李巡抚。”圣眷甚隆，而积劳成疾。薨时，香亭往送入殓，见公面目手足作黄金色，光耀照人，亦一奇也！巡抚贵州，《入境口号》云：“双旌遥指贵阳城，紫盖红旗夹道迎。自愧书生当重任，不知何以报升平。”

批注：“李，江西人。时吾近族巴延三为粤督。李见其忠厚无能，遂一意以地方事自任，公正廉明，广东大治。”（批本语）

六三 周栎园论诗云：“学古人者：只可与之梦中神合，不可使其白昼现形。”至哉言乎！

批注：学古人要不露痕迹方妙。

六四 乙丑，余宰江宁。有张漱石名坚者，持故人陈长卿札，求见，赠云：“他年霖雨知何处？记取烟波有钓徒。”后岁丙子，同杨洪序来随园，年七十余，喜所居不远，月下时时过从。别三十年，杳无音耗。丙午二月，过洪武街，遇老人，乃其子也；方知先生八十三岁，委化陕中。为黯然者久之。次日，其子抱先生全集，属为点定。《偶成》云：“细雨潇潇欲晓天，半床花影伴书眠。朦胧正作思乡梦，隔院棋声落枕边。”鄂文端公为苏藩司，选《南邦黎献集》，擢君第三。

六五 苕生携妇游摄山，余寄诗调之。苕生答云：“樵夫汲妇互穿云，老佛低眉苦不分。客路偶然携眷属，游踪未必感星文。漫劳史笔传佳语，却被山灵识细君。谁与洪崖描小影？鹿皮冠伴水田裙。”

批注：蒋士铨（苕生）称袁枚为“诗佛”，而自称“诗仙”。参见《随园诗语补遗》卷三。

六六 余得绍兴十八年《题名碑》，朱子乃五甲进士也。王葑亭中翰戏题云：“若使当时无五甲，先生也合落孙山。”朱子小名沈郎，亦载碑中。

批注：朱子，朱熹也。

六七　武将能诗，皆由天授。刘大刀名綎，本姓龚，湖广人。其七世孙某来作江宁都司，诵其先人遗句云："剪发接缰牵战马，拆袍抽线补旌旗。胸中多少英雄泪，洒上云蓝纸不知！"戚继光亦有警句云："风尘已老塞门臣，欲向君王乞此身。一夜秋霜零短鬓，明朝不是镜中人！"

六八　乾隆丙辰，唐公莪村为太常寺卿。余鸿词报罢后，袖诗走谒。公奇赏之。次日，即托其西席朱君佩莲道意，欲以从女见妻。余以聘定辞，公为惋惜。至今感不能忘，垂五十年矣。甲辰到端州，见公《赠关庙瑞公上人》一律云："何因来古寺？冷落二年羁。性拙宜僧朴，身危仗佛慈。险夷无定象，梦幻有醒时。一笑成今别，前途最汝思。"纸尾注云："甲子冬，缘事来肇庆，羁栖二年。今丙寅夏，将之任山左，赋诗留别。"盖公任广西方伯时，待鞫到此所作；后巡抚江西，三仕三已，以官寿终。名绥祖，扬州人。

六九　余过永州，时值冬月，远望秃树上立数鹭鸶，疑是木兰花开，方忆戴雪村先生"高湍散作低田雨，白乌栖为远树花"二句之妙。

七〇　周元公云："白香山诗似平易；间观所存遗稿，涂改甚多，竟有终篇不留一字者。"余读公诗云："旧句时时改，无妨悦性情。"然则元公之言信矣。

批注：好诗不厌改，乃创作规律。袁枚《续诗品》有《勇改》篇。

七一　王荆公矫揉造作，不止施之政事也。王仲圭"日斜奏罢《长杨赋》，闲拂尘埃看画墙"句，最浑成。荆公改为"奏赋《长杨》罢"，以为如是乃健。刘贡父"明日扁舟沧海去，却从云里望蓬莱"，荆公改"云里"为"云气"，几乎文理不通。唐刘威诗云："遥知杨柳是门处，似隔芙蓉无路通。"荆公改为"漫漫芙蓉难觅路，萧萧杨柳独知门"。苏子卿《咏梅》云："只应花是雪，不悟有香来。"荆公改为"遥知不是雪，为有暗香来"。活者死矣，灵者笨矣！

批注：袁枚一直不肯放过王安石，对其"矫揉造作"深恶痛绝。

七二　余游南岳，往谒衡山令许公。其仆人张彬者，沅江人，年二十许，见余名纸，大喜，奔告诸幕府，以得见随园叟为幸。既而许公招饮，命彬呈所作诗，有"湖边芳草合，山外子规啼""远岫碧云高不落，平湖萤火住还飞"之句：果青衣中一异人也。性无他嗜，酷好吟咏：主人赏婚费，乃不聘妻，而尽以买书。

七三　全祖望字谢山，以丙辰春闱先入词馆，故九月间不与鸿博之试。丁巳散馆外用，谢山不乐，赋诗呈李穆堂侍郎云：“生平坐笑陶彭泽，岂有牵丝百里才？秫未成醪身已去，先几何待督邮来？”有乩仙传谢山为钱忠介公后身者，故有《举子》诗云：“释子语轮回，闻之辄加嗔。有客妄附会，云我具夙根。琅江老督相，于我乃前身。一笑妄应之，燕说谩云云。”按谢山年三十六，方娶满洲学士春台之女，逾年举子。时忠介公后人名芍亭者，侵晨入贺。谢山惊曰：“何知之神耶？”芍亭曰：“夜来寒影堂中，不知何人扬言曰：‘谢山得子。’故来贺耳。”此事，朱心池为余言之。余悔在都见谢山时，不曾一问。

批注：全祖望（1705—1755），字绍衣，号谢山（按：袁枚误为字），鄞县（今浙江宁波）人。浙东史学家。有《鲒埼亭集》等。

七四 余在粤，自东而西，常告人曰：“吾此行，得山西一人、山东一人。”山西者，普宁令折君遇兰，字霁山；山东者，岑溪令李君宪乔，字义堂。二人诗有风格，学有根柢，皆风尘中之麟凤也。折君见赠五首，录其二云：“南国多芙蓉，北地饶冰雪。风土固自殊，气类有差别。如何邂逅间，投契若符节？兰馨蕙自芬，松茂柏乃悦。物理有如斯，心知不容说。”“经年废吟咏，对客类喑哑。岂无风人怀？所嗟和者寡。今逢袁夫子，方寸有炉冶。只字精搜罗，箧衍重包裹。敬宗讵不聪？能知世有我。自惭苦窳姿，一顾成硕果。于我虽无加，益以成公大。谁能充是心，用以宰天下？”李君于余起行时，道送不及，到泉州后寄诗云：“岸边双树林，来对兀沉沉。挂席去已远，别醪空自斟。烟寒过客少，江色暮楼深。谁识此时际，寥寥千载心？”《湘上》云：“孤月无人处，扁舟先雁来。”皆高淡可喜。

批注：袁枚一生爱诗、爱诗人，出行亦不例外，此其所以成为大家也。

七五 己亥三月，小住西湖。有李明府名天英者，号蓉塘，四川诗人，时来见访。录其《雪后寄施南田》云：“雪汁初融瓦，寒光已在天。大江回望处，清影两萧然。忽发山阴兴，思乘访戴船。风涛夜未息，目断小姑前。”他如：“远梦摇孤榜，残星落酒旗。”“野鸥时避桨，旅雁自为群。”李松圃郎中称其诗有奇气。信然。

七六 金陵闺秀陈淑兰，受业随园，绣诗见赠云：“侬作门生真有幸，碧桃种向彩云边。”张秋崖孝廉见而和云：“书生未列扶风帐，惭愧佳人赋彩云。”秋崖诗笔清雅，《邺城九日》句云：“枫叶落残孤阁雨，菊花开尽故乡心。”

七七 明郑少谷诗学少陵，友林贞恒讥之曰：“时非天宝，官非拾遗，徒托于悲哀激越之音，可谓无病而呻矣！”学杜者不可不知。

批注：岂止“学杜者不可不知”！

七八 康熙间，杭州林邦基妻曾如兰能诗。邦基死，招之相从。曾矢之曰：“有如皎日。”后立其兄子光节，葬毕舅姑，吞金而亡。吟诗曰：“镜里菱花冷，三年泪未干。已终姑舅老，复咽雪霜寒。我自归家去，人休作烈看。西陵松柏古，夫子共盘桓。”一时和者数百人。未死前十日，先具牒钱塘令周公。周加批，用骈语慰留之，竟不从而死。可谓从容之至矣！

批注：袁枚赞赏殉夫之烈女曾如兰，可见其思想之封建意识一面。

七九 诗分唐、宋，至今人犹恪守。不知诗者，人之性情；唐、宋者，帝王之国号。人之性情，岂因国号而转移哉？亦犹道者人人共由之路，而宋儒必以道统自居，谓宋以前直至孟子，此外无一人知道者。吾谁欺？欺天乎？七子以盛唐自命，谓唐以后无诗，即宋儒习气语。倘有好事者，学其附会，则宋、元、明三朝，亦何尝无初、盛、中、晚之可分乎？节外生枝，顷刻一波又起。《庄子》曰：“辨生于末学。”此之谓也。

批注：诗分唐界宋，即所谓唐宋诗之争，始于南宋，至清愈演愈烈。袁枚调和唐、宋，根据即在于“诗者，人之性情”，性情不因国号而变。

八〇 余引泉过水西亭，作五律，起句云：“水是悠悠者，招之入户流。”隔数年，改为：“水澹真吾友，招之入户流。”孔南溪方伯见曰：“求工反拙，以实易虚，大不如原本矣！”余憬然自悔，仍用前句。因忆四十年来，将诗改好者固多，改坏者定复不少。

批注：一再称诗并非越改越好，此中道理耐人寻味。

八一 诗人用字，大概不拘字义。如上下之“下”，上声也；礼贤下士之“下”，去声也。杜诗：“广文到官舍，系马堂阶下。”又：“朝来少试华轩下，未觉千金满高价。”是借上声为去声矣。王维：“公子为嬴停四马，执辔愈恭意愈下。”是借去声为上声矣。

八二 时文之学，有害于诗；而暗中消息，又有一贯之理。余案头置某公诗一册，其人负重名。郭运青侍讲来，读之，引手横截于五七字之间，曰："诗虽工，气脉不贯。其人殆不能时文者耶？"余曰："是也。"郭甚喜，自夸眼力之高。后与程鱼门论及之，程亦韪其言。余曰："古韩、柳、欧、苏，俱非为时文者，何以诗皆流贯？"程曰："韩、柳、欧、苏所为策论应试之文，即今之时文也。不曾从事于此，则心不细，而脉不清。"余曰："然则今之工于时文而不能诗者，何故？"程曰："庄子有言：'仁义者，先王之蘧庐也；可以一宿，而不可以久处也。'今之时文之谓也。"

批注：八股时文与诗"有一贯之理"，堪称新见。但人若久耽于八股，其诗必不佳，必受其程式化影响。

八三　前朝番禺黎美周，少年玉貌，在扬州赋《黄牡丹》诗。某宗伯品为第一人，呼为"牡丹状元花主人"。郑超宗，故豪士也，用锦舆歌吹，拥"状元"游廿四桥。士女观者如堵。还归粤中，郊迎者千人。美周被锦袍，坐画舫，选珠娘之丽者，排列两行，如天女之拥神仙。相传：有明三百年真状元，无此貌，亦无此荣也。其诗十章，虽整齐华赡，亦无甚意思。惟"窥浴转愁金照眼，割盟须记赭留衣"一联，稍切"黄"字。后美周终不第，陈文忠荐以主事，监广州军，死明亡之难。《绝命词》云："大地吹黄沙，白骨为尘烟。鬼伯舐复厌，心苦肉不甜。"一时将士为之陨涕。此外，尚有"莲花榜眼"，其诗不传。

八四　广西岑溪县最小且僻，有诸生谢际昌者，送其邑宰李少鹤云："官贫归棹易，民爱出城难。"此生可谓阳山之区册矣。或《赠查声山宫詹》云："地高投足险，恩重乞身难。"

八五　甲戌春，余与张司马芸墅游栖霞，见僧雏墨禅，才七岁。其时，山最幽僻，游者绝稀，惟扬州商人构静室数间，春秋一到而已。自尹文端公请圣驾巡幸，乃增荣益观。方修葺时，余屡从公游，有"山似人才搜更出"之句。其时墨禅渐长成，花前灯下，时时以一联相示。随入京师。别十余载，丁未秋相见于紫峰阁下，则年已三十九矣。追谈往事，彼此怆然。诵其《盘山》诗云："偶来浮石上，疑是泛沧浪。一鸟堕寒翠，千峰明夕阳。无人垂钓去，有约看云忙。即此惬真赏，萧然世虑忘。"其他如："树随崖脚断，山到寺门深。""月白鸟疑昼，山空树欲秋。""树偏饶曲折，僧不碍逢迎。"皆可爱也。相别又一年，遽示寂而去。

八六　尹公三次迎銮。幽居庵、紫峰阁诸奇峰，皆从地底搜出，刷沙去土，至三四丈之深。所用朱龙鉴、庄经畬、潘涵等州县官，皆一时名士。又嫌摄山水少，故于寺门外开两湖，题曰“彩虹”“明镜”。余戏呈诗云：“尚书抱负何曾展？展尽经纶在此山。”

批注：“开山通河，费数百万，江南民力，三十年未能复元。此尹公之弊政也。”（批本语）袁枚诗亦有嘲笑之意。

八七 扬州四十年前，平山楼阁寥寥，沟水一泓而已。自高、卢两榷使，费帑无算，浚池篑山，别开生面，而前次游人，几不相识矣！刘春池有句云：“两堤花柳全依水，一路楼台直到山。”

批注：高、卢，即高溥、卢见曾也。

八八 山阴陶篁村得汪氏旧庄于葛岭下，葺而新之，自云：“诗不能写者，付之于画；画不能写者，付之于诗。”号曰泊鸥山庄。题云：“高士门庭云亦懒，荷花世界梦俱香。”四诗甫成，忽奉有官檄，占去养马，如催租人败兴一般。

八九 永州太守王蓬心，为麓台司农之后，工诗画。余游南岳，过永州，与其子访愚溪、钴母潭诸处；夕归，太守出小像索诗，而自画《芝城话旧图》见赠。题云：“一别东吴思旧雨，重来南楚鬓添霜。谈天犹是苏玉局，缩地难逢费长房。江水悠悠不知远，山风习习渐加凉。两人情态都如昨，作画吟诗爱夜长。”彼此落笔时，各挑灯倚几。蓬心笑谓余曰：“此夕光景，可似五十年前，同赴童子试耶？”记其书斋对联云：“岂易片言清积牍；还留一息理残书。”

批注：苏玉局，指苏轼，因其曾任玉局观提举，故称。费长房，东汉仙人名，有缩地术。

九〇 沈子大先生，梦至一处：上坐二儒者，皆姓周；素不识面，笑向沈云：“‘羲画破天烦妹补’，君可对之。”沈沉吟良久，忽唐孙华太史从外来，曰：“我代对‘羿弓饶月待妻奔’，何如？”两周为之拍手。唐字实君，沈之业师也。

九一 陈古渔尝为余诵“马过闻沙响，拖霜看雁飞”之句，余甚爱之。后知是曲沃诗人秦紫峰明府所作。紫峰有句云：“看花须看花盛时，盛时难再花亦知。”尤妙。紫峰与客观方竹，客戏云：“世有方竹无方人。”紫峰曰：“有。”问：“何人？”曰：“子贡。”问：“何以知之？”曰：“《论语》云：‘子贡方人。’”

九二　吾乡金长儒先生以时文名，世不知其能诗也。有人为述其《禹庙》云："授笈俨陪苍水使，奉香犹剩白头僧。"《晚步》云："打头黄叶忽飘坠，知是隔林松鼠来。"

九三　梅耦长《咏绿梅》云："闻说绿珠真绝世，我来偏见坠楼时。"归安有五亭山人者，姓吴，名斯洺，《咏桐子》云："堕地绿珠人不见，至今但觉画楼高。"二诗相似。又，《嘲牡丹》云："蝶使蜂媒齐用力，万花丛里看擒王。"可云奇绝。

批注：绿珠，晋人石崇爱妾。孙秀欲得绿珠陷害石崇，致使绿珠坠楼自杀。

九四　乾隆己未，余乞假归娶，诸公卿有送行诗册，题签者为吴江陆虔石先生。今五十余年矣。甲辰，其子朗夫，巡抚湖南。余从西粤过长沙，中丞款接甚殷，云："当初先人题签时，我年才十七，侍旁磨墨。"余感其意，到家寄诗谢之。不料诗未到，而中丞已亡。仅传其《梦中自赠》云："能开衡岳千重云，只饮湘江一杯水。"至今楚人受德者，挥泪诵之。名曜，吴江人。

九五　苏州惠天牧先生，督学广东，训士子以实学；一时英俊，多在门墙。去后，人立生祠，如潮州之奉韩愈也。先生以《珠江竹枝词》试士。何梦瑶赋云："看月谁人得月多，湾船齐唱浪花歌。花田一片光如雪，照见卖花人过河。"公喜，延入幕中。此雍正年间事。后吾乡杭堇浦太史掌教粤东，与何唱和。《嘲杭病起》云："门外久疏参学侣，帘前渐立犯斋人。"《咏史》云："赵宋若生燕太子，肯将金币事仇人？"余慕何君之名，到海南访之，则已逝矣。

批注：惠士奇（1671—1741），字天牧，晚号半农居士，人称红豆先生。官编修、侍读学士。清经学家。汉学家惠栋之父。

九六　沈方舟《磁溪早发》云："北风猎猎水茫茫，多谢吴门鼓枻娘。铁鹿长樯四千里，送人夫婿早还乡。"方问亭宫保未遇时，在汉上，亦有句云："寄语湘波连夜发，十年我是未归人。"

九七　英梦堂相公，与裘文达公，同在户部，谓裘曰："有句云：'官久真成强弩末，归迟空望大刀头。'君猜是何人之作。"裘以为放翁逸诗。已而知是桐城石晓堂，乃大惊叹。石屡欲访余，以官楚南路远，时时托方绮亭明府寄声道意。方诵其《舟行》云："击汰过簰洲，人在烟中语。中流一舟来，空濛数声橹。少妇善操舟，小儿能荡桨。渔翁不捕鱼，船头坐补网。"晓堂，名文成。

晓堂亡后，其子某抱遗集来，索余作序，云："先人志也。"余摘其佳句，五言如：

"角声沉暮雨，雁影起寒沙。""水喧村碓急，云堕寺门低。"七言如："沙边水退犹存迹，烟际帆遥似不行。""买田阳羡宵宵梦，作客并州处处家。""窥鱼浅渚翘双鹭，待渡斜阳立一僧。""入店已非前度主，拂墙犹有旧题诗。""僮嫌解橐寻诗稿，客忌登舟算水程。"皆妙。

九八 张君五典，字叙百，秦中人，九世同居，蒙恩题奖。作宰上元时，时拢诗袖中，入山见访，绝非今之从政者。《祁阳访友》云："示病手挥群吏散，著书心喜好朋来。"《示安奴》云："孺人日课郎君读，去就书声认画船。"孺人亡，乃悼之云："好我果能长入梦，把君竟可当长生。"安奴者，遣接家眷船也。

九九 杭州方夫人芷斋，名芳佩，适汪又新太史。翁霁堂征君，向余诵其《西湖》佳句云："晓市花间摇短帜，夕阳柳外数归舟。""烟迷山失浮图影，风紧帆归盏饭僧。"皆有画意。随太史入都，《忆西湖》云："清凉世界水晶宫，亚字阑干面面风。今夜若教身作蝶，只应飞入藕花中。"《赠霁堂》云："四海长留知己感，一生惟有爱才忙。"有《在璞草堂集》，一时唱和者，许太夫人而外，杭堇浦之妹清之，嫁赵万暻上舍，寡居守志，有句云："尽日支床深拥被，不知户外几峰青。"同一能诗女子，方荣贵而杭艰辛，何耶？

批注：杭世骏妹杭澄，字清之，号筠圃。一生境遇坎坷，诗风苍老。与方芳佩以酬唱为乐。有《筠圃吟草》等。

一〇〇 王阳明集中云：正德庚辰八月，梦见郭璞，极言王导奸邪在王敦之上。故公诗责导云："事成同享帝王贵，事败仍为顾命臣。"璞亦有诗云："倘其为我一表扬，万世万世万万世。"余按此说，与苏子瞻梦中人告以唐杨绾之好杀；陶贞白《真诰》言晋太尉郗鉴之贪酷：皆与史册相反。

一〇一 《乐府解题》云："《毛诗》之'兮'，《楚词》之'些'，曹操所不喜。"余颇以操为知音。盖诗有关咏叹者，不得不用虚字，以伸长其音。若直叙铺陈，一用虚字，便成敷衍。近有作七古者，排比未终，无端忽插"兮"字，以致调软气松，全无音节。

一〇二 刘霞裳之弟某，风貌远不及其兄，而际遇甚奇。有扬州女子姓陈名素莲者，与交好，抽簪劝学，临别赠诗云："深闺独醒起常迟，愁上眉峰有镜知。纵使天风能解意，萍踪吹聚又何时？"

一〇三 酒肴百货，都存行肆中。一旦请客，不谋之行肆，而谋之于厨人。

何也？以味非厨人不能为也。今人作诗，好填书籍，而不假炉锤，别取真味；是以行肆之物，享大宾矣。

批注：诗人如厨人，应对其“材料”加工，用典故要使人不觉方是佳作。

一〇四 杭州沈观察世涛妻陈氏，名素安，字芝林。《咏卖花声》云：“房栊寂寂闭春愁，未放雕梁燕出楼。应怪卖花人太早，一声声似促梳头。”《水墨裙》云：“百叠波纹绉墨痕，疏花细叶淡生春。窈娘病后腰肢减，钿尺休量旧日身。”《病起》云：“几日无心课小娃，晴窗睡起自分茶。重帘不卷纱帏静，落砚何来数点花？”

一〇五 王梅坡妻张氏，能诗。幼子汝翰，初上学，嫌衣服不华。张训以诗云：“箪食应知颜子乐，缊袍谁笑仲由寒？”其他佳句，如：“花因寒重难舒蕊，人为愁多易敛眉。”生女美绝，年十三；时皇太后驾过见之，抱置膝上，赏藏香一枝。

一〇六 邓英堂秀才偕妻陈淑兰，各画兰竹数枝，赠毛俟园广文。毛谢以诗，曰：“闺中清课剪冰纨，夫写筼筜妇写兰。料得图中爱双绝，水精帘下并肩看。”未几，英堂无故自沉于水。越三月，淑兰殉夫自缢。毛追忆诗中“双绝”二字、“水精帘”三字，早成诗谶，叹悔莫及。余作《陈烈妇传》，兼梓其诗。

批注：“诗谶”谓所作诗无意中预示了后来发生之事。其实乃一种巧合。袁枚对“诗谶”颇相信，一再论及，不足为训。

一〇七 四川崇宁县蔡酣紫先生，好道术，与汉阳太守王某交好。王年九十余，能驭空而行。言元时玉山堂主人顾阿瑛已成地仙，至今犹在青城山中。引蔡见之：绿鬓朱颜，不食不饮，谈笑不异常人；说元末明初之事尤详。王善画古松，题云：“烟墨一螺香一炷，写出长松两三树。月明老鹤忽飞来，踏枝不着空归去。”

批注：此《子不语》文也。

一〇八 有人《咏风筝美人》诗曰：“薄怜妾命风吹纸，瘦到腰肢骨是柴。”鲁星村云：“切则切矣，何穷薄乃尔！”因诵台怡庵句云：“红线只今为近侍，飞琼当日是前生。”是何等风华！

一〇九 鲁温卿席上嫌酒不佳，调主人云：“诗近老成多带辣，酒逢寒士不嫌酸。”俞又陶喜席上酒佳，谢主人云：“疏花似月将残夜，好友如醇欲醉时。”

一一〇 余屡娶姬人，无能诗者；惟苏州陶姬有二首，云：“新年无处不张灯，笙鼓元宵响沸腾。惟有学吟人爱静，小楼坐看月高升。”“无心闲步到萧斋，忽有春风拂面来。行过小桥池水活，梅花对我一枝开。”生女，嫁蒋氏。姬年三十而亡。

批注：陶姬为袁枚乾隆八年（1743）二十八岁于沭阳任县令时所纳妾，颇具才情。乾隆二十年（1755）病故，袁作《哭陶姬》诗，小序称其为安徽亳州人，生女成儿。此处云“苏州”人，当晚年误记。

一一一　康熙间，苏州名妓张忆娘，色艺冠时。蒋绣谷先生为写《簪花图》小照。乾隆庚午，余在苏州，绣谷之孙漪园，以图索题。见忆娘戴乌纱髻，着天青罗裙，眉目秀媚，以左手簪花而笑，为当时杨子鹤笔也。题者皆国初名士。莱阳姜垓云：“十年前遇倾城色，犹是云英未嫁身。今日相逢重问姓，尊前愁杀白头人。”苏州尤侗云：“当场一曲《浣溪纱》，可是陈宫张丽华？恰胜状元新及第，琼林宴里去簪花。”沈归愚云：“曾遇当年冰雪姿，轻尘短梦怅何之。卷中此日重相见，犹认春风舞《柘枝》。”“绣谷留春春可怜，倾城名士总寒烟。老夫莫怪襟怀恶，触拨闲情五十年。”余题数绝，有“国初诸老钟情甚，袖角裙边半姓名”之句，人皆莞然。按莱阳两姜先生，以孤忠直节，名震海内；而诗之风情如此。闻忆娘与先生本旧相识，一别十年，尊前问姓，故诗中不觉情深一往云。

批注：格调派领袖沈德潜（归愚）以方严著称，论诗排斥情诗，而观其所题二诗，亦不乏“风情”，可见人之本性难以掩盖。

一一二　前人《过虎丘》句云：“妒他怒马随车客，出色花枝不避人。”陆湄君《过彭城》句云：“休夸洛浦能投枕，不是天台懒看花。”一羡之，一厌之，两人心事，易地则皆然。

一一三　“君子思不出其位。”又曰：“素其位而行。”余雅不喜解组人好说在官事迹。钱玙沙方伯有句云：“剧怜到处皆为客，生怕逢人尚说官。”余读之，距跃三百。

卷　七

一　同年叶书山太史，掌教钟山。生平专心经学，而尤长于《春秋》，自称啖助、赵匡，不足多也。注《毛诗》“佻兮达兮”一章为两男子相悦之诗，人多笑之。然作诗颇有性情。《出都》云：“行年七十古来稀，东、马、严、徐事已非。检点良方医老病，所须药物是当归。”“白石清泉故自佳，九衢车马漫纷挐。欲知此后春相忆，只有丰台芍药花。”“行色匆匆鬓影疏，骑驴犹忆入京初。蒯缑一剑酸寒甚，今日归装有赐书。”太史讳酉，桐城人。

批注：“诗颇有性情”，故采录之，乃本诗话选诗原则也。

二　壬戌岁，余改官金陵，寓王俣岩太史家，遇戚晴川太守言：“书生初任外吏，参见长官，不惯屈膝，匆遽间，动致声响。”余试之果然。戏吟云：“书衔笔惯字难小，学跪膝忙时有声。”戚《宿承恩寺》句云：“瓦沟落月印孤榻，檐隙入风吹短檠。”殊冷峭。戚讳振鹭，湖州人。

三　舒城任自举学坡，为庄明府记室，好吟咏。一日余访庄公，闻书斋中高唱拍案，细听之，乃余诗也。庄出笑曰：“幸而任先生大赏公诗；如其大骂，则奈何？”后任死，伏魄时口号别亲友云：“六旬失足下蓬瀛，今日才欣返玉京。直以聪明还造化，但凭樵牧话平生。花当春尽应辞树，鸟际冬残合罢声。见说群仙同抗手，迟余受代主蓉城。”

批注：任自举死而复苏，并口吟七律一首，可见其“好吟咏”不假，亦奇闻。

四　通州李方膺晴江，工画梅，傲岸不羁。罢官，寓江宁项氏花园，日与沈补萝及余游览名山，人观者号“三仙出洞”。《题画梅》云：“写梅未必合时宜，莫怪花前落墨迟。触目横斜千万朵，赏心只有两三枝。”《秋葵》云：“肃瑟风吹永巷长，采衣非复旧时黄。到头只觉君恩重，常自倾心向太阳。”晴江牧滁州，见醉翁亭古梅，伏地再拜。其风趣如此。

批注：李方膺（1695—1755），字虬仲，号晴江，通州（今江苏南通）人。曾官合肥县令。属“扬州八怪”。

五 上犹令方绮亭，名求义，聩于耳而聪于心；与人言，必大声高呼，谐谑百出，而一本于天真。《辞官归里》云：“三年政罢喜忘机，老去仍思竹里扉。携取清风随棹去，添来白发湖头归。不妨琴鹤为行李，那计妻孥说是非。力倦眼昏贪稳卧，误传高尚遂初衣。”死后，余为铭墓。陈古渔哭之云：“不见白头凭几坐，尚疑朱履出堂来。”

批注：陈古渔为金陵（今江苏南京）人，其悼诗颇具性灵，道出人人共有之意。

六 予过苏州，常寓曹家巷唐静涵家。其人有豪气，能罗致都知录事，故尤狎就之。两家妻女无嫌，如庞公之于司马德操，不知谁为主客也。静涵有句云：“苔痕深院雨，人影小窗灯。”《花朝分韵》云：“薄醉微吟答岁华，春寒十日掩窗纱。多情昨夜楼头雨，吹出满墙红杏花。”其少子七郎《咏落花》云：“零落嫣红归不得，杨花相约过邻家。”真佳句也。长子湘昀居随园，吟云：“小住名园又一年，石阑干畔听流泉。夜深怕作还乡梦，月到南窗尚未眠。”“小窗闲坐夕阳斜，对此教人不忆家。喜见香荷才出水，一枝高叶一枝花。”从来荷叶高出水者，必有花；湘昀居园久，故知之。静涵有姬人王氏，美而贤；每闻余至，必手自烹饪。先数年亡，余挽联云：“落叶添薪，心伤元相贫时妇；为谁截发，肠断陶家座上宾。”

批注：袁枚宠妾方聪娘原为苏州富户唐静涵之婢女。乾隆十三年（1748）袁枚访唐家时相中，唐乃慷慨赠婢。可见袁、唐关系非同一般。

七 元人诗曰：“老不甘心奈镜何？”李益《览镜》云：“纵使逢人见，犹胜自见悲。”本朝郑玑尺先生云：“朱颜谁不惜？白发尔先知。”皆嫌镜之示人以老也。宋人云：“贫女如花只镜知。”又曰：“镜里自应谙素貌，人间只解看红妆。”又曰：“自家怜未了，临去复徘徊。”本朝高夫人有句云：“乍见不知谁觌面，细看真觉我怜卿。”是镜有恩于女子，有怨于老翁也。容成侯何容心哉？

批注：容成侯，唐司空图有《容成侯传》，以镜拟人，托名“容成侯”。

八 苏州枫桥西沿塘，有余本家渔洲居士，乃前明六俊之后，爱客能诗。家有渔隐园，水木明瑟，余为作记，镌石壁间。每过姑苏，必泊舟塘下，与其叔春锄、弟又恺，为剪烛之谈。年甫五十而亡。有《新柳》一律云：“二月韶光媚，春风嫩柳条。含烟初作态，浥露不胜娇。腰细柔难舞，眉疏淡欲描。丰神与谁并？好女乍垂髫。”

九 香亭弟偶吟，往往如吾意所欲出，不愧吾家阿连也。余三十年前，选妾姑苏，所需花封甚轻；今动至数金。香亭《过吴门》云：“传闻近日选花枝，百两缠头费莫支。争及当年吴市好，一钱便许看西施。”《消夏杂咏》云：“科头赤足徜徉过，一领蕉衫尚觉多。不信热场人不热，红灯围着听笙歌。”

批注：阿连，原指南朝宋诗人谢灵运弟谢惠连，小字阿连，幼有奇才，以诗名世。此夸从弟袁树（香亭）之才。

一〇 《南史》言：“阮孝绪之门阀，诸葛璩之学术，使其好仕，何官不可为？乃各安于隐退，岂非性之所近，不可强欤？”近今吾见二人焉：一为尹文端公之六公子似村，一为傅文忠公从子我斋。似村举秀才，终日闭户吟诗；我斋虽官参领、司马政，而意思萧散，不希荣利。有人从都中来，诵其《环溪别墅》诗云：“将官当隐称畸吏，未老先衰号半翁。”又曰：“不是门前骑马过，几忘身现作何官。”

批注：似村、我斋皆“不希荣利”，与袁枚精神相通，故示以青睐。

一一 长洲女子陶庆余，嫁大司马彭公孙希洛，年二十二而亡。有《琼楼吟》行世。《咏鹦鹉》云：“一梦唤回唐社稷，千秋留得汉文章。”《婢去》云：“院从汝去长青苔，小榻香消午梦回。不觉疏帘摇树影，风前误认摘花来。”

一二 己卯秋，在扬州遇万近蓬秀才，属题《红袖添香图》。近蓬少时托李砚北写此图，虚拟娉婷，实无所指。裘姓友见画中人，惊笑，以为绝似其家婢；遂延近蓬至其家，出婢赠之。婢姓花。一时题者纷然。余独爱吴玉墀诗曰：“红楼翠被知多少，如此消魂定姓花。”又曰：“聘钱若许名流敛，第一须酬作画人。”廿年后，余至杭州，花姬已下世矣。近蓬访余湖上，不值，投诗云：“惜花人早出，载酒客迟来。”

一三 辛丑秋，忽有浙中校官入山见访，方知即玉墀，字小谷，是吾乡尺凫先生之少子、鸥亭居士之季弟。予少时，乞假归娶，饮于鸥亭之瓶花斋，其时小谷才四岁。故见赠云：“园林心契卅年余，今日真来大隐居。修贽忙于投要路，扣门快比访奇书。相看共讶须眉古，久别浑忘问讯疏。细认双瞳点秋水，依然竹马识君初。”呜呼！四十余年乡里故人，二十年前诗中知己，彼此茫茫，绝无晤期，而天必为两人作合，文章有神，信矣！小谷在随园赏芙蓉，赋五古千言，以太长，不能全录。托罗两峰画《板桥遗迹》，题云：“谈罢罗家《鬼趣图》，去寻旧院影模糊。芦根瑟瑟如人语，中有莺莺燕燕无？”“绿芜一片众香埋，半没桥身半没街。艳迹但余残础在，也曾亲近玉人鞋。”“此柏婆娑似旧人，盘桓几度板桥春。只怜生长烟花里，犹作亭亭倩女身。”“者番游绪已怆然，又对风斜雨细天。画最凄凉天最惨，看君笔上起苍烟。”

批注：袁枚乾隆四年（1739）中进士，是年十月乞假归娶，夫人王氏。王氏未育。罗聘（1733—1799），字遁夫，号两峰，扬州人。工诗善画。其《鬼趣图》影响甚大。与其师金农皆属“扬州八怪”。

一四 余自幼诗文不喜平熟。丙辰，诸征士集京师，独心折于山阴胡天游稚威。尝言：“吾于稚威，则师之矣；吾于元木、循初，则友之矣；其他某某，则事我者也。”元木者周君大枢，循初者万君光泰也。稚威骈体文，直掩徐、庾，散行耻言宋代，一以唐人为归。诗学韩、孟，过于涩拗。今录其近人者。如《明妃》云：“天低海水西流处，独有琵琶堪解语。断丝枯木本无情，犹胜人心百千许。”《咏谏果》云：“苦口众所挥，余甘几人赏。置蜜锟铻端，或者如舐掌。”《赠某营将》云：“大声当鼓急，片影落枪危。剑血看生瘿，天狼对持髭。”皆奇句也。亦有风韵独绝者，《晓行》云：“梦阑莺唤穆陵西，驿吏催诗雨拂衣。行客落花心事别，无端俱趁晓风飞。”

丁巳春，予与元木、循初同在稚威寓中，夜眠听雨，元木见赠一篇云：“文章之家无不有，袁郎二十胆如斗。”诗甚奇诡，不能备录。壬申岁，余起病至长安，元木再赠七古。起句云：“忆昔相见长安邸，志气如虹挂千里。狂飞大句风雨来，头没酒杯笑不已。”真乃替余少时写照。元木廷试报罢，果毅公讷亲延为上客。每公余之暇，命讲《通鉴》数则，亦想见当日公卿风雅也。元木诗最坚瘦，独《咏桃花》颇婉丽。其词曰：“寂寂朱尘度岁华，又惊春色到桃花。五陵游客知何限，只有渔人最忆家。”《管仲墓》云：“浪说儒门羞五尺，至今江左几夷吾？”

早行诗，二人同调，而皆有妙境。梁药亭云："鸿雁自南人自北，一时来往月明中。"元木云："行人飞鸟都何事，一样冲寒度晓堤。"

周兰坡学士多髯，冬日同元木咏雪，和东坡"尖叉"韵。元木押"盐"字韵云："修髯绕作离离竹，妙句清于《昔昔盐》。"

批注：乾隆元年丙辰（1736），袁枚经广西巡抚金铁之荐，赴北京参加博学鸿词试，结识胡天游。

胡天游（1696—1758），字稚威，号云持，山阴（今浙江绍兴）人。博学多才，秉性耿介。仕途不顺。有《石笥山房文集》等。

乾隆十七年壬申（1752），袁枚辞官三年后，迫于经济等压力，东山再起，北上入都，领取文书，赴陕西任职。然遭父丧，次年春即归随园。

《昔昔盐》，隋唐乐府题名。昔昔，即夜夜；盐，即艳，曲的别名。

一五 予宰江宁时，俞来溪秀才见赠云："谁道楼前多鼓响，只闻花外有琴声。"余道："不如宋人'雨后有人耕绿野，月明无犬吠花村'。"又有人赠云："事到眼前亮于雪，民从心上养如春。"余道："不如余《沭阳杂兴》云'狱岂得情宁结早，判防多误每刑轻'。"

一六 人言通天文者不祥。四川高太史名辰，字白云，向为岳大将军西席。尝在金陵观星象，言山东有事。次年，果有王伦之逆，而太史已先亡矣。过随园，命其子受业门下，赠诗云："名重随园讵偶然？兴来神妙写毫颠。已知葛井来勾漏，岂但香山数乐天？入座岚光时拱揖，依人鹤影自翩跹。荀香近处瞻先辈，慰我调饥三十年。"《过定军山吊武侯》云："三代而还论出处，两朝之际见权宜。"

批注：岳大将军，即岳钟琪。

一七 孙过庭《书谱》云："学书者初学先求平正；进功须求险绝；成功之后，仍归平正。"予谓学诗之道，何以异是？

批注：书法与诗歌创作同理，螺旋式上升，后之"正"与初之"正"已非同一层次。

一八 为人，不可以有我，有我则自恃佷用之病多；孔子所以"无固""无我"也。作诗，不可以无我，无我则剿袭敷衍之弊大；韩昌黎所以"惟古于词必己出"

也。北魏祖莹云："文章当自出机杼，成一家风骨，不可寄人篱下。"

批注：作诗须"有我"，即有独特的个性、独具的构思、独创的风格。

一九 诗有现前指点语最佳。香树尚书《题红叶》云："一夜流传霜信遍，早衰多是出头枝。"程鱼门《观打渔》云："旁人束手休相怪，空网由来撒最多。"张哲士《观弈》云："笑渠敛手推枰后，始羡从旁拢袖人。"

宋人诗云："无事闭门防俗客，爱闲能有几人来？"哲士《月夜》云："恐有闲人能见访，满庭凉影未关门。"两意相反，而皆有味。

二〇 唐以前，未有不熟精《文选》理者，不独杜少陵也。韩、柳两家文字，其浓厚处，俱从此出。宋人以八代为衰，遂一笔抹杀，而诗文从此平弱矣。汉阳戴思任《题文选楼》云："七步以来谁抗手，'六经'而外此传书。"

批注："《文选》理"即萧统于《文选》序中所说的"事出于沉思，义归乎藻翰"，谓文应有意义，但又须借深沉的构思，表现出词藻之美。

二一 近日文人，常州为盛。赵怀玉字映川，能八家之文；黄景仁字仲则，诗近太白；孙星衍字渊如，诗近昌谷；洪君亮吉字稚存，诗学韩、杜：俱秀出班行。黄不幸早亡。录其《前观潮行》云："客有不乐游广陵，卧看八月秋涛兴。伟哉造物此巨观，海水直挟心飞腾。龙堂谁作天吴介，对此茫茫八埏隘。才见银山动地来，已将赤岸浮天外。砰崖硊岳万穴号，雄呿雌吟六节摇。是岂乾坤共呼吸，乃与晦朔为盈消。殷天怒为排山入，转眼西追日轮及。一信将无渤澥空，再来或恐鸿濛湿。唱歌踏浪输吴侬，曾将何物赍海童。答言三千水犀弩，至今犹敢撄其锋。我思此语等儿戏，员也英灵实难避。只合回头撼越山，那因抉目仇吴地。吴颠越蹶曾几时，前胥后种谁见知？潮生潮落自终古，我欲停杯一问之。"《后观潮行》云："海风卷尽江头叶，沙岸千人万人立。怪底山川忽变容，又报天边海潮入。鸥飞艇乱行云停，江亦作势如相迎。鹅毛一白尚天际，侧耳已是风霆声。江流不合几回折，欲折潮头如折铁。一折平添百丈飞，浩浩长空卷晴雪。星驰电掣望已遥，江塘十里随低高。此时万户同屏息，但见窗棂齐动摇。涛头障天天亦暮，苍茫却望潮来处。前阵才平罗刹矶，后来又没西兴树。独客吊影行自愁，大地与身同一浮。愿乘世外鹿卢蹻，孰职就里阴阳鞲。赋罢观潮长太息，我尚输潮归即得。回首重城鼓角哀，半空纯作鱼龙色。"

批注：黄景仁（1749—1783），字仲则，号鹿菲子。仕途困顿。但颇具诗才，所录两首七古，足以为证。

洪亮吉（1746—1809），字稚存，号北江。博学多才。授翰林院编修。嘉庆四年（1799）因上书得罪皇帝，被充军流放至新疆伊犁。不久赦归，埋头著述。有《北江诗话》与诗文集多种。

二二　余尝谓孙渊如云："天下清才多，奇才少。君天下之奇才也。"渊如闻之，窃喜自负。《登千佛楼》云："城东佛楼几年闭，塞径秋䅗刺芒利。飞磷射屋鸟啄墙，鬼风吹檐断佛臂。此间非墓非战原，岂有厉魄号烦冤？青狸捧骨夜窥月，日气不足罗神奸。迎廊一僧病枯瘠，见惯妖踪讶人迹。老莎出户曲复斜，反锁空堂昼深黑。楼前惨碧竹作围，逼袖细影明寒晖。残霖滴阶渍幽血，败粉剥壁生阴苔。竹梢朦胧上无路，疑堕中宵梦游处。回头不忆隔世来，过眼复恐今生去。檐牙压肩楼脚摇，惊起穴栋千年鸮。屏声独立瓦争落，失势一坠魂难招。原头日落树苍莽，既下心神久惝恍。林端却顾寺角移，那得腾身立平壤。"又，《妻病》云："眉痕只觉瘦来浓，指爪都从病后长。"抑何哀艳！

批注：孙星衍（1753—1818），字渊如，阳湖（今江苏常州）人。清代经史学家、金石学家。历任编修、刑部郎中、山西督粮道等。知识渊博，故被袁枚称为"奇才"。

二三　洪稚存题某官《散赈图》云："河流东来不可当，忆昨鱼鳖升君堂。官卑方摄丞簿尉，天险欲合江淮黄。河流决城已旬日，散赈遂呼尉官出。尉官耳聋年六十，验粟呼人百无失。大者屋角狂狐奔，小者树底饥鹰蹲。头颠颈缩三日饿，共闻赈粟来空村。持瓢举釜复携斗，已见千人立沙阜。黄衫小吏足不停，村后村前更招手。深泥没髁无肩舆，尉来村北跨一驴。行筹散尽整鞭去，不遣索米来豪胥。淮阴太守知君绩，早晚台端奏贤迹。君今所补非寸尺，不见遗黎活千百？"

二四　裴晋公笑韩昌黎恃其逸足，往往奔放。近日才人，颇多此病。惟王太守梦楼能揉之使遒，炼之使警，篇外尚有余音。录其《在西湖寄都中同年》云："星河云海望迢迢，八度花朝与雪朝。徼外蛮烟空目极，楚南芳草易魂销。抽身我本疏慵惯，奋翅君方搏击遥。岂是升沉关气类？轻舟相继返林皋。""增城琼苑蕊珠宫，香案西偏紫阁东。梦里似曾闻广乐，归来但觉任樵风。蓬瀛消息无清鸟，烟水生涯有雪鸿。近日愈谙禅悦味，繁华清净两俱空。""每向东华散玉珂，相于花下酌红螺。欧、梅自许贤豪聚，苏、李偏教阔别多。棋局居然更甲子，酒垆真自邈山河。何戡解话当年事，也与樽前唤奈何。”“栈道连云粤海霏，星轺先后有光辉。去岁芷塘典试四川，顷竹虚典试广东。吟诗喜得江山助，问字欣添玉笋围。旧雨定知萦远梦，野云端不耐高飞。年来自署西湖长，占取苏堤作钓矶。”

二五 唐人句云：“乡心正无限，一雁度南楼。”宋人句云：“正思秋信到，一叶坠中庭。”古今人下笔，往往不谋而合。

二六 吴中诗人，沙斗初、张昆南外，有张玉谷，诗工古风，在家渔洲处一见后，遂成永诀。仅记其《乌夜啼》云：“参横月落庭乌啼，窗前有女犹鸣机。闻声停梭低头思，乌何夜啼想乌饥。老乌辛苦饥常忍，小乌啾啾老乌悯。劝乌且莫啼高声，娇儿甫眠恐惊醒。”玉谷尤长乐府。有义妇袁氏因夫作窃，劝之不从，乃沉水死。其事其诗，俱足千古。惜太长，不能备录。

二七 佳句有无心而相同者。张宝臣宗伯《晚步》云：“竹枝风影更宜月，荷叶露香偏胜花。”厉樊榭《游智果寺》云：“竹阴入寺绿无暑，荷叶绕门香胜花。”王梦楼《游曲院》云：“烟光自润非关雨，水藻俱香不独花。”梁守存《看新荷》云：“似经雨过风犹扬，未到花时叶早香。”

二八 周幔亭：“山光含月淡，僧影入松无。”鲁星村：“酒中万愁散，诗外一言无。”方子云：“香篆舞来檐际断，水痕圆到岸边无。”陈古渔：“花阴拂地香方觉，桥影横波动即无。”四押“无”字，俱妙。前人《咏始皇》云：“怜君未到沙丘日，知道人间有死无？”尤奇。

二九 七夕，牛郎、织女双星渡河。此不过“月桂”“日乌”“乘槎”“化蝶”之类，妄言妄听，作点缀词章用耳。近见蒋苕生作诗，力辨其诬，殊觉无谓。尝调之云：“譬如赞美人‘秀色可餐’，君必争‘人肉吃不得’，算不得聪明也。”高邮露筋祠，说部书有四解：或云：“鹿筋，梁地名也；有鹿为蚊所嘬，露筋而死，故名。”或云：“路金者，人名也；五代时将军，战死于此，故名。”或云：“有远商二人，分金于此，一人忿争不已，一人悉以赠之，其人大惭，置金路上而去。后人义之，以其金为之立祠，故名路金，讹为露泾。”所云“姑嫂避蚊者”，乃俗传一说耳。近见云松观察诗，极褒贞女之贞，而痛贬失节之妇：笨与苕生同。不如孙豹人有句云：“黄昏仍独自，白鸟近如何？”李少鹤有句云：“湖上天仍暮，门前草自春。”与阮亭“门外野风开白莲”之句，同为高雅。

批注：此乃宋严羽《沧浪诗话·诗辨》“诗有别趣”之意也。读诗不可“过于执”、认死理，若必要考据出子丑寅卯来，则煞风景矣！

三〇　诗有干无华，是枯木也。有肉无骨，是夏虫也。有人无我，是傀儡也。有声无韵，是瓦缶也。有直无曲，是漏卮也。有格无趣，是土牛也。

批注：风华、风骨、有我、有韵、婉曲、风趣，皆诗之要素。

三一　古词奇奥，多不可解。大抵本其时之方言，而流传失真。如《盘庚》之“吊由灵”，《国语》之“暇豫之吾吾”，《巾舞歌》之“来吾婴”，《伯牙》之“欹钦伤宫”，古乐府之“收中吾，羊无夷，何何，吾吾”，《尚书大传》之“舟张辟雍，鸧鸧相从”，皆是也。北魏缪袭仿其体，作《尤射经》，拗涩不可句读，殊觉无谓。

三二　选诗如用人才，门户须宽，采取须严。能知派别之所由，则自然宽矣；能知精彩之所在，则自然严矣。余论诗似宽实严，尝口号云：“声凭宫徵都须脆，味尽酸咸只要鲜。”

批注：选诗不拘门户，故曰宽；但诗须精彩，故曰严。

三三　杨、刘诗号西昆体，词多绮丽。《宋史》：杨文公之正直，人皆知之。刘筠知制诰时，不肯草丁谓复相之诏。真宗不得已，命晏元献草之。后晏见刘自惭，至掩扇而过，其刚正不在杨下。可见“桑间”“濮上”之音，未必非贤人所作。

批注：宋初杨亿、刘筠等有《西昆酬唱集》，其诗被称为西昆体，学李商隐，注重词采绮丽，形式华美。

三四　杨龟山先生云：“当今祖宗之法，不必分元祐与熙、丰也。国家但取其善者而行之，可也。”予闻人论诗，好争唐、宋，必以先生此语晓之。

批注：熙、丰，宋神宗年号熙宁、元丰，王安石行新法；元祐，宋哲宗年号，司马光废新法。

三五　从古讲六书者，多不工书。欧、虞、褚、薛，不硁硁于《说文》《凡将》。讲韵学者，多不工诗。李、杜、韩、苏，不斤斤于分音列谱。何也？空诸一切，而后能以神气孤行；一涉笺注，趣便索然。

批注：“空诸一切”，不可绝对化，学问还是必要的基础。

三六 《三百篇》不著姓名，盖其人直写怀抱，无意于传名，所以真切可爱。今作诗，有意要人知有学问、有章法、有师承，于是真意少而繁文多。予按：《三百篇》有姓名可考者，惟家父之《南山》，寺人孟子之《萋菲》，尹吉甫之《崧高》，鲁奚斯之《閟宫》而已。此外，皆不知何人秉笔。

批注：作诗乃直写怀抱，抒发性情，排除功利意识，才真切可爱。《诗经》即是典范。

三七 人但知寥寥短章之才短，而不知喋喋千言之才更短。人但知满口公卿之人俗，而不知满口不趋公卿之人更俗。予尝箴一名士云：“吟诗羞作野才子，行己莫为小丈夫。”

三八 阮亭《诗话》，道晚唐人之“布谷啼春雨，杏花红半村”，不如盛唐人之“兴阑啼鸟缓，坐久落花多”。余以为真耳食之论。阮亭胸中，先有晚、盛之分，故不知两诗之各有妙境。若以浑成而言，转觉晚唐为胜。

批注：诗好坏不可与年代挂钩，而应看诗本身。

三九 或言八股文体制，出于唐人试帖，累人已甚。梅式庵曰：“不然。天欲成就一文人、一儒者，都非偶然。试观古文人如欧、苏、韩、柳，儒者如周、程、张、朱，谁非少年科甲哉？盖使之先得出身，以捐弃其俗学，而后乃有全力以攻实学。试观诸公应试之文，都不甚佳；晚年得力于学之后，方始不凡。不然，彼方终日用心于五言八韵、对策三条，岂足以传世哉？就中晚登科第者，只归熙甫一人。然古文虽工，终不脱时文气息；而且终身不能为诗：亦累于俗学之一证。”

批注：梅式庵，进士。金陵（今江苏南京）人。

四〇 休宁布衣陈浦，字楚南，白髯伟貌。壬辰年，与陈古渔同来，投一册诗而去。余当时未及卒读，庋之架上，蠹蚀者过半。庚子春，偶撷读之，乃学唐人能得其神趣者。问古渔。曰：“死数年矣。”余深悔交臂而失诗人。其《庐山瀑布》云：“喷雪万峰巅，风吹直下天。长悬一匹练，飞作百重泉。松近无晴鬣，村遥有湿烟。因知元化大，江海与周旋。”《秋月》云：“秋月一何皎，照人生远哀。闭门不忍看，自上纸窗来。”《孤雁》云：“月因孤影冷，夜以一声长。”《鄱阳湖》云：“岸阔山沉水，天低浪入云。”七言如：“远水无边天作岸，乱帆一散影如鸦。”“割爱折花因赠妾，攒眉入社为吟诗。”皆不凡也。其可怜者，《醉后题壁》云：“贫归故里生无计，病卧他乡死亦难。放眼古今多少恨，可怜身后识方干。”呜呼！余亦识方干于死后，能无有愧其言哉？

批注：陈浦，有《药堂诗钞》。

四一 明季秦淮多名妓，柳如是、顾横波，其尤著者也。俱以色艺受公卿知，为之落籍。而所适钱、龚两尚书，又都少夷、齐之节。两夫人恰礼贤爱士，侠骨棱嶒。阎古古被难，夫人匿之侧室中，卒以脱祸。厉樊榭诗云：“蛾眉前后皆奇绝，莫怪群公欠致身。”较梅庚“蘼芜诗句横波墨，都是尚书传里人”之句，更觉蕴藉。

批注：柳如是（1618—1664），名是，字如是，号河东君，嘉兴人，又作吴江人。曾为盛泽妓，富才情。嫁钱谦益。顾媚（1619—1664），字眉生，号横波，通诗画。嫁龚鼎孳。钱、龚皆贰臣。

四二 或问：“太白乐府‘元气是文康之老亲’作何解？”余按：周舍《上云乐》曰：“西方老胡，厥名文康。”此其所本。然乐府语多不可解，如：《乌栖曲》之“目作宴瑱饱，腹作宛恼饥，刀作离娄僻”，措语奥僻。又曰：“既死明月魄，无复玻璃魂。”“明月魄”，可解也；“玻璃魂”，不可解也。周宣王时《采薪歌》曰：“金虎入门吸元泉。”“金虎”“元泉”，的是何物？

四三 联句，始《式微》。刘向《烈女传》谓：“《毛诗》‘泥中’‘中露’，卫二邑名。《式微》之诗，二人同作。”是联句之始。《文心雕龙》云：“联句共韵，《柏梁》余制。”

批注：“联句”，由两人或多人各吟一句或几句诗，合而成篇。《式微》见《诗·邶风》。

四四 集句，始傅咸。傅咸有《回文反复诗》；又作《七经诗》：其《毛诗》一篇，皆集经语。是集句所由始矣。

批注：集句，辑前人诗句以成篇。

四五　诗文集之名，始东京。《隋经籍志》曰：“集之名，东京所创。”盖指班史某人文几篇，某人诗几篇而言。后人集之，非自为集也。齐、梁间始有自为集者：王筠以一官为一集，江淹自名前后集，是也。有一人之集，止一题者：《阮步兵集》五言八十篇，四言十三篇，题皆曰《咏怀》；应休琏诗八卷，总名曰《百一诗》，是也。亦有一集止为一事者：梁元帝为《燕歌行》，群臣和之，为《燕歌行集》；唐睿宗时，李适送司马承祯《还山诗》，朝士和者三百余人，徐彦伯编而序之，号《白云记》，是也。有一集止一体者：崔道融《唐诗》二卷，皆四言，是也。有数人唱和而成集者：元、白之《因继集》，皮、陆之《松陵集》，温飞卿之《汉上题襟集》，是也。

批注：考辩诗文集源流甚细致。袁枚亦能考据，更有《随园随笔》为据。

四六　余尝铸香炉，合金、银、铜三品而火化焉。炉成后，金与银化，银与铜化，两物可合为一；惟金与铜，则各自凝结：如君子小人不相入也。因之，有悟于诗文之理。八家之文、三唐之诗，金、银也。不搀和铜、锡，所以品贵。宋、元以后之诗文，则金、银、铜、锡，无所不搀，字面欠雅驯，遂为耳食者所摈，并其本质之金、银而薄之，可惜也！余《哭鄂文端公》云：“魂依大袷归天庙。”程梦湘争云：“‘袷’字入礼不入诗。”余虽一时不能易，而心颇折服。夫“六经”之字，尚且不可搀入诗中，况他书乎！刘禹锡不敢题“糕”字，此刘之所以为唐诗也。东坡笑刘不题“糕”字为不豪，此苏之所以为宋诗也。人不能在此处分唐、宋，而徒在浑含、刻露处分唐、宋；则不知《三百篇》中，浑含固多，刻露者亦复不少。此作伪唐诗者之所以陷入平庸也。

批注：袁枚于唐、宋诗，仍偏爱唐诗，此又一据也。

宋邵博《邵氏闻见后录》卷十九：“刘梦得（禹锡）作《九日诗》，欲用糕字，以五经中无之，辍不复为。宋子京（祁）以为不然。故子京《九日食糕》有咏云：‘……刘郎不敢题糕字，虚负诗中一世豪。’”此条云东坡笑刘，未知是否误记。

四七　无题之诗，天籁也；有题之诗，人籁也。天籁易工，人籁难工。《三百篇》《古诗十九首》，皆无题之作，后人取其诗中首面之一二字为题，遂独绝千古。汉、魏以下，有题方有诗，性情渐漓。至唐人有五言八韵之试帖，限以格律，而性情愈远；且有“赋得”等名目，以诗为诗，犹之以水洗水，更无意味。从此，诗之道每况愈下矣。余幼有句云："花如有子非真色，诗到无题是化工。"略见大意。

批注：无题之诗，有感而发；有题之诗，为题作诗。前者自然故曰"天籁"，后者勉强故曰"人籁"。

四八 秦涧泉修撰将朝考，关庙求签，得句云："静来好把此心扪。"不解所谓。朝考题是《松柏有心赋》。通篇忘押"心"字韵。总裁列之高等，被上看出，乃各谢罪。上笑曰："状元有无心之赋，试官无有眼之人。"按宋莒公试《德车结旌赋》，亦忘押"结"字。《谢表》云："掀天破浪之中，舟人忘楫；动地鼓鼙之下，战士遗弓。"

四九 香亭宰南阳，大将军明公瑞之弟讳仁者，领军征西川，路过其邑。于未到前三日，飞羽檄寄香亭；合署大骇，拆视，乃诗一首，云："双丁、二陆闻名久，今日相逢在道途。寄问南阳贤令尹，风流得似子才无？"呜呼！枚与公绝无一面，蒙其推挹如此。因公在京时，曾托尹似村索诗，枚书扇奉寄，而公已殁军中，故哭公云："团扇诗才从北寄，雕弓人已赋西征。"

五〇 襄城刘芳草先生，名青芝，雍正丁未翰林。与兄青藜友爱，筑江村七一轩同居。所谓"七一"者，仿欧阳六一居士之义，多一弟，故名七一。先生初入词馆，即请假省兄。座主沈近思留之曰："顷阅子上张仪封书、与王丰川札，知君有经济之人，何言归也？"先生诵其兄寄诗云："今生不尽团圞乐，那有来生未了因？"沈怜而许之。丙辰秋，同征友张雄图引见先生于僧寺中，须已尽白，德容粹然。秀水张布衣庚为之立传。初，先生与张诀，脱珮玉为赠。后闻讣，张奉玉为位以哭云。

批注：宋欧阳修《六一居士传》："吾家藏书一万卷，集录三代以来金石遗文一千卷，有琴一张，有棋一局，而常置酒一壶"，"以吾一翁，老于此五物之间，是岂不为'六一'乎？"

五一 或诵诗句云："鸟声穿树日当午，灯影隔帘人读书。"问："当是何人之句？"余曰："似宋、元名家。"其人曰："非也。近人李松圃所作。"

五二 云南蒙化有陈把总，名翼叔。《即景》云："斜月低于树，远山高过天。"《从军》云："壮士从来有热血，秋深不必寄寒衣。"有如此才，而隐于百夫长，可叹也！陈凿一山洞，命子俟其死，藏而封焉。

五三　广东珠娘皆恶劣，无一可者。余偶同龙文弟上其船，意致索然。问："何姓名？" 龙文笑曰："皆名春色。" 余问："何以有此美名？" 曰："春色恼人眠不得！"

批注：珠娘，闽粤地区对妓女的称呼。

五四　唐殷璠选《河岳英灵集》，不选杜少陵；高仲武选《中兴间气集》，不选李太白：所谓各从其志也。

五五　吴中多闺秀。崔夫人之子景俨娶妇庄素馨，能诗，早卒。夫人为梓其《蒙楚阁遗草》。《咏蝉》云："吟风双翅薄，饮露一身轻。"《新月》云："帘卷西风小院门，玉阶凉动近黄昏。蛾眉一曲横天半，疑是嫦娥指爪痕。" 洪稚存为志墓云："景俨感逝既殷，伤心屡赋。十二时之内，欲废黄昏；《三百篇》之间，竟删《蒙楚》。" 彭希涑孝廉之妻顾韫玉，亦能诗，早卒。《咏白燕》云："银剪轻风送晓寒，穿来飞絮讶春残。那知暂向林间宿，犹作枝头霁雪看。"《舟行》云："鸟啼知月上，犬吠报村来。"

五六　味甜自悦口，然甜过则令人呕；味苦自螯口，然微苦恰耐人思。要知甘而能鲜，则不俗矣；苦能回甘，则不厌矣。凡作诗献公卿者，颂扬不如规讽。余有句云："厌香焚皂荚，苦腻慕蒿芹。"

批注：从味觉角度论诗，强调诗之新鲜有回味。

五七　古无小照，起于汉武梁祠画古贤烈女之像。而今则庸夫俗子，皆有一《行乐图》矣。古无别号，起于史卫王，纨袴子弟创"云麓""十洲"之号，互相称栩。而今则市井少年，皆有一别字矣。索题者累百盈千，余不得已，随手应酬。尝口号云："别号称非古，题图诗不存。" 偶然翻撷《全集》，存者尚多；可见割爱甚难。然所存，亦十分中之一二。

五八　东坡云："作诗必此诗，定知非诗人。" 此言最妙。然须知作此诗而竟不是此诗，则尤非诗人矣。其妙处总在旁见侧出，吸取题神；不是此诗，恰是此诗。古梅花诗佳者多矣！冯钝吟云："羡他清绝西溪水，才得冰开便照君。" 真前人所未有。余《咏芦花》诗，颇刻划矣。刘霞裳云："知否杨花翻羡汝，一生从不识春愁。" 余不觉失色。金寿门画杏花一枝，题云："香骢红雨上林街，墙内枝从墙外开。惟有杏花真得意，三年又见状元来。" 咏梅而思至于冰，咏芦花而思至于杨花，咏杏花而思至于状元：皆从天外落想，焉得不佳？

批注：东坡语比较含糊不清，袁枚阐发为“不是此诗，恰是此诗”，明确多矣。如咏物诗不限于物本身，宜生发开来，有寄托更佳。

赵翼《论诗》亦云：“作诗必此诗，乃是真诗人。”与袁枚同出一辙。

五九　余家藏古剌水一罐，上镌：“永乐六年，古剌国熬造，重一斤十三两。”五十年来，分量如故。钻开试水，其臭香、色黄而浓，里面皆黄金包裹：方知水历数百年而分量不减者，金生水故也。《池北偶谈》：“左萝石《咏古剌水》云：‘瓶中古剌水，制自文皇年。列皇饮祖泽，旨之如羹然。’又曰：‘再拜尝此水，含之不忍咽。’”似乎古剌水可饮也。明人《宫词》云：“闻道内人新浴罢，一杯古剌水横陈。”似乎宫人浴罢染体之水也。厉太鸿诗曰：“一洒罗衣常不灭，氤氲愿与君恩终。”又似乎熏洒衣服之用矣。三君子者，不知何考耶。严分宜籍没时，其家有古剌水十三罐，人以为奇。则此水之贵重可知。

批注：郭沫若云：“‘金生水’之说，本诸古代极粗率之五行相生，用在此处，甚为滑稽。”又云：所谓“古剌水”者当是香水。

严分宜，明朝权臣严嵩，江西分宜人，故称“严分宜”。

六〇　骨董家相传：雨过天青色磁，始于柴世宗。按晚唐早有之。陆龟蒙诗曰：“九天风露越窑开，夺得千峰翠色来。”

六一　宋人词云：“斜阳何处最消魂？楼上黄昏，马上黄昏。”陈古渔《咏月》云：“闺中少妇关山客，楼上无眠马上看。”《清波杂志·咏望后月》云：“昨夜三更后，嫦娥堕玉簪。冯夷不敢受，捧出碧波心。”本朝杨文叔先生《咏十六夜月》云：“休言三五团圞好，二八婵娟更可怜。”《玉壶清话·咏新月》云：“一二初三四，蛾眉影尚单。待奴年十五，正面与君看。”近人方子云《咏新月》云：“宛如待嫁闺中女，知有团圞在后头。”心思之妙，孰谓今人不如古人耶？

六二　前朝广东惠州，有苏神童《咏月》三十首。其最佳者：《初一月》云：“气朔盈虚又一初，嫦娥底事半分无？却于无处分明有，浑似先天《太极图》。”《初二月》云：“三足金乌已敛形，且看兔魄一丝生。嫦娥底事梳妆懒？终夜蛾眉画不成。”《初三月》云：“日落江城半掩门，城西斜眺已黄昏。何人伸得披云手，错把青天搦一痕。”《初四月》云：“禁鼓才闻第一敲，忽看新月挂林梢。谁家宝镜新藏匣？盖小参差掩不交。”《十八月》云：“二九良宵此夜当，镜轮虽破有余光。劝君夜饮停杯待，二鼓初敲管上窗。”《二十一月》云：“破镜缘何少半规，阳精倒迫若相催。弓弦过满知何似，正是弯弓欲射时。”《二十二月》云：“三更半夜未成眠，残月今宵正下弦。若有远行人早起，也应相伴五更天。”神童年十四而卒。人问：“几时再生？”应声曰：“五百年。”

六三　吴云岩殿撰，在潮州眷一妓。妓持纸乞诗，吴书一绝云：“涛笺亲捧剪轻霞，小立当筵蹙锦靴。休讶老坡难忍俊，多因无奈海棠花。”此妓声价顿增，人呼“状元嫂”。

六四　谭默斋进士掌教岭南。其同年谢兴士新纳宠，不肯告人。谭寄诗调之，云：“玉指丹唇鸦髻盘，东山丝竹妙吹弹。定知钟得夫人爱，帘卷常教太傅看。”谢笑曰：“既吾家有此故事，敢不自首？”谭著《楚庭稗珠录》，皆游黔、粤所得。自序云：“人有到南海得大蚁尺许者，渍盐带归，以夸示人。东坡食蚝而甘，戒其子勿告人，虑有公卿谋谪南海，以夺其味者。余为此书，当蚁以夸人，不学东坡之馋，虑人夺味也。”其言甚隽。谭名萃。

六五　杜云川太史，送周震夫之天长，仆马俱已戒途。《口号》一首云：“招寻有约竟何尝，判袂匆匆语未遑。半晌花前嫌日短，”至第四句久停，乃疾书曰：“一帆江上到天长。”真巧对也！

六六　诗难其真也，有性情而后真；否则敷衍成文矣。诗难其雅也，有学问而后雅；否则俚鄙率意矣。太白斗酒诗百篇，东坡嬉笑怒骂皆成文章：不过一时兴到语，不可以词害意。若认以为真，则两家之集，宜塞破屋子；而何以仅存若干？且可精选者，亦不过十之五六。人安得恃才而自放乎？惟穈惟芑，美谷也，而必加舂揄扬簸之功；赤堇之铜，良金也，而必加千辟万灌之铸。

批注：美谷，加扬簸之功而成；良金，即辟灌之铸而成；佳诗，则须借锤炼之力而成。

六七　用典一也，有宜近体者，有宜古体者，有近古体俱宜者，有近古体俱不宜者。用典如水中着盐，但知盐味，不见盐质。用僻典如请生客入座，必须问名探姓，令人生厌。宋乔子旷好用僻书，人称“孤穴诗人”，当以为戒。或称予诗云：“专写性情，不得已而适逢典故；不分门户，乃无心而自合唐音。”虽有不及，不敢不勉。

批注：用典与诗的体裁有关，堪称新见。但总的原则是戒用僻典。

六八　高青丘笑古人作诗，今人描诗。描诗者，像生花之类，所谓优孟衣冠，诗中之乡愿也。譬如学杜而竟如杜，学韩而竟如韩：人何不观真杜、真韩之诗，而肯观伪韩、伪杜之诗乎？孔子学周公，不如王莽之似也；孟子学孔子，不如王通之似也。唐义山、香山、牧之、昌黎，同学杜者；今其诗集，都是别树一旗。杜所伏膺者，庾、鲍两家；而集中亦绝不相似。萧子显云："若无新变，不能代雄。"陆放翁曰："文章切忌参死句。"黄山谷曰："文章切忌随人后。"皆金针度人语。《渔隐丛话》笑欧公"如三馆画笔，专替古人传神"，嫌其描也。五亭山人《嘲鹦鹉》云："齿牙余慧虽偷拾，那识雷同转可羞。"又曰："争似流莺当百啭，天真还是一家言。"

批注：高启，号青丘子，长洲（今江苏苏州）人。被推为明代"开国诗人第一"。后被朱元璋腰斩。有《青丘集》。

作诗，是创作；描诗，是模仿。作诗方能有新变，成一代之雄。描诗，则以假充真，终是赝品。

六九　人莫不有五官百体，而何以男夸宋朝，女称西施？昌黎《答刘正夫》云："足下家中百物，皆赖而用也；然其所珍爱者，必非常物。"皇甫持正亦云："虎豹之文必炳，珠玉之光必耀。"故知色彩贵华也。圣如尧、舜，有山龙藻火之章；淡如仙佛，有琼楼玉宇之号。彼击瓦缶、披短褐者，终非名家。

批注：此比喻诗要讲究词藻，文采斐然。《续诗品·振采》："虽抱仙骨，亦由严妆。匪沐何洁，匪熏何香？"

七〇　老学究论诗，必有一副门面语。作文章，必曰有关系；论诗学，必曰须含蓄。此店铺招牌，无关货之美恶。《三百篇》中有关系者，"迩之事父，远之事君"是也。有无关系者，"多识于鸟兽草木之名"是也。有含蓄者，"棘心夭夭，母氏劬劳"是也。有说尽者，"投畀豺虎""投畀有昊"是也。

批注："有关系"，是沈德潜格调说倡导的诗歌封建功利观，即关系人伦日用、"温柔敦厚"的诗教观。性灵说于诗的功用只主张可以感人而已。

七一　钟、谭论诗入魔，李崆峒作诗落套。然其佳句，自不可掩。钟云："子侄渐亲知老至，江山无故觉情生。”《慰人下第》云：“似子何须论富贵，旁人未免重科名。”皆妙。李《游黄曾岭》云：“搔首黄曾霄汉近，旧题应被紫苔封。”《舟饮》曰：“贪数岸花杯不记，已冲江雨缆犹牵。”《春暮》云：“荷因有暑先擎盖，柳为无寒渐脱绵。”俱有风味，不似平时阔落。

批注：明竟陵派钟惺、谭元春论诗主张“幽情单绪”“深幽孤峭”；前七子李梦阳（崆峒）诗学盛唐格套：皆为袁枚所不取。但于其佳作并不一笔抹杀，甚是宽容。

七二　乙未冬，余在苏州太守孔南溪同年席上，谈久夜深。余屡欲起，而孔苦留不已，曰：“小坐强于去后书。”予为黯然，问是何人之作。曰：“任进士大椿《别友》诗也。首句云：‘无言便是别时泪’。”

七三　人有生而潇洒者，不关学力也。傅玉笥先生有句云：“莺花日办三春课，风月天生一种人。”

七四　严冬友最爱陈梅岑“怕锄野草伤新笋，偶检残书得旧诗”之句；以为闲中锄地、翻卷，往往有之。

七五　张南华先生，画白头鸟立桃花上。题者难之。李玉洲先生云：“桃花红满三千岁，青鸟飞来也白头。”

七六　程鱼门多须纳妾，尹公子璞斋戏贺云：“莺啭一声红袖近，长髯三尺老奴来。”文端公笑曰：“阿三该打！”

批注：尹璞斋，尹继善之子。

七七　熊蔗泉观察《咏兰》云：“伴我三春消永昼，垂帘一月不烧香。”予谓第二句并非兰花，的是兰花。

批注：此袁枚所谓“不是此诗，恰是此诗”之例。

七八　桐城孙容克《题采石》诗云：“从古江山闲不得，半归名士半英雄。”盖一指太白，一指常开平也。虞山陈见复先生《过桐城》云：“弥天险手高人笔，如此村墟大有人。”一指姚广孝，一指李公麟也。

七九　方制府问亭栽棉花，招幕府吟诗，多至数十韵。桐城马苏臣曰：“我止两韵。”提笔云：“五月棉花秀，八月棉花干。花开天下暖，花落天下寒。”方公击节不已。常州杨公子揩一联云：“谁知姹紫嫣红外，衣被苍生别有花？”

八〇　同年舒瞻，字云亭，作宰平湖，招吾乡诗人施竹田、厉樊榭诸君，流连倡和，极一时之盛。同时，杭郡太守鄂筠亭先生，亦修禊西湖，名流毕集，各有歌行。临去时，布衣丁敬送哭失声。云亭《偶成》一首云："芳草青青送马蹄，垂杨深处画楼西。流莺自惜春将去，衔住飞花不忍啼。"鄂公《修禊序》云："诗者，先王之教也。山水清音，此邦为最。无与合之则调孤，有与倡之则和起。余安得拘俗吏之规规乎？此拟《兰亭》之所由作也。"呜呼！似此贤令尹、贤太守，何可再得？鄂公名敏，上改名乐舜。

八一　丙辰入都，一时耆士中，得见前辈甚少。惟翁霁堂照曾见西河、竹垞，谢皆人芳莲曾见阮亭。谢风调和雅，如春风中人。阮亭有《香祖笔记》，故自号香祖。其诗淡洁，而蹊径殊小。尚茶洋比部称为盆景诗。《溪村早起》云："早起杏花白，饭牛人出门。野田多傍水，深柳自为村。比屋尽耕稼，服畴皆弟昆。炊烟犹未散，林鸟乱朝暾。"其弟子王继祖敬亭能传其派。《晓起》云："晓起临幽槛，无人一径清。淡烟萦竹翠，微露点花明。梁燕梳新羽，林鸦杂乳声。偶然忘盥栉，得句且怡情。"敬亭与余同校甲子科乡试，闱中自诵其《过古墓》云："古墓郁嵯峨，荒鸱立华表。当时会葬时，车马何扰扰！"余不觉其佳。王笑云："君且闭目一想。"

敬亭牧泰州，为太守杨重英所劾，落职后，《游朝阳洞》云："洞古层崖上，藤萝挂石扉。白云时出没，一半湿僧衣。"《雨过》云："阴云初过雨，一半夕阳开。闲立豆棚下，蜻蜓去复来。"

批注：称王士禛诗为"盆景诗"，亦不尽然。王入蜀诗亦是雄豪阔大之什。评诗不可片面。

八二　常州陈明善，字亦园，乡居甚富，家有园亭，性好吟咏。《种蔬》云："闲种半畦蔬，芳叶纷满目。天意答小勤，盘餐遂余欲。"亦清才也。锡山邵辰焕主其家。有《柳枝词》云："前溪烟雨后溪晴，桃叶、桃根惯送迎。谁似小红桥畔柳，系侬画舫过清明？"亦园忽有仕宦之志，尽卖其田，出仕远方，家业荡然，园归他姓。余为诵白傅诗曰："我有一言君应记：世间自取苦人多。"

八三　诗占身份，往往有之。庄容可未遇时，《咏蚕》云："经纶犹有待，吐属已非凡。"后果以状元致官亚相。唐郭代公元振《咏井》云："凿处若教当要路，为君常济往来人。"亦此意也。齐次风宗伯，年十二，《登巾子山》云："江水连天白，人烟满地浮。巾山山上望，一览小东瓯。"龙为霖太史改官为令，《咏大树》云："但教能覆地，何必定参天？”陆双桥贫困，《有感》云：“老骥尚怀千里志，枯桐空抱五音材。”

批注：“诗占身份”，亦即诗中有我，表现自己独特的性情遭际。

八四 马观察维翰，字墨麟，嘉兴人，貌不逾中人，而抱负甚大。中康熙辛丑进士，内大臣看验时，诸人皆跪，公不可；九门提督隆科多呵之，公夷然不动。隆转笑曰：“不料渺小丈夫，乃风骨如许！”公曰：“区区一跪，尚未见维翰风骨也。”隆大奇之。从部郎擢四川建昌道。忤总督某，直揭部科，被逮入都。皇上登极，授江南常镇道。在都时，余以后辈礼见，蒙有“三异人”之称。其二，则尚君廷枫、万君光泰也。公《南行漫兴》云：“西方多说无生法，但演刀山即下乘。”《咏梅》云：“雅值心知原欲笑，淡无人赏亦终开。”其心胸可想。与卢雅雨同年，一时号“南马北卢”。亡后，卢哭之云：“前辈典型亡北斗，中原旗鼓失南军。”

八五 眼前欲说之语，往往被人先说。余冬月山行，见桕子离离，误认梅蕊；将欲赋诗，偶读江岷山太守诗云：“偶看桕子梢头白，疑是江梅小着花。”杭堇浦诗云：“千林乌桕都离壳，便作梅花一路看。”是此景被人说矣。晚年好游，所到黄山、白岳、罗浮、匡庐、天台、雁宕、南岳、桂林、武夷、丹霞，觉山水各自争奇，无重复者。读门生邵玘诗云：“探奥搜奇兴不穷，山连霄汉水连空。较量山水如评画，画稿曾无一幅同。”知此意又被人说过矣。

批注：道出人所“欲说之语”，即可使人产生共鸣之诗，自是佳作。

八六 商宝意先生《咏菜花》云：“小朵最宜村妇鬓，细香时簇牧童衣。”其同乡刘鸣玉翻其意云：“半亩只邀名士赏，一生不上美人头。”鸣玉与童二树、陈芝图，号“越中三子”。

八七 《宋诗纪事》载：“有罗颖者，《题汉高祖庙》云：‘果然公大度，容得辟阳侯。’夜梦高祖召而责之，旦遂病卒。”异哉！果有此事，彼伪撰《天宝遗事》者，明皇何以不诛？

八八 论诗区别唐、宋，判分中、晚，余雅不喜。尝举盛唐贺知章《咏柳》云：“不知细叶谁裁出，二月春风似剪刀。”初唐张谓之《安乐公主山庄》诗：“灵泉巧凿天孙锦，孝笋能抽帝女枝。”皆雕刻极矣，得不谓之中、晚乎？杜少陵之“影遭碧水潜勾引，风妒红花却倒吹”；“老妻画纸为棋局，稚子敲针作钓钩”：琐碎极矣，得不谓之唐诗乎？不特此也，施肩吾《古乐府》云："三更风作切梦刀，万转愁成绕肠线。"如此雕刻，恰在晚唐以前。耳食者不知出处，必以为宋、元最后之诗。

批注：批评诗歌分唐、宋，唐分盛、中、晚，是袁枚一贯的态度。

八九 元微之《自嘲》云："饭来开口似神鸦。"姚武功《某寺》云："无斋鸽看僧。"二句皆摹神之笔。

九〇 《古乐府》："羞涩佯牵伴。"五字写尽女儿情态。唐人因之有"强语戏同伴，希郎闻笑声"之句。他如"从来不坠马，故遣髻鬟斜"；"小胆空房怯，长眉满镜愁"；"密约临行怯，私书欲报难"：皆不愧淫思古意矣。近时杨公子揩一联云："行来踯躅浑无力，不倚阑干定倚人。"

九一 唐人咏小女诗云："见爷不相识，反走牵娘裾。"是画小女之神。"发覆长眉侧，花簪小髻旁。"是画小女之貌。"学语渠渠问，牵裳步步随。"是画小女之态。"爱拈爷笔墨，闲学母裁缝。"是写小女之憨。

九二 东坡诗，有才而无情，多趣而少韵：由于天分高，学力浅也。有起而无结，多刚而少柔：验其知遇早晚景穷也。

批注："韵"，宋范温释为声外之余音遗响，及言外或象外之余意。

九三 离别诗最佳者，如："路长难算日，书远每题年。无复生还想，终思未别前。""醉中忘却身为客，意欲仍同送者归。"皆读之令人欲泣。又宋人云："西窗分手四年余，千里殷勤慰索居。若比九原泉路别，只多含泪一封书。"

九四 唐人《女坟湖》云："应是离魂双不得，至令沙上少鸳鸯。"宋人《青楼》诗云："与郎酣梦浑忘晓，鸡亦流连不肯啼。"

九五 陆钱曰："凡人作诗，一题到手，必有一种供给应付之语；老生常淡，不召自来。若作家，必如谢绝泛交，尽行麾去，然后心精独运，自出新裁。及其成后，又必浑成精当，无斧凿痕，方称合作。"余见史称孟浩然苦吟，眉毫脱尽；王维构思，走入醋瓮：可谓难矣。今读其诗，从容和雅，如天衣之无缝；深入浅出，方臻此境。唐人有句云："苦吟僧入定，得句将成功。"

批注：陆钱，字鼎仪，明代昆山（今属江苏）人。其论诗构思精心独运，自出心裁，正与"性灵说"主独创之旨相合。

九六　溧阳相公为大司寇时，奉旨教习庶吉士，到任庶常馆，而此科状元庄容可以在南书房，故不偕诸翰林来。史公怒曰：“我二十年老南书房，不应以此给我。”将奏召之。彭芝庭侍讲为之通其意甚婉，遂为师弟如常。彭故史公本房弟子，而庄又彭公本房弟子也。庄献诗云：“绛帐自然应侍立，蓬山未到总支吾。”

溧阳公馆课，出《春日即事》题。同年管水初一联云：“两三点雨逢寒食，廿四番风到杏花。”公擢为第一，同人以“管杏花”呼之。公七十寿旦，某庶常献百韵诗。公读之，笑曰：“把老夫做题，也还耐得百韵；可惜无一句搔痒处，都是祝嘏浮词，不敢领情。”盖公总督八省，兼领六卿故也。记许刺吏佩璜有句云：“三朝元老裴中令，百岁诗篇卫武公。”余有句云：“南宫六一先生座，北面三千弟子行。”俱为公所许可。

批注：溧阳相公即袁枚翰林院恩师史贻直也。其籍贯为江苏溧阳。

九七　余雅不喜杜少陵《秋兴》八首；而世间耳食者，往往赞叹，奉为标准。不知少陵海涵地负之才，其佳处未易窥测；此八首，不过一时兴到语耳，非其至者也。如曰“一系”，曰“两开”，曰“还泛泛”，曰“故飞飞”；习气大重，毫无意义。即如韩昌黎之“蔓涎角出缩，树啄头敲铿”；此与《一夕话》之“蛙翻白出阔，蚓死紫之长”何殊？今人将此学韩、杜，便入魔障。有学究言：“人能行《论语》一句，便是圣人。”有纨袴子笑曰：“我已力行三句，恐未是圣人。”问之，乃“食不厌精，脍不厌细，狐貉之厚以居”也。闻者大笑。

批注：袁枚批评杜甫名作《秋兴》八首，未必中肯，但敢于独抒己见，不盲目崇拜“诗圣”，胆识可嘉也！

九八　余尝教人：古风须学李、杜、韩、苏四大家，近体须学中、晚、宋、元诸名家。或问其故。曰：“李、杜、韩、苏，才力太大，不屑抽筋入细，播入管弦，音节亦多未协。中、晚名家，便清脆可歌。”

九九　《高惠功臣表》，班氏以“符”与“昭”押韵。《西南夷两粤赞》，班氏以“区”与“骄”押韵。王岐公为人作碑铭，俱仿此例。

一〇〇　蔡孝廉有青衣许翠龄，貌如美女，而夭。记性绝佳。尝过染坊，戏焚其簿，坊主大骇，翠龄笑取笔为默出之：某家染某色，及其价值，丝毫不差。主人亡，翠龄哭以诗云：“双泪啼残遗仆在，一灯青入旅魂来。”初孝廉在苏州安方伯幕中请乩，有女仙刘碧环下降，赠诗云："升沉已定君休戚，他日长安道上人。"孝廉喜，以为东野"看遍长安花"之意，后竟死于陕西。

一〇一　福建歌童名点点者，柔媚能文。有客行酒政，要一句唐诗、一句曲牌名，曰："闲看儿童捉柳花。《合手拿》。"点点应声曰："有约不来过夜半。《奴心怒》。"点点又唱曰："柳下惠风和。"合席噤口，以为绝对。

一〇二　余已选杨次也、李啸村《竹枝》，自谓妙绝矣。近又得程望川《扬州竹枝》云："准备明朝谒梵宫，痴情不与别人同。薰笼彻夜衣香透，故意钩人立上风。""巧髻新盘两鬓分，衣装百蝶薄棉温。临行自顾生憎色，袖底何人泼酒痕？""长幡飘动绕炉香，摄级同登拜上方。此去下坡苔露滑，依扶小妹妹扶娘。""绣花帘下霭晴烟，特漏全身到客前。忽听后舱人赞好，安排斗眼看来船。"四首皆眼前事，而笔足以达之，殊可爱也。望川名宗洛，桐城人。

批注：竹枝本于民歌，语言通俗，音调轻快，近于性灵诗，故为袁枚所赞赏。袁枚一再强调诗写眼前景，"眼前事"，此系其性灵诗自写性情遭际的观点所决定的。

一〇三　吴俗以六月二十四为荷花生日，士女出游。徐朗斋作《竹枝词》云："荷花风前暑气收，荷花荡口碧波流。荷花今日是生日，郎与妾船开并头。""赤日当天驻火轮，龙船旗帜一时新。东家女笑西家女，桥上人看桥下人。""葑门城门门绕湖，湖光一片白模糊。荷花生日年年去，若问荷花半朵无。""丹阳段郎官长清，天然诗句自然成。怪郎面似荷花好，郎是荷花生日生。"

卷　八

一　讽世语最蕴藉者，某《游春》云："地湿莎青雨后天，桃花红近竹林边。游人本是农桑客，记得春深要种田。"《咏桑》云："采采东风叶满篮，御寒功已在春蚕。世间多少闲花草，无补生民亦自惭。"《雨中作》云："布被装棉梦黯然，晓看遥岫锁轻烟。蹇驴尽避当风马，也有香泥湿锦鞯。"

二　西崖先生云："诗话作而诗亡。"余尝不解其说，后读《渔隐丛话》，而叹宋人之诗可存，宋人之话可废也。皮光业诗云："行人折柳和轻絮，飞燕含泥带落花。"诗佳矣。裴光约訾之曰："柳当有絮，燕或无泥。"唐人："姑苏城外寒山寺，夜半钟声到客船。"诗佳矣。欧公讥其夜半无钟声。作诗话者，又历举其夜半之钟，以证实之。如此论诗，使人夭阏性灵，塞断机括；岂非"诗话作而诗亡"哉？或赞杜诗之妙。一经生曰："'浊醪谁造汝？一醉散千愁。'酒是杜康所造，而杜甫不知；安得谓之诗人哉？"痴人说梦，势必至此。

批注：西崖即汤右曾（1656—1722）字，仁和（今浙江杭州）人。官至吏部侍郎。其所谓"诗话作而诗亡"，是指宋诗话不懂诗之艺术特点，妄作评论，从而阻遏诗人创作性灵的弊病。

三　天长诗人陈烛门进士，名以刚。余宰江宁，蒙其过访。余爱买书，而官廨甚小，都堆签押处；故赠诗云："六朝山立帘钩外，万卷书横簿领中。"即姚武功"印朱沾墨研，户籍杂经书"之意。

四　有箍桶匠老矣，其子时时冻馁之。子又生孙，老人爱孙，常抱于怀。人笑其痴。老人吟云："曾记当年养我儿，我儿今又养孙儿。我儿饿我凭他饿，莫遣孙儿饿我儿！"此诗用意深厚，较之"因子不孝，抱孙图报仇"者，更进一层。

批注：老人爱子之情令人动容，确用意深厚、深至。可见好诗出自真情。

五 诗谶从古有之。宋徽宗《咏金芝生》诗，曰："定知金帝来为主，不待春风便发生。"已兆靖康之祸。后蜀主孟昶《题桃符贴寝官》云："新年纳余庆，嘉节号长春。"后太祖灭蜀，遣吕余庆知成都。王阳明擒宸濠，勒石庐山，有"嘉靖我邦国"五字。亡何，世宗即位，国号嘉靖。扬州城内有康山，俗传康对山曾读书其处，故名。康熙间，朱竹垞游康山，有"有约江春到"之句。今康山主人颖长方伯，修葺其地，极一时之盛；姓江，名春：亦一奇矣！

六 乾隆初，江西有四子：杨、汪、赵、蒋是也。赵山南早夭，诗失传。汪辇云名轫，少孤贫，为人执炊。有句云："积晦云疑斗，新晴草欲焚。"杨子载名垕，才最高，与蒋心馀相抗。其先本云南土司，改籍江西。五言云："山鬼常联臂，溪虹倏现身。""早霞随日上，败叶拥潮行。""有客嫌庭仄，无书觉昼长。"七言云："寒星欲灭见渔火，小雨无声添落花。""栏边花草牛羊路，寺里人家杵臼声。""客少长留不鸣雁，睡酣翻喜失晨鸡。"

七 又有何在田者，《偶成》云："月借日光成半面，雨收云气泛余丝。"《郊外》云："野径无人问，随牛自得村。""近市原非隐，能诗岂是才。""樵室薪为榻，渔舟网作帆。"皆可传之句也。甲辰三月，余赴粤东，过南昌；心馀病风，口不能言，犹以左手书此数联。

八 心馀手持诗集廿卷，向余云："知交遍海内，作序只托随园。"余感其意，临别涕下。其子知让见赠五古，洒洒千言，合少陵、香山而一之，篇什太长，故未抄录。与余论古尤合，又赠三律，有句云："公所读书人亦读，不如公处只聪明。"

心馀书舍，有扬州汪端光孝廉赠句云："置酒好招乡父老，解衣平揖汉公卿。"汪字剑潭，少年玉貌，佳句如："水定渔灯出，风骄戍鼓沉。""路长行应独，舟小买宜双。""月明又是无边水，半照行人半照鱼。"皆有别趣。

批注：《小仓山房文集》卷二十八有《蒋心馀藏园诗序》，称"蒋君心馀，奇才也"，"其摇笔措意，横出锐入，凡境为之一空"，对其高度赞赏。

宋严羽《沧浪诗话·诗辨》云："诗有别才，非关书也；诗有别趣，非关理也。"

九 鱼门《哭董东亭》云："然疑未定先抛泪，日月都真旋得书。"云松《哭韩廷宣》云："久客不归无异死，故人入梦尚如生。"

一〇　庐州守备徐椒林，每到金陵，与余款洽。《在满洲城夜饮》诗云："为恃将军司锁钥，几番痛饮月沉西。"

一一　士大夫宦成之后，读破万卷，往往幼时所习之"四书""五经"，都不省记。癸未召试时，吴竹屿、程鱼门、严冬友诸公毕集随园。余偶言及"四书"有韵者，如《孟子》"师行而粮食"一段，五人背至"方命虐民"之下，都不省记。冬友自撰一句足之，彼此疑其不类，急翻书看，乃"饮食若流"四字也。一座大笑。外甥王家骏有句云："因留僧话通吟偈，为课儿功熟旧书。"

甥多佳句。如："乍见波微白，方知月骤明。""一编如好友，宜近不宜疏。""衣因乱叠痕常绉，书为频翻卷不齐。""宿云似幕能遮月，细雨如烟不损花。""停足恰逢曾识寺，入门先问旧交僧。""曲引急流归远港，微删密叶显新花。""伏枕苦吟无好句，描诗容易做诗难。"皆有放翁风味。

批注：外甥王家骏当为袁枚大姐之子，据载大姐夫王裕琨，有子王健庵，或即王家骏耶？

一二　钱文端公，庚午典江西试。写榜吏陈巨儒，须鬓如雪，求公赠手迹为荣；自陈年七十，手写文武试三十二榜。公赠诗云："桂籍凭伊腕力传，白头从事地行仙。自言作吏中书省，曾侍朱衣四十年。"十月，复写武榜，解首则其孙腾蛟也。名初唱，掀髯一笑，笔堕于地。中丞阿公喜极，遣牙校驰笺，索藩司彭公家屏赠诗。彭方有剧务，幕中客拟数首，不称公意。遣吏飞马请蒋苕生来。蒋方与友饮酒肆，恋不肯行。吏敦促至再，扶鞭上马，比至，则促召之使已四辈矣。彭公遽起，告以中丞索诗之使，立马檐下。蒋笑曰："某不知公有此急也。"濡笔立题一绝云："榜头题处笑开眉，六十年来鬓若丝。官烛两行人第一，夜阑回忆抱孙时。"彭公得诗狂喜，复酌苕生，送轻纱四端。

苕生太夫人钟氏，名令嘉，晚号甘荼老人；生心馀，四岁，即断竹丝作波磔，教之识字。尝登太行山云："绝磴马萧萧，群峰气势骄。苍云横上党，寒色满中条。极目河如带，拦车云未消。龙门划诸水，禹力万年昭。"乙酉岁，心馀奉母出都，画《归舟安稳图》，一时名公卿，题满卷中。尹文端公谓余曰："此卷中无佳作，惟太夫人自题七章，陆健男太史四首，足传也。"惜未抄录。

批注："中丞阿公者，阿思哈也。"（批本语）

蒋士铨母钟氏之诗毫无脂粉气，确是力作。

一三 尹文端公和余“飞”字韵云:“鸟入青云倦亦飞。”吟至再三,唏嘘不已,想见当局者求退之难。古渔有句云：“未游五岳心虽切，便到重霄劫又多。”

一四 尹文端公督两江时，爱才如命。宛平王发桂以主簿派管行宫，有句云:“愧我衙官无一事，宫门持帚扫闲花。”公见而大喜，即超迁贰尹。秀才解中发有句云：“多读诗书命亦佳。”公于某扇上见之，即聘作西席。

一五 或问：“李师中将出兵，在韩魏公席上赋诗云：‘归来不愿封侯印，只向君王觅爱卿。’不知所用何典。”余按：《宋史·王景传》：“景仕唐，归晋，高祖厚遇之，问其所欲。对：‘受恩已厚，无所欲。’固问之。乃曰：‘臣为小卒，常负胡床，从队长过官妓侯小师家弹唱，心颇慕之。今得小师为妻，足矣。’高祖大笑，即以赐之，封楚国夫人。”疑师中即指此事。后蔡攸出兵，指帝座刘妃求赏，其事在后。或云：“爱卿者，即魏公席上之妓名。”

一六 梅钤为文穆公第六子，弱冠时，从张芸墅游随园，云：“随园耳久熟，游历自今初。买得小山隐，名仍太傅余。主人能爱客，高士幸携余。幽径入萝薜，知应世味疏。”又曰：“岸分双沼水，壁满一朝诗。”呜呼！式庵学醇行端，年未五十竟亡，诗多散失矣。

一七 余幼时《咏史》云：“若道高皇胜项羽，试将吕后比虞姬。”后见益都王中丞遵坦有句云:“垓下何必更悲歌,虞兮吕公较若何？”两意相同。王又有句云:“亚父不用乃寿终，淮阴枉死未央宫。”意亦新。

一八 马骕宛斯作《绎史》，叙三代事，极博雅；而诗笔甚清。《池上》云:“种鱼有术寻渔父，断酒无心学醉翁。”渔洋题其像云：“今日黄山山下路，只余书带草青青。”

一九 陈古渔云：“今人不知诗中甘苦，而强作解事者。正如富贵之家，堂上喧闹，而墙外行人，抵死不知。何也？未入门故也。”宋人《栽竹》诗云：“应筑粉墙高百尺，不容门外俗人看。”

二〇 余游九华山；青阳沈正侯字伦玉，少年韶秀，延候于五溪，已三日矣。见赠云：“大抵高人能下士，于今童子得瞻师。”又句云：“风狂欲折依墙竹，菊萎犹开卧地花。”又，陈明经名芳者，相待于陵阳镇。呈诗云：“岸曲桥横草树萋，书堂佛寺水东西。溪亭日映栏干外，九十九峰影尽低。”两人俱不事科举，以吟咏自娱。

二一　诗虽新，似旧才佳。尹似村云："看花好似寻良友，得句浑疑是旧诗。"古渔云："得句浑疑先辈语，登筵初僭少年人。"偶过西湖，见陈庄题壁云："一叶蜻蜓似缺瓜，年年荡桨水云涯。叉鱼射鸭娇无力，笑入南湖摘藕花。""苏小楼头杨柳风，小姑斗草语芳丛。阿侬家住胭脂岭，怪底花枝映日红。"末署"竹屿"二字：苏州吴进士泰来也。新安江寺见题壁云："昨与邻舟姊妹逢，香风暖处话从容。低头怕有渔郎至，不看莲花只看侬。""滩头漠漠起炊烟，折罢莲花正暮天。却怪鸳鸯不解事，偏依依艇并头眠。"末署"鲁凤藻"三字。

二二　黄莘田落第，赋《无题》云："秃尖成冢还成阵，未抵灵犀一点通。"吴竹桥落第，赋《无题》云："闻说千金才买笑，紫骝休系莫愁家。"王介祉落第，亦有《无题》云："盼得纤儿还荡子，传来小婢又夫人。"

二三　古渔《路上》诗云："年来一事真堪笑，只见来船是顺风。"戴喻让云："莫羡上流风便好，好风也有卸帆时。"荣方伯名柱者，有句云："风自横来无顺逆，水当涨处失江湖。"余则云："东窗关后西窗启，犹喜风无两面来。"

二四　甲子秋，余遗失诗册，心郁郁者一年。古渔云："癸巳冬，得诗百篇，怀之访人，带宽落地，竟无觅处。乃题云：'拈断吟髭费苦猜，已抛偏又上心来。关情似与良朋别，撒手如沉拱璧回。薄祭可能分酒脯？孤飞未必出尘埃。多应掷地无声响，一堕人间便永埋。'"

二五　朱竹垞先生诗名盖世，而自称本朝第二。故扬州方近雯观察诗云："骈体莫轻嗤沈、宋，古音休易许曹、刘。试看前辈诗如此，只负皇朝第二流。"商宝意先生云："诗品官阶两不高。"前辈之虚心如此。王葑亭御史亦有句云："宦情似墨磨常短，诗境如棋着不高。"

二六　"莫凭无鬼论，终负托孤心。"何言之沉痛也！"升沉阁下意，谁道在苍苍！"何求之坚切也！"知亲每相见，多在相门前。"何刺之轻薄也！"生应无辍日，死是不吟时。"何吟之溺苦也！俱非唐人不能作。李少鹤《哭人》云："世缘犹有子，死日始无诗。"亦本于唐。

批注：袁枚还是爱唐诗。

二七　查他山先生诗，以白描擅长；将诗比画，其宋之李伯时乎？近继之者，钱玙沙方伯、光禄卿申笏山。笏山卒后，毕秋帆尚书梓其全集。五言云："雨声凉入砚，花气润侵帘。”《看桂》云：“香于半路先迎客，花已全开正及时。”

批注：查他山，清诗人查慎行；李伯时，宋画家，擅白描技法。诗画自有相通之处。

二八　谢茂秦云:“凡作近体，诵之流水行云，听之金声玉振，观之朝霞散绮，讲之异茧缫丝。”

批注：谢榛（1495—1575），字茂秦，号四溟山人，临清（今属山东）人。明后七子之一。语出《四溟诗话》。

二九　万柘坡《赠钱坤一》云:“雨中听屐到，灯下出诗看。”程南溟有句云:“佳句奚囊盛不住，满山风雨送人看。”

三〇　近人佳句有相同者。董曲江太史《历城》诗云：“寺塔插天云外影，人烟近市日中声。”江于九太守《游九华山》云：“松竹分峦翠，云烟隔寺声。”陈梅岑句云：“津鼓声沉寒雨急，渔灯影乱夜潮来。”蒋心馀句云：“守堠兵多官舫过，拔篙声缓乱滩来。”李竹溪句云：“相逢马上摇头者，得句知他胜得官。”李怀民句云：“思苦如中酒，吟成胜拜官。”

三一　近日诗僧甚少。余游天台，得梅谷;到净慈寺，得佛裔;游九华，得亦苇;游粤东，得澄波、怀远、寄尘。亦苇《野步》云：“傍晚欲归寻别径，忽惊沙鸟出苗飞。”澄波《折木樨》云:“莫怪灵山留一笑，如来原是卖花人。”怀远《江行》云:“片帆高趁大江风，过眼云山笑转蓬。行尽断堤杨柳岸，夕阳犹在板桥东。”佛裔者，让山弟子也，有句云：“鱼亦怜侬水中影，误他争唼鬓边花。”绮语自佳，恰不似方外人所作。怀远云:“雍正间，广东有诗会。好事者张饮分题，聘名流品题甲乙，首选者赠绫绢，其次赠笔墨:亦佳话也。”寄尘本姓彭，工诗、能画，《游长寿寺》云：“净坛风扫地，清课月为灯。”

批注：袁枚反对佞佛，于僧人亦无好感，但对诗僧则另眼相看，盖诗可以沟通彼此也。

三二　山阴邵太守大业，字厚庵，治苏有惠政，以忤大府罢官。有《口号》一联云：“江山见惯新诗少，世味尝深感慨多。”又“老来儿女费周旋”七字，亦颇是人情。

批注："人情"是诗之魂。

三三　吾乡任武承太史，名应烈，出守怀庆。中年乞病，买鉴湖快阁以居，乃陆放翁旧地。作诗四首，和者如云。先生句云："叠石略存山意思，莳花聊破睡工夫。风流何处追狂客？踪迹重教记放翁。"甲戌岁，札来索和，并招往游。余寄诗奉答，终不果往。壬寅游天台，始登快阁，先生亡久矣。精舍数间，全览鉴湖之胜：想在日清福，不减贺知章。

批注：乾隆四十七年壬寅（1782），袁枚六十七岁，正月初七离开随园出游浙江天台，至五月二十七日返回。

三四　康熙戊戌探花傅玉笥先生，名玉露，年八十余：同在湖船，自诵《陪申尚衣游西湖绝句》云："正是金牛纪瑞年，小春风景似春天。蓬莱原近孤山寺，游舫多停六一泉。""一到湖心眼界宽，云光靃霩接风湍。三朝恩泽深如许，莫作瑶池清浅看。"先生耳聋，与谈者以手画字，即能通解。癸未春，来游摄山，与之谈，声振屋瓦。

三五　学士春台典试福建，过吴下买妾方大英，美貌能诗；以南北地殊，服食不惯，雉经而亡。搜其遗稿，有句云："户闭新蛛网，梁空旧燕泥。"

三六　孙补山尚书，先以中翰从傅文忠公征缅甸。《见虏氛日恶口号一首付诸同事》云："军容荼火盛，不戢便成灾。水土本来恶，乌鸢晓便来。功成原有数，我死愧无才。腰下防身剑，摩挲日几回？"呜呼！先生当艰险时，赋诗如此，岂料日后之总督两广，晋爵宫保，世袭轻车都尉哉？《孟子》云"天之将降大任"，信然！

批注：袁枚晚年常与达官贵人交往，但达官贵人多工诗文，属附庸风雅者。孙补山尚书即其一，其名士毅，字补山，仁和（今浙江杭州）人。有《百一山房诗集》。

三七　或戏村学究云："漆黑茅柴屋半间，猪窝牛圈浴锅连。牧童八九纵横坐，'天地玄黄'喊一年。"末句趣极。

三八　尹文端公妾张氏，封一品夫人，与内廷恩宴。大将军某与忠勇公在上前，戏尹云："张有贵相，十指皆箕斗，无罗纹。"会伊里平定，诸功臣画像内廷，例有赞语。上命公自为张夫人赞。尹应声云："继善小妻，事臣最久。貌虽不都，亦不甚丑。恰有贵相，十指箕斗。遭际天恩，公然命妇。上相簪花，元戎进酒。同画凌烟，一齐不朽。”忠勇公曰：“欲戏尹某，反为尹某戏耶！”上大笑。

批注:“大将军者,兆惠也。”(批本语)兆惠,字和甫,姓吴雅氏,满洲正黄旗人。清朝名将。

三九 壬午春，迎銮淮上，雨久不止。钱文端公戏尹相国云:“阁下燮理阴阳，只燮阴而不燮阳，何也？”按《西清诗话》载：“宋时，宋琪、沈义伦俱在黄阁，久旱得雨，雨复不止。琪苦之，戏沈曰：‘可谓“燮成三日雨”。’沈应声曰：‘调得一城泥。’”

批注：《西清诗话》，宋蔡絛著，原三卷，今存残本一卷。

尹庆玉(？—1787),字璞斋,号两峰,尹继善之子。历任芜湖道台、安徽按察使、湖北布政使。后“出镇塞外,非其任也。不逾年,病还京师。又一年,卒”(袁枚《哭庆两峰观察》诗序)。

四〇 丁酉七月，庆两峰赴湖北臬使之便，《过随园留别》云：“天外飞鸿迹又过，衡门深处叩烟萝。交情共指青山在，别意相看白发多。祖帐一杯江上酒，秋风八月洞庭波。才人老去须珍重，漫把遗编日苦摩。”到湖北后，又寄红抹肚与阿迟，系以诗云：“一个锦兜寄儿着，要他包裹五车书。”自此一别，两峰出镇塞外，遂永诀矣。余哭之云：“平原自是佳公子，刘秩终非曳落河。”伤其不耐塞外之风霜也。其诗集甚多，不知流落何所。

四一 对联有解颐者。康熙时，广东诗僧石莲，住海珠寺，交通公卿。寺塑金刚与弥勒环坐，题对联云：“莫怪和尚们这般大样；请看护法者岂是小人。”杨兰坡题倒坐观音像云：“问大士缘何倒坐；恨世人不肯回头。”江西某题养济院云：“看诸君脑满肠肥，此日共餐常住饭；想一样钟鸣鼎食，前生都是宰官身。”

四二 古诗人遭际，有幸不幸焉。唐宰相郑畋之女，爱读罗隐诗，后隔帘窥其貌寝，遂终身不复再诵。明谢茂秦眇一目，貌不扬，而赵穆王爱其诗。酒阑乐作，出所爱贾姬，光华夺目，奏琵琶，歌谢所作《竹枝词》，即以赠之。宋真宗时，宋子京乘车，路遇宫人，知为状元，呼曰：“小宋耶？”子京赋诗，有“更隔蓬山一万重”之句，流传禁中。真宗知之，赐以宫女，曰：“蓬山不远。”正德南巡，翰林谢政年少美貌，迎驾西江，见宫眷船，误为御舟，跪迎报名，适宫人开窗泼水，见之一笑。谢赋诗云：“天上果然花绝代，人间竟有笑因缘。”亦复流传宫禁。武宗怒，削籍遣归。

四三 儿童逃学，似非佳子弟。然唐相韦端己诗云：“曾为看花偷出郭，也因逃学暂登楼。”文潞公幼时，畏父督课，逃西邻张尧佐家，后有灯笼锦之贻：盖与贵妃本属世交，常通缟纻故也。可见诗人、名相，幼时亦尝逃学矣。阿通九岁，能知四声，而性贪嬉戏。重九日，余出对云：“家有登高处。”通应声曰：“人无放学时。”余不觉大笑，为请于先生而放学焉。其师出对云：“上山人斫竹。”通云：“隔树鸟含花。”

批注：阿通，指袁通（1774—？），字兰村。本袁树之子，出生次年过继给时无子的袁枚。工词曲。有《捧月楼词稿》。

四四 讳老染须，似非高人所为。南朝陆展有“媚侧室”之讥。然司空图清风亮节，唐季忠臣，其诗曰：“髭须强染三分折，弦管听来一半愁。”可知染须亦无伤于雅士。

四五 黄石牧先生以翰林中允，督学闽中，因公落职。吾乡徐文穆公，荐举博学鸿词，与余同试保和殿。先生年过七旬，神明衰矣；以不完卷，累荐主议处：盖马伏波自忘其老之过也。《唐堂诗集》生新超隽，美不胜收。姑录短句，以志一脔之嗜。《芭蕉》云：“日不红三伏，天惟绿一庵。”《北路买饼》云：“驻马一钱交易，羁留三刻行程。”《玫瑰花》云：“生来合是依人命，从不容渠在树看。”集中七古，远胜潘稼堂。

批注：黄之隽（1668—1748），字石牧，号唐堂，江苏华亭（今上海松江）人。康熙进士，官编修。有《唐堂集》。潘耒（1646—1708），字稼堂，吴江（今属江苏）人。曾官检讨。有《遂初堂诗集》等。

四六 余泛舟横塘，有踏摇娘蕊仙者。素矜身份，隔窗对语，不肯进舱侍饮，而颇知文墨。客许重赠缠头，拒而不受。少顷，月出矣，蕊仙持扇求诗。余戏题云：“横塘宵泛酒如淮，十里桃花四面开。只恨锦帆竿上月，夜深不肯下舱来。”蕊仙一笑进舱。

批注：袁子才风流本色尽显。

四七　孝感程蔚亭先生，名光钜，甲辰翰林，出为杭州粮道。有《闺词》云："东家姊妹与西邻，听说相招去踏春。料得今年花事好，晚归都语画眉人。""青衫薄薄衬宫绯，上绣鸳鸯并翅飞。勉强着来都不称，可身还是嫁时衣。"余已未归娶，先生留饮，云："老夫次首，有不惯外任、仍思内用之意。"

四八　诗人少达而多穷。汪可舟舸，自称客吟先生，诗笔清绝；而在扬州，竟无知者。己丑除夕，忽过白门，意大不适，有汉江之行。余坚留之，不肯小住，遂成永诀。未十年，其子中也，家业大昌；买马氏玲珑山馆，造亭台，招延名士，而可舟不及见矣。其《听雨》诗云："檐外几声才淅沥，胸中何事不分明？"又曰："侧身已在江湖外，绕屋宁堪竹树多。但觉有声皆剑戟，不知何物是笙歌。"其纡郁可想。仲小海《听雨》云："明知关我心何事，只觉撩人梦不成。"宋人有小词云："薄暮投村急，风雨愁通夕。窗外芭蕉窗里人，分明叶上心头滴。"

四九　余行路见远树，疑为塔尖。高翰起司马云："平畴见喜塍成绣，远树看疑塔露尖。"每见门神相对，似怒似笑。赵云松云："无言似厌人投刺，含笑应羞客曳裾。"

五〇　文尊韩，诗尊杜：犹登山者必上泰山，泛水者必朝东海也。然使空抱东海、泰山，而此外不知有天台、武夷之奇，潇湘、镜湖之胜；则亦泰山上之一樵夫，海船上之舵工而已矣。学者当以博览为工。

批注：杜甫亦云："读书破万卷，下笔如有神。"博览为诗文创作的前提之一。

五一　王次回有句云："天台再许刘晨到，那惜千回度石梁。"宝意先生反其意，作《秋霞曲》云："天台已入休嫌暂，尚有终身未到人。"

五二　近日书院一席，全以荐者之荣落，定先生之去留。蒋春农掌教真州，移主扬州梅花书院。《留别诸生》云："自惭头脑太冬烘，两载銮江作寓公。提举原如宫观例，量移还与职官同。痕留雪爪栖难定，老困盐车步未工。却忆来时春正晚，海棠飞雨堕阶红。""风雪交加腊尽时，临歧握手意迟迟。丰碑昔拜文丞相，遗像今瞻史督师。山长头衔聊复尔，英雄末路合如斯。诸生莫作攀辕计，撰杖重游未可知。"

五三　东坡云："无事此静坐，一日如两日。若活七十年，便是百四十。"京口解李瀛善画。有人聘往写真，而主人久卧不出。解戏改苏诗赠云："无事此静卧，卧起日将午。若活七十年，只算三十五。"山阴人有三乳者，金上清进士调之，云：

"胸罗星宿素襟披，下字成文亦太奇。四乳曾闻男则百，君应七十五男儿。"

五四 程鱼门云："时文之学，有害于古文；词曲之学，有害于诗。"余谓："时文之学，不宜过深；深则兼有害于诗。前明一代，能时文，又能诗者，有几人哉？金正希、陈大士与江西五家，可称时文之圣；其于诗，一字无传。陈卧子、黄陶庵不过时文之豪；其诗便有可传。《荀子》曰'艺之精者不两能'也。"

批注：此从作诗角度批八股文。

五五 黄陶庵先生，性严重，馆牧斋家，不肯和柳夫人诗。然其诗，极有风情。《竹枝歌》云："东湖西湖莲菂开，一日摇船采一回。莲叶田田无限好，只因曾见美人来。""柳条不系玉蹄騧，拗作长鞭去路斜。春色也随郎马去，妆楼飞尽别时花。"

批注：牧斋，钱谦益，字受之，号牧斋，常熟（今属江苏）人。官南明礼部尚书。顺治二年（1645）降清。清初文苑之宗师。

柳夫人，柳如是。

五六 戊申春，余阻风燕子矶，见壁上题云："一夜山风歇，僧扫门前花。"又云："夜闻榜枻声，知有孤舟泊。"喜其高淡，访之，乃知是邵明府作。未几，以诗见投，长篇不能尽录。记《竹枝》云："送郎下扬州，留依江上住。郎梦渡江来，侬梦渡江去。""若耶湖水似西泠，莲叶波光一片青。郎唱吴歌侬唱越，大家花下并船听。"又梦中得句云："涧泉分石过，村树接烟生。"皆妙。邵名帆，字无恙，山阴人。

五七 许子逊先生有女孟昭；《寒夜曲》云："金剪生寒夜漏长，玉人纤手懒缝裳。素娥偏耐秋光冷，肯照鸳鸯瓦上霜？"江宾谷有室陈氏；《哭某夫人》云："忽驾青鸾返碧虚，琼花吹折痛何如？修文应是才人尽，征到嫦娥旧时书。"

五八 明季误国臣马、阮，皆庸人也，奸而不雄，较之曹操，直奴才耳！宿迁女子倪瑞璇嘲之云："卖国仍将身自卖，奸雄两字惜称君。"《忆母》句云："暗中时滴思亲泪，只恐思儿泪更多。"

批注：马，马士英；阮，阮大铖。

五九 绥安孝廉诸邦协，值耿逆之变，率家人避兵石窠寨。贼兵过索犒，不与；怒焚其寨，全家灰没。族人国枢哭以诗云："三年抗节万山行，密箐深林母子并。谁遣多生逢浩劫？直教一死重移名。阖门眦决朝探碛，枯骨灰飞夜请兵。青草年年寒食路，招魂惟有杜鹃声。”

六〇　闽人崔炏十三岁，有《遇雨》一绝云：“叶香乱打冷霏霏，舆梦寻秋雁影稀。烟雨满溪行不了，渡头扶伞一僧归。”雅有画意。

六一　董浦先生曰：“冯钝吟右西昆而黜西江，固矣！夫西昆沿于晚唐，西江盛于南宋；今将禁晋、魏之不为齐、梁，禁齐、梁之不为开元、大历，此必不得之数。风会流传，人声因之，合三千年之人，为一朝之诗，有是理乎？二冯可谓能持诗之正，未可谓遂尽其变者也。”

批注：冯钝吟，即冯班（1602—1671），字定远，晚号钝吟老人，常熟（今属江苏）人。与兄冯舒齐名，吴中称“二冯”。论诗贬江西诗派。

六二　吾乡多才女。河督吴公树屏，有女名苕华；《留别淮阴官署》云：“三载依依玉镜前，旧梳妆处最相怜。不知今后红窗里，又是何人点翠钿？”《古镜》云：“阅世兴亡疑有眼，辨人好丑总无声。”

六三　山阴古无吼山，因采石者屡凿不休，遂成一小湖。远望山如列城；山顶种禾麦；中开一洞，摇船而入，别有天地。大鱼长一二丈者，纷然游泳。邵无恙诵某“船进有鱼听”五字，以为贴切。余曰：“方宫保泊岳州，亦有句云：‘莫使火惊孤雁宿，且吟诗与大鱼听。’”

六四　罗两峰诵人《孔庙》诗云：“阳虎可能同面目，祖龙空自倒衣裳。”顾立方《法藏寺》云：“拂衣人柳碧，覆瓦佛桑青。”以“龙”对“虎”，以“人”对“佛”，皆工对也。孔庙着笔尤难。

六五　满洲永公名福，字用五，守湖州。作《吴兴竹枝》云：“香雪西崦处处栽，终朝结社赏梅来。儿家门户敲不得，留待月明人静开。”“练裙如雪浣中单，二月风多草色寒。片雨过窗红日现，家家楼上晒衣竿。”公礼贤爱士，蒙见访杭州，于公事如麻时，苦留宴饮。遣人以手板到大府处，乞假谈诗。

批注：“永公官台湾道，甚贫。乾隆丙午（1786）林爽文之乱，因公伏法。”（批本语）

六六　《漫斋语录》曰：“诗用意要精深，下语要平淡。”余爱其言，每作一诗，往往改至三五日，或过时而又改。何也？求其精深，是一半工夫；求其平淡，又是一半工夫。非精深不能超超独先，非平淡不能人人领解。朱子曰：“梅圣俞诗，不是平淡，乃是枯槁。”何也？欠精深故也。郭功甫曰：“黄山谷诗，费许多气力，为是甚底？”何也？欠平淡故也。有汪孝廉以诗投余。余不解其佳。汪曰：“某诗须传五百年后，方有人知。”余笑曰：“人人不解，五日难传；何由传到五百年耶？”

批注：据学者考证，《漫斋语录》为南宋蒲大受著，故又名《蒲氏漫斋录》。构思立意要精深，语言表现要平淡；欠精深导致枯槁，欠平淡人觉生涩；两者俱备乃成佳诗。

六七　吾乡沈方舟用济，诗宗老杜。常来金陵，与姚雨亭、袁古香诸人唱和。余宰江宁时，先生已老，不复来矣。杭人有谋梓其诗者，托余访之归愚尚书。尚书云：“闻其全稿藏张少弋家。”少弋已亡，竟难搜葺。雨亭之子记其《留别》云：“青尊断送流光易，白社重寻旧雨难。”自此永诀。

六八　青田才女柯锦机，有宣文夫人之风；绛帏问字者数十人。同乡韩太守锡胙犹及见之。诵其《送夫应试》云：“剑匣书囊自检详，冬裘夏葛赋行装。西风忽送来朝别，明月休沉此夜光。见说试文容易作，须知客感最难防。莫夸司马题桥柱，富贵何如守故乡？”《调郎》云：“午夜剔银灯，兰房私事急。薰莸郎不知，故故偎侬立。”又云：“合线烦君申食指，拾钗为我屈儒躬。”《自题小像》云：“焚香合受檀郎拜，一幅盘陀水月身。”

六九　汪大绅道余诗似杨诚斋。范瘦生大不服，来告余。余惊曰：“诚斋一代作手，谈何容易！后人嫌太雕刻，往往轻之。不知其天才清妙，绝类太白；瑕瑜不掩，正是此公真处。至其文章气节，本传具存；使我拟之，方且有愧。”

批注：袁枚论诗好引宋杨诚斋标举“性灵”之语；其诗之风趣通俗，亦与杨有相通之处。

七〇　王弇州推尊李于鳞，而弇州之才，实倍于李。予爱其《短歌》数句云：“不必名山藏，不必千金悬。归去来，一壶美酒抽一编，读罢一枕床头眠。天公未唤债未满，自吟自写终残年。”《弃官》云：“人生求官不可得，我今得官何弃之？六月绣襦黄金垂，行人拍手好威仪。与君说苦君不信，请君自衣当自知。”本传称先生论诗，呵斥宋人；晚年临终，犹手握《苏子瞻集》。此二诗，果似子瞻。

批注：明后七子首领王世贞（弇州）确实才学皆超过李攀龙（于鳞），且晚年改变了诗必盛唐的极端思想，而兼好宋诗。论人宜用变化眼光。

七一　严沧浪借禅喻诗，所谓“羚羊挂角”“香象渡河”，有神韵可味，“无迹象可寻”。此说甚是。然不过诗中一格耳。阮亭奉为至论，冯钝吟笑为谬谈：皆非知诗者。诗不必首首如是，亦不可不知此种境界。如作近体短章，不是半吞半吐、超超玄箸，断不能得弦外之音、甘余之味：沧浪之言，如何可诋？若作七古长篇、五言百韵，即以禅喻，自当天魔献舞，花雨弥空，虽造八万四千宝塔，不为多也；又何能一“羊”一“象”，显“渡河”“挂角”之小神通哉？总在相题行事，能放能收，方称作手。

批注：南宋严羽《沧浪诗话》借祥理论诗，冯班著《严氏纠缪》专指摘其非，有苛求之弊。王士禛神韵说汲取严羽思想，奉为至论。两者皆有偏颇之处，故为袁枚所批评。

七二　余雅不喜苛论古人。阮亭骂杜甫无耻，以其上明皇《西岳赋表》云：“惟岳授陛下元弼，克生司空。”指杨国忠故也。不知表奏体裁，君相并美；非有心阿附。况国忠乱国之迹，日后始昭。当初相时，杜甫微臣，难遽斥为奸佞。即如上哥舒翰诗，亦极推尊；安能逆料其将来有潼关之败哉？韩昌黎《赠郑尚书序》，郑权也；颜真卿《争坐位帖》，与郭英乂也：本传皆非正人，而两贤颇加推奉。行文体制，不得不然。宋人訾陆放翁为韩侂胄作记，以为党奸；魏叔子责谢叠山作《却聘书》，以伯夷自比，是以殷纣比宋：皆属吹毛之论。孔子“与上大夫言，訚訚如也”。所谓“上大夫”者，独非季桓子、叔孙武叔一辈人乎？

七三　随园席间咏六月菊，储秀才润书云：“秋士偶然轻出处，高人原不解炎凉。”余叹为独绝。何南园一联云：“隐士静宜荷作侣，东篱闲爱日如年。”虽差逊，而心思自佳。

何南园《望晴》诗云：“风都有意收残暑，云尚多情恋太阳。莫怪人间无易事，一晴天且费商量。”春过随园，见游女，又云：“送与名园助春色，水边来往丽人多。”

七四　《北史》称：庾自直为隋炀帝改诗，许其诋呵。帝必削改至于再三，俟其称善而后已。炀帝虽非令主，如此虚心，亦云难得。第“改章难于造篇，易字艰于代句”，刘勰所言，深知甘苦矣。

七五　余己未同年，多出任封疆、内调鼎鼐者，可谓盛矣！近都薨逝，惟余以奉母故，空山独存。想勤劳王事者，毕竟耗心力、损年寿耶？嵇康有“圉马不乘，寿高群厩”之语，似亦有理。宋人吟《古树》云：“四边乔木尽儿孙，曾见吴宫几度春？若使当时成大厦，也应随例作灰尘。”《闺词》云：“羡他村落无盐女，不宠无惊过一生。”

批注：归隐可长寿，此袁枚当年挂冠所未料及者。

七六 文、沈、唐、仇，以画名前朝。仇画从无题咏。唐能诗，恰无佳句。诗画兼工者，惟文、沈二公。而笔情超脱，则沈为独绝。《落花》云：“美人天远无家别，逐客春深尽族行。”“苦戒儿童莫摇树，空教行路欲窥墙。”“渔艇再来非旧径，酒家重访是空村。”《咏影》云：“算来只有鳏夫称，老去犹堪作伴行。”《金山》云：“过江如隔世，入寺不知山。”有《爱日歌》《七十自寿》两篇，奇绝，惜篇长难录。

批注：文徵明、沈周、唐寅、仇英，为明代画坛“吴中四家”。

七七 杨刺史潮观，字笠湖，与予在长安交好。以运四川皇木，故再见于白门，垂四十年矣。《山行遇雨》云：“广厦千万间，不免炎暑热。盖头一把茅，亦避风雨雪。”《马跑泉》云：“十月冰霜洁，真阳坎内全。任教无底冻，不到有源泉。”所言皆有道气。笠湖在中州作宰，乡试分房，梦淡妆女子褰帘私语曰：“桂花香卷子，千万留意。”醒而大惊。搜落卷，有“杏花时节桂花香”一卷，盖谢恩科表联；其年移秋试在二月故也。主司是钱东麓司农，见之大喜，遂取中焉。拆卷，乃侯元标，是侯朝宗之孙也。杨悚然笑曰：“入梦求请者，得非李香君乎？”一时传李香君荐卷，以为佳话。

批注：杨潮观（1710—1788），字宏度，号笠湖，金匮（今江苏无锡）人。曾任地方官。所谓明末秦淮名妓李香君荐卷事，为袁枚编入《子不语》，并引起杨、袁一场口水战。详见袁枚《答杨笠湖》书信三通。

七八 尹文端公，与陈文恭公同年交好，各任封疆四十余年，先后入相。乾隆己丑，尹公卧病，陈以老乞归。尹在枕席间，力疾赠诗云：“闻公予告出都门，白发还乡锦满身。早岁《霓裳》分咏句，卅年玉节共班春。到家绿酒斟应满，回首黄粱梦岂真？我老颓唐难出饯，将诗和泪送行人。”未数日，尹公薨。陈在天津，闻信欲回舟作吊，家人止之。未几，舟至德州，亦薨。

七九 或有句云："唤船船不应，水应两三声。"人称为天籁。吾乡有贩鬻者，不甚识字，而强学词曲，哭母云："叫一声，哭一声，儿的声音娘惯听；如何娘不应？"语虽俚，闻者动色。

八〇 诗人爱管闲事，越没要紧则愈佳；所谓"吹皱一池春水，干卿底事"也。陈方伯德荣《七夕》诗云："笑问牛郎与织女：是谁先过鹊桥来？"杨铁崖《柳花》诗云："飞入画楼花几点，不知杨柳在谁家。"

批注：此严羽所谓"诗有别趣，非关理也"(《沧浪诗话·诗辨》)。

八一 虞山王次岳妻席氏能诗。《端阳日寄次岳》诗曰："菖蒲斟玉斝，独泛已三年。"亡何，夭亡。次岳哭云："蛾眉月易沉天际，鸟爪仙难住世间。""旧雨每来先治馔，残灯欲炧尚论诗。""几夕殡宫移榻伴，还如同病对床眠。"

八二 人有邂逅相逢，慕其风貌，与通一语，不料其能诗者；已而以诗见投，则相得益甚。丙辰冬，余游土地庙；见美少年，揖而与言，方知是李玉洲先生第三子，名光运，字傅天。问余姓名，欣然握手。次日见赠云："燕地逢仙客，新交胜故知。高才偏不偶，大遇合教迟。书剑怀俦侣，风霜感岁时。惭予初学步，何以慰相思？"时予才弱冠，广西金抚军疏中首及其年；傅天阅邸报，先知余故也。丙戌二月，余游寒山；一少年甚闲雅，问之，姓郭，名淳，字元会，吴下秀才，素读予文者。次日，与沙斗初同来受业。方与语时，易观手中所持扇；临别，彼此忘归原物。次日，诗调之云："取来纨扇置怀中，忘却归还彼此同。摇向花前应一笑，少男风变老人风。"秀才见赠五古一篇，洋洋千言，中有云："琴书得余闲，判花作御史。飞絮泥不沾，太清云不滓。多情乃佛心，泛爱真君子。禅有欢喜法，圣无缁磷理。所以每到处，风花缠杖履。"乙酉三月，尹文端公扈驾坠马，余往问疾。在军门外，遇美少年，眉目如画；未敢问其姓名，怅怅还家。俄而户外马嘶，则少年至矣。曰："先生不识东兴阿乎？阿乃总镇七公儿。幼时，先生到馆，曾蒙赠诗。兴阿和韵云：'蒙赠珠玑几行字，也开智慧一分花。'先生忘之乎？"余惊喜，问其年。曰："十八矣，已举京兆。"

批注：李重华，字君实，号玉洲，吴江（今属江苏）人。雍正进士，授编修。有《贞一斋集》。

八三 松江顾小崖先生，讳成天，康熙丁酉举人。世宗簿录某大臣家，得其哭圣祖诗，有“已增虞舜巡方岁，竟少唐尧在位年”之句。遂钦赐编修，上书房行走。乾隆二年，以老乞归，上加侍讲衔，年八十二而卒。亦诗人异数也。

八四 乾隆间以老受恩得官者，当涂有二人焉：徐位山名文靖，曹洛禋名麟书。徐同余丙辰召试，而曹乃丙辰同盟友也。徐年九十余，授翰林院检讨。甲戌秋，寄所注《竹书纪年》、诗一册来。《湖居》云：“天将幽致敞湖滨，共我盘桓几十春。守业愿为清白吏，著书羞傍草玄人。妻缘贫惯无交谪，子未骄成肯负薪。那得向平婚嫁毕，三江烟雨任垂纶？”“白驹几向隙间过，荏苒年华长薜萝。闲极有时评北苑，愁来无梦寄南柯。文标司马尊元狩，帖检来禽署永和。湖上游行湖上立，颓唐老大竟如何？”又：“云生渐觉桐弦润，潮上徐看钓艇斜。”“酒缘斋日陈三雅，茶为眠时试一枪。”皆典雅可诵。

曹官至侍读学士，少时与鲁之裕亮侪夺槊舞剑，权奇倜傥。后行走上书房，予告归。戊寅年，入山话旧。有《留影杂记》一编，即生平行述也。曾入黄山，遇老人传道，年九十余，行走如飞。诗亦清矫。《金山》云：“日月不离水，荻芦难辨霜。”《饮昭亭》云：“泉细但闻响，山香不见花。”《题泰山》云：“日观天门上几回，层云雪海荡胸开。年来懒读人间字，曾探金泥玉简来。”《寄樊姬》云：“天外云寒暮雨多，音书何处寄烟波？他乡动觉愁千种，小小双鱼载几何？”古渔赠以诗云：“黄山早有神仙遇，白首才蒙圣主知。”余题其《留影》册子云：“人天踪迹两漫漫，欲画飞仙影最难。只有上清曹学士，自家留影自家看。”“我亦人间有半生，三山五岳等闲行。雪中爪迹分明在，可惜飞鸿记不清。”人问先生：“纳交之道，从子夏乎？从子张乎？”先生曰：“皆从。”问：“何以皆从？”曰：“朝廷之上，从子夏；乡党之间，从子张。”

批注：鲁亮侪事详见袁枚《书鲁亮侪》。

八五 己未，余在孙文定公署中，见亮侪先生。其时观察清河；年七十余，银髯垂腹，口若悬河，向制府述水利，娓娓万言，无一涩语闲字。使屏后侍史录之，即可作奏疏读也。初从河南县令起家，忤总督田文镜，每被劾一次，世宗召见，必升一官。真奇士也。作令不用牌票，书片纸召吏民。作府道不用文檄，书尺牍谕下属。有令必行，无情不烛。《登黄鹤楼》云：“名胜迹随颓浪卷，孤危身托画栏凭。好把江波成地醴，遍教沟瘠饮天浆。”其抱负可想。

批注：田文镜，雍正朝督抚，受雍正器重。

八六　诗有极平浅，而意味深长者。桐城张征士若驹《五月九日舟中偶成》云："水窗晴掩日光高，河上风寒正长潮。忽忽梦回忆家事，女儿生日是今朝。"此诗真是天籁。然把"女"字换一"男"字，便不成诗。此中消息，口不能言。

批注：词浅意深，是"天籁"之作的特征。

八七　许太监者，名坤，杭州人，在京师颇有气焰，而性爱文士。尝过杭太史堇浦家，采野苋一束去，报以人参一斤。欲交郑太史虎文，郑不与通。人疑郑故孤峭者。然其《咏红豆》诗，颇有宋广平赋梅花之意。词云："记取灵芸别后身，玉壶清泪血痕新。伤心略似燃于釜，绕宅何缘幻作人？一点红宜留玉臂，十分圆欲上樱唇。只嫌不及榴房子，空结团圞未了因。"梁瑶峰少宰和云："采绿何曾胜采蓝？猩红端合摘江南。且看沉水星星活，得似灵犀点点含。秋汉可烦桥更驾，朝云应有梦同甘。石榴消息分明是，朱鸟窗前仔细探。"按红豆生于广东。乾隆丙戌，郑督学其地，梁为粮道，故彼此分咏此题。

批注：唐人宋璟（663—737），官至宰相，封广平公。秉性刚正，然作《梅花赋》却清婉富丽，不类其为人。

八八　戊戌秋，余小住阊门。诗人张昆南每晚必至，年七十三矣。诵其《登灵岩》云："振衣同上落虹亭，古塔云深入杳冥。香径草荒秋露白，山村雨过暮烟青。天空一雁来胥口，木落诸峰见洞庭。莫向西风更怀古，菱歌清绝起遥汀。"予叹曰："此中唐佳境也。"昆南喜，次日呈诗三册，属余轮替观之。其佳句如："潮痕沙岸落，露气渚兰闻。""松间细路通僧寺，花里微风扬酒旗。"皆妙。昆南别去，后钱景开来，又诵其《虎丘》诗云："蘼芜亦解怜倾国，多傍贞娘墓上生。"《春去》云："月上帘钩风太急，落花如雨不闻声。"

八九　常熟孝廉邵君培德，每秋试，必以诗见投。记其《观灯》云："红罗碧绮间琉璃，远近龙鸾一望齐。楼下花钿楼上曲，留人偏在画桥西。"《路上》云："昨日晴和今日雨，萧萧篷底作春寒。分明即是来时路，顿觉烟波别样看。"

九〇　游仙诗大半出于寄托。方南塘居士云："到底刘安未绝尘，昨宵相与共朝真。漫将富贵夸同列，手板横腰道寡人。"此刺暴贵儿作态者也。陆陆堂太史云：

“寻真台上紫云高，阿母宵分降节旄。臣朔读书破万卷，不甘呵叱小儿曹。”此刺妄庸人傲士者也。方近雯观察云：“一痕轻绿画春山，冰剪双眸玉炼颜。不解大罗天上事，兰香何过谪人间？”此惜词臣外用之诗也。

批注：游仙诗的根仍扎于现实的土壤中，并非真的脱离人间社会而心游仙境，故“大半出于寄托”。

九一　桐城姚康伯有《闺怨》云：“分明赚得两眉开，手折黄花上镜台。侍女无端忙报道：邻家昨夜远人回。”

九二　蒋苕生与余互相推许，惟论诗不合者：余不喜黄山谷，而喜杨诚斋；蒋不喜杨，而喜黄：可谓和而不同。

批注：蒋士铨不属性灵派，今人往往误认。

九三　孙文定公为冢宰时，余以秀才修士相见礼，投诗云：“百年事在奇男子，天下才归古大臣。”又曰：“一囊得饱侏儒粟，三上应无宰相书。”公读之，忻然延入曰：“满面诗书之气。”已而，戊午科出公门下。

批注：孙文定公，孙嘉淦，字锡公，山西兴县人。官至协办大学士，谥文定。以犯颜直谏著称。

九四　王昆绳曰：“诗有真者，有伪者，有不及伪者。真者尚矣，伪者不如真者；然优孟学孙叔敖，终竟孙叔敖之衣冠尚存也。使不学孙叔敖之衣冠，而自着其衣冠，则不过蓝缕之优孟而已。譬人不得看真山水，则画中山水，亦足自娱。今人诋呵七子，而言之无物，庸鄙粗哑；所谓不及伪者是矣。”

批注：“诗有真者，有伪者”，易解。“有不及伪者”，新见，当指摹仿古人而极平庸之作。明七子可谓学唐之“伪者”，因尚具唐诗衣冠；而当朝学唐而全无唐诗格调者，而不及明七子即“不及伪者”也。

九五　谢梅庄讳济世，广西浔州人；作御史三日，即奏劾河东总督田文镜。朝廷疑有指使，交刑部严讯。先生称指使有人。问：“为谁？”曰：“孔子、孟子。”问：“何为指使？”“读孔、孟书，便应尽忠直谏。”世宗怜其呆，谪军前效力。时雍正丙午十二月初七日也。先生《次东坡〈狱中寄子由〉韵寄从弟佩苍》云：“严霜初陨陡回春，留得冲寒冒雪身。绐绨乍传浑似梦，亲朋相庆更为人。敢愁弓剑趋戎幕，已免银铛礼狱神。早晚扶归君莫恸，婆姗勃窣亦前因。”“尚方借剑心何壮，牍背书辞气渐低。已分黄泉埋碧血，忽闻丹阙放金鸡。花看上苑期吾弟，萱树高堂仗老妻。且脱南冠北庭去，大宛东畔贺兰西。”今上登极，赦还原职。先生疏求外用，授湖南粮道。长沙士人，感其遗爱，片纸只字，俱珍重之，故传此二首。先生不信风水之说，《题金山郭璞墓》云：“云根浮浪花，生气来何处？上有古碑存，葬师郭璞墓。”晓世之意，隐然言外。

九六　赣州总兵王公，字午堂，名集，工诗、善书。与余相慕二十年，终不得一晤。弟香亭过赣，公寄我鹅研一方，集古句一联云：“中天悬明月，绝代有佳人。”

九七　过润州，见僧壁对联云：“要除烦恼须成佛；各有来因莫羡人。”过九华寺，有一对云：“非名山不留仙住；是真佛只说家常。”

九八　香亭以《雪狮》为题，令诸少年分咏；而糊名易书，属余评定。余奇赏二句云：“蹲伏尚能惊百兽，强梁可惜不多时！”拆封，乃胡甥吉光所作，书巢之子也。诗人有后，信哉！

批注：胡书巢为袁枚二堂妹袁杰之婿。有《碧腴斋诗存》，袁枚刊刻。

九九　朱竹君学士曰：“诗以道性情。性情有厚薄，诗境有浅深。性情厚者，词浅而意深；性情薄者，词深而意浅。”

批注：朱筠（1729—1781），字美叔，又字竹君，大兴（今属北京）人。官至福建学政。有《笥河诗文集》。

一〇〇　番禺何梦瑶工诙谐；为催租吏所窘，戏为《牛郎赠织女》云：“巧妻常为拙夫忙，多谢天孙制七襄。旧借聘钱过百万，织来云锦可能偿？”《织女答》云：“织锦空劳问报章，近来花样费商量。人间债负都堪抵，第一天钱不易偿。”

一〇一　夏醴谷督学广东，有门生郑齐一者，年少貌美，舟中妓醉而逼之。郑勃然怒曰：“使不得！”夏赠以诗云：“柔情似水从头抹，硬语如刀带酒听。”程鱼门北上，旅店主人招妓侑酒。鱼门与同饮，而却其眠，作诗曰：“花明野店春无主，月黑秋林幸有灯。”潘筠轩笑曰：“次句，有小说秉烛达旦之意。”

一〇二　蔡持正贫时，寓僧寺。僧厌之，蔡题《松树》云：“常在眼前君莫厌，化为龙去见应难。”黄之纪寓随园。或轻之，黄亦题《松树》云：“寄人篱下因春好，听我风声在老来。”

卷　九

一　白下布衣朱草衣，少时有“破楼僧打夕阳钟”之句，因之得名。晚年无子，卒后葬清凉山。余为书“清故诗人朱草衣先生之墓”，勒石坟前。余宰溧水，蒙见赠云：“叠为花县一江分，来往惟携两袖云。待客酒从朝起设，告天香每夜来焚。自惭龙尾非名士，肯把猪肝累使君？却喜循良人说遍，填渠塞巷尽传闻。”《郊外》云：“乱鸦多在野，深树不藏村。”《与客夜集》云：“羁身同海国，归梦各家乡。”《大观亭》云：“长江围地白，老树隔朝青。”《晚行》云：“土人防虎门书字，水屋叉鱼树有灯。”《赠某侍御》云：“朝罢宫袍多质库，时清谏纸尽抄书。”

二　随园地旷，多树木，夜中鸟啼甚异，家人多怖之。予读王葑亭进士《平沟早发》云：“怪禽声类鬼，暗树影疑人。”先得我心矣！其他佳句，如：“大星高出树，残月细流溪。”“月斜人影忽在水，风过秋声正满山。”“满帽黄花逢醉客，一肩红叶识归樵。”皆妙。

批注：批本语记袁枚妾抱怨语云“此处不好，四面无墙，闹鬼闹贼，人家又远。买食物皆不方便。鸱鸮豺狼，彻夜叫唤，不能安睡”云云。

三　湖州潘进士立亭，名汝晟，诗宗韩、杜，五古尤佳。《偶成》云：“静士难为介，静女难为媒。嫁容静女丑，交面静士羞。盛年易畹晚，独抱无驿邮。桃李非我春，蒲柳非我秋。鹤老心万里，鹏怒翼九州。未免笑樊援，岂屑伍喧啾？搜春润章句，摘卉膏吟哦。非无兰茗玩，风骚旨已讹。诗涛与诗骨，韩、孟两嵯峨。昆体逮铁体，滔滔同一波。金天削秀华，碧海鸣神鼍。义色少姚佚，吉词无淫颇。褒中南风手，请为《南风歌》。寥寥发古响，羯鼓如予何？”潘宰直隶某县，以迂缓故，几被劾矣。适傅忠勇公平金川归，潘献《铙歌》；公大夸赏，乃改为卓荐。

四　鲍进士之钟，字雅堂，诗人步江之子。诗有父风，而清逸处，往往突过前人。《秋雨乍晴》云："箬帽芒鞋准备秋，稍晴便拟看山游。江潮入郭无三里，溪水到门容一舟。亭午白云开野径，夕阳黄叶下僧楼。闲身自笑如闲鹤，欲度前峰却又休。"五言如："一鸟掠溪镜，四山明画帘。""鱼跳重湖黑，蒲喧急雨来。"七言如："道心静似山藏玉，书味清于水养鱼。""翻书细检遗忘事，拨火闲寻未过香。""岸柳带鸦明远照，塔铃和月语清宵。"皆可爱也。雅堂尝言："作七古诗，雅不喜一韵到底。"余深然其言。顾宁人云："诗转韵方活，《三百篇》无不转韵。"

批注：七古诗转韵，清代吴伟业"梅村体"是范例。顾宁人，顾炎武，字宁人，号亭林。清初大儒。

五　秦中诗人杨子安鸾见访，适余外出；归后见贻一册。《雪霁》云："寒瘦自性情，苦吟工未能。晚晴窗上日，先晒砚池冰。"《闻砧》云："满院苔痕合，重门树影深。"

六　余宰江宁时，所赏识诸生秦涧泉、龚云若、涂长卿，俱登科第。而流落不偶者，惟车静研与沈瘦岑。沈工古文，不为诗。车诗有可存者。《河南道中》云："三月春阳淡不浓，老冰如石漱寒风。蹇驴觅路人家远，日暮山坳虎眼红。"《农家》云："筑场如镜草堆山，绕屋黄花映碧潭。闲倚茅檐看客过，南人北去北人南。"

七　宝应王孟亭太守，为楼村先生之孙。丁卯，见访江宁。携胡床坐门外，俟主人请见乃已，遂相得甚欢。聘修江宁志书，朝夕过从。尝言楼村先生教人作诗，以"三山"为师：一香山、一义山、一遗山也。有从子嵩高，字少林，少年倜傥，论诗不服乃伯，而服随园。《大梁怀古》云："摇落偏惊旅客魂，秋风回首眺中原。三花树色开神岳，万里河声下孟门。形胜郁盘终古在，英雄慷慨几人存？信陵策士俱黄土，独有侯生解报恩。"太守讳箴舆。

八　扬州张哲士，与蒋秋泾交好。蒋尤自负，作《游山》一首，程鱼门夸为"小谢"。勃然怒曰："分明'大谢'，何小之有？"《留别哲士》云："竟挂秋帆决计行，关心天末倚闾情。便归只好留三月，浪迹无端已半生。人世乘除苍狗幻，名山期许白头成。殷勤相属还相慰，愁听西风雁一声。"哲士《寄怀》云："恋友心空切，宁亲去敢迟？才为三夕别，已是百回思。避日帘仍下，追凉榻未移。不知江上路，秋暑可曾衰？"哲士《咏胭脂》云："南朝有井君王入，北地无山妇女愁。"以此得名，人呼"张胭脂"。

九 中州李竹门过随园，见赠云："园在六朝山色里，一筇先要问高台。碧梧叶响秋将至，红藕花香客正来。"其诗颇清。惜年甫三十而卒。余爱其《咏鞭》云："一事思量转惆怅，不能行到祖生先。"《郊外》云："山势趁潮多北向，人心如雁只南飞。"

一〇 芜湖施长春，曼郎少年，有卫叔宝之称。余宰江宁时，秦涧泉屡为致意，云"将渡江求见"。已而病亡。有《上冢歌》云："白杨树，城东路，野草萋萋葬人处。挈榼提壶出郭行，可怜今日又清明。富家冢高高傍岭，贫家冢低低亚畛；冢中贫富人不同，一样酒浇不能饮。暝烟惨淡日西斜，挈榼提壶还返家。一线阴风旋不定，纸钱飞上棠梨花。"

一一 吴门顾星桥进士，诗才清冠等夷；家有月满楼，藏书万卷，海内知名之士，无不交投缟纻。予目为今之郑当时。《龙潭》一律云："微风缓缓送江声，最好龙潭道上行。碧树数丛堪作障，青山一半不知名。闲情转向尘中得，幽景偏宜客里生。晚觅茅斋投一宿，花前试看酒旗轻。"进士名宗泰。

一二 姚申甫方伯与沈永之观察，本中表亲，姚姊嫁沈。二人年少时，与余同肄业书院。每见方伯家遣僮担盒，供其子婿。二人同登乡、会科。沈寄姚诗云："辛勤二老训喃喃，爱婿犹如爱长男。甘脆每教常健饭，苦吟犹记许分甘。"沈殿试二甲第三，姚二甲第二，自后官阶沈必差姚一级：姚为观察，沈为太守；沈为观察，则姚为方伯矣。沈又寄诗云："平生每好居人后，今日还应让弟先。"余将赴广西金抚军之聘，姚赋诗相留曰："就使将军重揖客，何如南国有词人？"后四十年，姚竟巡抚广西。余寄书云："不料当日所谓'将军'，即此时之阁下，惜我不能来作揖客耳！"永之在书院寄内诗云："深院蝶娇无语坐，小园花嫩卷帘看。"为掌教杨文叔先生所赏。

一三 余在都时，永之引见满洲学士春台。春自云："年三十时，目不识丁。从一禅师静坐三月，颇以为苦。一夕，提刀欲杀禅师。仰头见月，忽然有悟，赋诗便工。"《塞外》云："野水吞人面，青山瓮马声。浮云连帽起，残雪带鞭行。"殊雄伟。公爱永之与枚，以为两少年必贵；每至，必留饮、留宿，遣妾捧觞。

一四 桐城相公七十生辰，余与诸翰林祝寿。宴罢，各赐诗扇一柄，诗写《田园杂兴》云："不识风尘劳扰，但知云水盘桓。买犇偶来城市，祀神一着衣冠。""小桥流水村近，疏柳长堤路斜。车马不闻叩户，鸡豚自识还家。""烟生茅屋云白，雨过菱塘水新。今岁秋田大稔，稻苗高过行人。""竹屋正临流水，槿篱曲绕闲亭。

此是吾庐本色，被人偷作丹青。”“作苦最怜田妇，布衣椎髻无华。馌饷并携稚子，采桑不摘闲花。”公终身富贵，而诗能淡雅若此。

一五 严公瑞龙作湖北布政使，续《汉上题襟集》，招诸诗人唱和；亦公卿雅事也。傅辰三《感春》云:“恰恰春分二月半,分春妙手爱东君。但愁过却花朝后，一日春容减一分。”“月落参横夜向晨，半醺花意欲留人。夜阑莫怯风吹袂，为爱梅花不惜身。”《大雨戏作》云：“雨师一夕兴淋漓，笔尖乱点西窗纸。初犹落落蝌蚪分，继则盈盈垂露似。须臾漫漶一片湿，直似秦碑没字体。”殊有东坡风趣。沈树德《落花》云:“飞燕蹴归帘影里，游鱼吹起浪花中。”叶声木《送人》云:“吹酒凉风穿树过，破烟水月隔楼生。”

一六 康熙壬寅，余七岁，受业于史玉瓒先生。雍正丁未，同入学。先生不甚作诗，而得句殊隽。《偶成》云：“好鸟鸣随意，幽花落自然。”《病中》云：“廿年辛苦黔娄妇，半世酸辛伯道儿。”终无子。余为葬于葛岭。

批注：史中，字玉瓒，杭州人。于袁枚家任教师十年。与袁枚同时考中秀才。袁枚写有《史先生墓志铭》。

一七 沈归愚尚书，晚年受上知遇之隆，从古诗人所未有。作秀才时，《七夕悼亡》云：“但有生离无死别，果然天上胜人间。”《落第咏昭君》云：“无金赠延寿，妾自误平生。”深婉有味，皆集中最出色诗。六十七岁，与余同入词林。《纪恩》诗云：“许随香案称仙吏，望见红云识圣人。”

批注：袁枚与沈德潜论诗势如水火，然对其昔日佳什仍予彰显。

一八 与余同荐鸿词者，有户部主事尚庭枫，号荼洋，陕西人。为人诡诞不羁，忽而结驷连骑，忽而布衣蓝褛。赋诗有奇气，如：“落花平地二尺厚，芳草如天万里青。”“月华照树有乌鹊，云气上天如白羊。”皆警句也。

一九 余爱诵金寿门“故人笑比庭中树，一日秋风一日疏”之句。杭堇浦先生曰:“此句本唐人高蟾:‘君恩秋后叶，一日一回疏。’不足为寿门奇。寿门佳句，如：‘佛烟聚处都成塔，林雨吹来半杂花。’《咏苔》云：‘细雨偏三月，无人又一年。’乃真独造。”余按古人佳句，都有所本：陈元孝：“池花对影落，沙鸟带声飞。”本李群玉：“沙鸟带声飞远天。”梁药亭：“龙虎片云终王汉，诗书余火竟烧秦。”仿唐人：“半夜素灵先哭楚，一星遗火下烧秦。”杨诚斋：“不知落得几多雪，作尽北风无限声。”仿唐人："流到前溪无一语，在山作得许多声。”

批注：袁枚腹笥亦颇丰，可称博学，此其所以成为乾隆诗坛盟主也。

二〇　闺秀李金娥《咏路上柳》云："折取一枝城里去，教人知道是春深。”湖州高氏小女有一联云："也知春色归人早，邻女钗边有杏花。”

二一　相传江宁南城外瑞相院后丛竹中，为马湘兰墓。望江鲁雁门题诗云："叶飘难禁往来风，未肯输怀向狡童。画到兰心留素素，死依僧院示空空。知音卓女情虽切，薄幸王郎信未终。一点怜才真意在，青青竹节夕阳中。”"绝世英雄寄女妆，荆家曾说十三娘。年来文士动相挤，始识伊人不可忘。零露似熏香豆蔻，百花想见绣衣裳。平生除拜要离冢，到此才焚一瓣香。”严侍读冬友曰："瑞相院前之墓，少时亦误以为湘兰；后往访之，见题碣云'新安贞女某氏之墓'。碑阴载为某商人之妾，商人不归，守贞而死。以为湘兰，有玷逝者矣！”陈楚筠制锦曾效长吉体，为诗证明其事，云："古钗耿耿蚀黄土，千岁老蟾啸秋雨。苍茫落日掩平坡，风入黄蒿作人语。”"新安山高江水遥，卷葹原不生倡条。贞魂夜号月光晓，儿童莫赋西陵草。”

批注：马湘兰，字湘兰，名守贞。为明万历年间秦淮名妓。工诗善画。

二二　余过京口，丹徒宰徐天球，字天石，贵州人，见示诗集。一别之后，遂永诀矣。余爱其《风筝》一绝云："谁向天边认塞鸿？但凭一纸可腾空。任他风信东西转，百丈游丝在掌中。”

二三　沈光禄子大、许明府子逊，二人齐名。沈如："竹光晨露滑，池静夜泉生。”许如："钟声凉引月，江气夕沉山。”真少陵也。行役绝句，有相同者。沈云："惟有梦魂吹不断，月明犹自逆风归。”许云："明月有情应识我，年年相见在他乡。”子逊先生与余为忘年交，论诗尊唐黜宋，失之太拘。有某少年，故意抄宋诗之有声调者试之，先生误以为唐。少年大笑。余赠云："前生合是唐宫女，不唱开元以后诗。”

批注：许子逊误认宋诗为唐诗，可见论诗尊唐黜宋之盲目性。

二四　松江王太守名祖庚，与乃祖文恭公同日生，故号生同。丁未进士，终身以不入词馆为恨。两子皆入翰林，而先生不乐也。与彭芝庭尚书，同出尹文端公门下。有《纳凉闻笛》云："碧空如水净无云，斗转参横夜欲分。长笛不知何处起，好风偏送此间闻。江梅片片伤春暮，岸柳丝丝绾夕曛。曲罢无端倍惆怅，阶前凉露湿纷纷。"亦同余召试友也。

二五 学人之诗，吾乡除诸襄七、汪韩门二公而外，有翟进士讳灏、字晴江者，《咏烟草五十韵》警句云："藉艾频敲石，围灰尚拨炉。乍疑伶秉籥，复效雁衔芦。墨饮三升尽，烟腾一缕孤。似矛惊焰发，如笔见花敷。苦口成忠介，焚心异郁纡。秽惊苓草乱，醉拟碧筒呼。吻燥宁嫌渴，唇津渐得腴。清禅参鼻观，沆瀣润咙胡。幻讶吞刀并，寒能举口驱。餐霞方孰秘，厌火国非诬。绕鬓雾徐结，荡胸云叠铺。含来思渺渺，策去步于于。"典雅出色，在韩慕庐先生《烟草》诗之上。又，《薄暮骤雨》云："黑云簪簪西南来，狂飙挟势惊奔雷。夕阳仓卒收不及，划住半壁青天开。"句殊奇险。

批注：学人之诗，亦有"典雅出色"者，袁枚并不一概否定学人之诗，盖其并未填砌典故也。

二六 余自幼闻姨母章氏，嫁非其偶，时诵"巧妻常伴拙夫眠"之句，不知何人所作。后阅谢在杭集，方知故是谢诗。其词曰："痴汉偏骑骏马走，巧妻常伴拙夫眠。世间多少不平事，不会作天莫作天。"

二七 从弟凤仪《旅店》云："迎面有山皆客路，问心无日不家乡。"吕柏岩有句云："天果有涯行易尽，家虽无路梦常通。"

二八 余知江宁时，和尹公"通"字韵云："身如雨露村村到，心似玲珑面面通。"史文靖公闻之，笑曰："画出一个尹元长。"

二九 长沙太守陈焱，陕西人，与余在苏州花宴甚欢。《口号》云："此地若教行乐死，他生应不带愁来。"未二年，竟卒。然他生无愁，亦可知矣！

三〇 某公子惑溺狭斜，几于得疾。其父将笞之，公子献诗云："自怜病体轻于叶，扶上金鞍马不知。"父为霁威。所惑者亦有句云："朝朝梳洗临江水，一路芙蓉不敢开。"又曰："世间未有无情物，蜡烛能痴酒亦酸。"

三一 方敏恪公六十一岁生儿，当八月十四日；赋《得子》诗云："与翁同甲子，添汝作中秋。"

三二 余酒席歌场、乘人斗捷之作，多不载集中。乙未二月，避生日于苏州，有旧识女校书任氏，以扇索诗。余题云："隔年相见倍关情，楼上金灯楼下筝。

难得相逢好时节，再迟三日是清明。”“小市长陵路狭斜，当檐一树碧桃花。果然六十非虚度，半醉天台玉女家。”校书喜，次日引余见其第四妹。妹亦持扇索诗。余题云：“玉立长身窈窕姿。相逢从此惹相思。云翘更比云英弱，知是瑶台第四枝。”“若非月姊通消息，争得玄霜见少君？一样珍珠两行字，替他题上藕丝裙。”嗣后任家姊妹，逢能文之客，必歌此四章，不落一字，亦慧人也。余初意庆六旬，欲仿康对山集名妓百人，唱《百年歌》；而不料称觞之日，仅得五人。御史蒋用庵同席，后将往杭州，留诗见赠云：“喜是寻芳到未迟，唐昌观里正花时。芝兰九畹春如许，却让芝房第一枝。”谓芝仙校书。“风月东南属主盟，买花亲自载花行。未知桃叶曾迎否，先占扬州小杜名。”“寿域欢场不易全，介眉见说有初筵。分明一样称觞酒，纤手扶来便欲仙。”“馆娃回首梦虚无，又挂风帆西子湖。不识玉钗罗袖畔，可曾闲忆到狂夫？”余后四年，再过苏州，任氏姊名翠筠者，持旧扇相示，纸已破矣；犹装裹护持，为余唱曲。余感其情，再题二绝云：“四年前赠扇头诗，多谢佳人好护持。不是文君才绝世，相如琴曲有谁知？”“为侬重唱《玉珑玲》，呖呖莺声绕画屏。一曲歌终人一世，那堪头白客中听？”

批注：袁枚为人所题诗当复不少，倘不存于本诗话，则当多已散佚矣。

三三　苏州太守孔南溪，风骨冷峭，权贵不敢以情干。青楼金蕊仙以事挂法，一时交好，无能为之道地。乃遣人至白下，求余关说。余与金甚疏，仅半面耳。窃念书中语倘不佯为亲狎，转生孔之疑；乃寄札云：“仆老矣，三生杜牧，万念俱空；只花月因缘，犹有狂奴故态。今春到治下，欲为寻春之举；而吴宫花草，半属虚名；接席衔杯，了无当意。惟女校书金某，含睇宜笑，故是矫矫于庸中。遂同探梅邓尉而别。刻下接萧娘一纸，道为他事牵引，就鞫黄堂，将有月缺花残之恨。其一切颠末，自有令甲，凭公以惠文冠弹治之，非仆所敢与闻。只念此小妮子，蕉叶有心，虽知卷雨；而杨枝无力，只好随风。偶茵溷之误投，遂穷民而无告。似乎君家宣圣复生，亦当在‘少者怀之’之例，而必不‘以杖叩其胫’也。且此辈南迎北送，何路不通？何不听请于有力者之家，而必远求数千里外之空山一叟？可想见夫子之门墙，壁立万仞；而非仆不足以替花请命耶？元微之诗云：‘寄与东风好抬举，夜来曾有凤凰栖。’敬为明公诵之。”孔得札后，覆云：“凤鸟曾栖之树，托抬举于东风；惟有当作召公之甘棠，勿剪勿伐而已。”二札风传一时。未二年，余又往苏州。过京口，已解缆矣，丹徒徐令挽舟相留道：“妓戴三与太守淮树章公司阍者狎，章知之，逐阍人，而不罪戴。戴往城隍庙焚香还愿，一庙欢然。章怒其张扬，严檄拘讯，将使荷校以徇。”徐婉求不听，乞余解围。余召见戴三，则雾鬓风鬟，春秋老矣。然马骨千金，不可以不援手也。草札与太守云：“昔钱穆父刺常州宴客，将笞一妓。妓哀请。钱云：‘得座上欧阳永叔一词，故当贷汝。’欧公为赋一阕，遂释之。仆虽非永叔，而公则今之穆父也。请为二章，以当小调。词曰：‘东风吹散野鸳鸯，私爇神前一瓣香。为祝长官千万福，缘何翻恼长官肠？’‘樊川行矣一帆斜，那有情留子夜家？只问千秋贤太守，可曾几个斫桃花？’”交书徐公，即挂帆还白下。终不得消息，心殊惓惓。半月后，章寄函来，开看只七字曰：“桃花依旧笑东风。”

批注：为救一青楼女子，袁枚不惜放下架子，向孔太守晓之以理，动之以情，竭尽宛曲陈词之能事，真乃怜香惜玉之“护花使者”。

章太守亦风雅之人也。

三四　汉阳戴喻让诗，有奇气，出吾乡陈星斋先生门下。有《临漳曲》云：“暮云深，霸桥逝；水天横，歌台废。玉龙金凤已千年，古瓦还镌‘铜雀’字。卖履分香儿女情，读书射猎英雄气。如何横槊对东风？老年想作乔家婿。”末二句，老瞒在九泉亦当笑倒。又，《咏雪》云：“未添庾岭三分白，预借章台一月花。”

三五　邵子湘作《韵略》，以“江”“阳”为必不可通。余读《史记·龟筴传》、韩昌黎《此日足可惜》及李翱《祭韩公》诸篇，“江”“阳”皆通。犹以为彼固合“东”“青”“庚”而通之甚广，未足据也。及读岑嘉州《陪狄员外早秋登府西楼》一篇云：“常爱张仪楼，西山正相当。车马隘百井，里闬盘三江。”此短篇五古也，唐人用韵甚严，何滥通乃尔？因而广考之，方知子湘之陋。《尚书》：“论道经邦，燮理阴阳。”《戴记》：“无服之丧，以畜万邦。”此“六经”通“江”“阳”之证也。《孔雀东南飞》云：“东家第三郎，窈窕世无双。”樊毅《西岳碑》云：“其德休明，则有祯祥。荒淫臊秽，笃灾必降。”《柳敏碑》云：“山陵元室，建斯邦兮；不饬不凋，陨履霜兮。”《三国志》杨戏《蜀君臣赞》云：“保据河江，家破军亡。”《晋语》云：“二陆三张，中兴过江。”《宋书·大社之祝》曰：“地德普施，惠存无疆。乃建大社，以保万邦。”汉《紫玉歌》云：“一日失雄，三年感伤。虽有众鸟，不为匹双。”荀最《正德舞歌》云：“焕炳其章，光乎万邦。”庾信《柳遐墓铭》云：“起兹礼数，峻此戎章。长离宛宛，刷羽凌江。”《吴越春秋·河梁歌》云：“诸侯怖惧皆恐惶，声传海内威远邦。”吕温《昭陵功臣赞》云：“经纶八方，晏海澄江。”李翰《裴晏射虎赞》云：“弧矢之说，以威四方。群虎既夷，狄人来降。”此汉、唐乐府通“江”“阳”之证也。至宋诸大家，尤不胜屈指。

三六 余作骈体文，押曹丕“丕”字为上声，为人所嗤。不知“丕”与“不”通，又与“负背”通，不止“攀悲切”也。《书》曰：“是有丕子之责于天。”《史记》作“负字”。《索隐》引郑氏曰：“丕读为负。”《石经》《尚书》亦作“负子”。惟今之韵书，捃摭浅漏，未经收拾。沈存中笑香山押“饿殍”为夫。又笑杜牧之《杜秋》诗“厌饫不能饴”，误饴糖之饴，作饮啖用。不知杜牧之用“饴”字，本东汉《童谣》：“饴我大豆烹芋魁。”又，晋《盛彦传》：“婢使蛴螬炙饴之。”香山之押“殍”作平声，本《唐韵》“敷”字下收“殍”，作“抚俱切”。犹之今平韵不收“纠”字，而嵇康《琴赋》亦竟作平声押也。

三七 《玉台新咏》实《国风》之正宗，然有不可学者。如湘东王《春日》，一句用两“新”字。鲍泉、沈约有诗八首，以五言一首为题。如“秋衰悲落桐”之类，反复千言，殊觉可憎。为唐人试帖赋得题所自仿也。

三八 人无酒德，而贪杯勺，最为可憎。有某太守在随园赏海棠，醉后，竟弛下衣，溲于庭中。余次日寄诗戏之云：“客是当年夷射姑，不教虎子挈花奴。但惊羸者此阳也，谁令军中有布乎？头秃公然帻似屋，心长空有腹如瓠。平生雅抱时苗癖，日缚衣冠射酒徒。”

三九 年家子龚友，青年好学，来诵其《白门小住》云：“秋生黄叶声中雨，人在清溪水上楼。”余为叹赏。临别，忽向余正色云：“友不好名，先生切勿以友诗告人。”余雅不喜，曰：“此子矜情作态，局面太小。”已而竟不永年。

四〇 余《哭鄂制府虚亭死节》诗云：“男儿欲报君恩重，死到沙场是善终。”乙酉天子南巡，傅文忠公向庄滋圃新参诵此二句，曰：“我不料袁某才人，竟有此心胸。闻系公同年，我欲见之，希转告之。”余虽不能往谒，而心中知己之感，恻恻不忘。第念平生诗颇多，公何以独爱此二句？后公往缅甸，受瘴得病归，薨。方知一时感触，未尝非谶云。

鄂公拈香清凉山，过随园门外，指示人曰：“风景殊佳。恐此中人，必为山林所误。”有告余者。余不解所谓。后见宋人《题吕仙》一绝曰：“觅官千里赴神京，得遇钟离盖便倾。未必无心唐社稷，金丹一粒误先生。”方悟鄂公“误”字之意。

批注:“傅文忠本不识字,何由知诗?子才《诗话》中之与鄂文端、傅文忠论交,皆借以吓骗江浙酸丁寒士,以自重声气耳。”(批本语)言辞甚苛。

四一 宋刘子仪为夏英公先得枢密,乃《咏堠子》诗曰:“空呈厚貌临官道,更有人从捷径过。”本朝朱草衣《咏雪》云:“正愁前路迷樵径,先有人行路一条。”陈古渔《看桃花》云:“回头莫羡人行处,曾向行人行处来。”

四二 同年李竹溪棠,性诚悫,而诗独清超。《感怀》云:“罢官便有闲人集,才老旋生后辈嫌。”《得家书》云:“急开翻恼缄封密,朗诵频教句读差。”其子燧年十岁时,余命属对“水仙花”,渠应声曰“罗汉松”。平仄虽不协,而意境极佳,遂大奇之。归河间后见怀云:“韦司风味陶潜节,野鹤闲云伴此身。四海声名双管笔,六朝花柳一家春。须眉每向诗中见,函丈偏从梦里亲。此日著书深几许,瓣香心事属何人?”末二句,其自命亦不凡矣。

四三 杭州张有虔先生,年九十三,皇上钦赐举人。余自幼蒙提携,故求其诗,不得。得其子名济川号南皋生者《微雨》云:“无声着林木,有色引莓苔。”《欲雪》云:“风号平野急,云重暮山连。”

四四 有人诵常州汪玉珩《咏泪》佳句云:“江干斑竹墙阴草,壶内红冰镜里潮。”余以为不如其第一首云“商女含愁歌一曲,楚妃无语过三年”更觉耐想。又《偶成》云:“高阁对层峦,屋角烟萝接。山雨欲来时,萧萧下黄叶。”

四五 胡稚威云:“诗有来得、去得、存得之分。来得者,下笔便有也;去得者,平正稳妥也;存得者,新鲜出色也。”

批注:性灵诗正求“新鲜出色”也。

四六 刘霞裳与余论诗曰:“天分高之人,其心必虚,肯受人讥弹。”余谓非独诗也;钟鼓虚故受考,笙竽虚故成音。试看诸葛武侯之集思广益,勤求启诲:此老是何等天分?孔子入太庙,每事问;颜子以能问于不能,以多问于寡:非谦也,天分高,故心虚也。

四七 梁文庄公之兄启心,字守存,入翰林后,即乞归养。其子山舟侍讲,亦早乞病,使其弟敦书仕于朝。一门家风如此。守存除夕约同人游吴山,不果,乃寄诗云:“何堪岁尽复迁延?夙约都为俗事牵。多谢分吟留一席,不妨属和待明年。空山响答千门爆,落日寒迷万瓦烟。想见诸公高会处,下方人指地行仙。”《除夕》云："旧赐官袍聊一着，新颁春帖懒重书。"《晚过山庵》云："清依古佛原无梦，老笑秋虫尚有丝。"山舟性不近妇人，不宴客，亦不赴人之宴。惟余还杭州，则具华馔，一主一宾，相对而已。故余《寄怀》云："一饭矜严常选客，半生孤冷不宜花。"山舟有《反游仙》云："漫说长生有秘传，餐芝绝粒几经年。登仙直是寻常事，鸡犬由来亦上天。""瑶林琼树生来有，玉宇云楼望里深。上界不闻阿堵贵，道人偏要炼黄金。""曾侍朝正三殿来，遥瞻旌节下蓬莱。如何一片飞凫影，也被人间网得回？""赚他刘阮是何人，毕竟迷楼莫当真。我是天台狂道士，桃花多处急抽身。""扰扰蜉蝣奈若何？寸田尺宅竟蹉跎。自从偷吃嵇康髓，只觉胸中块垒多。"

批注：梁山舟（1723—1815），字元颖，号同书，钱塘（今浙江杭州）人。著名书法家。官侍讲。

四八　尹望山相公，四督江南；诸公子随任未久，多仕于朝。惟似村以秀才故不当差，常侍膝下，诗才清绝。余骈体序中，已备言之。犹记其订余往过云："清谈相订菊花期，正慰幽怀入梦时。空谷传书鸿屡至，闲庭扫径仆先知。关心尚忆他乡客，时以诗寄三兄。因病翻添数首诗。闻道芒鞋将我过，倚栏只恨月圆迟。"《绚春园》云："莫唤池边贪睡犬，隔林恐有看花人。"乙酉别去，庚子八月忽奉太夫人就芜湖观察两峰之养，重过随园。见和云："迎人鸡犬闲如旧，满架琴书卖欲无。"《临别》云："故人垂老别，归舫任风移。退一步来想，斯游本不期。"似村，名庆兰。

四九　张松园方伯不甚作诗，而落笔新颖。见张素云女校书扇上有余赠诗，乃题其后云："小住青楼醉好春，偶教踪迹落红尘。昨宵月下看歌扇，忽见文星照美人。"

五〇　嘉禾征士曹廷枢古谦，与葛卜元同教习宗学。葛北方人，长于考据，自负博雅。而曹专工词章。二人不相能。虞山蒋公、满洲世公，各有所庇，遂相参劾。古人洛、蜀之分，皆由门下士起也。曹诗自佳，《咏春雨》云："两两溪边水鸟呼，渐看檐际湿模糊。凭栏花重红疑滴，隔座山横翠欲无。吟苦莫愁春冷淡，病多偏稳睡工夫。卷帘自爱虚无景，未要潇湘入画图。"

五一　杭州柴南屏先生，名谦，作中书时，和圣祖《冬至》诗，有"雪花欲共梅花落，春意还同腊意舒"之句。圣祖谓有翰苑才，超升御史。余与其曾孙景高交，先生年八十余矣，《咏西湖》云："月出惯留歌舞席，风生不送别离船。"

五二 世有口头俗句，皆出名士集中："世乱奴欺主，时衰鬼弄人。"杜荀鹤诗也。"今朝有酒今朝醉，明日无钱明日愁。"罗隐诗也。"一朝权在手，便把令来行。"崔戎《酒筹》诗也。"闭门不管窗前月，分付梅花自主张。"南宋陈随隐自述其先人诗也。"大风吹倒梧桐树，自有旁人说短长。"宋人笑赵师睪欲附范文正公祠堂诗也。"晚饭少吃口，活到九十九。"古乐府也。见《七修类稿》所引。"难将一人手，掩得天下目。"曹邺诗也。"易求无价宝，难得有情郎。"女真蕙兰诗也。"一举首登龙虎榜，十年身到凤凰池。"张唐卿诗也。"平生不作皱眉事，世上应无切齿人。"邵康节诗也。"儿孙自有儿孙福，莫与儿孙作马牛。"徐守信诗也。"是非只为多开口，烦恼皆因强出头"；"自家扫去门前雪，莫管他家瓦上霜"：并见《事林广记》。"黄泉无客店，今夜宿谁家？"见唐人逸诗。

批注：名士集中浅俗之句因含意颇深，富于哲理，故得世人流传，至今不朽。此理亦可供今日诗人深思之。

五三 河督姚小坡，作别驾时，以"祭葬"二字命题。余宰江宁时，无子，《咏祭》云："血食满天下，但看所树恩。羞将好魂魄，饥饱仗儿孙。"

五四 余作庶常时，寓年家花园。同年吴自堂与其兄飞池借寓园中。飞池与吴女金娘有三生之约，畏妻不敢聘。金寄诗云："残泪未消和影拭，旧书重展背人看。"诗既佳，书法亦秀媚。

五五 云间沈大成，字学子，皓首穷经，多闻博学；尝见古庙有九原丈人之碑，不知所出。后阅《十洲记》，始知乃海神，司水者也。因作《九原丈人考》一篇。《赠邵檀波》云："异书勘后兼金重，古砚磨多似臼深。"《即事》云："楼头风定钟初动，湖上云开舫渐行。"

五六 浙中遂昌教谕王世芳，字芝圃，年一百十岁，入都祝太后万寿，赐翰林侍讲衔。还乡，陈太常星斋赠诗云："华皓何来云水头？宠加新秩返扁舟。酒钱未卜凭谁与？壶药翻叨为我投。薄宦梦惊山北檄，散仙行逐海东鸥。独留佳话传台阁，曾与耆英大父游。"王面长尺许，腰若植鳍。自言："少居乡，遭耿逆之变。与诸妹豆棚闲坐，一妹头忽不见，盖为飞炮击去也。"与第三子同来，白发飘萧，背转伛偻。问其长子。曰："不幸夭亡矣。"问夭亡之年。曰："八十五岁。"乾隆辛未，圣驾南巡，有湖南汤老人来接驾，年一百四十岁。皇上先赐匾额云"花甲重周"。又赐云"古稀再度"。

五七　余夏间恶蚊，常误批颊甚痛，而蚊乃飞去。偶读叶声木《谯蚊》诗，不觉大快。词曰："虎狼偶食人，人犹寝其皮。独怪蚤虱咬，嗜人甘如饴。虮虱我自生，自孽将怨谁？蚤出尘土间，跳梁亦暂时。尔蚊何为者？薨薨声殷雷。订盟如点将，歃血遣佽飞。聚昏更为市，利析秋毫微。穿衣巧刺绣，中肤惊卓锥。深入石饮羽，潜侵剑切泥。三伏凉夜好，清风吹满怀。时方爱露坐，鸣镝一声来。误愤自批颊，怅望空徘徊。亦或中老拳，磔裂歼渠魁。无奈苦搔痒，汗粘变疮痍。咄咄幺麽虫，阴毒乃如斯。长喙不择肉，呼吸若乳儿。怪底入夏瘦，毛孔成漏卮。安得通身手，左右时交挥！"叶讳诚，钱塘孝廉。

批注：诗虽描绘细致，亦颇风趣，但无思想终无意味。袁枚一些性灵诗亦有此琐屑无聊之弊。

五八　王安昆，字平圃。予少在都中，与交好，常宿其家，见其题尤贡甫《墨竹》云："几个琅玕几点苔，胜他五色笔花开。分明满幅萧萧响，似带江南风雨来。"《买竹》云："南郊过雨绿生香，底事劳人买竹忙？我一出城君入市，两边风味各分尝。"又，《送罗两峰归邗上兼示舍弟瘦生》云："别时冰雪到时春，万树寒梅照眼新。邂逅若逢江上客，已归须劝未归人。"

五九　余宰沭阳，有宦家女依祖母居，私其甥陈某，逃获。讯时值六月，跪烈日中，汗雨下；而肤理玉映。陈貌寝，以缝皮为业。余念燕婉之求，得此戚施，殊不可解。问女何供。女垂泪云："一念之差，玷辱先人，自是前生宿孽。"其祖母怒甚，欲置之死。余以卓茂语，再三谕之。笞甥，而以女交还其家。搜其箧，有《闺词》云："蕉心死后犹全卷，莲子生时便倒含。"亦诗谶也。隔数月，闻被戚匪胡丰卖往山东矣。予至今惜之。尝为人题画册云："他生愿作司香尉，十万金铃护落花。"

批注：袁枚再做"护花使者"。

六〇　宰江宁时，有南乡钱贡甫之子某，买张某妻陈氏为妾；得价后，屡诈不遂，遂来控官。余召讯之。钱烧窑，张为其采煤者也，貌如石炭，妻嫣然窈窕。钱美少年，能诗。余意天然佳偶，欲配合之，而格于例，乃发官媒，免其笞。有役某素黠，探知官意，密授钱计，仍买归焉。钱故乡居，事过后，余不便再问消息。后十余年，余游牛首山，路见鬑鬑者，率三婴儿，捧香伏地。问何人。曰："钱某也。年来妻亡，扶陈氏为正室。此三儿皆其所生。某亦入上元学矣。妻闻公游山，命我来谢。”献诗云：“酬恩两个山村雀，含着金环没处寻。绿叶成阴满枝子，费公多少种花心！”

六一　李笠翁词曲尖巧，人多轻之。然其诗有足采者。如：《送周参戎之浦阳》云：“儒将从来重，君其髯绝伦。三迁无喜色，百战有完身。灰里求遗史，刀边活故人。仙华名胜地，细柳正堪屯。”《婺宁庵》云：“谁引招提路，随云上小峰。饭依香积煮，衣倩衲僧缝。鼓吹千林鸟，波涛万壑松。《楞严》听未阕，归计且从容。”尤展成赠云：“十郎才调本无双，双燕双莺话小窗。送客留髡休灭烛，要看花影照银釭。”

批注：李渔（1611—1680），字笠鸿，号笠翁，兰溪（今属浙江）人。明末清初文学家，尤长剧作。

六二　杭州姚君思勤、黄君湘圃、吴君锡麒八九人，同作《新年百咏》，俱典雅；而吴诗尤超。《门神》云：“问尔侯门立，能知深几重？”倪经培云：“爵封万户外，秩满一年中。”姚《咏拜年》云：“履吉弓鞋换，催妆岁烛然。胜常称再四，利市乞团圆。”《风菱》云：“面目为谁槁？心肠到底甜。”黄《咏爆竹》云：“买来还缩手，毕竟让人工。”《面鬼》云：“一半头衔用，几重颜甲生。”皆佳句也。金雨叔宗伯为题辞云：“回首辞家十载余，旧乡风土梦华胥。卷中重认新年景，却认初来占籍居。”

批注：吴锡麒（1764—1818），字征圣，号谷人，钱塘（今浙江杭州）人。历官编修、国子监祭酒。有《正味斋全集》。

六三　《清波杂志》载：“元祐间，新正贺节，有士持门状遣仆代往；到门，其人出迎，仆云：‘已脱笼矣。’谚云‘脱笼’者，诈闪也。温公闻之，笑曰：‘不诚之事，原不可为！’”及前朝文衡山《拜年》诗曰：“不求见面惟通谒，名纸朝来满敝庐。我亦随人投数纸，世情嫌简不嫌虚。”可见贺节投虚帖，宋朝不可，明朝不以为非：世风不古，亦因年代而递降焉。

六四　余有诗不入集中者，嫌其少作未工也。然终竟是尔时一种光景，弃之可惜，乃追忆而录之。九岁《咏盘香》云：“空梁无燕泥常落，古佛传灯影太孤。”十五岁《咏怀》云：“也堪斩马谈方略，还是骑牛读《汉书》。”《题田古农〈卖书买剑图〉》云：“丈夫穷后疑无路，犹有神仙作退步。”《舟行》云：“山云犹辨树，江雨暗移春。”《咏柳》云：“新丝买得刚三月，旧雨吹来似六朝。”《落花》云：“莫讶万枝随雨尽，须知一片自天来。”《无题》云：“红豆相思多入骨，绿萝着处便生根。”在都中，《为徐相国耕籍应制》云：“水到公田龙脉转，风翻仙仗杏花飞。”颇为相公称许。《和金沛恩〈咏昭君纸鸢〉》云：“玉门春老恨难忘，犹逐东风谒汉王。环珮影沉天漠北，琵琶声在白云乡。素丝解作留仙带，细雨弹成坠马妆。莫怪洛城多纸贵，画图终日对斜阳。”

批注：袁枚孙袁祖德保存、蒋敦复所编《随园集外诗》约 400 首，皆未入袁枚集中者，为乾隆元年（1736）袁枚二十一岁之前之“少作”。但未见此条诸首，可知袁枚散佚之作甚夥。

六五 丁卯冬，余宰江宁，以公事往扬州，阻风燕子矶。宏济寺僧默默，年九十余，导余游山；并出西林、桐城两相国及诸公卿诗相示。余亦赠四律而别。后辛未南巡，默默接驾。上问其年。奏曰：“一百二岁。”上笑曰：“和尚还有二十年寿。”随赐紫衣。默默谢恩而出。乾隆二十年，竟圆寂矣。方知天语之成谶也。高文定公赠以诗云：“默默僧年八十余，麦塍犹爱荷春锄。抬头见客心先喜，款坐烹茶意自如。千尺娑罗庭外树，两朝丞相壁间书。救生舟送风帆稳，利涉长江信不虚。”

六六 陶贞白云：“仙人九障，名居一焉。”余不幸负虚名。丁丑过书肆，见有作《金陵怀古》诗者，姓王，名颠客，假余序文。诗既不佳，序亦相称，余一笑置之。后三年，再过书肆，见《清溪唱酬集》一本，载上海彭金度、砀山汪元琛、太仓毕泷等，共三十余人；前骈体序，亦假我姓名。诗序俱佳，不能无讶。因买归，示程鱼门。程笑曰：“名之累人如此。虽然，如鱼门之名，求其一假，尚未可得。”后十年，集中王陆禔、曹锡辰、徐德谅、范云鹏四人，都来相见。而诸君子则终未谋面。姑录数首，以志暗中因缘。范《采菱曲》云：“采莲莫采菱，菱角刺侬手。采菱莫采莲，莲心苦侬口。刺手苦侬苦不深，苦口兼欲苦侬心。”汪《金陵杂诗》云：“清江一曲鸭头波，相约湔裙踏浅莎。双桨月明桃叶渡，但闻人语不闻歌。”

批注：伪作为牟利而托名大家，于今犹然。由此可知当时袁枚声名之隆。

六七 王西庄光禄，为人作序云：“所谓诗人者，非必其能吟诗也。果能胸境超脱，相对温雅，虽一字不识，真诗人矣。如其胸境龌龊，相对尘俗，虽终日咬文嚼字，连篇累牍，乃非诗人矣。”余爱其言，深有得于诗之先者，故录之。

批注：诗品出于人品，而人品为重。

六八 丙辰，余将赴广西。吾乡有孔先生者，年八十余，赠诗云：“画眉声里推篷坐，不是看山便读书。”

六九 张宫詹鹏翀，受今上知最深。侍值乾清门，方宣召，而张已归。上以诗责之云：“传宣学士为吟诗，勤政临轩未退时。试问《羔羊》三首内，几曾此际许委蛇？”命依韵和呈，聊当自讼。张奉旨呈诗，上喜，赐以克食。张进谢恩诗，有“温语更欣天一笑，翻教赐汝得便宜”之句。后数日，和上《柳絮》诗，托词见意云：“空阶匀积似铺霜，忽起因风上玉堂。纵有别情供管领，本无才思敢轻狂。散来欲着仍难起，飞去如闲恰又忙。剩有鬓丝堪比素，蜂粘雀啄底何妨？”《嘲春风》云：“封姨十八正当家，墙角朱幡弄影斜。扫尽乱红无兴绪，强将余力管杨花。”先生咏物诗，尤为独绝。如集中《泥美人》《雁字》《粉团》《玉环》诸题，皆能不脱不粘，出人意表。少时游楚南，太守张苍崖懋赠以序云：“好穷七泽之游，勿遽吞吾云梦；试问郢中之客，谁能和汝《阳春》？”

批注：张鹏翀（1688—1745），字天飞，号南华，嘉定（今属上海）人。官詹事府詹事。书画家。

七〇 康熙庚子，常熟杜昌丁入藏，过澜沧百里；其部落曰估倧，有小女名伦几卑，聪慧明艳，能通汉语。昌丁来往，屡主其家，见辄呼“木瓜呀布”。“木瓜”者，尊称也；“呀布”者，犹言好也。彼此有情。临行，以所挂戒珠作赠，挥泪而别。归语士大夫，咸为怃然。沈子大先生作诗云：“估倧小女年十六，生长胡乡服胡服。红罽窄衫小垂手，白毹贴地双趺足。汉家天子抚穷边，门前节使纷蝉联。慧性早能通汉语，含情何处结微缘？杜郎七尺青云士，仗剑辞家报知己。匹马翩翩去复回，暂借估倧息行李。解鞍入户诧嫣然，万里归心一笑宽。笑迎板屋藏春暖，絮问游踪念夏寒。自言去日曾相见，君自无心妾自怜。妾心如月常临汉，君意如云欲返山。私语闲将番字教，烹茶知厌酪浆膻。雨意绸缪俄十日，谁言十日是千年？留君不住归东土，恨无双翼随君举。聊解胸前玛瑙珠，将泪和珠亲赠与。一珠一念是妾心，百回不断珠中缕。尘起如烟马如电，珠在君怀君不见。黄河东流黑水西，脉脉空悬情一线。”

七一　郭晖远寄家信，误封白纸。妻答诗曰：“碧纱窗下启缄封，尺纸从头彻尾空。应是仙郎怀别恨，忆人全在不言中。”

七二　苏州谢沧湄老于游幕，为淮关榷使年希尧之上客。有得意句云：“惟有乡心消不得，又随一雁落江南。”每旅夜高吟，则声泪俱下。《过惠山》云：“路转弓弯三里赊，好风犹趁半帆斜。莺声满店二泉酒，春雨维舟一树花。白发来游嗟已晚，青山如画欲移家。几时来傍禅灯宿，惠麓云中汲井华。”

七三　征士王载扬，吟诗以对仗为工，有句云：“百五正逢寒食节，十千谁醉美人家？”爱余《滕王阁》诗“阿房有焦土，玉楼无故钉”一联。湖州徐阶五先生《赠沈椒园》诗云：“诗派同初白，官情共软红。”以沈乃初白先生外孙故也。王亦爱而时时诵之。徐知予于未遇时。记其《关山月》一首云：“大牙旗卷夕阳残，旋见城边涌玉盘。鼓角无声霜气肃，山河流影镜光寒。白头汉将占星立，红泪胡姬倚马看。净扫烟尘天阙迥，清辉多处是长安。”先生名以升，雍正癸卯翰林，官臬使。

七四　兴化郑板桥作宰山东，与余从未识面；有误传余死者，板桥大哭，以足蹋地。余闻而感焉。后廿年，与余相见于卢雅雨席间。板桥言：“天下虽大，人才屈指不过数人。”余故赠诗云：“闻死误抛千点泪，论才不觉九州宽。”板桥深于时文，工画，诗非所长。佳句云：“月来满地水，云起一天山。”“五更上马披风露，晓月随人出树林。”“奴藏去志神先沮，鹤有饥容羽不修。”皆可诵也。板桥多外宠，常言欲改律文笞臀为笞背。闻者笑之。

批注：有论者认为郑板桥哭袁事并不可靠，诗乃晚年补作。郑亦有《赠袁枚》：“室藏美妇邻夸艳，君有奇才我不贫。”两人似乎互相推许，但两人见面后并未再交往。据云，郑称袁为“斯文走狗”，作记骂之，有轻蔑之意。此“文人相轻”之习耶？

七五　戴雪村学士典试顺天，为忌者所伤，落职家居。其饮酒如长鲸吸海，卒以此成疾，亡沅州。《立秋》云：“沅州秋信悄然生，旅思无烦雁到惊。月落尚余山桂白，露零先着海棠清。梦如蝶不离纹簟，静觉蛩都就画楹。愧是上方旬日住，禅观曾未遣微情。”《镇远》云：“泉脉自来檐可接，箐端时暝雨旋倾。只愁归说人难信，安得吟成更画成？”

七六　杜茶村为国初逸老，人多重其五律。余以为袭杜之皮毛，甚觉无味。独爱其《咏海棠》一句云："全树开成一朵花。"

七七　晁君诚诗："小雨愔愔人不寐，卧听羸马龁残刍。"真静中妙境也。黄鲁直学之云："马龁枯萁喧午梦，误惊风雨浪翻江。"落笔太狠，便无意致。

批注：袁枚不喜黄庭坚诗又一例。

七八　隐仙庵道士周明先善琴，能诗，离随园甚近，年未五十亡。余录其佳句云："神仙乐事君知否？只比人间多笑声。""竹间楼小窗三面，山里人稀树四邻。""壁琴风过闻天籁，香碗灰深袅篆烟。""雨中破壁蜗留篆，醉后余腥蚁起兵。"又"新笋成时白昼长"七字亦妙。

七九　姑苏隐者殷如梅，字羽调。《咏桃花》云："望去分明临水岸，开残容易逐杨花。"《咏梅》云："自是岁寒松竹伴，无心要占百花先。"《谢人惠佛手启》云："数来千指，屈伸总是无名；看去两枝，大小岂能垂手？"《憎蚊》云："以启其毛，何堪供汝流歠？不濡其味，亦且惊我虚声。"

八〇　杭州多高士。梁秋潭先生，因从子诗正贵，后遂不乡试，耻以官卷中故也。《垂钓》云："一溪新涨失前汀，照见青山处处青。香饵自香鱼不食，钓竿只好立蜻蜓。"《题〈采芝图〉》云："山间石上烂生光，曾受青城道士方。自采自餐还自寿，不来朝市说珍祥。"宋杏洲先生《咏槐花》云："寄语世间诸举子，不应才到此时忙。"周征士西穆《湖上》云："野鸥导我有闲意，新柳笑人成老夫。"施文学《竹田湖心亭》云："六时但有蘋风至，五月来看梅雨晴。"

八一　余读《汉书》，雅不喜董广川，而最喜贾太傅。偶读钱竹初《洛中怀古》云："南来莫再寻遗宅，第一人才是贾生。"苏州薛皆山云："一篇《鹏赋》离形相，才子回头是道人。"二诗皆推崇太傅，实获我心。

批注：贾太傅，即贾谊。西汉政治家、文学家。曾任长沙王太傅，故称。

八二　余幼时游西湖，见酒楼号五柳居者，壁上题诗甚多，不久即圬去。惟西穆先生一首，墨沈淋漓，字写《争坐位帖》，历七八年如新。酒楼主人及来游者皆护存之，敬其为名士故也。题是《冬日同樊榭放舟湖上，念栾城、赤凫都已下世，弥觉清游之足重也，分韵同作》，云："一角西山雪未消，镜光清照赤阑桥。小分寒影看梅色，半入春痕是柳条。闲里安排尘外迹，酒边珍重故人招。孤烟落日空台榭，岁晚重来话寂寥。”后四十年，余再至湖上，则壁诗无存。西穆、樊榭，久归道山，而酒楼主人，亦不知名士为何物矣！惟陈庄壁上有蒋用庵侍御《酬王梦楼招游》一首云：“六朝风物正妍和，珍重乌篷载酒过。一串歌珠人似玉，四围峦翠水微波。狂夫兴不随年减，旧雨情于失路多。争奈严城宵漏急，未知今夜月如何。”

八三　吾乡诗有浙派，好用替代字，盖始于宋人，而成于厉樊榭。宋人如：“水泥行郭索，云木叫钩辀。”不过一蟹一鹧鸪耳。“岁暮苍官能自保，日高青女尚横陈。含风鸭绿鳞鳞起，弄日鹅黄袅袅垂。”不过松、霜、水、柳四物而已；廋词谜语，了无余味。樊榭在扬州马秋玉家，所见说部书多，好用僻典及零碎故事，有类《庶物异名疏》《清异录》二种。董竹枝云：“偷将冷字骗商人。”责之是也。不知先生之诗，佳处全不在是。嗣后学者，遂以“瓶”为“军持”，“桥”为“略彴”，“箸”为“挟提”，“棉”为“芮温”，“提灯”为“悬火”，“风箱”为“扇隤”，“熨斗”为“热升”，“草履”为“不借”；其他“青奴”“黄奶”“红友”“绿卿”“善哉”“吉了”“白甲”“红丁”之类，数之可尽，味同嚼蜡。余按《世说》：“郝隆为桓温南部参军。三月三日作诗曰：‘娵隅跃清池。’桓问何物。曰：‘鱼也。’桓问：‘何以作蛮语？’曰：‘千里投公，才得蛮部参军，那得不作蛮语？’”此用替代字之滥觞。《文选》中诗，以“日”为“耀”，“灵风”为“商飙”，“月”为“蟾魄”，皆此类也。唐陈子昂出，始一洗而空之。

批注：诗用替代字，实为用僻典之一种方式。袁枚反对诗用僻典，自亦不喜用替代字。浙派大家厉鹗虽亦用替代字，但其佳处不在此。不可盲目效法。

八四　宝意先生：“恩同花上露，留得不多时。”万柘坡：“相逢似春雪，一夜不能留。”元微之：“伤心落残叶，犹识合昏期。”三诗意味相似。

八五　李穆堂先生诗，以少作为佳；位尊后，有率易之病。予所喜者，皆其未第时及初入翰林之作。《东平州看杏花》云：“断云斜日过东平，杨柳风来叶叶轻。莫为春阴便惆怅，杏花如雪更分明。”《落叶》云：“寒来千树薄，秋尽一身轻。”《即事》云：“欲问春深浅，桃花淡不言。”《汤泉》云：“汉井炎方炽，周京德肯凉？”《日暮》云：“鸟声隔屋山初暗，灯影当窗纸未温。”《驿铺》云：“短堞一空鸡绝唱，败槽百啮马无声。”晚年不屑为此种诗，亦不能为此种诗。

批注：李绂（1673—1750），字巨来，号穆堂，江西临川人。康熙进士，乾隆朝任户部侍郎，内阁学士。有《穆堂类稿》等。

八六 王阮亭尚书未遇时，受知于先达某；故诗集卷首，即录其所赠五古一篇，用“萧豪”韵。穆堂未遇时，受知于阮亭；故哭阮亭五古一篇，亦用“萧豪”韵。姜西溟《哭徐健庵司寇》诗，用张文昌《哭昌黎》韵，想见古人声应气求，后先推挽之盛。

批注：“先达某”即钱谦益，诗名《古诗赠新城王贻上》。

八七 吾乡文学曹芝，字荔帷，以好名贫其家。中年遽亡，诗稿甚富。《宿随园》见赠云：“蓬藋年年静掩扉，好风吹上芰荷衣。青山一觉鹤同梦，白发满头花打围。肯与凡禽争饮啄？果然天马脱鞍鞿。陶归邴罢关何事？出处如公世所稀。”

八八 丁丑春，陈古愚袖诗一册，来告予曰：“得一诗人矣。”适黄星岩在山中。三人披读，乃常州董潮、字东亭者所作也。其《京口渡江》云：“轻帆如叶下吴头，晚景苍茫动客愁。云净芜城山过雨，江空瓜步雁横秋。铃音几处烟中寺，灯影谁家水上楼？最是二分明月好，玉箫声里宿扬州。”想见其人倜傥。癸未阅邸抄，知与香亭同中进士，入词馆。予方喜相交之日正长。不料散馆后，竟病卒。余因思未见其人，先吟其诗而相慕者，一为蒋君士铨，一为陶君元藻，皆隔十余年，欣然握手；惟董君则始终隔面。渠未必知冥冥中有此一知己也，呜呼！

批注：如此爱才，令人动容。

八九 曹澹泉诗：“含雨花如抱恨人。”方子云云：“向日花如暴富人。”陈古愚云：“新绿树如人少年。”三人调同而各妙。

九〇 湖广彭湘南廷梅，与长沙陈恪敏公交好；过随园时，年已七十，即席赋诗，有“落日红未尽，遥山青欲来”之句。余爱赏之。在秦淮河口占云：“秦淮河畔乱沙汀，芳草魂生六代青。春去雨中人不惜，杜鹃啼与落花听。”湘南画小像：一叟坐室中，旁有偷儿，持斧穴洞而窥，号“窃比于我老彭图”。见者大笑。《秋夕宿凭虚阁》云：“寻幽住此山，秋声即吾性。一阁衔夕阳，半江红不定。淡淡暮云低，漠漠松阴暝。遥见隔林灯，寒空生远映。”

九一 昔人称王粲精思，不能有加于宿构，故拙速不如巧迟。此言是也。然对客挥毫，文不加点，亦是乐事。余平生所见敏于诗者四人：前辈中，一为宫詹张南华鹏翀，一为学士周兰坡长发；同学中，一为侯夷门嘉缙，一为金进士兆燕：俱可以击钵声终，万言倚马。乙丑予宰江宁，侯为贰尹，招之小饮。侯即席有“龙蟠虎踞江山助，璧合珠联文字交”之句，惜忘其全篇。后得狂易之疾，死镇江黄太守署中。秦涧泉哭以诗云：“客传京口讣音来，无际愁云望不开。妻子半船归海峤，图书千帙付蒿莱。龙蛇应有前生梦，宇宙谁为旷世才？懊恼人天今异路，新诗定已满泉台。”又曰：“若使九原真及第，胜教五斗恋微官。”

批注：王粲（177—217），字仲宣，山阳高平（今山东邹县）人。建安七子之一。《三国志·魏志·王粲传》：“（粲）善属文，举笔便成，无所改定，时人以为宿构（早先写好）。然正复精意覃思，亦不能加（胜）也。”

九二 余散馆出都，走别南华先生。先生取纸，疾书《送别》云：“清时重民牧，临御简良才。经术平生裕，文章我辈推。醉辞鹓鹭侣，吟向凤凰台。民力东南急，君其保障哉。”“眷言桑梓近，郑重惜分襟。暂辍《三都》笔，将听《五袴吟》。风流为政美，恺悌入人深。千里同明月，相思寄好音。”

九三 癸酉夏五，周兰坡、潘筠轩两学士同饮随园；见案上有东坡诗，撷之笑曰：“我即用其仇池石韵，序今日事，可乎？”余曰：“幸甚。”磨墨申纸，日影未移，诗已毕矣。曰：“千章夏木清，一雨洗浓绿。前月游随园，林峦看未足。北牖贪昼眠，人消边韶腹。云开峰黛妍，水长波纹蹙。窈窕离市廛，疏狂狎樵牧。恐费十千沽，何曾再三渎？榴火吐红蕤，林篁削青玉。老友中州归，陈人案前伏。相约饮无何，联吟日可卜。为爱好轩楹，不辞屡征逐。绝类仲蔚园，恍入子真谷。无酒君须谋，有鱼我所欲。看锄邵圃瓜，敢顾周郎曲。剧喜天已晴，莫讶客不速。”

九四 棕亭在江氏秋声馆，即席和余四绝云：“坐对名山列绮筵，篱花争艳暮秋天。百年传得诗人宅，先把黄金铸浪仙。”“近郭遥峰左右当，帆樯历历远天长。女墙穿过疏林外，放出残霞衬夕阳。”“山腰奇石最伶俜，矮作阑干曲作屏。选得云根坐吹笛，新声分与万家听。”“惠郎中酒眼波斜，一曲清歌遏众哗。安得将身作么凤，香丛长伴刺桐花？”

九五 善写客情者，昔人诗，如：“只因相见近，转致久无书。”“近乡心更怯，不敢问来人。”善写别情者，如：“可怜高处望，犹见故人车。”“相看尚未远，不敢遽回舟。”

批注：引诗写客情与别情心理皆细致入微，使人产生共鸣，故佳。

九六 “为学心难足，知君更掩扉。”项斯《赠友》诗也。“一点村前火，谁家未掩扉。”唐山人《村行》诗也。两押“扉”字，均妙。

九七 何南园馆于汪氏，其尊人礼之甚至；后其子非解事者，而苛责馆课转严。南园赋诗云：“急管繁弦《子夜》声，宫商强半不分明。老夫听惯开元曲，听到残唐刻刻惊。”

九八 诗有音节清脆，如雪竹冰丝，非人间凡响；皆有天性使然，非关学问。在唐则青莲一人，而温飞卿继之。宋有杨诚斋，元有萨天锡，明有高青丘。本朝继之者，其惟黄莘田乎？

批注：黄任，字莘田，永福（今属福建）人。康熙进士，官四会知县。有《香草斋诗集》。

九九 吴鲁斋贤，宰甘泉，有惠政；不幸无子，四十而殂。其诗稿失散，仅记其《送友》云：“遥知白发相思苦，马上逢人便寄书。”《过洛阳》云：“最羡少年能挟策，至今天子重书生。”《衙斋偶成》云：“候吏解投山客刺，奚童不扫印床花。”《京江》云：“扬子江头月正明，夜深风露怯凄清。邻舟有客横吹笛，似说故人离别情。”

一〇〇 偶见晚唐人辞某节度七律一首，前四句云：“去违知己住违亲，欲策羸骖屡逡巡。万里家山归养志，十年门馆受恩身。”读之一往情深，必士君子中有至性者也。恨不友其人于千载以上。惜不能记其全首与其姓名。他日翻撷《全唐诗》，自能遇之。

卷　一〇

一　江宁吴模，字元理，应童子试时，年才十三，举止端肃。因唤入署，啖以果饵。旋即入泮。邑中名士沈瘦岑，以女妻之。嗣后十年，不复相见。诗人李晴洲告予曰："元理小秀才，近诗日佳。比其外舅，骎骎欲度骅骝前矣。"诵其《迎秋》一首云："碧天霭霭暮山晴，一片秋心趁月明。暑退渐教葵扇弃，风高已觉葛衫轻。绕阶草色笼烟淡，隔树蝉声咽露清。为读《离骚》更漏永，幽兰时有暗香迎。"未几，元理来，读余《外集》，呈二律云："陶令无官通刺易，崔儦有室入门难。"又曰："传有其人应久待，我生虽晚未嫌迟。"是年，与周青原同受知于学使李鹤峰，拔贡入都。予喜，贺以诗云："人夸籍、湜居门下，我道班、杨在意中。"

批注：籍、湜，唐诗人张籍、皇甫湜；班、杨，班固、杨（扬）雄，东汉史学家、文学家。

二　余以紫玻璃镶窗，一时咏者甚多。太仓闻省谦云："一天花气镜边浮，朵朵晴霞入望收。槛外电光何处雨？山中暮色最宜秋。"尤贡父云："四面有山皆夕照，一年无日不花光。"

三　江宁高庙僧亮一工栽菊，能使月月有花。戊辰秋，席武山别驾招余同蒋用庵侍御、姚云岫观察，同往赏花。用庵分得"有"字韵，诗云："天地之大何不有？造化乃出山僧手。山僧一手种菊花，花高十尺大如斗。四时群卉递凋残，僧寮月月如重九。石头城外普陀庵，相思半载游终负。初冬髯八书相招，盍簪花下中山酒。座客呼僧相愕眙，问讯神方乞谁某。僧云：'我绝鲜师传，蕴崇只在三时厚。料寒量燠细锄泥，剔秽芟芜重缚帚。雨无苦湿晴无干，如期各有神明寿。'此言虽小可喻大，士夫身世宜遵守。万物从来栽者培，枯菀纷纷都自取。东风桃李剧芳妍，此时可保秾华否？经得冰霜受得春，毕竟此花能耐久。坐中听者大轩渠，花亦从旁如点首。街鼓催人月到窗，篮舆还带余香走。”

四 “关防”二字，见《隋书·酷吏传》，原非作官者之美名。故余知江宁时，记室史正义苕湄，时出狎游。予爱其才，而不禁也。其《南归留别得“青”字》云：“浪迹深惭水上萍，漫劳今夜饯邮亭。鬓从久客无多绿，灯入篱筵分外青。海国归帆随候雁，天涯知己剩晨星。何时载得兰陵酒，重向红桥共醉醒？”又曰：“酒沽双屐雨，人坐一庭烟。”

五 六安秀才夏宝传，生而任侠，出雅雨卢公门下。卢谪戍军台，僮仆无肯随者。夏奋曰：“我愿往。”竟策马出塞。三年后，与卢同归。卢再任转运，为捐学正一官，所以报也。程鱼门题其《橐中集》云：“磨刀冰作石，暖客火为衣。”卢亦有句云：“手僵常散辔，泪冻不沾衣。”可想见塞外之苦矣。乾隆庚子科，以年过八十，钦赐举人。陈古渔赠句云：“八旬乡榜无消息，一纸天书有姓名。”又曰：“三征尚却连城聘，一诺能轻万里行。”

六 苏州顾禄百，张匠门先生外孙也。晚年不遇，为归愚先生权记室。凡先生酬应之作，皆顾捉刀。《咏红叶》云：“秋树忽春色，晓山皆暮霞。”余常叹陆放翁临终时，犹望九州恢复，而终于国亡家破，不遂其愿。禄百有句云：“散关铁马平生愿，愁绝他年家祭时。”

批注：沈归愚诗有顾氏代作者，是否可信，须注意。

七 蒋心馀太史居金陵时，除夕，梦与余登清凉山，得句云：“三春花鸟空陈迹，六代江山两寓公。”闻山寺钟鸣，掷笔而寤。

八 唐人诗曰：“欲折垂杨叶，回头见鬓丝。”又曰：“久不开明镜，多应为白头。”皆伤老之诗也。不如香山作壮语曰：“莫道桑榆晚，余霞尚满天。”又，宋人云：“劝君莫恼鬓毛斑，鬓到斑时也自难。多少朱门年少子，被风吹上北邙山！”

批注：宋人诗为蒋复轩《镊白发诗》，写得深入骨髓，令人慨叹。

九 杭州布衣何琪，字东甫，《咏帘钩》云：“高牵缠臂金无色，误触搔头玉有声。”《金银花》云：“可能华屋开常好，只恐柴门种亦难。”

一〇 学问之道，“四子书”如户牖，“九经”如厅堂，“十七史”如正寝，杂史如东西两厢，注疏如枢阒，类书如厨柜，说部如庖湢井匽，诸子百家诗文词如书舍花园。厅堂正寝，可以合宾；书舍花园，可以娱神。今之博通经史而不能为诗者，犹之有厅堂大厦，而无园榭之乐也。能吟诗词而不博通经史者，犹之有园榭而无正屋高堂也。是皆可偏废。

批注：巧譬妙喻，道出经史学问与诗文词宜并重，不可偏废之理。

一一　江宁涂爽亭，善小儿医，能诗，年九十余。有句云："船底水鸣风力大，芦中雁语月光高。"余小女病危，爽亭活之，因来往甚欢。辛丑九月，以书来诀，一切身后事，亲自检校。予挽联云："过九秩以考终，从古名医，都登上寿；痛三号而未已，伤吾老友，更失诗人。"

一二　或传程鱼门《京中移居》诗云："势家歇马评珍玩，冷客摊钱问故书。"予笑曰："此必琉璃厂也。"询之，果然。因记商宝意移居，周兰坡与万晴初访之，见门对云："岂有文章惊海内，从无书札到公卿。"万笑曰："此必商公家矣。"询之果然。

一三　王菊庄孝廉，名金英，性孤冷而工诗，有"残雪坠仍起，如尘空际盘"之句。余尤爱其《杨柳店梦归》云："征骑尚栖杨柳岸，归魂已到菊花庄。杖藜父老闻声喜，停织山妻设馔忙。生菜摘来犹带露，新醅笃得已闻香。堪怜稚女都齐膝，羞涩牵衣立母旁。"《掌教永平书院》云："生徒散后庭阶静，知己逢来礼法疏。"《邗沟》云："负郭人家堤下住，酒帘扬出树梢头。"

一四　鲁星村"猫迎落花戏，鱼负小萍移"，与宋笠田"护篱小犬吠生客，曝背老翁调幼孙"之句，皆诗中有画。鲁《沙桥道上》云："山下竹林林下屋，门前溪水带花流。"王兰泉方伯《云阳驿》云："明月似霜霜似雪，云阳驿外夜三更。"二句相似。

批注：所谓"诗中有画"，乃指袁枚所喜好的悠闲清静的生活小景。

一五　予有句云："开卷古人都在眼，闭门晴雨不关心。"龚旭开《登石台》诗云："短墙南畔接烟林，啼罢山禽又海禽。甚日晴明甚日雨，不曾出户不关心。"抑何暗合耶？龚有《连理枝》词云："晓尚衣衫薄，未许开帘幕。小婢来言：东风料峭，动花铃索；海棠轩外石阑边，有风筝吹落。"

一六　山阴布衣茅商隐，客死汴城。桑弢甫为梓其诗。《晚村》云："带声鸦易树，偶语客归村。"《山行》云："郭外髑髅眠野草，坟前翁仲戴山花。"皆佳句也。越中故事：娶新妇至，必选处女迎之，号曰“伴姑”。茅吟曰：“十六作伴姑，含情语邻姆。今日新嫁娘，问年才十五！”

一七 王进士又曾，字谷原，诗工游览。《同人看白莲》云：“船窗六扇拓银纱，倚桨风前落晚霞。依约前滩凉月晒，但闻花气不看花。”“皋亭来往省年时，香饮莲筒醉不辞。莫怪花容浑似雪，看花人亦鬓成丝。”《游陶然亭》云：“岸芦迸笋妨游屐，林蝶翻灰浣袷衣。春浓转怕形人老，官冷真宜伴佛闲。”皆传诵一时。有《丁辛老屋集》。

一八 岳水轩名梦渊，为督抚上客。居与随园相近。丁丑秋，忽作诗会，大集名流，其豪气犹勃勃可想。《江行》云：“荻港人维雪里舟，雪花飞较荻花稠。篷窗人醉荻中卧，时被雪花飞上头。”《荷花》云：“兰舟载丽人，摇入荷花荡。亭亭红粉姿，花与人相仿。其中有莲的，心苦惟侬赏。欲以掷奉郎，生憎金钏响。”两诗有古乐府遗音。

批注：岳梦渊，官兵部尚书，作客南京而忽作诗会，可见其风雅，亦见乾隆年间诗风之盛。岳有《海桐诗屋书钞》。

一九 金江声观察，名志章，在吾乡与杭、厉齐名。《壬子月夜登虎丘》云：“一片深宵月，明明照虎丘。松杉交影静，蘋藻上阶流。夜舫吹箫客，春灯卖酒楼。他乡有朋好，竟夕此淹留。”庚辰年，余过虎丘，山僧出此诗见示；不知余故观察年家子也。尤爱其《过冷水铺》云：“白鸥傍桨自双浴，黄蝶逆风还倒飞。”《宿灵隐》云：“窗虚暗觉云生壁，夜静时闻雨滴阶。”

批注：杭、厉指杭世骏、厉鹗。

二〇 或问：“刘勰言陆机‘亦有锋颖，而腴词勿剪，终累文骨’。近日才人，如宝意、鱼门，时蹈此病。”余晓之曰：“韦端已云：‘屈、宋亦有芜词，应、刘岂无累句？但须精选斯文者，食马留肝，烹鱼去乙可耳。此《极玄集》之所由作也。’”

批注：诗文创作难免有“芜词”“累句”，如马之毒肝、鱼之秽肠，皆应通过修改而去除。

二一 汉杜钦兄弟，任二千石者十人。钦官最小，名最著。韩文公之孙衮中状元后，人但知布衣方干，不知状元韩衮。甚矣！人传不在官位也！唐人诗曰：“孟简虽持节，襄阳属浩然。”简之名自在浩然下。然余到桂林，见独秀峰有简题名，笔力苍古。今之持节者，如孟简其人亦少矣。

批注：科举状元并不代表有才学，袁枚对科举制度有深刻认识。

二二　薛中立幼时见蝴蝶，咏诗云：“佳人偷样好，停却绣鸳鸯。”大为乃翁生白所赏。且云：“宋时某童子有句云：‘应是子规啼不到，致令我父不还家。’都是就一时感触，竟成天籁。”

批注：生白，薛雪字。

二三　闺秀少工七古者；近惟浣青、碧梧两夫人耳。碧梧《咏李香君媚香楼》云：“秦淮烟月板桥春，宿粉残脂腻水滨。翠黛红裙竞妆裹，垂杨勾惹看花人。香君生长貌无双，新筑红楼唤媚香。春影乱时花弄月，风帘开处燕归梁。盈盈十五春无主，阿母偏怜小儿女。弄玉虽居引凤台，萧郎未遇吹箫侣。公子侯生求燕好，输金欲买红儿笑。桃花春水引渔人，门前系住游仙棹。奄党纤儿想纳交，缠头故遣狡童招。那知西子含颦拒，更比东林结社高。楼中刚耀双星色，无奈风波生顷刻。易服悲离阿软行，重房难把台卿匿。天涯从此别情浓，锦字书凭若个通？桐树已曾栖彩凤，绣帏争肯放游蜂？因愁久已抛歌扇，教坊忽报君王选。啼眉拥髻下妆楼，从今风月凭谁管？《柘枝》旧谱唱当筵，部曲新翻《燕子笺》。总为圣情怜腼腆，桃花宫扇赐帘前。天子不知征战苦，风前且击催花鼓。阿监潜传铁锁开，美人犹在琼台舞。银箭声残火尚温，君王匹马出宫门。西陵空自宫人泣，南内谁招帝子魂？最是秦淮古渡头，伤心无复媚香楼。可怜一片清溪水，犹向门前呜邑流。”碧梧即孙云凤，和余《留别》诗者。有妹兰友，名云鹤，亦才女也。咏指甲作《沁园春》云：“云母裁成，春冰碾就，裹住葱尖。忆绿窗人静，兰汤悄试；银屏风细，绛蜡轻弹。爱染仙葩，偶调香粉，点上些儿玳瑁斑。支颐久，有一痕钩影，斜映腮间。　　摘花清露微粘，剖绣线，双虹挂月边。把《霓裳》暗拍，代他象板；藕丝白雪，掏个连环。未断先愁，将修更惜，女伴灯前比并看。消魂处，向紫荆花上，故逞纤纤。”

批注：七古诗多豪放有气魄，故女子少工七古者。而女弟子钱孟钿、孙云凤却工七古，亦闺秀中之佼佼者，才气非凡。

二四 梁文庄公弟梦善，字午楼，生富贵家，而娟洁静好，《孟子》所谓“无献子之家者也”。年十五，举于乡，六上春闱，不第；出宰蠡县，非其志也。年过四十而卒。《出都》一首，便觉不祥。其词云：“何处人间有雁声？暮云无际且南征。西风禾黍临官道，落日牛羊近古城。生意渐如衰柳尽，浮生只共片帆轻。劳劳踪迹年年是，凄绝天涯此夜情。”《咏熏炉》云：“梦去恰疑怀堕月，抱来错认玉为烟。”《饮沈椒园太史家》云：“微吟韵许追前辈，中酒身还耐薄寒。”《述怀》云：“洗马清羸潘令鬓，外人刚认一愁无。”皆清词丽句，楚楚自怜。亦有壮语，如：“出塞不辞三万里，著书须计一千年。”恰不多也。

二五 国初逸老某《赠妾》云：“香能损肺熏宜少，露渐沾花采莫频。”王健庵妻张瑶英《示儿》云：“教儿宝鸭休添火，龙脑香多最损花。”瑶英有《绣墨诗集》，余已为刊刻矣，兹再录其佳句。《送健庵》云：“纵无多路情难别，须念衰亲游有方。”《病目》云：“岂为愁多清泪落，却缘烟重午炊迟。”《偶成》云：“无梦不愁鸡唱早，有书只望雁飞过。”“荒院草删三径阔，破窗风入一灯危。”“蛛知网湿添丝急，月待云开到槛迟。”

批注：王健庵，袁枚大姐之子，袁枚甥。张瑶英，一作张瑶瑛，袁枚堂侄妇，亦女弟子。

二六 戊戌春，余在杭州。两姬置酒，招女眷游西湖。瑶英以诗辞云：“呼女窗前看刺凤，课儿灯下学涂鸦。韶光一刻难虚掷，那有闲看湖上花？”既而，遣人劫之，曰：“娘子不来，怕作诗耶？”果飞舆而至，到湖心亭，书二十八字云：“酿花天气雨新晴，一片清光两岸平。最好湖心亭上望，满堤人似水中行。”

二七 李宏猷秀才，设帐尹制府署中。《咏新竹》云：“节已凌云未出头。”未几病重，荐其友周青原入署相代。青原来见，袖中出《西园池上》诗云：“目不窥园已浃旬，小池春涨绿鳞鳞。得鱼鸟胜垂纶客，临水花如照镜人。欲扫闲庭苔莫损，偶扳芳树蝶相亲。笑余三月裘还着，只为调停病起身。”末句，余略为酌改，周欣然辞出。良久，闻门外尚有吟哦声，则以肩舆未至，故得意而徐步呻吟也。其风趣如此。后官中书，在京师寄怀云：“我如脱衔驹，恣意骋原隰。不读五千卷，辄入崔儦室。又如餂丹鼠，吐肠还自悼。空得成连师，未谙《水仙操》。川虽难学海，磁则曾引针。千秋一瓣香，顶礼优钵林。”

二八 金陵妓郭三为讼事，江宁王令拘讯之。香亭为关说求免。王覆札云：“昨承简翰，诚恐狼藉花枝；欲于园中立五彩幡，使封家十八姨莫逞其势。然弄郭郎者，只是逢场作戏；须俟上台时，看作如何扮演，再理会下场，可耳。”香亭乃寄诗云：“一波才定又生波，屡困风姨可奈何？不是花奴偏惹事，总缘柳弱受风多。”“登场更比下场难，牛鬼威风色已寒。要识李夫人面目，何如留待帐中看？”

批注：此香亭步乃兄袁枚之后尘也。

二九 秦邮沈均安，字际可，官江右，以廉洁称。能诗工书。由赣邑令擢莲花厅司马。《留别邑人》云：“民称张旭书堪宝，我比时苗犊并无。”

三〇 真州郑中翰沄，字晴波，新婚北上；《留别闺中》云：“来年春到江南岸，杨柳青青莫上楼。”其同年周舍人发春喜诵之。时有陈庶常濂，与周相善，而未识郑。一日公宴处，周、郑俱在，陈忽语周曰：“昨闻有人赠内之句，情韵绝佳，当是晚唐人手笔。”周急叩之。则所称者，即郑诗也。郑闻而愕然。周因指郑示陈曰：“此即赋‘杨柳青青’之晚唐人矣！”三人大笑。真州程灌夫亦有句云：“春风自绿垂杨色，何事羁人怕倚楼？”

三一 宝意先生告余云：“己卯秋，过龙潭，见旅壁题诗四绝，清丽芊绵，后书‘桂堂’二字，横胸中数十载，终不知其为谁。题作《秦淮偶兴》云：‘淡黄杨柳晓啼鸦，丝雨温香湿落花。应有鲫鱼吹雪上，水边亭子正琵琶。’‘水榭湘帘特地清，朝烟上与曲栏平。旧时红豆抛残处，只恐风吹子又生。’‘篱门过雨绿烟铺，檀板金尊俗有无？小艇已将烟月去，人间空说女儿湖。’‘鳞鳞碧瓦照春莱，智井宵深鸟语哀。第一林泉谁省得？数枝犹发旧宫槐。’”

三二 冬友自言：“九岁时，侍先大父过淮，舟中人限‘吞’字韵为诗，多未稳。予有句云：‘横桥风定帆全卸，小艇潮来势欲吞。’大父曰：‘此子将来必无患苦。’或问其故。曰：‘凡诗押哑韵而能响者，其人必贵；押险韵而能稳者，其人必安。生平以此衡人，百不失一。’大父讳馨，字星标。”

三三 吴中七子中，赵文哲损之诗笔最健。丁丑召试，与吴竹屿同集随园，爱诵余“无情何必生斯世？有好都能累此身”一联。后从温将军征金川，死难军中。过襄阳时，以《怀诸葛故居》诗四首见寄云：“洵美躬耕地，千秋一草庐。勋名微管亚，出处有莘如。巾服渔樵里，川原战阵余。西风渭滨路，尚忆沔南居。”“四海占龙卧，萧条一亩宫。泊如明厥志，行矣慎吾躬。变化遭非偶，栖迟道岂穷？可知《出师表》，慷慨本隆中。”“崔、徐二三子，来往定欣然。逸事风尘外，高评月旦前。襟期《梁甫曲》,生计汉阴田。当日如终隐,鸿妻亦最贤。”“宇宙声名大,遗踪锦水长。人歌千尺柏，公念百枝桑。涕尚沾遗老，魂应恋故乡。溪毛如可荐，此地合祠堂。”

批注:“吴中七子”指王鸣盛、吴泰来、王昶、黄文莲、赵文哲、钱大昕、黄仁虎。沈德潜编有《七子诗选》。七子皆属格调派，诗学明七子。其“七子”名似亦学明代前、后七子之名。

三四 江宾谷在楚中寄信托家人山庄栽树云：“老去菟裘身后冢，他年都要此中来。”何言之亲切而有味也！《汉上喜晤汪丈》云：“他乡执手感前盟，白发垂肩阅变更。问旧可堪皆后辈，抱书犹记拜先生。渐成安土如秦赘，别后添丁尽楚声。客况中年复谁遣，一尊寒雨故人情。”

三五 香亭弟随叔父健磐公，生长广西。叔父亡后，余迎归故里。年十五，即见赠云:“坐无尼父为师易,家有元方作弟难。”又,《即目》云:“山气腾空欲化云。”余早知其能诗也。孤甥陆建,号豫庭,字湄君,幼为余所抚养,与香亭同岁。己巳春,余辞官，挈两人读书随园，时相唱和。后予官秦中，二人过随园见忆。香亭云:“共寻幽径访柴扉，遥见高台出翠微。蜡屐重临秋色冷，青山如故客情非。枯荷带雨碧连水，荒藓盈庭绿染衣。满树寒鸦鸣不已，斜阳烟草更依依。”豫庭云：“自别青山两载余，风光较昔更何如？竹梅添种阶前树，诗史空堆架上书。窗外叶飞人去后，天边月冷雁来初。灞桥此日秋风早，应向江南忆故庐。”豫庭赘于宿州刺史张公处。张名开士，字轶伦，杭州壬戌进士，历任有循声。谓豫庭曰：“作时文则我教卿，作诗则卿教我。”豫庭年三十余，以瘵亡。张忽忽不乐，如支公之丧法虔也，月余亦亡。豫庭赠妇翁云：“喜我绛纱深有托，半为娇客半门生。”赠妇云：“未有肉能凭我割，不妨酒更向卿谋。”张诗亦佳；《宿华严寺》云：“竹里琴声秋涧落,定中灯火石床分。”《感怀》云:“臣心自问清如水,世道尤难直似弦。”

三六 余三妹皆能诗，不愧孝绰门风；而皆多坎坷，少福泽。余已刻《三妹合稿》行世矣，兹又抄三人佳句，以广流传。三妹名机，字素文。《秋夜》云:“不见深秋月影寒,只闻风信响阑干。闲庭落叶知多少,记取朝来着意看。”《闲情》云:“欲卷湘帘问岁华，不知春在几人家。一双燕子殷勤甚，衔到窗前尽落花。”他如:“女娇频索果，婢小懒梳头。”“怕引游蜂至，不裁香色花。”皆可诵也。遇人不淑，卒于随园。香亭弟哭之云:“若为男子真名士，使配参军信可人。无家枉说曾招婿，有影终年只傍亲。”豫庭甥哭之云：“谁信有才偏命薄？生教无计奈夫狂。”“白雪裁诗陪道韫，青灯说史侍班姑。”

批注：袁枚有“三妹”：三妹袁机（1720—1759），字素文，号青琳居士，有《素文女子遗稿》；四妹袁杼，字静宜，号绮文，有《楼居小草》；四堂妹袁棠，字秋卿，有《绣余吟稿》《盈书阁遗稿》。此三妹之著作，袁枚编为《袁家三妹合稿》刊印。

三七 四妹名杼，字静宜。《游鸡鸣寺》云：“苍苍烟树带斜晖，石塔层峦傍翠微。无复萧梁宫殿在，台城犹见纸鸢飞。”《秋园踏月》云：“蔼蔼山光映碧空，参差树影乱西风。芦花几朵明如雪，吹在横桥曲涧中。”他可诵者，如：“描花嫌纸窄，学字借书抄。”“宾鸿云作路，蟋蟀草为城。”“画阁偏闻雏燕语，乱书常被懒猫眠。”《课女》云：“花簪一朵休嫌少，字课三张莫厌多。”《挽葛姬》云：“断线几条犹委地，南楼一榻已生尘。”

三八 堂妹棠，字秋卿，嫁扬州汪楷亭。家颇温饱，伉俪甚笃。《咏燕》云：“春风燕子今年早，岁岁梁间补旧草。华堂叮嘱主人翁，珍重香泥莫轻扫。吁嗟乎！千年田土尚沧桑，那得雕梁常汝保？”余读之不乐，曰：“诗虽佳，何言之不祥也！”已而竟以娩难亡。又二年，楷亭亦卒。妹《寄二兄香亭》云：“鹏程人与白云齐，君独年年借一枝。闻道故交多及第，更怜归客尚无期。琴书别后遥相忆，雪月窗前寄所思。常对芙蓉染衣镜，堪嗟侬不是男儿。”《于归扬州》云：“不堪回忆武林春，娇养曾为膝下身。未解姑嫜深意处，偏郎爱作远游人。”“绿杨堤畔行游子，红粉楼中冷翠帷。为问秦淮江上月，今宵照得几人归？”亡后，香亭哭以诗云：“最苦高堂念，怀中小女儿。至今传死信，未敢与亲知。书远摹多误，人稠语屡歧。调停两边意，暗泣泪如丝。”

三九 余在苏州，四妹《寄怀》云：“长路迢迢江水寒，萧萧梅雨客身单。无言但劝归期速，有泪多从别后弹。新暑乍来应保重，高堂虽老幸平安。青山寂寞烟云里，偶倚阑干忍独看？”余读之凄然。当即买舟还山。四女琴姑，从妹受业。妹赠予诗云：“有女依依唤阿姑，忝为女傅教之无？欲将古典从容说，失却当年记事珠。”妹嫁韩氏，生一儿，名执玉。十四岁咏《夏雨》云：“润回青簟色，凉逼采莲人。”学使窦东皋先生爱之，拔入县学。未一年，得暴疾亡。目将瞑矣，忽坐起问阿母曰：“唐诗‘举头望明月’，下句若何？”曰：“低头思故乡。”叹曰：“果然！”遂点头而仆。故妹哭之云：“伤心欲拍灵床问：儿往何乡是故乡？”

批注：此“四妹”指袁杼，嫁松江韩思永。生子韩执玉，字云卿，十五岁卒。

四〇 诗有情至语，写出活现者。许竹人先生督学广西，接弟石樹凶问云：“望书眼欲穿，拆书手欲争。抱书心忽乱，隔纸字忽明。挥手急屏置，忍泪雨暗倾。老亲中庭立，念远心悬旌。病讯百计匿，矧可闻哭声？违心方饰貌，哀抑喜且盈。趋言梦弟至，所患行已平。”

批注：“活现”即形象生动活泼，袁枚于本书《补遗》卷五所谓“人活则立，人死则卧：用笔亦然”。

四一 随园每至春日，百花齐放。家中内子及诸姬人，轮流置酒，为太夫人寿。太夫人亦尝设席作答。余有句云：“高堂戒我无他出，阿母明朝作主人。”盖实事也。香亭《同赏梅》诗云：“为爱梅花敞绮筵，合家春聚画堂前。忽怜香气传风外，却喜花开在雨先。人影共分千竹翠，帘光高卷一山烟。知他万片随云去，还赴璚楼宴列仙。”呜呼！自先慈亡后，此席永断；而香亭亦远宦粤中矣。

批注：太夫人，指袁枚母章氏，为杭州耆士师禄先生之次女。“上奉”“旁养”“下延”，皆写其为家事操心尽力。以九十四岁高龄仙逝。

四二 江宁城中，每至冬月，江北村妇多渡江为人佣工，皆不缠足；间有佳者。秦芝轩方伯席上集唐句戏云：“一身兼作仆，两足白于霜。”

四三 桐城诗人分咏古镜：方正瑗云：“绝代应怜颜色少，六宫曾识旧人多？”姚孔锌云：“相对不知何代物，此中曾老几朝人？”皆佳句也。姚又有句云：“病后精神当酒怯，静中情性与香宜。”

四四 余己未座主，为泰安相国赵公仁圃。公以长垣令有政声，受知世宗，晋秩卿贰。平生爱时文，虽入纶扉，犹手校成、弘诸大家，孜孜不倦。《晚泊小米滩》一绝云：“回桡舣艇傍平沙，客路停舟便是家。坐久鸟惊山吐月，话长人喜烛生花。”作令时以勘灾故，足浸水中三日，故病跛。每入朝，许给扶以行。讳国麟，山东人。

四五 余习国书，读十二乌朱，受业于邹泰和学士。记其《丁香》一首云：“春空烟锁缀星星，两树琼枝占一庭。交网月穿珠络索，小铃风动玉冬丁。傍檐结密人难折，拂座香多酒易醒。只恐天花散无迹，拟将湘管写娉婷。”又，《白云寺》云：“飞鸟没边孤塔见，乱山缺处夕阳明。”先生戊戌翰林，和雅谦谨，有爱猫之癖。每宴客，召猫与儿孙侧坐，赐孙肉一片，必赐猫一片，曰："必均，毋相夺也。"督学河南，按临商丘毕，出署失一猫，严檄督县捕寻。令苦其烦，用印文详报云："卑职遣干役四人，挨民家搜捕，至今逾限，宪猫不得。"

批注：袁枚入翰林院，学习满族文字。乌朱，满语"头"，满文以十二字头贯一切音，相当于汉语的声母。袁枚因满文考试不及格而被外放为县令。

四六　陕西薛宁庭太史，与江宁令陆兰村为同年。丙戌到白门相访，偕公子雨庄与其师高东井泛舟秦淮，作诗云："衣带一条水，兰舟小亦佳。南朝留胜览，北客壮吟怀。绰约虹桥束，参差画槛排。冲炎偶然出，记取始秦淮。""谁与偕来者？诗人高达夫。看山挥玉麈，忘暑对冰壶。乍可清谈足，宁教佳句无？士龙尹弟子，架笔也珊瑚。"

四七　金陵承恩寺僧行荦，能诗。有句云："雨晴云有态，风定水无痕。"其师阐乘有五绝云："香气透窗纱，风轻日未斜。午堂春睡起，双燕下含花。"又有句云："才展《金刚经》了了，《金刚经》夹小吟笺。"余尝云："凡诗之传，虽藉诗佳，亦藉其人所居之位份。如女子、青楼，山僧、野道，苟成一首，人皆有味乎其言，较士大夫最易流布。"

四八　余改官江南，赋《落花》诗；祁阳中丞内幕程南耕爱而和之。记数联云："燕垒漫教留粉在，马蹄几度踏香来。""升沉我已参名理，落莫人还惜异才。"程名嗣章，绵庄先生之弟，中年病聋。每来，则以笔代口，先以一函相订。故余赠句云："见面预安双管笔，焚香先捧一函书。"

批注：乾隆七年（1742），袁枚外放江南县令，赋《落花》诗十五首，以"落花"自喻，抒发不平之气。

四九　朱学士筠，字竹君，考据博雅，不甚吟诗。有《登湖楼》一律云："载月来登湖上楼，飘然便可御风游。帆如不动暮天没，岸竟欲斜秋水流。何寺一声孤磬远？长空万点乱鸦愁。酒杯频劝君何苦，未使春波负秀州。"

五〇　姊夫王贡南，名裕琨；《雨过富春》云："历乱如丝小雨微，相呼舟子授蓑衣。鱼争新水穿萍出，鸟怯寒风贴地飞。宿雾半藏临涧屋，好花多落钓鱼矶。纷纷鱼艇随波散，撒网闲歌何处归？"《寄内》云："好奉慈姑勤菽水，莫同邱嫂戛杯羹。"余时年十四，爱而记之。即健庵父也。

批注：王贡南为袁枚大姊夫，字裕琨，杭州人。

五一　海宁许铁山惟枚，与余同官金陵，一时有“二枚”之称。余已荐牧高邮，而许犹有待，意有所感，和余《河房宴集》诗云：“朱帘斜卷晚风前，杨柳萧疏隔岸烟。一样楼台都近水，向南明月得来先。”《园梅》云：“腊尽还微雪，春来尚薄寒。迎风飞片易，背日坼苞难。疏蕊明高阁，低枝韵小栏。莫教吹短笛，我正倚阑干。”许性严重，秦淮小集，坐有歌郎，君义形于色，将责其无礼而笞之。余急挥郎去，而调以诗云：“恼煞隔帘纱帽客，排衙花底打鸳鸯。”

批注：尹继善荐袁枚升任高邮太守，但吏部未批准。审批者为袁枚恩师吏部尚书史贻直。

五二　同试鸿博陈鲁章士璠，杭州人，以诸生中式，即授庶常。《途中纪事》云：“月映湖光分外明，芦花影里一舟横。夜深闻有乡音在，晓起开篷问姓名。”

五三　毛西河言：“古人诗题，所云‘遥同’者，即遥和也。谢朓《同谢咨议〈铜雀台〉诗》、卢照邻《同纪明〈孤雁〉诗》，皆是和诗，非同游也。”

五四　见吴小仙画《骑驴图》题云：“白头一老子，骑驴去饮水。岸上蹄踏蹄，水中嘴对嘴。”顾赤芳题云：“张果倒骑驴，不知是何故。为恐向前差，忘却来时路。”庆两峰《落齿》云：“无端一齿落，探口不知故。且喜刚者亡，免与世龃龉。”

五五　乙亥年，高文端公为江宁方伯，过访随园。余上诗云：“邻翁争羡高轩过，上客偏怜小住佳。”亡何，巡抚皖江，将瞻园牡丹移赠随园。余谢云：“忘尊偏爱山林客，赠别还分富贵花。”两诗俱以折扇书之。后戊子年，公总制两江，招饮，席间出二扇，宛然如新。余问：“公何藏之久也？”公笑曰：“才子之诗，敢不宝护？”余自念平日受人诗扇，不下千百，都已拉杂摧烧；而公独能爱惜如此，不觉感叹，因再作诗献。有句云：“旧物尚存怜我老，爱才如此叹公难。”后公薨于黄河工所，口吟云：“梦中还有梦，家外岂无家？”

批注：高文端公，即高晋，谥文端。

五六　张药斋宗伯，予告还桐城。兄文和公为首相，作诗送云：“七十悬车事竟成，轻车远称秩宗清。几人引退能如愿？先我归休觉不情。图籍开缄珍手泽，墓田作供好躬耕。阿兄他日还初服，拄杖花前一笑迎。”周长发太史和云：“从古人伦重老成，秩宗真不愧寅清。引年久切归田志，予告翻增恋阙情。万卷缥缃藏古箧，一犁烟雨课春耕。龙眠山色春如黛，知有群仙抗手迎。”清真绵丽，一时和者，皆不能及。

五七 乾隆癸酉，尹文端公总督南河。赵云松中翰入署，见案上有余诗册，戏题云：“八扇天门詄荡开，行间字字走风雷。子才果是真才子，我要分他一斗来。”

批注：性灵派副将赵翼（云松）乾隆十九年甲戌（1754）即已钦佩袁子才，为以后交往打下思想基础。癸酉，系袁枚误记。

五八 先师史玉瓒先生，以朱笔书《仆固怀恩传》后云：“怀恩本不负君恩，青史何曾照覆盆？万里灵州荒草外，至今夜夜泣英魂。”余时七岁，偷读而记之。

批注：袁枚天生爱诗，兴趣是其学诗最好的老师。

五九 余绍祉布衣有《黄山》诗四首。警句云：“松生绝壁不知土，人住深崖只见烟。”又曰：“山中人习闻天乐，石上松曾见古皇。”余游黄山，至佳处，叹其言之果然。

六〇 余过苏州，许穆堂侍御极夸方大章名夔者之诗；蒙以诗册见投。七古学少陵，颇有奇气；七律似明七子。录其《题内子桃源放舟小照》云：“碧桃湾里听鸣榔，水复山重路渺茫。过此便为仙世界，来时还着嫁衣裳。云中鸡犬应同听，月下房栊好对床。愿种秫粳三十亩，画眉窗下话羲皇。”尹文端公有紫骝马，骑三十年矣，怜其老毙，以敝帷瘗之。穆堂吊以诗云：“万里云霄空怅望，一生筋力尽驰驱。”又曰：“朽骨漫留贤士口，敝帷应念主人恩。”尹公读之泣下。

六一 人闲居时，不可一刻无古人；落笔时，不可一刻有古人。平居有古人，而学力方深；落笔无古人，而精神始出。

批注：平时有古人可提高学养，落笔无古人可独出心裁。

六二 萍望张宏勋名栋，自号看云山人，工诗善画。与余在长安，有车笠之好。同谱中，如沈椒园、张少仪、曹麟书，俱显贵。庄容可官至大学士；而宏勋终不一第。晚依扬商汪怡士以终。有《看云楼诗集》。《闺怨》云：“镜台寂寂掩芳尘，又换深闺一度春。除却殷勤花上鸟，他乡应少劝归人。”《郊外》云：“春来是处足春游，风转长堤草色柔。客过不须频勒马，花扶人影出墙头。”

六三 余有汪甥兰圃，名庭萱，亦能诗，为贫所累，未尽其才。有句云："潮落岸从洲外露，风高云向岭头平。"又："杨柳护田蒙绿雾，桃花隔水坠红云。"皆妙。

批注：汪兰圃，袁枚四堂妹袁棠之子。其父汪孟翊，字楷亭。

六四 余在端州，丰川令彭翥，字竹林，云南人，以诗来见。有句云："一官手板随人后，万里乡心入雁先。"余击节不已。竹林喜，见赠云："盛世岁星终执戟，南华隐吏有随园。""云里笻才双足峙，鸥边舫已万花扶。"

六五 高要令杨国霖兰坡，作吏三十年，两膺卓荐，傲兀不羁，与余相见端江，束脩之馈，无日不至。闻余游罗浮归，乞假到鼎湖延候，以诗来迎云："山麓峰峦秀色殊，如何海内姓名无？全凭大雅如椽笔，为我湖山补道书。"道书：海内洞天二十四，福地三十六，鼎湖不与焉。"杖履闲从天上来，教人喜极反成猜。飞骑为报湖山桂，不到山门不许开。"及余归时，送至十里外，临别泣下，《口号》云："送公自此止，思公何时已？有泪不轻弹，恐溢端江水。"

批注：乾隆四十九年（1784），袁枚六十九岁出游至广东，访从弟香亭。于端州受到太守杨兰坡的款待。又游罗浮山等地，次年正月十一日返回随园。

六六 余丙辰到广西，蒙金抚军荐入都，今五十年矣。因访亲家汪太守，故重至焉。吴树堂中丞垣，引余至署，周历旧游。余席间称金公任藩司时，作官厅对联云："坐此似同舟，宦情彼此关休戚；须臾参大府，公事何妨共酌商。"用意深厚，有名臣风味。公因诵其乡人徐公士林作臬司题庭柱云："看阶前草绿苔青，无非生意；听墙外鹃啼雀噪，恐有冤魂。"真仁人之言。树堂见和一律，有"洞箫声重三千玉，《铜鼓》词传五十春"之句。所云《铜鼓》者，丙辰余试鸿博赋题也。金公刻入《省志·艺文》类中，今五十载矣。重得披览，恍若前生。

批注：袁枚乾隆元年(1736)赴广西桂林省叔父，受到抚军金鉷器重，命其作《铜鼓赋》试其才学，袁枚提笔立就，大受金赞赏，并被金氏举荐赴京参加博学鸿词试。试题为《山鸡舞镜》七排十二韵。此云《铜鼓》为试鸿博赋题，乃误记。袁枚晚年记性甚差，此书中常有误记之文。

六七 桂林向有诗会。李松圃比部、马嵊山中翰、浦柳愚山长、朱心池明府、朱兰雪布衣，时时分题吟咏。余到后，得与文酒之会，同访名山古刹。临行时，五人买舟相送，依依不舍，见赠篇什，不能尽录。仅记心池云:“五十年前跨鹤行，重来无复旧同群。一囊新句千丝雪，万叠青山两屐云。好古不求唐后碣，论文谁撼岳家军？灵皋健笔渔洋句，才力输公尚十分。”“卅载心惊绝代才，何缘杖履得追陪？文章真处性情见，谈笑深时风雨来。一棹方回仙掌外，片帆又挂楚江隈。湘灵也解延名士，九面奇峰次第开。”柳愚云：“筋力登临老尚优，每逢佳处辄勾留。谁能鹤发六千里，来证鸿泥五十秋？旧事略知余白足，僧明远，能谈金中丞遗事。残碑尽拓付苍头。闻公欲挂湘帆去，又向衡山作胜游。”兰雪云:“六朝偶恋烟花迹，一代先收翰墨勋。”

松圃父丹臣先生少贫，以笔一枝，伞一柄，至广西；不二十年，致富百万。松圃诗才清绝，不慕显荣。父子皆奇士也。《晓行》云：“朦胧曙色噪归鸦，风撼疏林一径斜。满地白云吹不起，野田荞麦乱开花。”“芦荻飞花白满汀，停车小憩水边亭。前林一线炊烟起，画断遥山半角青。”《秋思》云：“凉笛声兼风叶下，归鸦影带夕阳来。”

批注：偏僻如桂林亦“向有诗会”，可见乾隆时期诗会创作活动之繁荣。

六八　余试鸿词报罢，蒙归安吴小眉少司马最为青盼。五十年来，其家式微。今年游粤东，过飞来寺，见先生题诗半山亭云：“西径崎岖上，东峰宛转行。半山山过半，飞鸟一身轻。”读之，如重见老成眉宇。先生讳应棻，弟讳应枚。其封君梦苏眉山兄弟而生，故一字小眉，一字小颖。小眉巡抚湖北，平反麻城冤狱，为海内所称。小颖亦官至礼部侍郎。

六九　李怀民与弟宪桥选《唐人主客图》，以张水部、贾长江两派为主，余人为客;遂号所咏为《二客吟》。怀民《赠人盆桂》云:“送花如嫁女，相看出门时。手为拂朝露，心愁摇远枝。”《送张明府》云：“在县常无事，还家只有身。随行一舟月，出送满城人。”宪桥《咏鹤》云：“纵教就平立，总有欲高心。”“不辞临水久，只觉近人难。”《历下厅》云：“马餐侵皂雪，吏扫过阶风。”《送流人》云：“再逢归梦是，数语此生分。”二人果有贾、张风味。

批注：唐诗人张籍，曾官水部员外，人称“张水部”。唐诗人贾岛，曾贬官长江主簿，人称“贾长江”。有《长江集》。

七〇　余过大庾，邑宰袁镜伊欣然相接，自言倾想者三十年。同游了山，又亲送过梅岭。自诵《雪》诗云:“远近枝横千树玉，往来人负一身花。”赠人云:“雪调静听孤唱远，云程遥望一痕青。”本籍宣化，故有句云：“山排云朔从天下，水合桑沩入地无。”皆佳句也。镜伊名锡衡，乙酉孝廉。有勋贵过境，傔从殴伤平民，镜伊缚置狱中，取保辜限状。嗣后过者肃然。

七一 山左朱海客先生，名承煦，素无一面。忽遣人投书，署云“上天下大才子某”。余感其意，过京口时，访于海岳书院。先生已七十矣，留饮再四。余因风扬帆，不克小住。未半年，先生竟归道山。又六年，遇其子銮坡于广州，急索乃翁诗稿，得《示内》二句云：“剪刀声歇栽花后，井臼功余问字初。”

批注:此抄引“上天下大才子某”，不无自炫之意。才子好名，袁枚亦难免俗。

七二 余病广州。乐昌令吴公世贤，每公事稍暇，必至床前问讯。余爱其诗笔清丽，可作陈琳之檄。《咏钓竿》云：“淇园篧篧折新枝，人到忘机鸥鹭知。风雪寒江应忆我，英雄末路悔抛伊。”《羽扇》云:“常使指挥天下事，不羞憔悴月明中。”《皮蛋》云：“个中偏蕴云霞彩，味外还余松竹烟。”吴号古心，松江人。

批注：陈琳（？—217），字孔璋，广陵（今江苏扬州）人。为建安七子之一，擅长章奏书记。作讨伐曹操的《讨逆檄文》甚有名。曹读后惊出一身冷汗，头风顿愈，可见其檄文之犀利。

七三 海阳令邱公学敏，闻余到端州，即驰书与香亭，必欲一见。果不远千里，假公事到省，畅谈竟日，馈遗殊厚。记其佳句云：“山连齐鲁青难了，树入淮徐绿渐多。”

七四 鱼门太史于学无所不窥，而一生以诗为最。余寄怀云：“平生绝学都参遍，第一诗功海样深。”寄未一月，而鱼门自京师信来，亦云“所学，惟诗自信”，不谋而合，可谓知己自知，心心相印矣。屡托余买屋金陵，为结邻计。不料在广州，孙补山中丞招饮，告以鱼门殁于陕西毕抚军署中。彼此泣下，衔杯无欢。因思毕公一代宗工，必能收其遗稿；然鱼门所刻《蕺园集》，仅十分之三耳。记其未梓者:《书怀》云：“才难问生产，气不识金银。”《题阮吾山行卷》云：“无劳叹行役，行役是闲时。”《对雪》云：“闹市收声归阒寂，虚堂敛抱对寒清。”《乞假》云：“官书百卷从担去，病牒三行有印铃。”呜呼！此乾隆三十五年，假归寓随园，以近作见示，而余所抄存者也。不意竟成永诀！

批注：程晋芳（1718—1784），字鱼门，号蕺园，江都（今江苏扬州）人。官编修。长于经学、训诂。有《蕺园集》。批本语称“鱼门人品重”。

七五　余戊午秋闱，与锡山李君时乘，同寓马姓家，同登秋榜，垂五十年。今岁在粤东，其子邕来见访，出诗见示。录《山居》二首云：“一从疏世事，终日把犁锄。村色牛羊外，秋砧水石余。山深迟刈麦，潭冷不生鱼。倘有诗人至，犹堪剪韭蔬。”“闲云上小楼，落日林塘幽。溪雨蛙声聚，山风槲叶秋。一囊方朔米，卅载晏婴裘。便欲烟霞外，将身作隐侯。”

七六　余宰江宁时，侯君学诗苇原，年十四，应童子试。后夏醴谷先生屡称其能诗，终未见也。今宰新会。余往相访，同游圭峰望海。读其诗，长于古风，盖深于杜、韩、苏三家者。佳句云：“绿遮人外柳，红落渡前花。”“狂药看人频动色，樗蒱到老不知名。”

七七　风情之事，不宜于老；然借老解嘲，颇可强词夺理。康节先生《妓席》云：“花见白头花莫笑，白头人见好花多。”余仿其意云：“若道风情老无分，夕阳不合照桃花。”方南塘六十岁娶妾，云：“我已轻舟将出世，得君来作挂帆人。”

批注：宋理学家邵雍（1011—1077），字尧夫，谥号康节，祖籍范阳（今河北涿州）。一生未仕。有《伊川击壤集》。

七八　余幼居杭州葵巷，十七岁而迁居。五十六岁从白下归，重经旧庐。记幼时游跃之场，极为宽展；而此时观之，则湫隘已甚：不知曩者何以居之恬然也。偶读陈处士古渔诗曰：“老经旧地都嫌小，昼忆儿时似觉长。”乃实获我心矣。

批注：能引起他人共鸣者，的是佳诗。

七九　掌科丁田澍先生乞假归，《留别都人》云：“亦知葑菲才无弃，其奈桑榆影渐低？”“论事偶然分洛、蜀，交情原自比雷、陈。”“晓钟催去朝天客，过巷车声枕畔听。”皆妙。

八〇　苏州缪孝廉之惠妻王氏《咏马》云：“死有千金骨，生无一顾人。”《漫兴》云：“天有风云常欲暮，山无草木不知秋。”

八一　桐城马相如、山阴沈可山，少年狂放，路逢亲迎者，不问主人，直造其家，索纸笔。《替新妇催妆》云：“江南词客太翩跹，打鼓吹箫薄暮天。应是天孙今夕嫁，碧空飞下两云仙。”“随郎共枕心犹怯，别母牵衣泪未干。玉箸休教褪红粉，金莲烛下有人看。”娶妇家颇解事，读之大喜；饮以玉爵，各赠金花一枝。

八二　余最爱言情之作，读之如桓子野闻歌，辄唤奈何。录汪可舟《在外哭女》云：“遥闻临逝语堪哀，望我殷殷日百回。死别几时曾想到？岁朝无路复归来。绝怜艰苦为新妇，转幸逍遥入夜台。便即还家能见否？一棺已盖万难开。”《过朱草衣故居》云：“路绕丛祠鸟雀飞，依然门巷故人非。忆寻君自初交始，每渡江无不见归。问疾榻前才转盼，谈诗窗外剩斜晖。绝怜童仆相随惯，未解存亡欲扣扉。”沙斗初《经亡友别墅》云：“千古鱼陂占水乡，四时烟景助清光。弟兄不隔东西屋，宾主无分上下床。斗酒几番当皓月，题诗多半在修篁。今朝独棹扁舟过，回首前欢堕渺茫。”厉太鸿《送全谢山赴扬州》云：“生来僧祐偏多病，同往林宗又失期。两点红灯看渐远，暮江惆怅独归时。”王孟亭《归兴》云：“漫理轻装唤小舠，何缘归兴转萧骚。老来最怕临歧语，灯半昏时酒半消。”宗介帆《别母》云：“垂白高堂八十余，龙钟负杖倚门闾。泣惟张口全无泪，话到关心只望书。”某妇《送夫》云：“君且前行莫回顾，高堂有妾劝加餐。”

批注：生离死别最能见人真性情，所录诗皆发自肺腑，情感深挚。恰如《世说新语》谢安称桓子野“可谓一往有深情”。

八三　壬辰年，王光禄礼堂来白下，访江宁令陆兰村。予问：“有新诗否？”光禄书《赠内》云：“几载东华不自聊，绿窗并坐感萧骚。寒闺刀尺陪宵读，瓦鼎茶汤候早朝。马磨劳生还忆共，犬台残魄可能招？却嗤割肉容臣朔，但把清斋学细腰。”“一室流尘玉漏穷，更阑深掩小房栊。何妨放诞时卿婿，听唱风波欲恼公。天畔登楼长客里，灯前拥髻只愁中。一龛低处双栖稳，雪北香南结托同。”又《从围》句云：“日占戊好军容壮，牡奉辰多典礼偕。”“霜浓牛马通身白，林冻乌鸦闭口喑。”一用《毛诗》，一用《北史》，俱典雅。

批注：王鸣盛（1722—1797），字凤喈，号礼堂、西沚居士，嘉定（今属上海）人。官至礼部侍郎、光禄寺卿。擅长经史、小学。

八四　安庆诗人，以“二村”为最。一李啸村葂，一鲁星村璸。鲁五言如：“久客神常倦，还家似在舟。”“鸟散雪辞竹，烟消山到门。”“风竹不留雪，冰池时集鸦。”七言如：“舟行忽止冰初合，窗暗还明月未沉。”“避雪野禽低就屋，忘机小鼠渐亲人。”皆可诵也。又“雀浴乘冰缺”五字亦佳。

啸村工七绝，其七律亦多佳句。如：“马齿坐叨人第一，蛾眉窗对月初三。”“卖花市散香沿路，踏月人归影过桥。”“春服未成翻爱冷，家书空寄不妨迟。”皆独写性灵，自然清绝。腐儒以雕巧轻之，岂知钝根人，正当饮此圣药耶？乾隆丙寅，观补亭阁学，科试上江，点名至啸村，笑曰：“久闻秀才诗名，此番考不必作《四书》文，作诗二首，可也。”题是《卖花吟》。李有句云：“自从卖落行人手，瓦缶金尊插任君。”又曰：“自笑不如双粉蝶，相随犹得入朱门。”阁学喜，拔置一等。

八五 朱竹君学士督学皖江，任满，余问所得人才。公手书姓名，分为两种：朴学数人，才华数人。次日，即率黄秀才名戊、字左君者来见，美少年也。其《京邸夜归》云：“入城灯市散，有客正还家。新仆欲通姓，娇儿不识爷。春光满茅屋，喜气上灯花。乍见翻无语，徘徊月正华。”七言如：“小艇自流初住雨，夹衣难受嫩晴风。”殊有风流自赏之意。

八六 乾隆丙辰，予于李敏达公处，见厉子大先生，时为少司寇。以冢宰文恭公之子，未弱冠即入翰林。诗才清妙。《岁除和韵》云：“一年清课为花忙，无事花间倒百觞。日落归鸦喧古木，家贫饥鹤唳空仓。楸枰静设迟棋客，彩笔吟成和省郎。官柳未黄桃已烂，春风早晚亦何尝。”《独酌》云：“萍分云散故人离，尊酒应怜独酌时。夜漏渐沉烧烛短，残书未了引眠迟。罗江春信盆梅报，纸帐宵寒鹤梦知。皎皎庭除余落月，屋梁相照此心期。”

八七 金陵曹淡泉秀才，以“一夕春风暖，吹红上海棠”一联，为予所赏；遂刻意为诗。《赠妹》云：“吾妹何贤淑，能箴女史词。倩人教织素，随嫂学蒸梨。母病翻经早，家贫得婿迟。天然心爱好，常诵阿兄诗。”《伞山道中》云：“南陌草萋萋，新秋插未齐。投村先问路，隔陇但闻鸡。坝断溪声急，山高日影低。夜来经雨过，牛迹满荒堤。”他如：“老牛舐犊沿修埂，雏燕分巢过别家。岁逢闰月春来早，山背朝阳雪化迟。”俱妙。

八八 桐城刘大櫆耕南，以古文名家。程鱼门读其全集，告予曰：“耕南诗胜于文也。”《听琴》云：“香台初上日，檐铎受风微。好友不期至，僧庐同叩扉。弹琴向佛坐，余响入云飞。余亦忘言说，乌栖犹未归。”《独宿》云：“江村黄叶飞，犹掩萧斋卧。时有捕鱼人，橹声窗外过。”真清绝也。《哭弟》云：“死别渐欺初日诺，长贫难作托孤人。”

批注：刘大櫆（1698—1780），字才甫，一字耕南，号海峰。桐城派古文家。称其“诗胜于文”，虽未必中肯，但可知其诗文并佳。

八九 苏州孝廉薛起凤，字皆三，性孤冷；亡后，彭尺木进士为梓其遗诗。《过范文正公祠》云：“忧乐平生事，齑咸志在斯。由来天下任，只在秀才时。”《对雪》云：“天风剪水水争飞，飞上寒山浣石衣。一夜雪深迷涧道，不知何处叩岩扉。”

九〇 金陵龚秀才元超，字旭开，余诗弟子也。《月夜》云：“江水洗江月，荻花寒不飞。林园足烟景，屋宇湛霜辉。戍角宵将半，溪船渔未归。沿堤采芳芷，似胜北山薇。”《送从兄酌泉夜归》云：“前番不识路，闻语碧萝丛。此次逢招饮，衔杯红叶中。山深花木好，客妙性情同。归路谁先醉？应扶白发翁。”《渔家》云：“轻縠纹生玉溆斜，晚风吹雨湿桃花。红裙双腕急摇橹，前面垂杨是妾家。”

九一 杭州吴飞池，学诗于樊榭先生。先生爱其“红蓼花深冷葛衣”一句，谓可镌入印章。其《澶州杂诗》云：“晨光黯黯树稀微，云带炊烟湿不飞。多少人家秋色里，满天白露漫柴扉。”《过洛阳问牡丹》云：“花浓洛下种应真，我却来时不是春。到耳尽夸颜色好，未开先赏断无人。”他如：“林间一鸟过，池面数花欹。”“岸仄疑无路，灯明似有村。”“晓月光微难辨树，西风吹冷不知衣。”皆清脆可喜。

九二 余祖居杭州艮山门内大树巷。邻有隐者桑文侯，鬻粽为业，性至孝：父病膈，文侯合羊脂和粥以进；父死，乃抱铛而哭。人为绘《抱铛图》，征诗。万君光泰诗最佳。其词曰：“羊脂数合米一掬，病父在床惟啖粥。父能啖粥子亦甘，粒米胜于五鼎肉。升屋皋某无归魂，束薪断火铛寡恩。床前呼父铛畔哭，抱铛三日铛犹温。呜呼！恨身不作铛中米，临殁犹能进一匕，谓铛不闻铛有耳。”

文侯之子弢甫先生，性孤癖，能步行百里，弃主事官，裹粮游五岳。《留别袁石峰》云：“莫定畸人物外踪，梦魂飞入碧霞重。浮云形似世情幻，秋树色添游兴浓。白练横过天际马，乌藤直上岭头龙。凭将一斗隃糜汁，洒遍天门日观峰。”《过华山》云：“华山门下雨盈盈，玉女秋期会玉京。十万云鬟梳洗罢，漫空盆水一齐倾。”《嵩洛杂诗》云：“铁梁大小石纵横，似步空廊屧有声。世外多情一明月，直陪孤影到三更。”非深于游山者不能言。先生名调元。

九三 姬传姚太史云：“诗文之道，凡志奇行者易为工，传庸德者难为巧。”理固然也；然亦视其人之用笔何如耳。吾族柳村有侧室韩氏，年逾二十，即守节教子，居竹柏楼十五年而卒。子又恺请旌于朝，又画《楼居图》志痛。一时士大夫咏其事者如云，号《霜哺遗音集》。此庸行也。余独爱少詹钱辛楣七古云："郊居岑蔚竹柏交，秋霜铄物群英凋。小楼一灯青不摇，课儿夜诵声咿咬。柳村岳岳古英豪，山丘华屋如惊泡。淑姬寤言矢络宵，手持刀尺敢惮劳？《离鸾别鹄》哀弦操，可怜茕影风萧萧。熊丸茹苦胜珍肴，湛侃复见良足褒。伫看紫诰庆所遭，乌头绰楔荣光高。何图蕙草谢一朝，楼存人去魂难招！郎君玉立森兰苕，春晖未报心忉忉。音徽追溯倩画描，披图展拜恒号咷。我为歌咏辉风骚。"又，无锡进士顾钰五律第二首云："非拟怀清筑，萧然坐一林。竹森环户翠，柏古落庭阴。画荻慈亲志，登楼孝子心。当年纺绩处，倾听有遗音。"柳村名永涵，苏州人。

批注：姚鼐（1731—1815），字姬传，室名惜抱，人称惜抱先生。桐城派古文家，诗人。官至刑部郎中，记名御史。有《惜抱轩全集》。钱大昕（1728—1804），字辛楣，号竹汀，江苏嘉定（今属上海）人。官至詹事府少詹事。乾嘉学派重要人物。著有《廿二史考异》《潜揅堂文集》等。

卷 一一

一　古陶太尉、欧阳少师之母，俱以教子贵显，名传千古。然两母之著述不传。即宣文夫人讲解经义，几与孔子并称，而吟咏亦无闻焉。近惟毕太夫人，兼而有之。夫人名藻，字于湘，印江令笠亭先生之女，余同征友少仪观察之妹也。偶《咏梅》云："出身首荷东皇赐，点额亲添帝女装。"首句本出无心，未几秋帆尚书果殿试第一，继王沂公而起。吉人之词，便成诗谶，事亦奇矣。太夫人虽在闺阁，而通达政体。尚书出抚陕西，太夫人作诗箴之云："读书裕经纶，学古法政治。功业与文章，斯道非有二。汝宦久秦中，洊膺封圻寄。仰沐圣主慈，宠命九重贲。日夕为汝祈，冰渊慎惕厉。譬诸欂栌材，斫小则恐敝。又如任载车，失诫则惧踬。扪心五夜惭，报答奚所自？我闻经纬才，持重戒轻易。教敕无烦苛，廉察无猥细。勿胶柱纠缠，勿模棱附丽。端己励清操，俭德风下位。大法则小廉，积诚以去伪。西土民气淳，质朴鲜靡费。丰镐有遗音，人文郁炳蔚。况逢郅治隆，陶钧综万类。民力久普存，爱养在大吏。润泽因时宜，樽节善调理。古人树声名，根柢性情地。一一践履真，实心见实事。千秋照汗青，今古合符契。不负平生学，不存温饱志。上酬高厚恩，下为家门庇。我家祖德诒，箕裘罔或坠。痛汝早失怙，遗教幸勿弃。叹我就衰年，垂老筋力瘁。曳杖看飞云，目断秦山翠。"读其诗，可谓训词深厚，不减颜家庭诰。未几太夫人就养官署，一路关心，访察政声。闻长安父老俱称尚书之贤，太夫人喜，抵署又赋诗曰："骖騑乍解路三千，风物琴川慰眼前。到处听来人语好，频年丰乐使君贤。""连朝话旧到更深，不尽娄江望远心。莫怪老人添白发，儿童几辈换乡音。""周遭竹屿与花潭，槛外云光映翠岚。尽有琐窗诗料在，不须回首忆江南。"太夫人受封极品，考终官署。庚子上巡江、浙，尚书居忧里门，谒于行在，具陈母氏贤行。上赐“经训克家”四字。尚书建楼于灵岩别业，以奉宸章，当世荣之。有《培远堂诗集》行世。

《培远堂集》中，美不胜收，摘其尤者。五古如《灵岩山馆夜坐》云：“圆景下绝壁，山馆忽已暝。石磴静张琴，雪泉清瀹茗。不知夜已深，月上青松顶。”五律如《正月十二夜》云：“银釭暗画堂，坐数漏偏长。雁影半墙月，鸡声万瓦霜。夜吟多遣兴，春梦不离乡。庭下微风起，梅花入幕香。”《落叶》云：“微霜零木叶，秋气乍萧森。乱逐西风下，多随凉雨深。纸窗延皎月，苔磴失层阴。偶尔凭栏立，平林露远岑。”七律如《小园》云：“小园半亩寄西城，每到春深信有情。花里帘栊晴放燕，柳边楼阁晓闻莺。《汉书》旧读文犹熟，晋帖初临手尚生。自笑争心犹未忘，闲招邻女对棋枰。”七绝如《探梅》云：“光福寺前日欲曛，上阳村外望细缊。千林万壑浩无际，不辨湖光与白云。”《春残》云：“斐几熏炉百衲琴，绿阴门巷昼沉沉。春来小苑无人扫，花落窗前一寸深。”《松径》云：“曲径弯环石级高，满亭山色绿周遭。松风似厌泉声小，自写云门百尺涛。”五排如《雁字》云：“一片云蓝纸，鸿文绝点瑕。《禽经》殊古雅，羽檄等纷拏。每作缠联起，何曾叙次差？衔芦如运笔，游雾类涂鸦。凡鸟徒贻诮，家鸡讵用夸？缄情来塞北，传信向天涯。四出惊风急，低横远岫遮。谐声呼伴侣，破体遇弓靫。行断疑从缺，书空点不加。奇姿多缥缈，取势故欹斜。敛翰停摛藻，临池戏划沙。鹅群犹逊巧，凤策足联华。水映腾清稿，烟笼护碧纱。掞天才不愧，逸兴寄云霞。”五言绝如《雨夜》云：“向晚花冥冥，独坐理琴谱。一缕茶烟生，疏帘散春雨。”六言绝如《夏日作》云：“拨火炉香扬来，卷帘梁燕飞去。吴门六月犹寒，雨在江南何处？”皆有清微淡远之音，真合作也。其他名句，五言如《望华》云：“日生常夜半，云到只山腰。”《尝新茶》云：“未干春露气，犹带晓云香。”《虎丘》云：“隔花皆有阁，入寺始知山。”《江村寓目》云：“山吞将落日，风抵欲来潮。”七言如《梅花》云：“独与白云如有约，遥疑积雪亦生香。”《闻虫》云：“花径雨过苔乍冷，豆棚风定月初明。”《野望》云：“雨余霜叶红于染，风定炊烟白欲凝。”《灵岩怀古》云：“香径花开人去后，屧廊风响月明中。”《登澄观楼》云：“积雪明多能淡日，远山寒极不生烟。”

批注：古有晋侍中太尉陶侃之母、宋太子少师欧阳修之母，皆于儿从小丧父情况下，培养儿子成材。然均无著述流传。今则有毕秋帆之母毕太夫人张藻，母德堪比陶母、欧阳母，却工吟咏，超出古人。其将教子与作诗结合起来，其事亦奇矣。有《培远堂集》。

毕沅（1730—1797），字纕蘅，一字秋帆，号弇山，又自号灵岩山人，镇洋（今江苏太仓）人。官至湖广总督，赠太子太保。学问渊博，史学家、文学家。有《灵岩山人集》。

毕太夫人《培远堂集》，古诗、律诗、绝句、排律，诸体俱备，意境有宽有窄，格调有刚有柔，有白描亦用典，确实美不胜收，令人叹为观止！批本语称“毕太夫人诗既不佳，事无可记，选之何为”，实乃偏见。

二　仁和沈椒园庭芳，查声山学士外孙也。其尊甫麟洲先生，宰文昌，被累，戍宁夏。母查太淑人留居嘉善，不从行。椒园每岁南北省亲，极行路之苦。有诗云：“秋生红豆辞南国，春到青铜赴朔方。”“青铜”者，宁夏山名。又：“云影有心随望眼，泪痕和线绽征衣。”为厉樊榭孝廉所赏。沈殁后，张少仪有诗哭之，云：“塞上草枯双泪白，瀛州云净一襟清。”“草枯”，用裴子野事，盖纪实也。观察尊甫笠亭先生，宰印江，与沈同戍。观察徒跣万里，号呼求救，卒获安全。呜呼！三君皆与余同举词科，而沈、张两观察，又同举诗社于李玉洲先生家，往来尤狎：今皆先后化去。追思六十年中，升沉聚散，音尘若梦，可为於邑！张母顾恭人若宪，即毕太夫人母也。有《挹翠阁集》。与武林林以宁、顾姒齐名。随宦牂牁，卒于官所。太夫人有《得黔中信》二首最凄恻，诗云：“黔中驿使到，肠断血沾襟。绝域怀归意，频年忆女心。不曾虚药物，犹为寄华簪。凄绝离亭语，迢遥遂至今。”“官舍千山外，飘飘丹旐悬。望云空白发，绕膝待黄泉。犹有清吟在，应教彤管传。阿兄归日近，负土在明年。”其后，尚书迎养秦关，少仪自滇中解组来署，白头兄妹，唱和终朝。太夫人又作云：“千里迢遥客乍回，相逢岁尽笑眉开。廿年发逐梅花白，一夜春随爆竹来。谁料异乡逢雁序，细谈旧事划鈩灰。殷勤传语司更者，漏箭城头莫浪催。”

批注：毕太夫人之母顾若宪亦工诗，江南才女何其多也！

三　吴中诗学，娄东为盛。二百年来，前有凤洲，继有梅村；今继之者，其弇山尚书乎？《过吴祭酒旧邸》诗云：“我是娄东吟社客，瓣香私淑不胜情。”其以两公自命可知。然两公仅有文学，而无功勋；则尚书过之远矣！尚书虽拥节钺，勤王事，未尝一日释书不观；手披口诵，刻苦过于诸生。诗编三十二卷，曰《灵岩山人诗集》。灵岩者，尚书早岁读书地也。

批注：王世贞（凤洲）—吴伟业（梅村）—毕沅（弇山），为娄东（太仓）二百年来诗史三大家。批本语称对毕秋帆“奉承太过，秋帆亦必不敢当”，可取。

四 蒋用庵有句云：“花以春秋分早晚，天子才命各升沉。”斯言是也。然有才无命，终不能展布经纶。徐英公遣将，必用方面大耳者，曰：“取彼福力，成我功名。”余按：嵩阳，毒地也；代公到而龙远徙。乐阳，苦泉也；房豹临而味变甘。此其明效也。天子知弇山尚书最深，故中州奇荒，移公于秦中；荆州水灾，移公于楚省。公所到处，便能变醨养瘠，元气昭回：古今人若合一辙。然非有至诚惨怛之怀，亦不能上格天心，而下孚民望。公有《荆州述事》诗十首，仁人之言，不愧次山《春陵行》。今录其八，云：“一色长天接混茫，登高无地问苍苍。突如祸比焚巢惨，蠢尔危于破釜忙。海市应开新聚落，渚宫重见小沧桑。最怜豸绣乌台客，披发何由诉大荒？鲁侍御赞之，全家陷没。”“凉飙日暮暗凄其，棺罋纵横满路歧。饥鼠伏仓餐腐粟，乱鱼吹浪逐浮尸。神镫示现天开网，闻水患前数日，江上时有神镫来往。息壤难堙地绝维。那料存亡关片刻，万家骨肉痛流离。”“浪头高厌望江楼，眷属都羁水府囚。人鬼黄泉争路出，蛟龙白日上城游。悲哉极目秋为气，逝者伤心泪迸流。不是乘桴便升屋，此生始信即浮沤。”“生生死死万情牵，骚客酸吟《哀郢》篇。慈筏津迷登彼岸，滥觞势蹶竟滔天。不知骨化泥涂内，只道身经降割前。此去江流分九派，魂归何处识穷泉？”“云梦苍茫八九吞，半皆饿口半游魂。鲛绡有泪珠应滴，鳌足无功极恐翻。救急城填成死劫，劈空刀落得生门。若非帝力宏慈福，十万苍灵几个存？”“手敕亲封遣上公，勤氏堂陛一心通。金钱内府催加赈，版筑《冬官》记《考工》。直欲犀然穷罔象，肯教鹈结哭鸿濛？宵衣五夜批章奏，饥溺真如一己同。”“大工重议筑方城，免使蚩氓祝癸庚。凉月千家嫠妇泪，清霜万杵役夫声。蚁生渐整新槐穴，虎旅重开旧柳营。我有孝侯三尺剑，誓将踏浪斩长鲸。”“江水茫茫烟霭深，纸钱吹满挂枫林。冤埋鱼腹弹湘怨，哀谱鸿嗚写楚吟。南国郑图膏雨逮，西风潘鬓镜霜侵。莫嗟病骨支离甚，康济儒生本素心。”

批注：元结（719—772），字次山，自号元子，鲁县（今河南鲁山）人。鲜卑族后代。官至左金吾卫将军。关心百姓疾苦，《春陵行》为其代表作，杜甫《同元使君春陵行》赞曰：“道州忧黎庶，词气浩纵横。”此诗记唐广德二年（764），元结任道州刺史，经兵荒马乱，见民不聊生，而官府横征暴敛却有增无已。元结曾上书为民请命，免徭役，颇有政绩。诗即反映当时百姓苦难的现实，表现了对百姓的同情。毕沅《荆州述事》正是继承了元结“惟歌生民病”的诗歌传统。

五 古名臣共事一方，赓唱叠和，最为佳话。唐白太傅刺杭州，而元相观察浙东，彼此以诗往来，为升平盛事。近日秋帆尚书总督两湖，适蒙古惠椿亭中丞来抚湖北，致相得也。尚书知余作《诗话》，因寄中丞诗见示，读之钦为名手。仅录其《过哈密》云：“西扼雄关第一区，鞭丝遥指认伊吾。当年雁碛劳戎马，此日人烟入版图。路向车师云黯淡，天连吐谷雪模糊。寒威阵阵催征骑，不问村醪尚有无。”《过潼关》云：“百二秦关万古雄，片帆黄水渡西风。马嘶沙岸寒涛外，人倚山城夕照中。眼界一时穷古碛，爪痕三度笑飞鸿。余自湟中往返，并此凡三次。来朝又入华阴道，饱看霜林几树红。”《果子沟》云：“山势嶙峋水势西，过沟百里属伊犁。断桥积雪迷人迹，古涧堆冰碍马蹄。驿骑送迎多旧雨，征衫检点半春泥。数间板阁风灯里，犹有闲情倚醉题。”中丞早岁工诗，后即立功青海、伊犁及天山南北，凡古之月支、鄯善，足迹殆遍。以故以所见闻，彰诸吟咏；宜其沉雄古健，足可上凌七子，下接黄门矣。

中丞诗不专一体，亦有清微委婉，得中唐神味者。如：《静坐》云：“夕阳留恋最高枝，帘影垂垂小困时。梦里不忘身是客，镜中怕见鬓如丝。黄花秋绽东篱早，紫塞人怜北雁迟。悄爇一炉香静坐，篆烟缕缕结相思。”《秋宵》云：“离怀轻易岂能休？打叠新愁换旧愁。宿酒大都随梦醒，残灯多半为诗留。月扶花影偏怜夜，风得棋声亦带秋。渐觉宵寒禁不起，笑披鹤氅也温柔。”《过华峰题壁》云：“主人爱客独超群，小队招邀过渭、汾。三十六峰无所赠，随缘分与一溪云。”《题画》云：“谁家亭子碧山巅，白板桥通屋几椽。远树层层山半角，杖藜人立夕阳天。”其他佳句，如：“柳围双沼水，花掩一房山。”“渡口云连春草碧，波心浪涌夕阳红。”皆可传也。

批注：友人荐诗入袁枚《诗话》，为袁枚采诗途径之一。

黄门，指明末陈子龙，其所任兵科给事中，于秦、汉属给事黄门，故称其为“黄门”。陈诗学明七子。

六 湖北陈望之方伯，为其年检讨之后人，诗才清妙，绰有家风。官楚时，适与毕、惠两公共事，可谓天与诗人作合也。第方伯诗，余只录见赠佳句入三卷中，此外未窥全豹。忽有松江廖某持《养鹤图》见题，中有方伯一绝云："美人自结岁寒盟，入座云山照眼明。料理鹤粮门尽掩，松花如雨扑帘旌。"清脆绝尘。尝鼎一脔，亦可知味矣。

批注：陈维崧（1625—1682），字其年，居迦陵，江苏宜兴人。清代著名词人、骈文家。有《湖海楼词》。

七　毕尚书宏奖风流，一时学士文人，趋之如鹜。尚书已刻黄仲则等八人诗，号《吴会英才集》。此外，尚有吴下张琦，字映山者，亦在幕中。生平不甚读书，而工作韵语。五言如：《咏帘》云："西北小红楼，湘帘懒上钩。织成千缕恨，添得一层愁。夜逗玲珑月，风穿琐碎秋。炉香隔不断，偷出画檐浮。"七律如：《登妙高台》云："海门中折大江开，浩浩风涛白雪堆。楼阁自盘飞鸟上，淮、徐争送好山来。千秋吊古空搔首，二月怀人正落梅。满池江湖双白眼，与谁同覆掌中杯？"《夏日感怀》云："笠泽湖边是我家，钓竿鱼艇足生涯。酒泉恋酒不归去，开过几番菡萏花？"和人《寒食忆旧》云："春好因寻方外交，小楼高出万松梢。山童遥指向予笑，开士作家如鸟巢。""六桥春水曲还通，载酒舟行夕照中。指点莺声好楼阁，小桃斜出一枝红。""醉笔灯前杂草行，已闻遥巷一鸡鸣。登床倘有梦归去，好趁半街残月明。"《游霭园》云："峰峦曲折水淙淙，花映藩篱竹映窗。最好小亭东北望，青山缺处露秋江。"五言绝句《咏温泉》云："欲访阿房迹，平原烟树昏。楚人一炬后，赢得水长温。"

映山弟名瑗，字慕蘧，予于吴门见之。听其言，令人不衣自暖；诗有家风。《道中》云："人家屈曲居山腹，客骑盘旋走树头。"《舟中》云："远滩沙涨疑分港，顺水帆飞似逆流。"《应山道中》云："危峰有路人烟少，破庙无门水鸟栖。"《黄鹤楼》云："巴蜀浪喷天欲湿，荆襄云起树全无。"《题高校书小照》云："胭脂山接楚王宫，人好先知境不同。一阁岧岧阑曲曲，春深门闭百花中。"

批注：法式善《陶庐杂录》卷三云："《吴会英才集》二十卷，尚书毕沅辑，其宾佐之。诗名篇秀句，往往而在。作者十二人，多为余旧识。各有专集行世，此皆其少作。"

八　王梦楼从云南归，尝诵宝意先生《忆旧》一绝云："莺花庭院绮罗年，筝语琴心记不全。剩有旧时金屈戌，画楼深锁五更天。"

九 上元有任东白者，《哭方行之》云："此日曾无杯酒奠，夜台应谅故人贫。"陈古渔为予诵而伤之，未几任亦死。

一〇 隐僻之典，作诗文者不可用，而看诗文者不可不知。有人诵明季杨维斗先生诗，曰："'吾宫萝卜火，咳唾地榆生。'所用何书？"余按，《北史》："魏昭成皇帝所唾处，地皆生榆。""萝卜火"不知所出。后二十年，阅《洞微志》："齐州有人病狂，梦见红裳女子，引入宫中，歌曰：'五灵楼阁晓玲珑，天府由来是此中。惆怅闷怀言不尽，一丸萝卜火吾宫。'旁一道士云：'君犯大麦毒也。少女心神，小姑脾神，知萝卜制面毒，故曰火吾宫。火者，毁也。'狂者醒而食萝卜，病遂愈。"夏醴谷先生督学楚中，岁试题《象日以杀舜为事》。有一生文云："象不徒杀之以水，而并杀之以火也。不徒杀之于火，而又杀之以酒也。"幕中阅文者大笑，欲批抹而置之劣等。夏公不可，曰："恐有出处，且看作何对法。"其对比云："舜不得于母，而遂不得于父也；舜虽不得于弟，而幸而有得于妹也。"通篇文亦奇警。夏公改置一等；欲召而问之，而其人已远出矣。余按：舜妹敤首与舜相得，载《帝王世纪》。祖君彦檄炀帝云："兰陵公主逼幸告终，不图敤首之贤，反蒙齐襄之耻。"是此典六朝人已用之。惟以酒杀舜，不知何出。又十余年，读马骕《绎史》，方知象饮舜以药酒，见刘向《列女传》。

批注：僻典不可不知，可见学问之重要。此条虽不无自炫之意，但子才腹笥甚丰，不可否认。

一一 许太夫人《夜坐》云："瘦削吟肩诗满腔，春灯独坐影幢幢。可怜落月横斜照，画稿分明印纸窗。"毕太夫人《夜坐》云："晚睡才兴理鬓鸦，侍儿擎到雨前茶。爱看写月桃花影，移上红窗六扇纱。"两题两诗，工力悉敌。

一二 严东有选《宋人万首绝句》，采取最博。余流览说部，嫌有遗珠；为录数十首，以补其缺。未及交付，东有已亡。乃仿王渔洋《池北偶谈》采宋绝句之例以补之。其题、其作者姓名，俱不省记也。其诗云："镇日寻春不见春，芒鞋踏遍陇头云。归来偶过梅花下，春在枝头已十分。""昨日厨中乏短供，娇儿啼哭饭箩空。阿娘摇手向儿道：爷有新诗上相公。""十年山馆始围墙，竹里开门笋最长。一辆小车行得过，不愁花露湿衣裳。""行尽疏篱见小桥，绿杨深处有红蕉。分明眼界无分别，安置心头不肯消。""白头波上白头翁，家逐船移浦浦风。一尺鲈鱼新钓得，儿孙吹火荻芦中。""桃花雨过碎红飞，半逐溪流半染泥。何处飞来双燕子？一时含到画梁西。”“金针刺破南窗纸，偷引寒梅一阵香。蝼蚁也知春富贵，倒拖花片上宫墙。”“白云山上白云泉，泉自无心云自闲。何必奔流下山去，又添波浪在人间。”“与郎相期月上时，及至月上郎不知。妾在平地见月早，郎在深山见月迟。”“风急云惊雨不成，觉来春梦甚分明。当时苦恨银屏影，遮隔仙娥只听声。”“寄语沙边鸥鹭群，也须从此断知闻。诸公有意除钩党，甲乙推排恐到君。”“浪静风平月正中，自摇柔橹驾孤篷。若非三万六千顷，把甚江湖着此翁？”“小桃无主自开花，烟草茫茫带晚霞。几处败垣围故井，向来一一是人家。”“校猎山阴几度春，雕弓羽箭不离身。于今老去浑无力，看见飞鸿指示人。”“鸣髇直上三千尺，风紧秋高雪正干。碧眼胡儿三百骑，尽提金勒向云看。”“花前洒泪临寒食，醉里回头问夕阳。不管相思人老尽，朝朝容易下西墙。”“桑麻不扰岁常登，边将无功吏不能。四十二年如梦醒，春风吹泪过昭陵。”“绣袖翻翻上翠茵，舞姬犹是旧精神。座中莫怪无欢意，我与将军是故人。”“相思无路莫相思，风里杨花只片时。惆怅深闺独归客，晓莺啼断落花枝。”“嘱咐花香莫过墙，隔墙人正绣鸳鸯。闻香定要停针线，绣不成双不寄将。”“花飞一片减春光，恰逐春风送夕阳。莫放珠帘遮燕子，好教含得上雕梁。”“春风永巷闭娉婷，长使青楼误得名。不惜卷帘通一顾，怕君着眼未分明。”“南邻北舍牡丹开，年少寻芳日几回。惟有君家老松树，春风来似未曾来。”“雾里江山看不真，只凭鸡犬认前村。渡船满板霜如雪，印我青鞋第一痕。”“牛渚矶边渺渺秋，笛声吹月下中流。西风不识张京兆，画得蛾眉如许愁！”“未得霜晴不是晴，霜晴无复点云生。鹭鸶不遣鱼惊散，移脚惟愁水作声。”“竹里茅茨竹外溪，粼粼白日护鱼矶。想因日日来垂钓，石上蓑衣不带归。”“春山灵草百花香，谁识仙家日月长。满院莓苔绿阴匝，棋声何处隔宫墙？”“田家汩汩水流浑，一树高花明远村。云意不知残照好，却将微雨送黄昏。”“小白长红又满枝，筑球场外独支颐。春风自是人间客，主张繁华得几时。”“月团新碾瀹花瓷，饮罢呼儿课《楚词》。风定小轩无落叶，青虫相对吐秋丝。”“夜凉吹笛千山月，路暗迷人百种花。棋罢不知人换世，酒阑无奈客思家。”“胡虏安知鼎重轻？指踪先自汉公卿。襄阳耆旧惟庞老，受禅碑中无姓名。”“欲挂衣冠神武门，先寻水竹渭南村。却将旧斩楼兰剑，买得黄牛教子孙。”“一年春事又成空，拥鼻微吟半醉中。夹道桃花新雨过，马蹄无处避残红。”“帘里孤灯觉晚迟，独眠留得画残眉。珊瑚枕上惊残梦，认得萧郎马过时。”“淡黄越纸打残碑，都是先王御制诗。白发内人含泪读，为曾亲见写诗时。”

批注：此条可作《宋人绝句选》读。所选诗多白描，有生趣，实按“性灵说”标准挑选。

一三　唐开元之治，辅之者：宋璟以德，姚崇以才，张说以文：皆称贤相。本朝巡抚苏州者：汤潜庵以德，宋牧仲以文：皆中州人也。近日中州胡云坡司寇秉臬苏州，继二公而起，政简刑清，屡开文宴，一时名士如平瑶海太史、顾星桥进士，时时过从。余至吴门，必招赴会。公领尚书后，都中犹寄怀云：“过江名士久推袁，吴下相逢月满轩。鸾掖文章留旧价，仓山著述综群言。平生契合惟元老，半世栖迟为寿萱。我上燕台每南望，最关情处是随园。”后又寄《扈从纪事诗》十二首来，不作颂扬泛语，自出心裁。《从围》云：“一望灯光列星斗，始知身在五云边。”想见待漏晨趋，身傍九霄之光景。“策马上山寻别路，忽闻绝壑响松涛。”想见热处冷行，不争冲要之识力。至于“才过残月又新月，几度排班看打围”，则又明写湛露龙光、昼日三接之恩荣焉。有札命余和韵。余以诗贵清真；目所未瞻，身所未到，不敢牙牙学语，婢作夫人：故不敢作也。

批注：此条强调作诗要写目瞻身历之事，可知性灵诗并非脱离生活而凭空编造。

一四　槜李顾牧云流寓襄阳。一日独游隆中，凭吊武侯遗迹，避雨临龙冈；见山腰有茅庵，一叟出迎，风貌奇古。正欲与言，则庵侧蹲一猛虎，顾惊且仆。老翁笑曰：“子无惧，此虎已归依我作弟子矣。”且曰：“知子能诗，盍题数言见赠？”顾辞以目疾。翁取几上芋与食，命瞑坐一刻，开眼，果察秋毫。顾异之，即题石壁云：“一衣一钵一军持，云水天涯任所之。莫笑道人无侣伴，新收猛虎作童儿。”“偶向山前咒毒龙，风雷欲拔万株松。须臾明月当空起，归到茅檐打晚钟。”翁留宿庵中。临别，曰：“明年正月上寅日，吾开丹炉，与子服一粒，体轻成仙；勿忘此嘱！”次年，及期赴约。行未十里，风雪大作，山无行径，又恐老翁不在，猛虎独存，怅怅而返。后十余年，目渐昏，体渐衰，悔从前向道之心不勇。又赋诗云：“老堪嗟，驻颜何处觅丹砂？老堪恼，五官虽具无一好。凋零浑似过时花，憔悴不殊霜后草。手频战，头屡颠，行来蹩躠足不前。自憎容貌改，人恶性情偏。吁嗟乎！我今八十已如此，愁煞蓬莱千岁仙。”

批注：郭沫若云：“按此乃虚构耳，袁枚竟信之不疑。”

一五 《毛诗·伐木》章有“求其友声”之语。杜陵有“文章有神”之句。余初不信此言；后历名场五十年，方知古人非欺我也。戊申八月，年家子许香岩告余云：其同乡程萩园明府，宰武进。六月望后，苦热移榻桑影山房，读《小仓山房诗》而爱之。《夜梦题后》云：“吟坛瓯北及新畬，盟主当时让本初。抟古为丸知力大，爱才若命见心虚。仙人偶戏蓬壶顶，下士争酣墨沈余。格调不能名一体，香山窃比意何如？”满洲诗人法时帆学士与书云：“自惠《小仓山房集》，一时都中同人借阅无虚日；现在已抄副本。洛阳纸贵，索诗稿者坌集，几不可当。可否再惠一部？何如？”外题拙集后云:“万事看如水，一情生作春。公卿多后辈，湖海有幽人。笔阵驱裙屐，词锋怖鬼神。莫惊才力猛，今世有谁伦？”此二人者，素不识面，皆因诗句流传，牵连而至;岂非文字之缘，比骨肉妻孥，尤为真切耶？又有皖江鲁沂者，见赠云：“此地在城如在野，其人非佛亦非仙。”却切随园。萩园名明愫，孝感人。时帆名式善，满洲人。

批注:法式善（1752—1813），字开文，号时帆，蒙古正黄旗人。官至侍讲学士。有《存素堂诗集》等。此称其“满洲人”，误。批本语云：“法时帆系蒙古人，非满洲人。”

一六 有僧见阮亭先生，自称应酬之忙，颇以为苦。先生戏云:“和尚如此烦扰，何不出家？”闻者大笑。余按:杨诚斋有句云:“袈裟未着嫌多事，着了袈裟事更多。”

一七 虞山赵再白孝廉作诗，如武侯出师，志吞吴、魏，而气力不足。摘其《中秋呈鄂文端公》云:“楼虚贮月光常满，水阔涵星影自稀。”可谓颂扬得体。《真州朝阳楼》云：“万重山去围如海，千里江来折到楼。”《自嘲》云：“名士本来如画饼，古人原不好真龙。”又,《渡江》有“水立不动天无容”七字，殊奇。曾为余诵鄂公未遇时句云：“一饭便留客，得钱仍与人。”相公气局之大，早可想见。

一八 齐田骈不屑仕宦，而家甚富。或戏之曰：“臣邻女貌称不嫁，行年三十而有七子；不嫁则不嫁，然而嫁过毕矣。今先生设为不宦，訾养千钟；不宦则不宦，而宦过毕矣。”孙芷亭仿其意,《咏息夫人》云：“无言空有泪，儿女粲成行。”

一九 沈永之与余同榜。五十年，官云南驿盐道。乞病归，途中信来，道生一女；适余生阿迟。念二人俱是么豚暮鹨，遂相订为婚。沈寄诗云：“天留蔗境与公尝，六十逾三学弄璋。”又曰:“兰谱同年交最旧，锦绷合璧事尤奇。”未几，沈来山中，云:

“女为旁妻殷氏所出，本籍江宁。父某，康熙间作云南守备，侨居滇中，年八十余，闻沈失配，愿以女供箕帚。沈辞年老。殷强嬲不已。问何故。曰：‘我本江南人，坟墓现在金陵。公南人也，以女从公，庶几留江南一脉耳。’”吁！当殷翁起念时，岂料真有余之侨居江宁者一段因缘哉？天下事巧凑之奇，往往如此。为赋《感婚》长篇，中数句云：“果然此老嬉游处，安置他家女外孙。万里合教青鸟使，一函先报白头人。”殷夫人号称国色，携其女来随园相婿；故又云：“娇娃抱出珠相似，阿母同来花见羞。”沈得诗，以示梁瑶峰相公。公连读此二句，音较响。胡云坡尚书在座，不觉大笑。

批注：阿迟，袁枚嫡亲子袁迟，一名袁文澜，乾隆四十三年（1778）七月二十三日生，时袁枚已六十三岁，故取名曰“迟”。娶沈永之女沈全宝为妻。

二〇　金陵太守谢镗，抵任时，索余对联。余赠云：“太守风清，江左依然迎谢傅；先生来晚，山中久已卧袁安。”陈省斋先生继其父，署守镇江。余代作对联云：“守郡继先人，问江水长流，剩几个当年父老；析薪绵世泽，愿黄堂少住，留一枝此日甘棠。”

二一　偶过竹林寺，见题壁云：“晓来一雨动新凉，独展残编坐竹房。无数风枝堕残滴，红阑干外即潇湘。”或云：“此近人赵鲁瞻诗也。”

二二　李方膺明府善画梅，性傲岸，而与余交好。殁后，其子某见赠云：“记得先君交两友，一子才子一梅花。”殊有风趣。有郭耕礼者，嫌其称父执之字为不恭。余曰：“‘仲尼祖述尧、舜。’子思且字其祖矣，何不恭之有？”

批注：诗“风趣”一例。

二三　桐城张文和公七十寿辰，上赐对联云：“潞国晚年犹矍铄；吕端大事不糊涂。”梁文庄公乞假养亲，上赐诗云：“翻祝还朝晚，卿家庆更深。”常州陈文恭公某相国挽联云：“执笏无惭真宰相；盖棺还是旧书生。”

二四　予幼时，大母常为予言：大父旦釜公，性豪侠，与沈逋声秀才交好。秀才中表杨大姑，有文君夜奔之事，托先祖为之道地。杨纤足，夜行不能逾沟。先祖助沈，为扶而过之。事发，藏匿余家。大姑纤腰美盼，吐属娴雅。大母亦怜爱之。母家讼于官。太守某恶其越礼，鬻与驻防旗下。大姑佯狂披发，自啖其溺。旗人不能容。沈暗遣人买归，终为夫妇，生一女而亡。后阅《香祖笔记》载此事，称武林女子王倩玉者，盖即杨氏，讳其姓为王也。其寄沈《长相思》一曲云："见时羞，别时愁，百转千回不自由；教奴争罢休！　懒梳头，怕凝眸，明月光中上小楼：思君枫叶秋！"

批注：大父旦釜公乐于助人、敢担风险的豪侠性格，在袁枚身上亦可看到影子。

二五　戊申过虞山，竹桥太史荐士六人。孙子潇《长干里》云："门前春风其来矣，珠箔无人自卷起。"《对酒》云："黄金能买如花人，不能买取花时春。"陈声和《西庄草堂》云："水高帆过当窗影，风起花传隔岸香。"《偶成》云："生怕晓风吹絮落，愿为残烛照花眠。"皆少年未易才也。

二六　余不耐学词，嫌其必依谱而填故也。然爱人有佳作。老友何献葵之长郎名承燕者，其《寿内》云："纸阁芦帘偕老，欣欣十载于兹。算百年荏苒，三分去矣；半生辛苦，两个同之。弄杼秋宵，检书寒夜，常伴窗前月半规。惭相对，把青云稳步，望了多时。　今宵喜溢双眉，是三十平头设帨期。记去年寿我，一杯新酿；我今寿尔，一曲清词。尔本荆钗，我非纨袴，风味儒家类若斯。还堪笑，笑梅花绕屋，又放枝枝。"《春雨》云："帘外轻寒傍晓多，试问鹦哥：春色如何？为言昨夜雨婆娑；红了庭柯，绿了檐萝。　流水茫茫卷逝波，春事蹉跎，花事蹉跎。寻芳休待楚云过，放下香螺，披上烟蓑。"《留须》云："马齿频加，鹏程屡蹶，还容尔面添何物？丈夫欲表必留须，试问那个些儿没？　窥镜多惭，染羹谁拂？鬑鬑博得罗敷悦。从今但拟学诗人，闲吟便好将他捋。"《咏眼镜》云："非关四十视茫茫，也欲借君光。自从与子，囊中相处，一鉴休亡。　谁为白眼谁青眼，相对总无妨。阅人世上，观书灯下，只怕心盲。"《吸烟美人》云："吐纳樱唇，氛氲兰气，玉纤握处堪怜。脂香粉泽，分外觉清妍。岂是阳台行雨，刚来自十二峰边？阑干外，风鬟雾鬓，犹自绕云烟。　流连，怎禁得相思暗结，闲闷难捐？算消遣春愁，此最为先。怪底鸳鸯绣倦，停针坐，便尔情牵。恰喜有知心小婢，一笑递婵娟。"《无题》云："遮遮掩掩，心下难抛秋一点。微露鞋尖，妾隔珠帘郎轿帘。　帘垂人远，只道西风吹不卷。风更风流，不卷帘儿誓不休。"记黄仲则有《禽言》断句云："谁是哥哥？莫唤生疏客。"尖新至此，令人欲笑。

批注：袁枚不耐学词，不喜依谱而填词，主要是其不甘受束缚之"天性"所致，与其"不喜叠韵、和韵"原因相同。

二七　皇甫古尊在金陵市上，得金字扇一柄，乃前朝名妓徐翩翩所书。扇尾署名曰："金陵荡子妇某。"古尊喜甚，求题于厉太鸿先生；得《卖花声》一阕，云："花月秣陵秋，十四妆楼。青溪回抱板桥头。旧日徐娘无觅处，芳草生愁。　金粉一时休，团扇谁留？殢人只有小银钩。句尾可怜书'荡妇'，似诉漂流。"余读之，不觉魂消，亦以《挥扇士女图》索题。先生为填《南乡子》，云："思梦髻慵梳，鹦鹉惊回依井梧。扇影似人人似月，圆初。十六盈盈十五余。　并蒂点红蕖，更有关心好句书。不用近前频掩面，生疏。水院云廊见也无？"

二八　心馀未入翰林时，彼此相慕未见，寄长调四首来。其《贺新凉》云："记向秦淮水，问何人、小楼吹笛。劝人愁死，雨皱岚皴多偃蹇，我与蒋山相似。白下柳、又添憔悴。却到江山奇绝处，遇双鬟、都唱袁才子。情至者，竟如此！　罗衫团扇传名字，比风流、淮南书记，苏州刺史。常听东华故人说，肠断江南花底。何苦较、天都人世。楼阁虚无平等看，谪尘寰、终是神仙耳。花落恨，莫提起。"《百字令》云："才人为政，羡宦成、三十居然不朽。互听参观如善射，转侧皆能入彀。游戏奇情，循良小传，千里传人口。西清余子，旁观且袖双手。　底事抛掷西湖，勾留南国，展放林端牖？六代青山横浅黛，都做袁家新妇。酒客清豪，名姬窈窕，小令歌红豆。香名艳福，几人兼此消受。"《梦芙蓉》云："忽拜鱼书贶，有十分思忆，十分惆怅。不曾相识，相识如何样。泛词源春涨，十队飞仙旗仗。情至文生，纵编珠组绣，排比亦清旷。　眼底金刚纷变相，问谁能寂坐莲幢上？低首前贤，焉敢角瑜、亮？几人怜跌宕，难觅酒楼歌舫。一卷新词，待求君按节，分遣小红唱。"《迈陂塘》云："拣乡山、绝无佳处，躬耕又乏南亩。尘容俗状真难耐，待觅灌夫行酒。寻犀首。奈泪洒黄垆，渐失论文友。小人有母，但北望京华，徘徊小院，寂寞倚南斗。　食肉者、俊物粗才都有。半是望秋蒲柳。东涂西抹年华改，说甚色丝齑臼。牛马走、约丁字帘前，共剪春盘韭。故人归否？唱'山抹微云''大江东去'，准备捉秦九。谓涧泉同年。"

二九　乾隆戊辰，李君宗典，权知甘泉，书来，道女子王姓者，有事在官，可作小星之赠。予买舟扬州，见此女于观音庵；与阿母同居，年十九，风致嫣然，任予平视，挽衣掠鬓，了无忤意。欲娶之，而以肤色稍次，故中止。及解缆，到苏州，重遣人相访，则已为江东小吏所得。余为作《满江红》一阕云："我负卿卿，撑船去、晓风残雪。曾记得庵门初启，婵娟方出。玉手自翻红翠袖，粉香听摸风前颊。问姮娥何事不娇羞，情难说。　既已别，还相忆；重访旧，杳无迹。说庐江小吏公然折得。珠落掌中偏不取，花看人采方知惜。笑平生双眼太孤高，嗟何益！”

批注：此词是袁枚集中仅有的一首词。另笔者发现袁枚书法作品中有词一首，无词牌无题，亦不见于万树《词律》，疑为自度曲。详见拙文《袁枚书法作品中的集外词九首考释》，《文学遗产》2008年第6期。

三〇　随园四面无墙，以山势高低，难加砖石故也。每至春秋佳日，士女如云；主人亦听其往来，全无遮拦。惟绿净轩环房二十三间，非相识者，不能遽到。因摘晚唐人诗句作对联云：“放鹤去寻三岛客；任人来看四时花。”

三一　舒城沈生本陛，字季堂，年已艾矣。戊申秋，以诗求见，各体俱工。古风如《白石山》《古柏行》等篇，诗长不能备录。五言如：《西施洞》云：“香草美人远，春山古洞寒。”见赠云：“记吟诗句从黄口，得傍门墙已白头。”俱妙。余三首，已采入《续同人集》中。其祖名长祚者，康熙间举鸿博，有《竹香园集》。《过友人草堂》云：“春云遮不尽，柳色认君家。到径听微雨，开门见落花。古心微直谅，闲语及桑麻。饭量年来减，村醪莫更赊。”《哭友》云：“修短难将理问天，人间福慧应难全。他生好向空王乞，少占才华自永年。”

批注：明末清初冒巢民（襄）有《同人集》十二卷，袁枚仿其例，将四方投赠之诗文选其佳者梓而存之，号曰《续同人集》，其已附集中及《诗话》者，俱不录。

三二　张南垣以画法垒石，见者疑为神工。吴梅村、黄梨洲皆为之传，载文集中。太仓蔼资园，为王麟洲奉常别业；园中假山，南垣遗制。后归弇山尚书，为奉母地，更名静逸园。毕太夫人《秋日闲居诗》题五律云：“胜迹留城市，幽居得小园。吾生澹相寄，往事漫追论。人忆乌衣旧，名怜香草存。只今耽静逸，秋景满丘樊。”“字摹王内史，诗爱郑都官。石色青书幌，花阴冷画阑。池鱼一二寸，庭竹两三竿。于此端居好，身闲梦亦安。”“地迥人稀到，风清暑罢侵。竹帘香细细，桐阁绿愔愔。隐几时看画，安弦静谱琴。夜凉明月上，扫石坐深林。”“磴小花枝密，廊深书舍藏。有时翻秘帙，随意坐匡床。诗遇前春稿，炉凝隔夜香。庭前蹲石丈，亲见历沧桑。”

批注：诗语采毕太夫人诗作颇多，虽与其子毕沅不无关系，但毕太夫人亦确多佳什。

三三　金陵秋试之年，上下江名士毕集。余止而觞之，各有赠诗，约三千余首。其尤佳者，梓入《续同人集》矣。尚有断句可采者，如：虞山王陆禔云：“丛丛著述皆千古，草草功名只十年。”长洲顾星桥云：“渡江名士推前辈，扶辇门生半少年。”王又云：“休夸翁子乘车日，已是悬车十七年。”三押“年”字，俱妙。金陵管松年云：“四海文章经口贵，百年心事问花知。”无锡徐嵩云：“姓氏直疑前代客，语言妙是一家诗。”青阳程蔚云：“一将治绩乘时著，便把尘缘当梦看。”

三四　以部娄拟泰山，人人知其不伦。然在部娄，私心未尝不自喜也。秋帆尚书德位兼隆，主持风雅。枚山泽之癯，何能及万分之一？乃诗人好相提而并论。孙渊如太史云：“惟有先生与开府，许教人吐气如虹。”徐朗斋孝廉云：“弇山制府仓山叟，海内龙门两扇开。”

批注：此又自我标榜也！

三五　壬戌年，余改官外出，客送诗者，动以王嫱见戏。余因口号云：“琵琶一曲靖边尘，欲报君恩屡顾身。只是内家妆束改，回头羞见汉宫人。”后十年，再入朝，则凤池诸客，都非旧人。又戏吟云：“晓日曈胧玉殿开，春风回首认蓬莱。三千宫女如花貌，都是明妃去后来。”

三六　张文敏公同南华先生上朝，值春雪初霁。南华见午门外檐下冰柱，赋七律一章。文敏公疑为宿构。南华请面试。文敏出所佩小玉羊为题。南华应声云：“宛尔成形质，居然或寝讹。”方欲续下，而皇上有旨，命和《汤圆》诗。南华在朝房，立进二十四韵。警句云：“甘白俱能受，升沉总不惊。”文敏叹服曰：“不料仓卒间，先生犹能自见身份也。”为序其集云：“春雨着物，万花怒开；神工鬼斧，不可思议。似之者病，学之者死。”

批注：张文敏公，即张照(1691—1745)，官刑部尚书。谥文敏。南华，即张鹏翀，号南华。有《南华山房集》。

三七　秋帆尚书抚陕时，有《上元灯词》十首，庄重高华，是金华殿上语。一时幕中学士文人，俱不能和。为录四章云：“碧榭红阑万点明，戟门莲漏转三更。交春便抱祈年意，不听歌声听雨声。”“鼓钲殷地走轻雷，宝焰千枝百戏开。瞥见广场波浪直，双龙争挟火珠来。”“仙馆明辉丽绛霄，铜驼四角缀琼翘。夜长桦烛添寒焰，春晓终南雪未消。”“十年持节驻秦关，梦断蓬瀛供奉班。记得披香频侍宴，红云万朵驾鳌山。”

三八 裴二知中丞，巡抚皖江，每至随园，依依不去。举家工琴，闺阁中淡如儒素。其子妇沈岫云能诗，著有《双清阁集》。《途中日暮》云：“薄暮行人倦，长途景尚赊。条峰疏夕照，汾水散冰花。春暖香迎蝶，天空阵起鸦。此身图画里，便拟问仙家。”《在滇中送中丞柩归》云：“丹旐秋风返故乡，长途凄恻断人肠。朝行野雾笼残月，暮宿寒云掩夕阳。蝴蝶纸钱飘万里，杜鹃血泪落千行。军民沿路还私祭，岂独儿孙意惨伤？”读之，不特诗笔清新，而中丞之惠政在滇，亦可想见。余方采闺秀诗，公子取其诗见寄，而夫人不欲以文翰自矜。公子戏题云：“偷寄香闺诗册子，妆台佯问目稍嗔。”亦佳话也。中丞名宗锡，山西人。公子字端斋。

三九 韩慕庐尚书，虽为徐健庵司寇所识拔，而在朝中立不倚，于牛、李之党，两无所附；然官爵崇隆，终身平善：可知仕途之不须奔竞也。近今张警堂先生，以县令起家，官至监司；皆委怀任运，不营求而自得。诗才清妙。《过卢生庙》云：“快马冲风急，添衣御晓寒。平生无好梦，醒眼过邯郸。”其襟怀之淡，定可知矣！又，《宣城夜行》云：“夜半张灯起，披衣上马鞍。月明如欲曙，风敛不知寒。此景人谁见？长途心转安。襄阳旧游处，明日且盘桓。”刘霞裳秀才出公门下，仿其意作《铅山夜行》云：“车比毚尤仄，心闲坐颇安。清冰明似镜，冻月小于丸。灯远知村到，更深唤渡难。渐看浮草白，霜重夜将阑。”可谓工于窃比者矣。先生又过铜雀台云：“可怜肠断分香日，输与开门放婢人。”使老瞒在九原，为之汗下。先生名铭，江西己卯孝廉。

批注：韩慕庐，即韩菼（1637—1704），字慕庐，长洲（今江苏苏州）人。官至礼部尚书。徐健庵，即徐乾学（1631—1694），字原一，号健庵，昆山（今属江苏）人。官至刑部尚书。

四〇 金陵张止原居士，立身端谨，为秋帆尚书所重，以家政托之。尝腊底冒雨招余游灵岩山馆，其襟怀可想。舟中诵其《春暮书事》云：“山苑浓阴覆绿苔，意行敷坐自徘徊。池边柳弱莺难驻，庭畔花残蝶未回。酒盏怕空先料理，柴门喜静且长开。人生得丧何须计？一任浮云过眼来。”《步尚书〈青门柳枝〉韵》云：“绿烟漠漠袅晴岚，紫陌轻阴月正三。怕上乐游原上望，引人离恨到江南。”居士名复纯，兼通医理，工赏鉴。

四一 壬寅冬，余游雉皋。何春巢引见其亲家徐湘圃司马。其人吐气如虹，不可一世；家有园亭之胜，招致名姝，宴饮竟夜。见赠云：“一病经年喜再生，西风吹客过江城。虎溪大笑酬前愿，雁宕闲游寄远情。荒径漫劳携杖访，倾心不待整冠迎。夜来天际文星聚，珠玉惊闻掷地声。”“飒飒空林乱叶声，相逢慰我寂寥情。多邀红袖同行酒，小摘寒蔬为煮羹。对月且拼三五夜，看花莫问短长更。幽怀万种愁千斛，不遇先生不肯鸣。”

卷 一二

一 戴喻让有句云："夜气压山低一尺。"周蓉衣有句云："山影压船春梦重。"皆妙在可解不可解之间。

批注："可解与不可解"正是好诗的魅力。叶燮《原诗》早云："诗之至处"，"其指归在可解不可解之会，言在此而意在彼，泯端倪而离形象，绝议论而穷思维"。

二 人人共有之意，共见之景，一经说出，便妙。盛复初《独寐》云："灯尽见窗影，酒醒闻笛声。"符之恒《湖上》云："漏日松阴薄，摇风花影移。"女子张瑶英《偶成》云："短垣延月早，病叶得秋先。"郑玑尺《雪后游吴山》云："人来饥鸟散，日出冻云升。"顾文炜《立夏》云："病骨先愁暑，残花尚恋春。"女子孙云凤《巫峡道中》云："烟瘴寒云起，滩声骤雨来。"沈大成《登净慈寺》云："花气随双屐，湖光纳一窗。"姜西溟《野行》云："桥欹眠折苇，槛倒坐双凫。"

批注：诗能写出"人人共有之意，共见之景"，具有典型性，易使人产生共鸣，定是佳作。

三 有全首在人意中者：门生蔡家璋《舟中》云："孤客心情急去旌，榜人带月趁宵征。去舟时共来舟语，残梦依稀听不明。"汪舟次《田间》云："小妇扶犁大妇耕，陇头一树有啼莺。儿童不解春何在，只向游人多处行。"此种诗，儿童老妪，都能领略。而竟有学富五车者，终身不能道只字也。他如：汤扩祖之"事当失路工成拙，言到乖时是亦非"；方子云之"优孟得时皆贵客，英雄见惯亦常人"，"酒常知节狂言少，心不能清乱梦多"；吴西林之"贫士出门非易事，豪门投刺岂初心”：皆使闻者人人点头。

批注：老妪能解，有白居易风格，亦是袁枚诗的主体风格。“学富五车者”，以学为诗，自然终身不能道此类诗“只字”。

四 吾乡郑玑尺先生，名江，康熙戊辰翰林。幼孤贫，里中有商人张静远者，助其读书。先生貌寝，眇一目，湛深经学，而诗独风骚。《自嘲》云：“自号小冠杜子夏，人嗤一日江东王。”藏花片于书中，题云：“卷里崔徽帐中李，何如通替见殷妃？”

五 咏云者，吴尺凫焯有句云：“芦花摇雪碍船过，云叶随风逐雁飞。”陈心田寅有句云：“一雁披霜千树冷，片云移日半山阴。”嫌饭迟者，刘悔庵云：“冷早秋衣薄，天阴午饭迟。”顾牧云云：“衣轻晓寒逼，薪湿午炊迟。”咏新仆者，汪舟次云：“见事先人往，应门答语轻。”吴野人云：“长者尊难近，新名答尚疑。”四人皆无心之雷同而俱妙。又张哲士《咏老仆》云：“旷职身常病，应门语每讹。”亦趣。

六 六合彭厚村，家资百万，慷慨好施，年六十，而家资罄矣。不得已，辞家远出，卒于乃弟孝丰署中。葛筠亭哭以诗云：“头盈白发翻为客，手散黄金可筑台。”又曰：“侠传众口难为富，患在无钱不认贫。”真厚村小传。其弟迪庵，葛弟子也。葛往访之，赠诗云：“笑随童叟来听政，要借云山去赋诗。”《在西湖夜望》云：“月光山色静窗扉，夜景空明水四围。多少渔灯风不定，满湖心里作萤飞。”葛诗笔绝佳，半生为时文所累；然高达夫五十吟诗，故未迟也。

七 有人画七八瞽者，各执圭、璧、铜、磁、书、画等物，作张口争论状，号《群盲评古图》；其诮世也深矣！刘鸣玉题云：“耳聋偏要逢人聒，足跛转喜登山滑。可惜不逢周师达，眼珠个个金篦刮。”

八 又有人画《牵车图》，将妻子、奴婢、器具、食物尽放车中；一枯瘦男子，牵长绳背负而走；空中一鬼，持鞭驱之。亦醒世意也。余题云：“人世肩头各一担，梅花驮过杏花残。暗中何必长鞭打？就作神仙懒亦难。”

九 宝意先生有女曰可，字长白，有才而夭。《咏苔》云：“昨宵疑有雨，深院久无人。”《题画》云：“黄雪褵褷点翠环，秋光一抹上房山。彩云飞尽碧天远，半夜月明响珮环。”宝意编其诗，号《昙花一现集》。

一〇 张麟圃计偕入都，与某同寓。梦至大海，四望皆五色牡丹，鸾麟翔跃；

有女郎容貌绝世，袖中出碧玉版，如桐圭，曰：“此‘女娲笺’也，求郎题诗。”张题一绝。女曰：“郎诗固佳，未慊妾意。须请某郎为之。”所云某者，即其同寓友也。次早起行，述所梦相同。是科张竟落第，而某捷南宫矣。某所题仅记二句云：“泪花逗雨鲛珠死，画屏几叠扶桑紫。”

一一　山阴女子陈淑旂《晚思》云：“弱质怯春寒，名花带月看。惜花兼惜影，不忍倚阑干。”

一二　余乙卯科试，考列前茅。其时在帅学使幕中阅卷者，邵君昂霄也。相遇湖上，有所赠云：“韵到梅花清有骨，软于杨柳怯当风。”余有知己之感，故至今诵之。

一三　山阴沈冰壶，字清玉，有《古调独弹集》。以新乐府论古事，极有见解。如：辨永王璘之非反，李白之受诬，作《夜郎行》；雪李赞皇之非党，作《崖州行》；笑隋主诛宇文，身死于宇文，作《南氏怨》。以何平叔之不父曹瞒为孝，不从司马为忠，其粉白不离手之说，即梁冀诬李固之胡粉饰貌也。人言崔浩毁佛遭祸，乃咏《崔浩》云：“仙不能救，佛岂能厄？”尤为超脱。

批注：沈冰壶可谓有卓识者。

一四　汤中丞莘来聘湖上，云：“小桥隔岸时通马，细柳如烟不碍莺。”江西杨子载《偶成》云：“渔灯欲灭见渔火，细雨无声添落花。”

一五　胡伟然《钓台》云：“在昔披裘客，浮名着意逃。江流日趋下，益见钓台高。”钱相人方伯《钓台》云：“图画功名安在哉？高风千古一渔台。此情惟有江潮解，流到滩前便急回。”余过钓台，见石刻林立，独爱此二首。

一六　题画诗最妙者，徐文长《画牡丹》云：“毫端顷刻百花开，万事惟凭酒一杯。茅屋半间无住处，牡丹犹自起楼台。”唐六如《画山水》云：“领解皇都第一名，猖披归卧旧茅衡。立锥莫笑无余地，万里江山笔下生。”余之扫墓杭州也，苏州陆生鼎画扇赠云：“一枝兰桨鸭头波，两个渔翁载酒过。好看旧山似新妇，迎门先为扫双蛾。”

批注：明徐渭（文长）、唐寅（六如）诗皆具性灵，与袁枚诗有相通之处。

一七　诗中用虎点缀者最少。吴尊莱有句云：“樵声密云隔，虎迹落花封。”雪峤大师有句云：“残雪枝头雪未消，熟眠老虎始伸腰。”唐人句云：“夜深童子唤不起，猛虎一声山月高。”

一八 崔尚书应阶督浙、闽，自称研露老人；书扇赠歌者樱桃云：“柳弹花娇已断魂，春风空自与温存。歌筵一曲当年事，犹识金环旧指痕。”

一九 松江何啸客有《西湖诗》四十首。或诵二首云：“秦亭山头暖气匀，秦亭山下早梅新。嫁郎愿嫁秦亭住，占得梅花第一春。”“长短兰桡拂渚汀，声声箫鼓集西泠。为谁唱出《桃花曲》？尽着萧郎帘外听。”

二〇 诗改一字，界判人天，非个中人不解。齐己《早梅》云:“前村深雪里，昨夜几枝开。”郑谷曰:“改‘几’字为‘一’字,方是早梅。”齐乃下拜。某作《御沟》诗曰:“此波涵帝泽,无处濯尘缨。”以示皎然。皎然曰:“‘波’字不佳。”某怒而去。皎然暗书一“中”字在手心待之。须臾,其人狂奔而来,曰:“已改‘波’字为‘中’字矣。”皎然出手心示之，相与大笑。

批注：此古所谓“一字师”也。

二一 沈存中云：“诗徒平正，若不出色，譬如三馆楷书，不可谓不端整；求其佳处，到死无一笔。”此言是也。然求佳句，诗便难作。戴殿撰有祺句云:“但得闲身何必隐？不耽佳句易成诗。”

批注：“佳句”最好自然产生，若刻意求佳句，当影响全篇之构思与表现。

二二 宋人《咏五月菊》云：“为嫌陶令醉，来就屈原醒。”《咏十月桃》云：“刘郎再来岁云暮，王母一笑天为春。”两用事，俱清切。近日姜绍渠《咏诸葛菜》云：“至味于今思淡泊，军行到处寓农桑。”

二三 己卯秋，陈竹香从都门来，替余长女成姑议婚。所议者曹来殷舍人也。诵其句云：“水连铁瓮无边白，山到金陵不断青。”余极赏之。陈以书寄曹。曹欣然允诺。两家已有成说矣，适苏州故人蒋诵先剔嬲不已，遂定蒋而辞曹。嫁未半年，女与婿俱亡。数之不可挽也如是！曹旋入词林。

批注：成姑为陶姬所生，嫁蒋惟梅。

二四 圣人称“诗可以兴”，以其最易感人也。王孟端友某在都娶妾，而忘其妻。王寄诗云：“新花枝胜旧花枝，从此无心念别离。知否秦淮今夜月，有人相对数归期？”其人泣下，即挟妾而归。

批注：“诗可以兴”，乃孔子所言，袁枚引来作为批判沈德潜诗关乎人伦日用之功利观的利器。

二五 杭州汪秋御夫人程慰良，《咏秧针》云：“陌旁柳线穿难定，水面罗纹刺不禁。”可谓巧而不纤。又有句云：“事从悟后言皆物，诗到工时心更虚。”真学者之言。有二女，皆能诗。长女妽，和母句云：“松留石下千年药，雨引池中二寸鱼。”次女妽云：“皓日穿窗飞野马，平池贮水数浮鱼。”

批注：汪妽、汪妽皆袁枚女弟子。

二六 王生同太守母夫人杨氏，江都人，为昭武将军讳捷者之女孙。《咏琴》云：“游鱼浮水听，大蟹出沙行。”年十九，生生同，十四日而亡。故生同有《十四日儿谱》行世。

二七 余入学，年才十二。龚立夫名木者，亦髫年；同复试时，立夫着绣领红裤，为学使王交河先生所呵。今五十余年矣，老而不遇。有人传其《看庭桂》一首，云：“牡蛎墙阴碧藓封，连蜷古干影重重。晓风吹过叶微动，夜雨渍来香更浓。好就曲栏敷坐具，时从幽境策吟筇。天香满院娱清昼，一任泥深断客踪。”

二八 余泊高邮，邑中诗人孙芳湖、沈少岑、吴螺峰招游文游台；是东坡、莘老、少游、定国四人遗迹。席间沈自诵其《春草》云：“山经烧后痕犹浅，雪到消时色已浓。”余甚赏之。屏上有王楼村诗，云：“落日倒悬双塔影，晚风吹散万家烟。”真台上光景。螺峰云：“楼村以七律一联，受知于宋商丘中丞；遂聘在门墙，列江左十五子中，大魁天下。诗云：‘尊中腊酒翻花熟，案上春联带草书。’不过对仗巧耳。前辈之爱才如此。”十五子中，宰相、尚书，不一而足；惟李百药一人以诸生终。而诗尤超绝。

批注：东坡，苏轼；莘老，孙觉；少游，秦观；定国，王定国：皆宋代文人。

二九 熊观察学骥，字蔗泉，自楚中归，两目盲矣。其晋接周旋，较胜有目者。居秦淮水阁，与余晨夕过从，死前半月，赋《秦淮杂咏》，云：“秦淮三月画帘开，便有游人打桨来。燕子不归春又暮，几家闲煞好楼台。”“笑语勾留画舫停，红妆绿鬓影娉婷。帘前灯映楼头月，十里人家一画屏。”亡后，余哭之哀，作挽联云：“生祭有祠，楚国至今歌善政；风骚无主，秦淮那可丧斯人！”

三〇　六合孝廉张廷松，清才不寿；诗不多，而饶有唐音。《古意》云："荷叶风香隔水涯，吴姬荡桨湿裙纱。晚来满载新莲子，月上横塘正到家。"

三一　金坛虞广文景星，康熙壬辰进士；年八十余，与余相遇苏州。诗才清妙，都未付梓。《偶成》云："贫不卖书留子读，老犹栽竹与人看。""将雪论交人尚暖，与梅相对我犹肥。"《解组》云："人情验自休官后，我意浑如出梦时。"《训儿》云："偶然为汝父，未免爱吾儿。"

三二　壬戌，余与陶西圃镛，俱以翰林改官。陶先乞病。庚午，余亦解组随园。陶与余同踏月，云："偷得闲身是此宵，白门何处不琼瑶？芒鞋醉踏三更月，犹认霜华共早朝。"壬申，余从陕西归。陶方起病赴都，见赠云："草草销魂过白门，故人招我住随园。同看昨岁此时雪，仍倒空山累夕尊。竹压千竿青失影，峰铺四面白无痕。君行万里诗奇绝，何意重逢一快论！"余置酒，出路上诗相示。陶读至《扁鹊墓》云："一坏尚起膏肓疾，九死难医嫉妒心。"不觉泪下。询其故，为一爱姬被夫人见逐故也。余欲安其意，适家婢招儿，年将笄矣，问："肯事陶官人否？"笑曰："诺。"遂以赠之。正月七日，方毓川掌科、王孟亭太守、朱草衣布衣、吕星垣进士，添箱赠枕，各赋《催妆》。陶有诗云："脱赠临歧感故人，相携风雪不嫌贫。当他意处无多少，未老年华欲仕身。"余和云："故人临别最销魂，万里携囊被被身。欲折长条无别物，自家山里一枝春。"十余年后，陶从山右迁楚中司马，挈招儿再过随园，则子女成行矣。子时行，小名佛保，亦能诗。《听雨》云："连朝三日碧苔生，疏馆萧条夜气清。红烛当筵花拂帽，爱听春雨到天明。"《雨窗》云："照眼花枝亚短墙，晓看风雨太颠狂。生憎帘卷危檐近，点点飘来溅笔床。"佛保入泮后，年二十，以瘵疾亡。

批注：

扁鹊墓

袁枚

不种青山药满林，那知国手葬汤阴！

一坏尚起膏肓疾，九死难医嫉妒心。

玉札丹沙环马鬣，湿风寒雨病春禽。

齐王莫怪仙机早，从古升平忧思深。

三三　山东曾南村尚增，风貌伟然，以庶常改知芜湖。尝诗戏西圃云："几载柴桑为刺史，当年元亮是州民。"因西圃居芜湖故也。同舟访余白下，一路唱和，云："潮通燕子趋京口，帆带蛾眉认小姑。""风微渔火重生焰，寺僻钟声半代更。"皆佳句也。后刺郴州，署中不戒于火，女以救母故，与母俱焚。郴人为立孝女祠，南村亦以悸卒。

三四　漕帅杨清恪公锡绂，德望冠时，而诗才清妙。《夜行》云："好风潜入夜，明月正当头。宇碧兼空阔，舟轻足泳游。微凉双袖薄，小照一萤流。此意凭谁识？前矶有钓钩。"《杨村》云："微云不成雨，片月复宵明。柳外烟无际，河边市有声。飞流缘涨急，气肃为秋清。咫尺杨村近，吾宗有送迎。"《泊北夏口》云："舟维凉雨后，人坐晚灯初。叶湿全低柳，波寒不上鱼。揽衣嫌葛细，得酒爱更余。亦有耽吟客，瑶篇孰起予？"《夕阳》云："一棹秋风里，行行又夕阳。飞还鸦影乱，舞罢柳丝黄。客意衔山急，帆阴卧水凉。何人方独立？觅句向苍茫。"

三五　裘文达公曰修，与余同出蒋文恪公门下。己未入都，过阜城，悦女校书采玉，意殊拳拳。后乞假归觐，余《送行》诗戏云："阜阳女儿名采玉，当筵一曲歌《杨柳》。今日临邛负弩迎，可还杜牧寻春否？"又十年，余入都补官，裘典试江南，相逢茌平道上。见赠云："车中遥指影翩翩，忽讶相逢古道边。粗问行藏知大概，谛观颜色胜从前。南来我愧山涛鉴，北去君夸祖逖鞭。后会分明仍有约，归程期在暮春天。"是夜宿旅店，见余壁上有诗，和其后云："漫空飞絮搅春情，十日都无一日晴。水断虹桥迷古渡，云埋雉堞隐孤城。故人已别心犹惜，旧壁来看眼忽明。我正耸肩闲觅句，不劳津吏远相迎。"己卯秋，裘又典试江南，到山中为余诵之。

公出使伊犁，襄赞军事；《在黄制府行台即席有作》云："使相钧衡大将旗，西来宾阁喜追随。谈深席上杯行数，坐久窗间日过迟。任事肩无旁卸处，安边功是已成时。天兵讨叛非勤远，此意须教万姓知。"又《元旦试笔》云："年年染翰挥毫手，乍喜金鞭控铁骢。"呜呼！以一书生，而能走万里，赞军机，与沈文悫公以诗人而受帝宠者，皆近今所未有。可称吾榜中得人最多，张乖崖不得擅美于前。

批注：裘曰修（1712—1773），字叔度，号诺皋。江西新建人。官至礼部、刑部、工部尚书。谥文达。工书法。有《裘文达公诗集》《裘文达公文集》等。

三六　卢雅雨先生转运扬州，以渔洋山人自命，尝赋《红桥修禊》四章；一时和者千余人。余俱未见。而先生原唱,余亦不甚爱诵也。及其致仕,《留别扬州》诗,竟成绝调：真所谓欢愉之词难工，感怆之言多妙耶？其词曰：“脱却银黄敢自怜？不才久任受恩偏。齿加孙冕余三岁，归后欧公又九年。犬马有情仍恋主，参苓无效也凭天。养疴得请悬车日，五福谁云尚未全？”“平山回望更关愁，标胜家家醉墨留。十里亭台通画舫，一年箫鼓到深秋。每看绛雪迎朱旆，转似青山恋白头。为报先畴墓田在，人生未合死扬州。”“长河一曲绕柴门，荒径遥怜松菊存。从此风波消宦海，始知烟月足家园。岁时社集牛歌好，乡里筵开鹤发尊。痴愿无多应易遂，杖朝还有引年恩。”呜呼！后公果将杖朝矣，乃竟不得考终。余吊之曰:“潘岳闲居竟不终,褚渊高寿真非福。”《列子》云:“当生而生,福也;当死而死,福也。”其信然欤!

批注：王士禛（渔洋山人）于康熙元年（1662）和三年（1664）两次在扬州举办红桥修禊。卢见曾于乾隆二十二年（1757）仿王亦举办红桥修禊。

三七 余髫年入泮，人来相贺，而余不知其何以贺也。读宋人李昉《赠贾黄中童子》云：“见榜不知名字贵，登筵未识管弦欢。”方知古人措词之切。

三八 声音不同，不但隔州郡，并隔古今。《谷梁》云:吴谓“善伊”为“稻缓”。淮南人呼“母”为“社”。《世说》:王丞相作吴语曰：“何乃渹？”《唐韵》:“江淮以‘韩’为‘何’。”今皆无此音。

三九 偶见坊间俗韵，有以“真元”通“庚青”者，意颇非之。及读《三百篇》,爽然若失。“山榛”“隰苓”“十蒸（按:原作“真”，据民国本改。)”，通“九青”。“有鸟高飞,亦傅于天。彼人之心,于何其臻。曷予靖之,居以凶矜。”是“一先”“十一真”“十蒸”俱通也。《楚辞》:“肇锡余以佳名”,“字余曰灵均”。“八庚”通“十蒸（按：同上。)”也。其他《九歌》《九辨》，俱“九青”通“文元”。无怪老杜与某曹长诗，“末”字韵旁通者六；东坡与季长诗，“汁”字韵旁通者七。

四〇 余祝彭尚书寿诗，“七虞”内误用“余”字，意欲改之。后考唐人律诗，通韵极多，因而中止。刘长卿《登思禅寺》五律，“东”韵也，而用“松”字。杜少陵《崔氏东山草堂》七律，“真”韵也，而用“芹”字。苏颋《出塞》五律，“微”韵也，而用“麾”字。明皇《饯王晙巡边》长律,“鱼”韵也,而用“符”字。李义山属对最工，而押韵颇宽，如“东、冬”“萧、肴”之类，律诗中竟时时通用。唐人不以为嫌也。

四一 沈总宪近思,在都无眷属。项霜泉嘲之,云:“三间无佛殿,一个有毛僧。”鲁观察之裕,性粗豪而屋小,署门曰:“两间东倒西歪屋,一个南腔北调人。”薛征士雪善医而性傲,署门曰:“且喜无人为狗监,不妨唤我作牛医。”

四二 同年成卫宗,宰南安。小婢春桂于后园获石印,文曰“忠孝传家”,成题云:“孔龟张鹊难重觏,此石摩挲亦颇宜。愧我平生期许在,尽教世守作良规。”余宰江宁时,聘史苕湄为记室,成识之于署中;后为台湾司马。史馆冯观察家,相见甚欢。秩满将西渡,留别史云:“卅年旧雨各西东,忽漫相逢大海中。自是壮怀同作客,不堪衰鬓已成翁。世情转烛贫交久,物态浮云老眼空。他日故园应聚首,一樽相对话松风。”

四三 寇莱公梦中诗云:“渡海只十里,过山已万重。”后贬雷州渡海,方悟前诗成谶。范文正公咏《月》云:“已知千里共,犹讶一分亏。”后终于参知政事。

四四 姑母嫁沈氏,年三十而寡,守志母家。余幼时,即蒙抚养。凡浣衣盥面,事皆依赖于姑。姑通文史。余读《盘庚》《大诰》,苦聱牙,姑为同读,以助其声。尝论古人,不喜郭巨,有诗责之云:“孝子虚传郭巨名,承欢不辨重和轻。无端枉杀娇儿命,有食徒伤老母情。伯道沉宗因缚树,乐羊罢相为尝羹。忍心自古遭严谴,天赐黄金事不平。”余集中有《郭巨埋儿论》,年十四时所作,秉姑训也。

批注:姑母于袁枚教育有大恩。但姑母却“不及见枚成名”即去世,卒年六十四岁,“及枚贵,改葬姑,姑没已十年”。(袁枚《亡姑沈君夫人墓志铭》)。

四五 江西帅兰皋先生,名念祖,督学浙江,一时名宿,都入网罗;半皆苏耕余广文为之先容。苏故癸巳进士,长于月旦:吾乡名士,多出其门。惟余年幼未往。帅公来时,余年十九,考古学,赋《秋水》云:“映河汉而万象皆虚,望远山而寒烟不起。”公加叹赏。又问:“‘国马’‘公马’,何解?”余对云:“出自《国语》,注自韦昭。至作何解,枚实不知。”缴卷时,公阅之,曰:“汝轻年,能知二马出处足矣,何必再解说乎?”曰:“‘国马’‘公马’之外,尚有‘父马’,汝知之乎?”曰:“出《史记·平准书》。”曰:“汝能对乎?”曰:“可对‘母牛’。出《易经·说卦传》。”公大喜,拔置高等。苏先生闻之,招往矜宠,以不早识面为恨。先辈之爱才如此。后帅公为陕西布政使,窜死台上。余赋五古哭之,末四句曰:“青蝇宦海飞,白骨沙场抛。何当抱孤琴,塞外将魂招?”

四六 诗有正喻夹写,似是而非之语,最妙。王介祉《咏铁马》云:“依人檐宇下,底作不平鸣？”香亭《阻风》云：“想通天上银河易，力挽人间风气难。”周之桂《咏秋暑》云：“傍晓灯偏光焰大，罢官人更热中多。”董曲江太史《过十八滩》云：“漫夸利涉乘风便，始信中流立脚难。”周诗成时，适有罢官者冒酷暑入都，读者愈觉其佳。

批注：“正喻夹写，似是而非”，当指诗有寄托，或有言外意，使人产生联想。

四七 余少时气盛跳荡，为吾乡名宿所排。惟柴秀才名致远、号耕南者，一见倾心。乙卯春，柴读书孤山，余寄札云：“秋将至矣，颇欲掩帷；春实佳哉，未能端坐。”余数行，泛论友朋。柴答云：“赤炜未来，青春可爱。足下端坐未能，仆且懒索香熏矣。来书惓惓人物，此间俗子如春萍，何从觅佳客？昨无聊，闲步登孤山之巅，折梅谁赠？可怜可怜！某某辈，仆不能定其为人。鄙意：以仲翔针芥之言求知己，以君子全交之道待泛交，如是而已。晴日早来，当以此论，质之逋老。”余爱其措词隽雅，有谷子云笔札之妙，藏箧中五十余年。耕南《夜游孤山》有句云：“月行疑踏水，花坐当熏衣。”后客死广西。己亥年，余至其家；夫人出见，白发萧然：有陆鲁望重过张处士故居光景。

丙辰春，余欲西行，苦无路资。适耕南之兄东升就馆高安，挈余同至署中，赠金一笏，裁得裹粮至粤。一路舟中联句。过鄱阳湖，野有树，大可蔽牛，已朽折委地矣；旁一小枝，穿根而出，高十丈余。相传，明太祖与陈友谅战时，此树代受炮，故封为“将军”。至今尚有烧灼痕。柴首唱云：“大树兵火余，枯根尚委地。”余续云：“曾抱纪信忠，一死代汉帝。”柴云：“轮囷根盘存，焦枯枝叶弃。”余云：“丛丛莓苔痕，郁郁霜露气。”柴云：“祖干扶桑倾，孙枝小龙继。”余续云：“穿出盘古坟，犹作挐云臂。”东升叹曰：“二语险绝，可不必续成矣。”彼此一笑而罢。东升赠余五古，仅记二句云：“浩气盘九疑，晴襟豁万谷。”呜呼！当日无柴君，则余何由得见金公？又何由得从粤西至都下哉？后戊戌年，余往杭州访柴。邻人云：“全家都在广东。”东升亡后，未曾归葬。余哭以诗，载集中。

批注：袁枚乃有情有义之人，受人之恩终生不忘。

四八 余弱冠时，与王复旦卿华为至交。其父星望公官御史。丙辰春，余从广西入都。卿华举浙江乡试。漏尽，作家信，报其尊人，犹再三道余不置。已而同到京师，彼此失意，往来更密。其大父子坚先生，亦以国士相待。次年八月，卿华归娶，同骑马至彰仪门外，两人泣别。戊午秋，星望公病笃，犹读余闱墨，许为第一。初十日，榜发，余获隽，而先生即于是日委化。余感生平知己之恩，往视含殓，颜色惨凄。其戚唐某疑余落第，再三道屈，坐客无不掩口而笑。卿华赠余改官云："朝士尽将韩愈惜，都人争作李邕看。"又数年，闻其再落第，缢死长安。余哭以七古一章，载集中。己亥春，余归杭州，访其墓，则四至埏道，被势家侵占；为告之官，而断还其后人。

四九　余六十三岁，方生阿迟。时家弟春圃观察在苏州，勾当公事；接江宁方伯陶公飞檄文书，意颇惊骇，拆之，但有红笺十字云："令兄随园先生已得子矣。"常州赵映川舍人诗云："佳问有人驰驿报，贺诗经月把杯听。"

批注：袁春圃，名鉴。袁枚族弟。

五〇　余弱冠在都，即闻吴江布衣徐灵胎有权奇倜傥之名，终不得一见。庚寅七月，患臂痛，乃买舟访之，一见欢然。年将八十矣，犹谈论生风，留余小饮，赠以良药。门邻太湖，七十二峰，招之可到。有佳句云："一生那有真闲日？百岁仍多未了缘。"《自题墓门》云："满山灵草仙人药，一径松风处士坟。"灵胎有《戒赌》《戒酒》《劝世道情》，语虽俚，恰有意义。《刺时文》云："读书人，最不齐；烂时文，烂如泥。国家本为求才计，谁知道，变做了欺人技。三句承题，两句破题，摆尾摇头，便道是圣门高弟。可知道'三通''四史'，是何等文章？汉祖、唐宗，是那一朝皇帝？案头放高头讲章，店里买新科利器：读得来肩背高低，口角嘘唏，甘蔗渣儿嚼了又嚼，有何滋味？孤负光阴，白白昏迷一世。就教他骗得高官，也是百姓朝廷的晦气！"

批注：徐大椿（1693—1771），字灵胎，号洄溪。吴中名医，亦工诗文。其子孙皆与袁枚交。

《刺时文》写得痛快淋漓，的是佳作。

五一　唐当治平时，或咏所见，曰："可惜数枝红艳好，不知今夜落谁家。"及世乱矣，或咏所见，曰："无穷红艳烟尘里，骤马分香散入营。"

五二　广东称妓为"老举"，人不知其义。问土人，亦无知者。偶阅唐人《北里志》，方知唐人以老妓为都知，分管诸姬，使召见诸客；一席四镮，烛上加倍，新郎君更加倍焉。有郑举举者，为都知；状元孙偓颇惑之。卢嗣业赠诗云："未识都知面，先输剧罚钱。”广东至今有“老举”之名，殆从此始。

五三 谢深甫云：“诗之为道，标举性灵，发舒怀抱，使人易于矜伐。”此言是也。然如杜审言临终谓宋之问曰：“不见替人，久压公等。”袁嘏自称己所作诗，“须以大材迮之：不尔，飞去”。言虽夸，尚有风趣。汉桓帝时，马子侯自谓知音，弹《陌上桑》，左右尽笑，而子侯犹摇头自得。则蚩狞太过矣。今之未偕竞病而诗狂欲上天者，毋乃类是？

批注：谢深甫，南宋右丞相。

袁嘏，南朝齐诸暨令，其所言又作：“我诗有生气，须人捉着；不尔，便飞去。”

五四 孙兴公说曹（按原为“高”，据民国本改。）辅佐“如白地光明锦，裁为负版裤。虽边幅颇阔，而全乏剪裁”。宋诗话云：“郭功甫如二十四味大排筵席，非不华侈，而求其适口者少矣。”一以衣喻文，一以食喻诗：作者俱当录之座右。

批注：孙兴公，孙绰，晋文学家；曹辅佐，曹毗，晋太学博士。引文见《世说新语》。郭功甫，宋代诗人，有《青山集》。

五五 淮南程氏虽业禺荚甚富，而前后有四诗人：一风衣，名嗣立；一夔州，名崟；一午桥，名梦星；一鱼门，名晋芳。四人俱与余交，而风衣、夔州，求其诗不得。鱼门虽呼午桥为伯父，意颇轻之。余曰：“午桥先生古风力弱，近体风华，不可没也。”如《看花不果》云：“蜡屐也思新草色，病酲偏负晓莺声。”《赠僧》云：“楼前常设留宾榻，岩下多栽献佛花。”《桐庐》云：“百里烟深因近水，一年秋早为多山。”皆佳句也。

五六 齐武帝于兴光楼上施青漆，谓之“青楼”；是青楼乃帝王之居。故曹植诗“青楼临大路”；骆宾王诗“大道青楼十二重”：言其华也。今以妓为青楼，误矣。梁刘邈诗曰：“倡女不胜愁，结束下青楼。”殆称妓居之始。

批注：此见袁枚考据功夫。

五七 《小雅》：“惟桑与梓，必恭敬止。”考上下文，并无乡里之说。张衡《南都赋》：“永世克孝，怀桑梓焉。真人南巡，睹旧里焉。”后人因之，遂以桑梓为乡里。

五八 宋潜溪曰：“人皆云：‘陶渊明不肯用刘宋年号，故编诗但书甲子。’此误也。陶诗中凡十题甲子，皆是晋未亡时，最后丙辰，安帝尚存，琅琊王未立，安得弃晋家年号乎？其自题甲子者，犹之今人编年纂诗，初无意见。”

批注：宋濂（1310—1381），字景濂，号潜溪，浦江（今属浙江）人。官至翰林院学士承旨。明初文学家。

五九 黄鲁直诗“月黑虎夔藩”，用少陵《课伐木》诗序，云：“有虎知禁”，“必昏黑撑突夔人屋壁”。夔者，夔州人也。鲁直以“夔”字当“窥”字解，为益公《题跋》所讥。

六〇 郭注《尔雅》：“阏逢摄提格，未详。”司马贞《索隐》以《尔雅》为近今所作，所记年名不符古。钟鼎从未有以阏逢摄提纪年者。郑夹漈曰：“今人编年，好用《尔雅》，名甲为阏逢，乙为旃蒙：是以一元大武为牛也。夫隐语为智井逃难之言，岂可施于简编乎？”顾宁人有古人不以甲子纪岁之说。又云：“古人不以王父字为字。”按《通志》历举春秋时以王父字为字者八十余条。顾最博雅，竟不曾见过《通志》，何耶？

六一 吴冠山先生言：“散体文如围棋，易学而难工；骈体文如象棋，难学而易工。”余谓古诗如象棋，近体如围棋。

批注：古诗少束缚，但要有才气；近体诗有格律限制，但一旦掌握则易于成篇。

六二 何南园《咏野菊》云：“绝无人处偏逢我，不寄篱边独羡君。”写“野”字妙。李琴夫《咏瓶菊》云：“未许园林终晚节，不妨风雨到重阳。”写“瓶”字妙。李又有“风定雨丝直”，五字亦佳。

六三 鱼门太史云：“古文有可读者，有可观者。”余谓诗亦然：有可读者，有可观者；可观易，可读难。

六四 鲍雅堂之妹，诗人步江女也，名季姒，工吟诗。金棕亭赠云：“续史正堪兄作伴，工吟恰好父为师。”

六五 已卯冬，余在扬州，见门生刘伊有《游平山诗册》；作者十余人，俱押“卮”韵。余独赏如皋顾秀才驹“清响忽传楼外笛，严寒争避手中卮”之句。后官湖北归，卜筑于如皋百步。余过其居，主人感二十年前知己，欣然款接，宴饮水窗，出新诗相示。《西湖》云：“白沙堤外荡舟行，烟雨空濛画不成。忽见斜阳照西岭，半峰阴间半峰晴。”“花坞斜连花港遥，夹堤水色淡轻绡。外湖艇子里湖去，穿过湖西十二桥。”《虎丘》云：“片石尚留金虎迹，千花都是玉人魂。”

六六　余过如皋，访冒辟疆水绘园。荒草废池，一无陈迹；惟败壁上有断句云：“月因恋客常行缓，风为吹花不忍狂。”刘霞裳有句云：“一片乱红吹满地，看来最忍是东风。”正与此意相反。

六七　杭州何春巢年少耳聋，而风情独绝。有《秦淮竹枝》云：“猩红一点着樱唇，淡抹春山黛色匀。压鬓素馨三百朵，风来香扑隔河人。”“远近听来笑语声，板桥西畔泛舟行。寻常一柄芭蕉扇，摇动春葱便有情。”“兰桡最是晚来多，万点红灯映碧波。我已三更鸳梦醒，犹闻帘外有笙歌。”“夕阳两岸画楼台，红藕香中一棹回。别有芳心卿不解，扁舟岂为纳凉来？”

批注：“风情”或曰“艳情”之作，向来获袁枚青睐。

六八　吾乡王百朋先生《过李白庙》云：“气吞高力士，眼识郭汾阳。”只此十字，可以概太白生平。

六九　郭明府起元，字复堂，闽中孝廉，受业于蔡闻之宗伯。蔡为理学名儒，而郭以任侠闻。蔡有家难，郭为证佐，至受官刑；交臂历指，口无二辞。后宰盱眙，与余同官。有《客中秋思》一绝云：“销魂何处盼仙槎？客鬓逢秋白更加。遥指断桥垂柳岸，前年曾宿那人家。”《赠方南堂》云：“一瓢自可轻千乘，三径还堪抵十洲。”《比舍》云：“熏衣香出红窗外，斗草声喧绿树边。”其母夫人陈玉瑛，自称左芬侍史。佳句云：“欲别难为别，吞声古渡头。妾心如此水，相送下渝州。”

七〇　刘悔庵有句云：“石交惟旧砚，火伴是寒炉。”陈古渔《吊六朝松》云：“剧怜儿辈不及见，真似古人难再生。”俱有东坡风味。

七一　霞裳与其父役于慈湖，舟覆江中。时当腊月，两人赖衣裘，故浮水不沉。有救船至，父曰：“我老矣，速救我儿！”儿曰：“不救吾父，我不受救！”父子推让，适又有船来，遂得两全。陶景山明府赠以诗曰：“本是龙门客，龙宫今到来。孝慈应默佑，风浪不为灾。”其孙涣悦亦赠云：“从今吸尽西江水，吐属文章更不同。”

七二　程鱼门《覆舟》诗原稿，写眼前惊悸情景最真。后改本有意修饰，转不如前。今特录其原作云：“扬州西去一宵程，小艇无端夜忽倾。制命不烦沧海润，澡身先试暮流清。诗书失后无余本，戚友来时话再生。莫叹遭逢磨蝎重，世间风浪几曾平？”“客舟猛疾势如风，南北相持力不同。绝叫已惊身在水，举头犹见月如弓。慈航倏至关天幸，只履飘然悟大空。时失去一履。揽芷搴裳平日愿，险随骚魄葬珠宫。”余赋诗调之云：“《水经》注疏河渠考，此后输君阅历深。”

批注：诗以情真景真为主，辞采修饰为辅，主次不可颠倒，不可以辞害意。

七三　善写风水之险者，吾乡粮道程公光钜有《华阳行》云："滔滔汩汩长江水，扁舟一叶天涯子。船头船尾白浪高，片云黑处狂风起。舟子喧呼语未终，布帆半曳浪浇篷。桅竿百尺横斜立，欲卧不卧奔涛中。涛涌如山高莫比，青山头落江心里。一倾一仄强撑风，欲上船舷见船底。小儿无知向母啼，大儿解事欲登堤。面面相看心胆折，男号女哭一齐欷。翻身挣立唤邻舟，邻舟早向潮头没。须臾岸回风势顺，回首惊魂才一瞬。电掣雷轰万马驱，举头已到华阳镇。华阳已到惊未平，老妻尚有念佛声。"

七四　金陵张秀才培，饶有风貌。正月间，与画师邹若泉来。余心识之。亡何，又与常君得禄来。余转问："可认张某乎？"已而知即前人，自惭老眼之昏。乃诵刘悔庵诗曰："闲行那可忘携杖，欲揖还愁错认人。"

七五　杭州孙中翰传曾，与余三世通家，诗才清逸。《春朝》云："莺啼迎晓霁，蝶梦怯花寒。"《上笃》云："人临曲水偏愁雨，天惜桃花忽放晴。"

七六　近人起句之妙者：新安张节《夜坐》云："雨霁月忽满，墙阴树影摇。"陈月泉《舟中》云："独起对江月，满船闻睡声。"某《春早》云："不待清明近，莺花已自忙。"三起俱超。结句之妙者："月中无事立，草上一萤飞。""殷勤语江岭，归梦莫相妨。""远山深树里，钟断有余声。"三结俱超。惜忘题目及作者姓名。

批注：诗重起句与结句。明谢榛《四溟诗话》卷一："凡起句当如爆竹，骤响易彻；结句当如撞钟，清音有余。"

七七　丁未，余游武夷，夜泊江山，闻邻舟有客说鬼，口杭音。余喜语怪，乃揖而进之。其人姓陆，名梦熊，字莹若，乃吾乡诗人也。别后蒙寄《晚香堂诗》二十余卷。《晓起见雪》云："夜静无风冷莫支，檐前冻雀早应知。关心喜见头番雪，扫径先扶竹树枝。红友有情还爱我，绿梅无梦亦相思。断桥久废冲泥屐，欲踏琼瑶访莫迟。"《鹅湖寺》云："地寒花未放，僧朴语无多。"皆妙。

批注：袁枚对客说鬼感兴趣，是为编《子不语》收集材料。

七八　读诗不读史，便不知作者事何所指。李焘《长编》载：宋真宗为李沆还债三十万。故宋人诗云："新祠民祭祀，旧债帝偿还。"《唐书》载：王毛仲奏明皇：愿得宋璟为客。帝许之。故徐骑省《赠陈侍郎花烛》云：“坐客亦从天子赐，更筹须为主人留。”

批注：诗人要有史学知识。

七九 高文端公之父嵩瞻都统，《赠弟斌》云：“与君一世为兄弟，今日相逢第二场。”想见勋贵家国尔忘家之义。有《积翠轩诗集》。文端公属余为注释，编上、下两卷。

八〇 雅谑自佳。或以诗示仲小海。仲曰：“诗佳矣，可惜太甜。”其人愕然问故。曰：“有唐气，焉得不甜？”蔡芷衫好自称“蔡子”，以诗示汪用敷。汪曰：“打油诗也。”蔡怒曰：“此《文选》正体，何名打油？”曰：“菜子不打油，何物打油？”

八一 前朝说部，有俚语可存者。如：《晓学仙者》云：“服药求长生，莫如孤竹子。一食西山薇，万古长不死。”戒谿刻者云：“幸门如鼠穴，也须留一个。若皆堵塞之，好处都穿破。”刺暴贵者，《咏鸱吻》云：“而今抬在青云上，忘却当年窑内时。”嘲官昏者，《咏伞》云：“常时撑向马前去，真个有天没日头。”刺好谮人者，《咏蝉》云：“莫倚高枝纵繁响，也应回首顾螳螂。”刺代人劾友者，《咏金》云：“黄金自有双南贵，莫与游人作弹丸。”

批注：以俚语为诗，别有情趣，故袁枚性灵说不排斥俚语。

八二 元人《吊脱脱丞相》云：“百千万贯犹嫌少，堆积黄金北斗边。可惜太师无脚费，不能搬运到黄泉。”

批注：此以口头语为诗。

八三 杨子载《漫兴》云：“客中恍过曾游境，梦里常逢未见书。”郭麐秀才见赠云：“园疑曩昔曾窥处，人似生平未见书。”

八四 耿上舍湘门《题素斋舫壁》云：“背郭临河静不哗，一轩深筑抵山家。茶烟出户常蒙树，池水过篱欲漂花。小睡手中书欲堕，半酣窗下字微斜。从兰不合留香久，勾引游蜂入幕纱。”

八五 海宁陈心田寅，与诸友以禁体《咏梅》云：“已看无不忆，未见必先探。”汪秋白云：“一枝怀故宅，几度忆前生。”陈谷湖云：“交枝香不断，一白树难分。”顾竹坡《咏绿梅》云：“窥春自怯荷衣薄，倚竹谁怜翠袖寒？”俱妙。又有梅花宜称诸咏:《夕阳》云:“残香漠漠山家暝,犹作宫人半额黄。”《疏篱》云:“有客来探门未启，先从麂眼认琼枝。”《微雪》云：“料峭寒凝天半黄，霏烟漠漠集池塘。是梅是雪两三点，飞絮因风想谢娘。”《枰下》云：“花底消闲对弈时，棱棱石角拥寒枝。微风吹堕两三朵，绝似山人落子时。”

八六　戊寅二月，过僧寺，见壁上小幅诗云：“花下人归喧女儿，老妻买酒索题诗。为言昨日花才放，又比去年多几枝。夜里香光如更好，晓来风雨可能支?巾车归若先三日，饱看还从欲吐时。”诗尾但书“与内子看牡丹”，不书名姓。或笑其浅率。余曰：“一片性灵，恐是名手。”乃录稿问人，无知者。后二年，王孟亭太守来看牡丹，谈及此诗，方知是国初逸老顾与治所作。余自负赏识之不误。王因云：“国初前辈，不登仕途，与老妻相对，往往有此清妙之作。”因诵吴野人《寿内》云：“潦倒丘园二十秋，亲炊葵藿慰余愁。绝无暇日临青镜，频过荒年到白头。海气荒凉门有燕，溪光摇荡屋如舟。不能沽酒持相祝，依旧归来向尔谋。”觉风趣更出顾诗之上。

批注：“一片性灵”是判断诗优秀的标准。

吴嘉纪(1618—1684),字宾贤,号野人。泰州(今属江苏)人。清初遗民诗人，诗重白描。有《陋轩诗》。

八七　尹文端公曰:“言者，心之声也。古今来未有心不善而诗能佳者。《三百篇》,大半贤人君子之作。溯自西汉苏、李五言，下至魏、晋、六朝、唐、宋、元、明，所谓大家、名家者，不一而足。何一非有心胸、有性情之君子哉?即其人稍涉诡激，亦不过不矜细行，自损名位而已。从未有阴贼险狠，妨民病国之人。至若唐之苏涣作贼，刘叉攫金，罗虬杀妓：须知此种无赖，诗本不佳，不过附他人以传耳。圣人教人学诗，其效可睹矣。”余笑问：“曹操何如?”公曰：“使操生治世，原是能臣。观其祭乔太尉，赎文姬，颇有性情：宜其诗之佳也。”

批注：此即“诗品出于人品”之意。人品至少要包括“心善”“有性情”。

八八　余以雍正丁未年入泮。今又丁未矣，戏仿重赴鹿鸣故事，作《重赴泮宫诗》，云：“记得垂髫泮水游，一时佳话遍杭州。青衿乍着心虽喜，红粉争看脸尚羞。梦里荣华如顷刻，人间花甲已重周。诸公可当同年看，替采芹香插白头。”杭州同人学者，只钱玙沙方伯一人。和云：“岁岁黉门文运开，刘郎老去又重来。

壶中日转前丁未，册上名存旧秀才。两领青衫真法物，一头白发笑于鬈。平生几枕邯郸梦，屈指黄粱第一回。”此外，和者百余人。如毛俟园广文云：“久于馆阁推前辈，又向宫墙领后生。”梅衷源云：“锦袍笑赴青衿会，似把灵光照泮宫。”卢元珩云：“子衿一赋年周甲，圣阙重来岁又丁。”

批注：袁枚于雍正丁未（1727）入县学即“入泮”，中秀才。六十年后，乃仿照中举人时举办鹿鸣宴旧例，而重赴县学。

八九 余不喜时文，而平生颇得其力。壬寅游天台，渡钱塘江，到客店，无舟可雇；遇查广文耕经有赴任船，用名纸借之，欣然来见，曰：“向读先生文登第，让船所以报也。”余赠诗云：“一只孝廉船肯让，期君还作后来人。”到新昌，邑令苏公曜，素不相识，遣车远迎，供张甚饰。余骇然，询其故，如查所语。余赠诗云：“羁旅忽逢倾盖客，文章曾是受知人。”苏宣化孝廉，作官有惠政，解饷入都，后任反其所为，民苦之。余到时，适苏回任，邑人争迎，上匾云“还我使君”，对联云：“三春花雨重携鹤；百里笙歌早入云。”不料新昌僻县，竟有文人颂扬甚雅。

批注：袁枚不喜八股文，却有时文集《袁太史稿》，刻印后成为士子科举写八股文的样本，并使不少人藉此登入仕途。此是袁枚未能预料的。

九〇 余过处州，想游仙都峰，以路远中止。出县城，到黄碧塘，将止宿矣；望前村瓦屋夅如，随缓步焉。与主人虞姓者略通数语，即还寓；将弛衣眠，闻户外人声嗷嗷；询之，则虞氏见余名纸，兄弟六七人来问：“先生可即袁太史耶？”曰：“然。”乃手烛上下照，诧曰：“我辈读《太史稿》，以为国初人。今年仅花甲，是古人复生矣，岂容遽去？愿作地主，陪游仙都。”于是少者解帐，长者卷席，诸奴肩行李，相与舁至其家。余留诗谢云：“我是渔郎无介绍，公然三夜宿桃源。”

批注：袁枚出游所到之处，常被人当作贵宾招待，不仅因有诗名，还因有时文名，堪称无冕之王。

九一 游仙之梦，斑竹最佳。离天台五十里，四面高山乱滩，青楼二十余家，压山而建。中多女郎，簪山花，浣衣溪口，坐溪石上。与语，了无惊猜，亦不作态，楚楚可人；钗钏之色，耀入烟云，雅有仙意。霞裳悦蒋校书，为留一宿。次日，天未明，披衣而至，云：“被四面滩声惊醒。”余赋诗云：“茅屋背山起，山峰枕上看。

饭香人弛担，梦醒客闻澜。花野得真意，竹多生暮寒。青溪蒋家妹，欢喜遇刘安。”

批注：文人嫖妓，乃当时社会风气，当作风流韵事，并不以为是见不得人之事。袁枚诗亦不无艳羡之意。

九二 温州虽多佳丽，而言语不通。有织藤盘者，甚明媚；彼此寒暄，了不通晓。余戏赠云：“安得巫山置重译，替郎通梦到阳台？”

九三 温州风俗：新婚有坐筵之礼。余久闻其说。壬寅四月，到永嘉。次日，有王氏娶妇，余往观焉。新妇南面坐，旁设四席，珠翠照耀，分已嫁、未嫁为东西班。重门洞开，虽素不识面者，听人平视，了无嫌猜。心羡其美，则直前劝酒。女亦答礼。饮毕，回敬来客。其时向西坐第三位者，貌最佳。余不能饮，不敢前。霞裳欣然揖而酾焉。女起立侠拜，饮毕，斟酒回敬霞裳；一时忘却，将酒自饮。傧相呼曰：“此敬客酒也！”女大惭，嫣然而笑，即手授霞裳。霞裳得沾美人余沥以为荣。大抵所延，皆乡城粲者，不美不请；请亦不肯来也。太守郑公以为非礼，将出示禁之。余曰：“礼从宜，事从俗：此亦亡于礼者之礼也。”乃赋《竹枝词》六章，有句云：“不是月宫无界限，嫦娥原许万人看。”太守笑曰：“且留此陋俗，作先生诗料可也。”诗载集中。

九四 雁宕观音洞最高敞，可容千人；石坡共三百七十七级，余贾勇登焉。相传嘉靖二十年，按察使刘允升偕二女，成仙于此。塑像甚美。余低徊久之，下坡留恋，《口号》云：“垂老出仙洞，一步一踌躇。自知去路有，断然来时无。”

九五 余游览久，得人佳句，必手录之。过安庆，见司狱许健庵扇上自题云：“权支薄俸初成阁，自爱闲曹好种花。”到黄公垆杏花村，见陈省斋太守有对云：“至今村酿黄公酒，依旧花开杜牧诗。”庐山开先寺见程巨山有对云：“树里月光才露影，山中云气不分层。”小姑山有俞楚江对句云：“入寺恍疑雨，终宵只觉寒。”巨山姓程名岩，余己巳同年，官至少宰。

九六 罗浮只华首台、五龙潭数处，景尚幽渺；其余如梅花村、冲虚观，平衍散漫，颇无足观。不知何以洞天福地，负此盛名。节相李侍尧勒石云：“黄土卧黑石，此外一无有。只可一回来，不堪再回首。”

批注：“李侍尧汉军人，前明最初迎降总兵李永芳之后，由骁骑校升至督抚。身不满五尺，勇敢有为，到处贪婪，犯斩罪者三次。以背疮发，终于闽督，年

七十余。”（批本语）

九七 游武夷，路过苏岭，见关庙中公卿题句甚多。庄培因太史云：“竹林初过雨，僧寺乍生凉。”朱石君侍郎《己亥过》云：“山僧谈旧雨，使者阅流星。”《癸卯再过》云：“字迹惊分雁，参居竟隔星。”盖第一次与其兄竹君作学使交代，第二次伤竹君之已亡也。秦大士学士题云：“幽境爱耽禅悦永，老僧阅尽使星忙。”

九八 武夷胜处，以第七曲天游一览亭为最。寺中揭炼师字子文者，颇能诗，留宿一宵。诵其《自寿》云：“病能自药容身健，道不人谈免俗讥。”庭柱有对云：“世间有石皆奴仆；天下无山可弟兄。”末署“毛大周题”。

卷一三

一　李穆堂侍郎云："凡拾人遗编断句，而代为存之者，比葬暴露之白骨，哺路弃之婴儿，功德更大。"何言之沉痛也！余不能仿韦庄上表，追赠诗人十九人。乃录近人中其有才未遇者诗，号《幽光集》，以待付梓。采取未毕，姑先摘数首及佳句，存《诗话》中。归安姚汝金，字念慈，初名世钰，性落拓，冠履欹斜，有南朝张融风味。《谢吴眉庵少司马荐鸿博启》云："十年老女，犹画蛾眉；百战将军，空争猿臂。"一时传其工整。《题〈李将军夜逢醉尉图〉》云："陇西将军雄且武，猿臂闲来聊射虎。良宵与客饮田间，饮罢归遭亭尉侮。将军醉矣尉未醒，宿之亭下良复苦。羸马单车野次偕，昏灯淡月残更吐。是时将军正失官，意岂须臾忘灭虏？暂屈龙沙熊豹姿，试听鹭堠虾蟆鼓。画师摹写如目睹，面带微酣色微怒。古者门官各有司，彼候人兮实主之。夜行必禁犯必罚，由来启闭惟其时。今将军尚不得尔，斯言良是非醉词。傥师文帝奖细柳，此尉应得蒙恩知。或如丙相恕酒失，异日可藉闻边机。请俱一旦快私忿，将军之量宜偏裨。"《看剑》云："齐金楚铁擅名高，碧血模糊旧战袍。不跃不鸣兼不化，问渠何处异铅刀。"念慈受知于鄂文端公。公卒，念慈哭云："未报公恩徒一恸，自怜此泪亦千秋。"在山左时，有讹传其死者。后入都，诸桐屿太史赠诗云："学道终朝银阙去，入都快比玉门还。"念慈答云："欠来一事能逃否？闻到同心自愕然。"

批注：《幽光集》，今已不存。

姚汝金（1705—？），字念慈，归安（今属浙江）人。官湖南长沙县丞。有《中州纪略》《孤笑集》等。

二　金陵刘春池，名芳，织造府计吏也。不戒于火，将龙衣贡物，俱付焚如。赔累后，既贫且老，而诗兴不衰。如："贫难好客如当日，老觉逢人羡少年。""三间屋仅栖儿女，一领裘还共祖孙。""从古诗惟天籁好，万般事让少年为。"皆佳句也。其《忆半野园旧居》云："半野园堪遂隐沦，山为屏障水为邻。林亭已入天然画，休息难终老去身。乔木昔曾经我种，好花今复为谁春？伤心最是重来燕，不见堂前旧主人。"《吊香橼树》云："自别园林甫二旬，忽枯此树是何因？伊如义不迎新主，我独悲同哭故人。物与情通原有感，木经岁久岂无神？尚须留取根株在，犹望仍回旧日春。"刘以欠帑入狱，予向尹文端公诵其诗。尹惊其才，即命宽限，一时传为佳话。其子曾，字悔庵，亦好吟诗，不省家事，人目为痴。然得一二句，便写示余。《岁晏》云："檐以低常暖，裘因敝转轻。"见赠云："新稿只呈萧颖士，长裾不谒郑当时。"呜呼！胸襟如此，何得目为痴哉？

春池尚有佳句云："道在己时惟自适，事求人处总难凭。""衰龄转作无家客，多寿还须有福人。""异地几忘身是客，禅门今已熟于家。"

春池富时，有穷胥倚以生活，后竟负之。故《咏落叶》云："积怨堆愁委地深，西风衰草乱虫吟。此时狼藉无人问，谁记窗前借绿阴？"《雨中海棠》云："黑云若得明朝霁，红雪犹余未放枝。我独笑花花笑我，今年俱未得逢时。"此虽仿罗隐赠妓诗意，而运用恰新。

三　乌程凌云，字香坪，少有《吴门纪事》诗，极酒场花径之乐。晚年就馆李参戎家，郁郁不得志而卒。《胥门感旧》云："金阊曾度五清明，选胜携朋取次行。杨柳堤边调细马，杏花村里听娇莺。春风久负青山约，旧雨难寻白鹭盟。今日胥江重舣棹，斜阳芳草不胜情。"《过分水龙王庙》云："汶河西注水汪洋，南北中分界两行。从此空弹游子泪，随波流不到家乡。"他如："雨积山多瀑，烟收树满村。""鱼跳惊烛影，鸡唱乱拏音。"俱有风味。

四　表弟章蘉斋秀才，名袁梓，性迂碎，有洁癖，好神仙吐纳之术；自谓可长生，而卒不验。《睢阳客兴》云："几度飘蓬动客嗟，况逢迟日感韶华。阶前杖响谁看竹，月下烟飞自煮茶。游骑踏残零露草，幽禽含过隔墙花。寻芳孺子知时节，也着新衣到酒家。"《对雪》云："素光灿烂映檐楹，未许疏狂叹独清。隔夜江山都改色，连朝猿鸟并无声。风飘堕瓦寒冰响，鼠灭残灯外户明。画帐香茵初睡起，举头错认是天晴。"其他佳句云："有梅人坐静，踏雪鹤行徐。""风枝挑瓦堕，石笋引藤缠。""宵柝暗惊孤客梦，寒鸡时作故乡声。""蜂能负子应知老，燕屡升堂若贺贫。”“花香夹路人归缓，水影摇天月上迟。”“投杖惊逃穿屋鼠，围棋引进过门人。”俱妙。

五 高文照字东井，少年韶秀，嶷嶷自立。父植，宰德化，有贤声。所得俸，尽为东井买书。年未二十，诗已千首。目空一世，于前辈中所心折者，随园与心馀而已。举甲午乡试,后卒于京师。诗稿不知流落何处。见赠云:“万壑千峰裹一门，仙家住老百花村。重开朱户楼台出，未改青山面目存。执手各探新得句，惊心难定旧离魂。怜才谁似先生切，替拭襟前积泪痕。”“宏奖何人得到斯，文章风义一身持。眼无后起偏怜我，座有先生敢论诗？转柁风看收柁候，在山泉话出山时。才名官职谁多少？未要区区世上知。”“此身几肯受人怜？低首为公拜榻前。不朽文章传郭泰，得闻丝竹许彭宣。女嫛詈予申申日，邓禹嗤人寂寂年。想到平生知己报,商量只有祖生鞭。”其他佳句如:《过衢州》云:“水回双碓落,滩急一篙争。”《寿山庵》云：“一磬隔花出，片幡当殿阴。”《送人》云：“且将一点思乡泪，洒向君衣好寄归。”《赠方子云》云:“门外市声三日雨,帘前风色一床书。”《过阮怀宁故宅》云：“鸟语尚疑偷法曲，池波无复照明妆。”

六 昆山徐柱臣，字题客，健庵尚书之孙，余亲家也。《饮外舅张氏青山庄》云：“东风报花信，春色来南枝。辍棹风渐细，到门香已知。绿野占胜迹，青山似昔时。登楼俯林杪，雪影何离离。”《舟中晚眺》云:“天垂余霭横，船在镜中行。拍手沙禽起，回头明月生。向南寒气减，入夜酒怀清。不有兰陵酿，衔杯空复情。”题客性耽词曲，晚年落魄扬州，为洪氏司音乐以终，惜哉！又有句云：“看惯旧书多脱线，移来新树少开花。”

七 徐绪字徵园，苏州人，貌短小，为李守备炯记室。终日以酒一壶、杜诗一卷自娱。此外，不知有人间事。余题其小像云：“吴市布衣大，杜陵诗骨尊。”卒贫死。诗稿散失。余录其《雨阻胥江》云：“击柝严城闭，相依再宿舟。一天惟是雨，六月竟如秋。渐觉江湖满，能无稼穑忧？萍踪怜乞食，华发早盈头。”《移居》云:“剥啄衡门启，时过话老农。却欣环泮水，不厌此萍踪。对酒东邻树，催诗南寺钟。隔城山色好，落日见芙蓉。”《归舟至盘溪》云：“漂泊仍长铗，归来买钓艖。顺流风势缓，近岸雨声多。小鸟冲烟起，低桥拨棹过。家人应识我，篷底远闻歌。”《盆菊》云:“束瓦为花盎，无须金屋藏。带霜移牖下，就日列阶旁。种细开尤晚，名多记辄忘。到残应匝月，不限举壶觞。”《寒檐》云：“寒檐短景如风驰，迢迢长夜占八时。弱女刺绣补不足，一灯豆大燃残脂。呼儿剧论千古事，老妻来聒明朝炊。掩耳疾走且相避，隔屋吾弟能吟诗。不图转落乃嫂笑，小郎亦有儿啼饥。”《西邻哭》云：“夜闻西邻哭，哭声一何悲！云是母哭儿，声声哭入老夫耳。老夫亦有丈夫子，同日辞家分路死。死弗及见哭凭棺，三月到今泪未干。伤心有口那能言；君不见，乌生八九子，一一飞上青林端。”《新竹》云：“森森碧玉已成行，一雨长梢尽过墙。微露粉痕初解箨，疑君已带九秋霜。”

批注：清代诗人因各种原因诗稿散失者，不知有几何，可惜！

八 杭州仲蕴檠，字烛亭，与余同庚。雍正癸丑，两人初学为诗，彼此吟成，便携袖中，冒雨欣赏。后余官白下，而烛亭亦就幕江南，常得把晤。岁辛卯，相见苏州，怪其消瘦，不类平时壮佼；然意致尚豪，犹令小妻出拜，尚无子。亡何，讣至。记其《长至日饮随园》云：“老大空怜役库车，清樽小语过精庐。二千里客易中酒，半百外人无熟书。断雁贴云寒雨后，归鸦拥树晚晴初。今朝罨画轩西醉，觅句差贪一线余。”《莫愁湖》云：“晴波嫩柳旧歌台，一眺愁心略小开。湖影淡拖山色去，春烟冷送夕阳来。游丝不绾金跳脱，水调空沉《阿滥堆》。谁更风流问徐九，销魂无那索茶杯。”《郊行》云：“雨霁郊圻笑语哗，裙腰碧过四娘家。游思解渴问荒店，春尚慰人留病花。远寺钟随迟日度，隔江山挟晚青斜。零星落地榆钱好，贱买村醪敌岁华。”他如：“月于低处作湖色，山渐暝时生水烟。”皆瘦硬自喜。

九 余甲子分校南闱，题《乐则韶舞》。有一卷云：“一人奏琯，而八佾歌风。”爱其文有赋心，荐而未售。出榜后，遇外监试商宝意先生，曰：“我收卷，见一文绝丽。问之，乃吴梅村先生孙也。我告之曰：‘此文若遇袁太史，必能赏识。’”因诵此二句。予告以果力荐矣，彼此大喜，觉论文有心心相印之奇。未几，吴到沭来谒，貌如美女，年才弱冠，益器重之。癸酉余从秦中归随园，而吴已中经魁；来见，则呕血失音，非复曩时玉貌。予心忧之。赴都会试，竟死场中，年二十七。其时同荐者，有松江廪生陈迈晴，亦奇才也。场后赋百韵诗来谒，惜未存其稿，先吴卒。吴在席上题《盆中飞白竹》云：“渭水清风谱，流传有别支。出蓝夸逸品，飞白擅奇姿。名以中郎重，根从子敬移。森然一笔起，暖若八分披。卷叶轻于縠，抽枝弱比丝。映花风独转，拂草露俱垂。细细分龙节，轻轻洗玉肌。生来凤尾贵，不怕雀头痴。影落屏风小，香传棐几迟。恰添承旨石，同上伯英池。专室居何愧？登床赏自奇。地依萧寺好，人在晚晴宜。擢彼东南秀，珍逾十二时。

品题无与可，笃好有羲之。北馆承家学，南宫得画师。绿窗窥窈窕，红烛照参差。兰墨传新样，鱼笺写折枝。好将端献笔，追取顺陵碑。”吴讳维鹗，太仓人。佳句尚多，仅录其吉光片羽者，不料其即赴玉楼也。陈生五策，博引群书，两主试愕然不知来历。余尔时年少气盛，语侵主司，以故愈不得售；亦其命运使然耶？有《哀两生》诗，存集中。

批注：吴维鹗、陈迈晴，皆为封建科举制度的牺牲品。袁枚晚年不让其子参加科举考试，吴、陈的悲惨结局早已示之以教训。

“两主试者：礼部侍郎邓钟岳，山东东昌人，辛丑状元；詹事府詹事叶一栜，江西新建人，丙辰进士。”（批本语）

一〇　常熟王陆禔，字介祉，瘦长骨立，两眸荧然。家贫母老，又遭冯敬通之厄，客死长沙，年三十二。其诗清丽。《苏台纪事序》云：“仆本恨人，尤希好事。趁兰膏之余焰，述花月之新闻。则有参佐名流，弘农妙裔。王昌居处，迹近金堂；韩寿来时，香通青琐。墙头一笑，秋风客钻穴相窥；枕畔五更，夜度娘凿坏而遁。不须青鸟，为约佳期；何必玄驹，始谐欢梦。手提金缕，逾沓冒以声希；怀落钿钗，罥流苏而影乱。轻拢屈戍，潜由顾恺之厨；反合仓琅，永匿梁清之洞。遂致空闺大索，徒劳阿母闶门；邻壁旁求，共讶彼姝履阈。倘属无妻之牧犊，或易牵丝；偏为有婿之罗敷，难收覆水。雾生三里，叶不翳蝉；风挂一帆，花终恋蝶。可怜月姊，随蟾魄以俱奔；讵耐冰人，赋鼠牙而作讼。谋成秘计，大都鹨鹈之禅；下得官符，不是鸳鸯之牒。怅三生兮永别，未消圆泽之烟；纵九死以无辞，难觅茅山之药。是则炼娲皇之石，莫补离天；弯后羿之弓，长仇怨日者矣。呜呼！人生行乐，难禁赠芍遗椒；我辈钟情，未免焚芝叹蕙。触哀弦于旧轸，侬亦情狂；戒覆辙于前车，卿休放诞。不逢白傅，谁裁《长恨》之歌？为语双文，我作《会真》之记。”诗云：“东风如梦春如画，萝蔓须扶薇待架。黄雀飞飞镜槛边，班骓得得楼栏下。绿杨门巷是儿家，青粉墙高隔乱鸦。惜艳羞窥留影镜，耽闲懒逐斗风车。柔怀脉脉惨幽独，少小红丝曾系足。萧史迟吹引凤箫，马卿忽奏《求凰曲》。寻常声息互知闻，促漏遥钟两断魂。侧帽望残窗竹影，抽钗划遍砌苔痕。蓬莱咫尺休嗟远，猝缭轻裙便往返。晓把豪犀故剔梳，宵扪了鸟还加键。怀中转侧掌中檠，殷茜难描婀娜形。蛤帐霞光犹恍忽，蜃窗日彩更晶荧。刻骨恩同胶漆洽，迷藏秘戏贪嬉狎。连天梦雨罨阳台，平地风波生楚峡。无端阿母唤匆匆，卷幔披帷室是空。鹦鹉搅翻脂盏粉，狸奴搔乱绣床绒。侍儿寻觅争牵惹，瞥见微光抽替闼。间道斜通鸟鼠山，颓垣近接鸳鸯社。防闲始悔未周遭，直待亡羊与补牢。瓜字分明惭碧玉，藕丝宛转怨金刀。多生久作双飞侣，岂忍禁持别离苦？携手潜登范蠡舟，齐眉共寄梁鸿庑。夭桃已放出墙枝，元稹从题《决绝词》。无奈鸩媒偏作恶，不容雁婿永追随。诉牒倥偬控花县，狐城兔窟征求遍。里胥排日计邮签，亭长分程驰驿传。替戾冈旋劬秃当，可怜屈体受银铛。淋铃雨泣红颜妇，贯索星临白面郎。鲗誓从今消旧宠，刀环约在要离冢。驮金纵许赎文姬，化玉何时见韩重？君不见：雪絮漫空扬作尘，沾衣拂幌总前因。柳枝逸去樊娘嫁，我亦情伤潦倒人。"《留须》云："渐看郁郁复离离，忍遣芟除累剃师？潘鬓见来增老态，飞胡学得忆儿嬉。依稀草活抽芽日，仿佛花残露蒂时。犹自堪摩未堪捋，免教人把彦回嗤。""属体风怀梦里春，鬑鬑羞忆啮妃唇。好陪觅句拈髭客，休对熏香薙面人。青缕细含微见影，紫珍才展便伤神。从渠长到星星日，敢向中涓戏效颦？"《咏题名录》云："倚棹向通津，红笺哄市尘。买时惭启齿，展处暗伤神。千佛名经录，三生慧业因。未看先郑重，回视更逡巡。几辈曾盟笠，伊谁是积薪？名场惊绝迹，号舍记比邻。药铫相依切，风檐问讯频。独怜叉手客，未遇点头人。何敢轻余子？徒教怨不辰！穷通知有命，俯仰总嫌身。"《孙园剪牡丹归》云："寻春闲访野人家，扶醉归来日未斜。买得扁舟小于叶，半容人坐半容花。"其他如：《落梅》云："驿使再来休问信，美人已嫁莫相思。"《杏花》云："开当落日怜微倦，嫁与东风恐不甘。"《偶成》云："误书因想得，微倦觉眠佳。"

介祉好作无题诗，如："衣上石华新唾迹，帐中霞彩旧丰神。""登墙不惜三年望，展画谁甘百日呼。"人诮其轻薄，则云："毕竟《闲情》累何德？不言惟有息夫人！"

批注：袁枚《王介祉诗序》："虞山王陆禔，字介祉。貌瘠而修，如枯藤将弛，两瞳子凸于眶，欲坠地碎。其诗悼往纪今，能曲折以神赴。歌之葩华萍布，若穆羽之调"，"长沙令某聘为记室，未半年病，遽拖舟归，未半途死。呜呼，貌之征何其速也！"袁枚对王介祉之死充满同情，加之"其诗清丽"，故录其长篇诗文。

一一　常州李检讨英，字芋圃，余甲子科所得士。为人醇古淡泊，一望而知为君子。年老乞归，掌教六安州，过随园，宿十日去，竟永诀矣！卒无子。《归雁》云："清秋雁声落屋檐，春早急去程期严。此邦之人非汝嫌，高飞冥冥去且佥。稻粱虽谋退亦恬，江湖暑湿难久淹。吁嗟物性尚避炎！"《春深》云："春深淹久客，门掩即山家。闷遣摊书坐，吟耽倚杖斜。晚风敲径竹，微雨润窗花。不觉苍苔暗，深林已暮鸦。”《僻处》云：“僻处无喧嚣，闲中耐寂寞。一卷味可耽，双屐懒不着。荏苒春将残，东风卷罗幕。庭前碧桃花，迟开亦迟落。”

一二 丙辰在都，诗人大会。有常州储君师轼、字学坡者，年最长，为坐中祭酒。后三十年，会试出余门生李英名下，选作校官，监钟山书院。久不来见。余与庄君念农先往，大呼而入，曰：“太老师来捉小门生矣！”彼此大笑。招饮随园。见赠云：“廿年名姓达安昌，应许彭宣到后堂。问字久辞松径杳，传觞重嗅竹林香。楼台近水千层曲，草木连山一带长。只恐征书来北郭，未容老住白云乡。”“高筑天风百尺楼，凭栏怀古意悠悠。声诗不堕开元后，法物还从宣政收。借箸风生磨盾鼻，读与某将军书。登山云起遂菟裘。中林猿鹤无猜忌，绕树银灯蜡屐游。”卒，无子。诗多散失。

批注：清科举考试中式者座师之座师为“太老师”，中式者为太老师的“小门生”。

一三 杭州潘涵，字宇情，宰六合，以循吏称。两子早卒，家竟绝嗣；甚矣，天道之难知也！仅录其《随园小集》云：“安住林亭远放舟，境随人转水随鸥。好山刚近长江口，老屋深藏大树头。叱驭原同招隐别，买园先为种花愁。解还墨绶铜章贵，换得繁英与素秋。”“香名弱冠饮都城，壮志空山踽踽行。陶令获田偿酒债，敬姜操绩伴书声。渔童歌好垂丝听，长者车来拂袖迎。一片仓山梅影水，回头还比玉堂清。”“西亭北榭斗阑干，阁引天风猎猎寒。旧约飞鱼传去杳，新诗走马借来看。风生咳吐追唐调，礼失威仪谢汉官。笑我热中心未死，偷闲来弄钓鱼竿。”

一四 同年许朝，字光庭，常熟人。诗似放翁，殁后家无继起者。录其佳句云：“泉碍石流无意曲，草经霜陨不须芟。”“倚床爱就肱边枕，照镜贪看背后山。”“得月便佳还值望，是山都好不须名。”“预思煮雪垆先办，不会栽花谱借抄。”五言如：《病骡》云：“眠沙深有印，啮草懒无声。”《山村》云：“峰乱向人涌，泉分界石流。”又“舟隔堤撑半露篙”七字亦佳。

一五 苏州周钰，字其相，相遇于江雨峰家；蒙一见倾心。每过苏州，必主其家。家道甚丰，而性啬且傲，卒无子；以葬亲故，坠水死。见赠云：“零乱花飞又一年，思君时问北来船。随园清夜三更月，应照幽人独自眠。”“空吟场藿《白驹》诗，往事伤心不可思。南国至今悲贾谊，为他偏值圣明时。”《咏落花》云：“莺从此日空啼树，人到明朝懒上楼。”

一六 张长民秉政，予表侄也。父灏，官侍读学士。长民十五举京兆，三十夭亡。送余出都云：“芙蓉双阙致君身，误逐飘风落九旻。丹穴有天翔凤鸟，金羁何术扰麒麟？关前候吏觇青犊，江介行舟荡白蘋。此去未须怜左授，下方欲识谪仙人。”

一七 史梧冈进士，名震林，湛深禅理，半世长斋。知余不喜佛，而爱与余谈，以为颇得佛家奥旨。余亦终不解也。记其《观荷》云：“露折朱霞裹旭开，凄凉心付蓼花猜。银河正晒天孙锦，风雨欺香禁早来。”“蕊绽华峰斗锦年，序班宜在牡丹先。携琴笑坐如船藕，去访蓬莱海外天。”梧冈言：“修行无他慕，只求免入轮回，少认世间无数爷娘耳！”

批注：史震林，江苏金坛人。官淮安教授。工书善画。性孤介，喜禅悦。有《华阳诗稿》《西清散记》。

一八 闽人刘南庐，名芳，貌若枯僧，以布衣云游；所到必栖深山古刹，受群僧供养。问何不还乡，笑而不答。晚年卒于通州之狼山。群僧为葬于骆右丞墓侧，置石碣焉。丁丑九月宿随园，见赠七律，仅记中二联云：“安仁尚有栽花兴，孟博全无揽辔心。水影到窗知月上，松风搅枕信秋深。”《焦山避暑》云：“千丈洪涛一小舠，乘危逃暑到僧寮。衣沾湿翠晴犹滴，榻拂凉云午不消。压槛有天连水阁，开门无路入尘嚣。浊醪我欲酬高隐，千古幽魂未可招。”《瓦官寺》云：“瓦官瓦破佛庐荒，三绝空怀旧讲堂。曲径云深僧笠重，闲门花落客鞋香。行经河畔闻箫鼓，坐近台边想凤凰。吊古一尊沽未至，烟钟风磬立斜阳。”《军山夜坐》云：“星辰夜影窗间落，江海秋潮枕上生。”

一九 汤西崖少宰，幼有美人之称。其幼子名学显，戊寅见访，长身玉立，想见少宰风仪。有《慧山》二首云：“九峰郁云根，蜿蜒罗青苍。夤缘入幽磴，长史旧草堂。只今法象空，宝幡驯鸽翔。叶落拂床尘，花放见佛光。癯僧不谈禅，哦诗草木香。孤意与俱永，随在如坐忘。”“飒洒林风生，寒空弄清樾。山禽隔叶鸣，好音闻不绝。访碣剔烟萝，钗脚半磨灭。蝶老抱秋花，松疏漏凉月。际此孰含毫？秀采芙蓉发。”

二〇 李啸村最长绝句，人有薄其尖新者；不知温子升云：“文章易作，逋峭难为。”若啸村者，不愧逋峭矣！其《泰州舟次》云：“烟汀月晕影微微，办得宵衣草上飞。垂发女儿知荡桨，不辞风露送人归。”《夜泛红桥》云：“天高月上玉绳低，酒碧灯红夹两堤。一串歌喉风动水，轻舟围住画桥西。”《废园》云：“谁家亭院自成春？窗有莓苔案有尘。偏是关心邻舍犬，隔墙犹吠折花人。”《青溪》云：“粉墙经扫落花尘，一带楼台树影昏。雨细风斜帘未卷，纵无人在亦消魂。”《却人写真》云：“有影正嫌无处匿，不才尚觉此身多。”此是啸村最佳诗；而归愚《别裁集》只选《上巳忆白门》一首，云：“杨柳晚风深巷酒，桃花春水隔帘人。”不过排凑好看字面，最为下乘。舍性灵而讲风格者，往往舍彼取此。

批注：李勉，字啸村，怀宁（今属安徽）人。诸生。寓居扬州贺园。晚年落魄，寄食瓜洲。

直言批评沈德潜（归愚）为“舍性灵而讲风格者”，可见“性灵”与“风格”即格调之对立。

二一　白太傅云：有唐衢者爱其诗，亡何唐死；有邓访者爱其诗，亡何邓死。吾于金陵，得二人焉：一金光国，一高步瀛。诗笔超隽，受业未及三年，俱死。金之诗，惟存《祝寿》数章。高有《未灰稿》二编。《晚春》云：“百花开落草芊芊，杰阁层楼白石边。埋没春光全是雨，初长天气却如年。客来未惯惊雏燕，人到无愁爱杜鹃。棐几一灯三径晚，垂帘影里是茶烟。”七绝云：“风刀瘦剪绿杨丝，一路芳菲落日时。山曲不妨随径转，隔云早见酒家旗。”“静里消磨墨数升，封书远问作诗僧。寻君曾到闻钟后，流水村桥照蟹灯。”佳句云：“不是近霜偏爱菊，要需时日始看梅。”“灯非报喜花争结，人惯离家梦转无。”“同人催上马，临水废观鱼。”“名每输王后，嫌终避膕前。”皆有精心结撰，不入平浅一流。

批注：此高步瀛与光绪举人、编《唐宋诗举要》之高步瀛非一人。

二二　绍兴布衣俞楚江，名瀚，久客京师；金少司农辉，荐与望山相公。公称其诗有新意，卒无所遇，卖药虎丘而亡。《登九龙山遇雨》云：“浮生徒碌碌，冒雨渡寒津。策马山头过，云横不让人。”《偶成》云：“安贫求自寡，书剑漫相从。且筑数椽屋，将为一老农。亭空云可贮，院小树还容。居近开元寺，卧听清夜钟。”“戒饮原因病，村旗莫浪招。忙酬花事毕，闲养睡魔骄。霜色归蓬鬓，秋声上柳条。竹炉茶未熟，一缕细烟飘。”他如：“谁与吾来往？西山一片云。”“柳倦欲眠风劝舞，鸟歌未和雨催归。”俱有意趣。

批注：望山相公，尹继善。

二三　仪真诸生张日恒，受知梁瑶峰学使，写诗一册，属尤贡父先容，将来见余；呼舟未行，以暴疾亡，年未三十。册书《山中早春》云："不知芳信转，但觉鸟声和。倚槛听溪水，纡行绕竹坡。池香生草细，树暖着花多。雅意春风惬，还应倒白醝。"《青山守风》云："野戍依沙岸，孤帆守客涂。劳心虚怅望，终夜恋菰芦。江影时明灭，星光乍有无。晓风狂不定，神女弄波珠。"《江令宅》云："南都多旧第，江令最知名。长板双桥合，青溪一水迎。仙台回骑杳，高树晚鸠鸣。怅望城东路，年年春草生。"

二四　杭州宋笠田明府，名树谷，宰芜湖，有贤声；罢官再起，补陕西两当县，过随园一宿而别。闻为甘肃案，谪戍黑龙江，年近七旬，恐今生未必再见。幸抄存其诗。《立秋柬顾孝廉》云："前宵白雨昨清风，烁石炎威转眼空。万窍商声先蟋蟀，一年落叶又梧桐。花开凉夜香偏久，吟入秋来句易工。为报湖头二三子，好修游屐理诗筒。"《独步净业湖》云："风吹堤柳绿斜斜，净业湖波乱似麻。京国清明初断雪，故园二月已飞花。青帘易买三升酒，白乳空思七碗茶。日暮一行飞雁落，知渠曾否过吾家？"《山村小步》云："如此春光不自持，宽鞋短策步来迟。得时花柳有矜色，入画云山无定姿。佳节放闲村学散，丰年预兆老农知。日斜碧水桥头坐，何处饧箫向客吹？"《出京留别》云："六年燕市聚游踪，酒席歌场处处同。一夕西风人去远，便从天上望诸公。"《对月》云："桂花庭院晚风轻，帘卷西窗看月生。只费一钩悬树杪，已教秋思满江城。"《盆梅》云："数枝也复影横斜，惹得羁人乡梦赊。抛却西溪千树雪，瓦盆三尺看梅花。"《山塘闲步》云："疏狂犹记少年时，几处歌场斗雪诗。今日旧游零落尽，酒痕只有故衫知。""似此风光绝可怜，相携朋好踏春烟。怪他杨柳舒青眼，只向长街看少年。"《红花埠题壁》云："六年京国梦江城，此是江南第一程。为算还家多少事，昨宵枕上听三更。"《林处士墓》云："岩居尚恨云常出，世事惟余诗未删。"《僧舍》云："新花倚石俨相待，古佛候门如欲迎。"《近郊小饮》云："风吹池水干何事？人映桃花忆此门。"

笠田诗甚多，子又年幼，虑其散失，故再录其《咏屋上草》云："秋雨积我檐，秋草繁我屋。分行随瓦沟，踞胜等山麓。得天虽有余，资地苦不足。践踏幸免加，滋蔓遂逞欲。率尔占万间，偶然余一角。下止骇飞鸟，仰望馋奔犊。垂垂映垣衣，密密成翠幄。高先偃疾风，柔能格响雹。惯被炊烟遮，不受樵采辱。鸱吻日以藏，龙鳞日以驳。省牵萝补苴，代索绹约束。宁肯事剪除，留作百花褥。”

批注：据传宋笠田罢官后，又捐钱官复原职，袁枚劝阻不听，而有后来谪戍黑龙江之事。宋颇后悔，寄袁枚《别妓》诗云：“昨日笙歌宴画楼，今宵挥泪送行舟。当时嫁作商人妇，无此天涯一段愁。”不无寄托。

二五　孤甥陆建与香亭弟同受诗于余，而建早亡。余已梓《湄君集》行世矣。其弟炘，年未及冠而夭。《咏小沧浪》云：“十里横塘路，船摇明月春。鸳鸯相识否？前度采莲人。”《春暮》云：“吟窗昼静独徘徊，绿上疏帘认翠苔。忽见飞花三两片，回风舞过小溪来。”《落花》云：“伤春无奈落花红，夹在《离骚》一卷中。葬汝自怜非玉匣，开书到底见春风。”

二六　湖州进士沈澜，字惟涓，诗近皮、陆，人多轻之；然典雅处，不可磨灭。《寄怀杭堇浦》云：“休向江潭怅独醒，青山偃蹇称闲庭。枕函自秘《嫏嬛记》，农社还修《耒耜经》。小艇瓜皮乘月泛，清歌菱角隔帘听。朝衫抛却饶幽兴，好伴维摩著素屏。”“步屧经过屡结趺，同床各梦一悲吁。谓举阳马事。篷窗听雨都元敬，酒郡移官张貌姑。琴作家资空送别，鹤分俸料耐偿逋。偶耕他日期相访，稳卧瓜牛号野夫。”

批注：皮、陆，指晚唐诗人皮日休、陆龟蒙。

二七　丹徒朱竹楼《怀人》云：“何处飞来残笛声？西窗月落鸟争鸣。谁言夏夜夜偏短？万里梦回天未明。”

二八　苏州汪缙，诗学七子。《游穹隆》云：“星满天坛河泻影，月离海峤树生烟。”《栖霞》云：“云埋大壑封秦树，雷劈阴崖见禹碑。”乙酉秋闱，遗才不录，遽登舟归。余闻之，急往见学使彭公芸楣。公谦云：“某在此衡文三年，得毋有人怨我乎？”答曰：“有。”彭骇然变色。余笑曰：“公毋惊也。诗人汪大绅，公不许其入场。何也？”彭更骇云：“此某所拔岁考案首也，岂有遗才不取之理？”余云：“渠已买舟归矣。”乃手书其名，补付提调，而遣人追之；时已八月初七日矣。傍晚汪到。见谢诗云：“业已湛卢归越国，忽蒙追骑唤王孙。”

批注：袁枚提携后学，不遗余力，真仁爱之人。

二九　考据家不可与论诗。或訾余《马嵬》诗，曰：“‘石壕村里夫妻别，泪比长生殿上多。’当日贵妃不死于长生殿。”余笑曰：“白香山《长恨歌》‘峨嵋山下少人行’，明皇幸蜀，何曾路过峨嵋耶？”其人语塞。然太不知考据者，亦不可与论诗。余《钱塘江怀古》云：“劝王妙选三千弩，不射江潮射汴河。”或訾之曰：“宋室都汴，不可射也。”余笑曰：“钱镠射潮时，宋太祖未知生否。其时都汴者何人，何不一考？”

批注：钱镠（852—932），曾任杭州刺史，镇海、镇东两军节度使，治杭州。唐天复二年（902），朝廷封其为越王，后梁又封其为吴越王。

三〇　唐相陆扆云：“士不饮酒，已成半士。”余谓：诗题洁，用韵响，便是半个诗人。

三一　芜湖洪进士銮，以“江山好处浑如梦，一塔秋灯影六朝”句驰名。沈归愚爱其“夕阳无近色，飞鸟有高心”二句。余道不如“窗边落微雪，竹外有斜阳”之自然也。七言云：“人居客馆眠常早，家寄空书写最难。”

批注：沈、袁评诗不同。沈爱格调高雅之句，袁爱情景自然之句。

三二　壬戌秋，余补官江宁，途逢豫长卿，以弟子礼见。其人修洁自好，以《咏帘波》为戴雪村先生所赏。诗宗温、李。其《秦淮曲》云：“灯船歌吹酒船迟，天鼓声闲唱《柘枝》。石上暗潮鸣咽语，无人解拜侍中祠。”可谓曲终奏雅矣。《咏竹床》云：“微吟留枕席，残梦入潇湘。”

批注：温、李，指温庭筠、李商隐，其诗风绮丽。

三三　癸未四月，京口程君梦湘同游焦山，一路论诗；渠最心折於吾乡樊榭先生，心摹手追，几可抗手。有绝句云：“昨宵忘记下帘钩，吹得梅花满竹楼。五夜兰衾清似水，梦凉酒醒雪盈头。”《在随园赏海棠》云：“隔着紫玻璃一片，夕阳红得可怜生。”又曰：“朦胧月色温馨酒，错认钗钿列两行。”呜呼！有才如此，宰湘阴未二年，以事罢官。《口号》云：“舌在犹生路，诗多即宦囊。”甫四十岁而死，惜哉！然《松寥山房集》四卷，颇足不朽。君字荆南，天资绝高，好吟诗，畏作时文。壬午乡试，向家人诡云入闱，乃私匿随园数日，为余斟酌诗集，颇受其益。

三**四**　尹似村诗，虽经付梓，而非其全集也。集外佳句云：“鹊非报喜何妨少，雨纵浇花也怕多。”“欲穿竹笋泥先破，才放春花蝶便忙。”“水去砚池防夜冻，春生布被藉炉温。”“买将花种分儿女，试验谁栽出最多。”《接尚方伯书》云：“惹得妻孥来笑我，柴门那说没人敲。”数联可谓专写性情，独近剑南矣。

批注：“似村直不会作诗，较庆三爷有天渊之隔。”（批本语）似村诗是题材琐细的性灵诗，舒石舫不喜此类诗，故称其“不会作诗”，乃偏见。

三五　甲午二月，予过真州南监，掣张东皋招观并头牡丹。一时作诗者，无不以二乔为比；独杨鲲举二句云：“似承周、召桃夭化，绝胜渔阳麦两岐。”

三六　古名士半从幕府出，而今则读书不成，始习幕，此道渐衰。犹之古称秀才，杨素以为惟周、孔可以当之；非若今之读时文诸生也。康熙、雍正间，督抚俱以千金重礼，厚聘名流。一时如张西清、范履渊、潘荆山、岳水轩等，皆名重一时。范诗最清，无从访觅。只记西清《过浔阳》云：“浔阳江上客，一岁两经过。去日梅花好，归时枫叶多。橹声摇夜月，帆影落晴波。为向山僧问：尘容添几何？”

三七　杨蓉裳金陵乡试，偕舅氏顾公斗光来。顾长不满四尺，而诗笔特佳。仿铁崖《咏史乐府》，《伏生女》云：“坑不得阃内儒，烧不得腹中书。伏生父女皆口授，典谟训诰如其初。吁嗟伏生女！强记人不如。”《漂母》云：“哀王孙，在淮阴，一饭之恩如海深。哀王孙，不求报，千金之赠不可少。千金容易一饭难，沛公家有轹釜嫂。”

批注：杨维桢（1296—1370），字廉夫，号铁崖，诸暨（今属浙江）人。元末明初诗人。以拟古乐府见称于时。有《铁崖先生古乐府》等。

三八　吾乡王麟徵秀才，名曾祥，工古文，不甚作诗，而五言独工。如：“星芒林际大，雪滴晚来疏。”《慰某落第》云：“曾说捐金能市马，俄闻买椟竟还珠。”

三九　山右王峨园先生名师，为江苏方伯；为巡抚安公所劾，夺职归。余时宰江宁，赋诗送行云：“他日终为黄阁老，此时权作白云夫。”公见答云：“欺君远作中流柱，愧我曾为上大夫。”尝题书舍云：“曲院回廊留月久，中庭老树阅人多。”

批注：“峨园，方正人，其子亶望，乃一纨袴，卒陷大祸。”（批本语）

四〇　苏州刘潢，字企山，有清才，与顾景岳齐名。尝因召试，来随园。貌瘦而弱，旋以瘵亡。仅记其《晚步》云：“缺月依桥断，孤云背郭流。”

四一　明铁崖孝廉，性肮脏不羁，年四十早亡。其兄竹岩为诵其《落花》云：

"薄命谁怜倾国色？受风偏是最高枝。"《赠友》云："空肠得酒生芒角，交友因人判浅深。"

四二 己未年，余乞假归娶，见吕观察守曾于完颜臬使署中。读其《松坪集》，乐府最佳。如云："雨雪思见靦，观去泪如霰。来时笑相迎，啼时欢不见。夏日冬之夜，犹有旦暮时。与郎情难满，如醑醽漏卮。"《登云山》云："石径巉岩花气纷，偶乘余兴送斜曛。不知绝壑何人啸，遥带钟声入暮云。"未二年，署布政使，以卢案受内臣周内，愤而雉经；非其罪也。

四三 洞庭山人蒋愚谷喜吟诗，致贫其家，以瘵疾亡。其《成仁庵》云："心安静看闲云过，地僻浑忘夏日长。"《虎丘》云："鸟栖深树斜阳影，风过虚堂贝叶声。"愚谷每来随园，往往有匆遽之色。死后，予挽联云："生为谁忙，学业未成家已破；死亏君忍，高堂垂老子初啼。"

四四 余知江宁，过观象台，见有题壁者云："草色荒台过雨迟，短墙古柏暮云垂。桃花红引游人去，独自斜阳读断碑。"问之僧人，乃嘉兴夏培叔名复森者所题。因聘修志书。耳聋兴豪。一日，从嘉兴还金陵，告余曰："家中手植老梅一本，去冬为僮所伐，乃吊之云：'老梅移种廿余载，客里归看已作薪。无复横斜旧时影，负他多少后来春。'"《秦淮夏集》云："傍晚纷纷载酒卮，有筝琶处过船迟。一河风月无人管，都付桥南杨柳枝。"亡何，归里卒。相隔三十余年，闻其子鼎，中庚子副车。余感诗人有后，为之狂喜。

四五 沈归愚选本朝诗，不知杭州王百朋，几有遗珠之叹。余告之曰："百朋，诸生，名锡，毛西河高弟子也。有《啸竹轩集》。"《无题》云："灯暗频疑虚室响，衾多不敌半床寒。""金针入处心俱痛，素线添时恨共牵。"皆余幼时所熟诵句。其子厚斋与余邻居交好，和余《落花》云："乍惊彼美从天降，直觉斯文扫地来。"余觉不祥，果一第而卒。厚斋名风淳。

批注：沈选本朝诗，即《国朝诗别裁集》。

四六 人但知商宝意先生以诗名海内，而不知其弟名书、字响意者，亦诗人也。作贵州吏目。有《消夏吟》云："雨后壑全响，日中崖半阴。壤檐蛛网结，嘉树雀巢深。永日无公事，闲居有道心。短衣随意着，凉意满衣襟。"又："六月无三伏，一朝有四时。""蜂巢当午闹，蚓壤趁凉歌。"真能写黔中风景。

四七 唐人诗中，往往用方言。杜诗："一昨陪锡杖。""一昨"者，犹言昨日也。

王逸少帖:"一昨得安西六日书。"晋人已用之矣。太白诗:"遮莫枝根长百尺。""遮莫"者，犹言尽教也。干宝《搜神记》:"张华以猎犬试狐。狐曰：'遮莫千试万虑，其能为患乎？'"晋人亦用之矣。孟浩然诗："更道明朝不当作，相期共斗管弦来。""不当作"者,犹言先道个不该也。元稹诗:"隔是身如梦,频来不为名。""隔是"者，犹云已如此也。杜牧诗："至竟薛亡为底事？""至竟"者，犹云究竟也。

四八 《古乐府》:"碧玉破瓜时。"或解以为月事初来，如瓜破则见红潮者，非也。盖将瓜纵横破之，成二"八"字，作十六岁解也。段成式诗："犹怜最小分瓜日。"李群玉诗："碧玉初分瓜字年。"此其证矣。又诗中用"所由"者，盖本《南史·沈炯传》。文帝留炯曰："当敕所由，相迎尊累。"一解以为州县官，一解以为里保。又，和凝诗："蛸蛴领上诃梨子。"人多不解。朱竹垞曰："诃梨，妇女之云肩也。"吕种玉《言鲭》云："禄山爪伤杨妃乳，乃为金诃子以掩之。或云即今之抹胸。"

四九 偶读冯益都相公集,有《吊明季杨、左二公》诗,云:"忠魂莫再伤冤抑，今日犹能廑圣衷。"下注："面奉圣祖云：'二臣死于廷杖，非死于狱也。'"

批注:冯益都,冯溥,山东益都人。官至康熙吏部尚书。杨、左二公,指明杨涟、左光斗，为阉党魏忠贤迫害致死。

五〇 相传世有空青，人无瞽目。其真者，余未之见也。惟南兰张天池家藏一颗石巅，趾仅寸许，面带波痕，光彩空灵，中伏一兔。兔腹下藏银母浆，摇荡有声。据云：其先人得自海上，传家已三世矣。同年储梅夫太史题七古云："白云缥渺太素含，波光隐现细浪蹙。入水能教霞彩生，舟行怕有馋龙逐。"《博物志》：龙嗜空青燕肉。

五一 海盐马世荣，字焕如，墨林观察之祖，与陆稼书先生交好。所著诗集，有《白生歌》云:"白生者,蛇精也,化美男子,为钱千秋孝廉所狎。孝廉谪戍出塞，白与偕行，情好绸缪。后遇赦归。钱官司李，白以手帕托钱求张真人用印，事破受诛。乃乞钱以玉瓶装其骨,道百年后,可仍还原身。"事甚诡诞。而马乃理学人，非诳语者；惜诗有百韵，不能备录。

批注："钱千秋，即苏班中所演钻狗洞者也。千秋为牧斋弟子。"（批本语）

五二 苏州老红豆惠周迪先生有句云："花浮小盏三投酒，乳拨深炉七品茶。"

人疑“七品”当是“七碗”之误。余曰：非也。金人七品官，才许饮茶，事见《金史》。惟“三投酒”未详所出，或是“三辰酒”之讹。先生有《香城驿》一绝云：“缦田乘雨破春耕，落日柴车带犊行。绕屋马通高一尺，地名还自号香城。”

五三　桐城二诗人，方扶南与方南塘齐名。鱼门爱扶南，余独爱南塘，何也？以其诗骨清故也。扶南苦学玉溪、少陵两家，反为所累，夭阏性灵。南塘如：“风定孤烟直，天遥独鸟沉。”“因潮通估客，隔苇见渔灯。”“闰年入夏花犹在，积雨逢晴草怒生。”皆扶南所不能。至于“无意怀人偏入梦，未报恩门羞再入”，其妙在真。又：“清风时一来，悠然复徐歇。”真陶诗之佳者。

批注：苦学古人，陷入太深，能入不能出，而阻塞性灵之抒发。此学古之大忌。

五四　顾侠君先生选《元百家诗》，梦有古衣冠者数百人，拜而谢焉。杭州严曙声烺赠云：“但见三吴书板盛，不知十载选楼忙。”王介眉撰《通鉴》，成而未梓。储梅夫赠云：“二十一史加前明，王郎镂板胸中行。”

五五　凡咏险峻山川，不宜近体。余游黄山，携曹震亭、江鹤亭两诗本作印证。以为江乃巨商，曹故宿学，以故置江而观曹。读之，不甚慊意，乃撷江诗，大为叹赏。如：《雨行许村》云：“昨朝方戒途，雨阻欲无路。今晨思启行，开门满晴煦。雨若拒客来，晴若招客赴。山灵本无心，招拒讵有故？”又曰：“非是山行刚遇雨，实因自入雨中来。”皆有妙境。《云海》云：“白云倒海忽平铺，三十六峰遭吞屠。风帆烟艇虽不见，点点螺髻时有无。一笑看（按：“看”字据民国本加。）尘中，局缩辕下驹，曷不来此登斯须？垣遮瓦压胡为乎？”《云谷》云：“领妙如悟禅，搜秘等居雠。看山得是法，善刃无全牛。”其心胸笔力，迥异寻常。宜其隐于禺荚，而能势倾公侯，晋爵方伯也。卒无子，年逾六十而终。呜呼！非余与交四十年，又谁知其能诗哉？

批注：“咏险峻山川，不宜近体”，因近体有格律限制，难于驰骋才气，酣畅淋漓地表现山川气势。此乃经验之谈。

五六　正喻夹写之诗，前已载数条矣。兹又得黄莘田《骤冷》云：“今日蒙茸昨絺绤，炎凉只在一宵中。”阐乘僧《园上》云：“纵教吹出桃花去，自有山风吹送回。”王云《上山行》云：“敢云阅历多艰苦，最好峰峦最不平。”

批注：正喻夹写，即虚实结合的修辞手法，旨在启发读者的联想。

五七 闽中郑兰州太守《无题》云："此身愿化催归鸟，到处逢人苦劝归。"余仿其意，贺人致仕云："我是嘉宾慕高隐，喜人归胜自家归。"郑有骈体自序云："羊叔子不如铜雀妓，虽近于谐；卓文君得嫁马相如，尚嫌其晚。"

五八 合肥才女许燕珍《元夜竹枝》云："鳌山烟火照楼台，都把临街格子开。椒眼竹篮呼卖藕，金钱抛出绣帘来。"题余三妹素文遗稿云："彩凤随鸦已自惭，终风且暴更何堪？不须更道参军好，得嫁王郎死亦甘。"呜呼！班氏《人物表》，原有九等。王凝之不过庸才中下之资，若妹所适高某者，真下下也。燕珍此诗，可谓"实获我心"。

批注：三妹袁机品貌端丽，为袁枚女兄弟之冠，且聪颖工诗。所嫁如皋高八之子，乃"有禽兽行"的无赖，婚后备受折磨，乃讼官离婚。

五九 同年钱文敏公维城，在都时所居绿云书屋，陈乾斋相国之故宅也。公女浣青，有诗才，与婿崔君龙见、弟维乔、戚里庄君炘、管君世铭五人倡和。宅有古桑，绿阴毵毵，映一亩许；视其影将逾屋，则公必退朝。各呈诗请政，公欣然为甲乙之。有《鸣秋合籁集》两卷，真公卿佳话也。余尝戏之曰："唐、虞之际，于斯为盛；有妇人焉，四人而已。"诸君诗不能备录，惟摘浣青《通天台》云："当涂代汉逾百年，铜人之泪流作铅。移经灞水亦伤别，回头立尽东关烟。"《华清宫故址》云："新台之水古所耻，老奴遂为良娣死。盛衰转眼五十年，始知李峤真才子。"

批注：钱维城（1720—1772），字幼安，号稼轩，武进（今江苏常州）人。官至刑部侍郎。谥文敏。工书画。其女钱孟钿（浣青）为袁枚女弟子，长于七古体。

六〇 余甲子科从沭阳就聘南闱，过燕子矶，见秦秀才大士题诗壁上，有"渔火真疑星倒出，钟声欲共水争流"之句，心甚异之。次年，奉调江宁，秦以弟子礼见。见赠一律，中二联云："门生半为论文至，大吏都邀作赋还。玉麈清谈时善谑，乌纱习气已全删。"予月课多士，拔其尤者，如车研、宁楷、沈石麟、龚孙枝、朱本楫、陈制锦及秦君等，共二十人，征歌选胜，大会于徐园。有伶人康某为余所赏，秦即席赋诗云："秋云幂历午阴长，舞袖风回桂蕊香。忘是将军门下客，公然仔细看康郎。"一坐为之解颐。余尤爱其《游秦淮》云："金粉飘零野草新，女墙日夜枕寒津。兴亡莫漫悲前事，淮水而今尚姓秦。”后中状元，官学士。

批注：袁枚于江宁任县令时，曾设帐授徒。诸门生皆成为其诗弟子。其中秦大士成状元，官学士，仕途最顺。

六一　徐园高会时，余首唱一绝，诸生和者十九人。龚孙枝绘图以记其胜。挂冠后，诗画俱遗失，园亦荒圮。越四十年，有邢秀才作主人，葺而新之，求亭上对联。余题曰：“旧地怕重经，记当年丝竹宴诸生，回头似梦；名园须得主，看此日楼台逢哲匠，着手成春。”

六二　庚申在京，余与裘叔度同年同车遇雨。裘诵其师梁仙来太史一联云：“飞雨不到地，轻烟吹若尘。”太史名机，雍正癸卯翰林，外出为令；高安相公荐鸿博，入都，与余相遇于琉璃厂书肆中。《咏桃花》云：“浑疑人面隐，下马误题门。”《赠妓》云：“欲作歌声畏花落，选词先唱《锁南枝》。”《觱篥》云：“老去还嗟耳力退，自吹羌管不闻声。”《沙丘》云：“荆卿匕首渐离筑，可惜不逢祖龙三十六。”

六三　扬州江宾谷白首名场。余每过邗江，宾谷必呼子侄出见，曰：“余少时得见前辈某某，至今夸说于人。汝等不可与随园先生当面错过。”余感其意，录其《与弟蔗畦夜坐》云：“宵中更警严城柝，暑退人亲小室灯。”《冬晴》云：“剩菊尚支苔径赏，冻蝇微触纸窗闻。”《咏古梅》云：“乍见根疑石，旋惊雪作香。”

蔗畦名恂。《咏穹庐雪》云：“穹庐雪，嚼复咽。毡毛已尽雪不歇，雪能冷骨不冷心，十九年来觉长热。风沙大地惨无春，只有手中之节冻不折。君节臣执臣不辞，臣节君薨君不知。泪零红雪吞不得，洒在茂陵松柏枝。”蔗畦刺亳州，守徽州，俱有善政。所藏金石文字最多。

六四　余作《春寒》诗，黄星岩和云：“寒深疑历误，春久没花知。”何士颙和云：“流细水初活，花迟春转宽。”

六五　常州徐太史昂发，《上韩慕庐尚书》云：“佳士姓名常在口，好官阶级不关心。”孔雩谷《赠龙明府雨樵》云：“有意怜寒士，无心媚长官。”呜呼！古之人欤！

六六　丙戌三月，余过京口，宿茅耕亭秀才家。庭宇幽邃，膳饮精妙，灯下出诗稿见示。余为加墨，记其佳句云：“邻船通客语，虚枕纳潮声。”“千里月明天不夜，五更风急海初潮。”《官亭道上》一绝云：“细道绕平畴，时听农歌起。回头不见人，声在禾麻里。”未数年，秀才入词林。丁酉乡试，作吾乡副主考。

六七　淮宁诗人黄浩浩《秋柳》云:“小驿孤城风一笛,断桥流水路三叉。”余曰:“佳则佳矣，惜其似梅花诗。”有某公《咏梅》云：“五尺短墙低有月，一村流水寂无人。”或笑曰：“此似偷儿诗。”

批注：引诗咏物未能抓住吟咏对象的特点或风神。

六八　许竹人侍御《题路上去思碑》云:“君看去思官道石,深镌镌不到人心。”足补白太傅《咏碑》之所未及。

六九　壬寅春，余游西湖，寓漱石居；闲步断桥，遇一少年问路，愁容可掬。扣其故。曰:“我平湖秀才,来游湖上,进钱塘门,行李被窃,无处投宿。”予疑不实。问：“既是秀才，可能诗乎？”曰：“能。”命咏《落花》。操笔立就，有句云：“入宫自讶连城价，失路偏多绝代人。”余大惊，留宿赠金而别。但记姓郁，忘其名。

批注：子才爱才又一例。

七〇　余苦春寒不已。中州吕柏岩诗云：“朔风烈烈知何意？不许江春入得来。”张自南云：“春寒不逐早已去，今日又从何处来？”两押“来”字，俱妙。

七一　王中丞恕，四川人，号楼山。《过潮州感旧》诗曰：“金山遥对凤凰洲，策马崆峒忆旧游。二十七年如昨日，八千里外是并州。空余大树翻斜日，尚有遗丁说故侯。路过西州秋欲老,旧参军也雪盈头。”通首唐音。许竹素先生为余诵之。

七二　余尝谓鱼门云：“世人所以不如古人者，为其胸中书太少。我辈所以不如古人者，为其胸中书太多。昌黎云：‘非三代、两汉之书不敢观。’亦即此意。东坡云：‘孟襄阳诗非不佳，可惜作料少。’施愚山驳之云：‘东坡诗非不佳，可惜作料多。诗如人之眸子，一道灵光，此中着不得金屑；作料岂可在诗中求乎？’予颇是其言。或问:‘诗不贵典,何以少陵有读破万卷之说？’不知‘破’字与‘有神’三字，全是教人读书作文之法。盖破其卷，取其神；非囫囵用其糟粕也。蚕食桑而所吐者丝，非桑也；蜂采花而所酿者蜜，非花也。读书如吃饭，善吃者长精神，不善吃者生痰瘤。”

批注：读书为的是汲取其营养，提高自身素质，而非用其为诗之“作料”，堆砌学问。书须“读破”，作诗才如有神助。

七三　严冬友曰:“凡诗文妙处，全在于空。譬如一室内，人之所游焉息焉者，皆空处也。若窒而塞之，虽金玉满堂，而无安放此身处；又安见富贵之乐耶？钟不空则哑矣，耳不空则聋矣。”范景文《对床录》云：“李义山《人日》诗，填砌太多，嚼蜡无味。若其他怀古诸作，排空融化，自出精神。一可以为戒，一可以为法。”

批注：诗文之“空”，一指其空灵、超脱，有巨大的艺术想象空间，司空图《诗品·雄浑》所谓“超以象外，得其环中”；二是避免详尽叙事，堆砌典故，而要表现性情、精神。

七四 保励堂侍郎《送人纳妾》七律，后四句云：“席上偶然教进酒，灯前何敢遽呼郎？只因未识夫人性，试问明朝那样妆？”

七五 明季用兵时，有女子刘素素者，被掠，题诗店壁云：“天明吹角数声残，将士传呼上玉鞍。恰忆当时闺阁里，晓妆犹怯露桃寒。”

七六 宛平袁明府增，字保侯，宰江宁时，与余通谱。有句云：“天远望穷飞去鸟，春寒误尽早开花。”《咏瓶》云：“饮水自知胸最冷，衔花应觉口常香。”

七七 先慈九十生日，祝寿诗无虑百余首；予独爱龚旭开秀才五律一结云：“为有称觞客，今朝户不扃。”淡而有味。

批注：诗“有味”，即耐人咀嚼，引人遐思。

七八 杭州风俗：人家作酱，瓮上镇压，必书“姜太公在此”五字。余尝疑之。孙文和秀才笑曰：“君岂不知太公不能将兵，而善将将乎？”又过张息侯家，见其奴携灯笼来，上题“赖有此耳”四字。两用史书语，令人莞然。

批注：《春秋辨义》卷十七：“晋伯业不至陨坠者，赖有此耳。”

七九 蒋戟门观察招饮，珍羞罗列，忽问余：“曾吃我手制豆腐乎？”曰：“未也。”公即着犊鼻裙，亲赴厨下。良久擎出，果一切盘餐尽废。因求公赐烹饪法。公命向上三揖；如其言，始口授方。归家试作，宾客咸夸。毛俟园广文调余云：“珍味群推郇令庖，黎祈尤似易牙调。谁知解组陶元亮，为此曾经三折腰。”

批注：袁枚喜烹饪，著有《随园食单》。

八〇 南宋末年，士大夫簠簋不饬。有郑熏者，素作贼，以军功得主簿，众不礼焉。郑乃献诗云："郑熏素行本非端，熏有狂言上众官。众官作官还作贼，郑熏作贼还作官。"

八一 方亨咸《论画》云："神品如孙、吴。能品是刁斗森严之程不识。逸品则解鞍纵卧之李将军。"又曰："厚不因多，薄不因少。"余爱其言可通于诗，故录之。

批注：明何良俊《四友斋丛说·画一》："世之评画者，立三品之目：一曰神品，二曰妙品，三曰能品。又有立逸品之目于神品之上者。"则逸品应高于神品。

孙、吴，战国著名军事家孙武、吴起；程不识、李广，皆西汉名将。

八二 唐太宗云："泥龙竹马，儿童之乐也；翠羽明珠，妇女之乐也。"余亦云："急流勇退，后起有人，士大夫之乐也。"今之人，惟扬州秦西岩先生以观察致仕，子又继入翰林，宜其诗之自然骀宕也。《南庄题壁》云："郭绕村烟水绕堤，数椽屋可托卑栖。百年老树留花坞，二顷荒田杂菜畦。庾信小园枝下上，王珣别墅涧东西。谁云巢、许买山隐？家在城南认旧溪。""策杖登楼眼界宽，邗沟一水迅奔湍。天边漕运梯云上，江外山光带雾看。南北塔高双鹄立，东西桥锁九龙蟠。往来多少风帆急，孤棹何如斗室安？"

卷一四

一　嘉兴江浩然幕游江西，于市上得一银光笺楷书云："妾年十五许嫁君，闻说君情若不闻。十七于归见君面，春风乍拂心长恋。为欢半载奈离何，千里江山渺绿波。未成锦字肠先断，零落胭脂泪更多。西江、浙江隔一水，天上银河亦如此。银河犹有渡桥时，奈妾奄奄病将死。伤心未见宁馨育，仰负高堂愆莫赎。倘蒙垂念旧时情，有妹长成弦可续。君年喜得正英英，莫更蹉跎无所成。无成岂特违亲意，泉下亡人亦不平。要知世事皆前定，明珠一粒遥相赠。非求见物便思人，结缡来世于今定。"后书："政可夫君。康熙癸酉仲夏，垂死妾颜玉敛衽。"玩此诗，盖有才女子也。第所谓政可者，不知何人。

二　选家选近人之诗，有七病焉；其借此射利通声气者，无论矣。凡人全集，各有精神，必通观之，方可定去取；倘捃摭一二，并非其人应选之诗，管窥蠡测：一病也。《三百篇》中，贞淫正变，无所不包；今就一人见解之小，而欲该群才之大，于各家门户源流，并未探讨，以己履为式，而削他人之足以就之：二病也。分唐界宋，抱杜尊韩，附会大家门面，而不能判别真伪，采撷精华：三病也。动称纲常名教，箴刺褒讥，以为非有关系者不录；不知赠芍采兰，有何关系？而圣人不删。宋儒责蔡文姬不应登《列女传》；然则"十七史"列传，尽皆龙逢、比干乎？学究条规，令人欲呕：四病也。贪选部头之大，以为每省每郡，必选数人，遂至勉强搜寻，从宽滥录：五病也。或其人才力与作者相隔甚远，而妄为改窜，遂至点金成铁：六病也。徇一己之交情，听他人之求请：七病也。末一条，余作《诗话》，亦不能免。

批注：针砭选家七病，切中时弊，又十分全面。其中三病与四病，尤与"性灵说"

格格不入。

三　冬友侍读昵伶人登元，将之陕西，未能携去；路上见笼中卖相思鸟者，戏题云：“同眠复同食，何处号相思？”

四　山左冯康斋观察，名廷丞，学颇渊博，居官以廉闻。其夫人为吾乡周叔大太史之女，亦好客，观察诗云：“谈经客过频搜字，脱珥妻贤解治厨。”

五　丙辰召试，有康熙癸巳编修云南张月槎先生，名汉，年七十余，重入词馆。先生以前辈自居，而丙辰翰林欲以同年视之，彼此牴牾。后五十年，余游粤东，饮封川邑宰彭公竹林署中。西席张旭出见，询知为先生嫡孙，急问先生遗稿，渠仅记《秋夜回文》一首云：“烟深卧阁草凝愁，冷梦惊回几树秋。悬壁四山云上下，隔帘一水月沉浮。翩翩影落飞鸿雁，皎皎光寒静斗牛。前路客归萤点点，边城夜火似星流。”余按：回文诗相传始于苏若兰，其实非也。《文心雕龙》云：“回文所兴，道原为始。”傅咸有《回文反复诗》，温太真亦有《回文诗》：俱在窦滔之前。

批注：傅咸，西晋文学家。温太真，东晋左司马。窦滔，其妻苏蕙（字若兰）。窦滔被前秦符坚流放，苏织锦为回文旋图诗以赠之，甚凄婉，凡八百四十字。

六　真州张啸门游鸠江，遇邻舟一女子，倚篷窗而哦，与语，凄绝不言。但见其《题青罗带寄人》云：“扁舟一夜灯如雪，无限深情羞不说。东风何苦又天明，抵死催人江上别。”

七　咏史有三体：一借古人往事，抒自己之怀抱——左太冲之《咏史》是也；一为隐括其事，而以咏叹出之——张景阳之《咏二疏》、卢子谅之《咏兰生》是也；一取对仗之巧——义山之“牵牛”对“驻马”、韦庄之“无忌”对“莫愁”是也。

批注：咏史三体，袁枚所重自然是“借古人往事，抒自己之怀抱”，此由其诗主性情所决定。

八　周月东游海潮庵，得谢文节公小方砚，额镌“桥亭卜卦砚”五字，背有元人程文海铭。周珍重之，抱砚以寝；临死，乃赠查恂叔。一时题者如云。钱辛楣云：“眼中只有石丈人，江南更无斯养卒。”纪心斋云：“远过一片韩陵石，留伴千秋玉带生。”

尤贡甫在真州市得东坡石铫，容水升许，以铜为提，铸茨菰叶一瓣，上篆“元祐”

二字，盖即周穜所馈东坡物也。郑炳也题云："炼石天留云气古，煎茶人去水云干。"谢登隽云："毋矜酒户大，独许石文深。"未几，有人买献上方矣。一砚一铫，主人俱绘形作册，传播艺林。余在扬州汪鲁佩家，见桓圭，长七寸，葵首垂缫，质粹沁红，真三代物也。惜无人题咏，终年蕴椟而藏。物亦有幸有不幸焉。

九 前明万历五年，常熟赵文毅公劾张江陵，廷杖谪戍。其友庶子许国铭兕觥为赠。盖取神羊一角触邪之义。后流传数易其主。五世孙王槐探知在山左颜衡斋家，乃制玉觥银船，托宫詹翁覃溪先生作诗，请易之，竟得返璧。一时题咏如云。覃溪作七古一篇，后八句云："颜公奉觥向君笑，赵叟倾心誓相报。觥喜多年逢故人，叟泣还乡告家庙。昔人赠觥事偶然，今日还觥世更传。谱出兕觥新乐府，压倒米家虹玉船。"

批注：翁方纲（1733—1818），字正三，号覃溪，大兴（今北京）人。官至内阁学士。长于经学、金石、书画、词章。论诗重义理学问，倡导"肌理说"。作诗好入考据。有《复初斋文集》《诗集》等。袁枚"性灵说"大批以考据为诗，对翁氏有"误把抄书当作诗"之讥，但多未点名。袁枚著作提及翁氏大号，亦仅有此处一条。而录其八句诗，不作评价，亦耐人寻味。

一〇 安庆徐兰坡，少年好学，得余断章零句，必手抄之。余游黄山，来舟中诵所作。《夏夜》云："萤火绕篱飞，风轻荷气微。几竿斜竹影，随月上人衣。"《偶成》云："屋边松树经春长，栖鸟不知巢渐高。"《大观亭宴集》云："新旧痕留衣上酒，往来影乱席前船。"又"绿杨深护倚楼人"七字亦佳。

一一 平湖张香谷，与其兄敩坡最友爱。敩坡殁后，香谷逾年亦病；临终，有"清魂同到梅花下"之句。敩坡之子熙河孝廉，继先人之志，墓旁种梅三百树，题云："卜兆经营亲负土，栽花爱护当承欢。"可谓孝矣。熙河爱游山，作《梅花诗话》一百卷，至随园，一宿去。《登峨嵋绝顶》见怀云："峨嵋高绝天，八月雪浩浩。我持谪仙笻，飘然上秋昊。众星向檐低，群峰入望小。佛光日中明，圣灯夜半皎。五色兜罗绵，叠叠岩前绕。苍茫四顾间，忽忆随园老。奇景不共赏，何以惬幽抱？焉得缩地方，与公立云表？"熙河在峨嵋，见神灯佛光，又到净土山下，观小龙在池中，长四寸，五爪，携过雷洞坪便死。佛光飞至台上，掬之，乃木叶一片。

批注：张诚（1749—1814），字熙河，平湖（今属浙江）人。其所作《梅花诗话》竟有一百卷之多，令人惊叹。蒋寅《清诗话考》有“梅花诗话一卷”条，《光绪嘉兴府志》称此书二十卷，未刊。看来皆非完本。

一二 余知江宁时，胡秀才某招饮，席间出乃祖《甲戌胪唱图》属题，系邗江王云所画。卷首何义门云：“鸿胪三唱名姓香，一龙骧首群龙翔。金吾仗引从天下，长安门外人如堵。方山神秀信有钟，焦夫子后生胡公。江左周星推首冠，意气肯输渴睡汉？”胡公名任舆，字芝山，康熙甲戌状元，未十年而卒。同年高章之哭云：“十年不分君终此，累月犹疑死未真。”卷中题者如彭定求、陈恂、杨仲讷，大半追挽之章。余题云：“九阙天门荡荡开，先皇亲手策群才。南宫莫讶祥云见，臣自白门江上来。”“我亦曾追香案踪，卅科前辈企高风。人间春梦醒何速，未了浮云一梦中。”“名园晚到夕阳斜，老树无声覆落花。赢得儿童齐拍手，县官还醉状元家。”此乙丑冬月事也。诗不留稿，丙午闰七夕，重展此卷，为之怃然。

一三 叶书山侍讲，常为余夸陶京山同年之孙、名涣悦者，英异不群，时才八九岁。稍长，好吟诗，尤好余诗，大半成诵。《偶成》云：“午课初完卧短床，立春节过昼微长。高檐向日难留雪，小室藏花易贮香。阶下绿初浮远草，路旁青未上垂杨。呼僮添贮炉中火，午后温馨薄暮凉。”又：“人因待月窗常启，书是传诗口不封。”贺余生子云：“公有未全天必补，老犹得见子非迟。”俱有剑南风味。惜侍讲先亡，未之见也！

一四 中州吕公滋，字树村，宰介休归；因从子仲笃宰上元，来游白下，见赠云：“地兼白下三山胜，诗比黄初七子工。”读三妹集云：“鸳鸟飞来因绣好，蠹鱼仙去为香多。”年未老而乞病。有劝其再出者，乃作《老女嫁》云：“自制罗纨五色裳，晶帘低卷绣鸳鸯。不如小妹于归日，阿母殷勤为理妆。”“检点新妆转自思，于今花样不相宜。嫁衣肥瘦凭谁剪，羞问邻家小女儿。”《戏仲笃》云：“怜余增马齿，看尔奏牛刀。”《潼关》云：“三峰天外立，一骑雨中行。”

一五 唐李揆自负才望，嘲人云：“龙章凤姿，士不见用；獐头鼠目，乃欲求官耶？”或反其意，赠相士云：“相法于今大不伦，我将秘诀告诸君。要看世上公侯相，先取獐头鼠目人。”

一六 余游武夷，过浦城，遇钮明府之弟阆圃，有诗三册求阅。《七夕》云：“黄昏无伴说牵牛，独对江山半壁愁。今夕卢家楼上月，莫愁未必不知愁。”又句云："星沉残月鱼吞饵，月上空廊犬吠花。"皆可诵也。余按宋曾三异云："莫愁乃古男子，神仙隐逸者流，非女子也。楚石城有莫愁石像，男子衣冠。见刘向《列仙传》。"语虽不经，亦可存此一说。犹之龙阳君、郑樱桃，古皆以为女妃：一见《国策》鲍注，一见《十六国春秋》。

一七 锡山钱秀才泳，字立群，居梅里。丙午腊月七日，张止原居士招游灵岩，与秀才两宿舟中；谈古文金石之学，极渊博。《游西湖》云："十年不识钱塘路，今到翻疑是梦中。峦翠难分南北寺，舟轻易扬往来风。数湾碧水通仙宅，一带苍烟没宋宫。何处吾家表忠观？几回搔首问渔翁。""跃马登山松四围，梵王宫殿郁崔巍。老僧迎客来幽径，少女焚香上翠微。鹫岭楼高沧海阔，冷泉水急湿云飞。何当端坐三生石，说破游人去路非？"是日舟泊木渎鹭飞桥。秀才往访其友孙镜川。俄而同至舟中，见余即拜；背小仓山房古文，琅琅上口，亦奇士也。

一八 新安王氏，一家能诗。葑亭《李夫人歌》曰："生能一顾留君心，死不肯一顾留君忆。乃知结君自有术，擅宠非徒在颜色。君不见，生长门，死钩弋！"其兄于庭比部，不轻作诗，而多佳句。《病起》云："修竹似怜人病起，青青垂叶不摇风。"《示儿》云："寸阴劝汝须知惜，到底秋花总让春。"其子名养中者，《醉归》云："不是老奴扶住好，模糊几打别人门。"《咏虾》云："须髯似戟双睛瞪，失水蛟龙见亦惊。"其弟孔祥，年十七，亦有句云："见月忙将蒲扇掩，怕教花影上身来。"

一九 《荆楚岁时记》以七月八日雨为"洒泪雨"，说本荒唐。然赋诗非失之笨，便失之迂；将错就错，以伪为真，方有风味。一说煞味又索然。余与香亭同作，忽王甥健庵有句云："不解女、牛分别意，一年有泪一年无。"两人叹其超绝。

批注：好诗无须讲"理"，故贺裳《载酒园诗话》有"无理而妙"之说。

二〇 马相如有《渔父》诗，云："自把长竿后，生涯即水涯。尺鳞堪易酒，一叶便为家。晒网炊烟起，停舟月影斜。不争鱼得失，只爱傍桃花。"真王、孟也。有人传其"月影分别三李白，水光荡漾百东坡"，则弄巧而反拙矣。

二一 福建布政使张廷枚，有《瓶花绝句》云："垂帘莫放西风入，留取寒香在草堂。"吾乡诗人沈方舟主于其家，遗稿在焉。张三使高丽，杭堇浦赠云："一参羽猎长杨乘，三绘《宣可奉使图》。"

二二 咏始皇者，朱排山先生云："诗书何苦遭焚劫？刘、项都非识字人。"崔念陵进士云："刘、项生长长城里，枉用民膏筑万里。"

二三　刘介石请仙，忽乩盘大书云：“眼如鱼目彻宵悬，心似柳条终日挂。月明风紧十三楼，独自上来独自下。”众人惊曰：“此缢鬼诗也！”至夜，果有红妆女子犯之。乃急毁其盘而迁寓焉。

批注：荒诞不经，《子不语》文也。

二四　写怀，假托闺情最蕴藉。仲烛亭在杭州，余屡为荐馆；最后将荐往芜湖，札问需修金若干。仲不答，但寄《古乐府》云：“托买吴绫束，何须问短长？妾身君惯抱，尺寸细思量。”宋笠田宰鸠江，官罢，想捐复。余劝其不必再出山。已而宰两当，以事谪戍，悔不听余言，亦札外寄前人《别妓》诗云：“昨日笙歌宴画楼，今宵挥泪送行舟。当时嫁作商人妇，无此天涯一段愁。”某明府欲聘陈楚南，以路远不决。陈寄《商妇怨》云：“泪滴门前江水满，眼穿天际孤帆断。只在郎心归不归，不在郎行远不远。”

批注：借闺情写怀，唐朱庆余《近试上张水部》最脍炙人口：“洞房昨夜停红烛，待晓堂前拜舅姑。妆罢低声问夫婿：画眉深浅入时无？”诗写给水部郎中张籍，似写新婚女子心情，实是打探科举应试事。

二五　鲍步江《有赠》云：“双烟已换博山香，正对金荷卸晚妆。手剔兰煤须仔细，好留半焰解衣裳。”

二六　安庆鲁凤藻《有赠》云：“携得芳枝返故村，悔将玉貌共花论。低声还向小姑嘱：阿母跟前莫要言。”陈梦湘《嘲某》云：“画鸾衫子褪轻红，料峭春寒豆蔻风。双鬓乱云堆未稳，日高犹是背人拢。”商宝意《喜环娘到》云：“药饵急须调病后，珮环亲自解灯前。”金台衡《赠妓》云：“春葱欲送玫瑰酒，冷暖先教樱口尝。”皆善言儿女之情。

二七　写景有句同而意不同者，元人云：“石压笋斜出。”宋人云：“断桥斜取路。”近人刘春池云:“鸟喧晴树乐于人。”鲁星村云:“炎天几席热于人。”啸村云:“雪中无陋巷。”星村云:“远岸无高树。”皆句同而意不同也。亦有句不同而意同者，如:“岸阔树难高”,“远树浪头生”，与“远岸无高树”意思相同，皆不害其为佳也。

批注：句同而意不同，句不同而意同，可见内容与形式关系的多样化。

二八　余有句云：“人无风趣官多贵。”一时不得对。周青原对：“案有琴书家必贫。”吴元礼对：“花太娇红子必稀。”

批注：两对句皆欠佳。

二九 雍正乙卯春，余年二十，与周兰坡先生同试博学鸿词于杭州制府。其时主试者：总督程公元章，学使帅公念祖。诗题是《春雪十二韵》，因试日下雪故也。先生有句云：“堆从梨蕊销难辨，迸入梅花认亦稀。”今乾隆戊申矣，其孙云翮为上海令，招余入署，谋刻先生诗集，因得重读一过。追忆五十四年前同试光景，宛然在目。

三〇 余方送鲁星村出门，而雨势将下。鲁吟云：“雨声犹在云，风色已到树。”余为击节，命司阍者录登门簿中。鲁曰：“我不料公之爱诗若此也。”大笑去。

批注：子才爱诗如命，乃真诗人也！

三一 余泊舟滕王阁下，有扬州孙生名湘者见访，自言相慕垂三十年。见示《蕉窗八咏》：《蝇》云：“飞扬莫入幽人室，一种芬芳不称君。”《蝶》云：“偶因误堕金钱劫，耻逐青蚨一处飞。”孙故庠生，工吟咏，为人司禺筴事，既而悔之，故寄托如此。

三二 余在南昌，谢蕴山太守招饮，以诗见示。题其妾姚秀英小照云：“宜男花小最宜春，故故相偎意态真。并作一身形与影，不应仅号比肩人。”太守有《升官图》五排最佳，警句云：“森森罗众宿，粲粲列周庐。考制遵三百，登贤占一隅。凭陵争入局，将相遂分途。唾手功名得，推班气象殊。握拳矜后获，制胜在中枢。偶尔观成败，从何论智愚？云泥区尺幅，升降在须臾。”

三三 余七十以后，遇宴饮太饱，夜辄不适。读黄莘田诗曰：“老似婴儿防饮食，贫如禁体作文章。”叹其立言之妙。然不老亦不能知。古渔有句云：“老似名山到始知。”

三四 讥刺语用比兴体，便不露。英梦堂云：“桃花嗜笑非无故，燕子矜飞太自轻。”陈古渔云：“无名草长非关雨，得暖虫飞不待春。”皆有所指也。

三五 余游天台，诗人张雨村外出；其子秀墀，极尽东道之谊。雨村寄诗，有“千山结翠延词客，一杖挑云过石梁”之句。余读其《天台游稿》，一路访求，如得导师焉。

三六 李竹溪守广东惠州，《归赠》云：“此行曾向贪泉过，留得冰心见故人。”

呜呼！竹溪真能不愧此言，故记之。

三七 严冬友尝诵厉太鸿《感旧》云："'朱栏今已朽，何况倚栏人？'可谓情深。"余曰："此有所本也。欧阳詹《怀妓》云：'高城不可见，何况城中人？'"或称东坡"冻合玉楼寒起粟，光摇银海炫生花"。余曰："此亦有所本也。晚唐裴说诗：'瘦肌寒起粟，病眼馁生花。'"

三八 钱竹初《题豫让桥》云："爱士须爱彻，畜马尽马力。长刍数束豆数升，纵有骅骝气先塞。"余亦题《养马图》云："一挑刍草三升豆，莫想神龙轻死生。"

三九 近人怀古诗，有绝佳者，不能全录。如光禄沈子大《赤壁》云："漫讶东风烧北岸，可知赤帝在南军？"太史杜紫纶《戏马台》云："尽教宿土归刘氏，剩有斯台与项王。"王麟照侍郎《平原村》云："八王兵甲无臣主，两晋文章有弟兄。晚节不堪思鹤唳，旧交闻已赋莼羹。"姜西溟《乌江诗》云："《虞歌》曲尽怨天亡，潮落沙平旧战场。千里江东羞不渡，六朝曾此作金汤。"

四〇 汉军刘观察廷玑，号葛庄，康熙间诗人。或嫌其诗过轻俏；然一片性灵，不可磨灭。《渔家》云："一家一个打鱼舟，结得姻盟水上浮。有女十三郎十五，朝朝相见只低头。"《偶成》云："闲花只好闲中看，一折归来便不鲜。"

批注：诗虽浅俗，而性灵自见。

四一 沈椒园太史所居烂面胡同，接叶亭汤西崖少宰之故居也。丁巳余主其家，记其《秋夜》云："薄病闲身坐小厅，乡心三度见流萤。水云凉到庭前树，一夜秋声带雨听。"

四二 布衣史青溪诗云："多情自古空余恨，好梦由来最易醒。"余反其意云："只求无好梦，转觉醒时安。"唐人《咏梦》云："乍觉犹言是，沉思始觉空。"

四三 宋牧仲抚苏州，为唐六如修墓。韩宗伯慕庐题云："在昔唐衢常恸哭，只今宋玉与招魂。"俗传太白捉月而死。李孚青《题太白楼》云："脱身依旧归仙去，撒手还将月放回。"余按：《宋史》有唐寅，名伯虎，亦在《文苑传》。

批注：唐六如，指明文人唐寅，字伯虎，号六如居士。吴县（今江苏苏州）人。

四四 蒲城雷国楫，字松舟，撰《龙山诗话》二卷，官松江丞；有"云行花荡水，风动草浮山"之句。彭芝亭先生赠以诗云："官阁哦诗思不群，一编风雅抗吾军。情亲吴会山间友，身带函关马上云。吊古频怀杨伯起，论诗应继杜司勋。箧中剑气双龙跃，那向江头看夕曛。”

批注：雷国楫，陕西蒲城人。据蒋寅《清诗话考》，其《龙山诗话》十二卷，袁枚云“二卷”，当为初刻之本也。

四五 凡诗带桀骜之气，其人必非良士。张元《咏雪》云：“战罢玉龙三百万，败鳞残甲满天飞。”《咏鹰》云：“有心待捉月中兔，更向白云高处飞。”韩、范为经略，嫌其投诗自媒，弃而不用。张乃投元昊，为中国患。后岳武穆驻兵之所，江禁甚严。有毛国英者投诗云：“铁锁沉沉截碧江，风旗猎猎驻危樯。禹门纵使高千尺，放过蛟龙也不妨。”岳公笑曰：“此张元辈也。”速召见，以礼接之。

批注：宋人张元《咏雪》句为毛泽东《念奴娇·昆仑》“飞起玉龙三百万，搅得周天寒彻”所本。其“桀骜之气”为毛泽东所青睐。古今人眼光自不同。

四六 咏雪佳句：缪雪庄云：“卷帘半树带花落，吹烛一窗如月明。”章智千云：“伏枕旅人惊看月，扫阶童子学为山。”陈明卿云：“填平世上嵚崎路，冷到人间富贵家。”曾昔人所未有。

四七 游山诗贵写得出。陶庭珍《盘豆驿》云：“丛山如破衣，人似虱缘缝。盘旋一线中，欲速不得纵。”沈石田《天平山》云：“登临风扶身，谈笑云入口。直上忽左旋，方塞复旁剖。”洪稚存《林屋洞》云：“盘涡既深入，覆釜不获仰。微白怵来踪，扪黑撼虚象。凭湍同矢注，转径识蛇枉。不惜口耳濡，惊此腹背响。”梅岑《极乐峰》云：“碎石随足动，危径不容步。支筇愁孤撑，扪葛等悬度。欲止势难留，将前意终怖。”万柘坡《盘山》云：“青山喜客来，马首相拱揖。中峰极云深，旁岭俨鱼立。行人踏树梢，飞鸟触屐齿。后来用尾衔，先到试足揣。”宗介帆《磨盘山》云：“分明寻丈恰隔里，指点平夷偏落陡。东西俄转望若失，呼应已逼待还久。中央簇簇攒牛宫，四角层层布鱼笱。更疑去路即来处，几讶迷途欲退走。入世敢云肱折三，立峰顿觉肠回九。”沈树本《磨盘山》云：“回顾不见入山处，此身已在盘中住。百千旋折眼生花，三五回环神失据。才思左往复右行，正欲仰登先俯注。坡平幸获寻丈宽，径仄只留分寸度。鞭丝帽影蚁悬窗，马足车轮蛇绕树。乍阴乍阳日向背，在前在后风来去。山远不逾三十里，山高不越万余步。从卯到酉历未穷，自壮至老陟犹误。”

批注：游山诗贵写得出山的特点与诗人的真实感受，真景真情也。

四八 余常劝作诗者，莫轻作七古，何也？恐力小而任重，如秦武王举鼎，有绝膑之患故也。七古中，长短句尤不可轻作，何也？古乐府音节无定而恰有定，恐康昆仑弹琴，三分琵琶，七分筝弦，全无琴韵故也。初学诗，当先学古风，次学近体，则其势易。倘先学近体，再学古风，则其势难。犹之学字者，先学楷书，后学行草，亦是一定之法。杭堇浦先生教人多作五排，曰："五排要对仗，不得不用心思。要典雅，不得不观书史。但专作五言八韵之赋得体，则终身无进境矣。"

批注：秦武王，战国秦惠文王之子。身高体壮，勇力超人。康昆仑，唐德宗时宫廷琵琶第一手。

"初学诗，当先学古风，次学近体"，此先易后难、循序渐进之法。

四九 汤扩祖《春雨》云："一夜声喧客梦摇，春风送雨夜潇潇。不知新水添多少，渔艇都撑进板桥。"庄廷延《听雨》云："梅花风里雨霏霏，人卧空堂静掩扉。一夜沧浪亭畔水，料应陡没钓鱼矶。"二诗相似，均有天趣。

批注：天趣，自然而有情趣，为性灵诗所崇尚。

五〇 有中丞某，自称平生不好名。余戏之曰："人之所以异于禽兽者，以其好名也。孔子曰：'君子去仁，恶乎成名？'又曰：'君子疾没世而名不称焉。'大圣人尚且重名如此！后世人不好名而别有所好，则鄙夫事君，无所不至矣。"屈悔翁云："才子多贪色，神仙不好名！"不如司空表圣曰："名能不朽轻仙骨，理到忘机近佛心。"高东井《赠方子云》曰："从来贫士贪留客，未有庸人解好名。"

批注：袁枚好名，故为好名辩护。

五一 王次回诗，往往入人心脾。余年衰无子，宾朋来者，动以此事相询，貌为关切。余深厌之，有诗云："厌听人询得子无，些些小事不关渠。逍遥公有儿孙累，未必云烟得自如。"后见次回句云："最是厌人当面问：凤凰何日却将雏？"余评女以肤如凝脂为主。次回亦有句曰："从来国色玉光寒，昼视常疑月下看。"

批注：袁枚因沈德潜《国朝诗别裁集》不选王次回诗而抱不平，由此可见其对王诗的偏爱。

五二　《爱日斋丛谈》云："《琵琶记》为明初王四弃妻而作。太祖恶之，谪戍海外；致伯喈贤者，蒙此恶声。"不知南宋时，有诗刺高宗云："陌头盲女无愁恨，犹抱琵琶说赵家。"放翁亦云："身后是非谁管得？沿村听唱蔡中郎。"似乎《琵琶记》宋时已作。

五三　厉太鸿《宋诗纪事》，采取最博。余阅《北盟会编》，为补所未采者，如徽宗在五国城诗曰："噬脐有愧平燕日，尝胆无忘在莒时。"李若水曰："五鼓可回千里梦，一官妨尽百年身。"宇文虚中云："传闻已筑西河馆，自许能肥北地羊。"皆佳句也。金主亮中秋无月词云："(惟)恨剑锋不快，一一挥断紫云根，要见嫦娥体态。"亦颇豪气逼人。

批注：宋诗经明人弃斥，散失甚多，厉鹗宗宋诗，乃编《宋诗纪事》，"计所抄撮，凡三千八百一十二家，略具出处大概，缀以评论；本事咸著于编。其于有宋知人论世之学，不为无小补矣"（厉鹗自序）。

五四　作诗能速不能迟，亦是才人一病。心馀《贺熊涤斋重赴琼林》云："昔着官袍夸美秀，今披鹤氅见精神。"余曰："熊公美秀时，君未生，何由知之？赴琼林不披鹤氅也。"心馀曰："我明知率笔，然不能再构思。先生何不作以示我？"余唯唯。迟半月，成七绝句，心馀以为佳。余乃出簏中废纸示之，曰："已七易稿矣。"心馀叹曰："吾今日方知先生吟诗刻苦如是，果然第七回稿胜五六次之稿也。"余因有句云："事从知悔方征学，诗到能迟转是才。"

批注："能迟"，善于修改也。虽然袁枚认为有的诗未必是越改越好，但一般来说，千锤百炼大多是后出者转精的。

五五　黄莘田《重赴鹿鸣》云："得染新香本旧栽，桂花重为故人开。月宫不是玄都观，也学刘郎去又来。""云阶月地事如何？谁共《霓裳》咏大罗？未免被他猿鹤怨，小山连日有笙歌。"

五六　《全唐诗》凡和尚、道士、仙人，都无好诗；不如才鬼、山魈，却有佳句。

五七　诗人笔太豪健，往往短于言情；好征典者，病亦相同。即如悼亡诗，必缠绵婉转，方称合作。东坡之哭朝云，味同嚼蜡：笔能刚而不能柔故也。阮亭之《悼亡妻》，浮言满纸，词太文而意转隐故也。近时杭堇浦太史《悼亡妾》诗，远不如樊榭先生。今摘数首为比例。厉《哭月上》云："一场短梦七年过，往事分明触绪多。搦管自称诗弟子，散花相伴病维摩。半屏凉影颓低髻，三径春风曳薄罗。今日书堂觅行迹，不禁双鬓为伊皤。”“无端风信到梅边，谁道蛾眉不复全？双桨来时人似玉，一奁去后月如烟。第三自比清溪妹，最小相逢白石仙。十二碧栏重倚遍，那堪肠断数华年！”“病来倚枕坐秋宵，听彻江城漏点遥。薄命已知因药误，残妆不惜带愁描。闷凭盲女弹词话，危托尼姑祝梦妖。几度气丝先诀别，泪痕兼雨洒芭蕉。”“郎主年年耐薄游，片帆望尽海西头。将归预想迎门笑，欲别俄成满镜愁。消渴频烦供茗碗，怕寒重与理薰篝。春来憔悴看如此，一卧枫根尚忆否？”廖古檀《悼亡》云：“合欢花瓣委轻尘，风雨边城不见春。若忆小窗扶病起，脂残粉褪写遗真。”商宝意《哭环娘》云：“待年略住娉婷市，却聘曾嫌富贵家。”“还余清净三生体，欠汝滂沱泪数行。”宝山黄夔鼎《悼亡》云：“无多奠酒谙卿量，未就埋香谅我贫。”皆言情绝调。

批注：悼亡诗不宜于笔刚，须缠绵婉转才佳。袁枚于苏东坡评价不高，因其笔太豪健；于王渔洋多有微词，认为少性情也。

五八　堇浦先生诗，以《岭南集》为生平极盛之作。《题陈元孝遗像》云：“南村晋处士，汐社宋遗民。湖海归来客，乾坤定后身。竹堂吟暮雨，山鬼哭萧晨。莫向崖门去，霜风正扑人。”“秋井苔花渍，荒庐蜃气蒸。飞潜两难问，忧患况相仍。拄策非关老，裁衣只学僧。凄凉怀古意，岂是屈、梁能？”“巢覆仍完卵，皇天本至公。《蓼莪》篇久废，薇蕨采应空。劫已归龙汉，家犹祭鬼雄。等身遗著在，泉下告而翁。”“袁粲能无传？嵇康亦有儿。古人谁汝匹？信史岂吾欺！寂寞徒看画，苍凉只益诗。怀贤兼论世，凄绝卷还时。”此种诗，悲凉雄壮，恐又非樊榭、宝意所能矣。

批注：陈元孝，即陈恭尹（1631—1700），字元孝，初号半峰，晚号独漉子，顺德（今属广东）人。明遗民诗人。有《独漉堂集》。袁枚称其诗“悲凉雄壮”，非浙派厉鹗等“所能”，诚为卓识。

五九　金陵何南园、陈古渔俱能诗而贫，余不能资助，尝诵唐人句云：“相知惟我独，无补与人同。”又《自讼》云：“兰草同心多半弱，海棠自恨不能香。”

六〇　诗者，人之精神也；人老则精神衰葸，往往多颓唐浮泛之词。香山、放翁尚且不免，而况后人乎？故余有句云：“莺老莫调舌，人老莫作诗。”

批注：诗须神思超迈，人年轻时想象力丰富，故易出佳作。

六一　劝人知足者，杭州汪积山先生有句云："盈虚物理都如许，那有东餐宿又西！"楚中戴喻让孝廉有句云："天地犹憾尧舜病，人生何必为其尽？"二意相同，而俱足以醒世。戴屡赴礼闱，不第，归颜其室曰"佳士轩"。人问："君自命为佳士乎？"曰："非也。'佳'字不成'进'字，为欠一'走'耳。"

六二　本朝高文良公，诗为勋业所掩;不知一代作手，直驾新城而上。如《值夜》云:"一蓦新寒雨后生，宫槐黄叶下童城。意中故国偏无梦，风里银河似有声。万马夜嘶秋待猎，一封宵奏远论兵。杞人孤坐听残角，落月光中太白明。"其他佳句，雄壮则："宴罢白沉千帐月，猎回红上六街灯。""自在骑牛今竖子，苦辛逐鹿昔英雄。"奇警则："风铎闲同山魅语，鬼灯红出寺门游。""万点城乌惊曙鼓，一垆村酒闪风灯。"绵丽则："白蘋风细鱼苗长，红杏花深燕子低。""老树无花三月半，旧游如梦六年余。"委婉则："白月无声秋漏永，红灯有影夜楼深。""天涯日日思归日，觉有归期日倍长。"淡宕则："长河暂伏潜仍出，高岭遥看到恰平。""才穿云过扪衣润，欲觅诗行任马迟。"至于"东南生意偕谁计？数仰江云掉白头"，则又大臣报国忧民，深情若揭矣。

本朝赏花翎、黄马褂，最难着笔。公诗云:"冠飘孔翠天风细，衣染鹅黄御气浓。"庄雅独绝。

批注：高文良公，即高其倬（1695—1755），字章之，号芙沼，汉军旗人。官至户部尚书。谥文良。能诗善画。有《味和堂诗集》。批本语云："子才此语太荒唐，高诗如何驾新城而上？"称高诗胜过王士禛，确实不伦。

六三　望海诗：朱草衣云："地影全无着，天形转不高。"沈子大云："天水无边孤月在，鱼龙欲起大风生。"王次岳云:"晓传鼍吼占风起，夕闪鱼睛讶日生。"江舟次云："万里全凭针作路，六时只见浪摇天。"

六四　诗文之道，全关天分。聪颖之人，一指便悟。霞裳初见余时，呈诗十余首。余不忍拂其意，尽粘壁上；渠亦色喜。遂同游天台，一路唱和，恰无一言及其前所呈诗也。往反两月，霞裳归家，急奔园中，取壁上诗，撕毁摧烧之，对余大笑。余亦戏作桓宣武语，曰："可儿！可儿！"

批注:"诗文之道，全关天分"，嫌绝对化，有唯心论之嫌。但说创作须有天分、才能，则符合实际。

六五 苏州汪端揆秀才，与婢小珠有情。《咏秋海棠》云：“海棠花嫩不禁秋，小朵含烟月下愁。记得旧时庭院里，凭人看杀只垂头。”

六六 陈鲁斋太守梦人赠句云：“梦回碧落三千里，笔泻银河十二时。”醒后不解。后守端州，卒于亥年。“十二时”，亥也；碧落山，在端州。

六七 余幼《咏怀》云:“每饭不忘惟竹帛,立名最小是文章。”先师嘉其有志。中年见查他山赠田间先生云：“语杂诙谐皆典故，老传著述岂初心？”近见赵云松《和钱玙（按：原误为“屿”。）沙先生》云:“前程云海双蓬鬓,末路英雄一卷书。”皆同此意。

批注：袁枚自幼即有立名文章之志，此与其后来辞官专门著述不无关系。

六八 洪素人朴,性冷。官京师,独与陈梅岑最厚,督学楚中,寄诗云:“三十六湖湖水清，使君鉴此自分明。琉璃砚匣生花笔，诗为怀人倍有情。”洪在部时，某相国问：“汝向人说我刚愎自用。有之乎？”曰：“然。”相国怒曰：“汝是我门生，乃谤我？”洪谢曰:“老师只有一‘愎’字，何曾有‘刚’字？门生因师生故，妄加一‘刚’字耳！”

六九 尹氏昆季皆能诗,而推三郎两峰为最。一日文端公退朝,召两峰曰:“今日我惫矣。皇上命和《春雨》诗，我不及作，汝速拟一稿，我明早要带去。”两峰构成送上,公已酣寝。黎明公盛服将朝,诸公子侍立阶下,两峰懦懦,虑有嗔喝。忽见公向之拱手，曰：“拜服！拜服！不料汝诗大好。”回头呼婢曰：“速煨我所吃莲子,与三哥儿吃。”两峰大喜过望。四公子树斋笑曰:“我今日却又得一诗题。”诸公子问何题。曰：“《见人吃莲子有感》。”两峰名庆玉。

批注：尹氏一家风雅，可见当时文化兴盛之一斑。

七〇 如皋布衣江干，字黄竹，貌陋家寒。《咏疲驴》云：“落叶踏不碎，四蹄今可知。”《咏巢》云：“草穷一生力，风碎五更心。圆影月中堕，冻痕霜外深。”《登大观台》云：“残夜海明知月上，隔江风远送钟来。”又：“飘零何地托孤踪？古佛门空或见容。”俱有孟郊风味。

七一 余游天台诸寺，僧多撞钟鼓，请余礼佛。余不耐烦，书扇示之云：“逢僧我必揖，见佛我不拜。拜佛佛无知，揖僧僧现在。”王梦楼见之，笑曰：“君不好佛，而所言往往有佛意。”陈梅岑《赠朱竹君》云：“游山灵运常携客，辟佛昌黎也爱僧。”

批注：袁枚一生不信佛，但与诗僧多有交往。

七二 杭州应仔传秀才《过弋阳》云：“沙清鱼上晚，春冷燕来稀。”《郊外》云：“断崖残照晚将入，隔岸野风波欲秋。”

七三 余赴广东，过鸠江，适梅岑官其地。与之别，扬帆二十里矣；梅岑遣人追送肴烝，剪江而至。余诗谢云：“远记荒江酒一尊，一帆穿破水云奔。蛟龙知是先生馔，白浪如山不敢吞。”霞裳亦谢云：“羹调金屋里，香入浪花中。”

七四 唐荆川云：“诗文带富贵气者，便不佳。”余道不然。金桧门总宪《郊西柳枝》云：“西直门边柳万枝，含烟带露拂旌旗。长是至尊临幸地，世间离别不曾知。”程午桥太史《菊屏》云：“低枝芬馥当书幌，细蕊离披近笔床。六曲屏风花万叠，人间何处五更霜？”两绝句俱富贵，何尝不佳？又记宋人富贵诗曰：“踏青驸马未还家，公主传宣赐早茶。十二阑干春似海，隔窗闲杀碧桃花。”“画烛烧阑暖复迷，殿帷深锁下银泥。开门欲作侵晨散，已是明朝日向西。”“千官已醉犹教坐，百戏皆呈未放休。共看拜恩侵晓出，金吾不敢问来由。”

批注：唐顺之（1507—1560），字应德，号荆川，武进（今江苏常州）人。官至右佥都御史。明代古文大家。有《唐荆川集》。其“诗文带富贵气，便不佳”之说，有肤浅表面化之弊，未从诗文本质上立意。

七五 赵云松观察谓余曰：“我本欲占人间第一流，而无如总作第三人。”盖云松辛巳探花，而于诗只推服心馀与随园故也。云松才气，横绝一代；独王梦楼不以为然。尝谓余云：“佛家重正法眼藏，不重神通。心馀、云松诗，专显神通，非正法眼藏。惟随园能兼二义，故我独头低；而彼二公亦心折也。”余有愧其言。然吾乡钱玙沙前辈读《瓯北集》而奇赏之，寄以诗云：“忽堕文星下斗台，声华藉藉冠蓬莱。探花春看长安遍，投笔身从绝域回。风雅名谁争后世？乾坤我欲妒斯才。登坛老将推袁久，不道重逢大敌来。”

批注：乾隆三大家袁枚、蒋士铨、赵翼，排名顺序袁枚第一，赵翼第三。袁、赵为性灵派主将与副将，蒋不属性灵派。

七六　常州杨青望《南涧晚归》云："岳寺风声起暮钟，残阳归去兴尤浓。停车欲认登临处，忘却西南第几峰。"陈郁庭《造假山》云："历尽嶙峋兴愈浓，归来犹自忆芙蓉。阶前叠石呼童问：认是曾游第几峰？"两首相似，俱有"羚羊挂角"之意。

批注：宋严羽《沧浪诗话·诗辨》："盛唐诗人，唯在兴趣，羚羊挂角，无迹可求。"喻意境超脱，不着形迹。

七七　癸未圣驾南巡。尹太保欲觅任书记者。庄念农太守荐其族弟炘。尹公甚重之。亡何试京兆，不第。赵云松《送行》云："科因一士关轻重，迹有群公问去留。"想见在都文名之盛。其子伯鸿，有父风；《咏帘钩》云："待引春云入槛不？高悬画阁结青楼。心通恨隔玲珑望，腕弱怜将窈窕收。多宛转时能约束，未团圆处好勾留。漫言眼底除牵挂，放下依然万缕愁。"

批注：庄念农，武进（今江苏常州）人。任太守。曾与袁枚同游南京栖霞山，袁枚有名篇《子才子歌示庄念农》。

七八　郭秀才麐《彭城中秋》云："西风联袂鹿城秋，旧侣偕行话旧游。罗袜双钩人半臂，夜深谁立板桥头？"诗非不幽艳，而觉有鬼气。吴竹桥《法源寺》云："街头日仄渐风沙，步屟闲寻古寺花。一树绿阴两黄鸟，春深门巷是谁家？"同一风调，恰是人间光景。

批注：郭麐，字伯祥，号频伽，吴江（今属江苏）人。科举不顺，乃绝意仕途。有《灵芬馆诗集》等。与袁枚关系较密。

七九　名士气习多傲兀，惟锡山之顾立方进士、嘉定之李书田孝廉，恂恂讷讷，虑以下人。顾《不雨叹》云："外河水浅今成沟，内河水涸今成丘。螺蚌纷纷杂瓦石，童稚踏歌桥下游。大船抽却舵，小船沙上过。长年袖手篙师饿，估客篷窗三月坐。清晨妇子喜，浓云在天雨至矣。雨不来，风飓飓，先讹作乌尾，后涣作鱼鳞，六龙跃出光陆离。朝不雨，夕不雨，老农低头泪如雨，浮云闲闲自来去。安得侬家稻，多于原上草？有雨固佳晴亦好。安得侬家田，生近沧海边？朝潮暮汐高于天。无水不可车，有稻不可割，路逢一士大笑乐：先世薄田今卖却。"李见赠云："一百八十八征士，只有先生最少年。风雅偏能兼乐寿，聪明直欲傲神仙。

官如抱朴怀勾漏，人指栖霞作洞天。若使悬车须此岁，转因簪笏误林泉。”

八〇 某画《折兰小照》，求题七古。余晓之曰：“兰为幽静之花，七古乃沉雄之作：考钟鼓以享幽人，与题不称。若必以多为贵，则须知米豆千甑，不若明珠一粒也。刀枪杂弄，不如老僧之寸铁杀人也。世充万言，何如阮咸三语？成王冠，周公使祝雍作祝词曰：‘达而勿多也。’此贵少之证也。若夫谢艾虽繁不可删，王济虽少不能益，则各极其妙，亦在相题行事耳。唐人句云：‘药灵丸不大，棋妙子无多。’”或问：“如先生言，简固佳乎？”余曰：“是又不可以有意为也。宋子京修《唐书》，有意为简，遂硬割字句，几于文理不通。顾宁人摘出数条。余摘百十余条，载《随笔》中。”

批注：诗体裁要与内容相宜、与风格相合，所谓“相题行事”。

诗文字以简为贵，寸铁杀人。

顾宁人，清初大儒顾炎武，其字宁人。

八一 人言黄鹤楼无佳对；惟鲁亮侪观察一联云“到来径欲凌风去，吟罢还思借笛吹”差胜。鲁星村云：“‘凌风’二字，改‘乘云’二字，更佳。”

八二 文字之交，有无端而契合者，殆佛家之所谓缘耶？乙酉秋试，四方之士，来修士相见礼者甚多。予答拜章姓，误投刺于张秀才处。张大惊，次日来答。见其仪容秀整，遂招饮之。张赠诗云：“僦得濒江小屋居，敢将踪迹混樵渔？平生不识金闺彦，剥啄无端到敝庐。”“篮舆款款赴清凉，夹路松花闻稻香。一院青山人不见，飞来岚翠满衣裳。”“折柬招邀酌旧醅，主人原是掞天才。两江月旦归名士，又报文星入座来。时梁阶平先生适至。”“《霓裳》曲度广寒宫，鉴槛银灯照碧空。夜半酒阑星斗醉，天风吹堕小池中。”秀才名邦弼，苏州人。

八三 河东君藏一唐镜，背铭云：“照日菱花出，临池满月生。官看巾帽整，妾映点妆成。”查他山《金陵杂咏》刺之云：“宗伯衮清世莫知，菱花初照月临池。点妆巾帽俱新样，不用喧传镜背词。”

批注：河东君，柳如是也。查他山，查慎行也。

八四 诗以进一步为佳。杜门悬车，高尚也；而张宝臣《致仕》云：“门为看山宁用杜？车还驾鹿不须悬。”别离，苦事也；而黄石牧《送别册子》云：“一度送行传一画，人生那厌别离多。”《寄衣》，古曲也；而盛青嵝《出门》云：“检点篋中裘葛具，早知别后寄衣难。”“打起黄莺儿”，惧惊梦也；而朱受新《春莺》云：“任尔楼头啼晓雨，美人梦已到渔阳。”

批注：“诗进一步”，即翻出新意。

八五 春学士台，常言其门人谢又绍侍郎乞病养母。人问：“何不奏终养而奏病耶？”曰：“为人子，养可也；闻‘终’字，便伤心耳。”其《忆母》诗云：“儿来前：自尧经今凡几年？儿可记：自尧经今凡几帝？儿时应对稍逡巡，母怒变色旋喝嗔。陈篋逊志学人责，稽古胡不如妇人？吁嗟！母言在耳，儿颜犹泚，安得吾母常嗔儿常泚？于今劝学无闻矣！”呜呼！今士大夫溺于时文之学，谈及史鉴，褎如充耳；读先生诗，能无怍乎？先生名道承，福建晋安人。

八六 解中发秀才，馆尹文端公家。一日，鲍雅堂来访，见十四公子庆保。问年几何。曰：“十四岁。”鲍戏出对云：“十四世兄年十四。”解应声曰：“三千弟子路三千。”杭州沈既堂在高相公署中，公出对云：“可能子面如吾面？”沈应声曰：“未必他心即我心。”

批注：“十四公子名庆禧，庆保系十三公子。庆禧官至总兵，与余同岁。”（批本语）

八七 永安寺壁上有梅田女史题诗云：“灵妃齐驾玉龙回，留得清阴满绿苔。来岁春风一相待，囊琴便约懒仙来。”所云懒仙，不知何人。

八八 金姬小妹凤龄，幼鬻吴门作婢，余为赎归；年十四矣，明眸巧笑，其姊劝留为篷室，凤龄意亦欣然。余自伤年老，不欲为枯杨之稊，因别嫁隋氏，为大妻所虐，雉经而亡。余哭以诗。一时和者甚多。新安巴隽堂中翰云：“粉蛾贴幛尘沾幕，绰约佳人嗟命薄。恼鸦打凤海难填，桃叶离根泪珠落。往事泥中善说诗，吴音娇软含春姿。因情割爱反成悔，缔非其偶尤堪悲。驽材讵足亲仙骨？狮子何曾怜委发？风传柑果味全殊，雨暗合欢花不发。锄兰门内影伶俜，伤哉逝水难归瓶！芳魂仍返仓山早，虚廊簌簌鸣幽箓。”

杨蓉裳亦有《凤龄曲》云：“汝南太史人中杰，文采风流世无敌。羊侃筵前舞袖围，马融帐外金钗列。我是彭宣到后庭，隔帏丝竹许同听。酒酣枨触平生事，向我低徊说凤龄。凤龄本是苏台女，贫向豪家傍门户。牙郎那解惜娉婷，灶妾由来耐辛苦。携出淤泥一瓣莲，青衣乍脱便登仙。漫拈郭璞三升豆，判费初明十万钱。

关情三五韶年纪，逋发初齐试罗绮。碧玉娇痴未有夫，桃根宛转长依姊。爱惜盈盈掌上身，恐教辜负永丰春。谁言络秀堪同老？愿把西施别赠人。堂前文宴多宾从，隋郎风貌偏殊众。照影人夸城北徐，嬉春女爱东墙宋。珍偶相看已目成，许将红粉嫁书生。重重锦幔凭私语，叩叩香囊易定情。兰期初七银河度，啼痕满面登车去。从此茫茫万劫尘，回头迷却仙山路。铜街别馆贮娇姿，踪迹难教大妇知。绡帐香浓檀枕暖，一绚丝络几多时。宜城郡主威名重，搜牢惊破巫云梦。浪说王家九锡文，短辕长柄成何用？架上抛残金缕衣，箧中夺去紫鸾篦。粉痕狼籍云鬟卸，扶入车中不敢啼。檀郎隔绝无由见，秋雨秋风闭空院。九转柔肠对暗灯，千行愁泪吟团扇。绝粒非关爱细腰，典衣何计度寒宵？肤凝寒玉心还热，口嚼红霞怨不销。忍苦含辛经半载，九死穷泉更何悔！只是难忘旧主恩，留将一线残魂待。更念同根两地分，兰帏应亦痛离群。一朝噩梦花辞树，百种痴情泥忆云。谁知路比蓬山峻，更无青鸟通芳讯。绣幰频迎那许还，黄柑遥赠知无分。二句用本事。絮果兰因去住难，弃将弱息自摧残。腰间三尺冰文练，百转千回掩泪看。黄昏人静重门闭，逡巡竟向南枝系。红蜡才灰辗转心，冰蚕永断缠绵意。郁郁埋香土一抔，长干西去板桥头。空林鹃语三生恨，幽圹萤飞独夜愁。浮花浪蕊消弹指，毕竟韶颜为谁死？杀粉亲书堕泪碑，燃脂好续伤心史。只悔当初作鸩媒，生将珠玉委蒿莱。纵教采尽中州铁，铸错无成剧可哀。”洪稚存嫌蓉裳诗，多肉少骨。余曰：“张燕公评许景先丰肌腻理，惜乏风骨；李华文词绵丽，气少雄杰。宋子景亦云：‘恃华者质少，好丽者壮违。’人各有性之所近也。”蓉裳年十六即来受业，为余注四六文方半，而出宰甘肃矣。与陈梅岑皆翰林才，而困于风尘俗吏，亦奇！

批注：金姬，苏州人，名不详。约乾隆二十五年（1760）嫁四十五岁之袁枚为妾。杨芳灿（1753—1815），字才叔，号蓉裳，金匮（今江苏无锡）人。官至户部员外郎。有《芙蓉山馆全集》。袁枚弟子。

八九 断句入耳，有终身不能忘者。言情，则周兰坡《送别》云：“临行一把相思泪，当作珍珠赠故人。”写景，则周起渭《西湖》云：“若把西湖比明月，湖心亭是广寒宫。”寄托，则朱赞皇《咏牡丹》云：“漫道此花真富贵，有谁来看未开时？”感慨，则徐方虎《赠冒辟疆》云：“人逢沧海遗民少，语听开元旧事多。”

九〇 人必先有芬芳悱恻之怀，而后有沉郁顿挫之作。人但知杜少陵每饭不忘君；而不知其于友朋、弟妹、夫妻、儿女间，何在不一往情深耶？观其冒不韪以救房公，感一宿而颂孙宰，要郑虔于泉路，招李白于匡山；此种风义，“可以兴，可以观”矣。后人无杜之性情，学杜之风格，抑末也！蒋心馀读陈梅岑诗，赠云：“一代高才有情者，继袁夫子是陈君。”

批注：人先有真善之性情，而后有感人之作。学古人之风格而无其性情，乃缘木求鱼也。

九一　何义门曰：“冯定远谓：‘熟观义山诗，可免江西粗俗槎丫之病。’余谓熟观义山诗，兼悟西昆之失。西昆只是雕饰字句，无义山之高情远识；即文从字顺，犹有间也。”

批注：宋西昆派学李商隐，只是模仿文辞形式，此其所以为人诟病。

九二　彭尺木进士，为大司马芝亭先生之子。生长华腴，而湛深禅理；中年即茹素，与夫人别屋而居。每朔望，即相勖曰：“大家努力修行。”彼此一见而已。后闭关西湖，恰不废吟咏。尝作《钱塘旅舍杂句》云：“处士当年百不营，偏于梅鹤剧多情。梅枯鹤去人何在？冷彻孤亭月四更。”“结趺终夕复终朝，眼底空华瞥地消。尚有闲情消不得，起寻松子当香烧。”“酸齑薄粥少人陪，雪霁南窗昼懒开。不是一枝梅破萼，阿谁与我报春回？”《病起》云：“帘深蝇自迸，花尽蝶无营。”皆见道之言，不着人间烟火。

九三　龙铎，字震升，号雨樵，宛平己卯举人。十二岁时，杭州老宿朱桂亭先生命即席赋瓜子皮。应声曰：“玉芽已褪空余壳，纤手初抛乍有声。莫道东陵无托意，中间黑白尽分明。”朱叹曰：“此子将来必以诗名。”《观鱼》云：“子不知鱼乐，君其问水滨。”《题画》云：“乱泉寻石窦，归雾断山腰。”《赠友》云：“篷转三年雨，兰言一夕秋。”皆少作也。后宰吴江。余扫墓杭州，必过其署。美膳横列，如入护世城中；豪气飞腾，胜坐元龙床上：洵风尘中一奇士也。

九四　小伶凤珠，善歌，能解人意。雨樵即席赋《浣溪沙》（顾学颉按：此调乃《减字木兰花》。），以“凤珠可儿”为韵。词云：“彩云幺梦，何处飞来红玉凤。笑倩人扶，一曲《梁州》一斛珠。　　眉欢目妥，教人坐立如何可？偏解相思，学语雏莺小意儿。”

批注：袁枚误将《减字木兰花》当作《浣溪沙》，可见其所说“余不解词曲”（本书卷十五）言之不虚。

九五 康熙间，汪东山先生绎，精星学。桐城吴贡生某以女命与算。汪云："此一品夫人命也，但必须作妾。"吴愕然怒，以为轻己。汪曰："我早知君之必怒也。然君不信我言，请待我某科中状元时，君方信我。"及期，果中状元。吴再问汪。汪曰："勿急。待我再算郎君命中有一品者，而后许之。"半年后，走告吴曰："桐城张相国之子名廷玉者，将来官一品。现在觅妾。君何不以女归之？"吴从之。遂生若霭、若澄，受两重诰封。汪题其灯笼"候中状元某"，人多笑之。在京师与方灵皋、蒋南沙、汤西崖齐名。三人皆疏放，而方独迂谨，时相抵牾。堂上挂沈石田芭蕉一幅，所狎二美伶来，错呼白菜；人因以"双白菜"呼之。方大加规谏。先生厌之，乃署其门曰："候中状元汪，谕灵皋，免赐光。庶几南蒋，或者西汤；晦明风雨时来往，又何妨？双双白菜，终日到书堂。"先生自知不寿，《自赠》云："生计未谋千亩竹，浮生只办十年官。"又尝《望岱》云："闲云莫恋山头住，四海苍生正望君。"

九六 钱塘令曹江庐明府，有子名一熊，乳名顺生，聪颖异常，有李邺侯、晏元献之风。对客挥毫，赋《秋声》云："西风飒飒日相催，桐叶飘摇满绿苔。最爱秋霜添逸韵，树中传出一声来。"其时曹公方逐土娼。客问："娼应逐否？"笑曰："好事者为之也。"客又问："汝想作官否？"曰："要作，又不要作。"问："何也？"曰："学而优则仕，学而不优则不仕。"问："作官可要钱否？"曰："要钱，又不要钱。"问："何也？"曰："取之而燕民悦，则取之；取之而燕民不悦，则不取。"

九七 宋元俊作四川提督，有恩威，苗人畏而爱之。王师征金川，颇立功。以性刚犯上，被劾。临讯时，苗民护从者千余人，挥之不散。宋公怒，取其头自杖四十，终不忍去。有参戎哈某，宋素轻之。哈画牡丹花于扇。宋戏题曰："已绾征西节，新吹幕府笳。如何贪富贵，又画牡丹花？"哈衔之刺骨，卒为所构。

九八 扬州洪锡豫，字建侯，年甫弱冠，姿貌如玉；生长于华腴之家，而性耽风雅，以诗书为鼓吹，与名流相过从。昔人称谢览芳兰竟体，知其得于天者异矣。为余梓尺牍六卷，寄诗请益。其《暮雨》云："衰柳拂西风，虫鸣乱叶中。片云将暮雨，吹送小楼东。萤火生寒碧，檐花坠小红。那堪终夜里，萧瑟傍梧桐。"《春日》云："青蓑白袷了春耕，上冢人归月二更。灯影半残眠未稳，碧空吹落纸鸢声。"

意思萧散，真清绝也。

批注：洪锡豫出资为袁枚刊刻《小仓山房尺牍》六卷，袁枚选录洪诗入《诗话》表示谢意。可见《诗话》采诗与人情的关系。

九九 苏州闺秀江铭玉，有《堂上视膳》诗云："明知温清时时缺，隐惧春秋渐渐高。"真能道人子之心。余读之，为泣下。

一〇〇 如皋张乾夫有《南坪集》八卷。其子竹轩太守，托其宗人荷塘明府索序于余。余适撰《诗话》，为摘一二，以志吉光片羽之珍。其《荆溪》云："离墨山前路，千林望郁苍。人烟聚茶市，沙鸟绕渔梁。白雨江声急，孤舟水气凉。今宵高枕梦，不减在潇湘。"《不寝》云："春更隐隐夜迢迢，愁不能祛酒易消。断送落花窗外雨，生憎一半在芭蕉。"《夜出南郊》云："霜华散白满长堤，堤柳萧萧带月低。树上冻鸦栖不定，屡惊人影过桥西。"《慕园即事》云："松影平分半窗月，漏声散作满城霜。"《癸酉除夕》云："要问春从何处到，开元寺里一声钟。"皆可爱也。

一〇一 仁和高氏女，与其邻何某私通。女已许配某家，迎娶有日，乃诱何外出，而自悬于梁。何归，见之大恸，即以其绳自缢。两家父母恶其子女之不肖，不肯收殓。邑宰唐公柘田，风雅士也，为捐赀买棺而双瘗之；作四六判词，哀其越礼之无知，取其从一之可悯。城中绅士，均为赋诗。余按此题着笔，褒贬两难。独女弟子孙云鹤诗最佳。词曰："由来情种是情痴，匪石坚心两不移。倘使化鱼应比目，就令成树也连枝。红绡已结千秋恨，青史难教后代知。赖有神君解怜惜，为营鸳冢播风诗。"后四句，八面俱到，尤为得体。钱谢莽枚，玙沙方伯第五子也，亦有句云："解识巫山云雨意，始知唐勒是骚人。"亦佳。

批注：孙云鹏，字兰友，一字仙品。孙云凤之妹。工词。有《听雨楼词》。

一〇二 近见作诗者，好作拗语以为古，好填浮词以为富：孟子所谓"终身由之而不知其道"者也。朱竹君学士督学皖江，来山中论诗，与余意合。因自述其序池州太守张芝亭之诗，曰："《三百篇》专主性情。性情有厚薄之分，则诗亦有浅深之别。性情薄者，词深而转浅；性情厚者，词浅而转深。"余道："学士腹笥最富，而何以论诗之清妙若此？"竹君曰："某所论，即诗家唐、宋之所由分也。"因诵芝亭《过望华亭》云："昨夜望华亭，未睹九峰面。肩舆复匆匆，流光如掣电。

当境不及探，过后心逾恋。”“九叠芙蓉万壑深，登临不到几沉吟。何当直上东峰宿？海月天风夜鼓琴。”又《江行》云：“犬吠人归处，灯移岸转时。”《端阳》云：“看人悬艾虎，到处戏龙舟。”《太白楼》云：“何时江上无明月，千古人间一谪仙。”《同人自齐山泛舟》云：“聊以公余偕旧友，须知兴到即新吾。”皆极浅语，而读之有余味。昔人称陆逊意思深长，信然。芝亭字仲谟，名士范，陕西人，今观察芜湖。其长君汝骧亦能继声继志。《题署中小园》云：“风吹花气香归砚，月过松心凉到书。”《将往邛州》云：“此去正过桃叶渡，归来不负菊花期。”又，《华盖寺》云：“曲径松遮洞，岩深寺隐山。”皆清雅可传。

批注：朱竹君论“性情有厚薄之分”，可谓有识之见；但云“即诗家唐、宋之所由分也”，未免片面。唐诗未必性情尽厚，宋诗未必性情尽薄。

语浅而有余味，乃性灵诗所崇尚的境界。

卷　一五

一　元相《连昌宫词》:“夜半月高弦索鸣，贺老琵琶定场屋。”因《隋书·音乐志》:每岁正月十五日，“于端门外、建国门内，绵亘八里，列为戏场。百官起棚夹路，从昏达旦以观之”，谓之“场屋”故也。今误称场屋为试士之处。

批注：此条类似“场屋”考。此卷颇多考证文字。

二　今人动称“勾栏”为教坊。《甘泽谣》辨云:“汉有顾成庙,设勾栏以扶老人。非教坊也。”教坊之称,始于明皇,因女伎不可隶太常,故别立教坊。王建《宫词》、李长吉《馆娃歌》,俱用“勾栏”为宫禁华饰。自义山倡家诗有“帘轻幕重金勾栏”之词，而“勾栏”遂混入妓家。

批注：“勾栏”考。

三　今人以荷包为荷囊,盖取刘伟明诗曰“西清寓直荷为橐,左蜀宣风绣作衣”之句。按:紫荷者,以紫为夹囊,服外,加于左肩,是周公负成王之服,一名“契囊”,见张晏注《丙吉传》。《宋书·礼志》:“朝服肩上有紫生夹囊,缀之朝服外,呼曰‘紫荷’。以盛奏章。”是紫荷非今之荷包明矣。惟《三国志》云:“曹操好佩小鞶囊。”似今之荷包。

批注：“荷包”“荷囊”考。

四　柴钦之年少貌美，赋诗自夸云：“即今叔宝神清少，敢坐羊车有几人？”余按:《汉书》注:“羊车,定张车也。非羊所牵之车也。”然晋武帝在宫中乘羊车游,宫人以竹叶洒盐以引羊。是牵车者羊也。犹之如淳注："《楚歌》,《鸡鸣歌》也；非楚人所歌也。"然高帝谓戚夫人曰："若为吾楚歌，吾为若楚舞。"又明是楚人之歌。

批注："羊车"考。

五 《魏书·礼志》曰："徒歌曰谣，徒吹曰和，比音而乐之及干戚羽毛谓之乐。"然则素琴以示终，笙歌以告哀，不可谓之乐也。宋王黼传遭钦圣之丧，犹召乐妓，舞而不歌，号曰"哑乐"。余故题《息夫人庙》有"箫鼓还须哑乐迎"之句。

批注："乐"考。

六 人疑东坡诗云"龙钟三十九，劳生已强半"，三十九不得称"龙钟"。按：苏鹗《演义》："龙钟，谓不昌炽、不翘举之貌。"《广韵》："龙钟，竹名。老人如竹摇曳，不能自持。"唐人《谈录》载："裴晋公未第时，过洛中，有二老人言：'蔡州未平，须待此人为相。'仆闻，以告。公笑曰：'见我龙钟，故相戏耳。'"王忠嗣以女嫁元载，岁久，见轻，游学于秦，为诗曰："年来谁不厌龙钟？虽在侯门似不容。"二人皆于少年未第时，自言龙钟。

批注："龙钟"考。

七 张平子《归田赋》："仲春令月，时和气清。"盖指二月也。小谢诗因之，故曰："首夏犹清和，芳草亦未歇。"今人删去"犹"字，而竟以四月为"清和"。

八 今动以"苜宿""广文"称校官。余按非也。唐开元中，东宫官僚清淡，薛令之为左庶子，以诗自悼曰："朝日上团团，照见先生盘。盘中何所有？苜蓿上阑干。"盖是东宫詹事等官，非今之学博也。说见朱林洪《山家清供》。杜诗曰："诸公衮衮登华省，广文先生官独冷。"按《唐书》："明皇爱郑虔之才，欲置左右，以不事事，更为置广文馆，以虔为博士。虔闻命，不知广文曹司何在，诉之宰相。宰相曰：'上增国学，置广文馆以居贤者。令后世言广文博士自君始，不亦美乎？'虔始就职。"是"广文"者，乃明皇为虔特设之馆，非今之学官也。

批注："苜宿""广文"考。

九 今人动以"金马玉堂"称翰林。余按：宋玉《风赋》："徜徉中庭，比上玉堂。"《古乐府》："黄金为君门，白玉为君堂。"泛称富贵之家，非翰林也。汉武帝命文学之士，待诏金马门。“金马”二字，与文臣微有干涉。至于谷永对成帝曰：“抑损椒房玉堂之盛宠。”颜师古注：“玉堂，嬖幸之舍也。《三辅黄图》曰：‘未央宫有殿阁三十二，椒房、玉堂在其中。’”是“玉堂”乃宫闱妃嫔之所，与翰林无干。宋太宗淳化中赐翰林“玉堂之署”四字，想从此遂专属翰林耶？

批注：“金马玉堂”考。

一〇　今称人还居曰“莺迁”,本《诗经》“迁于乔木”之义。按《伐木》章:“鸟鸣嘤嘤,出自幽谷,迁于乔木。”是“嘤”字不是“莺”字。“嘤”乃鸟之鸣声耳。“绵蛮黄鸟”，当是莺，而又无“迁乔”字样。然唐人有《莺出谷》诗题,《卢正道碑》有“鸿渐于磐，莺迁于木”之文：则以“嘤”为“莺”，自唐已然。

批注：“莺迁”考。

一一　《生民》之诗曰：“诞弥厥月。”《毛笺》:“诞，大也。弥，终也。”此诗下有八“诞”字：“诞置之隘巷”，“诞置之平林”。朱子以“诞”字为发语词。今以生日为诞日，可嗤也！余又按：古人以宴享为礼，而以介寿为节文。故《诗》《书》所称，逐日可以为寿。今人以生日为礼，而以宴饮为节文，故介寿必生日。

批注：“诞”字考。

一二　《珍珠船》言:“萱草,妓女也。人以比母,误矣。”此说盖本魏人吴普《本草》。按《毛诗》:“焉得萱草，言树之背。”注云：“背，北堂也。”人盖因“北堂”而傅会于母也。《风土记》云:“妇人有妊,佩萱则生男。故谓之宜男草。”《西溪丛语》言：“今人多用‘北堂萱堂’于鳏居之人，以其花未尝双开故也。”似与比母之义尚远。

批注：“萱草”考。

一三　戴氏《鼠璞》云:“《鲁颂》所称‘泮宫’者，泮，鲁水也，非学宫也。若以泮水为半水，则下文‘泮林’，岂是半林乎？况《鲁颂·泮宫》诗，乃是僖公献馘演武之所，非尚文之地。《王制》:‘天子曰辟雍，诸侯曰泮宫。’是汉儒误解《鲁颂》，而至今因之。”

批注："泮宫"考。

一四　杜诗有"起居八座太夫人"之句。今遂以八人扛舆者为八座。按宋、齐所云"八座"者：五尚书、二仆射、一令。《唐六典》曰："后汉以令、仆射、六曹尚书为八座。今以二丞相、六尚书为八座。唐不置令。"考《宋书》,《六典》之言，是"八座"者，八省之官；非八人舁之而行之谓也。南齐王融曰："车前无八驺，何得称丈夫？"是则有类今所称"八座"之说矣。

批注："八座"考。

一五　"老泉"者,眉山苏氏茔有老人泉,子瞻取以自号:故子由《祭子瞻文》云:"老泉之山,归骨其旁。"而今人多指为其父明允之称:盖误于梅都官有老泉诗故也。

批注："老泉"考。

一六　今人称伶人女妆者为"花旦"，误也。黄雪槎《青楼集》曰："凡妓以墨点面者号花旦。"盖是女妓之名,非今之伶人也。《盐铁论》有"胡虫奇妲"之语。方密之以"奇妲"为小旦。余按:《汉郊祀志》:"乐人有饰女妓者。"此乃今之小旦、花旦。"奇妲"二字，亦未必作小旦解。

批注："花旦"考。

一七　程绵庄云:"孔子庙有棂星门，其误已久，不可不知。《诗经》小序云:'《丝衣》,绎宾尸也。'高子曰:'灵星之尸也。'汉高祖始令天下祀灵星。《后汉书》注云：'灵星，天田星也。欲祭天者，先祭灵星。'《风俗通》:'县令问主簿："灵星在城东南，何法？"曰:"惟灵星所以在东南者，亦不知也。"'《宋史·礼志》云:'仁宗天圣六年，筑南郊坛，外壝周以短垣，置灵星门。'夫以郊坛外垣为灵星门者，所以象天之体，用之于圣庙，盖以尊天者尊圣也。其移用之始，始于宋。《景定建康志》《金陵新志》并言：'圣庙立灵星门。'惟《元志》误以'灵'作'棂'，后人承而用之，则不知义之所在矣。《晋史·天文志》云：'东方角二星为天关，其间天门也。'与《后汉书》注正相印证。俗儒解'棂星',以为养先于教,犹知'棂'之为'灵'也。今竟解作疏通之义，则大谬矣！"余戏题云："绎祭灵星有乐章，故将圣庙比天阊。如何解作疏通义？钻入窗棂上讲堂。"

批注："灵星"考。

一八 刘孝威《结客少年场》云："少年李六郡。"李，使也。故《左氏》："不使一介行李告于寡君。"杜注："李，使人也。"凡言信者，亦使人也。《古乐府》："有信数寄书，无信长相忆。"今误以"行李"为作客之衣装。

批注：刘孝威，南朝梁文学家。曾有《刘孝威集》，已佚。

一九 今称夫妻为"结发"，女拜曰"敛衽"，皆误也。按《李广传》："广自结发与匈奴战。"苏武诗："结发为夫妻。"泛称自幼束发之意，非指称结两人之发也。成婚之夕，男左女右，合其髻曰"结发"，始于刘岳《书仪》。《战国策》："江乙谓安陵君曰：'国人见君，莫不敛衽而拜。'"《留侯世家》曰："陛下南面称霸，楚君必敛衽而朝。"皆指男子也。今称女拜为"敛衽"，不知始于何时。

批注："结发"考。

二〇 今人称诗题为"题目"。按：二字始见于《世说》："山司徒前后选百官，举无失才，凡所题目，皆如其言。"又："时人欲题目高坐上人而未能。桓公曰：'精神渊箸。'"是"题目"者，品题之意，非今之诗题、文题也。

批注："题目"考。

二一 余到南海，阅《粤峤志》："景炎二年，端宗航海，有香山人马南宝献粟助饷，拜工部侍郎。帝幸沙浦，与丞相陈宜中、少傅张世杰即主其家。居数日，广州陷。南宝募乡兵千人，扈送至香山岛。元兵追至砜州，陈宜中走占城求救。帝崩。卫王昺立，走崖山，以曾子渊充山陵使；奉梓宫，殡于南宝家。宋亡，南宝泣不食。作诗曰：'目击崖门天地改，寸心不与夜潮消。'又曰：'众星耿耿沧波底，恨不同归一少微。'后卒殉节。"其诗其事，正史不传，故志之。

批注："马南宝"考。

二二 李太守棠《喜晤故人》云："问年人是旧，见面老惊新。"储宗丞麟趾《落齿》云："失辅悲新别，观颐念旧勋。"

二三 江南俗例：登科报捷者，例用红绫书喜帖。方近雯方伯家本寒素，举京兆，报到，夫人仓猝无力买绫，不得已，截衫袖付之。家婢戏云：“留取一半，待明年中进士作赏。”先生闻之，在长安寄诗云：“朔风寒到柔荑手，忆杀麟衫两袖红。”次年，果宴琼林。先生又寄诗云：“榜下忆来常欲泣，朝中说去半能知。”

二四 诗人能武艺，自命英雄，晚年有王处仲击唾壶之意。许子逊《咏飞将》云：“垂老犹横槊，穷愁未废诗。荐章终日上，不到傅修期。”沈子大《咏怀》云：“落笔一身胆，结交寸心血。”薛生白《咏马》云：“尔不嘶风吾老矣，可知俱享太平时。”

批注：王敦，字处仲，东晋权臣。晚年好吟曹操诗，并以击唾壶为拍。

二五 西林相公勋业巍巍，而赋诗时有感慨。《石桥扫墓》云：“石桥西下白杨堆，宿草初从暖气回。一陌纸钱三滴酒，几家坟上子孙来？”

二六 诗有无意相同者：蔡太夫人《咏蝶》云：“试向青陵台上望，可曾飞上别家枝？”王次岳《咏蝶》云：“果是青陵旧魂魄，不应到处宿花房。”

二七 《封氏闻见录》曰：“切字始于周颙。颙好为体语，因此切字，皆有纽；纽有平上去入之分。沈约遂因之，而撰《四声谱》。”沈括、曾慥俱以切字始于西域佛家。汉人训字，止曰读如某字而已，无反切也。吴獬以为始于后魏校书令李启撰《声韵》十卷、夏侯咏撰《声韵略》十二卷。李涪《刊误》亦主其说。至于叶韵之说，古人所无。顾亭林以为始于颜师古、章怀太子二人。王伯厚以为始于隋陆法言撰《切韵》五卷。余按：汉末涿郡高诱解《淮南子》《吕氏春秋》，有“急气、缓气、闭口、笼口”之法。盖反切之学，实始于此。而孙叔然炎犹在其后。

批注：“切字”考。

二八 诗赋为文人兴到之作，不可为典要。上林不产卢橘，而相如赋有之。甘泉不产玉树，而扬雄赋有之。简文《雁门太守行》而云“日逐康居与月氏”；萧子晖《陇头水》而云“北注黄河，东流白马”：皆非题中所有之地。苏武诗，有“俯看江汉流”之句。其时武在长安，安得有江汉？《尔雅》：“山有穴为岫。”谢玄晖诗：“窗中列远岫。”徐浩文：“孤岫龟形。”皆误指为山峦。刘琨《答卢谌》诗：“宣尼悲获麟，西狩涕孔丘。”宣尼即孔丘也。谢朓《秋怀》诗：“虽好相如色，不同长卿慢。”长卿即相如也。康乐：“扬帆采石华，挂席拾海月。”“扬帆”即“挂席”也。孟浩然：“竹间残照入，池上夕阳微。”“夕阳”即“残照”也。使后人为之，必有“关门闭户掩柴扉”之诮矣！杜少陵《寄贾司马》诗：“诸生老伏虔。”东汉服虔并不老。所云伏虔者，伏生也；伏生不名虔。《示僚奴阿奴》云：“曾惊陶侃胡奴异。”胡奴，侃之子；非奴仆也。“不闻夏殷兴，中自诛褒、妲。”褒、妲是殷周人，与夏无干。

杜诗：“乘槎消息近，无处问张骞。”此即世俗所传张骞乘槎事也。然宋之问诗云：“还将织女支机石，重访成都卖卜人。”是明用《荆楚岁时记》织女教问严君平事。独不知君平为王莽时人，张骞乃武帝时人，相去远矣！

汪韩门云：“《檀弓》：‘齐庄公袭杞。杞梁死焉。其妻迎其柩于路而哭之哀。’《孟子》：‘杞梁妻善哭其夫，而变国俗。’《左传》但言杞妻辞齐侯之吊，而不言哭。《檀弓》《孟子》虽言哭，未言崩城事也。《说苑·立节篇》云：‘其妻闻夫亡而哭，城为之阤。’《列女传》云：‘枕其夫之尸于城下，哭十日而城崩。’亦未言长城也。长城筑于齐威王时，去庄公百有余年；而齐之长城，又非秦始皇所筑长城。唐释贯休乃为诗曰：‘秦人筑土一万里，杞梁贞妇啼呜呜。’则竟以杞梁为秦时筑长城之人，而其妻所哭崩，乃即秦之长城矣。”

俗传梁灏八十登科，有“龙头属老成”七言诗一首。《黄氏日抄》《朝野杂记》俱驳正之，以为灏中状元时，年才二十六耳。余按《宋史》灏本传：雍熙二年举进士，赐进士甲科，解褐，大名府观察推官。景德元年卒，年九十二。雍熙至景德相隔只十余年，而灏寿已九十二，则八十登科之说，未为无因。

批注：诗非考据，乃文人兴到之作，偶有不合理处，不必厚非。

二九　班史称霍光不学无术，故不知伊尹放太甲之事。乃《西京杂记》载光《答李生兄弟书》，先引殷王祖甲，再引许釐公一产二女，楚唐勒一产二子，事甚博雅。《蜀志》：刘巴轻张飞云：“大丈夫何暇与兵子语？”似飞椎鲁无文。乃涪陵有飞所作《刁斗铭》，流江县有飞所书题名石。前明张士环有诗云：“江上祠堂横剑珮，人间刁斗重银钩。”

批注：班史，指《汉书》。

三〇　宋人多称曾子固不能诗。乃《上元祥符寺宴集》云：“红云灯火浮沧海，碧水瑶台浸远空。”又，《享祀军山庙歌》：“土膏起兮，流泉驶兮。”凡二百余言，俱不减作者。

批注：曾巩（1019—1083），字子固，南丰（今属江西）人。官至中书舍人。北宋散文家，属唐宋八大家。诗不多作。有《元丰类稿》。

三一　或问唐沈佺期诗云："不如黄雀语，能免冶长灾。"余按皇侃《论语义疏》云："冶长从卫还鲁，见老妪当道哭，问：'何为哭？'云：'儿出未归。'冶长曰：'顷闻乌相呼，往某村食肉：得毋儿已死耶？'妪往视，得儿尸，告村官。官曰：'冶长不杀人，何由知儿尸？'遂囚冶长。且曰：'汝言能通鸟言，试果验，裁放汝。'冶长在狱六十日，闻雀鸣而大笑。狱主问何笑。冶长曰：'雀鸣啧啧喈喈：白莲水边，有车翻黍粟；牡牛折角，收敛不尽。相呼往啄。'狱主往视，果然。乃白村官而释之。"余爱雀言音节天然，有类古乐府。

三二　萧子荣《日出东南隅》云："三五前年暮，四五今年朝。"梁元帝《法宝联璧序》云："相兼二八，将兼四七。"此等算博士语，最为可笑。其滥觞盖起于东汉《唐君颂》，曰："五六六七，训道若神。"用曾点"冠者五六人，童子六七人"也。棠邑《费凤碑》曰："菲五五。"言居丧菲食二十五月也。皆割裂太过，不成文理。

批注："算博士语"，诗中刻意用数字，做作而不自然。

三三　或问："梅定九先生诗云：'乾道炎三伏，坤灵乐四游。'作何解？"余按《史记》秦德公二年"初伏"注："三伏始于秦，周无伏也。"刘熙《释名》云："金气伏藏也。故三伏皆庚。"王大可云："三伏者，庚金伏于夏火之下。金畏火，故曰伏。"惟"四游"不得其解。后见《尚书·考灵曜》曰："地体虽静，而终日旋转，如人坐舟中，舟自行动，人不能知。春星西游，夏星北游，秋星东游，冬星南游。一年之中，地有四游。"此定九先生之所本也。

三四　毛西河以诗赋为试帖。按唐"明经"：先帖文，然后试帖经之法，以所习经，帖其两端，中留一行试之；非指诗赋也。然"明经"亦有试诗者：王贞白有《帖经日试宫中瑞莲诗》。

三五　今举子于场前揣主司所命题，而预作之，号曰"拟题"。按：宋何承天私造《铙歌》十五篇，不沿旧曲，而以己意咏之，号曰"拟题"，此二字之始。今遂以为士子揣摩之称。

三六　俗传黄崇嘏为女状元。按《十国春秋》："崇嘏好男装，以失火系狱，邛州刺史周庠爱其丰采，欲妻以女。乃献诗云：'幕府若容为坦腹，愿天速变作男儿。’庠惊召问，乃黄使君女也。幼失父母，与老妪同居。命摄司户参军，已而乞罢归，不知所终。”今世俗讹称女状元者，以其献诗时，自称“乡贡进士”故也。严冬友曰：“徐文长《四声猿》剧，末一折为《女状元》，即崇嘏事。此俗称所始。”

三七　孔毅夫《杂说》称退之晚年服金石药致死。引香山诗“退之服硫黄，一病讫不痊”为证。吕汲公辩之云：“卫中立字退之，饵金石，求不死反死。中立与香山交好，非韩退之也。韩公之痛诋金石，已见李虚中诸人墓志矣，岂有身反服之之理？”

批注：孔毅夫，宋人。其《杂说》又作《杂记》。

三八　近人新婚，贺者作催妆诗，其风颇古。按：《毛诗》“间关车之牵兮”一章，申丰曰：“宣王中兴，士得行亲迎之礼，其友贺之而作是诗。”北齐婚礼，设青庐，夫家领百余人，挟车子，呼新妇，催出来。唐因之有催妆诗。中宗守岁，以皇后乳媪配窦从一，诵《却扇诗》数首。天祐中，南平王钟女适江夏杜洪子，时已昏暝，令人走乞《障车文》于汤筼。筼命小吏四人执纸，倚马而成，即催妆也。

《芥隐笔记》《辍耕录》俱云：今新妇至门，则传席以入，弗令履地。唐人已然。白乐天《春深娶妇》诗云：“青衣捧毡褥，锦绣一条斜。”

两新人宅堂参拜，谓之拜堂。唐人王建《失钗怨》：“双杯行酒六亲喜，我家新妇宜拜堂。”

批注：“催妆诗”考。

三九　诗能令人笑者必佳。云松《咏眼镜》云：“长绳双目系，横桥一鼻跨。”古渔《客邸》云：“近来翻厌梦，夜夜到家乡。”张文端公云：“姑作欺人语，报国在文章。”尹似村《咏贫》云：“笥能有几衣频典，钱值无多画幸存。”刘春池《立春》云：“门前久已无车马，尚有人来送土牛。”古渔《哭陈楚筠》云：“才可闭门身便死，书生强健要饥寒。”蒋心馀《咏京师鸡毛炕》云：“天明出街寒虫号，自恨不如鸡有毛。”

香亭和余《咏帐》云：“垂处便宜人语细。”余乍读便笑。香亭问故。余曰：“纵粗豪客，断无在帐中喊叫之理。”又《咏杖》曰：“隔户声先步履来。”皆真得妙。

批注：“诗能令人笑”，必诙谐风趣，符合袁枚性灵说审美追求。

四〇 曹震亭与史梧冈潜心仙佛，好为幽冷之诗。曹云：“肃肃秋乾风，萧旷野无已。桥孤朽柱摇，落日动野水。”史云：“一峰两峰阴，三更五更雨。冷月破云来，白衣坐幽女。”皆阴气袭人。曹又有句云：“秋阴连朔望，黯黯白云平。似听前村里，呼鸡有妇声。”此首便冷而不阴。

四一 诗有听来甚雅，恰行不得者。金寿门云：“消受白莲花世界，风来四面卧中央。”诗佳矣，果有其人，必患痎疟。雪庵僧云：“半生客里无穷恨，告诉梅花说到明。”诗佳矣，果有其事，必染寒疾。

四二 今人称曲之高者，曰“郢曲”，此误也。宋玉曰：“客有歌于郢中者。”则歌者非郢人也。又曰：“《下里巴人》，国中属和者数千人。《阳春白雪》，和者不过数十人。引商刻羽，杂以流徵，则和者不过数人。”是郢之人能和下曲，而不能和妙曲也。以其所不能者名其俗，不亦讹乎？

四三 《毛诗》：“流离之子。”《郑笺》：“流离，鸟名。”今讹以为离散之词。犹之“狼狈”，兽名也；今讹以为困顿之词。“琐尾”二字，《笺》：“美好也。”今亦讹为琐碎之词。

四四 谢位联《贺进士》云：“赴宴琼林早，题名雁塔高。”余有旧拓《雁塔题名记》十余张，皆缙绅大夫、僧流羽士之名，非止新进士也。唐进士于曲江宴赏之余，多有各题名姓者。今人遂以“雁塔题名”为称贺进士之言。

四五 世传苏小妹之说，按《墨庄漫录》云：“延安夫人苏氏，有词行世，或以为东坡女弟适柳子玉者所作。”《菊坡丛话》云：“老苏之女幼而好学，嫁其母兄程濬之子之才。先生作诗曰：‘汝母之兄汝伯舅，求以厥子来结姻。乡人婚嫁重母族，虽我不肯将安云。’”考二书所言，东坡止有二妹：一适柳，一适程也。今俗传为秦少游之妻，误矣！或云：“今所传苏小妹之诗句对语，见宋林坤《诚斋杂记》，原属不根之论。犹之世传甘罗为秦相。”按《国策》：“甘罗年十二，为少庶子，请张卿相燕。又事吕不韦，以说赵功，封上卿。”并无为秦相之说。然《仪礼疏》亦云：“甘罗十二相秦。”则以讹传讹久矣。

四六 张翰诗：“黄花若散金。”菜花也。通首皆言春景，宋真宗出此题，举子误以为菊，乃被放黜。

四七 外祖章师鹿诗云：“高足多金紫，先生已白头。”人问“高足”出处。按《世说新语》:“郑康成在马融门下,三年不得相见;高足弟子传授而已。”言融不能亲教,使高弟子传授之耳。然颜师古注《高祖本纪》云:“凡乘传者,四马高足为置传,四马中足为驿传,四马下足为乘传。”是“高足”二字,在汉时以之名马;而《世说》竟以之称弟子,何也?师鹿先生年八十四,犹冒雨着屐,赴康熙庚子乡试。使遇今上,必受殊恩无疑也。《与及门游西湖》云:“师弟同游兴不孤,呼僮挈榼更提壶。分明柳暗花明处,年少丛中一老夫。”

批注:章师鹿,一作章士禄,见袁枚《先妣章太孺人行状》。

四八 今人称女子加笄为“上头”。按《南史·孝义传》:“华宝八岁,父成往长安,临别曰:‘须我还,为汝上头。’长安陷,父不归。宝年至七十,犹不冠。”是“上头”者,男子之事。今专称女子,心颇疑之。读《晋乐府》云:“窈窕上头欢,那得及破瓜?”则主女说亦可。

批注:“上头”考。

四九 唐耿纬《长门怨》云:“闻道昭阳宴。”杨衡云:“望断昭阳信不来。”刘媛云:“愁心和雨到昭阳。”按:昭阳为成帝时赵氏姊妹所居,与武帝之陈后长门无涉。

五〇 章槐墅观察曰:“泰山从古迄今,皆言自中干发脉。圣祖遣人从长白山踪至旅顺山口,龙脉入海,从诸岛直接登州,起福山而达泰山,凿凿可据。”余虽未至旅顺福山,然山左往来,不惟岱岳位震而兑,即观汶、泗二水源流,亦皆自东而西:则泰山不从中干发脉,又一确证也。因纪以诗云:“两条汶、泗朝西去,一座泰山渡海来。笑杀古今谈地脉,分明是梦未曾猜。”

五一 《乐府》云:“五马立踌躕。”香山诗云:“五匹鸣珂马,双轮画戟车。”注;“五马者,不一其说。按《汉官仪》:四马载车,惟太守出,则增一马:故称太守曰五马。”此一说也。程氏《演繁露》以为始于《毛诗》:“良马五之。”亦一说也。《南史·柳元策传》:“兄弟五人,同为太守,各乘一马出入;时人荣之,号柳氏门庭,五马委蛇。”则又一说矣。

批注:“五马”考。

五二 《古乐府》:“十五府小史,三十侍中郎。”似令史之年轻者名小史,即今之小书办也。张翰有《周小史诗》，曰："翩翩周生，婉娈幼童。年甫十五，如日在东。"谢惠连有《赠小史杜德灵》诗，似乎亵狎。然吴祐举孝廉，乃越道，共雍丘小史黄真欢语移时，人以为荣。则小史又以人重矣。高俅为东坡小史，后见苏氏子孙执礼犹恭。

批注："小史"考。

五三　唐人争取新进士衣裳以为吉利。张文昌诗曰："归去惟将新诰命，后来争取旧衣裳。"唐宣宗自称"乡贡进士李道隆"。进士之荣，至于天子慕之。宋时尤重出身；无出身者，不得入相。故欲相此人，必先赐同进士出身，而后许其入相。其重如此。然亦有时而贱。李赞皇不中进士，故不喜科目，曰："好骡马不入行。"金卫绍王喜吏员，不喜进士，曰:"高廷玉人才非不佳，可惜出身不正。"嫌其中进士故也。

五四　宋咸淳辛未，正言陈伯大议：考试士子，诸路运司牒州县，先置士籍，编排保伍，取各人户贯三代年甲，书明所习经书；年十五以上能文者，许其乡之贡士结状保送。一样四本，分送县、州、漕、部。临唱名时，重行编排保伍，各人亲书家状，以验笔迹。士人苦之，赋诗云:"刘整惊天动地来，襄阳城下哭声哀。庙堂束手全无策，只把科场闹秀才。"

五五　邵又房《赠友》云："《广陵散》里求知己，不特弹无听亦无。"余叹其意包括甚广。按《文苑英华》顾况序：弹琴者王女继之，名"日宫""月宫"；有《归云引》《华岳引》诸曲，皆《广陵散》之遗音。是叔夜所弹，未尝绝也。《唐书·韩皋传》，解《广陵散》为嵇康思魏之意。因毋丘俭、诸葛诞俱起兵于广陵，思兴复魏室，而兵皆散亡，故曰从此绝矣。非专指琴也。

五六　或问："杨升庵有句云：'一桶水倾如佛语，两重纱夹起江波。'应作何解？"余按：徐骑省不喜佛经，常云："《楞严》《法华》，不过以此一桶水，倾入彼一桶中。倾来倒去，还是此一桶水。识破毫无余味。"此升庵所本也。方空纱用一层糊窗，原无波纹；夹以两层，必有闪烁不定之波。恐升庵即事成诗，未必有本。余亦有句云："水痕泻地方圆少，雪片经风厚薄多。"一用《世说》，一用《东坡志林》。

五七　熊蔗泉观察《听雪》云："一夜朔风急，重衾尚觉寒。料应阶下白，及早起来看。"童二树《盼月》云："佳绝娟娟月，秋窗逼晓开。卧看桐竹影，渐上卧床来。”两首格调相同。商宝意《顾曲》云：“一曲明光三十段，自弹先要听人弹。”赵云松《论诗》云:“背人恰向菱花照,还把看人眼自看。”两首用意相反。

五八 诗文自须学力，然用笔构思，全凭天分。往往古今人持论，不谋而合。李太白《怀素草书歌》云:“古来万事贵天生,何必公孙大娘浑脱舞？”赵云松《论诗》云：“到老始知非力取，三分人事七分天。”

批注：“学力”与“天分”相结合，方有佳作。此论辩证。

五九 士大夫热中贪仕，原无足讳；而往往满口说归，竟成习气，可厌！黄莘田诗云：“常参班里说归休，都作寒暄好话头。恰似朱门歌舞地，屏风偏画白蘋洲。”

六〇 近人佳句，常摘录之，以教子弟；过时一观，亦有吹竹弹丝之乐。明知收拾不尽，然捃摭一二，亦圣人“举尔所知”意也。毛琬云：“乍寒童子怯，将雨野人知。”童钰云：“病闻新事少，老别故人难。”张节云：“行善最为乐，观书动畜疑。”孔东堂云：“纤低时掠水，帆饱不依桅。”廖古檀云：“山风枯砚水，花雨慢琴弦。’王卿华云：“断香浮缺月，古佛守昏灯。”汪可舟云：“客久人多识，年高众病归。”吴飞池云：“凉风不管征衣薄，落日方知行路难。”李穆堂云：“云在岫无争出意,石当流有不平鸣。”何南园云:“闲愁早释非关酒,旧学重温为课孙。”杨次也云：“浅水戏鱼如可拾，密林藏鸟只闻声。”周青原云：“鸟自下山人自上，一齐穿破白云过。”刘果云:“花间看竹嫌逢主,梦里闻鸡似到家。”章智千《送春》云:“青山驻景如留客,绿树成阴已改妆。”姚念慈《哭孙虚船》云:“有泪直从知己落,无文可共别人论。”尹似村《送南园出京》云：“乍亲丰采归偏速，不惯风尘住自难。”袁蕙纕云：“功名何物催人老？车马无情送客多。”宝意《哭环娘》云：“乍分烟岛情犹恋，略享春风死未甘。”香亭《渡淮》云：“田家饭麦风仍北，游女拖裙俗渐南。”春池《顺风》云：“天上鸟争帆影速，岸边人恨马行迟。”又有五七字单句亦妙者。鲁星村之“老怕送春归”，杨守知之“随身只有影同来”，王家骏之“园不栽梅觉负春”，啸村之“讳老偏逢人叙齿”，飞池之“孤鸿与客争沙宿”：皆是也。

六一 孔子曰:“刚毅木讷近仁。”余谓:人可以木，诗不可以木也。人学杜诗，不学其刚毅，而专学其木，则成不可雕之朽木矣。潘稼堂诗，不如黄唐堂：以一木而一灵也。余选钱文敏公诗甚少，家人误抄十余章。余读之，生气勃勃，悔知公未尽。居亡何，有人云：“此孙渊如诗也。”余自喜老眼之未昏。

批注：诗不可以木，应该灵、活，有生气，此性灵诗的审美要求。

六二　余尝极赏健庵甥《咏落花》云：“看他已逐东流去，却又因风倒转来。”或大不服，曰：“此孩童能说之话，公何以如此奇赏？”余曰：“子不见张燕公争魏元忠事乎？燕公已受二张嘱托矣！因宋璟一言而止。一生名节，从此大定。在甥作诗时，未必果有此意；而读诗者，不可不会心独远也。不然，《诗》称‘如切如磋’，与‘贫而无谄’何干？《诗》称‘巧笑倩兮’，与‘绘事后素’何干？而圣人许子夏、子贡‘可与言诗’，正谓此也。”

批注：佳作可以引人联想。谭献《复堂词录序》所谓“作者之用心未必然，而读者之用心未必不然”。

六三　高文良公巡抚江苏，为制府某所凌，势岌岌乎殆矣，而公声色不动，《咏天平山》云：“倚天峭壁无尘玉，堕地孤留不动云。”其时沈子大先生在幕府，和云：“白浪静教翻石下，碧云高不受风移。”

六四　阐乘上人《对月吊以中》云：“共玩君何往？江头独怆神。难将一片月，分照九泉人。”余在小市，买一古镜，背有诗云：“宝匣初离水，寒光不染尘。光如一轮月，分照两边人。”毛西河咏《镜》云：“与余同下泪，惟有镜中人。”三押“人”字，俱佳。

六五　高翰起司马《路上喜晴》云：“声传干鹊喜，步觉蹇驴轻。”乔慕韩《舟中》云：“雨声篷皆重，鸥影浪头轻。”

六六　有人过刘智庙，见壁上题云：“明时如此拔幽沦，荐祢须看士贡身。敢拟石渠容散木，竟教尘海作劳薪。变名梅尉非无地，捧檄毛生尚有亲。异日《儒林》与《循吏》，一编位置听他人。”诗尾署“竹初”二字。自命如此，可想见其不凡。

六七　王梦楼作云南太守，有纳楼夷民李鹤龄献诗云：“玉堂老凤留衣钵，沧海长虹卷钓丝。”梦楼喜，即用其二句为起句，续六句以赠别云：“旧事都随云变灭，新诗喜见锦纷披。殊方那易逢佳士，识面无如是别时。自负平生能说项，珊瑚几失网中枝。”

六八　昌黎云：“横空盘硬语。”硬语能佳，在古人亦少。只爱杜牧之云：“安得东召龙伯公，车干海水见底空。”又云：“鲸鱼横脊卧沧溟，海波分作两处生。”

宋人句云："金翅动身摩日月，银河翻浪洗乾坤。"本朝方问亭《卜魁杂诗》云："龙来阴岭作游戏，雷电光中舞雪花。"赵秋谷《秋雨》云："油云泼浓墨，天额持广帕。风过日欲来，艰难走云罅。"《大雨》云："日月皆归海，蛟龙乱上天。"赵云松《从李相国征台湾》云："人膏作炬燃宵黑，鱼眼如星射水红。"赵鲁瞻云："江星动鱼脊，山果落猿怀。"

批注：袁枚不喜硬语，故不爱宋黄庭坚诗。此举"硬语能佳"者，古人亦不多见。

六九　丙辰召试鸿词，到丙申四十余年矣。申笏山在都中，与钱箨石、曹地山小集，赋诗云："尺五城南逐散仙，欢场一散似飞烟。多生那得离文字，后死何容卸仔肩？醉后吟声惊户外，雨余山色入窗前。百人尚有三人在，似得天怜亦自怜。"呜呼！笏山殁又十余年矣！今海内召试者，只余与箨石二人尚在。而近闻其年过八十，亦已中风。然则"天怜自怜"，能无再三诵之乎？

七〇　周青原《咏杨妃》云："彩舆花下禄儿狂，此说终疑是渺茫。惟小刘郎曾爱惜，坐怀亲为画眉长。"用史事，补前人未有。将录寄秋帆中丞，镌杨妃墓上。

七一　水仙花诗无佳者；惟杨次也先生七律，前半首云："汀蘅洲草伴无多，以水为家奈冷何？生意不须沾寸土，通词直欲托微波。"余按：《焦氏易林》云："凫雁哑哑，以水为家。"杨暗用之，而使人不觉，可为用典者法。

批注：此处暗用典，视为不用典亦可，即"使人不觉"，故可以为法。

七二　赵云松太史入闱分校，作《杂咏》十余章，足以解颐。《封门》云："官封恰似悬符禁，人望居然入海深。"《聘牌》云："金熔应识披沙苦，礼重真同纳采虔。"《供给单》云："日有双鸡公膳半，夜无斗酒客谈孤。"《分经》云："多士未遑谈虎观，考官恰似划鸿沟。"《荐条》云："品题未便无双士，遇合先成得半功。佛海渐登超渡筏，神山犹怕引回风。"《落卷》云："落花退笔全无艳，食叶春蚕尚有声。沉命法严难自诉，返魂香到或重生。"《拨房》云："未妨螟蠃艰生子，笑比琵琶别过船。"

七三　余自幼闻"月华"之说，终未见也。同年王大司农秋瑞，梦月华而生，故小字华官。后见平湖陆陆堂先生云："康熙辛酉八月十四夜，曾见月当正午，轮之西南角，忽吐白光一道。已而红黄绀碧，约有二十余条，下垂至地。良久结轮三匝，见月不见天矣。"先生赋云："今宵才见月华圆，织女张机也失妍。五色流苏齐着地，三重轮廓欲弥天。”先生名奎勋，掌教桂林，作《礼经解义》，请序于金中丞。中丞命余代作，先生夸不已。中丞以实告之。先生曰：“此古文老手，不似少年人所作也。”记先生有句云：“檐低丝网蛛常断，沼浅莲房子半空。”

先生祖名菉，字义山。当国初鼎革时，马将军兵破平湖，掠其父，将杀之。菉才九岁，伏草中，跳出，抱将军膝求代。将军爱其貌韶秀，取手扇示之曰：“儿能读扇上诗，即赦汝父。”菉朗诵曰：“‘收兵四解降王缚，教子三登上将台。’此宋人赠曹武惠王诗也。将军不杀人，即今之武惠王矣。”将军大喜，抱怀中，辟咡曰：“汝能随我去，为我子乎？”曰：“将军赦吾父，即吾父也。”遂哭别其父而行。将军为之泪下。已而将军身故，菉得脱归。康熙己未，举鸿博，入词林。圣祖爱其才，一日七迁，从编修、赞善、庶子，授内阁学士。才一年，先生引疾归。又十年，卒。自题华表云：“一日七迁千古少，周年致政寸心安。”有病不治，吟曰：“无药能延炎帝寿，有人曾哭老聃来。”

批注:“王大司农名际华。”(批本语)子才不时要自我表扬一下,才人好名如此。

七四　相传“天开眼”，余亦未之见也。平湖张敩坡，晓步于庭，天无片云；忽闻有声砉然，天开一缝：当中宽，两头狭，状类大船。宽处有圆睛闪闪，光芒照耀，似电非电。眼旁碎芒，如人之有睫毛。良久乃闭。敩坡赋诗曰：“霹雳年年响，何曾殛恶来？今朝才省悟，天眼不轻开。”

七五　诗含两层意，不求其佳而自佳。或《咏太行山》云：“但有路可上，再高人也行。”《咏烛》云：“只缘心尚在，不免泪长流。”《咏相见坡》云：“劝君行路存余步，山水还留相见坡。”

批注：“两层意”，即有言外之旨，含寄托。

七六　余十二岁入学，廪生程郦渠云：“渠甥吴冠山，名华孙，亦以髫年入学。今已赋鹿鸣，年才十五。”袖文一册示余。余读之，望若天人。及余登词馆，先生督学闽中，无由相见。五十年后，先生致仕在家，年八十矣。余游黄山，新安何素峰秀才招游仇树汪园，离先生所居，仅十里余，竟未走谒。别后，心悁悁如有所失。乃作诗寄之。先生见和云：“英才硕望是吾师，咫尺相逢愿又违。自昔直庐欣识面，己未科，收掌试卷，公所相识。于今花径少抠衣。屡想访随园未果。无人不挹神仙度，独我偏教遇合稀。犹忆神交年尚幼，两株弱柳共依依。”

七七　张仪封观察谓余曰:“李白《清平调》三章,非咏牡丹也。其时武惠妃薨,杨妃初宠，帝对花感旧，召李白赋诗。白知帝意，故有‘巫山断肠’‘云想衣裳’之语,盖正喻夹写也。至于‘名花倾国’,则指贵妃矣。”余按《唐书·李白传》称:“帝坐沉香亭，意有所感，乃召李白。”则观察此说，未为无因。张名裕谷，字诒庭。

七八　曹子建《美女篇》押二“难”字。谢康乐《述祖德》诗押二“人”字。阮公《咏怀》，押二“归”字。以故，杜甫《饮中八仙歌》、香山《渭村退居》、昌黎《寄孟郊》诗，皆沿袭之。

七九　田实发云：“我偶一展卷，颇似穿窬入金谷，珍宝林立，眩夺目精；时既无多，力复有限，不知当取何物，而鸡声已唱矣。”此语甚隽。鱼门《晒书》诗云：“老饕对长筵，未啖空颐朵。”

八〇　如皋布衣林铁箫有“老至识秋心”五字,余颇赏之。《与吴松崖看海棠》云：“万朵仙云轻欲滴，多情红向白头人。”松崖云：“娇来浑欲睡，愁杀倚栏人。”两押“人”字，俱妙。林名李，买得古铁箫，能吹变徵之音，因字铁箫，盖取王子渊“愿得谥为洞箫”之意云。

八一　乩仙诗，都无佳者；惟盱眙许家有仙降坛,《咏燕》云：“燕子衔泥认旧巢，飞来飞去暮连朝。哺儿不耐秋风老，回首空梁月正高。”读者云：“诗虽佳，恐非吉兆。”果未十年，许零落殆尽。当许与仙倡和时，分咏“薛涛笺”，限“陵”字。诸客搁笔。仙云：“便宜节度高千里，错过诗人杜少陵。”

八二　余不解词曲。蒋心馀强余观所撰曲本，且曰：“先生只算小病一场，宠赐披览。”余不得已,为览数阕。次日,心馀来问:“其中可有得意语否？”余曰:“只爱二句，云：‘任汝忒聪明，猜不出天情性。’”心馀笑曰：“先生毕竟是诗人，非曲客也。”余问何故。曰：“商宝意《闻雷》诗云：‘造物岂凭翻覆手，窥天难用揣摹心。’此我十一个字之蓝本也。”

八三　余梓诗集十余年矣,偶尔翻撷,误字尚多;因记椒园先生《咏落叶》云:“看月可知遮渐少，校书真觉扫犹多。”

批注：“校书真觉扫犹多”，真心得之语。

八四　王载扬接家信，知两子孪生，喜赋诗以寄云：“可无致语来清照，会有明妆避伯喈。”用典切而雅。

八五　昆山城隍祠四宜轩有积土，道士将筑亭其上。阶石甫甃，雷击之，三甓三击；掘地，乃是黄子澄墓。邑志载：公被戮，其门下士拾骨葬此。钱溉亭进士诗云："昔时诛戮无遗婴，此日风雷护残骨。"

批注：黄子澄，明代大臣，明惠帝时与齐泰同参国政，谋夺藩王权。后燕王朱棣谋反夺得皇位，即明成祖。黄子澄被俘不屈，遭肢解而死。

卷　一六

一　徐朗斋嵩曰："有数人论诗，争唐、宋为优劣者，几至攘臂。乃授嵩以定其说。嵩乃仰天而叹，良久不言。众问何叹。曰：'吾恨李氏不及姬家耳！倘唐朝亦如周家八百年，则宋、元、明三朝诗，俱号称唐诗，诸公何用争哉？须知论诗只论工拙，不论朝代。譬如金玉，出于今之土中，不可谓非宝也：败石瓦砾，传自洪荒，不可谓之宝也。'众人闻之，乃闭口散。"余谓诗称唐，犹称宋之斤、鲁之削也，取其极工者而言；非谓宋外无斤、鲁外无削也。朗斋，癸卯科为主考谢金圃所赏，已定元矣；因三场策不到而罢。谢刊其荐卷，流传京师，故朗斋咏《唐寅画像》云："锦瑟华年廿五春，虎头金粟是前身。虚名丽六流传遍，下第江南第一人。""丽六"者，其场中坐号也。次科亦即登第。

批注：徐朗斋批评"论诗，争唐、宋为优劣者"，妙语解颐，通俗而深刻，难怪使众人"闭口散"。袁枚补充，意谓唐诗虽佳，不等于宋代无好诗，亦是卓见。

二　明季士大夫，学问空疏，见解迂浅，而好名特甚。今所传三大案，惟"移宫"略有关系。然拥护天启，童昏瞀乱，遂致亡国，殊觉无谓。杨慎《大礼》一议，本朝毛西河、程绵庄两先生引经据古，驳之甚详。"梃击"一事，则汉、晋《五行志》中，此类狂人，不一而足。焉有一妄男子，白日持棍，便可打杀一太子之理？蕲州顾黄公诗云："天伦关至性，张桂未全非。"又曰："深文论宫闱，习气恼书生。"议论深得大体。黄公与杜茶村齐名；而今人知有茶村不知有黄公。因《白茅堂诗集》贪多，稍近于杂，阅者寥寥；然较《变雅堂集》，已高倍蓰矣。

黄蒙圣祖召见，宠问优渥，以老病乞归；再举鸿词，亦不赴试：有杨铁崖"白衣宜至白衣还”之风。《忆内》云：“静夜停金剪，含情对玉缸。数声风起处，花雨上纱窗。”《观姬人睡》云：“玉腕明香簟，罗帷奈汝何？不知梦何事，微笑启腮窝。”风韵独绝。余尝见小儿睡中，往往启颜而笑，讶其不知缘何事而喜。今读先生诗，方知眼前事，总被才人说过也。

批注：清人多视明人空疏无学。袁枚“性灵说”受公安派影响，但却不肯承认，亦与此有关。

诗写“眼前事”，易使人共鸣。

三　同年杨大琛太史，在部以聋告归，专心攻诗，见示一册。有句云：“金钏手摇春水影，玉楼帘卷卖花声。”风致嫣然。惜未录其全稿。今太史已亡，诗稿不知散落何处。太史字宝岩，苏州人。

四　古人诗集之多，以香山、放翁为最。本朝则未有多如吾乡吴庆伯先生者。所著古今体诗一百三十四卷，他文称是，现藏吴氏瓶花斋。先生乳哺时，哑哑私语，皆建文逊国之事。年过十岁，方闭口不言。初为前朝马文忠公世奇所知，晚为本朝李文襄公之芳所知。康熙戊午，荐鸿词科，不遇而归。少时，在陈公函晖家作诗会，以《芙蓉露下落》为题，操笔立就，赠陈云：“一辈少年争跋扈，明公从此愿躬耕。”陈大奇之。惜其集浩如烟海，不能细阅；欲梓而存之，非二千金不可。著述太多，转自累也。

批注：吴农祥（1632—1708），字庆白（非“庆伯”），号星叟。杭州人。博学工诗文。与陈维崧、毛奇龄、吴任臣、王嗣槐、徐林鸿客于大学士冯溥家，号“佳山堂六子”。

五　余在广东新会县，见憨山大师塔院，闻其弟子道恒，为人作佛事，诵诗不诵经。和王修微女子《乐府》云：“剥去莲房莲子冷，一颗打过鸳鸯颈。鸳鸯颈是睡时交，一颗留待鸳鸯醒。”殊有古趣。圆寂后，顾赤方征士哭之云：“已沉千日磬，犹满一床书。”

六　丹阳鲍氏女自称闻一道人，遭难流离，嫁竟陵陆蓑云，年二十四而夭。《咏溪钟》云：“溪外声徐疾，心中意断连。是声来枕畔，抑耳到声边？”颇近禅理。昔朱子在南安闻钟声，矍然曰：“便觉此心把握不住。”即此意也。

七　康熙时，吾乡女子卞梦珏有句云：“夕阳交代笙歌月，曙色轻移灯火楼。”

又曰："花谢六桥春色暗，雨来三竺远山无。"

八 吴文溥《咏月》云："清晖半边缺，似妾独眠时。"顾赤方《咏月》云："不分月宫人耐老，蛾眉一月一回新。"

九 国初说书人柳敬亭、歌者王紫稼，皆见名人歌咏。王以黯昧事，为李御史杖死，有烧琴煮鹤之惨。顾赤方哭之云："昆山腔管三弦鼓，谁唱新翻《赤凤儿》？说着苏州王紫稼，勾栏红粉泪齐垂。"王送公卿出塞，必唱骊歌，听者不忍即上马去；故又云："广柳纷纷出盛京，一声呜咽最伤情。行人怕听《阳关曲》，先拍冰轮上马行。"悼王郎诗，只宜如此，便与题相称。乃龚尚书竟用"坠楼""赋鹏"之典，拟人不伦，悖矣！御史名森先，字琳枝，性虽伉直，诗恰清婉。《过云间亭》云："空亭积水松阴乱，小阁张灯夜气清。"卒以忤众罢官。

批注：柳敬亭，生于江苏泰州，明末清初著名评话艺人。吴伟业、黄宗羲皆有《柳敬亭传》。

王稼，字紫稼，明末清初苏州名伶。尤侗《艮斋杂说》称其"妖艳绝世，举国趋之若狂"。被时任江南巡按的李森先以"淫纵不法"的罪名处死。

一〇 龚芝麓尚书失节本朝，又娶顾横波夫人，物论轻之。顾黄公为昭雪云："天寿还陵寝，龙輴葬大行。义声归御史，疏稿出先生。浮议千秋白，余生七尺轻。当年沟渎死，苦志竟谁明？""怜才到红粉，此意不难知。礼法憎多口，君恩许画眉。王戎终死孝，江令苦先衰。名教原潇洒，迂儒莫浪訾。"文士笔墨，能为人补过饰非，往往如是。

批注："本朝入关，其迎降者，岂独芝麓一人？且当李自成破北京时，冯铨领班，已先叩降闯贼于武英殿矣。"（批本语）为龚鼎孳辩护，甚是无谓。

一一 余过于忠肃公墓，题诗甚多；惟山阳阮中翰紫坪五排最佳，警句云："汉统愁中绝，周京喜再昌。股肱知已竭，日月得重光。天意还思祸，星躔又告祥。遁荒非太伯，守节异曹臧。未睹遗弓剑，先闻缺斧斨。三章凭翕訾，一剑答忠良。象少祈连冢，歌怜石子冈。谁怜十世宥，难赎百夫防？"

批注：于谦（1398—1457），字廷益，号节庵。明代政治家、军事家。曾破瓦剌军。谥忠肃。

一二 庚午春，苏州韩立方先生掌教钟山，以其姑名韫玉者《寸草轩诗集》见示：慕庐宗伯之季女也。诗只十一首，而风秀可诵。《病中》云："月落霜寒叶满墀，卧疴正及晚秋时。风檐网结长垂幌，砚匣尘封久废诗。瘦影怕从明镜见，泪痕空有枕函知。何因乞得青囊术？拟向《南华》叩静师。"又有顾颉亭之妻黄汝蕙、字仙佩者，有《送春绝句》云："九十春光暗里催，花飞红雨变芳埃。流莺日日枝头唤，底事东皇驾不回？""柳絮穿帘燕扑衣，林园红瘦绿偏肥。可怜花底多情蝶，犹恋残香绕树飞。"

一三 万华亭云："孔子'兴于诗'三字，抉诗之精蕴。无论贞淫正变，读之而令人不能兴者，非佳诗也。"华亭，进士，名应馨。

批注："兴于诗，立于礼，成于乐。"（《论语·泰伯》）诗能激发人的情感即佳作。

一四 毗陵黄仲则有《岁暮怀人诗·怀随园》云："近来词赋谐兼则，老去心情宦作家。建业、临安通一水，年年来往看梅花。"

批注：首句揭示袁枚诗诙谐、有趣又不失法度，简洁而中肯。

一五 "小姑嫁彭郎"，东坡谐语也。然坐实说，亦趣。胡书巢《过小姑山》云："小姑眉黛映秋空，衫影靴纹碧一弓。不识彭郎缘底事，凭他抛掷浪花中。"

一六 义山讥汉文：召贾生"问鬼神"，"不问苍生"。此言是也。然鬼神之礼不明，亦是苍生之累。嗣后武帝巫蛊祸起，父子不保；其时无前席之问故耳。余故反其意题云："不问苍生问鬼神，玉溪生笑汉文君。请看宣室无才子，巫蛊纷纷死万人。"

一七 丁未八月，余答客之便，见秦淮壁上题云："一溪烟水露华凝，别院笙歌转玉绳。为待夜凉新月上，曲栏深处撤银灯。""飞盏香含豆蔻梢，冰桃雪藕绿荷包。榜人能唱湘江浪，画桨临风当板敲。""早潮退后晚潮催，潮去潮来日几回？潮去不能将妾去，潮来可肯送郎来？"三首深得《竹枝》风趣。尾署"翠云道人"。访之，乃织造成公之子啸崖所作，名延福。有才如此，可与雪芹公子前后辉映。雪芹者，曹练亭织造之嗣君也。相隔已百年矣。

批注：袁枚再次提及曹雪芹，并以"有才"誉之。
"练亭"系"楝亭"之误，曹寅号。雪芹为其孙，而非嗣君（子）。

一八 吴门张瘦铜中翰，少与蒋心馀齐名。蒋以排奡胜，张以清峭胜；家数绝不相同，而二人相得。心馀赠云：“道人有邻道不孤，友君无异黄友苏。”其心折可想。《过比干墓》云：“只因血脉同先祖，真以心肝奉独夫。”《新丰》云：“运至能为天下养，时衰拼作一杯羹。”读之令人解颐。瘦铜自言，吟时刻苦，为钟、谭家数所累。又工于词，故诗境琐碎，不入大家。然其新颖处，不可磨灭。《咏风筝美人》云：“只想为云应怕雨，不教到地便升天。”《借书》云：“事无可奈仍归赵，人恐相沿又发棠。”真巧绝也。至于“酒瓶在手六国印，花露上身一品衣”：则失之雕刻，无游行自在之意。

一九 近日十三省诗人佳句，余多采录《诗话》中。惟甘肃一省，路远朋稀，无从搜辑。戊申春，忽江宁典史王柏崖光晟见访，贻五律四首，一气呵成，中无杂句。余洒然异之，问所由来。云：“幼讲诗于吴信辰进士。”吴诗奇警。《咏蜡梅》云：“阳春如开辟，盘古即梅花。牡丹僭称王，富贵何足夸？群芳诉天帝，鹅雁纷喧哗。乃呼罗浮仙，冒雪诣殿衙。帝曰咨尔梅，首出冠群葩。白袷与绛襦，何以惩奇邪。梅花未及对，黄袍已身加。”《榆钱曲》云：“桃花笑老榆，汝是摇钱树。不解济王孙，飞来复飞去。”《午梦》云：“竹径凉飙入，芸窗午梦迟。偶然高枕处，便是到家时。”《木兰女》云：“绝塞春深草不青，女郎经久戍龙庭。军中万马如挝鼓，只当当窗促织听。”或訾其存诗太多，乃答云：“诗自心源出，妍媸惑爱憎。譬如不才子，挝杀竟谁能？”或訾其存诗太少，又答云：“诗似朱门宴，谁甘草具餐？三千随赵胜，选俊一毛难。”吴名镇，甘肃临洮人。

唐高骈节度西川，又调广陵。《咏风筝》云：“依稀似曲才堪听，又被风移别调中。”吴官山左，又调楚江。《咏怀》云：“阿婆经岁抚婴孩，饥饱寒暄总费猜。才识呱呱真痛痒，家人又报乳娘来。”两意相同。余雅不喜陈元礼逼死杨妃。《过马嵬》云：“将军手把黄金钺，不管三军管六宫。”吴《过马嵬》云：“桓桓枉说陈元礼，一矢何曾向禄山？”亦两意相同。吴又有《韩城行》云：“良人远贾妾心哀，秋月春花眼倦开。忍死待郎三十载，归鞍驮得小妻来。”《咏虞美人花》云：“怨粉愁香绕砌多，大风一起奈卿何？乌江夜雨天涯满，休向花前唱楚歌。”

柏崖《送客》云：“握手才经岁，含情复送君。不堪秋色老，重使雁行分。岳麓山前月，崇台岭外云。都添孤客恨，回首念同群。”诗甚清老，不料衙官中乃有此人。

批注：《诗话》采录十三省诗人佳句，不可谓不广。

吴镇（1721—1797），甘肃临洮人。清代关中诗坛重镇。有《松花庵诗文集》。

二〇　李义山诗云："愿得化为红绶带，许教双凤一齐衔。"黄甘泉秀才《途中》诗云："惘惘行百里，多情毋乃太。安得笼鹅生，全家口中带？"风趣殊佳。甘泉名世垲，徽州人。

二一　庐江孙啸壑工琴，有《琴余集》。《咏蔷薇》云："半红半白袅风条，雨后春光未寂寥。自笑看花人渐老，让他一岁一回娇。"《夜吟》云："有灯相对好吟诗，准拟今宵睡更迟。不道兴长油已没，从今打点未干时。"余爱其结句，颇近禅悟，故录之。又："得意水流壑，无心云出山。"亦佳。

二二　杭州秋闱榜发，仁、钱两县，往往中者五六十人。赴鹿鸣宴时，倾城士女，垂帘而观，见美少年，则啧啧叹羡。戊午科，年少尤多。有周孝廉名鼎者，年才三十，而满面于鬑。尝谓余曰："人以赴鹿鸣为乐，我以赴鹿鸣为惨。"余问："何也？"曰："余在路上揭帘坐，则儿童妇女嘍嘈曰：'大胡子，何必赴鹿鸣？'余下轿帘，则又簇簇然笑指曰：'此人不敢揭帘，定坐一白发翁矣。'岂非教我进退两难乎？"徐朗斋有句云："有酒休辞连夜饮，好花须及少年看。"真阅历语。又句云："幽榻琴书偏爱夜，异乡风月不宜秋。""新凉半床月，残醉一帘花。"皆可爱也。

二三　山左李呈祥少詹谪戍时，有李现田者赠云："洗耳自同高士洁，披襟不让大王雄。"及到辽东，押解者姓高名士洁。抵戍所，后至者为侍郎王舜，舜初名雄。归后偶话其事。尤展成曰："二句是余戏作'浴乎沂，风乎舞雩'诗也。"

二四　胶州李世锡进士，字霞裳；《咏甘草》云："历事五朝长乐老，未曾独将汉留侯。"借人咏药，真甘草身份。又有人《咏菊枕》云："野人枕此增颜色，似有床头未尽金。"亦酷是菊枕。

二五　冯益都相国溥，访高念东侍郎于松云僧舍，竟日留连。高赋绝句云："户倚双扉禅宇开，无人知是相公来。相看一笑忘尘市，风味依然两秀才。"冯答曰："隐几僧寮户不开，天亲无着忆从来。而今相对浑忘却，但识维摩是辩才。"相传：公二十一岁，乡举报到，而公酣眠不醒；太夫人大惊，以水噀面，乃张目曰："梦登泰山，云气拥身而行，至一殿上。碧霞元君迎之，置锦幔，张乐饮酒；未终，见海日如车轮，大惊而醒。"醒时犹带酒气。

二六　李杜字云帆，山阴人，贫不能自存，流转燕、赵、吴、楚间，依僧而居。年三十余，卒于京师。性耽吟咏，尝有“黄河水阔秋飞雁，银汉风疏夜堕星”之句。友人某书之扇头，过查楼。有江南顾姓者，见而爱之，询姓名往访，知其寒困，为赠金置装而去：殊难得也。云帆又有《题伍大夫庙》诗云：“入吴虽是成兄志，破楚终非望子心。”《客怀》云：“一江凉月呼同载，到处名山恨独看。”皆有逸气。

二七　元遗山惜义山诗无人笺注。渔洋先生亦有“一篇锦瑟解人难”之句。近时冯养吾太史注《玉溪集》，断定以为此悼亡之诗。“思华年”，原拟偕老也；“庄生晓梦”，用鼓盆事；“蓝田日暖”，用吴宫事：皆指夫妇而言。曰“无端”、曰“不忆”者，云从何得此佳妇。曰“惘然”者，早知好物不坚牢。《湘素杂记》以“锦瑟”为令狐家青衣者，非也。又注《漫成》五章，专为李卫公雪冤而作。“代北”二句，为石雄发。“韩公”“郭令”，推尊德裕也。以史证之，殊为确切。

批注：李商隐《无题》诗别解。

二八　寿光安致远诗曰：“试罢三雅与“五经”，密云小酌付樵青。”“雅”字读平声，人以为疑。按刘表“三雅”之说，出于《典论》。一作“盄”，《方言》曰：“盄、杯也。秦晋三郊谓之盄。”《周礼》：“大胥、小胥”，即《诗》之《大雅》《小雅》也。《诗》曰：“边豆有且，侯氏宴胥。”《太玄》曰：“不宴不雅。”宴胥犹宴雅也。

二九　孙子未先生襄幼孤贫，鬻某家为青衣，聪颖非凡。伴主人之子读书，代其作文。塾师大奇之，告知主人，养为己子。遂中康熙乙丑进士，官至通政司参议；以时文名重天下，诗亦清超。有《鹤侣斋集》。《次渔洋〈谢公村〉》云：“荒凉九龙口，寂寞谢公村。溪水空浮岸，风帆不到门。”马墨麟维翰与卢抱孙见曾未第时，出公门。公赠云：“卢仝、马异总能诗，韩、孟云龙意可师。交比芝兰投臭味，韵将丝竹叠参差。古人不作原无恨，此日齐名更勿疑。老去自怜才力尽，恰欣二妙正同时。”

批注：“子未，山东德州人。”（批本语）

三〇　余幼时闻吾乡督学何公世璂之贤，和若春风，廉如秋月。世宗时总督直隶，赠尚书，谥端简；渔洋先生之高弟子也。有《畅春苑诗》云：“出郭逢新霁，垂鞭信马蹄。松林微见日，沙路净无泥。鸟语含风软，杨花扑水低。不妨随意歇，流水小桥西。”《咏史》云：“丞相安知狱吏尊，将军争似外家亲。七诸侯破亚夫死，社稷臣非少主臣。”

三一　余幼时府试，见杭州太守李慎修，长不满三尺，而判事明决，胆大于身，吏民畏之。与卢雅雨同年，一时有“两短人”之号。李喜步韵。卢道：“非古也。”规以诗云：“每以歌行矜短李，笑将月旦诩前卢。”李初不以为然，后和“卢”字，屡押不妥，乃喟然服曰：“君言是也。”引见时，尝劝上勿以吟咏劳圣躬。上嘉纳之。出外，不言。后恭读《御制初集》，始知有此奏；其慎密如此。

三二　徐公士林，巡抚苏州，凡谳决，先摘定案大略，牌示于外，而后发缮文册：所以杜书吏之影射也。世宗谓曰：“尔风格凝重，当为名臣。”程中丞元章荐三人：一公，一卢雅雨，一陈文恭公也。后皆称职。卢赠云：“贤名久讶龙图近，异相应从麟阁看。”

三三　李远敬太史以刚直将被劾，惠半农先生救之，得免。或谓曰：“何不劝以和柔？”曰：“渠尚不肯为朱考亭折腰，何能降心当道耶？”其《咏怀》云：“临风一杯酒，对水一曲琴。嵇生禽鹿性，庄叟濠鱼心。”自成冲淡一家。注书与朱子不合。

三四　王清范太守，观察浙江，月课诸生。余以童子受知。后落职再起，来守江宁，到园文宴，自诵其《海塘》诗云：“沧桑直似争三岛，捍御时防溃六州。”公名敛福，与卢抱孙辛丑同年，时相过从。卢赠云：“席当散后犹呼坐，马到门前总不行。”

三五　余在李晴洲家，见高南阜山人小像，须眉奇伟，颇似先大夫。晴洲为言：山人宰歙县时，人诬以赃。卢抱孙转运两淮，营救甚力，有指为党者，并卢谪戍。故山人诗云：“几曾连茹茅同拔，却为锄兰蕙并伤。”卢和云：“不妨李固终成党，到底曾参未杀人。”山人诗才敏捷，制府尹文端公试以“雁”字，操笔立就，警句云：“无意回波风错落，有时泼墨雨模糊。”又曰：“落霞点出簪花格，骤雨催成急就章。”尹公喜，将欲荐拔之，而公调云贵矣。在狱中诗云：“敢道案无三字定，终期心有一人知。”

山人《泰州题壁》曰：“鸢堕无端逢腐鼠，角触那信有神羊。”按：“触”字韵本无平声，惟毛西河引《西京赋》“百兽凌遽，骙瞿奔触。丧精忘魄，失归妄趋”，作平声押。其博览如此。《游孤山》云：“寒香飞尽不成花，何处清风问水涯？石罅竹根残雪里，还留数点认林家。”山人落魄扬州，适卢守永平，贫不自聊，乃以书告急；卢尚未答，而山人化去矣。卢哭云：“巫咸不为刘蕡下，邑宰谁迎杜甫来？”

三六　牛进士运震，字阶平，号真谷，学问渊雅，年五十有三，无疾而终。未死前一月，屡梦游金碧楼台，光华照耀。一日谓家人曰：“昨夜我又游前庭，殆将复位。临去时，汝辈慎毋惊我。”次日，无疾而终。余得公文集，未得其诗，但见《题画》一绝云：“泼墨似云林，秋意森满幅。石气翻空青，古树寒如束。樵径寂无人，西风下丛竹。”

三七　孙子未先生尝于其师秀水徐华隐座中，见一贫客，乃徐年家子也。先生仰体师意，留养家中，待之甚厚。忽谓孙公曰：“受恩未报，明年当生公家。”未几卒，公果生女。六岁时，戏抱之谓家人曰：“此华隐师客也，说来报恩。乃是女儿，恐报恩之说虚矣。”女勃然曰：“爷憎我女耶？当再生为男。”逾十日，以痘殇。明年，公果举子，顶有痘瘢；名于璜，字庄天，雍正乙卯举人。有《织锦词》一首，载《山左诗钞》；诗不佳，故不录。

三八　功臣子孙封荫多袭武职，其中颇多文学之士，用违其才。然唐以前，文武原无分途；具韬略者，未尝不雅歌投壶也。吾所交好者，如威信公岳公之三子瀞、昭武将军杨公之玄孙大壮，皆官参戎，宾宾好学。现任赣州总镇王午堂先生，世袭冠军侯，尤好吟诗；《登鸡母澳演炮》云：“小队来秋阅，穷崖出石陉。沙喧山雨白，龙过海天青。远舶千帆挂，苍溟一气停。自惭非锁钥，烽静仰皇灵。”又，《黄冈即事》云：“贾航风是路，蛋户水为家。”俱有唐音。公讳集，正红旗人。杨《巡海》云：“欲回刁悍俗，将吏先和衷。多谢良守令，君子之德风。”其胸次可想。

批注：“王午堂名集，汉军正红旗人，并无世袭。且世职中，亦无‘冠军’之官。午堂为人极酸俗。”（批本语）

三九　吾乡高翰起司马，髫年入学，会稽王瞻山广文命赋《琢玉亭听雨诗》，有“未见草逾碧，先看花减红”之句。王大奇之，许以少女，未婚而卒：方知诗已成谶也。高同余举戊午乡试，而入学则后余一年。和余《重赴泮宫诗》云：“难老依然在泮身，飞腾逸乐两奇人。玙沙方伯与子才同入学。我嗟迟暮呼庚癸，岁到明年又戊申。蒲柳滋生空度日，莺鸠决起不离尘。只余往事堪追想，琢玉亭边雨后春。”

四〇　余向读孙渊如诗，叹为奇才。后见近作，锋铓小颓。询其故，缘逃入考据之学故也。孙知余意，乃见赠云：“等身书卷著初成，绝地通天写性灵。我觉千秋难第一，避公才笔去研经。”

批注：考据果然有害于作诗。

四一 投赠佳句，余摘录甚多；今又得常州钮牧村云："一语惯申寒士气，五云常护老人星。”年家子管粤秀云：“刻鹄每为童稚喜，登龙还仗祖宗缘。”孙键云：“比红得句寻花笑，飞白挥毫对雪书。”郭麐云：“生尚见公休恨晚，天留此老亦多情。”

四二 杭州钱进士圯，号北庭，过随园；余晨卧未起，乃题壁而去。亡何，患奇疾，一日夜饮三石水，犹道渴甚，遂卒。其诗云："三径亭台水一隈，萧萧落叶点莓苔。小舟隔岸穿花出，怪树当门揖客来。看竹何妨人竟入，题诗好是雨先催。袁安稳卧云深处，怕引西风户未开。”北庭乃玙沙方伯之族弟，在随园赏梅，一见陈梅岑，即妻以女。梅岑大父省斋，向作江宁司马，余旧长官也。梅岑年十五，即携至山中，命受业门下，曰："此儿聪明跳荡，非随园不能为之师。”果一见相得。为取名曰熙，其梅岑则渠所自号也。性爱吟诗，不爱时文。余每见其诗必喜，见其文必嗔。尝规之曰:“此事无关学问，而有系科名，奈何勿习耶？”卒以此屡困场屋。后受知于李香林河督，得官河厅司马，亦以诗也。

四三 吴涵斋太史女惠姬，善琴工诗，嫁钱公子东，字袖海。伉俪笃甚。钱善丹青，为画探梅小照。亡何，钱入都应试；而惠姬亡，像亦遗失。钱归家，想像为之，终于不肖。忽得之于破簏中，喜不自胜，遂加潢治，遍求题咏，且载其《鸳鸯吟社笺诗稿》。《赠夫子》云:“白云红叶青山里，双隐人间读道书。”后入梦云:“已托生吴门赵氏，郎可以玉鱼为聘。”钱因自号玉鱼生，赋诗云："可怜女士已成尘，翻使萧郎近得名。听说只今吴下路，歌场人说玉鱼生。”

四四 龚端毅公《定山堂集》，有《观袁凫公水部演西楼传奇》一首。所云“虞叔夜”者，即凫公之托名，盖康熙初年事也。王子坚先生曾亲见凫公：短身赤鼻，长于词曲。莫素辉亦中人之姿，面微麻，貌不美，而性耽笔墨。故两人交好。为赵某所忌，故假赵伯将以刺之。龚诗云："词客幸随明月在，新声应逐彩云飞。”

批注：龚端毅公，即贰臣龚鼎孳也，清初诗坛大家。

四五 常州钮牧村，天才纵逸，倜傥不羁。壬申岁，在苏州福仁山邑宰幕中，与余元旦登妓楼，遍召诸姬，评花张饮。今三十六年矣，历幕楚、粤、中州，为督抚上客，忽来见访。见赠云："才子神仙且莫论，襟期当代有谁伦？惊人眉宇光先照，传世文章笔有神。天下已无书可读，意中惟有物同春。香山蕴藉东坡达，知是前身是后身？""昔年吴下许从游，元日寻春上酒楼。桃叶娇持名士笔，梅花亲插美人头。板桥歌舞轻云散，庄令（按：疑为"念"之误。）农席上。铃阁壶觞逝水流。谓望山相公署中。忽漫相逢怀旧侣，空余江上几沙鸥。"牧村名孝思，受业于李芋圃检讨。李故余本房弟子，牧村亦自称弟子。或訾之。牧村曰："曾皙、曾参同事孔子，未闻有太老师之称。"人莫能难。余亦鄂文端公之小门生也，公命称师，曰："太老师尊而不亲，不必从俗。"

四六　余尝谓：美人之光，可以养目；诗人之诗，可以养心。自格律严而境界狭矣，议论多而性情漓矣。

批注：钟嵘《诗品序》："使穷贱易安，幽居靡闷者，莫尚于诗矣。"亦含诗"可以善心"之意。

四七　吾乡王文庄公际华，与余有总角之好。余游粤西，借其手抄《韩昌黎集》，久假不归；诗学因之大进。同举戊午科，与罗在郊三人为车笠之会。后三十年，余乞养随园，而公官司农，典试江南，班荆道故。今公委化已久，次子朝扬选江宁司马，来修通家之礼，与谈竟日，清远绝尘，真《孟子》所谓"无献子之家者也"。见赠云："梦想名园二十年，今朝花里识神仙。款门行处真如画，人胜浑疑别有天。槛外烟云饶供奉，榻前图史任丹铅。久知福慧双修到，赢得声名海内传。""先生风味爱林泉，循吏词林总偶然。杖履晚游天下半，文章早列古人前。三层楼阁居宏景，一卷《娜嬛》记茂先。公著《子不语》。我劝上清姑少待，缓迎公返四禅天。今年二月八日，公梦有僧道二人，来请公复位。"

四八　余读钱注杜诗，而知钱之为小人也。少陵"鄜州月"一首，所云"儿女"者，自己之儿女也。钱以为指肃宗与张后而言，则不特心术不端，而且与下文"双照泪痕干"之句，亦不连贯。善乎黄山谷之言曰："少陵之诗，所以独绝千古者，为其即景言情，存心忠厚故也。若寸寸节节，皆以为有所刺，则少陵之诗扫地矣！"

批注：钱之注杜诗，虽然有穿凿附会之处，但袁枚称"而知钱为小人"，乃心有成见故也。

四九　余幼时赋《古别离》云："无情生山川，无情造舟车。今日君与妾，遂至泪盈裾。”后五十年，见陈楚南有句云：“天不欲人别，星辰分方隅。地不欲人别，山河界道涂。吁嗟古圣贤，乃造舟与车！”

五〇 余每作诗，将草稿交阿通誊正。通不识草书，往往误写。刘悔庵句云：“诗稿儿童猜草字，书声病妇笑华颠。”叹其真实情实事。

五一 沭阳吕观察名昌际，字峄亭，出身非科目，而诗似香山，字写东坡，好谈史鉴：真豪杰之士也。乾隆癸亥，余宰沭阳。观察尊人又祥为功曹，有异才，相得甚欢；官至常德太守。其时观察才四岁，今作冀宁道，养母家居，书来见招。余欣然命驾。则须已斑白，相对怃然。主于其家，园亭轩敞，膳饮甘鲜，致足感也。因赋诗云：“黄河水照白头颅，重到潼阳认故吾。竹马儿童三世换，琴堂书吏一人无。笑非丁令身为鹤，喜是王乔舄化凫。四十六年如顷刻，沧桑何处问麻姑？”“此邦赖有吕公贤，肯读淮南《招隐》篇？旧雨不忘云外客，官声久付晋阳烟。萧斋论史灯花落，子舍承欢彩服鲜。我奉慈云三十载，喜君追步到林泉。”一时和者如云。钱接三文学云：“百姓讴歌随路有，使君城府一分无。”吴南畇中翰云：“胸中武库谁能测，天下名山历尽无？”余因近体易招人和，故草草赋此二章，而别作五古四首，存集中。

峄亭闻余到，以诗迎云：“使回捧读五云笺，如获珍珠满百船。引领南天非一日，者番望月月才圆。”“膏泽流传五十年，甘棠蔽芾已参天。忽闻召伯重来信，父老儿童喜欲颠。”又和余《留别》云：“半月追陪兴正豪，平生饥渴一时消。相逢不敌相思久，忍听骊歌过野桥？”“河桥送别满城悲，驻马临风怨落晖。人影却输原上草，江南江北傍征衣。”

五二 沭阳教谕朱黻，字竹江，江阴诗人也。闻余至，朝夕过从，间一日不至，余与吕公必遣人促之。《咏落花》云：“名园酒散春何处？剩有归来屐齿香。”《春草》云：“萋萋那得不关情？画裙拂遍花时节。”皆清丽可爱。为余送别云：“世间皆小住，诗卷已长留。”和五古四章尤佳，因太长，载《续同人集》中。

五三 有礼房吏张朝魁者，年八十三矣，甲子科，因其工书，携入秋闱；此番献诗云：“南天旭日光同翥，灵鹊惊飞噪高树。恍似青牛紫气来，那知旧尹幨帷驻。三门初见城四围，黄童白叟未全非。汉南依依柳将落，东篱团团菊正肥。忆昔瀛洲推独步，殿前曾作摩空赋。让他老凤蹲池边，着我双凫下云路。蓬莱顶上飞朱霞，散作河阳一县花。仁风不负东山扇，甘雨真随百里车。尔时给役有小吏，簿书堆里常陪侍。眼看剖决速如流，直疑手口同游戏。药笼参苓得士赊，采珠儿辈握灵蛇。

争蹇夫子扶风帐，不眯欧阳贡举纱。出宰郎官移列宿，叹息当年难借寇。岂料睽违五十年，尚教胥吏瞻依就。喜见商山采药行，敢随杖履话平生。仙人不弃凡鸡犬，许向云中作吠鸣。”

五四　又有吴廷贡秀才者，赠诗云：“五十年来迹已陈，新侯不及故侯亲。追思竹马欢迎日，一世人如两世人。”

五五　《金陵怀古》诗，最难出色。皖江潘兰如瑛云：“《玉树庭花》唱已遥，金陵王气又重消。龙蟠不去怀双阙，牛首空回望六朝。故垒云低天漠漠，荒林秋尽雨潇潇。石头城畔多情月，夜夜来看江上潮。”通首音节清苍。又，《宛转歌》云：“宛转松上萝，松枯萝色喜。同体不同心，安望同生死？”殊堪风世。又：“船头山月落，人指海云生。”活对亦佳。

五六　新安方如川秀才，来金陵乡试，赠墨百螺，上镌“随园先生著书之墨”。余不觉惊喜，觉弟子束脩，未有雅如秀才者。录其《席间有赠》云：“烟笼明月月笼烟，十里湘帘卷画船。阿翠不知秋已老，调筝犹唱杏花天。”

五七　曹剑亭侍御《胥江》云：“市近人声杂，船多夜火明。”王廷取太守《沙河》云：“危巢双燕宿，破屋一驴鸣。”汪守亨秀才《佛寺》云：“塔影冲霄直，亭阴向午圆。”王麓台司农《题画》云：“蛟龙疑有窟，风雨若闻声。”此数联皆闻人传诵，而余爱之，故摘记者也。曹又有《送梁阶平司农随驾木兰》云：“猎猎旌旗拥玉珂，森森帐殿碧嵯峨。三秋月色临边早，万马风声出塞多。晨捧金泥随辇草，暮翻玉靶落天鹅。知君奏罢《长杨赋》，合有新诗寄薜萝。”通首唐音。

五八　宋荔裳《赠犬》云：“榻边饱饭垂头睡，也似英雄髀肉生。”高念东《过邯郸》云：“愿作卢生不愿寤，饱食黄粱追梦去。”皆读之令人欲笑。

五九　余常谓收帆须在顺风时，急流勇退，是古今佳话；然必须嘿而不言，趁适意之际，毅然引疾，则人不相疑。若时时形诸口角，转觉落套；而上游闻之，以为饱则思扬，翻致挂碍矣。钱竹初擅“郑虔三绝”之才，抱梁敬叔州郡之叹，屡次书来，欲赋遂初。余寄声规其濡滞。今秋才得解组，余贺以诗。渠答云：“海上秋风江上莼，尘颜久已怅迷津。窃公故智裁今日，劝我抽身有几人？世事楸枰留黑白，老怀齑臼杂酸辛。退闲自此陪裙屐，长作田间识字民。”“劳生那复计年华，归识吾生本有涯。未定新巢同燕子，早营孤冢付梅花。千秋欲借先生笔，十亩从添处士家。他日并登皇甫《传》，始知真契在烟霞。”

批注：郑虔三绝，谓诗、书、画皆精妙。郑虔，唐人，唐玄宗于其所进呈诗画上题“郑虔三绝”，事见唐李绰《尚书故实》等。

六〇 诗余之佳者，余已附载数首入《诗话》矣。兹检旧册，又得蒋用庵侍御送余出都《沁园春》二首，时侍御尚作秀才也。其词云：“聊作粗官，萧然一琴，五月治装。正中朝元老，闻而扼腕；西林、铁崖两相公。一时学者，望辄沾裳。仆窃有言：先生此去，厚意还须识彼苍。江南好，舍惊才绝代，管领谁当。　江山东晋南唐，便雨打风吹未就荒。更画船七里，灯烘虎阜；珠帘二月，花绣雷塘。洗马愁乎，阿龙超矣，人物由来数过江。凭君到，把斜阳草树，收入春光。”“一代词场，谁则如君，历落多姿。每奋衣而起，词都滚滚；酒酣以往，语更霏霏。随意判花，闲情顾曲，赢得三生杜牧之。今行矣，剩东涂西抹，付并州儿。　城南频岁栖迟，笑末坐偏容平子知。记绛纱剪烛，纵横商略；平台啜茗，次第敲推。依本阿蒙，君将南去，肯向缁尘恋染衣？须记取，待杏花春雨，予亦遄归。”又，周之桂作《金缕曲·送同刘郎游天台》云：“春是先生主，怎频年寻春不倦，又摇柔橹？家有梅花愁轻别，一半娇波不语。看瘦减云英如许，只有多情新桃李，逐春风、还共寻南浦。杨柳饯，《柘枝》舞。　谁知密意留行苦，似花神从天暗乞，者回风雨。烟水殢人应难出，况是江流寒阻。唤不到吴娘六柱。我本冲泥遥相送，乍闻言、也觉宽离绪。歌《水调》，且延伫。”及余返棹，周喜，又赠《沁园春》云：“如此先生，老更清豪，行歌采芝。正西湖妆靓，重牵乡梦；天台花笑，易惹游思。足任生云，怀堪贮月，万壑千岩一杖携。掀髯处，每逢人夸健，涉险忘疲。　文章流播天涯，听处处推袁事更奇。傒瓣香争奉，人间香祖；一经难质，旷代经师。忽拜灵光，都疑绛岁，苦向三生认鬓丝。归来笑，似还乡羽客，出梦希夷。”

批注：袁枚虽不好填词，但仍喜读词，故遇佳作而录之。

六一 先君子幕游楚南，旧主人高公名清者，在衡阳九年；亡后，以亏帑故，妻子下狱。先君子出全力援之，竟得归殡。有杨朗溪太史赠诗云：“袁夫子，当今真义士。一双冷眼看世人，满腔热血酬知己。恨我相见今犹迟，湘江倾盖缔兰芝。”余时尚幼，读而记之，今忘其全首矣。太史名绪，武陵人，权奇倜傥，诗宗少陵，字写《争坐位》。雍正间，苗民蠢动，王师征之，未捷。公学郦生，单身入洞说之，群苗罗拜乞降。亦奇士也。

批注：袁枚父袁滨侠肝义胆，为高清申冤昭雪。但高清弟高八为报恩，将其子与袁滨女袁机联姻，却害了袁机一生。

六二　康熙间，山左名臣最多，如：相国李文襄公之芳之功勋；湖广总督郭瑞卿琇之刚正；两江总督董公讷之经济：皆赫赫在人耳目，而皆能诗。世人不知者，为其名位所掩也。李《与施愚山陪祀郊坛》云："太乙瑶坛接露台，龙旌遥拂翠华来。仙韶细度《云门》奏，玉殿初明泰时开。千尺炉烟天外转，九重环珮月中回。祠官解有登封意，独愧甘泉作赋才。"董《兴化道中》云："村从烟际出，草逼浪头生。"《沅州道中》云："云里诸峰堪入画，雨中无树不含秋。"郭撰《太皇太后挽词》云："抚孤三十载，两世际和丰。渭水开姬历，涂山助禹功。鸡鸣问曙切，乌哺报刘同。遥想含饴日，徽音宛在躬。"又，《偶成》云："去官人易懒，无累病常轻。"皆可诵也。相传：郭公之劾纳兰太傅也，趁其庆寿日，列款奏之。旋带疏草，登门求见。太傅疑此人崛强，何以忽来称祝。延之入，长揖不拜，而屡引其袖。太傅喜曰："御史公亦有寿诗见赠乎？"曰："非也，弹章也。"太傅读未毕，公从容曰："郭琇无礼，应罚！"自饮一巨觥，趋而出。满座愕然。少顷，太傅廷讯之旨下矣。一说：郭初宰吴江，簠簋不饬，闻汤潜庵来抚苏州，自陈改悔之意，请另择日到任，果声名大震。汤遂荐之。后汤为太傅所倾；郭故劾之报师恩，亦以申公论也。

六三　久闻广东珠娘之丽。余至广州，诸戚友招饮花船，所见绝无佳者，故有"青唇吹火拖鞋出，难近多如鬼手馨"之句。相传潮州六篷船人物殊胜，犹未信也。后见毗陵太守李宁圃《程江竹枝词》云："程江几曲接韩江，水腻风微荡小舣。为恐晨曦惊晓梦，四围黄篾悄无窗。""江上萧萧暮雨时，家家篷底理哀丝。怪他楚调兼潮调，半唱消魂绝妙词。"读之，方悔潮阳之未到也。太守尤多佳句：《潞河舟行》云："远能招客汀洲树，艳不求名野径花。"《姑苏怀古》云："松柏才封埋剑地，河山已付浣纱人。"皆古人所未有也。又，《弋阳苦雨》云："水驿萧骚百感生，维舟野戍听鸡鸣。愁时最怯芭蕉雨，夜夜孤篷作此声。"《珠梅闸竹枝词》云："野花和露上钗头，贫女临风亦识愁。欲向舵楼行复止，似闻夫婿在邻舟。"

卷一

一　《诗》始于虞舜，编于孔子。吾儒不奉两圣人之教，而远引佛老，何耶？阮亭好以禅悟比诗，人奉为至论。余驳之曰："《毛诗三百篇》，岂非绝调？不知尔时，禅在何处？佛在何方？"人不能答。因告之曰："诗者，人之性情也。近取诸身而足矣。其言动心，其色夺目，其味适口，其音悦耳：便是佳诗。孔子曰：'不学诗，无以言。'又曰：'诗可以兴。'两句相应。惟其言之工妙，所以能使人感发而兴起；倘直率庸腐之言，能兴者其谁耶？"

批注：诗之本质是"人之性情"；诗之表现形式要"动心""夺目""适口""悦耳"；诗之功能是"使人感发而兴起"。此条道出"性灵说"要旨。

二　李玉洲先生曰："凡多读书，为诗家最要事。所以必须胸有万卷者，欲其助我神气耳。其隶事、不隶事，作诗者不自知，读诗者亦不知：方可谓之真诗。若有心矜炫淹博，便落下乘。"又有人问先生曰："大题目用全力了却，固见力量；倘些小题，亦用长篇，岂不更见才人手段？"先生笑曰："狮子搏兔，必用全力：终是狮子之愚。"

批注：诗人读书目的不在"隶事"、用典，而在于提高素养，"助我神气"。此是性灵诗人与学问诗人之区别。

三　同一乐器：瑟曰鼓，琴曰操。同一著述：文曰作，诗曰吟。可知音节之不可不讲。然音节一事，难以言传。少陵"群山万壑赴荆门"，使改"群"字为"千"字，便不入调。王昌龄"不斩楼阑更不还"，使改"更"字为"终"字，又不入调。

字义一也；而差之毫厘，失以千里。其他可以类推。

批注：袁枚注重“音节”，因为佳诗要“其音悦耳”。

四 沈云椒侍郎未遇时，馆于陈梅岑家；其时梅岑尚髫也。然梅岑诗笔清新，实为先生传授。谚云：“开口乳要吃得好。”此之谓也。梅岑尝诵先生《午日秦淮》云：“菖蒲绿映石榴红，罂盎东西放几丛。不辨谁家妆阁底，远山多在画屏中。”“阑干影里绮疏横，艾酒齐酣笑语迎。楼上衣风楼下水，一帘香雾不分明。”“丹符风飐佛幡如，扇影参差漾碧虚。一片湖光星万点，家家水阁上灯初。”“柳阴槛外泊船头，都向尊前听短讴。却到中流清景好，蒋王山上月如钩。”《晚过枫桥》云：“雨不成丝柳带烟，暮天远水正无边。客愁最怕钟声搅，不向枫桥夜泊船。”《泛舟城北》云：“最是长条柳，依依一怆情。芦花犹未白，已解作秋声。”

五 郑玑尺先生《咏镜》云：“朱颜谁不惜？白发尔先知。”可谓佳矣。后闻俞鹤龄秀才《咏镜》有“白发朱颜管一生”七字尤佳。其妙处在一“管”字。

六 赵云松《过苏小坟》云：“苏小坟邻岳王墓，英雄儿女各千秋。”孙九成《过琵琶亭》云：“为有琵琶数行字，荻花枫叶也千秋。”句法相似。

七 近日有巨公教人作诗，必须穷经读注疏，然后落笔，诗乃可传。余闻之，笑曰：且勿论建安、大历，开府、参军，其经学何如；只问“关关雎鸠”“采采卷耳”，是穷何经、何注疏，得此不朽之作？陶诗独绝千古，而“读书不求甚解”；何不读此疏以解之？梁昭明太子《与湘东王书》云：“夫六典、三礼，所施有地，所用有宜。未闻吟咏情性，反拟《内则》之篇；操笔写志，更摹《酒诰》之作。‘迟迟春日’，翻学《归藏》；‘湛湛江水’，竟同《大诰》。”此数言振聋发聩；想当时必有迂儒曲士，以经学谈诗者，故为此语以晓之。

批注：“巨公”当指以考据为诗之翁方纲。

“建安、大历，开府、参军”，指建安七子，大历十才子，庾信、鲍照，皆著名诗人，但并非“穷经读注疏”者。

引证昭明太子萧统之言批评作诗“须穷经读注疏”方佳之论，甚是有力。

八 人问：“杜陵不喜陶诗，欧公不喜杜诗，何耶？”余曰：“人各有性情。陶诗甘，杜诗苦；欧诗多因，杜诗多创：此其所以不合也。元微之云：‘鸟不走，马不飞；不相能，胡相讥？’”

批注：诗风格与诗人个性相关，所谓“风格即人”也。

九 宋人《渔父》词云：“归来月下渔舟暗，认得山妻结网灯。”又云：“不愁日暮还家错，认得芭蕉出槿篱。”二语相似。余寓西湖德生庵，夜深断桥独步，常恐迷路，紧望僧庵灯影而归，方觉二诗之妙。

一〇 凡菱笋、鱼虾，从水中采得，过半个时辰，则色味俱变；其为菱笋、鱼虾之形质，依然尚在，而其天则已失矣。谚云：“死蛟龙，不若活老鼠。”可悟作诗文之旨。然人莫不饮食也，鲜能知味也。作者难，知者尤难。

批注：此比喻诗要新鲜、活泼、清新。

一一 尹文端公出将入相，垂四十年，常谦谦然不自喜。惟小妻张氏以所生女入宫，为皇子妃，诰封一品夫人，逢人必夸。故《纪恩》诗曰：“瑞日瞳胧展翠屏，环阶拜舞祝慈宁。争传王母瑶池会，竟见仙班列小星。”

批注：“皇八子仪亲王正妃，即张氏所生女。”（批本语）

一二 余屡觅同年杨兼山大琛诗不得。今年到苏州，得其《古香堂诗稿》。《秦宫》云：“五丈旗飘复道宽，晓妆人试绿云盘。虚悬照胆秦宫镜，不见长城白骨寒。”《舟中》云：“断云作意横遥岭，明月多情送短篷。最爱风标两公子，一生消受绿芦风。”又：“春衣典尽还赊酒，鹤俸分来又买花。”皆骀荡可喜。

一三 庚申初春，余与兼山及诸同年在京师游陶然亭。兼山《次壁间田退斋少宰韵》云：“欲雨不雨春昼阴，城南亭子同登临。雪痕消尽苇根出，磬响断时禽语深。且喜僧寮无俗韵，漫将宦迹托沉吟。丁香几树才含萼，记取花时策杖寻。”兼山晚年宠妾，与夫人反目。余戏之曰：“君可记四十年前《赠内》诗乎？”兼山请诵之。曰：“‘百杵午窗频捣药，一灯子夜尚缝衣。’此与唐明皇、王夫人，脱阿忠半臂作生日何殊？读之可作《同心院》矣。”兼山笑而不答。田少宰讳懋，山西相公从典之子，立朝有声。

一四 杭堇浦论七律，不喜拗体。余道诗境甚宽，实有因拗转峭者。因诵倪紫珍先生《客中忆西湖》云：“江水不如湖水澄，南峰凉暖时堪登。入云但问采樵客，踏叶偶随归寺僧。一掬泉因瘦蛟活，满山桂与青霞蒸。白波渺渺未可渡，空倚葛陂三尺藤。”似此八句，一调平仄，便索然无味矣。杭亦以为然。先生官御史，古貌清标，识余于未第时。余学写殿试卷，先生教以偏旁点画：致足感也。记其《渡江遇风》云："越阴已夙戒，涉波复新懦。忽然冯夷怒，叶舟竟掀播。命只比毛轻，心已拼甑破。且守柁樯立，独抱忠信卧。须臾洪涛平，白鸥浮一个。"《在试院中答厉衣围侍郎》云："文入彀中须赏识，棋于局外易分明。"《赠丹桂》云："老干十年看独立，丹心一点早平分。"其存心之公正可想。《宿泸溪》云："避风先泊岸，过雨更观澜。"皆妙。先生名国琏。

一五 李谨琝芝游灵隐寺；云林大师出示右军《感怀札》，纸墨残缺，如裂春冰。又出山谷、襄阳二札。李题云："玉印何时勒，贞观十五年。不多完笔墨，一半补云烟。稀世无人信，名山有佛怜。我来长跪读，深幸见残笺。"《观梅》云："步步梅花里，迟迟过石梁。两山清涧合，一路白云香。偶约探春侣，同登选佛场。羡他修得到，愧我半生忙。"又："顾我忽无影，前峰落照微。"十字亦超。

一六 余游武夷，至大藏峰；望半字山，穴中有桥板梁柱，大小百千根，参差堆架，灰墨色，长短不齐，既不朽烂，又不倾落。其下湍急，舟难停泊。有某官，击以鸟枪，落木梯数片。朱子云："是尧时民，避洪水居此。水平时，人下而木存。"想亦有理。余还杭州后，与孙景高世讲谈及之。孙出所藏虹桥板一片，长尺许，薄三分，云得自张芑堂，张又得于吴达夫。梁山舟题云："虹桥之板长径尺，付与幽人镇玉格。延陵家藏东海题，题处天然一角白。书不可信字可传，非松非柏无人识。即今散落市廛中，君独何缘收拾得。当年吹堕武夷峰，仙凡惝恍将毋同。须防一夜风霜起，飞上青天化断虹。"主人题云："虹桥遗迹倩谁搜，千载犹看片板留。莫道仙踪渺难问，有人曾向武夷游。""九曲环溪锁翠烟，仙风吹堕几何年？题来好句尤珍重，慰我平生嗜古缘。"

一七 人馈得心大师鸡子四十，师大吞咽。人笑之。师作偈云："混沌乾坤一口包，也无皮血也无毛。老僧带尔西天去，免在人间受一刀。"

一八 金陵山川之气，散而不聚；以故土著者绝少传人。王、谢渡江，多作寄公，亦复门户不久：此其证也。然街衢宏阔，民气淳静，至今士大夫外来者，犹喜家焉。桐城姚姬传太史掌教钟山，有移居之志。赋诗云："又向金陵十日留，依然双阙望牛头。交游聚处思移宅，衰病行时爱棹舟。萧寺风多疑作雨，后湖烟淡总如秋。僧书拟共舒王读，不吊兴亡惹泪流。"余谓第四句尤合余意。余当未衰时，亦喜舟行，畏陆行也。

太史七古雄厚，惜篇长难录。录其《岳阳楼见月》云："高楼深夜静秋空，荡荡江湖积气通。万顷波平天四面，九霄风定月当中。云间朱鸟峰何处？水上苍龙瑟未终。便欲拂衣琼岛外，止留清啸落湘东。”《吊王彦章》云：“乱世鸟飞难择木，男儿豹死自留皮。”《哭刘耕南》云：“别来书到长安少，死去才教天下空。”《淮上》云：“只愁天上桃花水，浸失淮南桂树山。”《钓台》云：“可怜高鸟尽，回忆钓鱼矶。”皆绝妙也。己巳岁，余《中秋夜渡江》云：“世上夜深秋正半，江心风定月当中。”亦与先生《岳阳》三四联相似。先生从父南青讳范，在长安与余有车笠之好，学问淹博，而不喜吟诗。余改官江南，送行诗麻集，而南青无有也。余调之云：“南青爱人如老妪，初入翰林殊栩栩。平时著述千万言，临别赠我无一语。”

一九　闺秀吾浙为盛。庚戌春，扫墓杭州，女弟子孙碧梧邀女士十三人，大会于湖楼，各以诗画为贽。余设二席以待之。徐裕馨，相国文穆公之孙女也，画法南田，诗吟中、晚。《即景》云：“读罢《黄庭》卷懒开，静中消息费推裁。吹灯欲禁花留影，刚卷珠帘月又来。”《暮秋》云：“寒蝶低飞月满枝，海棠红冷桂凋时。笑侬竟比黄花瘦，青女多情知未知？”《画眉》云：“柳梢枝上晓风柔，梦醒雕栏语未休。莫向碧纱窗畔唤，美人犹是未梳头。”《暮春》云：“残红片片卸檐前，树有余香蝶尚怜。士女不来芳草外，秋千犹系绿杨边。中庭风静游丝落，绣户帘垂紫燕穿。恰好送春诗未就，瑶台有妹赠云笺。”《夜雨》云：“夜雨小窗多少，春唤子规去了。起来收拾余花，又把五更风恼。”

批注：乾隆五十五年庚戌（1790），袁枚于杭州西湖畔举办第一次女弟子诗会。此诗坛盛举也。

二〇　汪妽，字巽为，号顺哉，秋御先生之女也。《春日山居》云：“山居无事起常迟，不断溪声雨过时。最爱学飞新燕子，帘钩低拂影差池。”《闻虫》云：“四壁乱虫鸣，闻声暗自惊。独怜秋一色，可奈月三更。叹息余如助，丁宁梦未成。可知为客者，缘尔倍关情。”《秋月》云：“古戍鸣寒柝，孤城急暮砧。”俱饶有唐音。

批注：汪妽，袁枚女弟子。其诗新巧自然。

二一　孙春岩观察滇南，娶姬人王氏，名玉如，善画工诗，与女公子云凤、云鹤闺房唱和，有林下风。《喜弟自滇至》云：“既见翻疑误，凝眸各审详。九年云出岫，一夕雁成行。别后沧桑换，途中岁月长。旧容惊半改，乡语叹全忘。对月秋垂泪，听猿夜断肠。逢人问消息，觅便寄衣裳。剪烛心方慰，回头意转伤。

自余离故土，赖尔奉高堂。感逝餐应减，思儿鬓恐霜。弟能支菽水，妹可护温凉。闻已调琴瑟，曾无弄瓦璋。当年送我处，今日遇君场。彼此皆如梦，依依两渺茫。”此诗置白太傅集中，几不可辨。

批注：王玉如，云南人。孙嘉乐（春岩）妾，袁枚女弟子。袁枚称其诗近白居易，评价不低。

二二　钱塘陆飞，字筱饮，乾隆乙酉解元。性高旷，善画工诗，慕张志和之为人，自造一舟，妻孥茶灶，悉载其中，遨游西湖，以水为家。《扬州遇雪》云：“雨随微霰集，船与断冰争。”《渡钱江》云：“万弩尚余沉铁在，群山浑欲勒潮回。”《爆竹》云：“缊袍易裂抛宜远，浊酒能醒近未妨。”

近来习尚，丈夫多臂缠金镯，手弄椰珠。余颇以为嫌。而谨厚者，亦复为之。陆作诗刺之云：“我闻远贾多艰虞，缠金或以资穷途。途穷未必非怀宝，怀藏亦足来萑苻。世人金多挥不足，举袖满堂黄映肉。指环臂钏乃女子，男化女儿何日始？南方草木椰最久，实大如瓜浆作酒。何年落子比玄珠，一串摩尼时在手。有手不弄琴与书，有手不把犁与锄。可惜白日空摩挲，不有博弈犹贤乎？”

二三　余尝求陈望之先生诗而不得，《诗话》中所载甚少。近日王梦楼从楚中归，诵其《月夜登黄鹤楼》云：“丹楼天外峙，皓月空中行。银涛与玉魄，相迸出光明。树暗汉阳渡，云低鄂渚城。不知何处笛，解作落梅声。”《泛舟登伯牙台》云：“伯牙台畔晓莺飞，梅子山前绿渐肥。舟共凫鹥聊泛泛，柳遮楼阁似依依。人琴千古知谁在？江汉残春照鬓稀。我欲临风弹一曲，落红成阵乱斜晖。”

批注：“望之中丞善气迎人，天真烂漫，谪伊犁四年，嘉庆登极召还。”（批本语）

二四　丙辰召试者二百余人，今五十五年矣，存者惟钱箨石阁学与余两人耳。庚戌五月，相访嘉禾，则已中风，半身不遂；年八十有三，犹能醰醰清谈。家徒壁立，卖画为生，官至二品，屡掌文衡，而清贫如此：真古人哉！刻《箨石斋诗集》四十九卷，最后，题春圃弟《茶舫图》云：“清凉山后阿兄题，大令名看小令齐。三月柳遮江路永，十年人隔夕阳低。”拳拳念旧，盖物稀为贵，理应然也。先生吟诗，多率真任意，有夫子自道之乐。其《村居》云：“村居谁为闭门高？夜雨频添水半篙。杨柳初丝亚文杏，木兰如玉照樱桃。王官谷小云同住，华子冈深犬夜嗥。短杖一枝扶便出，西轩北陌又东皋。”《先人别业》云：“屋于高处非忘世，志欲终焉此读书。”

皆有骀宕之致。先生名载，嘉兴人。

批注：钱载（1708—1793），字坤一，号箨石、匏尊，秀水（今浙江嘉兴）人。官礼部侍郎、山东学政等。诗追韩愈，自辟蹊径。批本语云：“箨石在京，有‘钱老相公’之称。”

二五 家常语入诗最妙。陈古渔布衣《咏牡丹》云：“楼高自有红云护，花好何须绿叶扶。”国初徐贯时《寄妾》云：“善保玉容休怨别，可怜无益又伤身。”

二六 秋霜初下，木叶未凋，而浮萍先悴。松江张梦喈之女玉珍有句云：“梧阴尚覆阶前草，秋信先残水面花。”虽眼前景，无人道过。又《赠归燕》云：“空巢为汝殷勤护，重到休迷故主楼。”真仁人之言。玉珍嫁太仓秀才金瑚，有孝子之称。

批注：张玉珍，袁枚女弟子。诗写“眼前景”故真实，“无人道过”故清新。

二七 凡攻经学者，诗多晦滞。独苏州江郑堂藩诗能清拔；王兰泉司寇之高弟子也。《登齐云山》云：“危梯高百步，曲折径通幽。人与鸟争路，僧邀云住楼。山收千里翠，石放众溪流。空际闻钟磬，声从何处求？”《寓楼》云：“东风料峭觉衣单，楼阁虚空梦未残。病里已教花事去，愁来肯放酒杯宽？画图劝客看山色，书卷留人忍夜寒。去岁家书今岁达，老亲为我定加餐。”《送兰泉从方伯升司寇入都》云：“民情爱冬日，朝命转秋官。”抑何工切！

二八 余十二岁，受王交河先生兰生知，入学；十五岁，受李安溪先生清植知，补增；十九岁，受帅兰皋先生念祖知，食饩。感知己之恩，求王、李二公诗不可得。近在汪松萝《清诗大雅》中，得帅公《春园》云：“群香多扑鼻，空翠总沾衣。良以得春趣，因之忘世机。径幽当晓寂，禽小见人飞。我意适如此，看云何处归。”又，《秋信》云：“柳残池受月，花落径添泥。”《弹琴》云：“耳边犹有韵，空外绝无声。”

批注：师恩难忘，袁枚乃有情义之人。

二九 彭湘南布衣，与陈沧洲先生同乡交好。陈殁后，无所依归，以选诗为生。癸酉来金陵，年七十余矣，杖头挂古钱数枚，朱履白发，招摇过市。为余言：沧洲诗宗少陵；诵其《石峡看月》云：“薄暮村难辨，依微古渡旁。空江悬网罟，落日下牛羊。水落滩声缓，山高树影凉。开篷看月色，夜久渐为霜。”他如：“夜雨邻灯舟似市，经年旅泊水为家。”“竹榻耳随天籁寂，纸窗云共佛香飘。”皆佳。

三〇　松江提督张云翼，以公侯世职；而《严滩》一首，独出新裁。其词云："漫整荷衣拜逸民，滩声犹自动星辰。富春近日谁渔父？天子当年有故人。名到先生才是隐，贤如光武不称臣。只因曾作梅家婿，外氏家风爱隐沦。严先生为梅福之婿，事见《逸史》。"又："明月到楼忘是夜，桃花无水不成春。"俱有意思，不似贵人笔墨。

三一　康熙末年，布衣能诗者，金陵有屈思齐景贤，苏州有李客山果。二人俱落落孤高，与朱草衣别一风格。客山诗，余见甚少。屈长于五古，工夫胜草衣，而性灵不如。在僧壁见《与马秋田、沈方舟、姚玉亭观秋色》云："香阁层峦上，登临落照边。钟声传下界，人语近诸天。红叶齐争艳，秋花静可怜。萧然林壑外，归鸟度寒烟。"《莫愁湖》云："一自美人去，至今芳草生。"诗境冷淡，可以想见其人。余宰江宁，从不来一见。

批注：屈"性灵不如"，虽"工夫胜"，亦终逊于李。

三二　天长陈烛门以刚壬辰进士，与王孟亭同年，论诗两不相合：以王好险拗，而陈平和故也。陈长于投赠。《赠顾侠君》云："心厌承明恋钓槎，题名江上有笼纱。鼓钟清庙元和笔，箫管扬州大业花。重碧千卮倾北道，软红十丈忆东华。相看淮海诗人尽，携手平山日又斜。"

三三　沈阳唐俊公英司关九江，四方诗人游者，必有唱和。余于《诗话》中已详言其坛坫之盛；先生诗，尚未见也。近始得其《归舟即景》云："逸兴忙中减，兹游片刻清。岸虫随橹急，渔火贴波明。山暗残阳灭，江寒夜气生。莫教惊野浦，恐散白鸥盟。"《环翠亭纳凉》云："古亭雅集趁新凉，明月依人照异乡。老树静风鸦睡稳，山衙报漏鼓声忙。向平心事谁知己？庾亮襟期自笑狂。《白雪阳春》歌满座，不堪回首少年场。"读之，想见盛世升平，官领闲曹之乐。其子名寅保，貌如冠玉，早入翰林，出锡山嵇公之门：人以为先生礼士尊贤之报也。

三四　杜紫纶先生选《唐人叩弹集》，专尚中、晚。学者从兹入手，可免粗硬槎丫之病。而宗法少陵、山谷者，意颇轻之。先生《虎丘雨后》云："六宫花老泪胭脂，点点残红坠晚枝。自是东风无着处，本来西子有归时。锦帆冷落青帘舫，玉管阑珊《白纻》词。双桨绿波留不住，半塘烟柳雨如丝。"先生翰林前辈，与余同试光明殿，恰未一握手。

三五　沈归愚言沈方舟诗，藏少弋家。少弋已亡，求之不得。杭堇浦言方舟诗在福建布政使张廷枚家。或少弋即方伯之宗人，未可知也。沈诗音节沉雄，得明七子梗概，而新颖过之。足迹所到，足以助其豪宕之气。如《下朝阳》云：“似闻风雨作，前有大滩来。一气双江合，孤城百粤开。鳌身移岛屿，蜃口出楼台。倚棹怀湘子，桥成力大哉。”余每过滩，先闻声响，读此方知其妙。他如《小泊》云：“竹喧归鸟后，村静饲蚕时。”《天启德陵》云：“内竖一朝祠宇遍，爰书三案士林空。”《怀宗思陵》云：“一剑割将公主爱，九门报道寺人开。”《泰山》云：“四岳共推青帝长，一峰还古丈人尊。”皆脍炙人口。有长安陶友兰者，爱其诗，临卒，命以《方舟诗集》置棺中为殓。亦异人哉！

三六　虎丘山塘有白傅旧堤，其碑为居民埋匿。汪松萝掘得之。沈赋诗云：“片石苔封阅岁华，凭君磨洗认龙蛇。从今觅得春风路，送与吴娘踏落花。”王昊庐宗伯捐赀赎甲寅难妇百余口。沈赠云：“红泪千行溅铁衣，倾家不惜援重围。挥金欲笑曹瞒吝，只赎文姬一个归。”

三七　雍正间，宣城有布衣葛鹤、字云衢者，诗笔颇清，年未四十而亡。陈古渔诵其佳句云：“巢倾争宿鸟，鞭响过桥驴。”“衣雨屡迁孤客馆，秋风先瘦异乡人。”

三八　诗用眼前之典，能贴切便佳。陈烛门《赠李天山》云：“老人吹火窥刘向，天子临轩问长卿。”杨兼山《在户部岁暮》云：“孙簿当年犹祭灶，崔丞近日只哦松。”姚姬传《赠陶生》云：“贫无素业弹长铗，行入朱门着小冠。”语俱妙。而姚诗似有所讽。

三九　诗有无心而相同者。陶篁村《偶成》云：“闭户浑如坐佛幢，弹琴作伴影成双。多情只有萧萧竹，时带斜阳绿到窗。”姚姬传亦有《凉阶》一首云：“凉阶今夕又飞萤，倚槛风前已涕零。人迹不如修竹影，每随明月到中庭。”陶《题阅江楼》云：“木落天空阔，鼍鸣岸动摇。”亦奇伟可喜。

沈方舟《出峡》云：“舟掷波心去，人穿石罅来。”王兰泉《舟至玉屏》云：“人从激箭流中坐，船在崩崖罅里行。”

四〇　丙子，年家子陶时行以胡氏《一房山诗集》见示，作者六七人。壬寅秋，余过芜湖。主人漱泉淳邀游其处，屋不甚多；而窗对赭山，门临湖水，洵鸠江一胜景也。集中管松崖太史干珍云：“日夕山水碧，泠然秋更清。微风湖面至，初月竹稍生。排雁银筝柱，跳鱼玉尺声。不愁归路晚，村火似星明。”淡霞山明府如水云：“入室菊排三径秀，开窗风送一山秋。”仲烛亭蕴檠秀才云：“小阁乍开双白板，秋山刚借一屏风。”宋笠田明府树谷云：“沙外鸥眠闲胜客，竹间禽语妙于诗。”主人

《晓起》云："残月林中挂，晴云空际生。北窗幽梦觉，天色欲微明。露浥蕉花重，烟凝竹叶清。迎风倾两耳，恰好一蝉鸣。"

四一 出入权贵人家，能履朱门如蓬户，则炎凉之意，自无所动于中。宋人《咏松》云："白云功成谢龙去，归来自挂千年松。"汪易堂苍霖《咏菊》云："不蒙春风荣，讵畏秋气肃？"可谓见道之言。汪又有《白桃花》云："褪尽铅华露一丛，轻阴漠漠淡烟笼。渔郎错认仙源路，洞口春深雪未融。"《七夕呈冰玉主人》云："神光叆叇有无中，灵驾云衢一水通。欲乞天孙为补拙，明朝移巧到城东。"皆言外有意。

四二 宝山徐水乡，名崧，不事举业，专攻诗，年三十三而卒。卒前十日，病卧床，语其父云："儿往谒洞庭阴君矣。惟一生心血在诗，可以遗稿付吾友浦翔春藏之。"其时浦犹未知其死也，梦与水乡谈甚乐，自言已死四日矣。今游赵秋谷先生门下，讲诗工夫大进，一笑而去。浦为刻其诗，号《百删小草》。《海上秋兴》云："鱼鳞千户县初成，高筑回塘似带横。天任孤城沦碧海，帝争尺土与苍生。扶桑日射帆樯出，碣石云开岛屿明。极目滔滔烟水阔，秋风无浪总堪惊。"《吊韩蕲王》云："宋家犹有西湖在，且自骑驴遣暮年。"《此夕》云："明知惜玉须完璞，无那看花想折枝。"皆有性灵。

孔北海云："今之后生，喜谤前辈。"水乡《咏鹦鹉》刺之云："怪侬巧弄无多舌，才解人言便骂人。"又刺元稹云："君臣儿女情无二，报国曾无薄行流。"

批注："有性灵"为本《诗话》采诗主要标准。

四三 水乡有友吕步瀛，字仙客，亦工诗而早亡。《赠冯云九》云："名士门生羽士师，仙坛步上少年时。男儿只道封侯易，误到头颅白未知。"冯弃儒入道，故吕羡之。亡何，二人俱亡。

四四 余尝谓陆放翁、康对山俱一入权门，名为小损。然士大夫宁为权门之草木，勿为权门之鹰犬。何也？草木不过供其赏玩，可以免祸，恰无害于人；为其鹰犬，则有害于人，而已亦终难免祸。东坡《咏马季长》云："不碍依梁冀，何须害李公！"虽是落第二层身份而言之，亦可悲也。

四五 王兰泉方伯诗，多清微平远之音。拟古乐府及初唐人体，最擅长。自随阿将军征金川，在路间寄《南斗集》一册。读之，俶诡奇险，大得江山之助；方信古人云"读万卷书，行万里路"，缺一不可也。《过瓮子洞》二首云："急溜从东来，锐石忽西拒。水为石所搏，奔流竟回注。岂知限坡陁，欲走不得去。回旋蹴浪花，蓄势作驰骛。何为一叶舟，竟往杀其怒？舟水相撞舂，进退屡独豫。乘间突而前，奇绝诧径度。”“大石如覆舟，小石如断臼。其色侔猪肝，其状肖熊首，其积累重甗，其裂豁破缶。谲诡非一形，争出扼溪口。三石更颀然，似结烟霞友。临空出窍穴，大小靡不有。俾受篙师篙，真宰信非偶。”《舁舆短歌》云：“下山走坂丸，上山逆水船。下用四人夹，上用四人牵。长绳系板当胸穿，舁者二耦趋而前。二十四足相后先，如鱼逐队蚁附膻；如羊倒挂禽齐骞，我身托舆舆托肩。肩上尺木絙以缘，莫怪侁侁走不前，脚底千峰方刺天。”

批注：“江山之助”语首见《文心雕龙·物色》：“屈平所以能洞鉴风骚之情者，抑亦江山之助乎？”后引申为创作者经自然景物的激发而产生深切的感受而表现出来，亦诗来自自然与生活之意。

四六 人问：“惧内之说，始自何时？”余戏云：始于专诸。《越绝书》称专诸与人斗，有万夫莫当之气；闻妻一呼，即还：岂非惧内之滥觞乎？五代时，朱温虽凶暴，亦有专诸之风。其他文学之士，如王、谢两公，张稷、李阳诸典故，固无论矣。人又问：“惧内可见于诗歌否？”余只记唐中宗宠韦后，优人因裴谈与宴，知君臣同病，唱《回波词》曰：“回波尔似栲栳，怕妇也是大好。外边只有裴谈，内里无如李老。”后喜，以束帛赐之。

四七 “哥”字最俗，不入诗文。惟唐时张元一主司郎中《咏静乐县公主》云：“马带桃花锦，裙拖绿草罗。定知帏帽底，仪容似大哥。”其时，武懿宗短丑，而其妹甚长，人呼妹为“大哥”。公主与则天并行，则天命元一嘲之，故云尔也。此外，白香山诗有“何似沙哥领崔嫂，碧油幢引向东川”。沙哥者，杨汝士小名。居易，则杨之妹婿也。元世祖称其臣董文炳为“董大哥”，亦奇。

四八 仪真石大年有《渔父》词云：“橛头艇子送生涯，来往苕溪与若耶。手把一竿春又老，钓丝牵上野桃花。”浦翔春《渔父》词云：“水之涯，山之麓，蓼花行，芦花宿，不脱蓑衣酣睡足。得鱼换酒笑向天，月落空江自歌曲。”二诗俱妙。石又有句云：“手劈芭蕉充茧纸，眼看蝌蚪学虫书。”

四九 路途行役之诗，明将军瑞有句云：“沿途听爆竹，逐驿读春联。”邵元直孝廉有句云：“行旌最喜晴，畏热转思雨。”皆行路之实情实景也。邵又有句云：“马蹄易碍非芳草，鸦背难留是夕阳。”“浮生若寄谁非梦，到处能安即是家。”“剧怜车马驰驱苦，幸喜山川应接忙。”皆妙。又“车前细雨织成帘”七字，亦颇是路中雨景。

五〇　杨升庵曰："诗至杜而极盛，然诗教之衰自杜始；理学至程、朱而极明，然理学之暗自程、朱始。非杜与程、朱之过也，是尊杜与程、朱者之过也。"《客座赘语》曰："李于鳞诗律细而调高；然似吴中暴富儿局面，止是华美精致。若杜少陵，便如累世老财主，家中百物具足；即偶然陈朽间错，愈见其为富有也。"两段议论甚佳，故录之。

批注：《客座赘语》，明顾起元著。

五一　余丁巳流落长安，馆高怡园先生家三月。后四十余年，先生亡矣。余感其德，为撰墓志以报。不料又隔数年，张蒙泉果寄《梦中缘》一册来，云：先生亡时，贫甚，家有九棺未葬，夜见梦于童君二树，以笺纸索画梅十幅。童素不相识，惊醒，则案上有余所作墓志存焉。所谓"短而癯者"，即其貌也。以告蒙泉。蒙泉曰："得毋高公欲假君画以归土耶？"盖其时二人同客中州，而童画甚贵重故也。童欣然握笔，及画成，买者无人。适河南施我真太守来，见之叹曰："画梅助葬，真盛德事。"乃取其画，而助葬资二百金。题诗曰："十幅梅花十万钱，诗中之伯画中仙。耶溪太守捐清俸，了却幽人梦里缘。"张招同人和其诗，号《梦中缘》云。高公名景藩，官至观察。

批注："童二树梅，见之多矣，一幅不过三两枝，无盘根大干、万朵槎丫者。"（批本语）

五二　余亲家徐题客画《穿云沽酒图》。余题云："玉貌仙人衣带斜，腰间瓶插绿梅花。穿云何事频来往？天上嫌无卖酒家。"后读《王荆公集》，有句云："花前若遇余杭姥，为道仙人忆酒家。"与余意似不谋而合。

五三　某太史诗集四十余卷，余与交好，欲采数言入《诗话》，苦其太多，托门下士周午塘代勘之。周戏题见覆云："何苦老词坛，篇篇别调弹。披沙三万斛，检得寸金难。"余不觉大笑，戏和云："消夏闲无事，将人诗卷看。选诗如选色，总觉动心难。"

批注：将"选诗"与"选色"相比，非好色如子才者不能道也。

五四　黄煊，号补山，泰州别驾也。有昏夜献金者，题其函云："感君厚意还君赠，不畏人知畏己知。”余仿其意，题《镜》云：“从无好丑向人说，只等君看自己知。”

五五　泾县赵星阁先生青藜，乾隆元年春闱第一人也；后官侍御，以耳聋去官。为人古淡朴质，有诗集高尺许，记其祝某云：“退食常随鹤，闲行不杖鸠。”《夜行》云：“高树引凉生腋下，远山衔月挂舆前。”又，《阻风》云：“客舟牢系客心飞。”七字尤妙。

五六　余买小仓山废园，旧为康熙间织造隋公之园，故仍其姓，易“隋”为“随”，取随之时义大矣哉之意。居四十余年矣，忽于小市上购得前朝顾尚书东桥先生手书诗幅，题云：“茂慈词丈就北山之麓，构园，名随园，索余赋诗。因赠云：‘霜松雪竹忆归初，千载犹堪借客居。雨过泉声飞卷幔，云生岚翠拥行裾。金尊座对贤人酒，石室山藏太史书。共说高情丘壑在，苍生凝望意何如？’”又曰：“谁向山居同掞咏？主人原是谢公才。”读其诗，想见主人亦是词馆文学之士而归隐者。北山之麓，当即在小仓山左右。末署“天启五年，友弟顾起元书”。事隔二百年，而园名与余先后相同，事亦奇矣。惜茂慈二字，是字非名，终不知其为谁也。后考邑志：茂慈名润生，焦弱侯之长子，守云南殉节。

批注：隋公，隋赫德，实为雍正年间的江宁织造。袁枚诗话往往有误记之处。

“随之时义大矣哉”，见《易·随》，又作“随时之义大矣哉”，意思相同，指随从之义大。

顾起元，南京人，明吏部侍郎。精金石之学，工书法。

五七　余丙辰年过广西全州，见江上山凹有匣，非石非木，颇类棺状。甲辰再过观之，其匣如故，丝毫无损。相传武侯藏兵书处。或用千里镜睨之，的系是木匣，非石也；但其上似无盖耳。庚戌夏间，偶阅朱国祯《涌幢小品》云：“嘉靖时，上遣南昌姜御史访求奇书，入全州，张云梯募健卒探取，乃一棺；中函头颅甚巨，两牙长尺许，垂口外，如虎豹状。卒取其骨下山。卒暴死，姜埋其骨，而复奏焉。”余曾戏题石壁云：“万叠惊涛百尺崖，山凹石匣有谁开？此中毕竟藏何物？枉费行人万古猜。”尔时未见《涌幢》所载，故用疑猜；若见此书，亦无可猜矣。惜武夷山之红桥板，不得姜御史搭云梯而一探之！

批注：据今人李瑾考证，袁枚所见乃“悬棺葬”，又名“风葬”，实质上是一种洗骨葬。详见郭沫若《读随园诗话札记·附录五》。

五八 康熙辛亥，赵斗瞻从晋入都，道经定州清风店，宿逆旅。主人家姓陈，号继鸣。壁上有绝句一首云："马足飞尘到鬓边，伤心羞整旧花钿。回头难忆宫中事，衰柳空垂起暮烟。"后跋云："妾，广陵人也。从事西宫，曾不一年，被虏旗下，出守秦中，马上琵琶，逐尘而去；逆旅过此，语不成章，非敢言文，惟幸我梓里同人见之，知妾浮萍之所归耳。时庚寅秋杪也。广陵叶眉娘题。"

五九 桐城张映沙若瀛倜傥负气，作热河巡检。銮舆驾临，有太监某，横索金帛，其势汹汹。知县遁矣，张以理谕之，太监大骂。张命役擒下，重杖二十。总督方公大惊，以为颠，据实参奏。上嘉其官卑而能执法，将太监登时充发，而擢张为河北同知。余按：唐敬宗五坊小儿，骚扰百姓。长安令崔发遣人拘之，尚未讯也，中官率百余人，持棒直入，殴崔几毙。敬宗犹怒其擅拘中人，下崔于狱。以今较昔，圣主之圣，庸主之庸，岂不相悬万万哉？映沙恃圣明在上，得行其志。在北路时，有上公庄头，强赎民田，戴花翎来说情者数辈。映沙尽行挥去，拘强赎者杖之，众为慑伏。映沙虽刚正，而喜诙谐。桐城土俗呼"叔叔"为"椒椒"。其时族弟曾敞编修，乡试分房，有叔某为大兴县丞，遵例迎送。榜后，门生有献狐裘二袭者。映沙赋诗嘲之云："恩旨分房第一遭，马前迎送有椒椒。鹿鸣宴罢怀银器，虎榜人来捏纸包。白发门生双膝屈，蓝圈文字七篇高。莫言分校无他乐，夫妇同时着大毛。"

批注：张映沙诚为刚直不阿、执法如山之官。而袁枚以唐敬宗事反衬康熙"圣主之圣"，难免阿谀乾隆之讥。

六〇 人有以诗重者，亦有诗以人重者。古李、杜、韩、苏，俱以诗名千古。然李、杜无功业，不得不以诗传。韩、苏有功业，虽无诗，其人亦传也，而况其有诗乎？金陵方伯康茂园先生，清风惠政，人所共知。在睢宁治河，落水中，神扶以起。余记其事，载文集中。公岂藉诗以传者哉？然重其人，则其诗亦因人而重。今春三月，诗弟子陈熙为抄一册见寄。录其《繁峙学署有怀》云："吾怀仲夫子，负米欣然归。吾爱楚老莱，翩跹舞斑衣。人生离膝下，忽忽欲何之？忆我少年时，井里从儿嬉。甫壮营薄禄，出门意迟迟。一官为亲喜，山城复羁縻。官冷饭不足，嗟哉无鲊遗！感此伤客心，晨昏忍暂违。寒风生四壁，瑟瑟砭人肌。以我念母日，知母忆儿时。忆儿怜其少，忆母虑其衰。人生愿为儿，结念常在兹。”《登焦山》云：“浮玉摇天碧，回澜障海门。人从初地入，峰到上方尊。吴楚当轩合，云山远水吞。我寻高士宅，三诏石犹存。”此两首，一征仁孝之思，一存清妙之旨：读者如食绥山桃，虽不得仙，亦足以豪矣。公讳基田，丁丑科进士，山西兴县人。

批注：“康方伯名基田，山西人，身材瘦长，连鬓须三绺，疏而长。”（批本语）

六一 鳌沧来明府有妹名洁，为紫庭太史之女。性爱吟诗，年十六，适四品宗室魁明，年二十而寡，守志抚孤。尝寄沧来云：“织尽人间寡女丝，三更涕泪一灯知。近来焚却从前稿，不为怀兄不作诗。”“儿女干啼湿哭余，偷闲才得寄家书。望兄好继襄勤业，莫使官声竟不如。”沧来，襄勤公成龙之曾孙也，历宰吴下，清慎勤敏，绰有祖风。

六二 俗称女子不宜为诗，陋哉言乎！圣人以《关雎》《葛覃》《卷耳》，冠《三百篇》之首，皆女子之诗。第恐针黹之余，不暇弄笔墨，而又无人唱和而表章之，则淹没而不宣者多矣。家龙文弟妇黄氏雅宜、香亭簉室吴氏香宜，俱有窈窕之容，同居一室，互相切磋。黄《咏灯花》云：“银釭夺月吐光华，影入窗棂透碧纱。未忍轻挑私问汝，不知何喜报吾家。”吴《咏梅》云：“为爱春寒花放迟，游人偏采未开时。依心恰爱天然好，不忍临风折一枝。”《春晴》云：“细雨连宵湿软尘，今朝晴放一窗春。柳丝低舞花添笑，都似风前得意人。”皆清妙可诵。又有淑端内史者，见二人诗而爱之，赠一绝云：“诵君佳句爱君才，未对菱花卷已开。想是瑶池曾结伴，诗仙逃下一双来。”余按：荀奉倩云：“女子以色为主，而才次之。”李笠翁则云：“有色无才，断乎不可。”有句云：“蓬心不称如花貌，金屋难藏没字碑。”

龙文候补粤西，家无担石，而家信来，诡云娶妾。雅宜答以诗云：“郎君新得意，志气入云骄。未置黄金屋，先谋贮阿娇。”盖揶揄之也。香宜知余采其诗入《诗话》，以诗谢云：“有志红窗学咏诗，绛帷深幸侍良师。微名也许登《诗话》，荣似儿夫及第时。”戏香亭也。雅宜名桢，香宜名蕙，淑端姓孟，名楷。

批注：于“女子不宜为诗”之俗论，袁枚深恶痛绝。袁枚收女弟子，编女弟子诗选，诗话采闺秀诗，皆是以实际行动进行反驳。袁枚对推动清代女子为诗，功莫大焉。

才女亦以诗作入《诗话》为荣，可见女子为诗之风气甚盛。

六三 梁山舟侍讲南山扫墓，见方姓人家张壁一帧，乃康熙二十六年丁卯科《题名录》一纸，即市卖之。物完好如故，且刻板精洁，比近日百倍。正榜仅五十名，副榜十名，同考十二房，并主司官爵、表字、乡贯，一一详载于尺幅。又监临提调三场题目皆全。解元於潜伍涵芬，第七名即查声山先生也。榜姓邱，百余年故纸，居然不毁，亦一奇也。梁中乾隆丁卯举人，是科有重预鹿鸣之周名天相者，因题其后云:“我年二十五，卯岁领乡荐。再上六十年，此榜实羔雁。忆余乡赋时，群集随诸彦。领袖鹤发翁，谓中《录》第四十二名。周翁天相，钱塘人。巍然灵光殿。风貌既甚古，章服亦不贱。私窃问姓名，爱莲分一瓣。少年曾筮仕，秩视诸侯半。归卧田里间，后生蔑由见。恭逢盛典举，重预嘉宾宴。今后卅年余，翁久随物变。即余同年生，八九已露电。乃于山人庐，忽睹纸半片。上镌千佛名，一佛曾识面。当年取士严，额解才大衍。主司及同考，一一载乡贯。字迹颇工整，首尾无漫漶。想见诊卖时，狼籍坊市遍。此纸逾百年，独再优昙现。贤哉方山子，拾得常自玩。藏弃比吟笺，装背作画卷。某也后进人，彰美在所先。率书五字诗，留下一重案。”余道：此与康熙年间，吴鳞潭祭酒在启圣祠掘得元人题名三碑：一蒙古，一色目，一汉人：皆有正副。余买得绍兴十八年朱子《题名碑》相仿。

卷　二

一　福建高南畴观察，官江南时，与余交好。遭患难后，三十年不通音问。庚戌秋，其子竹筠袖诗相访。《寿阳》云:“陟险攀藤上，岧峣势百寻。路危迟马步，峰峻怯人心。残梦扶鞍续，愁怀对月深。前程都莫辨，云雾湿衣襟。”《青玉峡》云:“人随飞鸟渡，僧带断云来。”《平山堂》云:“紫蝶缓随人影去，绿杨低护画船行。”皆佳句也。呜呼！余见公子时，年才六七；方疑流落何所，而竟能清词丽句，卓然成家：可谓佳公子矣!

二　吾乡金江声观察有句云：“萧寺秋声流夕磬，酒楼红影上春灯。”阳湖杨宇昭有句云：“满林黄叶通樵径，绕郭红灯半酒家。”

三　余丙辰入都，胡稚威引见徐坛长先生，己丑翰林，年登大耋；少游安溪李文贞公之门，所学一以安溪为归。诗不求工，而间有性灵流露处。《赠何义门》云:“通籍不求仕，作文能满家。坐环耽酒客，门拥卖书车。”真义门实录也。《幽情》云:“酒伴强人先自醉，棋兵舍己只贪赢。”《安居》云：“入坐半为求字客，敲门都是送花人。”亦《圭美集》中出色之句。

批注：诗之“性灵流露”为第一紧要，工否次之。

四　溧阳彭贲园先生，素无一面，寄《云溪诗集》见示。有笔有书，亦唐亦宋，不愧作者。佳句如:《雨阻淮上》云:“春气勒堤柳，水光团野烟。”《舟中》云:“长河欹枕过，片月贴帆飞。”《剑津》云:“早知神物终当化，何似丰城便永埋？”《无题》云:“月展璧轮宜唤姊，风吹池水最干卿。”皆妙。又《接家书》云:“有客来故乡，贻我乡里札。心怪书来迟，反复看年月。”只此二十字，写尽家书迟接之苦。先生名光斗，出仕闽中。

五　某有句云：“落月铺满地，秋声寻到门。”余爱其中一“寻”字。因忆厉太鸿有“明月出树如相寻”七字，亦复相同。

批注：“寻”字活泼有趣也。

六　武陵胡少霞蔚老于莲幕，死后，云南彭竹林明府镌其《万吹楼遗稿》付余曰：“此少霞一生心血，先生为存其人，可乎？”余录其《渡口》五绝云：“渡口秋来树，迎风叶叶黄。怀人相望久，犹道是斜阳。”《和史梧冈》云：“蓬莱回首隔山河，王子吹笙帝子歌。闻说长春在天上，春秋应比世间多。”

七　苏州汪山樵明府，献《圣祖南巡》诗，蒙召入南书房。一日，圣祖坐内廷，取榻上册顾诸臣曰：“卿等试看此册，是何人笔墨？”皆奏曰：“似翰林陈邦彦。”上笑曰：“非也。此是邦彦内弟汪俊所书，诗字俱佳。”其受知如此。旋出宰醴泉，以诗酒罢官。余在薛生白家，与同宴集，来往甚欢，欲觅其遗稿，竟不可得。近见少霞有怀汪一绝云：“几年著作直承明，万寿诗章御榻横。曾说九重亲赏识，是何年少有韩翃！”

八　宜兴储玉函太守，同年梅夫之从子也。诗笔与其弟玉琴相似，而尤长于五言。《过舅氏别业》云：“乞墅欢游地，重来旧业存。敲冰进孤艇，曝日聚闲门。林影深藏屋，湖光冷逼村。廿年人事改，昔梦向谁论？”佳句如：“竹阴清石磴，花色淡秋衣。”“远钟清过水，深竹暮连山。”又“春烟浮绿野，夜火满丹阳”，对仗亦巧。

九　桐城李仙芝，自称抱犊山人，馆方氏一梅斋；夜半关门，宿鸟惊噪，因得“推窗惊鸟梦”五字，以为似贾浪仙。然终未成篇也。又隔五年，为山馆虫声枨触，方足成一律云：“宵深寒气重，山馆剧凄清。夜月猿僵卧，秋萤鬼拥行。推窗惊鸟梦，就枕听虫声。寂寂孤灯烬，匡床已二更。”又，《客金陵见新燕有感》云：“寻巢择室几经春，故国乌衣梦想频。上苑乔林迁不到，生成薄命是依人。”其寓意亦可悲矣！

一〇　对联之佳者：赵云松见赠云：“野王之地有二老；北斗以南止一人。”龙雨苍见赠云：“羲皇以上怀陶令；山水之间乐醉翁。”余《自题》云：“读书已过五千卷；此墨足支三十年。”黄浩浩啸江有句云：“花怯晓寒思就日，柳摇春梦欲依人。”胡蛟龄蔚人有句云：“前山暖日如修好，昨夜狂风尚贾余。”俱新。

一一 诸襄七检讨性情迂傲，有弟子求题图，先生开卷，见齐次风侍郎、周兰坡学士先题矣，心有所忮，大书曰："齐大非吾偶，周衰尚有髭。两人都已写，何必我题诗！"

一二 凡药之登上品者，其味必不苦：人参、枸杞是也。凡诗之称绝调者，其词必不拗：《国风》、盛唐是也。大抵物以柔为贵：绫绢柔则丝细熟，金铁柔则质精良。诗文之道，何独不然？余有句云："良药味不苦，圣人言不腐。"

批注：拗，指文词生硬。袁枚不喜拗字、拗句，以柔为贵。故不喜王安石、黄庭坚诗。此亦个性使然。

一三 常州吕映薇秀才，邀人作《帘钩》诗。首唱云："棨戟深深钩影微，玉竿又上绮窗衣。呢喃燕语窥巢入，溶漾丝牵入户飞。十里钗镮攀络索，一厅灯烛落珠玑。严公幕下怜才甚，三挂冠巾是也非？"吴谷人太史云："纵殊画向鸦叉展，宛似书摹虿尾成。"秦端崖太史云："游空半学鱼抽乙，倒挂真疑凤是么。"吴古然云："眼于槛外看么凤，手出楼头见美人。"又，谷人云："分明赌酒曾笼袖，仔细抬头怕碍冠。"皆可谓工矣！

一四 乾隆庚戌五月二十六日，直隶完县有一产四男者，大吏奏闻。秦西岩观察赋诗云："一胎不数三丁异，八士何难两乳成。"

一五 丙戌，方比部坳堂昂见访随园，留诗一册而去。其《感怀》云："蓑衣篛笠愧坡仙，放浪慵营洛下田。过眼功名花在镜，惊心岁月箭离弦。鬓毛短处人应笑，髀肉生时我自怜。多谢长征识途马，也如名将历幽、燕。"通首气格雄浑。与高东井交好，赠云："贫多游览怀应壮，少不穷愁句自工。"

一六 真州张湖字愚谷，《咏落叶》云："曾为上古衣裳用，莫道阑珊是弃材。"此意古人未道。

一七 云南离中国七千余里，而近日文章之士甚多，以彭氏一门为最。香山令彭少鹏、名翥者，在肇庆受业于余，曾载其佳句入《诗话》矣。今秋以获海盗，保荐入都，过金陵，宿山中三日，购书一船而行。其人弱不胜衣，而擒盗入洋，乃有余勇。余为惊喜，赠七古一章，载入集中。彭《狮子洋》云："到此疑无岸，飘然天际行。珠光随月满，水气与云平。猛虎原名镇，莲花别有城。一声秋夜笛，吹动故乡情。"《澳门》云："天上风云全护水，海中村落总依山。"他如："涛声归壑急，海艇搁沙多。""无云天水合，有月海山清。""舟行未雨前，日落无人处。"

皆奇境也。见访云："升堂由也果，今日到随园。"用《论语》，甚趣。其族人彭印古亦有句云："云深都失路，叶落不藏村。""竹里敲诗随鹤步，花间鼓瑟与鱼听。""窗横野色云千里，松带涛声水一楼。"俱妙。

少鹏同舟有苏君名槸者，亦诗人也。《昆明旅次》云："山光临坐暗，湖气入门凉。"《冬夕》云："举步霜月中，人寒影亦湿。"又有昆明翰林钱君名沣者，《留宿李氏小饮》云："二麦将枯老却春，南郊遍访葛天民。九年不共尊前饮，再宿犹疑梦里身。门接山光来异县，墙分花气与芳邻。蓬瀛故事休夸说，看取风前两鬓新。"

批注：《诗话》采诗涉及西南边陲云南，彭氏一门诗亦网罗在内，用心甚勤。

一八　赵州龚簪岩名锡瑞者，工古乐府及七言长句。《龙尾关》云："龙尾关前水，年年带雪流。如闻天宝卒，永恨国忠谋。蜀道仓皇幸，冰山顷刻休。余兵二十万，白骨竟谁收？"自注云："唐时高仙芝攻大食国，安禄山讨奚契丹，杨思勖讨叛蛮，各丧师数万，故及之。"又，《游飞来寺》云："孤月晴翻江影动，乱松寒送雨声来。"《悼亡》云："鬼灯如见通宵绩，故突犹疑带病炊。""泪下怜余如隔世，挂遗惊汝尚持家。"赠某云："从戎二十执戈殳，百战余生胆气粗。饮马长江休照影，恐惊霜雪上头颅。"

一九　周中翰青原娶沈氏，为莲花厅沈司马之长女；常来随园看花，貌明秀而性和婉，不愧名家女，不知其能诗也。殁后，其子之桂从故簏中检得其《思归》云："东风吹恨几时消？春水连天又长潮。自叹不如梁上燕，一年一度也归巢。"《初晴》云："晚霞红映碧窗开，雁字摇空入镜台。渐远不知何处去，化为云气过山来。"

批注：沈氏诗词浅而情深，纯然白描，的是性灵性。

二〇　每过池上，见杨柳向人低折；游山见红墙，必是僧寺：皆眼前事也。真州李秀才濂有句云："往来恰怪沿堤柳，低舞成行欲拜人。"又曰："约略招提前面是，淡金塔影浅红墙。"

二一　钱辛楣少詹序冯畹庐之诗曰："古之君子，以诗名者，大都自抒所得，而非有意于求名；故一篇一句，传诵于士大夫之口。后人荟萃成书，而集始名焉。南齐张融自题其集，有《玉海金波》之名。五代和凝镌集行世，人多笑之。近世士人，未窥六甲，便制五言。又多求名公为之标榜，遂梓集送人。宜于诗学人之不深，而可传者少。”

二二 畹庐者，姓冯，名怀朴，躬耕于太仓之璜径；殁后，其诗始出。《舟中书所见》云：“进鲜河里布帆飞，秋水清涟鲈鳜肥。掠鬓渔娃都带湿，太湖风雨打渔归。”五言云：“远水笼烟阔，江天压树低。”“饥年憎闰月，病叟厌余生。”“懒僧迟见客，冷寺早鸣虫。”题《韩文公集》云：“一檄投溪旋徙窟，听言犹觉鳄鱼贤。”托词冷隽。又“客与寒潮共到门”七字亦佳。

二三 太仓又有许培秀者，《题画》云：“垂柳罨晴烟，微风扬飞絮。一带绿阴浓，莺啼不知处。”末二句，是闻莺真境界，非身历者不知。又《望月》云：“但觉溪光白，不知新月生。”《得友人信》云：“晓起闻啼鸟，书来正落花。”

批注：诗境与“身历”关系密切。

二四 七夕诗最多。家四妹棠云：“匆匆下顾尘寰处，如此夫妻有几家？”近见休宁陈蕙畹湘有句云：“天孙莫尚嫌欢短，侬自离家已五年。”俱有情致。陈又有句云：“蛛网蒙飞絮，蜂须挂落红。”“隔岸炊烟起，柴门牧笛归。”《杨花》云：“无赖喜遮游客面，多情时入酒人家。”

批注：四堂妹袁棠，字秋卿，一字云扶。有《绣余吟稿》《盈书阁遗稿》，袁枚刻入《袁家三妹合稿》。

二五 芜湖有钟姓女子，名睿姑，字文贞，能诗，能画，能琴，兼工时文，受业于宁孝廉楷。陪其师游冶父山云：“笋舆重去访名山，枫叶才红绿未斑。自把瑶琴傍溪树，乘风一奏白云间。”“无梁殿冷石门秋，铸剑池空水不流。苔藓照人心自古，满天晴雪落峰头。”“树里湖光一镜开，水精宫外有楼台。散花不到维摩室，亲捧云珠供佛来。”宁故宿学之士。余宰江宁时，与秦大士、朱本楫诸公，受业门下。五十年来，群贤亡尽，而宁年八十，巍然独存；又得女弟子以衍河汾一脉，亦衰年闻之而心喜者也。

二六 海盐崔应榴秋谷《吴江夜泊》云：“小驿柝初起，孤篷月已上。渐息人语喧，微闻水声响。”《真州客夜》云：“冻雨欲歇声渐微，窥窗残月扬清辉。此时有酒不成醉，明日无风那得归？江水翻翻自北上，秋鸿一一皆南飞。矢歌未阕鸡报晓，满庭白露沾我衣。”

二七 壬寅春，余游黄山，路过贵池昭明太子庙，有新撰碑文甚佳，末署名者为邑宰林梦鲤。其文古雅，似出六朝高手。乃拓其文以归，遍问何人秉笔，绝无知者。庚戌夏间，在苏州，门生顾立方敏恒作府学广文，来见，出示古文四篇，其首篇即《昭明太子碑》。余不觉狂喜，自夸老眼之非花。

二八 尹文端公病重时，有人以《秋雨残荷图》求题。公题云："秋雨满池塘，残荷委流水。可怜君子花，衰来亦如此！"题毕，嘘唏再三，未五日而卒。公诸子皆能诗。四公子树斋以荫得官，有句云："三代簪缨承雨露，一家机杼织文章。"三公子两峰以科名起家，《咏独秀峰》云："千丈芙蓉拔空起，为山原不藉丘陵。"文端公见而笑曰："三儿以我为丘陵乎？"

二九 徐上舍涛，吴江人，号江庵，少倜傥不羁。长于近体。《赠龙雨樵明府》云："客来风篁寻琴谱，人到公庭乞法书。"龙颇重之。又，《题清雾瑶台》云："石栏屈曲路横斜，流水空山见落花。贪逐胎仙过桥去，不知凉露满轻纱。"《病中与郭频伽秀才邓尉探梅》云："今朝寻花将命乞，呼童荷锸随我行。死便埋我梅花下，君为立石题我名。后之游者考岁年，手摸其文笑且颠。咄哉此子本多病，不死牖下死花前。"果以是年不起。

三〇 谢康乐诗："千岩盛阻积，万壑势萦回。"李白诗："千岩泉洒落，万壑树萦回。"二句不但袭其意，兼袭其词。以太白之才，岂肯蹈袭前人？因其生平最喜谢诗，故不觉习而不察。杜少陵平生最爱庾子山，故诗亦往往袭其调，如"风尘三尺剑，社稷一戎衣"之类，不一而足。

批注：诗仙李白、诗圣杜甫亦偶袭前人诗，无论有意无意，皆耐人寻味。

三一 余每出门，或远行数千里之外，撒手便行，无系恋之意。及在客边住久，到归家时，宾朋相送，反觉难堪。兴化任进士大椿有句云："放船归思减，久客别人难。"

三二 新安王勋，字于圣，精于医理。章淮树观察因其长子病重，延之诊视。夫人吴氏顺便请其按脉。王曰："长郎胎疟，无妨也。夫人脉已空矣，明年三月，恐不能过。"时夫人方强健，闻其言，以为诅咒，群笑而骂之。到期，竟如其言。余患腹疾，访之扬州，蒙其以师礼相事，秤药量水，有刘真长之风。出乃父槐亭森诗见示，录其《新年到家》云："水陆因由腊及春，到家重庆履端辰。漫谈别后风霜苦，且放尊前岁月新。昨日尚为羁旅客，今宵才属自由身。梅花不是因寒勒，有意含香待主人。"《遣兴》云："野花村酒堪娱性，山月溪风亦解怀。莫使寒梅和露菊，年年含怨望书鞋。”二诗颇见性情，他作未能称是。初，于圣之意，欲梓乃父全稿。余止之曰：“槐亭集非不清妥，但无甚出色处。虽付枣梨，无人耐看。不如提取佳者入《诗话》中，使人读而慕思，转可不朽。”

批注：“虽付枣梨，无人耐看”之作，如今何其多也！以古为鉴，可以正风气。

三三　庐江胡梦湘孝廉，沈本陛秀才之甥也，名光桀。早岁能吟，《归雁》云：“云淡影相失，月明声更稀。”《秋夜》云：“雁来月夜关河冷，秋到江城枕簟知。”《怀人》云：“绕径蛩声人迹少，一庭烟散月明多。”可谓何无忌酷似其舅。

三四　颜古翁诗，对仗最工，有不可磨灭者，如“天哀孝妇三年旱，山畏愚公一夕移”“门罗将相文中子，例变《春秋》太史公”之类。

三五　吾乡鲍以文廷博，博学多闻，广镌书籍，名动九重；不知其能诗也。余偶见其《夕阳》二十首，清妙可喜，录其一云：“一匝人间夕又朝，晚来依旧满闲寮。疏分霜叶秋容淡，细点征帆别思遥。淡淡欲随城角尽，明明还带酒旗摇。迷藏惯匿西楼影，不似春愁不肯消。”其他佳句，如：“马上看山多倦客，溪边扫叶有闲僧。”“问谁闲袖遮西手，老我空怀再少心。”“远引钟来云外寺，渐分灯上酒家楼。”“愿得少留墙一角，悔教高卧竹三竿。”“不愁一去踪难觅，却恐重来事转生。”“山外有山看未足，几回倚杖立衡门。”皆妙绝也。可称古有“鲍孤雁”，今有“鲍夕阳”矣。

三六　异域方言，采之入诗，足补舆地志之缺。古人如“娵隅跃清池”“误我一生路里采”之类，不一而足。近见梁孝廉处素履绳《题汪亦沧〈日本国神海编〉》云：“贡院繁华系客情，朝朝应办几番更。筵前只爱红裙醉，拽盏何缘号撒羹。”“贡院”者，馆唐人处也。佐酒者号“撒羹”。“蜡油拭鬓腻丫鬟，妾住花街任往还。那管吴儿心木石，我邦却有换心山。”妓所居处山名“换心山”。“十幅轻绡不用勾，倩围夜玉短屏幽。通宵学枕麻姑刺，好向床前听斗牛。”其俗以木为枕，号“麻姑刺”，直竖而不贴耳，故至老不聋。李宁圃太守《潮州竹枝》云：“销魂种子阿依佳，开袯千金莫浪夸。高卷篷窗陈午宴，争夸老衍貌如花。”六篷船幼女呼“阿依佳”。梳笼谓之“开袯”。幼女梳笼，以得美少年为贵，不计财帛。呼婿曰“老衍”。

李公《竹枝》，亦有都知录事之不可不记者，以其人皆有可取故也。其一云：“金尽床头眼尚青，天涯断梗寄浮萍。红颜侠骨今谁是？好把黄金铸阿星。”幕客某，流落潮阳，魏阿星时邀至舟中，供给备至，五年不衰；病愈，复资之赴省。

又十年，携重赀复游于潮，时星已色衰，载客他往。某居潮半载，俟星归，酬以千金，为脱蜑籍。其二云："艳说金姑品绝伦，阿珠含笑复含颦。道侬也有冰霜志，要待蓬莱第二人。"金姑，即"状元嫂"。阿珠，亦一时尤物。有数贵官，艳称"状元嫂"卓识坚操，人所不及。阿珠笑曰："妾貌虽逊金姑，而志颇向之；惜未遇榜眼、探花耳。"其三云："日向船头祝逆风，青溪三宿药炉空。星轺不许骑双凤，却悔腰间绶带红。"某学使惑于大凤、小凤，自潮至青溪六百里，缓其程至十余日；抵岸，又托病，在船三宿而后去。二凤亦为之卧病经年。其四云："除却萧郎尽路人，宝儿憨态最情真。新诗便是三生约，炯炯胸前月一轮。"湖州某与宝娘交好，特为铸镜一枚，镌其定情诗于背。宝娘日夜佩之。

三七　吕耜堂客分宜，见《严氏家谱》载：世蕃有兄，名世蓝者，家居不仕，睦邻敦族，后不罹于祸。今之子孙，皆其苗裔也。梁孝廉过而吊之云："兄岂难为非竞爽，子能不肖始称贤。"

三八　考据之学，本朝最盛。然能兼词章者，西河、竹垞二人之外无余子也。近日处素、谏庵两昆弟，颇能兼之。处素将至长沙，遇顺风，云："江天如拭晚成晴，帆饱舟轻浪不惊。斜日风回草背落，残霞犹映树边明。饭丸乌接神应助，沙觜风回草有声。频向篙工问前路，烟中指点武安城。"其他，五言如："怪松连石长，归鸟杂云飞。""星低疑在岸，月近总随船。""谈淡虫语续，人静鼠声来。""浪花入船窗，添我砚池水。"七言如："星光堕水白于月，树色粘云暗似山。""荒寺鸣钟惊鹭起，孤村唤渡少人应。"皆妙。

三九　泰州宫霜桥善画能诗。余在李明府屏上，见其《秋夜寄友》云："新凉如水扑帘勾，唧唧虫声动旅愁。人到饥寒才作客，树无风雨不成秋。静听砧杵催长夜，误煞关河说壮游。正是相思无着处，一声征雁下西楼。"又，《新柳》云："青未能牵花市鸟，绿将扶出酒家帘。"

四〇　己酉二月十一日，余平昼无事，翻阅近人诗集。正看青阳沈正侯诗未三页，阍者来报：正侯与僧亦苇到矣。余为惊喜：信文章之真有神也。沈呈新作。余爱其《贵池道中》云："云遮山入梦，风急鸟移家。""贪睡每教儿应客，好吟且听妇持家。"《登摄山》云："谁云摄山高？我道不如客。我立最高峰，比山高一尺。"《听琴》云："花含帘外笑，鸟歇树头音。"不料别来七年，诗之进境如此。

四一　戊申冬，余访明竹岩新于武佑场，盘桓三日，极唱酬之乐。追思二十年前，其尊人作江宁方伯，彼此置酒看花，忽忽如梦。惜其弟铁崖亨中年徂谢，余将作哀词以挽之，惜无事实，故匆匆尚未暇也。录其《青冢驿夜行》云："空山夜静悄无声，皓月霜天分外清。习惯浑忘身万里，途长不觉漏三更。寒星天际时时换，道中竟日所行，多"之"字路。积雪悬崖处处明。历尽高寒清到骨，人生几个陇西行？"竹岩尤长于言情，《寄内》云："料得深闺应有梦，计程先我到辽西。""细字含情临洛浦，新诗掩卷爱《周南》。"俱秀雅可诵。

四二 湖州姜秀才宸熙，号笠堂，《浮萍》诗云："春水方三月，杨花又一生。"《晚眺》诗云："晚烟都在树，春雨不离山。"《岁暮》诗云："睡重知春近，人忙觉岁残。"赣州太守张公，为余诵之。

四三 "扶桑影里看金轮"，宋文丞相诗也。如皋范秀才昂千赋得此句云："极目万山犹拱宋，蹉跎一霎恐移阴。"颇写得出忠臣心事。

四四 苏州桃花坞有女子，姓金名兑字湘芷者，诸生金凤翔女也，年甫十三。有人录其《秋日杂兴》云："无事柴门识静机，初晴树上挂蓑衣。花间小燕随风去，也向云霄渐学飞。""秋来只有睡工夫，水槛风凉近石湖。却笑溪边老渔父，垂竿终日一鱼无。"

四五 婺源洪丹采朝阳《咏长干塔》云："浑疑天柱从空降，欲信云梯可上行。"二句殊雄伟。倪司马春岩《咏里湖》云："段桥合是儿家住，湖水当门作镜奁。"二句殊清丽。

四六 扬州诸生张本，字友堂，为山长赵云松所赏。张《赠山长》云："可能当得逢人说，从此专为悦己容。"苏州诗人方大章因刘霞裳而来受业，《赠霞裳》云："扶持玉局寻花杖，接引龙华会上人。"

四七 上海曹锡辰眉毫尽落，曹赠眉以诗云："汝能速反乎？吾将报汝以扬伸卓竖，誓不与汝以颦蹙低攒。汝来否乎？吾将迟汝于天台、雁宕之间。"

四八 诗能入人心脾，便是佳诗，不必名家老手也。金陵弟子岳树德滋园，初学为诗，《铜陵夜泊》云："橹声乍住月初明，散步江皋宿雁惊。忽听邻舟故乡语，纵非相识也关情。"《古寺》云："寺荒僧去钟犹在，碑老苔生字半存。"《小艇》云："满载谁知都是月，轻飞始信不关风。"其弟树仁，字乐山，亦能诗，《题随园》云："依山偶盖看花楼，楼上看花五十秋。到此任为门外客，匆匆行过也回头。"《晓步》云："黄鹂啼破绿杨烟，唤醒东风二月天。宿露欲晞云气散，斩新山色到人前。""日日循途自往还，胸中绘得好溪山。今朝贪看沿堤柳，走过平桥错转弯。"《春闺》云："吟罢伊谁共唱酬？金炉香烬漏声稠。侍儿俯仰偷眠态，似向灯旁暗点头。"

批注：“入人心脾”，即“诗可以兴”，可以感人心魄。

四九 白下余秀才旻，吟诗肯刻意，不入平庸一路。余道：从此加功，便能加人一等。《徙榻》云：“得月又愁多受露，迎风还恨不当花。”《洗砚》云：“愿将剩得涓涓滴，洒遍人间没字碑。”《咏风》云：“欲吹山作地，能送海升天。”《种花》云：“垂头不语还遮面，新种花如新嫁娘。”

五〇 吾乡倪春岩司马廷谟有吏才，两宰桐城，讴歌载道。诗亦清新拔俗。尹文端公督两江时，最为赏识。尹公晚年，好平章肴馔之事，封篆余闲，命余遍尝诸当事羹汤，开单密荐。余因得终日醉饱，颇有所称引；惟于春岩治具之日，攒眉不荐。盖春岩但知靡费金钱，而平素不曾训迪庖人故也。春岩知之，作书与余，末署“菜榜刘蕡”四字。余为大笑。今年来金陵，读《随园诗话》嗤曰：“何独无我？岂诗榜亦作刘蕡乎？”余因索其从前呈献尹公之诗。云：“都已遗失。”惟抄近作数首见寄。余读之，叹曰：“此护世城中美膳也，加人一等矣。”《辛丑元旦》云：“斗柄才回欲曙天，岁朝风物喜澄鲜。闰随萱荚推重午，人共梅花老一年。椒酒莫辞元日醉，炉香犹篆昨宵烟。江城柳色看初动，已觉春光到眼前。”《上元观灯》云：“罗绮香风拂面来，星桥灯火满楼台。十分桂魄如春晓，万朵莲花不水开。宝马倾城金作络，彩虹匝地锦成堆。纵难一闰元宵夜，玉漏何须故故催？”《红梅》云：“东风为汝洗铅华，又点胭脂学画家。似笑绛桃无骨格，却怜红杏少横斜。新妆照水窥明镜，薄醉当春斗绮霞。蜂蝶未知芳信早，清高到底是梅花。”余年过六十，屡次戒诗，而屡有吟咏，因自号“诗中冯妇”，正可对“菜榜刘蕡”。闻者辗然。

批注：唐文宗朝举贤良方正，时宦官当权，刘蕡对策极言宦官之祸，文章虽佳，考官不敢录取，有人称：“刘蕡下第，我辈登科，实厚颜矣。”此喻“下第”、末等。

五一 余门生谈羽仪之孙、名晋者，年少工诗，而累于病，遂潜心岐黄之术。其《送友》云：“登程偏遇还乡客，拈笔愁吟赋别诗。”《闻笛》云：“未向江头寻驿使，先听玉笛《落梅花》。”《三十自寿》云：“萧、曹勋贵由刀笔，李、杜功名非甲科。”皆有风致，而身份亦高。

五二 史梧冈好禅，不甚作诗，而往往有新意。《游仙》云：“佛函佛笈记曾谈，大地如球绕看三。天外有天君到否？杨花都不异江南。”“水云凄冷到初冬，避尽春来蝶与蜂。最是花神不安处，海棠无福见芙蓉。”他如：“弱水到今如有力，好浮花片海西来。”“且放蟾蜍光一个，与他蝴蝶破黄昏。”俱可诵。

五三 纪晓岚先生，在乌鲁木齐数年，辛卯赐环东归。畜一黑犬，名曰“四儿”，恋恋随行，挥之不去，竟同至京师。途中守行箧甚严，非主人至前，虽僮仆不能取一物。一日，过七达坂，车四辆，半在岭北，半在岭南，日已曛黑，不能全度。犬乃独卧岭巅，左右望而护视之。先生为赋诗曰：“归路无烦汝寄书，风餐露宿且随予。夜深奴子酣眠后，为守东行数辆车。”“空山日日忍饥行，冰雪崎岖百廿程。我已无官何所恋，可怜汝亦太痴生！”后被人毒死，先生为冢祀之，题曰“义犬四儿之墓”。

批注：纪昀（1724—1805），字晓岚，河北献县人。官至礼部尚书、协办大学士。谥文达。曾获罪谪戍乌鲁木齐，后召还，任四库全书馆总纂官十四年，纂定《四库全书总目提要》。有《纪文达公遗集》《阅微草堂笔记》等。

五四 余幼时，曾见人抄女子赵飞鸾《怨诗》十九首。其人家本姑苏，卖与某参领家作妾；正妻不容，发配家奴，故悲伤而作。首章云：“谁怜青鬓乱飘蓬？马上琵琶曲又终。嫁得伧夫双足健，漫言夫婿善乘龙。”味其词，盖旗厮之走差者也。余诗不甚记忆。其最诙谐者，如云：“炕头不是寻常火，马粪如香细细添。”“俗子不知人意懒，挨肩故意唱秧歌。”

五五 关中史舒堂褒官云南，有句云：“掬露连衣湿，奔泉杂骥鸣。”《山行》云：“斜照垂鞭影，轻阴衬马蹄。”颇能写行役之意。因运铜过白下，投诗一册而去。

五六 余十二岁，与张星指应辰侍郎同受知于王交河先生，入泮。张后为翰林前辈。今六十四年矣，其子云璈孝廉，以遗稿索序。录其《督学江西夜坐》云：“丁冬递响到帘栊，何处鸣号万窍风？夜色似年难得晓，灯光如豆不成红。沉忧触拨千端集，旧事云烟一笑空。饥鼠绕床挥不去，睡乡未许梦魂通。”其他佳句，如：“帘影日移直，树枝风撼鸣。”“绿树鸟栖连影动，好花风送隔林香。”“树外青山才一角，屋头明月恰当中。”“最贪早起通宵月，先看黄河隔岸山。”皆集中精华也。

五七 余与吾乡柴行之同庚。十八岁时，柴与其表兄张静山见访，珊珊玉貌，彼此酣嬉，致相得也。逾年，张侍其尊人官平陆署中，离桂林二百里。余虽到广西，竟不得见。从此永诀。今年在西湖，静山之女因余系父执，与女弟子孙碧梧姊妹到湖楼相访。谈论之余，方知故一诗人也。有《病起》一首云：“风逼帘栊睡起迟，春寒无计可支持。双眉慵扫因新病，一卷丛残剩旧诗。雪霁庭梅初破冻，日长堤柳暗抽丝。年来忧思凭谁诉？独有妆台明镜知。”

批注：张静山之女张秉彝，字性全，杭州人。曾参加首次杭州湖楼女弟子诗会。

五八 杭州汪秋御秀才绳祖，性倜傥好客，其室程慰良女妽。女妽一家能诗。屡次书来，招余游西湖，而中年抱病，遽卒。仅传其《雪弥勒》云：“抟雪居然塐佛夸，白毫现处绝纤瑕。云中莹彻鬘穿霓，掌上玲珑塔聚沙。显相别开严净界，笑拈还有雾凇花。日光应照琉璃室，隔尽诸尘寂众哗。”又，《题〈听秋图〉》云：“月窟高于绛树庭，桂丛谁占一枝馨。年来我是伤秋客，每遇秋风最怕听。”

五九 张星指先生《吊韩蕲王》云：“卧虎早能知俊杰，跨驴谁复识王公？”或《咏淮阴侯》云：“早知结局终烹狗，悔不功成再钓鱼。”两用典作对，其巧相似。

六〇 考据之学，离诗最远；然诗中恰有考据题目，如《石鼓歌》《铁券行》之类，不得不征文考典，以侈侈隆富为贵。但须一气呵成，有议论、波澜方妙，不可铢积寸累，徒作算博士也。其诗大概用七古方称，亦必置之于各卷中诸诗之后，以备一格。若放在卷首，以撑门面；则是张屏风、床榻于仪门之外，有贫儿骤富光景，转觉陋矣。圣人编诗，先《国风》而后《雅》《颂》，何也？以《国风》近性情故也。余编诗三十二卷，以七言绝冠首，盖亦衣锦尚絅，恶此而逃之之意。

批注：如何以考据题目作诗，大有讲究。此乃不得已而求其次，毕竟考据与诗相距甚远，少作为妙。

六一 丹徒女子王碧云琼，年未笄而能诗，与其兄赋《扫径》云：“菊残三径懒徘徊，枫叶飘丹积满苔。正欲有心呼婢扫，那知风过替吹开。”颇有天趣。又：“鸟语乱残梦，鸡声送晓风。”“夕阳不在山，春烟生木末。”俱佳。梦楼侍讲之女孙也。

六二 余少时咏《落花》云：“此去竟成千古恨，好春还待一年看。”弟子汤敬舆和云：“落去尽凭童子扫，飞来还望主人看。”余大叹赏，以为青出于蓝。

六三 广信太守张竹轩朝乐见访，自诵其《无题》云：“小院落花初过雨，空楼归燕又斜晖。”“若非鸾镜应无匹，或对芙蓉竟有双。”《闽中杂咏》云：“红了桃花绿了水，春光不管未归人。”俱妙。江西有疑狱控部者，奉旨交制府审办，叠讯不服。其囚云：“得见张某官来，囚死无怨。”已而公果从都中来，为平其事；方知循吏故是诗人。

六四 曹星湖明府诗，清新可喜，近蒙寄示。录其佳句云：“竹声随雨至，花影送晴来。”“霜浓皴地面，树秃减风声。”“花是当窗宜密种，草非碍道莫轻芟。”皆可存也。余性伉爽，坐车中最怕下帘。曹有句云：“平生眼界嫌遮蔽，风雪何妨一面当。”与鄙怀恰合。

六五　嘉兴吴澹川卧病扬州，其族弟鲁蓉桥亲为称药量水。澹川赠诗，有“生我父母知我子，骨肉待我救我死”之句。亡何，来金陵，诵蓉桥佳句，如：“愁多甜酒苦，客久故乡生。”“花影殿春色，雨声生夏寒。”“云影溪留住，秋声雁送来。”皆倩秀可喜。又见赠云：“词臣循吏老烟萝，天遣湖山付啸歌。官似乐天辞政早，仙如列子出游多。千年蠹饱神仙字，四季花开安乐窝。想见日餐云母粉，不知江上有风波。”

六六　程蔼人孝廉元吉，晴岚太史之子，年少工诗。《咏蝴蝶》云：“小雨苔痕新掠过，午晴花气乱飞来。”《即事》云：“满院秋声催落日，一庭黄叶聚诗人。”

六七　壬子春，余在杭州，钱塘曹江庐明府以小照属题。卷中诗甚多，余独爱吴嵩梁一首。询之，云是西江高才生也。癸丑春，王葑亭给谏书来，云：“有诗人吴某南来，索书为介。”余大喜，扫榻以待。又迟半年，始从扬州来，人果倜傥。读所著作，以未窥前豹为恨。忽于除夕前七日五鼓，梦兰雪来，诵其旧句，数联俱超妙，而以《不寐》一联为稍逊。言未终，惺惺欲醒，而佳句亦沉沉渐忘。余亦惊怖，如健步捕亡人，苦相捉留，而竟冥然逝矣。仅记《不寐》云：“不倒喜传丹诀好，将衰愁见圣人难。”晨起录出，觉二句未尝不佳，而终不如前所诵之超超玄箸也，为闷闷者久之。因思入海寻针，针非不在海底也，然而不可寻矣；探汤求雪，雪非不在汤中也，然而不可求矣。天仙化人之句，未尝不在人心也。然而兰雪不能知，我亦不能再梦矣。文字之奇，一至于此。

批注：吴嵩梁（1766—1834），字子山，号兰雪，江西东乡人。官贵州黔州知州。著有《香苏山馆诗钞》。

六八　吾乡孙诵芬舍人传曾，性耽吟咏，余久采其佳句入《诗话》矣。今春寄其诗来，属为评定。再录其《秋夜》云：“满林空翠淡烟遮，秋入深宵爽气加。人静莎虫悲砌月，烛残点鼠啮瓶花。洗心只合依三竺，开卷殊难遍五车。光范一书原不上，未须哀怨感琵琶。”《初夏》云：“粉蝶时依草，蛛丝惯恋花。”俱妙。

六九　口头话，说得出便是天籁。诵芬《冬暖》云：“草痕回碧柳舒芽，眼底翻嫌岁序差。可惜轻寒重勒住，不然开遍小桃花。”黄蛟门《竹枝》云：“自拣良辰去踏青，相邀女伴尽娉婷。关心生怕朝来雨，一夜东风侧耳听。”范瘦生有句云：“高手不从时尚体，好诗只说眼边情。”又某有句云：“阶前不种梧桐树，何处飞来一叶风？”“贪着夜凉窗不掩，秋虫飞上读书灯。”

批注：“口头话，说得出便是天籁”，此论对于鼓励学问不多的人或当时女子作诗大有作用。

七〇 杭州胡沧来涛隐于桥桃师史之术，诗笔甚清。余每到杭州，必相款洽。不幸年未五十而亡。录其《车遥遥》云：“别酒初行第一尊，征夫结束车在门。别酒匆匆三酌过，征夫出门车上坐。天涯万里车遥遥，山程驿店柳花飘。向暮停车侵晓发，人在车中长白发。依依相伴不相离，唯有车前故乡月。勿恨当时造毂人，行与不行由君身。门前芳草年年长，几时草上归轮响？”其他佳句，如:《云共庵》云:“夕阳明似画，僧貌古于松。”《雪霁》云:“山容带粉消难尽，檐泪如珠滴未干。”《湖上》云:“湖波骤长连宵雨，山雾徐收过午风。”《落叶》云:“辞柯早带新霜色，委砌空含旧雨情。”俱极清妙，置之樊榭集中，几不可辨。

批注：厉鹗，号樊榭，诗以清幽著称。

七一 孙碧梧女子有句云：“檐前绿堕莺偷果，帘外红翻燕掠花。”张瑶瑛女子有句云：“虫飞成阵知新暖，花瓣穿棂识暮春。”二人风调相似。

张嫁王甥健庵。甥来随园，张《在家闻子规》云：“小院春深绿树肥，闺人任尔自高飞。渡江休去歌新曲，尚有秦淮客未归。”又有句云：“野店未过先见旆，茅庵将近便闻钟。”“守贫似病医无益，习静如禅悟却难。”《九月桂》云：“瞥见有花疑八月，迟开故意近重阳。”俱可传也。

批注：张瑶瑛，又作张瑶英。

七二 有人以某巨公之诗，求选入《诗话》。余览之倦而思卧，因告之曰:“诗甚清老，颇有工夫；然而非之无可非也，刺之无可刺也，选之无可选也，摘之无可摘也。孙兴公笑曹光禄‘辅佐文如白地明光锦，裁为负版袴；非无文采，绝少剪裁’是也。”或曰：“其题皆庄语故耳。”余曰：“不然。笔性灵，则写忠孝节义，俱有生气；笔性笨，虽咏闺房儿女，亦少风情。”

批注："笔性灵"，活泼有生气也；"笔性笨"，呆板而无趣也。

七三 康熙间，叔父健磐公访戚镇江，寓某铁匠家，与其妻张淑仪有文字之知，彼此暗投笺札，唱和甚欢，而终不及于乱。微言挑之，则正色曰："妾故老秀才某之女。幼嗜文墨，父亡，为媒者所诳，误嫁贱工，一字不识。彼方炽炭，我自吟诗，为此郁郁。得遇君子，聆音识曲，使我几句荒言，得传播于士大夫之口足矣。至于情欲之感，'发乎情止乎礼义'可也。"再三言，则涕泣立誓，以来生为订。健磐公心敬之，不忍强也。归家后，诵其佳句云："懒妆撩鬓易，私泣拭痕难。"送健磐公归云："三月桃花怜妾命，六桥烟柳梦君家。"逾两年，再过京口，访之，则铁铺不开，全家不知何往矣。后二十年，在粤中，又遇一刘铁匠者，不能作字，而能吟诗。每得句，教人代写。《月夜闻歌》云："朱栏几曲人何处？银汉一泓秋更清。笑我寄怀仍寄迹，与人同听不同情。"健磐公尝笑谓余曰："同一铁匠也，使张女当初得嫁刘某，便称嘉偶矣。"

批注："健磐一段丑事，何苦编入《诗话》？"（批本语）
刘铁匠诗正属于"口头话，说得出便是天籁"之例。

七四 客冬香亭在杭州归，得诗一册，示余。《满楼观雪》云："压白万山巅，衬黑一湖水。"余以为首句人人能道，次句古人所无，非亲历者不知。又"树隐放湖宽"五字亦妙。

七五 钱塘陈文水孝廉洫设帐于香亭家，性爱苦吟，诗境高洁。为录其《吴山西爽阁》云："杰阁凭虚起，登临好是闲。凉秋半城树，残雨一湖山。道侣淡相对，诗人去不还。江声、樊榭俱有西爽阁诗。兹游太寂寞，觅径返柴关。"《湖村晚步》云："几折湖村路，身闲兴自幽。虫声多在草，野色半依楼。树有瓜棚倚，池惟菱叶浮。农人荷锄返，三五话凉秋。"《题天竺寺》云："求心不可得，慧日正东升。涧道白泉响，山光一路清。偶因松篁转，忽见宫殿生。入拜观音像，无言恰有情。"又："残雨飞遥甸，晴雷走断云。""我持一筇逸，山为六朝忙。"皆佳句也。或云："'为'字改'笑'字，更有味。"

批注："为"字虚、死，无情致；"笑"字实、活，有情趣。

七六 金陵张香岩秀才培，以《秋雨斋诗》见示。年甫弱冠，而诗笔甚清。《晚过通济寺》云:“半壁残秋月,藤萝绕寺斜。鼯鼪惊客至,踏落数枝花。”《怀秦楞香》云:“皓月人千里,清风酒一樽。无端下林叶,深夜暗敲门。”《夜梦游秦淮》云:“雨余山色浮天远,月下潮声泊岸多。醉后不知身是梦,半桥疏柳听渔歌。”其人玉貌珊珊,殆亦风情不薄者耶?

七七 周青原舍人,一家能诗。余已录其室沈氏、其子之桂之诗矣。今春,其幼子之桐亦以诗来,殆不减谢家昆玉也。《和钮牧村〈元夕招饮即送赴皖上〉》云:“移宾作主是今朝,绿酒行珍折柬邀。江馆雪泥传彩笔,桃花红雨送春潮。笛吹骊唱成三弄,月满琼楼第一宵。笑指烟江襟带水,皖公山色正相招。”余爱其音节清苍。其他如:“江空风任来三面,舟小人如聚一床。”真能写坐小船光景。《立秋》云:“日斜残暑催应去,人瘦新凉得更多。”《明妃怨》云:“妾未承恩想报恩,女儿身愿犯边尘。只怜照影黄河水,恰比君王照妾真。”就馆邗江,其主人非解文墨者;又有句云:“百卷书堆绣阁宽,故园花事未阑珊。如何苦抱湘灵瑟,来向齐王殿上弹?”庄穆堂有押“床”字句云:“岸平山似排千笠,波稳人如卧一床。”与周语意相同。

七八 偶过僧寺,见山水一幅,上题云:“鸳鸯湖上惜无山,烟雨楼头独倚栏。两眼放开无着处,不如自己画来看。”其人姓陈,名情,不知何许人也。

七九 长洲女孟文辉,适震泽秀才王慕澜,诗思清妙。今录其《秋日》云:“远树蝉声秋意浓,卷帘拂拂度金风。绣余无事消长夜,独数秋花深浅红。”《秋夜》云:“秋夜月明风细,淡淡碧云天际。此时无限愁心,那更莎虫鸣砌!”“北榻羲皇梦醒,南山雨过云停。一派洞庭秋色,满窗月透疏棂。”俱妙。

八〇 甲辰春,余过南昌,读谢太史蕴山《题姬人小影》诗而爱之,已采入《诗话》矣。忽忽八九年,先生观察南河,余寄声问安,并讯佳人消息。先生答书云:“姬姓姚,名秀英,字云卿,吴县人。生而婉婳贤淑,持家之余,兼通书史。”《维扬郡斋看桃花》云:“何须种核海边求?锦浪掀空艳欲流。绿绽枝头风乍暖,红看帘外雨初收。仙源只许刘郎问,佳实宁容曼倩偷?颒面他年作光悦,花前暗嘱一樽酬。”《游百花洲》云:“小苑墙低弱柳长,绮罗香散绿池塘。花洲一曲吴江梦,仿佛风回响屧廊。”《姑苏上冢》云:“不到山塘十五年,旧时女伴话依然。双亲奠酹悲泉路,一弟零丁又各天。”《清江即事》云:“碧云暮合望侬来,官舫银灯驿路催。底事多愁兼善病,探春懒上禹王台?”“不信前身是月华,浮云夫婿宦为家。廿年行遍江南路,又看淮壖雪作花。”夫人无子,为先生纳簉室卢氏,生一子,而躬自抚养之。故先生掌教白鹿书院,以诗寄云:“米盐凌杂必躬亲,那得偷闲写洛神？小妇持家如大妇，故人织素胜新人。十年出入肩常并，百里云山梦更真。屈指归期槐夏过，云香屋名看拥桂轮新。”余按：庄姜因无子而美愈彰，马后因无子而贤愈显。有子无子，何须掉罄？余幼有句云：“花如有子非真色，诗到无题是化工。”又云：“脉望成仙因食字，牡丹无子始称王。”

批注：谢启昆（1737—1802），字蕴山，号苏潭，南康（今江西庐山）人。官至广西巡抚。有《树经堂集》。

卷 三

一　辛亥端阳后二日，广西刘明府大观袖诗来见。方知官桂林十余年，与比部李松圃、岑溪令李少鹤诸诗人，皆至好也。席间谈及广西官况清苦，独宰天保三年，为极乐世界。其地离桂林二千余里，乾隆四年，改土归流，方设府、县。岁有三秋，狱无一犯。每月收公牒一二纸，胥吏辰来听役，午即归耕。县中无乞丐、倡优、盗贼，亦不知有樗蒲、海菜、绸缎等物。养廉八百金，而每岁薪、米、鸡、豚，皆父老儿童背负以供。月下秧歌四起，方知桃源风景，尚在人间。刘《率郡人种花》云："锄芸植嘉卉，人力助天工。此乐真吾有，分春与众同。暮烟生远水，樵唱散遥空。领得山中趣，横琴坐远风。"《甘棠渡》云："渡头溪水系渔船，细雨濛濛叫杜鹃。花片打门春已暮，牧童犹枕老牛眠。"

批注：刘大观（1753—1834），字正孚，号松岚，邱县（今属河北）人。官至山西布政使。有《玉磬山房诗文集》。

二　吾乡安乐山樵著《燕兰小谱》，皆南北伶人之有色艺者。盖在古人《南部烟花录》《北里志》之外，别创一格。余采一二，以备佳话。其节义可风者，如张柯亭为某明府所昵，某以罪被诛。柯亭在戏场，奔赴市曹，一恸几绝。诗美之云："树覆巢倾事可哀，感恩相伴逐舆台。不知金凤分飞后，曾为东楼一恸来。"徐双喜身长，嘲之云："婀娜多姿柳带牵，临风摇扬玉楼前。若教嫁作曹交妇，纵不齐眉也及肩。"《嘲留须而复剃者》云："儿童瞥见多相笑，西子麻胡两失真。"赠最佳者云："如意馆中春万树，一时都让郑樱桃。"

批注："《燕兰小圃》作于乾隆三四十年间。"（批本语）

三　赵秋谷有《海沤小谱》，半载天津妓名。《赠仙姬》八首最佳，摘其尤者，云："晚凉新点曲尘纱，半月微明绛缕霞。不忘当筵强索饮，春腮初放小桃花。""新蝉嘒嘒送斜阳，小蝶翩翩过短墙。记得临行还却坐，满头花映读书床。"

四　孔子论诗，但云兴、观、群、怨，又云"温柔敦厚"，足矣！孟子论诗，但云"以意逆志"，又云"言近而指远"，足矣！不料今之诗流，有三病焉：其一填书塞典，满纸死气，自矜淹博；其一全无蕴藉，矢口而道，自夸真率；近又有讲声调而圈平点仄以为谱者，戒蜂腰、鹤膝、叠韵、双声以为严者，栩栩然矜独得之秘。不知少陵所谓"老去渐于诗律细"，其何以谓之律？何以谓之细？少陵不言。元微之云："欲得人人服，须教面面全。"其作何全法，微之亦不言。盖诗境甚宽，诗情甚活，总在乎好学深思，心知其意，以不失孔、孟论诗之旨而已。必欲繁其例，狭其径，苛其条规，桎梏其性灵，使无生人之乐，不已慎乎！唐齐己有《风骚旨格》，宋吴潜溪有《诗眼》：皆非大家真知诗者。

批注：借孔、孟之言批评诗流三病：填书塞典，矢口直言，囿于声律。三病的害处是"桎梱性灵"，即不利于抒写性情、表现才气。

五　乾隆辛未，余送黄文襄公至浦口，见随行一员，疑为把总；与之谈，方知戊午同年，姓福，名安，字仁山。品端而性爽，遂成莫逆。累官至赣南道。率其幼子来随园作别，余止而觞之，嗣后不通消息矣。庚戌春间，余扫墓杭州，归见几上有诗扇一柄，云是祭陵钦差图大人留赠。初不知为谁，阅札，方知即当年福公之子图敏，字时泉，官礼部侍郎。事隔四十余年，尚能念旧。欲修书作谢，而公竟卒于路，为凄然者久之。扇上诗云："忆昔儿时此地过，卌年重到鬓双皤。先生归日应惊笑，来唱《皇华》即是他。"

批注："黄文襄名廷桂。图敏，系内务府人，乾隆壬辰进士，尝充己酉科顺天乡试副主考。"（批本语）

六　乾隆庚戌，金陵风雅，于斯为盛。吾乡孙补山宫保为总督，沧州李宁圃翰林为知府，泾阳张荷塘孝廉宰上元，辽州王柏崖廪生为典史，西江陶莹明经为茶引所大使，盱眙毛俟园孝廉为上元广文，随园唱和，殆无虚日。诸公诗，《诗话》中已采入矣。近又得俟园《游邢园》一绝云："一溪春水一桥横，宠柳娇花夹岸迎。侬自过桥闲处立，放开来路让人行。"此所谓诗外有诗也。俟园因余爱诵其诗，故见赠云："水惟善下能成海，山不矜高自极天。"又云："谁云智慧能消福？不信穷愁始著书。"

批注："随园唱和，殆无虚日"，可以想象当年金陵风雅盛况，而袁枚与随园号召之力甚大。

七 王春溪明府在济南，三月三日与李子乔诸人，夜泛大明湖，分得"南"字。王吟云："久客风尘倦，今宵酒意酣。相随贤有七，刚值日重三。新月如钩上，明湖似镜涵。濛濛烟水里，幽梦到江南。"子乔读而笑曰："君得毋将官江南乎？"已而荣选新阳，人惊为诗谶。戊申入闱齿痛，有句云："易牙思妙术，凿齿鲜良方。"一时主司帘官，俱称其典雅。

八 近时，兄弟怡怡者，多不概见。休宁戴友衡孝廉《咏黄山连理松》云："狮子峰前连理松，柯交叶互碧重重。为怜同气难分剖，纵使风来不化龙。"殊有寄托。又，《江上竹枝》云："欲雨不雨江上霞，青帘茅屋酒人家。长年阁桨不归去，淡月一丛芦苇花。"亦颇清妙。惜未中年，遽亡。其师吴竹桥太史为余诵之。

九 芜湖令陈岸亭湛深禅理，诗故清旷。录其《忆梅》云："春心忽忽在花先，盼到花时倍惘然。一夜梨云空有梦，二分明月已如烟。传来芳讯知何日，别后婵娟近一年。愁绝西溪三百树，冷香飞不到窗前。""巡遍檐牙十二时，红罗白纻渺难知。相思雪海应同涨，一笛江城忍便吹？何逊官忙开阁少，陆郎路远寄书迟。断烟细雨相思苦，拟作逋仙寄内诗。"

一〇 诗家百体，严沧浪《诗话》，胪列最详，谓东坡、山谷诗，如子路见夫子，终有行行之气。此语解颐。即我规蒋心馀能刚而不能柔之说也。然李、杜、韩、苏四大家，惟李、杜刚柔参半，韩、苏纯刚，白香山则纯乎柔矣。

批注："此语"并非严羽《沧浪诗话》语，乃《答吴景仙书》语。

一一 陈去非云："扬子云好奇，惟其好奇，所以不能奇。"陆放翁云："后人不知杜诗所以妙处，但以有出处为工，其去杜也愈远。"余爱二人之言，故摘录之。

批注：陈去非，北宋诗人陈与义，字去非，号简斋。

一二 东坡诗云："惆怅东阑一枝雪，人生能得几清明？"此偷杜牧之"砌下梨花一堆雪，明年谁倚此阑干”句也。然风调自别。有人说欧公好偷韩文者，刘贡父笑曰：“永叔虽偷，恰不伤事主。”亦妙语也。

一三 晁以道问邵博：“梅二诗，何如黄九？”邵曰：“鲁直诗到人爱处，圣俞诗到人不爱处。”其意似尊梅而抑黄。余道：两人诗，俱无可爱。一粗硬，一平浅。

批注：梅二，宋文学家梅尧臣；黄九，宋文学家黄庭坚。

一四 卢仝《月蚀诗》，有“官爵及董秦”之句。人疑藩将董秦来降，赐名李忠臣，现在贵官，卢仝不应讥之。姚宽《西溪丛话》以为“董秦”者，汉之幸臣董贤、秦宫也。此说似有理。

一五 癸卯春，余游黄山，见绝壁之上刻“江丽田先生弹琴处”，疑是古之仙家者流，不复相访。今辛亥三月间，宣州参戎杨公大壮，同一琴客江某来，道其姓氏，盖即丽田先生。余惊喜，往访。见骨格清整，白须飘然，隐天都峰下五十余年，终身不娶。有贵客过者，必逾垣而避。洵异人哉！杨诵其《咏古梅》云：“托根幽谷不知年，雾锁云封得自全。”盖自况也。杨与之过陵阳，作绝句云：“山城重驻有前缘，再到陵阳二月天。笑指宦囊无别物，一船书画一神仙。”

一六 余刻《诗话》《尺牍》二种，被人翻板，以一时风行，卖者得价故也。近闻又有翻刻《随园全集》者。刘霞裳在九江寄怀云：“年来诗价春潮长，一日春深一日高。”余戏答云：“左思悔作《三都赋》，枉是便宜卖纸人。”

批注：袁枚书被盗版，可见其当时影响。

一七 今州县大堂有《戒石箴》，曰：“尔俸尔禄，民膏民脂。下民易虐，上天难欺。”人但知为宋高宗语也。后读张端义《贵耳集》，方知是蜀王孟昶语。本二十四句，而高宗摘取之。犹云“清慎勤”三字，今奉为圣经贤传；而不知司马昭训长史之言，见《三国志》。

一八 余在沭阳署中，赋《落花》诗，已五十四年矣。今秋，门人方甫参携其尊甫《碧浔居士诗》来，盖当时和余之作。中一首云：“独对园林感不支，残红零落满阶墀。《明妃曲》唱离乡日，金谷魂消堕地时。一夜雨偏添别恨，数声莺尚恋空枝。殷勤好向风前约，莫负春来隔岁期。”又：“玉漏愁听三月雨，金铃谁护五更风？”“山鸟解人怜惜意，故含花片往来飞。”皆佳句也。读之，想见其为人。在当时不急急以诗来见，其高雅可知。甫参在余门二十余年，亦迟至今年七月，方袖诗来。岂非风骚显晦，亦有一定之时耶？先是，碧浔弱弟子云，以诗受业余门，尚在甫参之前，亦未言及乃兄之能诗。余《诗话》中载子云诗甚多，今裁知其渊源有自云。碧浔，讳正溶，新安人。

一九 香奁诗，至本朝王次回，可称绝调。惟吾家香亭可与抗手。录其《无题》云："回廊百折转堂坳，阿阁三层锁凤巢。金扇暗遮人影至，玉扉轻借指声敲。脂含垂熟樱桃颗，香解重襟豆蔻梢。倚烛笑看屏背上，角巾钗索影先交。""一帘花影拂轻尘，路认仙源未隔津。密约夜深能待我，吃虚心细善防人。喜无鹦鹉偷传语，剩有流莺解惜春。形迹怕教同伴妒，嘱郎见面莫相亲。""碧桃花下访临邛，含笑开门有病容。带一分愁情更好，不多时别兴尤浓。枕衾先自留虚席，衣钮迟郎解内重。亲举纤纤偎颊看，分明不是梦中逢。""惺惺最是惜惺惺，拥翠偎红雨乍停。念我惊魂防姊觉，教郎安睡待奴醒。香寒被角倾身让，风过窗棂侧耳听。天晓余温留不得，隔宵密约重叮咛。"其他佳句，如："他日悲欢凭妾命，此身轻重恃郎心。""常防过处留灯影，偏易行来触瑟声。""劝君莫结同心结，一结同心解不开。"皆妙。余戏谓："诗中境界，非亲历者不知。然阿兄虽亲历，亦不能如此之细腻风光也。"

近又见诒庭张观察亦工此体。《无题》云："真珠楼翠倚香帷，赤玉阑干白玉墀。人与桃花争一面，春将柳叶斗双眉。画裾绣凤晨风举，宝镜盘龙夜月移。珍重瀛壶无限好，文莺端合占琼枝。""每从梦里说相思，梦好翻嫌入梦迟。去后情怀凭酒遣，来时欢喜有灯知。羊权缩地真无术，张硕逢仙更有期。一树夭桃浓着色，梳妆楼上绣帘垂。"其他佳句，如："常启镜奁如对月，应知蝶梦不离花。""不敢当庭愁月掩，未曾却扇怕花羞。""水摇鬟影疑钗坠，身比花香惹蝶亲。"

观察又有《山窗》一绝云："空阶入夜雨萧萧，剔尽银灯漏转遥。为怕客中听不得，小窗先日剪芭蕉。"亦七绝中之姜白石也。观察名裕谷，中州名臣仪封先生之曾孙。

批注：袁树（香亭）之多情不让乃兄袁枚，此"近朱者赤"耶？

二〇 梁山舟侍讲以书名重海内。余过其家，见笺绢塞满两屋。余笑云："君须有彭祖八百年之寿，才还清此债。"梁为一笑，赋诗自忏云："誓墓归来王右军，暮年都付代书人。小生那敢希前哲，只合从人役苦辛。""可笑涂鸦逾四纪，半生白日此中颓。书家纵有凌烟阁，耻把千秋托麝煤。""我自无心结蛇蚓，错传韦陟五云如。世间到底无真赏，认煞题名一字书。”“从来得失寸心知，无佛称尊或有之。未必西家胜东宅，却教屈了效颦施。”“手未支离眼未昏，业缘欲断竟何因？从今誓啮工倕指，懒作供官设客人。”语似谦而实傲。

二一　吾乡多闺秀，而莫盛于叶方伯佩荪家。其前后两夫人、两女公子、一儿妇，皆诗坛飞将也。先娶周夫人暎清，《甲戌闻捷》云：“双眉欲展意犹惊，起听铜钲屋外声。不惜雕梁驱乳燕，泥金帖子挂题名。”“秦家上计动经年，闺梦何由向日边？今日离情暂抛却，知君身到大罗天。”《春蚕词》云：“蚕生戢戢满庭隅，但愿蝇无鼠也无。大妇裹盐呼小妇，前村趁早聘狸奴。”“典衣买叶不论钱，要趁晴明乍暖天。却似灵和殿前柳，春来三起又三眠。”《令阿细入学》云：“低鬟怜阿姊，与汝亦齐肩。且令抛针线，相随共简编。双行知宛转，坐咏爱清圆。试看俱成诵，今朝若个先？”其他佳句，如：《都门即景》云：“捣杏新添调酪碗，赏瓜不惜买冰钱。”《首夏》云：“花因辞树偏多态，鸟为催春已变声。”《夏日卧病》云：“小倦何心烧白术，薄阴有信近黄梅。”《柳绵》云：“乍从野水官桥见，只傍鞭丝帽影飞。”

继娶李夫人含章，《刺绣词》云：“朝绣长短桥，暮绣东西岭。生不识西湖，道是西湖景。罗稀不受针，缣密不容线。绣好有人知，绣苦无人见。”《夏书》云：“午楼风暖试轻纱，语燕声中日未斜。满地绿阴帘不卷，游丝飞上蜀葵花。”《长沙节署感赋》云：“廿年咏絮鸣环地，今日随君幕府开。时外摄中丞事。画阁乍迎新使节，春风犹忆旧妆台。殊恩象服惭难称，遗爱棠阴待补栽。闻道江城舆颂美，如冰乐令又重来。”夫人为吾同年李鹤峰之女。鹤峰曾抚湖北，故有感而作也。《万固寺》云：“山寺不知路，忽闻流水声。溪随岩石转，塔与白云平。古木上无际，幽禽时一鸣。松根堪小憩，试汲碧泉清。”《题李白诗后》云：“千仞翔孤凤，高歌一代中。在天犹补谪，入世岂能容？胆落高骠骑，恩深郭令公。再回唐社稷，诸将莫言功。”《望楏儿不至》云：“济南秋八月，接汝数行书。报说重阳日，能回上谷车。已惊枫落后，又到雪飞初。何事归期误？临风一倚闾。”二篇皆一气呵成，真唐人高手也。其佳句，如：《咏始皇》云：“车载辒辌山有鬼，舟行缥渺海无仙。”《望岱》云：“海外天光明野马，寰中人影动蜉蝣。”《并头蕙兰》云：“风静谢庭群从集，月明湘浦二妃归。”《重至都门》云：“每历旧游疑隔世，暂休征旆当还家。”《常州道中》云：“路已近家翻觉远，人因垂老渐知秋。”又，《两儿下第》云：“得失由来露电如，老人为尔重踟蹰。不辞羽铩三年翮，可有光分十乘车。四海几人云得路，诸生多半瓮潜鱼。当年蓬矢桑弧意，岂为科名始读书？”见解高超，可与《三百篇》

并传矣。

其女公子令仪《春阴》云："碧窗人起怯春寒，小立闲庭露未干。墙外杏花阶下草，引人长倚碧阑干。"《舟夜》云："小艇低昂睡不成，夜深犹自促归程。满窗凉月白于雪，船底忽闻鱼龢声。"《初夏偶成》云："踯躅花开暮雨余，送春天气此幽居。棋枰半取残笺补，诗草时寻退笔书。节序关心殊苦乐，韶华过眼有乘除。年来怕上苏堤望，愁见垂杨绿映裾。"其佳句，如：《村景》云："帆影多从窗隙过，溪光合向镜中看。"《偶成》云："多病阶前时晒药，畏寒窗外亦垂帘。"

其长媳长生，吾乡陈句山先生之女孙也。《春晓》云："翠幕沉沉不上钩，晓来怕看落花稠。纸窗一线横斜裂，又放春风入画楼。"《太真春睡图》云："秘殿春寒倚绣茵，君前底事效横陈？马嵬更有长眠处，也傍梨花一树春。"《寄外》云："弱岁成名志已违，看花人又阻春闱。两上春官，以回避不得与试。纵教裘敝黄金尽，敢道君来不下机？""频年心事托冰纨，絮语烦君仔细看。莫道闺中儿女小，灯前也解忆长安。"《春日信笔》云："软红无数欲成泥，庭草催春绿渐齐。窗外忽闻鹦鹉说，风筝吹落画檐西。"《春园偶赋》云："卖饧声里日初长，春满闲庭花事忙。楼外软风莺梦暖，篱边疏雨蝶衣凉。碧桃重似垂头睡，红药残如半面妆。看尽韶光应不倦，题诗长倚小回廊。"其佳句，如：《硖石道中》云："树远作人立，山深疑雨来。"《春夜》云："湿云压树暝烟重，淡月入帘花气幽。"《闻家大人旋里》云："去郡定多遮道吏，还山已是杖乡人。"

余旧咏《西施》，有云："妾自承恩人报怨，捧心常觉不分明。"自道得题之间，载入集中。今读陈夫人《题〈捧心图〉》云："眉锁春山敛黛痕，君王犹是解温存。捧心别有伤心处，只恐承恩却负恩。"与余意不谋而合。

方伯次媳周星薇，亦工吟咏，少年早夭，以故诗多失传。仅录其《悼鹦鹉》云："羽毛才就惨奇霜，敲断银环恨渺茫。连日诵经知有意，昨宵说梦已非祥。绿衣原自藏金屋，丹诏何年下玉皇？应伴飞琼充鸟使，彩霞深处任回翔。"

陈夫人之妹淡宜，亦工诗。《都中寄姊》云："鸰原分手隔天涯，风雨联床愿尚赊。两地空烦诗代简，三春只有梦还家。病多渐识君臣药，别久愁看姊妹花。他日相思劳远望，五云深处是京华。"

批注：叶佩荪（1731—1784），字丹颖，号辛麓，浙江归安人。累官至湖南布政使。著有《传经堂诗文集》。其家中女眷一门"诗坛飞将"，可见江南女子为诗风气之盛。

“可与《三百篇》并传”之评，溢美也，但可见袁枚对女性诗人之偏爱。

二二　闻芷方伯精研《易》理，不屑为词章之学；然偶尔挥毫，皆超隽不凡。有《雁字》二十首，为尹文端公所赏。录三首，云：“绿章可待乞天公，笺奏遥传碧落中。不断数行如曳白，有何羁怨惯书空？斜阳闪背金泥灿，霁雪梳翎玉箸工。最是关山飞欲倦，数行小草最匆匆。”“来凭月敕去风支，纪录春秋特笔垂。鸳阙联班曾视草，龙湫绝顶好临池。挥成欲献《凌云赋》，过去难摹没字碑。最后失群余片影，西风吹散碎金词。”“点染天池付雁王，只今真种更飘扬。将斜复整回波秀，渐远如无削牍忙。体变八分犹鸟迹，天开一画本鸿荒。银河秋老稀乌鹊，锦字重劳讯报章。”

二三　琴柯公子见赠四律，余已梓入《续同人集》矣。兹又录其《寒山即事》云：“山寺不知路，微闻清磬音。松崖春寂寂，石屋昼阴阴。幽坐见空色，寒流无古今。披襟成小住，只愧俗缘深。”又填《金缕曲》写怀云：“挨过酴醿节，怪春来画楼灯影，几番轻别。孤馆愔愔帘不卷，怕放杨花飞入，定添了安仁鬓雪。憔悴天涯人一个，料青衫不为琵琶湿。思往事，计何拙！　寻春偶傍栏干立，又侵阶茸茸细草，染成愁碧。沾尽落红三月雨，不见去年蝴蝶。定怪我游踪未歇。几度问春春不应，遣深更杜宇低低说。羁枕畔，正愁绝。”

二四　支公云：“北人学问，如显处观月。”言其博而寡要，今之考据家也。“南人学问，如牖中窥日，约而能明。”今之著作家也。《世说》称：“王平北相对使人不厌，去后亦不见思。”我道是梅圣俞诗。“王夷甫太鲜明。”我道是东坡诗。“张茂先我所不解。”我道是鲁直诗。

批注：借《世说新语》中语评诗，甚是别致新颖。

二五　宋太祖曰：“李煜好个翰林学士，可惜无才作人主耳！”秀才郭麐《南唐杂咏》云：“我思昧昧最神伤，予季归来更断肠。作个才人真绝代，可怜薄命作君王！”

二六　余好诗如好色，得人佳句，心不能忘。近又得王孝廉芑《偶过行宫赋诗》云：“街子似嫌春不去，平明催扫绣球花。”方扶南《过周公瑾墓》云：“一事不如张子布，墓前飞过白头翁。”汪易堂赋《野树》云：“散才幸免搜林斧，留得清阴与路人。”刘悔庵《偶成》云：“小蝶过墙如使至，短筇在手当孙扶。”又曰：

"通宵玩月宁知旦，排日闻歌直到秋。"吾乡王星望先生有句云："萧纲断酒二百日，王奂长斋十一年。"

批注：前言"选诗如选色"，此言"好诗如好色"，袁子才终不改风流本色。

二七 孟子曰："尽信书，不如无书。"此是晚年悟道之言。若早见及于此，则捐阶焚廪，舜不告而娶之说，俱付之《齐东野语》而已矣。即如葛伯以七十里诸侯，而夺童子之黍肉，此是恶丐行径；汤遣一小卒擒之足矣，安用起兵以征之哉？余尝谓：书中最可信者，莫如《尚书》《论语》。然《尚书》开口便称"粤若稽古帝尧"，则其相隔必有千百年。若相离不远，史官必不称"粤若稽古康熙、稽古顺治"也。《论语》称陈成子、鲁哀公，都是孔子亡后二人之谥法，可见《论语》之传述，亦去圣人亡后百十年后，追述其言。能无所见异词、所闻异词之虑哉？一管仲也，而忽贬忽褒，若出两口。子路往见丈人，至则行矣；子路不仕无义一节说话，是向何人饶舌？亦犹赵盾假寐，钼麑触槐死矣，所叹不忘恭敬等语，是何人听得？师旷瞽矣，何以见王子晋火色不寿。此种疑窦，不一而足。故尝有句云："双眼自将秋水洗，一生不受古人欺。"

批注：袁枚有疑古精神，即使对"书中最可信者"之《论语》亦生疑窦，此其所以"不受古人欺"也。

二八 海虞女子吴静定生氏，嫁项生肇基而寡。妇扃户自经，姑救之曰："我在，汝不得死。"妇泣而志之。越二年，姑亡，妇又自经，叔母救之曰："姑与夫未葬，汝不得死。"妇乃复生。遂析家财为三，分其叔、季，葬舅姑与夫，而不食死，年二十六。妇生时，好观《纲鉴》。吴竹桥太史为之立传，录其《咏史》云："不学何须诋霍光，托孤寄命报先王。匡、张、孔、马多经术，青史于今若个芳？""更有名儒莽大夫，紫阳书法胜南、狐。当年奇字人争问：曾识'纲常'二字无？"

二九 蒋心馀太史自称"诗仙"；而称余为"诗佛"，想亦广大教主之义。弟子梅冲为作《诗佛歌》云："心馀太史不世情，独以诗佛称先生。先生平生不好佛，攒眉入社辞不得。佛之慈悲罔不包，先生见解同其超。佛之所到无不化，先生法力如其大。一声忽作狮子吼，喝破炎摩下方走。天上地下我独尊，双管兔毫一只手。人间游戏撒金莲，急流勇退全其天。小仓山居大自在，一吟一咏生云烟。有时披出红袈裟，南天门边缚夜叉。八万四千宝塔造，天魔龙象争纷拏。有时敷坐如善女，低眉微笑寂无语。天外心从何处归？鹊巢于顶相尔汝。眼前指点说因由，千山顽石皆点头。三唐、两宋摄其总，四大海水八毛孔。一心之外无他师，六合以内皆布施。先生即佛佛即诗，佛与先生两不知。我是如来大弟子，夜半传衣得微旨。放胆为作《诗佛歌》，愿学佛者从隗始。”

批注：袁枚一生“不好佛”，而于“诗佛”之名，很是受用，好名之虚荣心作祟也。

三〇　金陵小市，买得水精方印，从横二寸七分，上镌十六字云：“好学忘老，存心对天；行乐一世，传名千年。”印质不甚莹彻，而阳文篆书甚苍劲，语句亦可爱。

三一　洞庭山人徐坚，字友竹，工丹青篆刻，兼能诗，与余交三十余年矣。今春相遇姑苏，以《觇园诗》见示。《红桥暮泛》云：“春风一棹渚烟开，雨洗平皋净碧苔。薄暝花光辞松竹，夕阳人影散楼台。邻船歌吹移灯去，野店鱼虾入馔来。转眼寒梅便零落，共拚酩酊莫催回。”《东行》云：“驱人名利路何穷，叹息劳劳来往同。取次相逢不相识，鞭丝帽影各匆匆。”《抵家》云：“换得轻舠越浒关，此身真个到家山。家山毕竟风光好，久住人偏看等闲。”其他佳句，如：“秋风不顾征衣薄，夜雨还同别泪多。”“此际柴门深夜火，几人团坐望归人。”

三二　友竹与秋帆尚书至好。又尝小住扬州汪令闻家。汪故余戚也。尔时宴饮酣嬉，发无二色；而今则彼此皤然，年垂八十矣。班荆道故，不觉凄然。其族侄龙饮尤聪俊，赏鉴书画，一时无两，不幸中年化去。其诗亦散失，但记其《无子》警句云：“空费医钱九千万，阿娇金屋总无儿。”

三三　白下秀才司马章，字石圃，风神潇洒，年少多情；与周麟官校书有三生之约，而格于家范，乃撰《双星会》曲本，以舒结辖。余录其《辛亥记游·浪淘沙》云：“春到凤城中，游运方通。闲来指点过桥东，记得当时心醉处，蛛网尘封。　人去翠楼空，聚散匆匆。今年花似旧时容。可惜如花人已去，欲折谁同？”又《南柯子》云：“渡口传桃叶，溪头说范云。笑他街市语纷纷，都把文郎情事作新闻。　心结愁千缕，人归瘦几分。内人不解问殷勤：今日眉头真个为谁颦？”又《临江仙》云：“午睡昏沉偏恋枕，梦魂寻到天涯。几回梦得到卿家：知郎新病渴，亲试六班茶。　敛笑问侬何好事，将人谱入琵琶，喙喙低语怨郎差。觉来嫌梦短，红日已西斜。”

三四　老友何献葵刺史，喜谈诗，而不轻作。常云：“诗无生趣，如木马泥龙，徒增人厌。”尝住随园，得“梅子肥时落地轻”七字，卒亦懒于成章也。其长子春巢工填词，余已载入《诗话》矣。今年献葵亡，春巢乞余志墓，袖近作见示。《秦淮感旧》云："十年不作白门游，忽把孤帆卸石头。闻说旧人都不在，春风愁上十三楼。""迢迢一水远通江，郎去潮来妾倚窗。羡煞载郎船上桨，随波来去总双双。"《千金亭》云："空亭千古对平波，野渡斜阳犹客过。莫怪无人留一饭，报恩人少受恩多。"《赠钓叟》云："萍开风起水生纹，一叶飘然泛夕曛。鱼在绿波竿在手，船头开坐看秋云。"他如："湖边客到花先笑，树里僧归路半阴。""闲云未必忘舒卷，流水何曾管是非？""雨足田车开架树，日斜耕犊稳驮人。"皆佳句也。其次子兰庭《怀兄》云："远漏声声滴，寒宵故故长。遥思千里客，不觉九回肠。月白鸦翻树，灯昏鼠坠梁。布衾频转侧，有梦到钱塘。"《重到》云："门巷重来认未差，昏黄月色淡云遮。生憎一幅湘帘影，不隔莺声只隔花。"《放舟》云："茅屋疏篱绿水湾，泉声入涧响潺湲。篙师莫怪蒲帆满，有客推篷爱看山。"其佳句，如："插新花似延佳客，读旧书如遇故人。""百岁开怀能几日？一生知己不多人。""烟平疑积水，灯远若孤星。"俱妙。

春巢在金陵得端砚，背有刘慈绝句云："一寸干将切紫泥，专诸门巷日初西。如何轧轧鸣机手，割遍端州十里溪？"跋云："吴门顾二娘为制斯砚，赠之以诗。顾家于专诸旧里。时康熙戊戌秋日。"后晤顾竹亭，云："顾二娘制砚，能以鞋尖试石之好丑，人故以'顾小足'称之。"春巢因调《一剪梅》云："玉指金莲为底忙？昔赠刘郎，今遇何郎。墨花犹带粉花香，制自兰房，佐我文房。　　片石摩挲古色苍，顾也茫茫，刘也茫茫。何时携取过吴阊？唤起情郎，吊尔秋娘。"

批注："生趣"，袁枚"性灵说"要素之一。

三五　如皋女子石氏学仙，戊辰进士石公为崧之女也。适彰德太守沙公次子又文，善书画，工琴棋。皋邑剪彩贴绒花鸟，自学仙始。著有《冰莲绣阁诗抄》。《过故居》云："风回玉笛夕阳斜，谁傍山阳谱《落花》？喜得春回梁上燕，不曾飞到别人家。"《答吴门女子感怀》云："兰思蕙怨悁悁语，柳絮春风字字新。自古伤心同此病，深愁多付有才人。"又有熊澹仙者，幼颖悟，妙解声律，适陈氏；配非其偶，郁郁不乐之意，时形诸吟咏。《见蝶》云："晓露零香粉，春风拂画衣。轻纨原在手，未忍扑双飞。"《村女》云："柔桑枝上听鸣鸠，晓起提筐过翠畴。借问谁家春梦好，半窗红日未梳头。"《红树》云："老树经霜色更鲜，半竿斜日影前川。渔郎指点烟波外，错认桃源二月天。"《感旧》云："刺绣余闲就塾时，也从花里谒名师。贪看夜月憎眠早，倦挽春云上学迟。琴案屡吟《秋柳》句，锦笺频写《落花》诗。而今回忆皆尘梦，怅望当年旧董帷。”调《蝶恋花·咏刺绣美人》云：“二八红闺春似水，几日金针，抛却奁箱里。贪睡朦胧慵不理，帘前鹦鹉频催起。　　手展鲛绡重着意，鸳谱拈来，几朵花争丽。绣到双飞私自喜，背人笑向红窗倚。”

批注：熊澹仙，名琏，字澹仙，号茄雪山人，江苏如皋人。苦节一生，工诗词。有《澹仙诗钞》《澹仙诗话》等。与袁枚多有交往。

三六　句容骆氏，相传为右丞之后，故大家也。有秋亭女子名绮兰者，嫁于金陵龚氏，诗才清妙。余《诗话》中录闺秀诗甚多，竟未采及；可谓国中有颜子而不知。辛亥冬，从京口执讯来，自称女弟子，以诗受业。《游西湖》云：“渺渺平湖漠漠烟，酒楼斜倚绿杨前。南屏五百西方佛，散尽天花总是莲。”《春闺》云：“春寒料峭乍晴时，睡起纱窗日影移。何处风筝吹断线？飘来落在杏花枝。”《云根山馆题壁》云：“寂寂园林日未斜，一庭红影上窗纱。主人难免花枝笑，如此开时不在家。”《对雪》云：“登楼对雪懒吟诗，闲倚阑干有所思。莫怪世人容易老，青山也有白头时。”四首一气卷舒，清机徐引，今馆阁诸公能此者，问有几人？

批注：骆绮兰（1756—？），字佩香，号秋亭，江苏句容人，一作南京人。工诗善画。有《听秋轩诗集》。袁枚女弟子。袁枚晚年与其联系密切，通信札甚多。

三七　山左任城东关外有泉，相传李白浣笔处也。上有祠堂，祀太白及贺监、少陵三贤。乾隆辛亥，沈清齐观察启震葺而新之，土中得诗碣，署“木兰山人刘浦题”，不知何时人。其词曰：“藓蚀残碑枕废池，开元吟客剩荒祠。空庭古柏吹风处，秋草寒泉落日时。谁采涧毛修冷寺？我沽村酒读遗诗。唐宫汉寝无人记，独有才名到处知。”未几，巡漕使者和希斋琳阁学入都，河帅李香林尚书祖饯于祠中。希斋和云：“太白楼临杜老池，此间合祀有专祠。林泉竟属先生地，风雅刚逢我辈时。梁绕骊歌将进酒，壁留鸿爪共题诗。他年重过应相访，直与三公作旧知。”香林云：“当年浣笔有清池，此日名泉葺旧祠。花竹新栽游赏地，歌筵初敞饯行时。标题不亚羲之序，重修浣笔泉，和希斋作记。赓韵如吟白也诗。文水堂前风月好，几人惆怅为心知。”漕帅管公干珍云：“谪仙人去剩空池，剔藓疏泉认古祠。宦迹已沉灵武后，笔花犹及盛唐时。入门合进临波酒，立石重摹出土诗。

拊景漫增兴废感，好将觞咏记新知。”中丞惠公龄云：“女墙东处甃方池，上有云烟罨古祠。谁向寒泉谈旧迹？空余文藻忆当时。低徊不少飞觞饮，感慨争留过客诗。拍槛欲狂呼太白，要从旷世结心知。”进士顾礼琥云：“仙在高楼月在池，池光千载抱遗祠。幸逢元老重开宴，转惜先生不并时。绿水澜洄沉彩笔，旧碑林立待新诗。吴都狂客今初到，未要寻常贺令知。”转运阿公林保云：“谪仙遗迹剩荒池，合祀于今拜古祠。盖世才名犹在耳，斯人重聚复何时？难寻缥缈神仙路，谁补苍茫客恨诗？愧我毫端尘未浣，空凭流水寄心知。”陈公兰森云：“泗水源流故有池，泉开浣笔辟丛祠。风云余墨人千古，仙圣同龛祀一时。胜地从今频集宴，残碑自昔纪题诗。漫言兴寄形骸外，大雅欣逢尽旧知。”观察沈公启震云：“源分泗水辟方池，座列三贤葺旧祠。人地废兴原有数，主宾今古宛同时。新移竹影亭前画，细辨苔痕壁上诗。樽酒落成兼送别，高情留与后来知。”诸诗俱各清妙，辑而存之，后世想见圣世升平，公卿风雅矣。

批注：“香林名瀚，汉军正蓝旗人，原任河帅李宏之子。其子李亨特，嘉庆间亦任河帅。香林是爱作诗而不通者。愈是不通之人，愈爱作诗，奇极。”（批本语）香林诗确实不佳。

“阿林保亦和琳之流，不通之至。一群狗吠，辱没原唱多矣！”（批本语）

三八 桐城汪稼门先生云：“欧阳公《醉翁亭》连用‘也’字，仿唐人杜牧《阿房宫赋》‘开妆镜也’‘弃脂水也’；杜牧又仿汉人边孝先《博塞赋》‘分阴阳也’‘象日月也’；不知诗亦有之，《墙有茨》三章，均用‘也’字，《桑扈》三章，均用‘矣’字，《樛木》三章，均用‘之’字，《缁衣》三章，均用‘兮’字。又如《螽斯》三章，首句不易一字，《桃夭》《兔罝》皆然。《汉广》三章，末句不易一字，《麟趾》《驺虞》皆然。”此论，古人所未有。先生守苏州，廉声为一时冠。然公余不废吟咏。游栖霞山成六韵云：“探幽临胜地，慰我廿年思。高节明僧绍，鸿文江总持。寒云封旧宅，古藓覆残碑。佛法青松护，泉源白鹿知。春催花信早，僧讶客来迟。欲采长生药，灵崖有紫芝。”《咏敝带》云：“人情交久情愈真，肯轻舍旧复图新？凡物关心亦类此，低徊临别尤酸辛。忆我初年通仕籍，带下双双垂鞶帛。左垂刀佩共坚贞，右拂玉环同洁白。学制惭无夺锦才，戋戋拘束准绳来。但期顺下如流水，岂肯随风着点埃。无那星霜历悴悴，神采渐与当时异。绸缪莫撷茧腾花，暗淡徒存鸡肋意。为凭染人施力覃，浓于河畔草拖蓝。翻旧从新费裁剪，化两为一惩奢贪。

重加矜惜风尘外，相依仍作胫衣带。裙履风流我自惭，腰肢瘦损君应怪。个中伸缩有谁知，苏州犹似霍州时。惭愧香山恩意厚，搜肠难续《故衫》诗。香炮光销伴岑寂，俯视带垂增阅历。物理从来有菀枯，人心底事劳欣戚？温凉异态春复春，惟我与汝臭味亲。殷勤什袭藏诸笥，留作衰年老故人。”

三九 鲍步江之女茝香居士，名之蕙，适丹徒张翊和，合刻《清娱阁集》，丐余为序。舸斋游广陵，鲍寄云："秣陵僧院广陵船，几日游踪附彩笺。怀渴得梅浓较酒，诗狂乘兴乐于仙。二分新月扶残醉，四美佳辰媚少年。珍重宵深风露冷，征衫多半未装绵。”张和云："卅载休言岁月虚，缥缃差拟茂先车。鬓丝理为茶烟湿，眉妩成从墨沈余。到处胜游常背汝，得来佳句转先余。何年始践诛茅愿？同向湖山赋遂初。”又，《即事》云："夜雨催归直到明，草痕新与涨痕平。朝曦十里空濛路，双橹飞如小燕轻。”二人才调相匹，故知秦嘉、徐淑，不得擅美于前。

批注：袁枚《清娱阁合刻诗序》今收《小仓山房外集》卷八。鲍、张皆为袁枚诗弟子，夫妻唱和，如东汉著名诗人伉俪秦嘉、徐淑也。

四〇 满洲伊小尹汤安，相国永公之从子，幼即工诗，来作江防司马。《春郊即事》云："春郊揽辔值新晴，骑马悠悠自在行。雪满沟塍占岁稔，烟浮村落觉寒轻。清风似剪能裁柳，黄犊初肥好劝耕。犹有村氓知礼数，春醪肯为使君倾。”谢余馈肉云："捧来西子羹俱美，制自东坡肉亦尊。”

四一 西江曹星湖龙树，大宗伯地山同年之侄也。出知如皋，与余未识面，而时时以诗往来。《劝农》云："九陌千畴绣错开，停舆荫借绿云槐。羡渠扶杖迎官者，白发飘萧领队来。”"农忙翻为看官闲，戴白垂髫喜动颜。莫道使君耕未晓，使君来也自田间。”"鸦鬟小女学当家，阿母教同坐绩麻。触目新红春似海，抽身偷戴满头花。”《桃叶渡》云："小艇盈盈隔，红楼处处家。昔时花映水，今日水流花。”数首皆有芬芳悱恻之情。

四二 乾隆戊午科，余与阿广庭相公，同出四川邓逊斋先生之门。榜下一别，于今五十四年矣。公出将入相，以忠勋爵至上公，而余乞养还山，卖文为活。先生常向人云："我门生不多，而一文一武，足胜人千百。”余闻之赧然。哭先生有句云："共说师门原不忝，敢云文武竟平分？”诗载集中。后公在杭州，勾当公事，托令观察方次耘驰檄见招；而余适游武夷，无由进谒。今年冬，奇丽川抚军陛见，公在宫门，垂问余甚殷。奇公于路上吟一绝见寄云："中侍传宣递膳牌，平明待诏立金阶。白头宰相关心甚，问了黄河问简斋。”

批注：阿桂（1717—1797），字广庭，姓章佳氏，满洲正蓝旗人。后因新疆战功改为正白旗。清朝名将。官至武英殿大学士兼军机大臣。

卷 四

一 余不信孔子删《诗》之说，而又不料茅鹿门之选八大家，至今奉为定例也。尝有句云："诗亡原只存三百，文古何曾止八家？"

批注：茅坤，字顺甫，号鹿门，明代散文家，评选《唐宋八大家文钞》。袁枚对"八大家"之说表示异议，不无见地。

二 张古香太守之诗，余已摘入《诗话》矣。其子玉阶孝廉，诗笔清于乃翁。《花残》云："花残一树系愁思，断送春光是雨丝。我是主人花是客，纵留他住不多时。"《过赵北口》云："连天春水晚烟浮，一曲红栏映碧流。绝似江南好风景，跨驴人去又回头。"

三 金陵严翰鸿，虽行贾岭南，而性笃风义。余孤甥汪兰圃将之肇庆，缺于路资，余托严挈之以行，一路彼此倡和。《晚泊》云："酒旗挑出屋檐斜，古木萧疏挂落霞。吹笛牧童归竞渡，满头多插野山花。"

批注：汪庭萱，字兰圃，袁枚四堂妹袁棠之子。

四 姚姬传太史言：国初有怀宁逸老汪梅湖先生，隐居不仕，诗格甚高；而本朝诸采诗者，竟未收录，殊可惜也！其《田家杂咏》云："戴胜鸣中园，社燕栖故巢。田田垄水白，秧针日以高。即事欣有赖，襟颜舒郁陶。余其理闲策，步过林塘坳。""艓子小如叶，沿溪泛藻蘋。系缆甫植杖，柴门见主宾。主宾匪异人，左右一二邻。科跣各真率，貌简情乃亲。须臾挈酒榼，肴核亦具陈。共言禾苗好，瞥眼当食新。""风日美襟度，钓溪理纶竿。芳饵投文漪，修鳞逝驶湍。众山一色碧，独鸟孤光寒。夕阳冥水村，新月上林端。畅好咏而归，无鱼何所叹？”“寒月挟秋气，孤灯耿清影。寥寥天宇旷，迢迢夜漏永。鱼罾响辘轳，鸡窗啄笭箵。遥闻犬吠声，行人枫叶冷。”《秋怀》云：“村静日当午，鸡鸣三两声。篱花催野菊，邻釜熟香粳。读史数行泪，看天万种情。浮云尔何意，只傍陇头生？”《晚步》云：“春雨晚来歇，残阳湖上峰。人家烟漠漠，田垄水淙淙。小步林塘路，时闻山寺钟。幽情属何许？古道牛羊踪。”诗境清远，是陶、韦家数。又有《寄周栎园侍郎》三首，因栎园往访不值故也。想见当时亦名动公卿云。

五 人常言：某才高，可惜太狂。余道：非也。从古高才，有过颜子与孔明者乎？然而颜子则有若无，实若虚矣。孔明则勤求启诲，孜孜不倦矣。曾赠德厚庵云：“不数袁羊与范汪，更从何处放真长？骥虽力好终须德，人果才高断不狂。”又有人言：某天分高，可惜不读书；某精明，可惜太刻。余又道：非也。天分果高，必知书中滋味，自然笃嗜。精明者，知其事之彻始彻终，当可而止，必不过于搜求；搜求太苦，必致自累其身。故尝云：“不读书，便是低天分；行刻薄，真乃大糊涂。”

六 唐待士大夫，失之太厚。选官有小选者，凡流外官，兵部、礼部举人，得自主之。又念岭南、黔中人离长安太远，遣御史郎官就其近地，设为南选、东选，以选官。是移粟以就民也。见《选举志》。凡使外国者，许其举州县十员，为远行之费，以便其私，谓之“私觌官”。白居易作学士，自称家贫，求兼领户曹，上许之。守杭州时，余俸太多，存贮库中，后官亦不便领用；直至黄巢之乱，裁用为兵饷。家居后，郡僚太守，犹为之造桥栽树，不已过乎？余尝读《长庆集》而嘲之曰：“满口说归归不肯，想缘官乐是唐朝。”

七 士各有志：邴原与郑康成同里，而不肯师康成。人尤之，原曰：“人有登山而采玉者，有入海而求珠者，各宝其宝，不必同也。”余故有诗云：“丁少微，陈希夷，两个神仙有是非。苏子瞻，程伊川，两贤胸中各不然。可惜不见尼山老，狂狷中行尽和好。”

八 偶理旧书，得尹似村断句云：“有月灯常缓，多餐睡偶迟。愁添双鬓雪，怕忆少年时。”盖是似村在京师寄诗嘱批；余就其五律一首，摘而存之者也。又摘其《赎出典裘》断句云：“老妻见故衣，开箱色先喜。姬人持热升，殷勤熨袖底。无奈绉痕深，熨之不肯起。”独写性灵，清妙乃尔。呜呼！似村为尹文端公第六子，祖、父宰相，兄、弟皆侍郎、尚书；而似村自号“殿试秀才”，不就官职，赋诗种竹，以林泉终，岂非汉之张长公一流人乎？“殿试秀才”者，以丁卯科试，诸生闹场，上恶之，亲自监试，似村独蒙钦取故也。熨斗名“热升”，见《庶物异名疏》。

批注：尹继善有十三子，袁枚独与第六子尹似村最善，盖两人皆好赋诗种竹、隐居林泉之生活也。

“独写性灵”，是性灵诗的最明显特征。

九 闽中杨镜村太守，历任三吴，判狱如神，人亦风流儒雅。中年得狂易之疾。余常郁郁，闵天道之无知。今秋，其子学基以诗来，风格隽永：方信善人之有后也。《吴门杂咏》云：“岩桂香飘艳素秋，石湖风静水悠悠。洞箫吹出山头月，两岸轻烟半未收。”“回塘夜火刺船行，银烛高烧水榭明。两岸采菱歌不绝，木兰舟上又吹笙。”“行春桥畔水云凉，万顷琉璃映夕阳。雾縠衫轻纨扇薄，卷帘低唤卖花郎。”见赠云：“独占词坛五十秋，坡仙老去尚风流。沧桑几见归来鹤，花柳常停不系舟。到处逢迎多士女，半生疏懒薄公侯。天教享尽才人福，饱看溪山至白头。”

一〇 诸升之文思繁富，三赴北闱，不售。高翰起司马赠以诗云：“中原非尔力，患或在才多。”诸旋中庚辰榜眼。辛亥十月，胡少司马希吕督学金陵，为予诵之。诸名重光。

一一 杭州多闺秀，有张夫人者美而贤。郎主喜狎邪，张不能禁，而虑其染恶疾也，规以诗云：“此去湖山汗漫游，红桥白社更青楼。攀花折柳寻常事，只管风流莫下流。”

批注：男人风流，女人无奈，可见封建社会夫妻关系的一个侧面。

一二 有某公课士，以《赋得“蜻蜓立钓丝”》限“蜻”字、七排四十韵。人以为难。余笑曰：“此之谓鼠穴寻羊，蜂窠唱戏；非以诗学教人之道也。若以多为贵，则岂不知徐乐传名，一书已足；阮咸作掾，三语犹多乎？”

批注：作诗不必贪多。

一三 浦柳愚山长云：“诗生于心，而成于手；然以心运手则可，以手代心则不可。今之描诗者，东拉西扯，左支右吾，都从故纸堆来，不从性情流出：是以手代心也。”吴西林处士云：“诗以意为主人，以词为奴婢。若意少词多，便是主弱奴强，呼唤不动矣。”二说皆妙。

批注：金人王若虚《滹南诗话》："吾舅尝论诗云：'章以意为主，字语为之役；主强而役弱，则无使不从……'"此当吴西林所本。袁枚《续诗品·崇意》亦云："意似主人，辞如奴婢。主弱奴强，呼之不至。"

一四 金陵庄秀才元燮，弱不胜衣，少年绮旎；作《无题》云："鬟云撩乱不曾梳，先向池边饲碧鱼。露滴翠荷擎不定，戏分小妹当珍珠。"可谓诗如其人。

一五 李香林尚书，爱才如命。督南河时，诗弟子陈熙，从州倅荐用至铜沛同知。而公移督河东矣，犹书扇寄之，云："握手河梁别绪萦，忍惊月琯已频更。语凭尺素书难尽，意似层波去又生。风静珠湖应有梦，云横岱岳总关情。水窗此夕君何处？重展鸾笺对短檠。"又，尚书在兰阳行馆，《题竹》云："干霄修竹自漪漪，十载相违每系思。笑我尘劳须鬓改，羡君青翠尚如斯。"亦复有缠绵之旨。昔人云："不俗即仙骨，多情乃佛心。"其公之谓欤！

一六 泾县，古宣州所属，故多诗人；梅宛陵之后，本朝愚山先生，其最著者也。近日泾邑孝廉赵元一帅与其弟琴士，俱工吟咏。丁未秋，在丹徒广文署中，以诗集见示；余为加墨而去。今五年矣。今冬寄《伟堂诗钞》来，凡余所甲乙者、商榷者，无不降心相从，虚怀若谷，宜其造诣之进而弥上也。录其《宿焦山寺》云："海国秋初到，山堂气更清。林昏星有影，江定夜无声。设席临嘉树，论诗对短檠。依然留卧榻，一枕百虫鸣。"《焦山顶观月出》云："为看月上海门东，洞口盘纡石磴崇。行到双峰多竹树，不知身在大江中。"《青山晚泊》云："倒卷长江白浪飞，幽岩钟磬静禅扉。秋风极甫雁初下，暮雨空山僧未归。汉上估樯千树密，洲前渔火一星微。明朝更约齐安过，载酒题诗赤壁矶。"他如："夕阳低野树，秋水断河桥。""秋深海国梧桐老，夜静关山鼓角清。"俱不愧唐人音节。

批注：施闰章（1618—1683），字尚白，号愚山，安徽宣城人。官翰林侍读。与莱阳宋琬齐名，时称"南施北宋"。

一七 蔡侍郎观澜守江宁时，私宰之禁甚严。余不以为然。一日，余在府署，蔡公坐堂收呈，有回民之黠者，具呈请释牛犯。其状首云："为恩足以及禽兽，而功不至于百姓事。"蔡遣家人谓余曰："君原劝我贵人贱畜，今果惹回民之嗔。然其状词，文理甚佳，须君替我强词夺理。"余书五绝于纸尾云："太守非牛爱，心原爱老农。耕牛耕满野，百姓岂无功？"黠回无词而退。太守牛禁，亦因之稍宽。

一八 余宰江宁时，门下士谈毓奇为刻《双柳轩诗文集》二册。罢官后，悔其少作，将板焚毁。后《小仓山房集》中，仅存十分之三。辛丑清明，游雨花台，谒方正学祠；夜梦有古衣冠者，揖余而言曰："子诗人也，《怀古》有：'燕王北下金川日，行到《周官》第几章？' 此诗删之可也。又有句云：'江山忽见开燕阙，风雨原难对孝陵。' 此二句甚佳，如何可删？"余唯唯。其人言毕，有仪从呼唱而去。余次日语人。或曰："此莫非正学先生乎？"

人有訾余《诗话》收取太滥者。余告之曰："余尝受教于方正学先生矣。尝见先生手书《赠俞子严溪喻》一篇云：'学者之病，最忌自高与自狭。自高者，如峭壁巍然，时雨过之，须臾溜散，不能分润。自狭者，如瓮盎受水，容担容斗，过其量则溢矣。善学者，其如海乎？旱九年而不枯，受八州水而不满：无他，善为之下而已矣。'"书法《争坐位》，笔力苍坚。余道："先生精忠贯日，身骑箕尾，何妨高以自待，狭以拒人哉？然而以此二字，谆谆示戒，则其平日之虚怀乐善可知。余与先生，无能为役；然自少至老，恰恶此二字，竟与先生有暗合者。然则《诗话》之作，集思广益，显微阐幽，宁滥毋遗，不亦可乎？"

批注：《双柳轩诗文集》为袁枚最早的诗文集（今收入拙编《袁枚全集新编》，浙江古籍出版社 2015 年版）。

方正学，明方孝孺（1357—1402），字希直，宁海（今属浙江）人。其书斋名"逊志"，蜀献王改为"正学"，故世称"正学先生"。燕王朱棣起兵命方撰新帝即位诏书，方严拒，后被杀。

"集思广益，显微阐幽，宁滥毋遗"，为编本《诗话》的宗旨。

一九 近学郊、岛诗者最少；独葑亭给谏，于无意中往往似之。《秋虫》云："直使孤灯死，常催白发生。"又："瘦篁腰刻字，古树腹藏人。""风多萤贴树，月出鹭巡堤。"皆孟、贾集中佳句。《在闸河水浅》云："不劳画地还成狱，且喜窥天尚有窗。"何其苦也！《及渡江得顺风》云："大江东去月西走，独客南归风北来。"又何其乐也！诗人善体物情，往往如是。

批注：孟、贾，唐诗人孟郊、贾岛。

二〇 余性通脱，遇繁礼饰貌之人，辄以为苦。尝咏《桐花》云："桐花恰也清香甚，琐碎无人肯耐看。"

批注："性通脱"，不拘小节，袁枚之所以有成就也。

二一　程莼江晚甘园，屋甚少，而春间游女甚多。主人请余作对联，余提笔云："好（按：原作"时"，据民国本改。）花美女有来时；明月清风没逃处。"主人喜其贴切。

二二　香亭以余年衰，劝勿远出游山。余书六言绝句与之云："看书多撷一部，游山多走几步。倘非广见博闻，总觉光阴虚度。"

批注：读万卷书，行万里路，袁枚实践一生。

二三　新阳明府王春溪向余云："岁丁酉，课徒山中；夏日偶以陶诗'中夏贮清阴'命题。有族弟名如山者，结句云：'夜深微雨过，积翠滴成音。'余赏其作意，而嫌有鬼气。不逾月，病卒。因哭之曰：'难忘翠滴成音句，是我寻檐腹痛时。'益叹诗谶之说，非漫然也。"余因记壬申入都，遇雪途中，有句云："仆夫与主人，麻衣无短长。"后五月而丁先君忧。己酉秋，余与金姬同患病，先一月得句云："好梦醒难寻枕上，落花扶不上枝头。"已而自嫌不祥。刘霞裳曰："先生非花也，其应在金夫人乎？"已而果然。

二四　金陵吴思忠，字孝侯，善画工诗，受知于钱南浦观察。《宿别峰庵》云："别峰庵结焦山西，庵外诸峰无与齐。双眼摄尽大江色，入门顿觉青天低。月光欲上水气白，送阇斗酒倾玻璃。不辞酩酊欢清夜，好与楹前松鹤栖。"《检黄鹿岩遗稿》云："怆无儿祭荒凉墓，幸有人抄失散诗。"又，《偶兴》云："床头剩有宣和纸，写我当时看过山。"

二五　尹文端公公子大半徂谢，去年尹太夫人亡百日，而十二公子又亡。五郎晴村作青州都统，《哭弟》云："吾家骏足望腾骧，底事青年竟夭亡？百日从亲归地府，九原先我侍高堂。枯荆每见花枝折，倦鸟何堪羽翼伤！才隔一程成永别，余出京之次日。阿兄能不泪千行？"可谓情文双至。文端公在九泉，亦必叹赏。

二六　何春巢向余云："沙竹屿，如皋寒士，性孤傲不群；应试不售，遂弃书远游，足迹遍天下。其所推重者，惟先生一人。"诵其《秋斋》云："小庭人寂猗兰开，独对幽香一举杯。薄暮闲云不成雨，冷风吹月上帘来。"《山居》云："饭罢钟声已断烟，偶来闲倚寺门前。夕阳暝色行人绝，空见群峰乱插天。"又，《读〈随园诗话〉》云："瓣香好下随园拜，安得黄金铸此人？"

批注：元好问《论诗绝句三十首》之一论陈子昂："论诗若准平吴例，合着黄金铸此人。"此袁枚则借他人诗自炫也。

二七 余老矣，最喜人说少年旧事。何兰庭句云："回思慈母悲今日，最爱山僧说幼时。"为之击节。何又有《江楼看雨》云："狂风骤雨逼萧晨，万里烟波失远津。稳坐西窗凭几望，几多浪里着忙人？"诗外有诗，深得风人之旨。《游理安寺》云："不信客从山外入，恰疑僧在树头归。"亦真境也。兰庭幼时，其父西舫许我为婿，后以路遥不果，惜哉！

二八 熊澹仙女子，不止能诗，词赋俱佳；以所天非解事者，故咏《萤火》云："水面光初乱，风前影更轻。背灯兼背月，原不向人明。"作《广怨赋》云："文采遭伤，久矣人皆欲杀；蛾眉致妒，何能我见犹怜？"《闻笛赋》云："三更不寐，遥知思妇情深；十指俱寒，想见高楼独倚。"

二九 《周易》曰："同声相应，同气相求。"《毛诗》曰："求其友声。"杜少陵曰："文章有神交有道。"皆不期其然而然者也。故余尝谓文字之交，比骨肉妻孥犹为真挚，非云泥所能判，关山所能隔者。如惠制府瑶圃、法学士时帆诸公，都已载入《诗话》。近又得何水部道生、刘舍人锡五二贤焉；抱英绝之才，而独惓惓于随园，各赠长律数首，以篇幅稍长，故另刻《续同人集》中。而其所心醉之句，有不忍不标而出之者。如刘云："闲来志怪都根理，语必惊人总近情。"余道第二句，直指心源，包括小仓山六十四卷《全集》，较胜他人作序万语千言矣。何云："愿署随园诗弟子，此生端不羡封侯。"矜宠一至于斯，使我颜汗！拟作《山右二贤歌》以美之；而年衰才尽，未敢落笔也。

批注："语必惊人总近情"，确系知袁枚之言。

三〇 余行路喜水而恶陆，闻明日站远，则夜眠不安。偶见杨次也先生有句云："车平终日卧，路远隔宵愁。"可谓先得我心。昔人《骂蚊》云："满腹经营饱膏血，可知通夜不眠人？"又："山在邻家树上青。"皆能道人意中事。

批注："先得我心"，"能道人意中事"，皆性灵诗"感人"的具体表现。

三一 吴江朱坤隐于市廛，有诗，号《琴思集》，中可采者，如《哭弟》诗一绝云："寻饴索哺泪双流，随少随多与即休。剩有半盘梨栗在，可怜携去祭坟头。"

《旅中送春》云：“旅人从此赋归兮，落絮飞花衬马蹄。莺到今朝声不惜，垂杨阴里尽情啼。”五言绝云：“极怜春意好，随月入花阴。上有双栖蝶，行来亦小心。”又：“花雾着人微似湿，柳风吹面不生寒。”皆可诵也。

三二　仁和俞作梅，号天羹，有《潮州竹枝词》云：“榕树如郎妾女萝，朝朝牵挂在枝柯。根须着处成连理，只是怪他头脑多。”又，《即事》一绝云：“笋竹园林朱槿笆，银环穿耳小蛮娃。见人躲入墙阴去，触堕簪头金凤花。”

三三　吴江女史汪玉轸，有诗才，《偶成》云：“夜静更阑犹未眠，熏炉香烬不生烟。且推窗看中庭月，影过东墙第几砖？”“风飘柳絮雨飘花，多少新愁上碧纱。借问过墙双蛱蝶：春光今在阿谁家？”

批注：汪玉轸，字宜秋，号宜秋小院主人，吴江（今属江苏）人。幼年丧父，遇人不淑，家境困难。但吟诗不辍。袁枚女弟子。有《宜秋小院诗钞》。

三四　王葑亭《夜行》云：“残星鸡口落，初日马头高。”郑德基《夜行》云：“蝶梦来驴背，鸡声隔陇头。”

三五　诗家红袖多，青衣少。然鲍亨殷胄作杨素家奴，未尝非名士。白下有郑德基者，穆太守仆也。《梅雨》云：“窗前一夜听梅雨，晓看堂前生碧苔。正惜满城花落尽，偏教残蕊燕衔来。”《马嵬》云：“马嵬坡下草萋萋，过客停车望欲迷。知是太真身死处，马蹄何忍踏香泥？”《朝天寺》云：“朝天山下川流急，短艇孤篷趁顺风。绝顶不知还有寺，白云深处一声钟。”《上元无月》云：“星桥火树满街红，微雨疏风过碧空。想是嫦娥开夜宴，云帘深锁广寒宫。”《除夕》云：“今夜不眠非守岁，防他有梦到家乡。”《栈道》云：“马盘绝顶青霄近，人到中天万壑低。”“涧水势催群石走，浮云如拥乱山行。”《与友黄鹤楼分袂》云：“我如黄鹤去，君似白云留。”《赠隐者》云：“读书岂必皆观国，学佛何须定出家？”

批注：青衣奴仆诗亦采入《诗话》，有教无类。

三六　从来闺秀及方外诗之佳者，最易流传。余编《随园诗话》，闺秀多而方外少，心颇缺然。方坳塘观察过访山中，谈及禅僧智朗，号渔陆，上元人，性至孝，母殁出家，住持理安。《归省母墓》云：“风木惊心二十年，偷生只为学金仙。谁知杖锡归来日，荒草丛中化纸钱。”“蓬鬓荆钗苎布裙，夕阳影里泪纷纷。趋前欲讯重泉恨，吹过西风一片云。”《改葬》云：“别后匆匆掩一棺，多年浅土忍重看？

故衣断线痕犹在，静树摇风骨已寒。西崦可怜通夜梦，南陔空说洁晨餐。慈恩欲报终难报，徒向平原意少安。”又，泰州光寺僧西林有句云：“黄花野径僧归寺，红树村庄人倚楼。”亦有画意。

批注：和尚诗亦入《诗话》，有教无类。

三七 吾乡金秀才霖，眼旁青色，自号青眼山人；幕游金陵，执贽随园，拓汉印百方而去。诗古峭可喜。《西塞山》云：“志和挥手去，冷落少微星。蓑笠高风远，鱼龙夜气腥。江云走虚白，石壁断空青。独有金湖月，年年照翠屏。”《江浪余生歌赠万别驾》云：“海庄别驾量如海，生死关头气不改。飙风促浪高百尺，别驾气稳如鼎鼐。风狂浪急船不支，舵工水师无所为。排风挟浪未顷刻，磅礴一声桅下垂。从人狂叫齐涕泣，船尾向天如壁立。别驾迟徊步慢移，顾谓诸君莫惶急。以手指浪浪即摧，江上风回水倒开。斯须江水几及膝，艇子恍从天上来。嗟哉海庄性笃厚，先唤从人上岸走。笋舆无恙亦相随，有如嫂溺能援手。回眸独剩樯梢动，片舫低昂浪轻送。归来歌啸月满楼，蛟龙影灭秋江空。”他如《郊外》云：“宿云平接地，新涨远浮天。”《画鹰》云：“风边秋影静，堂下鸟声空。”《夜坐》云：“花影一庭虫四壁，江声千里月三更。”《春冷》云：“鸟声着意试空谷，云影有心低汉江。”皆妙。

三八 番人最重铜鼓，即剥蚀而声硿硿者，可易牛千头；相传为诸葛亮征蛮所铸，不知《后汉书·马援传》已载之矣。余丙辰至粤，金中丞得鼓二面，命余作赋，大加称赏，即命刻广西志书中。甲辰岁，余重游桂林，阅《省志·艺文》一门，国朝首载此赋，且惊且感，题一绝云：“五十年前《铜鼓赋》，自家披览自家怜。不图漓水《崇文目》，竟冠熙朝第一篇。”

三九 刘掞字文白，湖北沔阳州人；少颖悟，过目成诵。比长，刚正不阿。能驱鬼怪，有某氏女为怪所迷，自称丁相公。刘访知是野庙木偶，执而枷之，怪遂绝。诗亦清老。录其《新堤》云：“鼓枻晨光里，弯环一港通。林鸠犹唤雨，樯燕欲凌风。帆影江烟外，人家水气中。谁怜秾李树，如雪吐晴空？”他如：《过白湖》云：“微波不动处，新月自然生。”《咏月》云：“宿树鸦声定，侵窗花影移。”俱妙。

四〇 余今岁约女弟子骆绮兰，同游西湖。余须看过梅花方出行，而绮兰约女伴先往；及余到湖楼，则已先一日归矣。见壁上题诗，咏《秋灯》云：“独坐影为伴，闲窗对短檠。照人虽冷淡，观我自分明。焰小知风急，光寒避月盈。欲挑还住手，无语听残更。”《秋扇》云：“暑消新雨后，人困晚凉天。”余爱其清妙，即手录以归。

四一 方藕堂维翰，与程鱼门因诗文交好，遂结婚姻。后藕堂补官杭州，年四十无子。其夫人为置一妾，而藕堂于役吴兴，竟未知也。归后惊喜，赋诗谢内云：“中年华发渐成丝，羞对红妆入绣帷。冀我免为今伯道，知君曾读古《螽斯》。刚逢灯月交辉夜，乍见衾裯与抱时。良愿早符燕姞梦，春兰花发正盈握。”又，《芍药》云：“丰台十里春如梦，风软沙平感旧游。悔自南来消息断，一年春尽一回头。”

批注：方夫人主动为丈夫方藕堂“置一妾”，此封建社会夫妻关系之畸形也。

四二 武臣能文，皆太平盛事。“公侯干城”，见于《周南》；“郤谷悦礼乐而敦《诗》《书》”，见于《左传》。余游贵池齐山，见壁上镌岳武穆诗云：“年来尘土满征衣，偶得闲吟上翠微。好水好山看不尽，马蹄催趁月明归。”想见名臣落笔，自然超妙，不止曹景宗之能谐竞病也。近余又得二人焉：镇江都统阳公俭齐春保，《登北固山用唐人孙鲂韵》云：“古屋倚苍冥，岧峣耸地形。波连湘浦阔，山抱润城青。远树迷江驿，寒烟淡晚汀。故人不可见，岚翠满空庭。”《咏敝裘》云：“自是一腔春意满，故教两袖尽开花。”可称趣绝。松江提督陈公树斋大用《阅兵皖江登大观亭》云：“浩浩长江天际横，地连吴楚一波平。苍茫草树迷遥浦，历落帆樯趁晚征。斜日堕城千堞迥，渔灯点水乱星生。不知多少英雄事，都付潮声彻夜鸣！”《寄怀程也园》云：“今宵夜气剧清寒，底事逡巡欲睡难。明月满庭花树静，料应词客也凭栏。”两公位登极品，而风貌秀整，谦若书生；皆蒙其先来见访。《毛诗》曰：“惟其有之，是以似之。”其斯之谓欤？

批注：“陈大用，甘肃宁夏人。其祖陈孚，乃叛臣王辅臣旧将，以投诚封子爵。孚死，大用袭封。大用为人极酸俗。”（批本语）

四三 余年十八，受知于浙督程公元章，送入万松书院肄业。离家二十里，夜不能归，辄借榻湖州沈谦之、永之寓所。后永之同举戊午乡榜，官至粮道，晚年结儿女姻亲。而谦之以一孝廉，中年捐馆，深可悲也！今春，其子东桥寄《竹翠溪堂诗集》来，读之，想见当年謦咳。《即席赠严崧瞻进士》云：“萍浮梗泛得相亲，酒赋琴歌不厌频。君莫伤时悲不遇，世间多少布衣人！”《钓台》云：“王气终应在茂陵，菟肩麦饭记飘零。故交贫贱如相忘，帝座何由犯客星？”二诗皆有寄托，足以风世。又，《谢僧饷茶》云：“幽绝精蓝莫记名，到门惟有老僧迎。烹茶不是在山水，那得一杯如许清？”五言如：“雕随远山没，帆带夕阳飞。”“离情花落后，春病雨声中。”“水阔疑无岸，云昏不辨山。”皆佳句也。东桥，名鼎生。

四四 东桥设帐永之家，教其幼女全宝，即许配阿迟者。年才十五，娟好闲静，即已能诗。《寄侄女音保》云：“与君分手忽经年，长自关心望日边。几欲寄书鱼雁少，今朝才得劈云笺。”“净几明窗喜不支，曾同砚席曰亲师。而今远隔三千里，忆否春风并坐时？”《即事》云：“首夏天光照眼明，绿杨芳草雨初晴。清阴绕径浑如画，闲面窗前听鸟声。”嘻！三首一气卷舒；阿迟与之同年，尚不能作一韵语：岂吾家诗事，将来不传于儿，要传儿妇耶？

批注：儿媳全宝诗才胜于儿子阿迟，未知袁枚是喜是忧。但可见当时才女之多。

四五 壬子三月，余与吴门陈斗泉秀才同游天台。斗泉与余步月云：“作合在山水，南桥风景清。滩声乱人语，岩月隐江城。共有烟霞癖，谁怜羁旅情？来朝理筇屐，华顶拨云行。”又，《杂咏》云：“一行纡回渡翠崖，杳无人迹落苍苔。白云抹断丹台路，知是前峰雨欲来。”斗泉善画，雅得二王神韵，故诗中亦含画意。

批注：诗人擅丹青，“诗中亦含画意”，可见诗画艺术之相辅相成。“二王”指清初画家王原祁、王石谷。

四六 余每下苏、杭，必采诗归，以壮行色；性之所耽，老而愈笃。近有闻风而来，且受业者。蒋莘，字于野，年才十九。《游古寺》云：“山外野僧家，孤龛半落霞。磬声流树杪，铃语绕檐牙。波静鱼近镜，香消佛散花。我来无别事，应许问楞枷。”《山行》云：“村古藤为瓦，溪幽树作桥。”《佛手》云：“天下援非易，杨枝洒未忘。有心擎法界，弹指过秋光。”《表忠观》云：“铁券已分唐土地，玺书曾奉宋春秋。”皆妙。其弟名蔚，字起霞，年才十六。《落梅曲》云：“一树幽花世外姿，依依水浅月斜时。无端玉骨飘零甚，不怨东风怡怨谁？”“神山昨梦夜逡巡，花底闻吹紫玉声。三叩素扉人不见，满庭残雪落无声。”《咏王半山》云：“竟使红羊成小劫，几同白马害群贤。”《偶成》云：“细雨一帘飞燕子，春寒几日又花朝。”两昆季皆未易才也。起霞爱赵云松诗，题七古一章，奇横谲诡，惜篇长，不能备录；为录稿寄与云松。

四七 吴门戈小莲培，吾家侄婿也。诗笔清矫。《天平山》云：“不辨翠微色，苍茫夕照浓。涧喧争一水，寺近锁千峰。烟隔云间月，声传花外钟。近人归去后，只有白云封。”《无题》云:“可奈相逢处,翻生落漠愁。人前浑不语,留意在双眸。”《绣球》云：“团团微雨湿，片片春风冷。蝴蝶窗外来，飘摇乱花影。”

四八 少年之诗，往往有句无篇，能通体完密者最少。京口左埔，字兰城，年才弱冠,而风格清稳。《舟过无锡》云:“梁溪山色好,向晚放舟行。名酒分泉味，吴歌杂橹声。人家多近水，杨柳半遮城。遥见斜阳里，长堤一线平。”《湖楼》云：“夜静披衣坐，湖光浸满身。远山微有月，近岸寂无人。舟小渔成市，村孤树作邻。碧天凉似水，钟鼓报清晨。”《秦淮》云:“客中无酒醉花朝，骑马闲行过板桥。蝶影乱飞芳草路，歌声争送白门潮。重寻旧院人何在，空对斜阳恨未消。惟有春来堤上柳，年年烟雨换长条。”通首音节清苍。

四九 徐心梅秀才备经，住洞庭西山。辛丑余游石公、飘渺二峰，宿其家凡七日。徐手录随园诗成帙。己虽不多作,而落笔甚超。《题一轮上人〈禅定图〉》云：“我来看蔷薇，高僧正清课。相对寂无言，相看惟对坐。不见天花飞，但见金轮堕。月出三生来，钟残一世过。即此是禅机，如来不说破。”

五〇 虞山陈叶宫声和，少年才思艳发，余尝谓可与杨蓉裳抗手。惜年未三十，两耳不聪，想亦学力苦思之故耶。《贺沈芷生领解》云：“沈郎才调领群仙，手种秋香到月边。未必重来无我分，已将此着让君先。榜头喜得真名士，吴下喧传最少年。莫到旗亭夸画壁，《霓裳》留奏大罗天。”沈善歌,故调之。《闻景秋浦讣》云：“知否相思不暂停，两番诗句重叮咛。苦无人寄封仍在，还想君归读与听。”二诗，可谓不着一字，自得风流。佳句如：《长干塔》云：“人影长空落，风声绝顶骄。”《送弟就婚黄平》云：“远游怜汝小，出赘苦家贫。”《韩侯钓台》云：“王楚王齐无寸土，微时翻有钓鱼台。”

批注：唐司空图《诗品·含蓄》:“不着一字，尽得风流。”为袁枚“不着一字，自得风流”所本。

五一 余过太仓，秋帆尚书之从子晓山孝廉裕曾苦留小住，至藏匿行李，不许上船。甚矣，主人之尊贤礼士，绰有家风也！示我《春词》四首，云：“细雨空庭长绿苔，梅花零落杏花开。叮咛侍女逢春社，高卷珠帘待燕来。”“春光淡荡爱新晴，高树莺啼晓梦惊。红日满窗人未起，隔墙风送卖花声。”“自把双眉柳叶描，晓妆成后最无聊。春来女伴多相问：绣阁新添线几条？”“满目山川似画屏，绿杨芳草水边亭。花时独爱熏香坐，懒逐邻姬去踏青。”

五二 近日闺秀能诗者，往往嫁无佳偶，有天壤王郎之叹。惟吾乡吴小谷明府之女柔之，适狄小同居士；绍兴潘石舟刺史之女素心，适汪润之解元：皆彼此唱和，如笙磬之调。小同幕游在外，吴寄云：“伊人踪迹又天涯，小别无端感岁华。千里迢遥此寒夜，一般清瘦共梅花。孤桐入爨声难辨，美玉求沽愿久赊。不为封侯缘底事，纪游诗卷向谁夸？”小同答之，有“几行新句机中锦，一瓣幽香雪后花”之句。潘《寄外》云：“瘦影新痕杨柳枝，杏花十里送春时。须知吟咏无闲笔，那向妆台更画眉。”《哭姊》云：“彩笔长辞咏絮人，砚池妆阁久生尘。瑶阶明月空如水，更有何人立满身？”俱一时传诵。

批注：潘素心，字佩兰，号若耶女史，会稽（今浙江绍兴）人。袁枚女弟子。有《不栉吟》，袁枚为之作序。

五三 吾乡诗多浙派，专趋宋人生癖一路。惟小同以明七子风格救之。《温州感旧》云：“十载曾游地，三秋怅别时。郗生仍入幕，谢客旧题诗。潮落沙痕在，舟轻塔影移。霜华今夜白，偏惹鬓边丝。”

批注：浙派诗以厉鹗为代表，其诗即有“生癖”之弊。

五四 余过山阴，宿徐小汀秉鉴家七日。小汀，乃贵州方伯紫亭同年之子也。抄诗见示。录其《陪刘石帆昆季西园雅集》云：“名园高会启郇厨，诗兴还随酒兴俱。人雅不关居有竹，鸟鸣疑唤客提壶。分争旗鼓凭三雅，领袖词坛有二苏。惆怅柴桑陶处士，秋风匹马独驰驱。”其他佳句，如：“万山迎暮霭，一雁下斜阳。”“杏花欲破春将半，竹影初圆月正中。”“但使故人长聚首，不妨十日石尤风。”皆可爱也。其友人施汉一政亦耽吟咏，蒋心馀弟子也。在僧院怀蒋云：“云烟飘忽此生浮，去住无端我欲愁。镇日萧萧僧院雨，轻风瑟瑟竹床秋。射师示的弓犹在，战马闻钲旆未收。三十年来生老病，不堪回首识荆州。”五言佳句如：“月明孤棹远，波动小桥移。惊电招雷至，残更带雨移。”七言如：“残照有余留水面，淡烟无际到山腰。”

五五 沈石田画蚕一筐，题云：“题诗劝尔多餐叶，二月吴氓要卖丝。”徐文长画葡萄，题云：“满腹珠玑无处卖，闲抛闲掷乱藤中。”

批注：徐诗明显有寄托。

五六 余编《诗话》，为助刻资者，毕弇山尚书、孙稆田慰祖司马也。毕公诗，采录甚多；而孙君不幸早卒。余向其家昆仲搜得遗稿二卷。《岁暮感怀》云：“雪积千重锁翠霞，寒宵戢影怅抟沙。云中怕听回峰雁，风里惊闻过市车。惯趁慵身勤划草，强扶冻足去寻花。卷帘小阁熏香坐，更向晴窗晒画叉。”《杏花》云：“十里轻红罨画楼，柳丝牵雨作春愁。催花一片东风起，村里人归压满头。”调寄《意难忘·赠人》云：“日暮云遮，听声声孤雁，点点栖鸦。添香烧馝馞，拈韵斗尖叉。风萧索，月横斜。临别转含嗟。忆旧游不如归去，我亦久离家。　湘江未许乘槎。漫挑灯夜坐，同话桑麻。轻盈低竹叶，屈曲小梅花。三盏酒，一杯茶。这清味堪夸。恨杀了片帆早挂，肠断天涯。”

批注：袁枚善拉赞助，《诗话》得以付梓，并公开出售，可知子才不是书呆子，颇有经济头脑。而批本语：“一部《诗话》，助刻资者，岂但毕秋帆、孙稆田二人？有替人求入选者，或十金或三五金不等，虽门生寒士，亦不免有饮食细微之敬。皇皇巨帙，可择而存者，十不及一，然子才已致富矣。”恐怕亦是实情。

五七 华亭吴钧诗云：“藤梢橘刺罥烟鬟，芍药捎裙露未干。昨夜剪刀寻不着，晓来横在竹栏杆。”思致幽隽，于艳体中，独辟一境。吴盖吴松四布衣之一也。

五八 汪研香司马摄上海县篆，临去，同官饯别江浒，村童以马拦头献。某守备赋诗云：“欲识黎民攀恋意，村童争献马拦头。”“马拦头”者，野菜名，京师所谓“十家香”也。用之赠行篇，便尔有情。

五九 余萧客《咏病马》云：“旋毛腹下一千里，死骨人间五百金。”汪墨庄《咏老马》云：“末路料难逢伯乐，壮心犹想出邯郸。”

六〇 诗写雏姬情态易，写雏伶情态难。吴玉松进士客河南学使幕，《席上赠顾伶》云：“舞队《大垂手》，歌曹小比肩。问年羞不语，笑指十三弦。”“吴苑折垂杨，驱车向大梁。恐伤孤客意，只道不思乡。”读之，觉是儿可爱。

六一 “白水遥连郭，青山直到门。”畏垒山人诗也。“野水白连郭，乱山青到门。”王子乘诗也。二诗各臻其妙。然观杨诚斋“江欲浮天去，山疑渡水来”，则又瞠乎后矣！

批注：妙在动词，但“到”不及“渡”更生动形象。

六二 虞山蒋文恪公入相后，门生满天下。而从前官至学士，尚未持文衡也。己未初次分房，得予与裘文达公。故尝向公戏引南汉刘鋹语云：“若聚饮同门，枚当执挺，为门生之长。”公为莞然。公家子弟多贵显，无以诗名者。今年过常熟，见公孙旭亭居士，诗才倜傥。录其《闺怨》云：“花朝又届好良时，病骨萧疏强自支。鹦鹉不知人去后，窗前犹自背郎诗。”“兽火金盆仔细添，缤纷瑞雪压斜檐。江梅又送春消息，只管沉沉下绣帘。”佳句如：“风透疏窗灯易尽，凉生薄被脚先知。”“银汉远涵秋水淡，小楼斜受夕阳多。”俱妙。

六三　蒋于野莘《初夏》云：“小山如画仿眉青，已润莓苔雨乍晴。满户风来潮未退，卷帘飞入两蜻蜓。”《咏残柳》云：“无物可为长寿客，多情难作后凋身。”陈春华晖见赠云：“花无可恋香难舍，书有何雠校不休？”余谓校雠二字，能如此分开用，可称妙手。又，《咏春信》云：“天上若无双鲤至，人间那有万花知？”亦善做信字。与蒋生皆少年；诗笔如此，他时何可限量？

六四　心梅又有《秋山》一首，云：“秋山静自古，空翠满衣裳。矫首看云岫，支筇过草堂。风清松子落，水动藕花香。中有岩阿乐，欲言意已忘。”《田家》云：“今年春雨足，欢声动茅屋。新妇助插秧，小儿拾桑落。乌鬼船头忙，团桑篱下绿。”“老翁沽酒犹未来，门前野花笑自开。”俱有王、孟逸趣。

六五　宋铁才中丞，为丁巳翰林前辈。在京中，与予比邻而居；两家眷属往返，如姻娅然。后内迁少司农而卒。其公子思仁、思敬，俱与予交好。今年在苏，有持其女孙诗来者，读之清妙。《焚香》云：“一剪清香午夜焚，都梁迷迭静中分。为怜紫玉成烟去，约住帘钩护篆云。”佳句如：“绿浓新雨后，红堕晚风初。”“风声到树叶初堕，月色窥窗漏正长。”皆可爱。女名静娟，字守一，好观史鉴，住苏州平桥。

六六　阳俭斋先生诗，已采入《诗话》矣。近又见丽川中丞赠阳一律，奇伟可爱。非中丞不能作，非阳公不能当也。诗云：“玉关双启动风雷，儒将新从瀚海回。座上举杯军令肃，马前得句阵云开。剑留回纥人烟外，笔带单于地影来。公驻回部，多纪其事。移节江南春正好，太平风景供诗才。”

批注：奇丰额，字丽川，满洲人。任江苏巡抚。

六七　青阳两诗弟子：一陈蔚，一沈正侯也。二人有五绝句，皆天籁而不自知其佳。余为表而出之。陈《春闺》云：“春来花满枝，春去花散飞。几度花开落，栽花人未归。”沈《村晚即事》云：“身安万事闲，日落一村静。携儿向月明，壁上看人影。”皆绝妙天籁，非粗心者所知。

批注："天籁"之妙，亦须细细品味。

六八 方明府于礼从京师来，说高丽国使臣朴齐家以重价购《小仓山房集》及刘霞裳诗，竟不可得，怏怏而去。亡何，金畹香秀才来，又说此事，与前年方公维翰所云相同，但使者姓名不同耳。余按：史称新罗国请冯定撰《黑水碑》，吐谷浑有《温子升文集》。外夷慕化，往往有之，况高丽原有箕子之余风乎？霞裳闻之喜，赋诗曰："刘邠何幸侍欧公？姓氏居然海外通。蝉附高枝声易远，莺初调舌语难工。毛苌诗自传门下，阚泽名疑在月中。多谢蛮姬能识曲，弓衣绣胜碧纱笼。"

批注：朴齐家（1750—1805），字修其，一字次修，号检书、楚亭等。著有《北学议》等。十八世纪朝鲜实学派后期代表诗人。乾隆四十三年（1778）后三次来中国，采购清诗人作品。袁枚诗集即是欲采购作品之一。

卷五

一　如皋汪楚白之子为霖，字春田，家故富饶，而性爱风雅。作部郎时，曾随驾射箭，得中二枝；上喜，赐以花翎。出守思恩府。平生喜读余诗，有“先生宗白我推袁，万古心香共此源”之句。《登独秀峰》云：“拔地超天起一峰，当空高插碧芙蓉。绝无依倚成孤立，细绎磨崖识旧封。蹑级数登三百六，群山遥列几千重。我来顶上凭栏望，万户炊烟暮霭浓。”《游栖霞》云：“乘兴寻秋日日来，堤壶携砚上高台。有官到底难捐俗，毕竟斜阳喝道回。”《厌雨》云：“竟同恶客驱还至，却共闲愁灭复生。”

批注：“宗白”，称袁枚宗白居易，不错。

二　庚辰余就医薛生白家，遇赵君曾益，谈论甚洽；忽忽三十余年。今年，赵官湖北，忽寄诗来，且云故是尹文端公弟子。尹三公子秉臬楚南时，曾寄诗云：“相国江南开府日，栽培桃李卅余年。只今老去叨三釜，敢忘文成割半毡。廉使爱才垂下问，书生薄命负前缘。囊中一卷风檐草，手泽于今尚宛然。”其诗一气呵成，允推老手。其他佳句，如：“小阁飞花春欲去，幼时熟境梦常来。”“茅掀屋角添虚白，土缺墙头见远青。”皆妙。

三　何兰庭、张香岩，同余游天台，何有句云：“灯前笑向妻孥别，遇着桃花便不归。”张在斑竹赠妓云：“劝侬莫向天台去，恐被桃花留住君。”香岩之兄月楼寄弟云：“故园亦有桃千树，莫恋天台久不回。”三人共用桃花事，而皆有风趣。狄小同亦有句云：“天台山下征人路，不为求仙也再来。”

批注：袁枚重“风趣”。

四　钱林，字昙如，吾乡玙沙先生之幼女也，年未及笄。《偶成》云："独坐西窗下，萧萧雨不成。芭蕉三两叶，多半作秋声。"《落花》云："觅路乍迷三里雾，含情如怨五更风。"皆佳句也。昙如生时，家中梦有严大将军来，及坠地，娟好妍静，兆乃大奇。其五兄名枚者，戊申孝廉，生于镇江观察署中。是日，适余到署，观察即以我名赐之，长有父风。《题孟庙》云："杨墨风交煽，仪秦辩复腾。斯文天未丧，夫子道相承。浩气中能养，微言绝更兴。齐、梁无地主，周、孔有云仍。功业尊同禹，经纶小试滕。介应班柳下，醇目过兰陵。七国知矜式，千秋肃豆登。秩宗昭祀典，庙貌仰觚棱。画壁前朝古，丰碑历代增。岩岩泰山色，相对各崚嶒。"又，《无题》云："荡漾愁心已倦排，明明月又入空斋。寄将眼泪惟清簟，付与针箱有旧钗。肠到九回偏未断，人难再得始为佳。无端十一年间事，次第随风入酒怀。"

批注：钱林，袁枚女弟子。

五　吴兴幼女严静，甫九龄，善书，兼工墨竹。莆田吴荔娘题云："绣阁遥邻墨妙亭，开帘煤麝动芳馨。晴窗书破洪儿纸，谁识金銮未十龄。""琅玕袅袅影纵横，千尺寒梢一笔成。我看丹青先比较，此君风韵却输卿。""赋茗才华总角年，挥毫风致自翩翩。他时理棹若溪上，好结香闺翰墨缘。"荔娘，年亦十有四。

六　余中年以后，遇妓席无欢。人疑遁入理学，而不知看花当意之难也。偶读祝芷塘一绝，为之莞然。词云："自笑眉愁递酒波，厌厌长夜奈卿何？摩登伽自无神咒，不是阿难定力多。"

批注：此"花"乃妓也。袁枚好美色，"花"不美则"无欢"，并非理学家之道貌岸然。

七　柳依依者，乩仙也。自言维扬女子，归方氏，年才十八；遇乱被虏，绝水浆七日，誓死全贞，竟得脱免。书《黄金缕》一阕云："身裹絮棉难着枕，淡月补窗，乱写飞花影。莫怪青春归步紧，枝头杜宇声声请。"又书一绝云："归去虚空踏月行，五铢衣重白云轻。自从饮得银河水，吐向毫端一色清。"

八　张若瀛诗，好游戏，《咏眼镜》云："终日耳边拉短纤，何时鼻上卸长枷？"闻者皆笑。《赠兄竹杖》云："珍重提携竹一枝，枯筇也有化龙时。须知手足关心切，不待颠危始助持。"恰有意义。《眼镜》结句云："天涯莫道无同调，磨面驴儿是一家。"

批注：诙谐之作，为袁枚所爱，然易流于俗气。

九　真州方又晖《春词》云："鬓含蝉翼影依微，酒晕红潮落翠衣。妒杀梁间新燕子，向人只管学双飞。"又晖少时绝美，今鬑鬑矣；《以所欢让人》云："老大啼春真强舌，甘将乔木让新莺。"

一〇　湘潭张紫岘九钺年十三，登采石太白楼作歌，人呼"太白后身"。中有数联云："乾坤浩荡日月白，中有斯人容不得。空携骏马五花裘，调笑风尘二千石。自从大雅久沉沦，独立寥寥今古春。待公不来我亦去，楼影萧萧愁杀人。"果有青莲风味。《将发蓼城寄蔡芷衫》云："寒云随落叶，渺渺上征衣。淮水正东下，离鸿犹北飞。逢人得消息，入梦见依稀。尺素聊凭寄，梁园亦倦归。"《吊西征战士》云："裹来马革心原壮，熏作檀香骨未枯。昨夜魂随骠骑出，过河还杀五单于。"

一一　陈豹章有别业在庐江，曰小砾山庄。依山结屋，吟啸其中，作一联云："王伯舆终当为情死；孟东野始以其诗鸣。"《山庄》云："薙草诛茅凤岭东，几湾流水小桥通。慈菇叶润檐牙雨，粳稻花香屋角风。不断情根连理木，暂羁行脚寄居虫。比邻晨夕时相过，桑柘阴间载酒筒。"

一二　将军魁林，提兵塞外，别其兄传公云："君去松林莫回首，夕阳天外有孤鸿。"同年成城谪戍塞外，寄诗家人云："令威纵有归来日，只恐人民半已非。"读者皆为怆然。

批注："魁林系孝纯皇后之侄，忠勇公傅恒从子。"（批本语）

一三　山东道上妓女最多，佳者绝少；过客题诗壁上者亦多，佳者亦少。独有无名氏末二句云："最是低眉可怜处，在山泉水本来清。"用心慈厚，深得风人意旨。

一四　前朝山阴祁忠悯公彪佳，少年美姿容，夫人亦有国色，一时称为"金童玉女"。后殉国难，赴池而死。余游寓山，为公读书之地，遗像犹存。园中竹上或题诗云："孤忠愿逐水波清，闻说降幡竖石城。龙种已潜宁惜死，豸冠端坐俨如生。一拳石耸含云气，四负堂开照月明。今日丰碑傍古岸，苔斑犹似旧纵横。"末书"岳峰"二字，不知何人所作。旁又有无名氏在竹上刻三字，云："此人通。"

一五　壬子三月，余游石梁上方广寺，壁上有诗云："万山围处泉声急，竹树森森碧汉齐。两寺云分峰上下，一桥水并涧东西。潭深白日雷霆起，秋老苍松鹳鹤栖。欲向洞天寻旧迹，未离尘网路多迷。”又五古一首，太长不能备录，摘其尤佳者，如：“人从涧底行，步步踏泉脉。岩同狻猊蹲，怒欲攫人食。幸凭腰脚健，浑忘衣履湿。虽非深冬时，仿佛飞残雪。”末署“沃洲外史陆以諴题”。余归后访之，方知新昌教官也。悔过新昌，竟未一访。

批注：《诗话》采录题壁诗甚多，亦为搜集佳作途径之一。

一六　有医者扇上画李铁拐，求刘霞裳题。刘调之曰：“星冠霞佩踏云行，足跛犹嫌路不平。修到神仙无妙药，世间何处觅医生？”

一七　同年徐芷亭方伯《荆州怀古》云：“英雄争战几时休，巨镇天开楚上游。月夜与谁游赤壁？江山从古重荆州。帆樯影带巫阳雨，草树声含鄂渚愁。凭吊兴亡已陈迹，严城画角动人愁。”此诗通首雄伟，而选《越风》者，改第四句为：“伯图何处问孙刘？”是点金成铁矣。余尝谓：一切诗文，总须字立纸上，不可字卧纸上。人活则立，人死则卧：用笔亦然。徐之原句是立，改句是卧：识者辨之。

批注：“字立纸上”，有生气也。今“字卧纸上”，呆板无生气也。

一八　青阳吴文简公名襄，字七云。《锡老堂诗集》，半多应制之作。其佳者，如：《雨花庵》云：“黄花应笑客，白发未还家。”《送徐澄斋出使琉球》云：“嗣王册命今三锡，使者才名第一流。”《金山》云：“海气笼天横北固，江涛卷雪走东洋。”

一九　陈明经捷，字露书，文简公高弟也。《五溪》云：“几家帘影人沽月，一路铃声马踏冰。”颇能得其师承。

二〇　子臣弟友，做得到便是圣人；行止坐卧，说得着便是好诗。余尝过桥下，则船篷便有须臾之黑；上山转几个弯，则路便峻。徐诜若秀才有句云：“犬吠知逢市，篷阴识过桥。”又云：“但觉路几曲，不知身渐高。”“只因新水绿，愈觉夕阳红。”徐《阻风燕子矶》云：“隔涧归来踏浅沙，森森古木乱啼鸦。野人问我居何处，笑指孤篷即是家。”刘曾《咏雪》云：“塔顶松尖消也未，呼童先为出门看。”皆眼前实事；而何以人不能道耶？

批注：写出人人共有的细微感觉，读后产生共鸣，“便是好诗”。

二一　真州太常卿施朝幹，字铁如，与余有世谊。自幼吟诗，熟精《文选》，于汉、魏源流，最为淹贯。《闻曲》云：“琵琶弦急对秋清，弹出关山离别情。借问黄河东去水：几时流尽断肠声？”真唐人高调也。余尤爱其《倚枕》诗，有“平世受凡才”五字，真乃包括“十七史”。试观三国、南北朝人才，略差一筹，立形优拙。何也？用人之际，那容滥竽？不比太平时，尸位者多也。又有句云：“山水清音自幽独，英雄末路即文章。”

批注：“施铁如官四川知府，因公遣戍，其寓所曰醒园池馆，颇雅。”（批本语）

二二 姜西溟老而未遇，揆叙《送行》云：“青衫难作还乡客，白发偏欺下第人。”姚启圣尚书《述怀》云：“千里波涛孤枕上，万家饥溺梦魂中。”一悲一壮。

二三 丽川方伯《和高青丘〈梅花诗〉》九首，《诗话》第二卷中，仅载数联。今见全璧，为再录二首，云：“枝头何处认轻痕，霜亦精神雪亦温。一径晓风寻旧梦，半林寒月失孤村。吟情欲镂冰为句，离恨应敲玉作魂。寄语溪桥桥上客，莫从香里误柴门。”“点额谁教入汉宫，冻云合处路难通。朦胧斜照月疑路，瓣瓣擎来雪又空。无梦不随流水去，有香只在此山中。松间竹外谁知己？地老天荒玉一丛。”谢蕴山观察《种梅》诗风调，亦与奇公相埒。词云：“修得多生到此花，不分山墅与官衙。惜春如命恒支俸，种树成围便是家。香色都空寒彻骨，栽培要厚玉生芽。他年留作甘棠爱，何用诗笼壁上纱？”

二四 红粉能诗者多，青衣能诗者最少。近江宁陈方伯有侍者陈鹏，投诗求见。《端午》云：“羁游当令节，随俗采兰芽。铸尽平生错，飘零何处家？吟看松雨细，醉倚竹风斜。插艾儿时事，而今两鬓华。”又：“残蝉过雨急，疏磬度风迟。”亦五言佳句。询其踪迹，故是旧家子弟。字仪庭，号宾来，武昌人也。

批注：“陈方伯名奉滋，江西进士，陈鹏即方伯之侄。子才以鹏为武昌人，盖讳之也。”（批本语）

二五 金载羹、聚升昆季，俱有清才。载羹《燕子》云：“呢喃似说绿杨晴，双剪参差拂水轻。衔得海棠花入垒，画梁红雨落无声。”聚升《水烟》云：“舟向小溪浮，横空练不收。人喧知近岸，橹响辨行舟。鸟去栖何处？萤飞入远流。须臾烟灭后，明镜一轮秋。”《晚起》云：“菜市声喧眠最稳，饼师叫过日将西。小童已报黄粱熟，倦倚藜床听鸟啼。”一名忠鼎，一名忠萃。

二六 余幼作《无题》诗云：“泪珠洗面将毫染，诗句焚灰和酒吞。”胡稚威见而赏之曰：“此少年颇有诗胆。”余自笑二句皆凿空：首句用李后主事，尚可拉扯；

至次句，则全是杜撰矣。不料今年偶翻张泌《妆楼记》载：姚月华女子慕杨达之诗，读数过，便烧灰和酒吞之，谓之“款中散”。又，牛应贞女梦裂书而食之，每食一部，则文体一变。杨巨源序其集曰《遗芳》。方知用典，竟有无心而暗合者。

二七 铁冶亭侍郎选《长白山诗》，皆满洲已故之人，命余校勘。余摘其句之佳者，如：国柱《伊犁》云：“举头惟有日，过此便无关。”观补亭保《路行》云：“云气常随马，秋声半在山。”“冥心契道妙，谢客养苔痕。”福增格云：“阴崖春色减，废寺夕阳多。”伊福讷云：“落叶聚空巷，饥乌投远林。”塞音布云：“风定树犹怒，日高霜尚飞。”鄂文端云：“山果随风坠，秋花出叶开。”“一杖立斜日，满园飞落花。”皆妙。

冶亭侍郎，典试江南，先有人抄其两绝句来，云：“镇日丹铅笑未遑，书生习气总荒唐。文魔字债轮番应，客到时闲客去忙。”“不信烟霞癖已成，闲游到处结鸥盟。同行尽道山中好，多少山人喜入城。”后冶亭入场，于开门放水菜时，即托监临以诗幅见寄。佳句如：“水落鱼龙依岸近，天高星斗上船红。”“秋悬野色明沙觜，天纵江声到石头。”“愁里逢春惊老至，中年得女当儿看。”俱妙。

批注：铁保（1752—1824），字冶亭，号梅庵，满洲正黄旗人。官至两江总督、吏部尚书。清书法家。

二八 梦谢山侍郎诗亦奇伟，惜多累句。由中年殂谢，未尽其才故也。惟《广武原》一首最佳。词云：“秋高广武原，日落断云奔。天地一龙斗，风尘千里昏。平沙生朔气，残垒驻征魂。拨马寻遗迹，荒郊战骨存。”

批注：“谢山名梦麟。”（批本语）

二九 余与鳌沧来交好，尝许寄其曾祖于襄勤公诗来，而至今未到。余于《白山诗选》中，得其《登万寿阁》云：“古寺荒凉草木平，十年人到倍伤情。满城黄叶飞秋色，虚阁寒涛夹雨声。赋税何劳频仰屋，关山行看会休兵。依然故国音书绝，潦倒风尘白雁横。”《闻笛》云：“缭绕飞空短笛声，高天露下共凄清。愁来江汉人何处，望里关山月倍明。万里孤云随绝漠，十年羸马更长征。谁知一曲终宵怨，霜雪无端两鬓生。”二首皆唐音。

三〇 英梦堂相公，生有诗骨，吐属不同。《除夕》云：“老趣随时异，流光过眼非。善忘心转暇，迟听语因稀。腊酒催拈管，春灯照掩扉。不干儿辈事，鞍马六街飞。”《出郊》云：“隔宵意先乐，今日出郊行。风定有禽语，雪消添雨声。当春山气重，入夜客身轻。预拟重来日，垂杨听早莺。”

三一　德少司空龄在京师，每见余诗，必加称许。托张宏勋栋时时致意。因隔内外城，终不得一见。近见其诗，不在梦堂相公之下。《剑州道中》云：“武连坡下乱烟生，剑阁峰头夕照明。一鸟不喧寒濑寂，满山黄叶马蹄声。”《琉璃河口占》云：“白发苍颜老侍臣，又随豹尾踏芳尘。琉璃河畔毵毵柳，应识三朝扈跸人。”

三二　余与香岩游天台，小别湖楼，已一月矣；归来几上堆满客中来信，花事都残。香岩有句云：“案前堆满新来札，墙角开残去后花。”又，《别西湖》云：“看来直似难忘友，想去还多未了诗。”一片性灵，笔能曲达。

批注：写眼前实景，自见性灵。

三三　诗有寄托便佳。管松年秀才落第，《咏梳妆》云：“闻说梳妆要入时，不嫌傅粉更涂脂。寄声虢国夫人道，淡扫蛾眉恐不宜。”祝芷塘太史在长安，《咏燕》云：“野店江村少是非，芹泥春暖试乌衣。如何楚楚红襟燕，但向雕梁高处飞？”小门生汪□□《咏蚊》云：“乍停纨扇便成团，隐隐雷声夜未阑。漫道纱厨凉似水，明中易避暗中难。”

三四　有人抄吴江三女诗来：一王素芬梦兰，《宫词》云：“寂寞空庭锁绿苔，长门何日为君开？泪珠滴地成盐汁，底事羊车引不来？”“宴罢临春怅落晖，名花无主自芳菲。穿帘怕见寻香蝶，故向愁人作对飞。”袁湘佩兰贞，《春闺》云：“数竿修竹傍溪栽，零落残红带雨开。正是春愁无奈处，卖花声过小桥来。”陆兰坨素心，《即事》云：“曲折篱墙傍水开，落红一雨点苍苔。芹泥满地日初暖，燕子一双花外来。”更有姚栖霞者，幼即能诗，年十七而卒。其父岱摘其诗中“燕剪剪春愁不剪，翻含愁入小窗来”之句，抄存一册，名曰《剪春集》。《晚凉》云：“影移深树乱鸦啼，目送残阳渐渐低。江有意流凉月去，云无心托暮山栖。”《寄怀邻姊》云：“秋老江关落木初，登楼凝望渺愁余。遥山雨洗螺痕淡，只恐愁眉更不如。”《临终》云：“永夜沉沉更漏迟，无眠起坐强支持。意中多少难言事，尽在低声唤母时。”“浮生修短总虚花，幻迹拼归梦里家。试问窗前今夜月：照人还得几回斜？”他如《黄梅》云：“晴还疑雨昏昏过，天亦如人黯黯愁。”皆系不祥之言。

批注：吴江女诗人甚多，是江南闺秀诗歌创作重镇。

三五　诗有天籁最妙。尹似村《偶成》云："娇儿呼阿爷，树上捉蝴蝶。老眼看分明，霜粘一黄叶。"陈竹士《山中口占》云："酌酒松树阴，醉卧云深处。人闲云不闲，松边自来去。"

批注：陈竹士与其妻金逸，同为袁枚弟子。

三六　松江李砚会刻其亡姊一铭心敬及子妇归懋仪佩珊二人诗，号《二余集》，曹剑亭给谏为之作序。一铭嫁常熟归氏，早卒；懋仪乃一铭所生，仍归李氏。集中《晚眺》云："垂柳斜阳外，如眉媚态生。因怜双黛薄，羞对远山横。"懋仪《赠玉亭四姑于归》云："闻道云英下九天，翠蛾新扫倍生妍。定知茂苑无双士，始配瑶华第一仙。玉镜晓妆花并笑，金樽夜泛月同圆。征兰他日符佳梦，应见云芝茁玉田。""咏絮清才拟谢家，神争秋水貌争花。鸡晨问寝常携手，雨夜联诗共品茶。君在潇湘吟水月，我归江海玩烟霞。萍踪重聚知何日？回首乡关感岁华。"《夜泊》云："旷野秋清夜寂寥，明星几点望迢遥。双轮历碌才停响，又向江头听暮潮。"《送粮艘出海》云："无事量沙成万斛，但闻挟纩遍三军。"雄伟绝不似闺阁语。剑亭有女洪珍，《咏月中桂》云："万古此秋色，一天生异香。"亦有奇气，惜不永年。

批注：归懋仪为袁枚女弟子。
"曹剑亭名锡宝。"（批本语）

三七　余第五女，嫁六合汪氏，家信来云：松江廖织云女史，汪氏戚也，索余《诗话》，愿来受业。余问其门楣，方知是合肥令廖古檀之女，素以诗画擅长，嫁马氏而寡。古檀有《盥香轩诗话》。故是风雅门风。以画册见贻。题《白桃花》云："五更风雨惜秾春，晓起看花为写真。双颊断红浑不语，可怜最是息夫人。"《杏花》云："社后春将闹，风吹蕊欲肥。美人帘外立，初试水红衣。"织云札来云：其表姊徐磬山庄焘，亦工诗画，爱随园诗，有私淑之心。何松江闺秀之多，而老人佛缘之广耶？

批注：廖织云为袁枚女弟子。

三八　自余作《诗话》，而四方以诗来求入者，如云而至。殊不知诗话，非选诗也。选则诗之佳者，选之而已；诗话必先有话，而后有诗。以诗来者千人万人，而加话者，惟我一人。搜索枯肠，不太苦耶？松江太守李宁圃先生寄三友人诗来，余以此言复之。而过后撷看，见其佳者，又不能自已。录张凤扬翙《夜泊》云："榜歌声起欲黄昏，初月微茫漏白痕。小泊夜深灯火暗，一丛林影数家村。"《过商州》云："重关已过数峰西，绕尽羊肠踏尽梯。满耳水声千涧曲，四围山色一城低。"李振声东皋《早发》云："宵征鸡未唱，梦醒客犹慵。残月留高树，深山隐曙钟。烟团鸦背重，雪衬马蹄松。渐觉晨光动，邮亭过几重。"《舟中》云："暮烟入城郭，灯火作依稀。远水衔天尽，孤云抱月飞。簟凉知露重，酒醒觉风微。坐待东方白，轻桡破浪归。"

批注:《诗话》因以诗来求入者甚多，子才又不忍删去佳作，故具有诗选性质，虽不能每首皆有话，但许多人因诗而传，亦有其传播之功。

三九　同年许红桥朝谓余曰："余在粤东有句云：'天低冬日犹堪畏，梅早春风不待催。'颇觉真切。《过仪真》云：'芦飞两岸白，雁叫一天秋。'自谓佳矣。偶见僧玉峰有句云：'芦花两岸白，江水一天秋。'自愧不如僧之高浑。"又云："有友呼僮烹茶，僮酣睡。厉声喝之，僮惊扑地。因得句云：'跌碎梦满地。'五字奇险，酷类长吉。"

四〇　京口张石帆工诗，尤善歌诗；每诗成，必拍板高吟，听者神移。尝与鲍步江论生平得意诗。鲍以《宿焦山》对，云："水光终夜晓，海气不成秋。"张亦以《宿焦山》对，云："烟鸟去无尽，风潮来不知。"

四一　荆溪任绣怀锦者，《看红叶》云："放棹西湖发浩歌，诗情画意两如何？莫嫌秋老山容淡，山到秋深红更多。"结二句，为老年人吐气。

四二　端阳水嬉，姑苏最盛：千船鳞列，歌吹喧阗；然嬉游者意不在龙舟也。汪比部秀峰诗云："暖日烘云景物新，衣香鬓影漾芳津。少年绮扇篷窗下，不看龙舟只看人。"又，《夜午》云："半规明月印窗纱，酒醒乡思更觉赊。堪笑西风无赖甚，吹人残梦落谁家？"秀峰，婺州人，生长杭州，家素饶裕，慕顾阿瑛、徐良夫之为人，爱交名士，少即与吾乡杭、厉诸公交往。晚刻本朝《闺秀诗》一百卷。赵云松赠诗云："论交及见诸前辈，刻集能传众美人。"

批注:《闺秀诗》一百卷，未详是否尚存。若存颇有价值。

四三　壬子春，余在西湖，徐谨庵大柷以诗来谒。有佳句云："燕语只因寻旧垒，莺啼却为别春风。""自能免俗方知乐，总不关心便是仙。""世间亦有闲于我，江上轻云水上鸥。”俱可爱也。又有陈春嘘昶明府，诵其《宝石湖楼与明太守夜饮》云：“画楼窈窕镜波清，良会无多趁晚晴。北海有容天下量，西湖端为我曹生。梅花香泛杯中酒，杨柳丝牵醉里情。饮罢不须烧烛照，卷帘春月万山明。”

批注：“明太守者，明保也”，“明保系和珅继母之堂弟，原系漕督嘉谟之子，满洲正红旗人……在杭州太守任内，养美姬十数人，专以应酬权贵之用”。（批本语）

四四 近得鄂筠亭敏守杭州《修禊西湖诗》，首唱云：“修禊三春好，风花二月天。黄堂无底事，白发有诸贤。笔濯西湖水，花摇鹫岭烟。风光征往事，不减永和年。”一时作者如云。四十年来，风流歇绝。今年，余在湖楼，招女弟子七人作诗会。太守明希哲先生保从清波门打桨见访，与诸女士茶话良久；知是大家闺秀，与公皆有世谊，乃留所坐玻璃画船、绣褥珠帘，为群女游山之用。而独自骑马还衙。少顷，遣人送华筵二席、玉如意七枝，及纸笔香珠等物，分赠香闺为润笔。一时绅士艳传韵事，以为昔日筠亭太守所未有也。汪解元润之夫人潘素心赋排律三十韵，其曰：“欲话天台胜，西湖折简忙。传经来绣谷，设帐指山庄。云母先生座，金钗弟子行。词宗新染翰，郡伯远贻筐。白璧光如许，红裙礼未将。天当桐叶闰，闰四月。人岂竹林狂？来者七人。画舫玻璃嵌，轻簪翡翠妆。逍遥孤屿外，容与断桥旁。送别凭圆月，催归带夕阳。千秋传韵事，佳话在钱塘。”孙臬使女云凤，亦有“羲之虚左推前辈，坡老留船泛夕晖”之句。太守有十二金钗，能琴者名悟桐，能诗者名袖香，最小者名月心：会前一日，皆执贽余门。

批注：此为第二次湖楼女弟子诗会。在乾隆五十七年（1792）。

四五 潘石舟明府，素心女子之父也，作官有惠政，诗亦清逸。摘其《市居》云：“人声春社散，月色夜航开。”《镇远》云：“头缠白布苗人语，马踏黄花使者来。”《贵阳》云：“十五洞蛮依阿画，八千里路召奢香。”《吴山》云：“江上风帆湖上酒，总输高顶坐观人。”

四六 吴下女子葛秀英，字玉贞，秦澹园鍪之篷室；母梦吞梅花而生，幼时有老尼见而惊，曰：“此青玄宫道贞女也。”劝其出家，父母不许。及长，适秦秀才，二年而卒，年才十九。秦为刻其《澹云楼诗》。《春夜》云：“碧罗衫子怯余寒，花向闲阶带月看。我与嫦娥原约定，不教辜负好阑干。”又有句曰：“人间尽是埋忧地，除却蓬莱莫寄身。”味其词，其超凡而去宜也。尤长于词，《咏杨花·减字木兰花》云："柳棉如许，搅碎春魂飘泊去。风约萍开，一半相逢在水涯。漫天飞舞，帘外斜阳粘忽住。咏絮无才，孤负东风为送来。"《听雨桂殿秋》云："衣袂冷，上高楼，繁云遮断碧山头。小窗独坐听秋雨，荷叶芭蕉各自愁。"

四七 颜鉴堂希源有《百美新咏图》，邵无恙帆亦有《历代宫闱杂咏图》，皆乞余为序。余衰老才尽，作散骈两体文以应之。录卷中诗之有意趣者。总题，则《吕燕昭》云："娉婷玉貌是耶非，绝代风姿见亦稀。我欲呼来谈往事，春风尽化彩云飞。"孙方仪云："天生佳丽尽堪传，遗臭流芳本较然。漫说贞淫编失次，《新台》犹列《柏舟》前。"分题，则鉴堂题《楚莲香》云："高卷湘帘出艳妆，不关花气自闻香。蝶蜂也似缠头客，乱逐游踪上下狂。"《薛瑶英》云："衣着龙绡稳称身，凤鸾吟作满堂春。可知憔悴西秦道，曾有当时握手人？"无恙题《启母》云："候野欢歌谢未遑，八年三过感台桑。宫闱欲换唐虞局，生得佳儿嗣夏王。"《妲己》云："百尺璇台帝宠新，牝鸡莫漫怨司晨。宫中也爱歌《樛木》，曾许宜生进美人。"又，《咏朱希真》云："袖中空有生花笔，嘉偶常稀怨偶多。"《咏鲁仲子》云："倘教掌上文都有，世上应无误嫁人。"用意皆翻空出新。又，《咏齐姜》云："伯业全开一醉中，美人杀妾遣英雄。如何尽迓嬴隗返，不见齐姜入晋宫？"余尝疑晋文不迎齐姜，犹汉高之不封纪信也。恐姜竟先亡，信或无子耶？鉴堂官盐大使，盖隐于下位者也。《与王甥天津分舟》云："甥舅欣同一叶舟，渭阳往事记悠悠。想因载得离情重，故使分开两处愁。"《山塘驿》云："竹屋夜灯青，山窗秋月白。驿夫多故人，笑认曾来客。"

批注：颜希源，字鉴塘，号问渠，粤东望族，长期在江南做官。袁枚所作《百美新咏图序》未收《小仓山房文集》，但见于乾隆五十五年（1792）集腋轩版《百美新咏图传》。

袁枚为邵无恙所作序，见《小仓山房外传》卷八，题为《宫闱杂咏序》。

四八 女弟子金纤纤《病起》诗云："碧梧移影上林扉，西院无人晓日微。病起名香闻不得，花间小立当熏衣。"

批注：金纤纤，即金逸。

四九 芷塘太史携夫人及女公子，扫外舅李鹤峰中丞之墓。五律后四句曰："女小随娘拜，爷言要汝闻。生前多酌我，莫把酒浇坟。"《望雨》云："晓傍霞窗度绮朝，夜搴月幌候清宵。无端听得萧萧响，却是桐花满院飘。”此二诗，经许多诗流看过，忽而不取。余独手录之，取其真而有味。

批注："真"，情真景真；"有味"，耐回味。

五〇 洪稚存在史馆，得一诗人，必通书相告。今春，盛称蜀中翰林张船山问陶之才，仿青田《二鬼诗》，作《两生行》送张还蜀，云："一生居坊南，一生住坊北。车声马声不得停，十里路中常若织。我马见君马，鸣声一何高。君僮与我僮，望着手即招。我来时多子来少，马系寺门僮醉倒。青天如磨旋不休，醉里有时来压头。心痴直欲走天外，下瞰日月方开眸。朝沽三升暮盈斗，吸尽东西两坊酒。朝衣典尽百不忧，尚有身上青羔裘。一生皇然开笑口，那着酒钱街上走？一生无聊想更奇，酒尽伏舐垆边泥。有时忽下床，有时忽出门。人来雪里衣尽白，疑是送酒柴桑人。幕天席地原无碍，十万人中两人醉；醉中分手亦不辞，泪堕黄公酒垆内。君不见：长安莫复轻酒人，酒人腹里饶经纶。容卿百辈等闲事，烂醉尚复嘘《阳春》。一篇我作《临行曲》，马带离声僮欲哭。从此长安少一生，酒星只照南头屋。"船山答云："读君《两生行》，涕笑一时作。黑夜关门读不休，打窗奇鬼争来攫。怀诗急走心茫然，远登云栈如登天。人言彼上即吾上，藏诗可以经千年。莫惊鬼夺诗，我为公呵护。且复立斯须，和此好诗去。是时下界冬已残，风狂雪虐天漫漫。一生牵衣愁欲绝，一生和诗呕出血。城南万柳秃无枝，天诏酒星缩离别。重读《两生行》，如见两生情。句句若吾语，大痛难为赓。翩然一跃入杯底，绕地万人呼不起。双丁两陆偏同时，万古声名今日始。酒星抱月来，掷入两生杯。两生惊起糟丘台，欢呼轰作隆冬雷。忽闻门外征马语，两僮泣下纷如雨。马声高朗童声低，似诉两生离别苦。一生闻之悲，一生闻之喜。两生悲喜人不知，天外浮云地中水。君不见：开天盘古氏，其情最可怜。九州莽莽无人烟，独坐独行一万年。又不见：上帝生平亦孤寂，举酒招人人不得。九天费尽百神谋，仅夺唐朝一长吉。两生把盏同轩眉，居然日日相追随。一生偶送一生去，临歧何必吞声悲？我马莫怜君马独，君僮莫向我僮哭。云天万里好联吟，共把长空当诗屋。"

批注：张问陶（1764—1814），字仲冶，号船山，四川遂宁人。曾官检讨、莱州知府等。后辞官居苏州虎丘。论诗主性灵，为性灵派殿军，与袁枚、赵翼为性灵派三大代表。有《船山诗草》。

五一 闺秀金兑诗，已采入《诗话》矣。今又寄其母毛仲瑛谷诗来，风格清老，足见渊源有自。《新晴》云："雨歇千林后，晴开二月天。断霞明极浦，新绿上平田。野水失溪岸，远山横暮烟。忽闻高阁外，几树已鸣蝉。"又，《春深》云："山窗残梦破，满树落花飘。"

批注：母女皆工诗，并不少见。

五二 余与吴门蒋元葵进士为己未同年。家业甚富，而中道零落。其子升吉，人尤潇洒，长于填词。余到苏州，必主其家。其第三女犹孩也。后三十年，族侄孙鸿魁寄其诗来，读之，不愧谢家风味。《落花》云："春梦无凭冷夕阳，万花飘落最堪伤。马嵬坡远空垂泪，金谷楼高枉断肠。吹去未能忘故态，飞来犹自带余香。东皇早去铅华尽，蜂蝶徒劳过粉墙。"《寄兰如姊》云："水国重阳近，苍凉院宇空。千林飘落叶，一雁下西风。念远书难寄，登高目易穷。遥思故园菊，香满小楼东。"《送妹》调《卖花声》云："剩得几多春，十二时辰。满庭飞絮糁花茵。添阵潺潺帘外雨，深院黄昏。　　独坐掩重门，愁倒芳樽，便无离别也销魂。明日那堪南浦去，又送行人。"

五三 戊戌仲春，西泠女子小卿同妹右卿将之楚，再遇皖江，泊大观亭下。小卿登亭赋诗；右卿病，不克偕，倚枕而和，录稿于亭壁。至今十余年，不知何家闺秀。小卿云："入楚才逢此壮观，春云树杪见朱栏。空亭啼鸟山花早，古殿无人暮雨寒。正苦浮家吊湘水，那能分泪寄长安？时兄官关中。小乔况复愁欹枕，每到登临放眼难。"右卿云："晚泊蓬莱江上寒，高亭烟树雨初残。今朝万壑云中见，昨日孤舟天际看。小病支离空怅望，何时风月倚阑干？片帆西去重回首，寄语青山兴未阑。"鲁星村过而和云："空亭游览寻常事，不意香闺有二难。"

五四 胡小霞者，会稽女子，名云英，嫁赵连城。夫妇能诗。《诫婢》云："宝鸭篆烟消，呼奴理茶具。泥饮人未归，阵阵纱窗雨。"二十字中，深情无限。殁后，赵郎仿元相《杂忆》诗云："孤灯破壁照黄昏，白雨潇潇扰梦魂。忆得夜深同倚槛，花梢一拈尚留痕。"

批注：夫妇能诗，在当时常见，可见乾隆诗风之盛。

五五 余少时游吴山，见道士才八九岁，踞案上，与五六十翁下棋，辄胜。心怪而问之。或曰："此天生次国手也。"姓钱，名选，字仲举。此后，余官京师，与道士别六十余年矣。今年游吴山，道士亦白发苍苍，出诗见示。《寄张处士》云：“闻说先生负郭居，小桥曲巷路何如？稻花蟹大客常满，竹叶酒香诗有余。九月山中秋水落，三年海上雁声疏。知君自是神仙裔，何日来看玉局书？”有陈道士名真濂者，来访之，赠句云：“花影不愁双履破，江光都被一窗收。”《咏棋》云：“始交犹两立，既接不俱生。”余谓此二道人俱善弈，又工诗，亦奇。

五六 西泠诗会，有女弟子某，国色也。香岩必欲见之，着家奴衣，随余轿步往。值其病，废然而返。后信来，招我谈诗，香岩喜，仍易服跟轿，冒大雨走五里许，值其家座上有识香岩者，香岩望见大惊奔还，衣服尽湿，身陷坎窞。乃赋诗自嘲云：“听说凌波有洛神，思量觌面唤真真。谁知两次成虚往，始信三王少夙因。红粉得知应笑我，青衣着尽不如人。襄王那有阳台梦，空惹巫山雨一身。”

批注：香岩，张香岩，袁枚弟子，晚年曾陪伴袁枚出游。

五七 余丙辰入都，犹及见中州少司农吕公耀曾，长髯鹤立，望而知为正人。后五十余年，公曾孙仲笃来宰上元；未几，其叔树村亦从介休来，与余交好。已采其诗入《诗话》矣。近又得仲笃《登金山》云：“山自中央出，江从万里来。秋生扬子渡，人上妙高台。铁瓮潮声落，金陵霁色开。中泠泉莫辨，汲取试螺杯。”《泛舟城南》云：“野水蒹葭外，飘然一泛舟。波光凌日动，人影带烟流。自得庄周意，能消宋玉愁。快谈忘夜短，长啸入高秋。”二首，皆不落宋、元以后。其他佳句，如：《和树村》云：“三径已荒虚北望，片帆无恙喜南来。”《寓斋即事》云：“汾水南来能到海，华山西去欲齐天。”仲笃，名燕昭。

仲笃又有《夜坐》云：“秋入暮天碧，衣沾白露冷。不知山月高，先见梧桐影。”笔意高超，有“羚羊挂角”之意。

批注：以“羚羊挂角”论诗，见宋严羽《沧浪诗话》。

五八 “恩怨”二字，圣人不讳。故曰：“以直报怨，以德报德。”是怨未尝不报也。汉盖勋怨苏正和，后苏受诬，勋救之，苏因此来谢。勋拒不见，曰：“我为国家，非为君也。”怨之如故。使正和有当杀之罪，勋必杀之。不然，如苏模棱刘仁轨，匿怨沽名，岂正人哉！偶读奇丽川方伯题卢湘艖《美人宝剑图》一绝，不觉心花怒开。诗云：“美人如玉剑如虹，平等相看理亦同。笔上眉痕刀上血，用来不错是英雄。”

五九　凡地必须亲历，方知书史之讹。相传：禹王《峋嵝碑》在衡岳者为真。余甲辰十月，亲至衡山之巅，见山有粗石一块，长四尺许，篆刻此文，并非碑也；且有斧凿新痕，转不如山下李邕所书《岳麓寺碑》之古。李碑虽断，背有邕跋语百余字，如“庭前无讼，堂上有琴”之句，极古雅。被明人以丑劣行书，羼镌其上，殊可恶也！相传：江西南昌城隍庙，有吴王孙权铜鼎。余亲至鼎下观之，乃后五代杨氏太和年民间所铸，记姓名而已。字阳文歪斜，非孙权所铸。《广舆记》载：广西桂林府开元寺，有褚遂良《金刚经碑》。余到寺相寻，仅存焦土，中屹然一碑，乃后五代楚王马殷之弟马宾所书，非褚公也。字小楷，亦不甚工。又载：天台石梁长数十丈，人不能过。余往观，石梁长不满三丈，阔二尺，厚二丈有余，山顶瀑布三条，冲梁而下。初行者或未免目眩；山僧及舆夫过往如飞。桥尾有前明郑妃小铜殿一座，高不满七尺，平平无奇。石上镌云：“冰雪三千丈，风雷十二时。”二语殊切。少陵诗称：“若耶溪，云门寺，布袜青鞋从此始。”似是一大名胜。壬子三月，余慕而往游，山在平地，数峰高丈许，溪流不及镜湖。深悔为少陵诗所误。盖少陵亦系耳闻，并未亲到也。

六〇　和韵诗，有因难而见巧者。张止原居士在苏州作《白桃花》诗，第八句用“今”字韵。一时和者数十人，押“今”字无一佳者；余亦知难而退。不料刘霞裳和云：“刘郎去后情怀减，不肯红妆直到今。”余夸为独绝。使作者不姓刘，亦妙，而况其姓刘乎？使不押“今”字，恐反无此巧妙也。顾伴檠孝廉澍有句云：“化去蝶魂终带粉，重来人面竟消红。”亦妙。

六一　沈谦之在蒋树存先生家文宴，坐客王虚舟、杜雪川、沈艑翁、徐葆光等共七人。沈有句云：“松老固应三径在，竹深只合七贤来。”申笏山在都中，立春后三日，与胡稚威、周元木、姚念兹等共十人小集。申有句云：“春风帘外刚三日，旧雨樽前恰十人。”

六二　金陵有二诗人：一蔡芷衫元春，一燕山南以筠。蔡专主风格浑古，燕专尚心思雕刻：两家不可偏废也。余偶作《消夏十二题》，和者甚多，而读山南诗，为之叫绝。《补竹》云：“小楼西畔曲栏东，新旧琅玕补几丛？天向墙头加倍绿，日从窗上不教红。有林便入真高士，乍到还歆是醉翁。毕竟心空能解事，进门先带一身风。”《采莲》云：“儿女也知香解暑，不争莲子只争花。”《辞客》云：“就是嫦娥辞不去，嘱他来也要黄昏。”能句句不脱“消夏”二字，如此构思，李长吉真欲呕出心头血矣！

一时同作者：曹言路《辞客》云："非关隐者逃名久，惟恐郎官带热来。"《把钓》云："胸无得失浑忘我，影有浮沉一任他。"《曝书》云："恰羡便便人晒腹，郝隆比我善收藏。"金绍鹏《辞客》云："竹尽许看休问主，座毋遽集致挥蝇。"陈文富《补竹》云："忽看林外窗全隐，似觉篱边径转深。"罗春霆《试香》云："风怕不来烟怕出，湘帘卷处两踌躇。"王光晟《待月》云："莫怪嫦娥迟出海，从来怕见早眠人。"俱妙。

毛俟园《咏临帖》云："窗开浓绿里，纸展硬黄时。"《把钓》云："为贪临水去，不羡得鱼归。"陶怡云《待月》云："疑有树遮帘预卷，要迎风坐榻频移。"《曝书》云："开函忽见干蝴蝶，藏自何年记得无？"王孔翔《待月》云："松径日斜移榻早，水亭灯上放帘迟。"岳树仁尤长于结句，《待月》云："徘徊不见姮娥面，树密墙高最恼人。"《把钓》云："忽见水中添一影，始知客到把头回。"《避蚊》云："营缘有隙争先入，钻刺无功更乱哗。还是青蝇知去就，不来水竹野人家。"

凡学琴者，先和弦必弹"仙""翁"二音。山南有句云："有缺未能成雅乐，不修那得到仙翁。"正喻夹写，一巧至此。又有《消寒》九首，余录其《袖手》云："严寒无事不蹉跎，有手难伸唤奈何。伏案书频将口搁，吟诗墨亦倩人磨。虽然善舞情都减，未免旁观事太多。欲折梅花还忍俊，空从树下一婆娑。"《糊窗》云："惊飘小雪沙沙响，丑替寒家事事遮。小女戏将针刺破，要从隙里嗅梅花。"《曝背》云："晒倦坐几头近膝，生寒愁把面朝天。衰年自笑难担荷，梅影松痕压一肩。"余幼时畏冷，以口搁书破，先生呵责；刚糊一窗纸，小妹以针刺破之。山南诗真，所以可爱。

芷衫有少陵之风。《咏古道》云："九折原通蜀，千盘复向秦。可怜嘶老马，长此怨离人。冰雪关河气，风尘阅历身。年年杨柳发，犹自傍前津。"又《古台》云："项王空戏马，刘表但呼鹰。"《古松》云："鹤巢知几换，龙气欲盘空。"

批注：唐李贺（790—816），字长吉，昌谷（今河南宜阳西）人。李商隐《李长吉小传》称其外出时，"恒从小奚奴，骑距驴，背一古破锦囊，遇有所得，即书投囊中。及暮归，太夫人使婢受囊出之，见所书多，辄曰：是儿要当呕出心乃已尔！"

看似有诗无话的条目，纯是"选诗"，虽无话，而袁枚的喜好亦可体会。

"真"乃袁枚常用的评语。

六三　丙辰余荐鸿词入都，宣州同征士梅华谿兆颐最为交好。时先生年六旬，而余才弱冠。因先生授馆于文穆公家，以诗献公。蒙公奖许。至今五十七年矣，诗不省记。其时所教文穆公子数人，皆孩也，其第八子镠有儿名冲者，以诗文受业于余。才气横溢，常嫌其鸿文无范。半年，从新安归，以诗来，学力大进。《芜湖遇顺风》云："江行已三日，不迟亦不快。知我将他行，乃示神通大。一声天乐鸣波中，高浪挟我凌长空。不知两岸孰鞭叱，一齐倒走如飞龙。洲渚玲珑树疏密，层层遮抱如相恤。好峰十里早揖迎，转瞬已嗟交臂失。中流抚掌同笑歌，天公今日赐太多。我谢天公赐不领，误我好景当如何？"《题画》云："青峰如野人，常爱拥蓑笠。苍然翠满身，云开影犹湿。"又，佳句如："心逐野僧依寺定，梦如芳草入春多。""书声出寺清于梵，松影来窗信似潮。"俱佳。

批注："俱佳"之类评语，似有敷衍之意。盖诗多，难以一一认真评点。

六四　癸巳年，余与蒋心馀、金棕亭游扬州建隆寺，与老僧梦因分韵，赋《送春》诗，忽忽二十年矣。犹记其《探梅》云："扶筇踏遍千峰秀，忽见溪梅横数枝。却怪天寒开未足，想逢月闰故还迟。深栖岩壑尘应远，历尽冰霜气不衰。花落漫随流水去，出山只恐世人知。"《登金山》云："一叶乘风白浪堆，维舟独上妙高台。乱云时复生虚壁，疑有苍龙听法来。"今年，渡江与赵伟堂学博游焦山，见其徒孙巨超以诗见示，追忆畴昔，不觉凄怆。盖儒释三人都已化去。而巨超诗笔清超，想见宗风。见赠云："廿年前遇古邗沟，复见双峰雪满头。天下骚坛名独占，越中山水屐重游。诗成只恐蛟龙听，事往空惊岁月流。相约黄梅时雨节，携筇还上竹间楼。"《山居》云："帘卷西风雨乍晴，闲凭小阁听流莺。白云无事长来往，莫怪山僧不送迎。"其他断句，则："一条帘卷窗前月，几点星摇树里天。""露浓疑是雨，花堕不因风。"

六五　巨超之外，又有僧碧岩悟霈者，《柳枝词》云："春风游子唱离歌，杨柳其如送别何。毕竟不知攀折苦，长条更比去年多。"《海云楼坐雨》云："晓来细雨落潮初，闲客江城兴岂孤？隔院漏听莲叶转，压栏花倩竹枝扶。山亭铭碣残余晋，海国风涛怒入吴。不是阴霾阻归棹，何能信宿此蓬壶！"

六六　焦山释担云，海盐人，能诗。初至焦山，谓人曰："此我旧居之地。"人不之信，后游五州山，见壁间《宋故宫》诗云："玉殿尘埋王气终，凤凰已去凤林空。西湖歌舞浮云外，南渡江山落照中。古寺有僧吟夜月，野花无主泣春风。

劫灰五百余年后，暮草荒烟思不穷。”曰：“我之旧作也。”山僧惊异。告曰：“此焦山僧郎月之诗，寂去已三十三年矣，其风度语言，与君相似。”后示寂焦山枯木堂。诗稿散失。

六七 圆津庵在河南内丘县南官道旁。康熙间，吕光禄谦恒曾过其庵，题诗云：“花界浓阴日影微，倦途偶憩发清机。长松匝院僧初饭，曲磴环亭鸟自飞。廿载重来如有悟，百年强半渐知非。路旁车马劳劳者，磅礴谁能一解衣？”后其子耀曾奉命使黔，又题诗云：“昔侍严亲此地过，重来风木恨如何？随行人忆当年少，相去时惊廿载多。户外松阴仍幂房，篱边菊影自婆娑。追思往事浑如梦，敢以《皇华》续《蓼莪》？”乾隆甲申，其孙燕昭赴河南，过其庵，见壁上墨迹犹新，和云：“驿柳参差晓翠匀，寻幽萧寺不辞频。非关此地林泉胜，犹见先人手泽新。风木兴怀追往事，莺花如旧正阳春。他年重过长安道，取次纱笼拂壁尘。”事隔百年，诗题三代，亦德门佳话也。

六八 香亭癸未，同年太常寺少卿戴璐，字菔塘，《送徐溉余、夏渠庄赴伊犁》云：“朝衫乍脱理征轺，惜别无端折柳条。廊望方期偕出谷，壮游何意远题桥？路逾葱岭书凭雁，人到榆关学射雕。回首槐阴同调盛，晨星细数最魂消。”香亭称其音节近唐人，为余诵之。

六九 观补亭总宪保，与弟德定圃尚书保，昆季皆丁巳翰林，前余一科。观督学皖江，适余宰江宁；每秋闱到省，必长夜深谈。余服其明达，有古大臣风，勖以尹文端公；而先生意犹未惬，其胸襟可想。德公少余一岁，风采奕奕。都门别后十余年，丁丑天子南巡，余以迎驾故，握手宫门，遂成永诀。今抄得观公《送人守杭州》云：“当年使节小勾留，惜别时时作梦游。何日移家邻葛岭，几人出守得杭州？文忠遗迹诗千卷，武穆精灵土一丘。惟有孤山林处士，梅花开落不曾休。”德公《春晓燕郊》云：“初日出岭晨霞明，一鞭款段春郊行。煮茶野店试新汲，叱犊隔林闻晓耕。前溪浩淼新涨满，远坞断续荒鸡鸣。盘山尺咫望不到，浮岚暖翠生遥情。”

壬戌余与曾南村尚增、黄笠潭树纶同以翰林外用。补亭戏品题云：“黄如鹿，只宜野放，不宜鞍辔，非百里才。曾如象，宜驮宝瓶，排班午门，官不离身。君有治才，肯受驱驾，遇孙阳、伯乐，颇堪千里，而其心终在深山大泽间。”后果如其言。

批注："定圃系补亭从堂弟，即英和之父，内务府人，姓石，亦一糊涂人也。乾隆五十年冬，祀天坛，坛内天灯，用数十人扯之不起。草草祀毕，上方出坛门，四人扯之起矣。定圃时官礼部尚书，因此革职，郁郁而死。"（批本语）

七〇　白下布衣张士堂，字月楼，《咏七夕》云："闻说今宵会女、牛，多情我代数更筹。不知自嫁天孙后，此是千秋第几秋？""银汉迢迢月影横，人间天上不分明。如何际此团圆乐，不听云中笑语声？"张道渥司马亦有句云："待无天地缘方尽，修到神仙会也难。"

七一　京口诗人，皆奉梦楼先生之教，诗多清雅，有世子申生小心清洁之意。高君青士风雅妍静，耽于道教，而性爱吟诗，近亦出余门下。《过兰若看菊》云："秋事在僧房，诗人觅晚香。沉沉三径月，淡淡一庭霜。地僻宜花瘦，僧闲笑蝶忙。东篱莫漫采，留取作重阳。"《净慈寺访超尘上人》云："湖湾凡几曲，幽折到南屏。萝暗欲无路，松阴落满庭。自缝云水衲，手写《妙莲经》。一笑相逢处，前山烟霭青。"又："涛寒响逼歌喉细，茶暖香分酒色浓。""竹影暗移僧舍午，水声凉送客衣秋。"亦佳句也。

批注：王文治，号梦楼，可谓京口（今镇江）诗坛盟主。

七二　壬子余因相士之言不验，重游天台，舟泊燕子矶，遇唐柘田明府仁植，谈诗竟日。将坐船让我，而己换小舟，尾予而行。别后见寄云："神仙劫后百无忧，风雨横江放胆游。公借侬船侬借福，大家安稳到瓜洲。""支筇重到女仙家，笑杀桃源洞口花。刘、阮有知应艳羡，输公两度吃胡麻。"

批注：曾有相士胡文炳为袁枚算命，称其六十三岁生子，七十六岁寿终。前者应验，后者不验，袁枚乃于乾隆五十七年壬子（1792）重游浙江天台山。

七三　"生面果能开一代，古人原不占千秋。"此余赠赵云松诗也。"作宦不曾逾十载，及身早自定千秋。"此云松见赠诗也。近至扬州书院，见壁上有秀才吴楷集余第一句，配赵之第二句，作对联赠掌教云松，天然雅切。闻吴君亦美少年，惜其病，未得一见。

七四　近日山西多诗人，余已将何、刘两公诗，载入《续同人集》矣。今又有胥明府讳绳武者，读《小仓山房文集》见寄云："不为韩、柳不欧、苏，真气行间辟万夫。所说尽如人意有，此才岂但近时无？扫除理障言皆物，游戏文心唾亦珠。喜是名山藏未得，传抄今已遍寰区。”“声名在世任推排，自擅千秋著述才。天为斯文留此老，我思亲炙待将来。风回海上波争立，春到人间花怒开。比拟先生一枝笔，迂儒秃管枉成堆。”

七五 署江宁令汪君苍霖，常为枚道某藩瑶华主人之贤，能诗工画，爱士怜才；惜枚路远年衰，不及见天人眉宇，为今生恨事。忽庆大司马桂以《听泉图》属题；展卷，见其画笔高妙，直逼云林，诗亦唐人高调。其词曰：“主人爱幽僻，坐石听鸣泉。入耳宛寂若，会心应泠然。属余为写照，结想羲皇前。衣绦静以古，骨相清且妍。胸襟澹秋水，气宇和春烟。写来奈笔拙，布置惭周全。拈花眼前理，指月空中禅。似闻空际音，朱琴弹古弦。临流发深省，听响通真诠。何必奏丝竹？即景真云仙。尝闻谢幼舆，合置丘壑间。君兼知仁乐，而藉图画宣。我性本疏旷，山水思静便。安得常赓歌，同乐尧时天？”

批注：“瑶华道人名弘旿，字恕斋，圣祖第二十四子诚亲王之次子，有儒雅之风，惜其为人，品不甚高。人言藉藉，晚年尤甚，事为高宗所闻，罢职闲居。其所作画，颇学石田，然亦无甚足取。诗则较礼、豫两王为佳。”（批本语）

卷六

一　余在山阴，徐小汀秀才交十五金买《全集》三部，余归如数寄之。未几，信来，说信面改“三”作“二”，有揠补痕，方知寄书人窃去一部矣。林远峰云：“新建吴某夜被盗，七人明火执仗，捆缚事主，甚闹；最后有美少年，盛服而至，翻撷架上，见宋板《文选》《小仓山房诗集》各一部。笑曰：‘此富儿能读随园先生文，颇不俗，可释之。’手两书而去。”余按唐人载李涉遇盗一事，仿佛似之。至于窃书者，则又古人所无。方藕船明府云：高丽进士李承熏、孝廉李喜明、秀才洪大荣等，俱在都中购《随园集》，问余起居、年齿甚殷。嘻，余愧矣！

批注：此条虽不无自炫之意，但袁枚著作于当时确实影响甚大。

二　那鉴堂澄为常中丞钧之第四子，牧通州时，入山见访，长身玉立，书气迎人。入都后，寄近作来，读之，如接謦咳。《步耕堂韵》云：“纵步高冈望禁城，襟怀豁处念俱清。树排盘磴野花满，水泻深沟新涨平。追想风尘为俗吏，何如耕凿谢浮名。寻幽莫恨无同调，且喜心知共此行。”《悼亡》云：“谢家风味最难忘，不爱浓妆爱淡妆。惜福如何偏减算，生憎检点旧衣箱。”“寻常小别尚依依，况复长眠竟不归。杯酒墓门空一奠，白杨风冷纸钱飞。”

三　毛大瀛海客妻□氏，能诗。初婚时，毛赠云：“他日香闺传盛事，镜台先拜女门生。”妻笑曰：“要改一字。”毛问何字。曰：“‘门’字改‘先’字方妥。”毛大笑。后寄毛家信云：“出门七年，寄银八两。儿要衣穿，女要首饰。‘巧妇不能为无米之炊’，此之谓也。至于年年被放，妾面增羞；此皆妾命不齐，累卿如此：夫复何言？”

四 吾乡陈叔毅先生名曾毅，阮亭高弟子也。与汤西崖、姜西溟同时，而至今无人知者。严司马守田寄抄稿来。《东阿道上》云："岚光到眼忽清虚，不负吟情兀短驴。石井泉浇行客饭，水田衣挂老僧庐。两头云幄张无数，四面烟鬟画不如。尽日小车行百里，坐看山色卧看书。"先生尤长于言情。《好风》云："轻躯细马独徘徊，自把丝鞭不敢催。足镫巧将新月隐，面罗刚被好风开。花如欲折心还怯，路到分歧意屡猜。夫婿不教相伴去，阿谁扶下绣鞍来？"《哭妾》云："水晶帘下玉茏葱，十样新蛾画未工。留得青铜三尺镜，更无人影在当中。""半枝桦烛夜荧荧，记得归迟掩曲屏。比玉能温比花活，最难忘是梦初醒。""避人洗手作羹汤，不遣郎知试教尝。直到加餐方笑问，阿侬果否胜厨娘？"

批注："长于言情"，乃真诗人。

五 太常卿伊云先生朝栋，素未识面，托王葑亭给谏寄稿商榷，诗多隽逸。《喜葑亭移居相近》云："借得轻车载具迁，宣南坊地雁秋天。桑林我已淹三宿，花径君初拓一廛。云抹楼头宵共月，烟销井口晓分泉。素心晨夕经过数，佳事应图主客传。"《归舟》云："残月衔帆影，长江一苇回。烟寒瓜步树，潮走海门雷。六代销波底，三山落酒杯。儒生仗忠信，涉险兴悠哉。"其子秉绶进士，见寄云："鲁灵光殿蜀峨嵋，犹在寰中见未期。早岁诵诗同尚友，逢人问讯当亲师。名园藏得三山胜，妙笔兼将五色持。闻道朱颜映梅萼，几时来访郑当时？"

批注：袁枚经常收到各地诗稿向其求教，其诗坛盟主地位可见。

六 彭太守赍酒馈葛筠亭，路上为仆人所覆，葛调以诗云："食指而今笑不灵，黄堂佳酿剩空瓶。分甘特教贻'三雅'，束带忙传接'五经'。徐氏圣贤来有信，阮家兄弟去无形。路傍破甑公休问，对菊依然我独醒。"余为其友何南园刻诗，葛又谢云："搜得遗编带泪刊，怜才出自大贤难。鉴空遇物无逃影，花好逢春立改观。恩到九原知己少，名留千载夜台安。从今不羡方三拜，赏识应同及第看。"余尤爱其《吊马湘兰》云："天教命薄为官妓，人实谁堪作丈夫？"

批注：袁枚在何士颙（字南园）五十二岁时，曾"许代镌其诗，故为作序"（《南园诗选》后序），但迟迟未兑现，直到何殁后，才搜取其诗三百余首，为付梓行世。

七 对联之佳者：或题禅堂云："无法向人说；将心替汝安。"佛座云："大护法不见僧过；善知识能调物情。”题春册云：“一阴一阳之谓道；此时此际难为情。”题戏台云：“做戏何如看戏乐；下场更比上场难。”题书斋云：“无求便是安心法；不饱真为却病方。”或见赠云：“天上何曾有山水；人间乐得做神仙。”

八 李青莲《嘲鲁儒》，有“未行先起尘”之句。余少时（按：民国本后有“咏雾”二字。）云：“张眸始识青盲苦，对面如同学究谈。”有童子某嘲其师云：“褒衣大袑方矩步，腐气冲天天亦惧。”有太白《嘲鲁儒》之意。

九 刘知几云：“有才无学，如巧匠无木，不能运斤；有学无才，如愚贾操金，不能屯货。”余以为诗文之作意用笔，如美人之发肤巧笑，先天也；诗文之征文用典，如美人之衣裳首饰，后天也。至于腔调涂泽，则又是美人之裹足穿耳，其功更后矣！

批注：作诗须先天有才，后天有学，再讲究辞藻，方条件俱备。

一〇 武林女士王樨影姮，嫁虹桥居士麟征，诗才清丽。《咏懒猫》云：“山斋空豢小狸奴，性懒应惭守敝庐。深夜持斋声寂寂，寒天媚灶睡蘧蘧。花阴满地闲追蝶，溪水当门食有鱼。赖是鼠嫌贫不至，不然谁护五车书？”《晓色》云：“残星天上淡将落，冷露花间滴未晞。”《落花》云：“正值莺啼春树晓，那堪雨歇绿阴生？”

一一 唐时汪伦者，泾川豪士也，闻李白将至，修书迎之，诡云：“先生好游乎？此地有十里桃花。先生好饮乎？此地有万家酒店。”李欣然至。乃告云：“‘桃花’者，潭水名也，并无桃花。‘万家’者，店主人姓万也，并无万家酒店。”李大笑；款留数日，赠名马八匹、官锦十端，而亲送之。李感其意，作《桃花潭》绝句一首。今潭已壅塞。张惺斋炯题云：“蝉翻一叶坠空林，路指桃花尚可寻。莫怪世人交谊浅，此潭非复旧时深。”惺斋乃诗人榕园汝霖司马之子，落笔绰有家风。

批注：未料汪伦如此幽默、狡狯。

一二 满洲嵩孝廉，别字雨韭，闻其玉树临风，为长安才子之冠。陶怡云归，诵其《怀随园》云：“名从五十年前盛，交在三千里外论。”余从未通书，而蒙其推挹如此，以未见其人为恨，赋诗报谢云：“蒹葭倚玉知何日？风雨怀人各一天。”

一三 余冬月渡江过永济寺，有人题壁云：“梵宇沉沉袅篆烟，人能到此即为仙。犬心尚且闲如许，镇日如来殿外眠。”末署云：“倘随园老人过此见之，不以为野狐禅否。”末署“松岚”二字，不知何许人。

一四　葑亭给谏之次子王凤书，年十七，孔翔之弟也。《无题》云："倚舟春思正徘徊，恰值仙郎觌面来。待要郎看还似怯，半窗斜掩半窗开。"《北渡》云："北过黄河不见山，谁知此地有峰峦？抬头绝似人离久，分外搴帘要细看。"又："村僻犬惊车辙响，地高鸟近屋檐飞。"句亦佳。

一五　咏折花者，潘兰如云："风枝露蕊夜初开，金剪商量密处裁。为赠美人才折汝，也应笑入手中来。"扬州汪坤云："手折花枝翠黛颦，殷勤欲寄远征人。明知到日应憔悴，即此梅花见妾身。"

一六　画家有读画之说。余谓画无可读者，读其诗也。偶过书铺，悬杨椒山诗一幅，云："饮酒看书四十年，乌纱头上即青天。男儿欲画凌烟阁，第一功名不爱钱。"又见薄仲文竹笔筒上雕一诗云："山外清江江外沙，白云深处有人家。船头不是仙源近，那得飞来数片花？"又，笪江上题画云："云归忽带雨几点，木落又添山一峰。"

一七　近今夫妇能诗者，《诗话》中已载数人。兹又得孙子潇妻席佩兰、字韵芬者，《南归题上党官署》云："一回头处一凄然，弱质曾经住两年。呼婢留心检妆合，莫教人拾旧花钿。""雨后棠梨片片残，飞来和泪湿阑干。一花一草寻常见，到得离时却耐看。"《春游》云："放桨如飞落日迟，并船想见好花枝。春游学得新兴髻，明日梳头更入时。"《惜春》云："十树花开九树空，一番疏雨一番风。蜘蛛也解留春住，宛转抽丝网落红。"《陆行》云："脱却风波踏地平，穿将珠颗数邮程。明明马铎车前响，错认闺中铁马声。"《酸酒》云："个中滋味谁尝遍？下第才人被放官。"《哭安儿》云："一杯凉酝奠灵床，滴向泉台哭断肠。谁是酒浆谁是泪？教儿酸苦自家尝。"安儿年五岁，能诵唐诗。爷出对云："水如碧玉山如黛。"应声曰："云想衣裳花想容。"亦奇儿也。

批注：孙原湘（子潇）与席佩兰，夫妇能诗，皆为袁枚诗弟子。袁男性弟子以孙原湘成就最大，女性弟子则席佩兰名居第一。

一八　吾杭高怡园景藩观察之季女淡仙韫珍，诗才清妙，不愧家风。《咏小青》云："朱门黄土恨年年，草掩孤山墓可怜。消尽红香如逝水，生来薄命敢违天？梨花春梦潇潇雨，柳色秋风漠漠烟。多谢檀郎能瘗玉，芳魂流落圣湖边。"《除夕与淡人郎君同作》云："残年已过春三日，一岁犹余话半宵。"淡人《湖上晚归》云："荒村犬吠路冥冥，移上天边几个星。山月未高湖面黑，渔灯一点浦烟青。归来远树低飞鸟，遮住横桥半截亭。隔水人家看不见，但闻笑语出寒汀。”《客中》云：“病后吟诗多感旧，醉中无梦不还家。”与淡仙琴瑟甚调，而淡仙早卒，可悲也！高公甲辰进士，余丁巳年主其家三月。后为铭墓，以报其德。

一九　士风卑谄，太史某恶而刺以诗，中有“吮癕舐痔”字样。余规之云：“下愚所为，贤者非特不为，亦不能知。譬如凤凰翔于千仞，下界有蛣蜣转粪之虫；凤凰未必知也。王公贵人，辱詈其仆从；在仆从未必辱，而自己反损威重矣。原壤，狂士也，故孔子以杖叩之。蔡经，半仙也，故麻姑以鞭笞之。其他庸恶之徒，其能受圣人之杖、仙人之鞭也哉？所谓‘孔子家儿不知骂，曾子家儿不知愁’，即此意也。”

二〇　凡古人用双字者，如依依、潺潺、悠悠、匆匆之类，指不胜屈。唐、宋名家，从无单用一字者。近今诗人贪押韵，又贪叠韵，遂不得已而往往单用之，此大谬也！作者当以为戒。

二一　吴太史竹桥寄鲍铭山诗来。其人幕游客死，属余采数语入《诗话》中。《秋夕》云：“飒飒长廊落叶声，霞光黯淡照帘旌。芙蓉泣露秋塘晚，络纬吟风小院清。好梦似云回首散，新愁如水遂潮生。无端触眼惊陈迹，洗马茫茫此际情。”他如：“人间不夜皆因月，天上无情岂是仙？”“网欹屋角渔人散，犬吠桥边野棹还。”“满苑落花刚客到，小楼听雨又春深。”俱佳。

二二　雍正间，孙文定公作总宪，李元直作御史，陈法作部郎：三人嶷嶷自立，以古贤相期，京师号曰“三怪”。余出孙公门下，采其行略，为作神道碑。后与李公子宪乔交好，为撰墓志。惟陈公观察淮扬时，余宰沭阳，隶其属下，亲承风采，平易可亲。及河帅白公被罪，公独以一疏保之，致革职戍边。信异人哉！仅记其《卧病》诗云：“高卧新秋及暮秋，酒场文社废交游。萧疏鬓发愁潘令，清瘦形骸笑隐侯。尽日闲书留枕畔，经时残药贮床头。世情肯信吾真懒？奈是维摩疾未瘳。”公字世垂，贵州人，癸巳进士。

批注：孙文定公，孙嘉淦，雍正朝任刑部侍郎，又兼吏部侍郎，乾隆朝任都察院左都御史兼吏部侍郎，以直言敢谏闻名。李元直，雍正朝任四川道监察御史，亦直言敢谏。陈法为官清廉，乾隆十年（1745），河道总督白钟山被弹劾，陈为之辩，被革职发配新疆。

二三　金孝廉有句云：“病身对妾庄如客。”黄野翁有句云：“老眼看灯大似轮。”

此二句，正可作对。

二四 黄蛟门《寄张香岩》云："接到手书偏不发，先从函外看平安。"又有句云："浣衣池浅春无雨，籴米人归屋有烟。"金陵有此诗人，而予不知。

二五 余园中种芭蕉三十余株，每早采花百朵，吸其露，甘鲜可爱。恐汉武所谓金茎仙掌，未必有此味也。以一盘飞送香亭。渠谢诗云："初日曈曈灿晓霞，敲门惊起树栖鸦。平头奴子飞笺送，一盒芭蕉带露花。""叮咛开盒便须餐，略缓须臾露已干。从古成仙在顷刻，莫教福薄走金丹。""庄周何必赋《逍遥》？一饮醍醐万念消。分与全家儿女吃，也呼鸡犬上烟霄。""不是神仙已是仙，兄锄明月弟耕烟。更期三万六千日，再乞琼浆共上天。"

二六 乾隆庚寅，余在杭州，访蒋苕生太史；闻寓湖州太守张公处，即具名纸往投。蒋未见，乃有一峨冠者，拱手出。心知是太守，素无交，而其意甚亲，未免愕然。太守笑曰："先生不识我耶？我早识先生，并识先生之夫人，貌作何状，令姊貌作何状，历历如绘。"余益惊，问故。太守曰："当年公作翰林，住前门外横街。我年九岁，与公陆氏二甥同在蒙馆读书。塾师放学后，嬉游公家。公姊及夫人梳头，常在旁，手进梳篦。公过，犹呼饼饵啖我。公竟忘耶？"余谢曰："事实未忘，不料昔日圣童，今为公祖也。惜二甥早亡矣！"相与唏嘘者久之。从此遂别，更二十年，公子惠堂孝廉来，权知溧水，又是余改官江南第一次捧檄之所，重重春梦，思之怃然！其前事迹，已作七古一篇赠蒋，梓入集中矣。今年衰，不能再赘，乃作一联赠惠堂云："后我卌年，同为南国亲民宰；通家两代，曾见而翁上学时。"盖实叙平生佳话，非敢挟长也。

二七 张毅斋琰，香岩秀才之兄也，有绝句云："板桥一望风初晴，映水红栏分外明。底事帘前香不散？晚风吹过卖花声。"《闻莺》云："高士有情频侧耳，香闺无梦亦关心。"

二八 庚戌冬，余有感于相士寿终七六之言，戏作生挽诗，招同人和之。不料壬子春，竟有传余已故者。信至苏州，徐朗斋孝廉邀王西林、林远峰诸人，为位以哭，见挽云："名满人间六十年，忽闻骑鹤上青天。骚坛痛失袁临汝，仙界争迎葛稚川。著作自垂青史后，彭殇早悟黑头先。望风不敢吞声哭，但祝迟郎继后贤。"余读之，笑曰："昔范蜀公误哭东坡，有泪无诗。今诸君误哭随园，有诗无泪。然而泪尽数行，诗留千古矣。"

批注：昔陶渊明有《自祭文》，开自挽之先河。袁枚不仅自挽且邀人生挽，可见袁枚于生死之通达尤超过陶渊明。

二九 金绍鹏秀才病跛，而诗才清妙，居南门外，甚远。余作诗会，辄肩舆迎之。《炙砚》云："冻合端溪冷倩烘，炙来欣趁暖炉红。烟云气吐阳春外，铁石心回方寸中。冰释恰如苏地脉，笔耕才得展田功。更夸文阵通兵法，即墨城坚仗火攻。"《糊窗》云："素楮晶莹赛越绫，书窗面面霁辉凝。不教故纸遮双眼，自有清光透一层。弄影待看梅衬月，敲诗好映雪挑灯。白生虚室神先爽，篇展《南华》几试凭。"《呵笔》云："中书也感吹嘘力，崛强全消听指挥。"

批注：一再赞赏诗写"眼前语"而出新。

三〇 林竹溪皖《柳絮》云："一春从未见渠开，只见纷纷点翠苔。忙杀娇痴小儿女，闲庭捧手待飞来。"怀宁劳崇煦云："笑指半钩飞破镜，戏抛双钏叠连环。""好梦易离欢喜地，春晴难到两三天。"俱眼前语，而拈出便新。

三一 壬子冬过淮，严司马历亭守田，席间诵孙相国士毅《领兵赴台湾》云："自笑陈琳檄未工，也曾磨盾学从戎。梦惊猛拱涛头白，渴饮官屯战血红。元请一丸封已足，颇遗三矢盼犹雄。感恩何处酬豪末？愿得浮江比阿童。"《南征》云："栾城襟带接重洋，上下思文景物荒。寅雾蛟涎工掩日，丁男鸦嘴惯耕霜。入云坂洞盘千折，夹道翁茶网四张。土人呼"官"为"翁茶"，出入结网为轿。最是马前烦慰劳，槟榔满榼当壶浆。""裘带居然遍百蛮，洱河恩许唱刀环。文渊迹已埋铜柱，定远心原恋玉关。二月花浓黄木渡，三年香染紫宸班。只因妖鸟巢犹在，梦绕罗平未肯还。"

批注："孙相国并未领兵赴台湾，当是安南之误。安南之役，黎维祁曾领兵过江讨阮光平。"（批本语）孙士毅在台湾天地会林爽文起事时，曾赴潮州戒备，不久林爽文事平，确实未抵台湾。

三二 汪汝弼梦岩《送春》云："子规啼急客情牵，婪尾花中罢绮筵。飞到杨花春似梦，立残斜日草如烟。消愁心绪凭杯酒，看好韶光待隔年。我亦欲归归未得，数声长笛暮江天。"又："夕阳在树蝉声远，凉月坠帘花影生。"皆妙句。其见赠诗，已入《同人集》。

批注：此《同人集》即《续同人集》，下同。

三三　余游天台，离家半载，归后见几上有书一封，署名杜情海，不知何许人也。其略云：“惟才人能慕才人，而或关山间隔，贫无以聚粮；驹隙流光，命有如朝露。至于题碑挥涕，抱书呜咽，词客有灵，实增遗憾。窃每念及，耿耿终宵。海于海内才人，留意多矣。惟公则才大如天，惟仆则情深如海。自闻名以来，不知何以低徊思慕，朝夕不置。岂三生之说，原有可征；而一代之才，自应作合耶？仆常有句云：‘除狂几欲死，不杀定相怜。’倘或相见有阻，而小杜清魂一缕，荡天入地，有不与劫灰俱灭者。所凭青眼，鉴此丹诚。”余因其诗有奇气，姑录之，待访其人。

三四　余作令六年，曾作《俗吏篇》数首，存集中。今读钱竹初明府《吏不可为》六章，觉从前吏治，尚不至此，特录之，以俟采风者。其词曰：“鸡初鸣，侦大府。鼓声隆隆，衔尾疾进如群鼠。坐左箱，日亭午。饥不得餐轮转肚，口燥唇干噤无语。须臾手版如叶飞，曰公不遑诘旦来。如是者再四，乃得侧身入谒升其阶。‘无恒旸雨乎？民不疾苦乎？’口之所咨非所图，以色示退偻而趋。归告其宾朋，今日上官遇我殊。”（《参谒》）“若者县紧望，若者赋上中；肥瘠揣而知，窭数藏其胸。问吏何所有，一丝一粟民膏脂。交亲缊褎来，白着颜忸怩。所爱权锱铢，所畏挥沙泥。山中麇鹿川中鱼，竟陵四尽古有徒。取彼以与此，海波之澜乃自濡。令公喜，令公怒，朱提有神作人语。”（《馈遗》）“官如大鱼吏小鱼，完粮之民其沮洳。官如虎，吏如猫，具体而微舐人膏。二月丝，八月谷；妇出门，鸡登屋。五刑之属邮丽事，役情追呼罪其罪。心所不怒强威之，投签铿然厌且惫。坐堂皇，鞭其尻，役以皮肉更钱刀。彼纵不苦我则劳，署上上考何足高。”（《催科》）“强者盗，懦者贼；明者劫，暗者窃。盗不易捕贼易得，豺狼伏莽鼠跳壁。此辈民之蠹，五毒宜惩凶。及观号呼惨，肢体与我同。所起由饥寒，刑之不可止。单辞鞫徒烦，得情无足喜。穿窬内荏而色厉，取非其有贤充类。乃知天下之贼难尽求，窃钩者诛窃国侯。”（《鞫贼》）“晨起罢盥漱，僮来促官书。官书日几何，堆案二尺余。刊章匡以花，急递插以羽。岁月加封检，字句乏黝黗。披之两眸眊，朱墨手倦举。算事耶？算丁耶？甲乙丙者著令耶？决事之比纷如麻。需头辞卑累而上，得一大诺自天降。宜底骈，缄其状。符火速，竿作梜，尾加恫喝视已熟，大胥之叱守令如叱仆。”（《判牍》）“乐莫乐兮见故人，苦莫苦兮对恶宾。胸隔千里万里貌强亲，唯唯诺诺不敢嗔。衔杯

引手，视荫不走；使肴核下咽不得腐，娆脑填肠泄且呕。何如还乡独处扃门庭，所不愿见者叩不应。”（《酬宾》）

批注：钱维乔（1739—1806），字树参，号竹初，武进（今江苏常州）人。官鄞县知县。有《竹初诗稿》等。袁枚有《钱竹初诗序》，誉其“音情顿挫”。

三五　乾隆己丑，今亚相刘崇如先生出守江宁，风声甚峻，人望而畏之。相传有见逐之信，邻里都来送行。余故有世谊，闻此言，偏不走谒，相安逾年。公托广文刘某要余代撰《江南恩科谢表》，备申宛款。方知前说，都无风影也。旋迁湖南观察。余送行有一联云：“月无芒角星先避，树有包容鸟亦知。”不存稿，久已忘矣。今年公充会试总裁，犹向内监试王葑亭诵此二句。王寄信来云，故感而志之。

批注：“刘崇如名墉，有刘驼子之名。承其尊人文正公之后，亦思勉为君子。而心地不钝，遂成为假道学。和珅秉政，刘亦委身门下。和珅事败，又从而排挤之，真小人之尤也。其官江宁太守日，屡屡欲逐子才，赖尹文端公之力而止。然其中诋毁子才，已不遗余力。”（批本语）可资参照。

三六　新安王太守顾亭先生，看《随园诗话》有得，顿改从前之作。《养生潭观鱼》诗云：“客亦知鱼乐，相将坐小舟。水深清见底，沙净白疑浮。得食依行棹，成群戏涉流。夕阳横断岸，红蓼几枝秋。”恰有唐人风味。

批注：王太守改诗可见《诗话》之影响力。

三七　人问：“诗要耐想。如何而耐人想？”余应之曰：“‘八尺匡床方锦褥，已凉天气未寒时。’‘狎客沦亡丽华死，他年江令独来时。’‘烛花渐暗人初睡，金鸭无烟恰有香。’‘梦里不知凉是雨，醒来微湿在荷花。’‘僧馆月明花一树，酒楼人散雨千丝。’五言如：‘夜凉知有雨，庵静若无僧。’‘问寒僧接杖，辨语犬衔衣。’皆耐想也。”

批注：耐想，耐咀嚼品味也，袁枚青睐含蓄蕴藉之作。

三八　唐薛能笑杜少陵不敢作荔支诗，香山有之而不佳，自作一首，夸云“不愧不负”，而不知庸浅已甚，可笑也！能诗最佳者，《咏蜀柳》云：“高出军台远映桥，贼兵曾斫火曾烧。风流性在终难改，依旧春来万万条。”

批注：薛能，字太拙，汾州（今山西汾阳）人。工诗，颇自负。

三九　余九岁时，偕人游杭州吴山，学作五律，得句云：“眼前三两级，足下万千家。”至今重游此山，觉童语终是真语。又，《偶成》云：“月因司夜终嫌冷，山到成名毕竟高。”亦似有先知之意。

四〇　诗如射也，一题到手，如射之有鹄，能者一箭中，不能者千百箭不能中。能之精者，正中其心；次者中其心之半；再其次者，与鹄相离不远；其下焉者，则旁穿杂出，而无可捉摸焉。其中不中，不离“天分学力”四字。孟子曰：“其至尔力，其中非尔力。”至是学力，中是天分。

批注：一再强调作诗“天分”“学力”缺一不可。

四一　康节先生有三不出之戒，谓风不出，雨不出，大寒暑不出也。余七十后，惟暑不出。过中秋裁出，此定例也。今年八月八日，太守松云李公新修莫愁湖成，招余往饮，且云：“能为莫愁破例否？”余答云：“老僧入定，闻钗钏声便要破戒，况莫愁乎？”即往赴之。适王顾亭太守见访，不值，追至湖上，口号以赠云：“似镜湖光一叶横，白头遥认是先生。卢家尚具神通力，竟把闲云引出城。”

四二　新安胡葆亭有句曰：“千里雄心空似骥，百年衰族可无鸠？”余爱其典雅。后其子雪蕉比部《闻莺》云：“细雨乍移江上舫，好春又放故园花。”方知胡氏诗学传家，渊源有自。雪蕉有弟岳见赠云：“随口篇章皆绝调，及门弟子总传人。”郭频伽秀才见赠云：“生不佞人何况佛，事惟欠死恐成仙。”吕仲笃读《随园诗话》，赠云：“大海自能含万派，名山真不负千秋。”范瘦生读《随园集》，赠云：“有笔有书有音节，一朝兼者一先生。”

四三　余不信风水之说。人言：“黄巢、李闯，俱因毁墓而败，非风水之验否？”余道：“此等逆贼，虽不毁其坟，亦必败也。”因口号一诗，以晓世人云：“寄语形家莫浪骄，《葬经》一部可全烧。汾阳祖墓朝恩掘，依旧荣华历四朝。”

批注：袁枚不信风水，头脑清醒；但却信相士之言，似又糊涂人：人无完人也。

四四　余访京中诗人于洪稚存。洪首荐四川张船山太史，为遂宁相国之后；寄《二生歌》见示，余已爱而录之矣。追忆乾隆丙辰，荐鸿博入都；在赵横山阁学处，见美少年张君名顾鉴者，彼此订杵臼之交，疑与船山有瓜葛，寄信问之，不料即其尊人也。垂六十年，忽通芳讯，知故人官至太守，尚无恙，且有子不凡，为之狂喜。蒙以诗稿见寄，名曰《推袁集》，尤足感也。闻亦玉树临风，兼仲容之姣。有秀水金筠泉孝继、无锡马云题灿，俱愿与来生作妾。船山调之曰："飞来绮语太缠绵，不独嫦娥爱少年。人尽愿为夫子妾，天教多结再生缘。累他名士皆求死，引我痴情欲放颠。为告山妻须料理，典衣早蓄买花钱。""名流争现女郎身，一笑残冬四产春。击壁此时无妒妇，倾城他日尽诗人。只愁隔世红裙小，未免先生白发新。宋玉年来伤积毁，登墙何事苦窥臣？"余闻而神王，亦戏调之曰："夫妻喻友从苏、李，贤者怜才每过情。但学房星兼二体，心期何必待来生？"

批注：张问陶名诗稿曰《推袁集》，可见其当时对袁枚之崇仰。但袁枚殁后，又改名为《船山诗草》，可见袁枚生前身后地位之变化，盖亦人走茶凉也。

四五　王濯亭廷取别驾，顾亭太守之弟也。有《瓶花》一首，云："一枝浓艳胆瓶中，习习春生几席风。莫怪无根易凋谢，人情只爱眼前红。"余道：此诗与翁承赞《咏僧寺牡丹》相同。其词云："烂漫香风引贵游，高僧闲步亦迟留。可怜殿角长松色，不得王孙一举头。"均有寄托可喜。别驾又有《文殊台》诗，云："文殊台上日初曛，翠影岚光看不分。片石尚堪容独坐，坐寒三十六峰云。"《东溪山庄》有句云："剩有好山供望眼，自来胜事属闲身。"俱可爱也。

四六　法时帆学士造诗龛，题云："情有不容已，语有不自知。天籁与人籁，感召而成诗。"又曰："见佛佛在心，说诗诗在口。何如两相忘，不置可与否？"余读之，以为深得诗家上乘之旨。旋读其《净业湖待月》云："缓步出柴门，天光隔桥滃。溪云没酒楼，林露滴茶笼。秋水忽无烟，红蓼一枝动。"又："抠衣踏藓花，满头压星斗。溪行忽有阻，偃蹇来醉叟。攘臂欲扶持，枕湖一僵柳。"此真天籁也。又，《读稚存诗奉柬》云："盗贼掠人财，尚且有刑辟。何况为通儒，觍颜攘载籍。两大景常新，四时境屡易。胶柱与刻舟，一生勤无益。"此笑人知人籁而不知天籁者。先生于诗教，功真大矣。《咏荷》云："出水香自存，临风影弗乱。"可以想其身份。又曰："野云荒店谁沽酒，疏雨小楼人卖花。"可以想其胸襟。

批注："时帆诗才，为近来旗人中第一。"（批本语）此语与袁枚相合。

四七　余与和希斋大司空，全无介绍，而蒙其矜宠特隆。在军中与福敬斋、孙补山两相国，惠瑶圃制府，各有寄怀之作，已刻《仓山集》中。兹又从黄小松司马处，得其《西招春咏》云："莫讶春来后，寒容转似添。小窗欣日色，大漠渺人烟。风怒沙能语，山危雪弄权。花稀名不识，何处听啼鹃？藏中入春，风雪转盛。"《中秋德庆道中》云："山峻肩舆缓，征人夜未休。久忘家万里，惊见月中秋。去岁姜肱被，今宵王粲楼。喜成充国计，含笑解吴钩。"《春夜》云："银釭闪闪漏迢迢，风送边声助寂寥。残月印窗天似晓，寒鸡叫月梦偏遥。频年客况当春好，一味乡心易鬓凋。莫以沐猴讥项氏，夜行衣锦笑班超。"三诗，虽吉光片羽，而思超笔健，音节清苍。方知皋、夔、周、召，本是诗人；非真有才者，不能怜才也。《寄随园》诗自注云："当在弟子之列。"与小松札中，又有"久思立雪"之语。虞仲翔得此知己，真可死而无憾。但未知八十衰年，今生尚能一见否，思之黯然！

批注：希斋名和琳，和珅之弟也。福敬斋名安康，孙补山名士毅，惠瑶圃名龄，皆高官。和琳欲为弟子，可见对袁枚之崇拜。袁枚晚年与高官来往，或意在寻求保护伞也。

四八　余春间返故乡扫墓，洞庭朱涧东成入山见访；不值，题壁云："五十年前父母官，于今八十享清闲。斯民不放袁公去，留得青天在此间。""四壁琳琅少女辞，山阴应接颇如之。那堪更读童君画？绝笔梅花绝笔诗。童二树素未识面，画梅赠先生，题诗未竟而卒。先生加跋，悬诸壁间。"追余至吴门，于山塘相见，又见赠云："叨作蒹葭倚，名园纪胜游。笙歌今北海，图画古营丘。健合扶红袖，闲宜伴白鸥。公应是萱草，相对日忘忧。"咏物诗难在不脱不粘，自然奇雅。涧东《咏玉簪花》云："瑶池昨夜开芳宴，月姊天孙喜相见。醉里遗簪直等闲，香风吹落堕人间。醒来笑向阿母索，起跨青天白羽鹤。移时搜到野人家，乃知狡狯幻作花。烟中便欲搔头去，翠袖纷披宝髻斜。"

批注：咏物诗不脱不粘，指确是咏某物，但又不限于某物，有言外之旨。

四九　湘潭张紫岘，老诗人也，于涧东为前辈，仿其体，题渠所画墨兰云："公孙大娘舞剑器，颠旭得之为草书。涧东兼二妙，写作幽兰图。纵横岂有形与模，天工人巧相与俱。湘妃愁春隔烟水，古云念雨一十里。《霓裳》玉珮慵斜倚，来降纸窗素瓷里。对之微笑忽通灵，澹无言说天纯青。心苞意蕚谢俗墨，九畹辟尽畦与町。我欲置之九嶷峰巅四千丈，不可采兮但遥望。”

五〇 咏桃源诗，古来最多，意义俱被说过；作者往往有叠床架屋之病，最难出色。朱涧东来诵黄岱洲其仁《过桃源》一绝云：“桃源盘曲小山河，一洞深深锁薜萝。行过溪桥云密处，但闻花外有渔歌。”淡而有味。《沧浪诗话》所谓作诗不贵用力，而贵有神韵，即此是也。

批注：《沧浪诗话》并无此语。

卷 七

一　余九日登紫荫山，见人题句云：“巾子峰前木叶稀，登高望远思依依。天寒海气连云白，风紧城乌作阵飞。红豆裁书难寄远，黄花插帽事多违。年来浪迹东西道，惭愧天涯老布衣。”末题“陈濂”二字。访之，乃余甥婿陈文水孝廉之三弟也。又,《游石门楼》云：“山风吹松云，岩石明齿齿。猿啼两三声，行人尽东视。娟娟山上月，照见山下寺。洞门犹未关，待我游屐至。”他若：“秋声江甸雨，寒色海门烟。”“月冷初浮水，星稀欲近人。”皆清绝也。

二　峡江飞来峰寺僧澄波，告何数峰云：“丙寅有闺秀戴蕴玉，偕郎君某诣浔州府署省父，坐飞来亭题诗，诗成泣下。有句云：‘白猿自悟当年事，见说持环返上宫。’人多不解。比至浔州而亡。疑其前身，或猿女耶？”

三　二童子放风筝，一童得风，大喜；一童调之曰：“劝君莫讶东风好，吹上还能吹下来。”我深喜之。盖即孟子所谓“赵孟之所贵，赵孟能贱之”之意。

四　余至吴门，四方之士送诗求批者，每逢佳句，必向人称说，非要誉于后进也。掌科许穆堂嫌太丘道广，见赠一律云：“先生天下望，眉宇照人清。老至通姻娅，儿时识姓名。风流苏玉局，书卷郑康成。可惜怜才过，揄扬误后生。”余道：史称庞士元称许人才，往往有过其分。老人竟犯士元之病，行将改之。

五　游南明寺，见归愚先生有对联云：“瓶添涧水盛将月；衲挂松梢惹得云。”未知是成语,或先生所撰耶？是夕,风雨暴作,楼柱尽摇。余有句云:“楼摇松树顶，人卧海潮中。”

六　京口尼能诗，王碧云女子赠云:“仙子传来《古雪》篇，步虚声里绛云仙。遥知静对梅花月，鹤听禅经立晚烟。”

七　直隶迁安县定例，入学八名，而应试者不过六七人。知县胡公作宰，忽有马夫，着红布履来告假。问何事。曰："明日要赴县考。"胡公大笑，口号以赠云："红鞋着脚煤磨砚，马粪熏衣笔换鞭。"

八　金贤村太守潢，性倜傥，通音律；有四姬人，俱善歌，常偕至随园度曲吹箫，太守亲为按板：殆古所云风流人豪者耶？籍系宛平，临入都时，年逾六十。《留别》云："何因执手涕凄然？只为分携各暮年。叹我已辞欢喜地，多君还上孝廉船。关山满目新行李，儿女随身旧管弦。此后随园花满日，梦魂还到小仓巅。"

九　程鱼门入翰林后，寄语云："四十年才为后辈，交游若此古来稀。头衔入手诚清绝，书局羁身未易归。老景真如冬景淡，梅花又共雪花飞。输他居士山窗鹤，镇日从容立钓矶。"呜呼！鱼门家本富商，交结文人，家资荡尽，直至晚年成进士，作部郎，四库馆议叙，才得翰林，分校春闱，可谓有志者事竟成。然而遽卒于秋帆中丞署中，可悲也！

批注："鱼门胸怀洒落，有孟尝、信陵之风，好学而不迂，好友而不乱。"（批本语）

一〇　怀宁诸生劳竹如，诗人也。少年丧偶，里中有陈氏女，美亦能诗，遣媒说之。女窥见竹如，欣然愿嫁。两人已目成矣，为里中富人强聘去。女临行，寄劳生云："闻说乘鸾许上天，几番临镜自疑仙。不知沦谪缘何事，便隔蓬山路几千。""梦见文箫私语时，想花心事要花知。分明匣底双珠在，不忍还君只泪垂。"

一一　余幼时同赴童子试者，有申君南屏发祥，权奇倜傥，有温庭筠之风。代人赴考，致遭斥革；而终成进士，外出为令。见寄云："随园居士今方朔，游戏人间作岁星。落笔便同天马下，无人不踞灶觚听。略施鸿爪觇为政，妙用诙嘲当说经。笞凤鞭鸾三十载，又叨剪拂到颓龄。"寄此诗时，官已报罢，掌教清江。余未及答，而君已卒。

批注：温庭筠（812—870？），字飞卿，太原祁（今山西祁县）人。文思敏捷，精通音律，辞藻华丽。与李商隐齐名，并称"温李"，有《温庭筠诗集》等。

一二　壬子春，与赵伟堂广文游焦山，遇诗僧巨超，茶话良久，采其诗入《诗话》。今春，庆大司马奉旨到江南，勾当公事，渡江之便，拉同游焦山。别后，巨超寄诗云："曾向金鳌汗漫游，西风久已别荆州。忽陪天使临香界，却怪神仙也白头。海内山川蒙一盼，人间声价重千秋。须知未满山灵愿，不把琴尊作小留。”

一三　山阴胡稚威天游旷代奇才，丙辰同举鸿博，终身纡郁而亡。余初抄其骈体文三十篇，为杨蓉裳篡取去。乃于别处搜得《烈女李三行》一篇，初嫌太长，难入《诗话》；然一序一诗，俱古妙，不忍听其炀没，今刻续集，不妨载之。其序曰：“女李三者，河南鹿邑县人。父某业田，尝以隐事与邑大豪相恨疾。豪阴谋杀之：使客阳与亲，召之酒而药以饮，遂发病。心知豪所为，将死，女从母泣于前。某龂齿切叱，曰：‘何泣？若非我子也！且吾为人杀，幸有儿，俟壮或行能复仇。若渺孑茕稚，无望也，恨终不吐矣！’女时年十余，闻父言，昼夕愤伤，时时蓄报豪志。更数岁，益长，日誓鬼神，往祝某墓，愿魂魄相助，挟利刃，候道上，期乘便刺豪。豪出入乘马，从僮奴彪彪然，势不得逞。去，丐人为词，屡诉有司、大吏咸遍，列于官者三年矣，一人无肯白其事者。女甚恨，曰：‘此曹虽官人，实盗隶耳！徒知探金钱，取醉饱，何能为直冤痛者乎？’遂辞其母，当奔往京师。鹿邑到京师二千里，女孤弱无相携挈；暮托逆旅，主人或怪其独来，疑有他，固不内：往往伏草间。既至，将击登闻鼓自讼，数为吏所阑。以陈于刑部、都察院，交格之，一如有司、大吏在河南者。久之，会有新任令于鹿邑者，颇强直任事。女闻，乃走还。令方升车出，遮前大呼，且涕且陈，伍伯箠驱不能动。令以某死久岁月，且无验，意其未信。更诘将死时语，及奔京师状；乃受牒，缚鞫客与豪，皆自穷服。令已论正豪罪，未即决，豪死牢户中。豪家滋憎女甚，谤为尝受污。有邑公子独心知女贤，请聘之。其母与长老媒媪皆劝之行，矢不许。及母卒殓埋，悉召宗族、亲戚、里邻，告之曰：‘吾痛父见害，楚毒几十年，幸得雪仇。而名为人垢，忍不早就死者，伤无兄弟终奉老母。今吾事大已，其将有所自明。’室而掩之，遂自绞也。于是豪子暮拍之笑，视其面，倜犹生然。将举刀断之，有血激诸口，类喷怒者。豪子骇仆不能动，左右亟扶负归，亦竟得疾以死。女死康熙中，至今且五十载。岁戊午，予居长安，始闻。感当世无能文章扬洗昭暴之，使家说户唱，相与勉劝。乃撰述其事，歌而系之，曰：‘大海何漫漫，千年不能移。太山自言高，精卫衔石飞。朝见精卫飞，暮见精卫飞；吐血填作坻，一旦成路蹊。岂惟成路蹊，崔嵬复崔嵬。女面洁如玉，女身濯如脂。十四颇有余，十五、十六时。婀娜环春风，明月初徘徊。门中姊与姑，邻舍杂姥婆。人笑女无声，人欢女长啼。昔昔重昔昔，破痛不得治。有似食大鲠，祸喉连胁脐。阿母唤不应，步出中闾闱。女身亦非狂，女心亦非痴。向母问阿爷：“阿爷谁所尸？昨者门前望，裂眼宁忍窥？

爷仇意妍妍，走马东西街。我无白扬刃，断作双虹霓。磨我削葵刀，三寸久在怀。一心愿与仇，血肉相齑糭。”仇人何陆梁，挟队健如犛。前者为饥狼，后者为怒豺。小雀抵黄鹞，徒恐哺作糜。大声呼县官，县官正聋蚩。宛转太守府，再三中丞司。堂皇信威严，隶卒森柴崖。官知坐中间，一一梗与泥。何由腐地骨，鬼笑回牙款？孤小不识事，闻人说京师：京师多贵官，列坐省舆台。头上铁柱冠，獬廌当胸栖。獬廌角岳岳，多望能矜哀。局我头上发，缝我当射衣。手中何所将？血帛班斓丝。帛上何所书？繁霜惨濛埋。细躯诚艰难，要当自防支。女弱母所怜，请母毋攀持。今便辞母去，出门去如遗。是月仲冬节，杀气争骄排。层冰塞黄河，急霰穿矛锥。大风簸天翻，行人色成灰。夜黑不见掌，深林抱枯枝。三更叫鹖鹅，四更嗥狐狸；五更道上行，踯躅增羸饥。举头望长安，盘盘凤凰陴。下着十二门，通洞纵横开。持我帛上书，鬻我囊中袿；跪伏御史府，廷尉三重墀。尚书更峨峨，峨峨唱驺归；头上铁柱冠，獬廌当胸栖。獬廌即无角，岂与群羊齐？李女倚柱啸，白日凋精辉。结怨弥中宵，中宵盛辛悲。有地何博博，有天何垂垂；高城不为崩，高陵不为阤。为遣明府来，明府来何迟！长跪向明府，泪落江东驰：“女今千里还，女忧终身罹；女诚不敢绐，愿官无见疑。父冤信沉沉，沉沉痛无期。一日但能尔，井底生朝曦。死父地下笑，生仇市中刲。顾此弱贱躯，甘从釜爨炊。”语终难成声，声如系庖糜。明府大嗟叹，嗟叹仍嘘唏。翻翻洞庭波，洞庭非渊洄；崭崭邛峡坂，九折无险巇。我今为汝尸，汝去行得知。爷仇得妍妍，举家忽惊摧。势似宿疹发，骤剧无由医。同时恶少年，驱至如连鸡。银铛押领头，毕命填牢陛。有马空马鞍，永别街西馗。叩头谢明府，搦骨难相贻。昔为瓶乳儿，今为箭还彀。遥遥望我里，我屋荒疵莱。寡母倚门唏，唏于杞梁妻。女去母啖柏，啖柏今成饴。虽则今成饴，母悲转难裁。女颜昔如玉，女发何祁祁；女口含朱丹，女手垂春荑。哭泣亲尘沙，面目余瘢劙；宛宛闺中存，黧瘠疑病罴。姑姊看女来，簪笄不及施；邻姥看女来，左右相呼携。各各自流涕，一尺纷涟洏。邻姥少别去，媒媪从容来；三请得见女，殷勤致言辞：“公子县南居，端正无匹侪。金银列两箱，纤纨不胜披。身当作官人，华荣灼房帏。颇欲得贤女，贤女胜姜姬。”回面答媒媪：“身实寒且微。无弟无长兄，老母心偎依。所愿事力作，涩指缝裙鞋。安得随他人，乖违母恩慈？”母年风中灯，女命霜中葵。须臾母大病，死父相寻追。棺椁安当中，起坟遂成堆。一一营事托，姑姊可前来。为我唤长老，长老升堂阶；为我召乡邻，乡邻麇如围。十岁随爷娘，幼小惟痴孩。十五衔沉冤，灌鼻承醇醨。二十行报仇，报仇苦且危。三年走大梁，赵北燕南陲。

女行本无伴，女止亦有规。皎皎月光明，不随浊水湄。斑斑锦翼儿，耿死安能翳？自此旋入房，重阖双双扉。朱绳八九尺，挂向梁间颓。鲜鲜桂华树，华好叶何奇：葳蕤扬芳馨，生在空山隈。烈火烧昆冈，三日夜未衰。大石屋言言，小石当连搴。萧芝泣蕙草，万族合一煤。烧出白玉姿。皎雪光皑皑。玉以为女坟，将桂坟上栽。夜有大星辰，其光何离离；错落桂树间，千年照容徽。'"

批注："稚威古文甚佳。此诗及序，皆非其至者。"（批本语）然事奇，诗亦奇。

一四　句曲女史，孔静亭退庵太仆之幼女，王孔翔公子之室也。敷腴窈窕，有大家风。辛亥春，随其姑潘夫人来园看花，家人交口誉之。性尤爱静，工诗。记其《寄外》云："一别看看数月期，孤灯独坐泪如丝。多情最是天边月，两地离愁总得知。""欲写相思寄锦笺，徘徊无语倚窗前。劝君莫失芙蓉约，辜负香衾独自眠。"皆性灵独出。今年六月，忽咏《残荷》云："丰姿昨夜尚堪夸，开落无端恨转加。早识今番摧太急，不如前日不开花。"孔翔讶为不祥。七月间，竟以产难亡。古人所云诗谶，其信然耶？孔翔哭以诗云："怕见秋尘点镜台，深闺依旧绮窗开。有时忘却人长往，疑是归宁尚未回。"

批注："性灵独出"，即诗有真情，且表达新颖。

一五　婺源施兰皋，少有清才，惜弱冠即弃儒就贾；然性颇爱诗，因王孔翔秀才以诗来见。记其《新凉》云："才听梧桐一叶声，潇潇秋气满江城。罗衣着体初惊薄，羽扇摇时便觉轻。绕榻清风侵簟冷，当阶皓月照窗明。诗吟长夜谁为伴？啾唧寒蛩四壁鸣。"《冬夜晚步》句云："柳疏宜月上，水浅觉桥高。"又，《秋怀》云："高梧带雨绿侵窗。"七字亦佳。

一六　蒋于野受业师邵晴岩晓，题《美人春睡图》云："几分春色上花枝，云鬓慵梳睡起迟。鹦鹉帘前空学语，梦中情事自家知。"闺情诗，古人最多，易于重复，余爱其结句七字蕴藉，得古人所未有。又，《楼中》佳句云："但得读书原是福，也能藏酒不为贫。"亦妙。

批注："得古人所未有"，创新精神最为袁枚所看重。

一七　甲寅花朝前一日，余赴友人三游天台之约，买棹渡江，在舟中接到福敬斋、孙补山两公相，和希斋大司空，惠瑶圃中丞见怀诗札，情文双至。窃念四贵人中，惟孙公同乡，惠公曾通芳讯，若福、和二公，则云泥迥隔矣；而何以略分怜才，一至于此。因将来札、来诗潢治一册，题曰《四贤合璧》，以为光耀。装成后，又接贝勒瑶华主人寄怀二律，俱为读《小仓山房诗集》，爱而矜宠之也。因枚有答和之作，故将原唱俱载入《全集》中。兹但录奇丽川中丞题册后云："飞骑急于风，诗筒逐驿筒。遥从三藏外，传入万花中。落笔成仙句，开函见上公。从知诸大将，同日忆山翁。"阿雨窗转运题云："白发随园老，诗名鲍、谢如。寸心千古事，万里四函书。文采层霄上，交亲旧雨余。虹装归棹稳，珍重此璠玙。"太湖司马德卧云福题云："天下龙门启，抠衣入恐迟。上公争仰镜，万里各裁诗。翰墨连环重，声名绝域知。即看留合璧，文采盛于斯。"

批注：据手抄本《袁枚日记》，"三游天台"实际并未游至天台，而是游至慈溪。"一部《诗话》，将福安康、孙士毅、和珅、惠龄诸人，说来说去，多至十次八次，真可谓俗，真可谓频。"（批本语）不无道理。

一八 近日满洲风雅，远胜汉人，虽司军旅，无不能诗。福建将军魁叙斋伦，以指画墨菊，题云："淡中滋味意偏长，每爱秋英引巨觞。兴到指头涂抹际，墨香还道是花香。"

一九 扬州张椿龄先生，字镜庄，立堂孝廉之父也。《咏桐》云："春去花始开，秋来叶早落。何日作瑶琴，自诉妾命薄？"此二十字，觉咏桐者古未有也。

二〇 上海女士朱文毓于归王氏，《抚孤甥》云："母死谁怜汝？相携更痛心。呱呱啼不止，犹是姊声音。"此即元遗山"阿姨怀袖阿娘香"之意。吴兰雪《到家祝母寿》云："母曰儿归好，连朝鹊噪频。还将生日酒，醉汝到家人。"周琬《到家见母》云："要见慈亲急步行，隔墙先已识儿声。升堂姊妹一齐问：几日扁舟出石城？"吴夫人《调兰雪》云："满身蝴蝶粉，知是看花回。"四诗，皆天籁也。

二一 江右多宗山谷，而扬州转运曾宾谷先生独喜唐音，素未识面，蒙以诗就正。《晓行》云："白云滃在地，远望一川水。行入水云中，霏霏收不起。"《秋夜宿万寿寺》云："幡动微风来，虚堂一钟悄。阶前瘦蛟影，斜月在松杪。"《长生殿》云："夕殿萤飞星汉流，芙蓉香冷鸳鸯愁。娇姿侍夜玉阶立，月下相看泪痕湿。世缘安得如牛、女，万古今宵会河渚。生生世世比肩人，牛、女在天闻此语。可怜私语人不知，临邛道士为传之。"结句尤蕴藉。

二二 谢蕴山观察公子学墉，年才十二，《送灶》云："忽闻爆竹乱书声，香黍盛盘酒正盈。莫向玉皇言善恶，劝君多食胶牙饧。”

二三 《荀子》云：“善为《易》者不占，善为诗者不说。”唐贤相杨绾能诗，终身不以示人，即此意也。杭州太守李晓园先生，政声卓越，而于文翰之事，谦让不遑。偶见方藕堂明府处对联，瘦挺可爱，而不署姓名。其友姚秋槎诵其《咏裙带鱼》云：“潇湘六幅已成尘，尺练谁教弃水滨？试较瘦肥量带孔，蛟宫应有细腰人。”

批注：“李晓园名亨特……字且不多识，何有于诗？此亦由贿嘱而来者。可笑！”（批本语）

二四 李沧云给谏櫫，与余为三十年前之交。今年信来，叙旧论诗，情文双至。见赠七古一章，已采入《同人集》矣。兹录其《晓发信阳》云：“朝暾隐隐逗晴霞，秋色微茫路正赊。渡口马如凫浴起，入山人共鸟行斜。疗饥但欲新尝面，子野前辈喜食面，故及之。解渴何须浪削瓜？最喜邮程纤翳净，风光佳处便停车。”《岳阳楼》云：“高楼峭起枕寒流，俯瞰长天万顷秋。云气远连山影动，浪花时蹴日光浮。毫芒不辨千峰树，芥末难分一叶舟。领取晴和景正好，重阳风雨再勾留。”

二五 木元虚赋海后，咏海诗佳者甚少。近日奇丽川中丞云：“一片鱼龙气，茫茫汇万川。谁能量尺寸？天独与周旋。包括如斯耳，虚空本自然。举头人共见，何必问张骞？”杭州转运阿雨窗林保云：“绝顶凌沧海，双眸万里驰。两潮分昼夜，一气混华夷。脚底虹梁直，樽前雨势奇。恬波通贡道，巨舰集风旗。”二公各有两首，而余以为孟浩然、杜少陵咏洞庭，俱只一首，故割爱而删之。

批注：木华，字元（玄）虚，广川（今河北枣强）人。西晋辞赋家。代表作《海赋》。

二六 余过嘉兴，邢鲁堂玙太守遗诗笺一束。读之，知其学杜最深。《灌花》云：“残月睡鸦起，鸣蛩犹聒耳。披衣到栏前，幽花向人喜。经旬雨未沛，土脉干无似。呼童转辘轳，取此清冷水。绕根微微灌，侵表徐及里。急遽少成功，俟沃方容止。浇花使花知，培植非尽美。譬如饮酒人，中自具微理。初饮渐醺然，不使伤性始。鲸吸与牛饮，岂是天全子？”《临川道中》云：“十里平堤野色攒，柳条残露尚团团。忽看白鸟双飞起，知有渔舟下浅滩。”《醴泉客次》云：“短后衣衫剑佩横，三千里外锦官城。多情今夜关山月，才照征人第一程。”《登庾楼》云：“岩疆曾饮当年马，绣壤闲耕此日牛。”

批注：“刑太守陕西人，人颇风雅，在嘉兴任内，以重价购苏州妓为妾，宠爱异常。”（批本语）

二七　山阴邵寿民葆祺，即苏州太守厚庵先生之孙也。厚庵名大业，与余同官。而寿民从未谋面，年才二十四，已举孝廉，读余《诗话》，见寄云：“奇才不料人还在，妙论都如我欲言。赖有奚囊收拾尽，世间多少未招魂！”

二八　松江女史庄焘，廖织云之戚也。《季春归家》云：“孤帆乍卸夕阳西，青粉墙边柳线低。正是内街新雨过，郁金裙上浣春泥。”《咏牡丹》云：“几番厄雨殿春开，艳影招摇洛浦回。昨夜月明人静候，舞风疑有珮声来。”

二九　文以情生，未有无情而有文者。韵因诗押，未有无诗而先有韵者。余雅不喜人以一题排挨上下平作三十首，敷衍凑拍，满纸浮词，古名家断无此种。至于上用“秋”字，下用“花”字，如秋月秋云、桃花桂花之类，连绵数十首，是作类书《群芳谱》，非咏诗也。

批注：文以情生，才有性灵。先诗后韵，即先有内容后有形式。此为创作规律，违背则敷衍凑拍，非咏诗也。

三〇　余少时自负能古文，而苦无题目，娶箧室多不惬意。故集中有句云：“论文颇似升平将，娶妾常如下第人。”不料晚年，四方索文者如麻，不胜其苦。故又有句云：“征铭索序兼题跋，忙杀人间冷应酬。”

批注：批本语作者称其幼随家母到随园，见袁枚“妾四人，皆不美”。故袁枚说“娶箧室多不惬意”。

三一　三十年前，徐椒林参府在庐州，与余及蒋心馀二人最交好，常以船载薰兰千本，为随园遍栽山中，花开如雪。为人权奇倜傥。余叙其行事，作《相逢行》赠之。后升任贵州，竟成永诀。今春，余过嘉兴，其子双桂秋山，宰秀水，述及交情，彼此悲喜。索乃翁诗稿，得其《自普洱寄儿》云：“万里当关日，葭灰报小阳。三冬称足用，一线莫虚长。瘴疠身偏健，欃枪气已藏。上林好春色，努力看花香。”《题淮阴侯庙壁》云：“一饭尚思酬母德，三齐宁忍背君恩？”秋山有父风，《题泗亭驿》云：“天子功成一剑中，故乡鸡犬识新丰。英雄未有无情者，老泪尊前唱《大风》。”

三二　近人薛西原《咏月》云："何处焚香下阶拜？有人私语并肩行。"虽走西昆一路，而幽隽独绝。是即"月出皎兮，姣人僚兮"之余音。

三三　常熟县试，诗题是《野舍时雨润》。某童有一联云："青沾沽酒肆，红滴卖花篮。"吴竹桥太史拔为第二。长洲县试童子诗，题是《绿满窗前草不除》。陈竹士基有一联云："秀色三分雨，春痕一抹烟。"祝芷塘给谏见之，拔为第七。二人并非看卷之人，而皆与县官交好，故能爱才如此。否则，此诗亦被轻轻点过矣。竹士，即金纤纤之夫也。结缡五年，互相唱和。余到杭州一月，归，纤纤竟死。先是，纤纤有书上我云："此日碧云秋雁，奉一函于明月楼中；他时绛帐春风，当双拜于海棠花下。"余到苏，果受其一拜，遂成永诀。故吊以一联云："双拜花前，已偿负笈从游愿；五年灯下，未了抽簪劝学心。"竹士在吴江，纤纤寄诗云："纸样罗衣秋样瘦，那能禁得水天凉？"其伉俪之笃可想。

批注：陈竹士、金纤纤伉俪皆为袁枚诗弟子，惜金氏刚拜袁枚门下即仙逝，甚是可惜！

三四　余所到必有日记，因师丹之老而善忘也。其耳受佳句，亦随记带归。翰林前辈沈蒿师先生荣仁《咏墨床》云："谁云贪墨无休日，到底磨人有倦时。"《咏鹭鸶》云："岂有诸君推甲乙？可怜公子最风标。"周去华云："愁生肺腑登临少，贫入衣冠庆吊疏。"庆似村云："竹因风静平安久，花为春寒富贵迟。"王云上云："旧纱帘额寒先入，新粉墙头月更明。"刘熙秀才闻高丽国人来索余诗，并及霞裳诗，故赠刘诗云："骥尾得名虽较易，人心所好本来公。"龚云洲秀才《领落卷》云："囊底尚存无效药，掌中惯画不灵符。"张瑶英女子谢余索诗稿云："露沾桃柳千株树，次第春风到女萝。"毕慧珠女子《感事》云："一样春风分冷暖，桃花含笑柳含愁。"

批注：袁枚晚年有日记，即袁枚《纪游册》，系手抄本（今收拙编《袁枚全集新编》）。为乾隆五十九年（1794）与六十年（1795）两年袁枚出游的记载。内容丰富，颇有参考价值。笔者从袁枚八代孙袁建扬处得到日记照片，详参《手抄本袁枚日记现身》（《光明日报》，2008 年 9 月 22 日）。

三五　女伶虞四官拜姚秋槎居士为师，观其演《跌霸》一出，赠云："壮士至今休说项，美人千古最怜虞。"后度为女道士，号空翠庵主人。姚又赠一《探春令》云："几番花信暗相催，早自三春暮。杜鹃啼罢东风懒，看满径堆红雨。　年年此际归何处？蓦地抛人去。袅斜阳烟外，一寸游丝，怎系得韶光住？”

三六 刘霞裳梦中得一联云：“星摇似醉愁他堕，手举难扶笑我低。”醒后续二句云：“安得仙云生袖底，御风飞到斗、牛西？”我以为醒语终不如梦语。

三七 云贵总督杨应琚，字秋水，有贤名。入相后，以缅甸偾事，致晚节不终。吾尝以南朝吴明彻相比，殊不愧也。其孙女琼华，嫁江宁方伯永公泰之子明新。明受业随园，而女之父重英、号山斋者，与余有旧。山斋参赞军务，兼侍父疾，被缅匪虏去。其子鹤圃，监禁二十余年。余过泰州，琼华以《寄弟》诗见示，云：“否泰关天意，乘除运莫争。弟兄愁失散，身世感零丁。往者家逢难，潢池盗弄兵。韬钤烦上相，绝域播威名。宠锡从丹禁，旌旗事远征。七擒功未就，五丈病先生。凤诏吴江下，先大人秉臬吴门。金鞍洱海行。监军随虎帐，付药听鸡声。画角悲风起，明星大野倾。雄师谁控驭，小丑敢纵横。孤垒知难守，弯弓竟不鸣。迷途伤李广，啮雪感苏卿。马革余生在，鱼书万里惊。天恩犹肆赦，疑狱幸从轻。季弟偏膺难，鹤圃坐狱多年。艰危志不更。珠怜沉汉水，剑恐落丰城。雁影萦离思，鸰原忆旧情。伫看邀雨露，头角再峥嵘。”

三八 余闻人佳句，即录入《诗话》，并不知是谁何之作。甲寅三月，余游华亭，张梦喈先生饮余古藤花下，其郎君兴载耳语曰：“家姊愿见先生。”余为愕然。已而搴帘出拜，执弟子之礼，方知《诗话补遗》第一卷中，曾载其所作《秋信》等诗故也。貌亦庄姝。其母夫人汪佛珍诗，久采入《诗话》第四卷中。始信风雅渊源，其来有自。其姑佛绣嫁姚氏，亦才女也。《不寐》云：“攲枕闲吟梦境空，残灯闪闪影朦胧。梧桐不管人惆怅，翻尽银塘一夜风。”他如：“一径泥香飞燕子，满瓯茶熟乱松声。”“何须地僻心方静，才觉身闲梦亦清。”俱妙。

批注：又是一门诗人！

三九 人仗气运，运去则人鬼皆欺之。每见草树亦然：其枝叶畅茂者，蛛不敢结网；衰弱者，则尘丝灰积。偶读皮日休诗：“水痕侵病竹，蛛网上衰花。”方知古人作诗，无处不搜到也。

四〇 顾宁人云：“古不用银。”余颇不以为然。近读张籍《送南迁客》诗云：“海国战骑象，蛮州市用银。”以“用银”与“骑象”对说，可知中国骑马不骑象，用钱不用银矣。

四一 白太傅因李留守相公见过，池上泛舟，话及翰林旧事，因赠诗云：“同时六学士，五相一渔翁。”余已未翰林，亦有两相三尚书；为之怃然。

四二　吴兰雪《瞻园坐月》云：“林塘幽绝似山家，坐转栏阴月未斜。仙鹤一双都睡着，冷香吹遍绿梅花。”徐朗斋《宿泰山》云：“乱石长松路不分，数声钟磬隔林闻。山中夜半烧残烛，自起开窗照白云。”二诗真清绝矣！

四三　陈少阳与欧阳彻救李纲而死，庙在丹阳。乾隆庚申，庙为火所焚，独神像不动，袍笏依然。余过其地，见壁上题云：“两宫消息正茫茫，庙算徒闻罢李纲。不信九门司虎豹，独留三疏动风霜。衣冠白昼悲东市，松柏青磷照北邙。过客漫增桑梓感，里居从古说丹阳。”又云：“草野讵干兴复计？公卿无奈谏书稀。”余读而爱之。末书“於震字一川”五字。方知即二十年前负诗来谒，自称不蒙许可，即要投江死者也。专工明七子一体，未免鸣钲擂鼓，见赏者稀。然佳处不可泯没。见赠云：“声名若不逢元晏，词赋何由重洛阳？”《圌峰秋望》云：“岸走涛声吞象岭，树浮天影出狼山。”《延庆寺》云：“地迥人烟浮水气，楼高木叶下秋声。”皆颇雄健。至若《九江》云：“商女至今歌白纻，征人几度换朱颜。”则稍和缓，且降格而为之。其人亡已二十余年，怜其一生苦志，为理而存之。

四四　郭频伽秀才寄小照求诗，怜余衰老，代作二首来。教余书之。余欣然从命，并札谢云：“使老人握管，必不能如此之佳。”渠又以此例求姚姬传先生。姚怒其无礼，掷还其图，移书嗔责。余道：此事与岳武穆破杨么归，送礼与韩、张、二王，一喜一嗔。人心不同，亦正相似。刘霞裳曰：“二先生皆是也：无姚公，人不知前辈之尊；无随园，人不知前辈之大。”

批注：此事见子才“烂好人”一面。

四五　丙辰同召试者，宣州梅兆颐先生，馆文穆公家，年六十许，和蔼朴诚，与余为忘年交。今甲子已周，访其遗稿不可得，近才获其《游敬亭山》云：“春色忽云暮，蓊然万木齐。命驾越市尘，扶杖寻岩栖。白云停阴岭，清流贯长溪。碑碣抚残剩，台榭凭高低。好花磴旁出，时鸟林闲啼。古人不可作，胜地无荒蹊。恐如桃花源，再至渔舟迷。”

四六　尹似村公子，亡后无子。余《诗话》中有意多存之。今又在破簏中检得其《哭松儿》二首云：“呻吟不听有儿音，说起生前感倍深。忍病怕投良药苦，佯欢且慰阿爷心。悠悠短梦今朝醒，小小孤魂何处寻？葬汝刘家丘墓侧，添衣调食自能任。刘乃余之乳母。”“东西未辨合游嬉，天性偏生解孝思。绕膝常将梨枣奉，午眠低唤幔帘垂。看栽花竹携锄立，爱弄图书学父为。老泪抛残作达语，诗人多半见儿迟。末句讽随园。”《和梅岑〈忆旧〉》云：“一声欸乃荡归舣，别泪交流洒大江。乙酉北上，梅岑送至浦口。共喜人眠茅店榻，怕听鸡唱五更窗。攀杨难系征车远，代面全凭尺鲤双。记得分歧春二月，翠浓驿路正幢幢。”“偶逢花市也闲行，老去风怀总不情。旧雨关心推大弟，青云得路让诸兄。女为儿子姬为友，竹作屏风书作城。自笑未能除结习，与人争处是诗名。”

四七 四十年前，余读钟伯敬《慰人落第》云：“似子何须论富贵？旁人未免重科名。”以为佳绝。不料甲寅七月，偶翻唐诗，姚合《送江陵从事》云：“才子何须藉富贵？男儿终竟要科名。”钟先生如此偷诗，伤事主矣。

批注：钟惺，字伯敬，竟陵（今湖北天门）人。明竟陵派代表之一。“偷诗”为子才揭发，甚损名声。

四八 青衣郑德基诗云：“春风二月气温和，麦草初长绿满坡。牧竖也知闲便好，横眠牛背唱山歌。”又，《咏帘内美人》云：“到底春光遮不住，还如竹外看梅花。”此二首，皆天籁也。余命阿通代为评点，竟忽略看过，终竟诗学不深。

批注：阿通，袁枚嗣子袁通。

四九 《学记》曰：“不学博依，不能安诗。”“博依”注作“譬喻”解。此诗之所以重比兴也。韦正己曰：“歌不曼其声则少情，舞不长其袖则少态。”此诗之所以贵情韵也。古人东坡、山谷，俱少情韵。今藏园、瓯北两才子诗，斗险争新，余望而却步，惟于“情韵”二字，尚少弦外之音。能之者，其钱竹初乎？惜近日学仙，不肯费心矣。

批注：诗重比兴，亦重情韵。二者俱备，方为佳作。

五〇 余亲家蒋梅厂三子，有“河东三凤”之称。其长子莘之诗，久入《诗话》。今春再过苏州，其弟蔚、夔又以诗来。蔚《咏周孝侯射虎歌》云：“将军射虎如射牛，白额横死南山头。将军缚贼如缚虎，枉说使君兼文武。衔命往讨齐万年，忠孝之道难两全。草中狐鼠何足尽？英雄受制嗟可怜。援兵四绝鼓不止，按剑一呼创者起。猛虎入槛何能为？五千健儿同日死。吁嗟乎！於菟之气能食牛，烈士岂解为身谋？不然缚虎莫缚贼，依旧射猎南山头。”《苦雨》云：“别馆深严作总持，焚香扫地坐裁诗。朝来岚气冲帘入，正是山楼雨过时。”夔《春阴》云：“绿波知共板桥平，香雾霏霏湿落英。寒暖难凭三月候，溟濛未定片时晴。山斋客过苔仍合，水国潮多草乱生。差喜疏疏添逸响，几回细雨和茶铛。”他如：“田中乍熟狙公芋，溪上低开鹿女花。”亦工。

批注：入《诗话》之作，难免人情。人情来往，古今皆然。

五一　丙辰冬月，余年二十一岁，初识吴江李莼溪光运于长安小市；《诗话》中曾载其见赠五律一首。今甲寅秋，六十年矣，其子会恩秋试来园，读其诗，喜莼溪之有子。《吊韩蕲王》云：“枉为君王赋式微，中原不复望旌旗。廉颇披甲心犹壮，魏绛和戎事已非。谁使渡江来白马，竟忘行酒有青衣。千秋遗恨无人识，回首琴台一雁飞。”《咏雪》云：“铺平万户白如海，只有炊烟一缕青。”《新竹》云：“秉节初终才挺干，入林先后渐忘形。”

五二　君子不以人废言。严嵩《钤山堂集》颇有可观，如：“卷幔忽惊山雾入，近村长听水禽啼。”“沙上柳松烟霁色，水边楼阁雁归声。”皆可爱也。又，阮大铖有句云：“露凉集虫语，风善定萤情。”后五字颇耐想。

批注：严嵩、阮大铖皆奸臣也，而袁枚不以人废诗，亦甚难得。

五三　海刚峰严厉孤介，而诗却清和。尝见鹫峰寺壁上有《赠竹园隐者》云：“寂寂江村路，何烦命驾过。羊求忘地远，松竹到门多。野外常无酒，田间别有歌。洗杯深酌处，落日在沧波。”末书“海瑞”二字，笔力苍秀。

五四　余少时读《会真记》，嫌元九薄幸，题云：“疑他神女爱行云，故把鸳鸯抵死分。秋雨临邛头雪白，相如终不弃文君。”程鱼门恪守程、朱之学，批云：“此诗断不可存。”余唯唯否否，而终不能割爱。后读唐太常寺参军秦贯所撰《郑恒及夫人崔氏合袝墓志》，方知唐人小说，原在有无之间，不必深考。余咏诗用意深厚，故可勿删。

批注：袁枚不删情诗，使朱彝尊不删《风怀》诗不得专美于前。

五五　同年许红桥朝，一字光庭，诗学放翁。殁后，其子小桥携父诗来谒，无力付梓，摘其《柳州舟次》云：“山战火龙看野烧，水喧铜鼓渡惊滩。”《虎丘》云：“渡口日斜人散影，柳梢风静鸟啼烟。”《雁字》云：“杀青须仗摩天翮，飞札疑追逐日人。”

《江上》云："败芦藏艇炊烟出，古树翻鸦落叶频。"《杂咏》云："牛后难防烧尾火，马前还怕打头风。""蹄轻骄马嘶风立，声涩荒鸡扑雪啼。"《随大府劝农》云："风翻稏稏皆垂颈，人仰旌旗尽举头。"又有《谢孝子诗》。孝子会稽人，名振宗，以申父冤故，袖铁椎，打碎天安门内石狮子，投冤状，发黑龙江充军，而父冤卒白，亦异人也！诗长，不备录。

五六 余集中有《佳儿歌》，为同年李竹溪棠之子燧作也。三十余年，问消息不得。今年在杭州遇李婿陈鸿举，为仙居令，诵其近日句云："体因惯病翻忘药，人不工诗亦自穷。"呜呼！才则犹是也，而近状可想矣。

五七 余在虞山，竹桥太史来，诵其代松云太守赠翩如小词云："野芳浜水明如镜，忽然照见惊鸿影。来也抑何迟，今宵莫反而。　　芳名才两字，摹尽真风致。醉眼倒还颠，疑同美少年。翩如男妆。"

五八 人但知诗之新秀者难，而不知诗之奇辟者尤难。镇江张秉钧平伯《游老人峰》云："空洞足误踏，崩一成众响。历险虽十里，炫奇已百赏。"苏州杨一鸿仪吉《过积溪》云："路转孤村明，桥横一溪渡。雷雨晴亦惊，蛟龙冻犹怒。"嘉兴戴光曾《宿净慈寺》云："月色下平地，人影上茅屋。湖上诸螺峰，环拱如甸匐。"又，《常山》云："缆从山脊牵云去，舟向波中卷雪来。"皆奇峭可喜。

五九 秀州诗人吴文溥，别十五年，今秋忽来，诗已付梓；读之，转多窒碍，不如从前之明秀：信境遇之累人，而师友之功不可少也。录其新句之可爱者，如："竹里不知屋，水边闻有鸡。""问径花相引，开门鸟乱啼。""风静溪逾响，云来树欲移。"皆佳。又一绝云："酒后客来重酌酒，飞花留客送残春。主人醉倒不相劝，客转持杯劝主人。"

六〇 钱玙沙先生公子名枚者，其初生时，适余到，故仿蔡中郎以名与顾雍故事。后举孝廉，诗才清妙。《策马》云："策马关门外，苍茫未识途。一鞭残照下，回首白云孤。路险愁冰滑，身欹待树扶。自怜侬太瘦，髀肉本来无。"《过常州》云："节过白露寒犹浅，岸近丹阳水渐低。"

六一 太湖有东、西洞庭七十二峰，奇秀可爱。官其地者，事简民淳，最为乐土。司马德卧云先生福招余往游，小住三日。适司李程前川思乐执贽门下。表侄张碧川琴在幕中，出《新月》《梅花》两诗稿见示。想见僚属多才，主宾风雅，可谓不负此湖山矣。德公《咏新月》云："一线晶光上画栏，漫疑素魄本非团。微开玉女奁中镜，半吐嫦娥臼里丸。曲曲黛眉如淡扫，明明青眼似相看。爱他坐到西山晚，忘却深闺翠袖寒。”又：“漫收兔魄含全璧，深隐云鬟只半妆。”《梅花》云：“瘦态每宜轻雾后，残妆最爱晚香余。”程前川《新月》云：“刚同翠黛新描后，好比秋波乍转余。”“蚌珠乍吐仍衔口，宝镜方开未出奁。”张碧川《新月》云：“似竟怕为天晓别，谁能留到夜深看？”“斗宿自明如昨夕，楼台先得尚依稀。”“无多时别仍相见，若太分明岂乍逢？”《梅花》云：“那防触拨香盈袖，忍扫横斜影上阶。”俱佳。

六二 蒋于野莘从余游洞庭两山，吟兴颇豪，多纪游之作。其《登莫厘峰》云：“草深蒸雾湿，地旷受风多。丛树阴犹转，飞禽影不过。”《望太湖》云：“山都包水内，浪欲拍天浮。”《宿石公山禅院》云：“百尺丹梯削翠屏，下蟠曲磴透珑玲。峰头碍足前无路，洞腹穿云上有亭。天阔湖光千顷白，更深佛火一灯青。我来不敢吟高调，多恐蛟龙出水听。”又，《和德司马〈新月〉》，有“时刚落日半棱多”，七字亦未经人道。

批注：注意“未经人道”四字。

六三 提督杨恺，仪征武进士也。通识懿文，康熙间受知圣祖，召入南书房，与何义门、蒋南沙诸前辈同校书史。后提督两湖。晚年归老。具盛馔招余文宴。壁挂一器，形如喇叭，长二丈许，糊以黑纱。指示余曰：“此军中所用顺风耳也。将军与军师有密谋则用之。相离甚远，其语只二人闻，他人不闻也。”壁上见许登瀛观察赠一联云：“天禄校书名进士，岳阳持节老将军。”殊切。

六四 红兰主人有句云：“西岭生云将作雨，东风无力不飞花。”其仆和福有句云：“一双白鸟东飞急，知是西山暮雨来。”

六五 溧阳狄梦松梦中得句云：“众鸟归来托，繁林得所天。”初不解所谓。后会试场题与前诗意相合。韵限“天”字，即用梦中句。试官以其诗暗合圣意，遂入选。旋官翰林。

六六 顾仙根，兴化人也，有《买仆》诗云：“我家得一仆，人家失一子。同是父母心，还当慎驱使。”可称仁言。

六七 湖北蒲圻县万羊庵，有吴荆山尚书题壁五律，内有“翻”字、“恩”字。和者如云。褚筠心学士视学其地，有“鱼版空王法，莺花造物恩”。又：“去路原来路，君恩是佛恩。”吴白华侍郎有“小鸟踏花翻”之句，押“翻”韵极新。卢元琰湘艖过其地，云：“断云千树暝，残照一鸦翻。”

六八 奇中丞于苏藩任内，考紫阳书院《鼠须为笔》题。诸生课卷三百余本，绝少佳句。止有黄一机“挥毫惊纸啮，起草忆灯窥”二句，为一时之冠。

六九 卢湘艖拔贡，朝考被斥，捐州判，赴皖需次。《自嘲》云：“不为折腰吏，权作磕头虫。”

七〇 吴门多闺秀，近又得袁丽卿椒芳《病起》云：“月照栏杆影半斜，夜凉如水袂衣加。经旬卧病纱窗里，孤负一栏指甲花。”“犹自恹恹懒下楼，凭栏闲弄玉搔头。今朝风自来西北，东面珠帘可上钩？”汪宜秋玉轸《中秋无月》云：“拟向嫦娥诉幽恨，昏昏月又不分明。”《雪》云：“窗外竹梢三两个，压低渐近碧栏杆。”金纤纤逸《和同人集耘勉斋》云：“绿绮携来横膝上，夜凉弹醒水仙花。”《病起》云：“鹦鹉不知人病久，朝朝楼上唤梳妆。”又，《赠某女士》云：“谢家飞絮苏家锦，如此才真未见来。”余以为此句是纤纤自道。

七一 钱塘项墉金门在吾乡大开坛坫，一时风雅之士，归之如云。余到杭州，必主其家。读其《谢胡葑塘招游湖上》云：“闲于翘足鹭，乐似聚头鱼。”《落叶》四句云：“客径夜随寒雨堕，僧窗晴带白云飘。绕坡屑窣过群鹿，隔水萧疏抱一蜩。”不愧老手。

卷 八

一　鳌沧来刺史，从太仓寄近作见示。《菜花》云：“绕村种菜春环屋，铺地黄金人住家。若论生材求济世，万花都合让斯花。”《偶成》云：“薄宦频年鬓欲斑，平生心在水云间。天怜衰吏无他乐，许看东南一带山。”想见襟怀，不愧名臣之后。

批注：“沧来，汉军厢红旗人。”（批本语）

二　雍正癸丑，余年十八，受知于吾乡总督程公元章，送入万松书院肄业。其时掌教者为杨文叔先生，讳绳武，癸巳翰林，丰才博学，蒙有国士之知。后掌教钟山，而余适宰江宁，时时过从。先生归道山后，音问遂绝，今五十年矣。甲寅春，其孙仪吉孝廉以诗一册见示。读之，细腻工整，不愧家风，叹德门之有后。《诸葛墓》云：“沔水东流绕定军，秋风遥拜卧龙坟。大星磊落沦荒土，八阵纵横隔暮云。共说公才真十倍，可怜天意竟三分。凭高欲下沾襟泪，筹笔楼高日又曛。”《旅思》云：“十度月圆犹作客，一年秋到倍思家。”《吊刘司户》云：“宦寺岂容操国柄？文章原不重科名。”《落第出都》云：“葵藿但知倾晓日，芙蓉何敢怨秋风？”孝廉名一鸿。

批注：“程元章，河南人。”（批本语）

三　江宁李大绅，号榕庄。《护兰》诗云：“似离故土非其性，才到人家便作难。”“移置几番遭仆恚，爱怜真当养儿看。”二联殊有风趣。

四　广西罗城县，国初为烟瘴之地。于清端公自记《年谱》云：“同去仆从，死亡殆尽。余族弟秋江涛署罗城尉，赋诗云：‘簇簇奇峰列画屏，万山遥护一城青。

地因太险田无税，迹可留仙石有灵。北岭晓钟催曙色，西江秋月冷烟汀。参军未处边陲惯，蛮语还须仔细听。’‘屋后青山舞凤凰，檐前奇石学鸳鸯。挈瓶沽酒同墟寺，吹角引牛归牧场。抱社两株榕树古，沿城一带枣花香。诛茅盖起三层屋，珍重行人指法堂。’”

五 吴江徐君星标善弈秋之技，予既为铭墓。其子山民达源、媳吴珊珊琼仙俱工诗。山民《春晓》云："廿四番花算不清，黄莺杜宇总春声。伤心只有芭蕉叶，愁雨愁风过一生。"珊珊《咏萤火》云："月黑谁携星一点，风高吹上阁三层。蒲葵扑堕知何处？笑问檀郎见未曾。"《夜坐闻笛》云："妆楼风影夜萧萧，检点牙签倦欲抛。何处一声长笛起？隔帘吹月上花梢。"

批注：徐山民、吴珊珊，伉俪诗人，皆袁枚诗弟子。

六 真州郑鸿，字秋影，张南垞之侍史也。能诗，偶以醉失欢，远走京师，竟致客死，年仅二十。员帆山抄其遗诗，嘱张石民追写小像。诗云："闭门却到夕阳斜，自笑茅檐小小车。偏是西风最多事，书声偷送到邻家。"石民写像毕，题云："青年谁与颊添毫，惜尔生前未我遭。老去见花都懒画，多情还写郑樱桃。"

七 杭州沈清任观察，余门下门生也，中年殂谢。余求其诗不得，仅录其《沁园春》一阕云："天放憨僧，行脚打包，还归故乡。笑六十年来，电光倏忽；三生石上，梦影荒唐。小住为佳，长行不得，从此舟车不用忙。生花眼、借一编在手，字字行行。　　吾家老屋颓墙，只糊壁人儿费忖量。看鄂渚书来，归舟待泊；锦官收散，花事终场。鹤发朝梳，金经夜课，随分生涯自主张。闲中趣，写梅花数点，也送清狂。"

八 甲子年，余过宏济寺，见西林相公题壁诗，已录登《诗话》。甲寅阻风，又至寺中，默默七代孙某抄鄂公父子诗来，皆五六十年前事，余为之怆然。再录相公一绝云："山扉石径上人家，小住清凉引妙车。欲挽江声回树杪，可怜那岸是繁华。"其时公子容安随行，年尚幼，后总督两江，重游此寺，读先人之作，题赠默默云："少小经行处，江山感旧因。君能重会面，我是再来人。问法心无住，趋庭迹已陈。燃灯览题句，忍泪对青春。"

九 金陵水月庵有僧镜澄，颇能诗。闭户焚修，名场竟不知有此人，殊可敬也。《惜桐》云："独树作僧伴，摧枯伤我情。从今茅屋下，无处听秋声。"《落叶》云："落叶寒生径，冬蔬秀满畦。要将茅舍补，试看稻堆齐。窗破宜糊纸，墙穿合补泥。

春风待来岁，也有燕双栖。”

一〇　苏州胡眉峰量见赠云：“青山供养忘机客，红粉消磨用世才。”泰州孙虎山廷飏云：“名到惊人何况早，生当并世不嫌迟。”松江刘春桥熙云：“看花兴致怜才性，此是先生未了缘。”上海李林松仲熙云：“真才子必得其寿，谪仙人未免有情。”淮上程蔼人元吉云：“风流何减白居士，天下不名元鲁山。”又：“有福不离花世界，无愁常喜竹平安。”皆可诵也。

一一　女弟子席佩兰，诗才清妙，余尝疑是郎君孙子潇代作。今春到虞山访之，佩兰有君姑之戚，缟衣出见，容貌婀娜，克称其才。以小照属题，余置袖中，即拉其郎君同往吴竹桥太史家小饮。日未暮，而见赠三律来。读之，细腻风光。方知徐淑之果胜秦嘉也。其诗云：“慕公名字读公诗，海内人人望见迟。青眼独来幽阁里，缟衣无奈浣妆时。蓬门昨夜文星照，嘉客先期喜鹊知。愿买杭州丝五色，丝丝亲自绣袁丝。”“深闺柔翰学涂鸦，重荷先生借齿牙。漫拟刘公知道韫，直推徐淑胜秦嘉。解围敢设青绫障？执贽遥褰绛帐纱。声价自经椽笔定，扫眉笔上也生花。”“南极文昌应一身，幸瞻藜杖拜星辰。一编早定千秋业，片语能生四海春。诗格要烦裁伪体，画图敢自秘丰神？问公参透拈花旨，可是空王座下人？”佩兰小照幽艳，余老矣，不敢落笔，带至杭州，属王玉如夫人为之布景，孙云凤、云鹤两女士题诗词，余跋数言，以志一时三绝云。

批注：第一女弟子席佩兰，才貌双全，袁枚殊为怜爱。席佩兰《长真阁集》有袁枚题词云：“字字出于性灵，不拾古人牙慧，而能天机情妙，音节琤琮。似此诗才，不独闺阁中罕有其俪也。其佳处总在先有作意，而后有诗。今之号称诗家者愧矣。”赞誉无以复加。

一二　余三月间，到狄小同家。柔之夫人挈女儿出见，年才十四，而诗笔清雅，字亦工秀。《赠楼氏姊》云：“巧髻梳成敛翠蛾，芳姿自惜性偏和。婀娜不效杨家舞，婉转犹能薛氏歌。琼树朝朝临日见，莲花步步踏春过。谁家种玉人侥幸，得伴新莺附茑萝？”

一三　余饮孙云凤家，饭米粗粝，而价甚昂，知为家奴所给。归寓，适有送白粲者，以一斛贻之。云凤不受，札云：“来意已悉。”盖疑老人以米傲之也。余殊觉扫兴，即题其札尾云：“一囊脱粟远相贻，此意分明粟也知。底事坚辞违长者？闺中竟有女原思！”云凤悔之，寄《贺新凉》一词以自讼云：“傍晚书来速，道原思抗违夫子，公然辞粟。已负先生周急意，敢又书中相渎。况贽礼未修一束。我是门墙迂弟子，觉囊中所赐非常禄。不敢受，劳往复。　寸笺自悔忽忽肃，或其间措辞下笔，思之未熟。本借湖山供笑傲，何翻多怒触？披读处，难胜踖踧。无赖是毫端，今以前愆，仍付毫端赎。容与否？望批覆！”

批注：孙云凤颇有个性，但知错以词自讼，亦复可爱，才女毕竟不同一般。

一四　尝读刘长卿《重过曲江》诗云：“何事最伤心？少年曾得意。”盖唐时进士登科，多同游曲江之故。余甲辰到广西，蒙抚军吴树堂先生饮余于八桂堂，是五十年前金震方中丞拜表荐余处。追忆少时恩知，为之凄绝，一坐竟不忍起。口号一律云：“森森八桂翠参天，此处曾经谒大贤。知己平生人第一，白头重到路三千。荐章海内犹存稿，往事风中已化烟。梦自难寻肠自转，几回欲起又留连。”当年留别中丞七排十二韵，仅记一联云：“万里阙前修荐表，百官座上叹文章。”

批注：“子才于生平受恩知己，念念不忘，故其惓惓于金震方中丞，溢于言表。即于其房师邓逊斋亦然，此是子才性情厚处。”（批本语）批本语于袁枚多有微词，但对此不能不褒奖。

一五　余过马嵬，前后题诗八首，自谓发挥尽矣。近见祝芷塘给谏题云：“元之政事广平参，谁蛊君心逸欲耽？若使开元初载入，也同钟鼓乐《周南》。”“不作河东妒女津，九原粉黛有余春。美人自恨西方少，身死犹教美别人。”第一首犹是拙集“但使姚崇还作相，君王妃子共长生”之意。第二首专指土人取冢土敷面，可去瘢痕之说。可谓斩新日月。

一六　虞山邵松阿先生为其孙妇作传云：“妇姓赵，名同曜，字洵娴。幼时学诸姑礼佛，及读《论语》‘攻乎异端’，喟曰：‘吾初以为西方圣人，今乃知铸一大错也！’其敏悟如此。爱作诗，案置王礼堂、赵云松及随园三人诗，谓松阿曰：‘儿以为西庄学富，云松识高；至随园先生，则各体兼该，学识双到矣。’”余闻之，甚惭。因记芷塘给谏见赠云：“我读君诗如读史，能兼才、学、识三长。”与其言相合，然祝公是老作家，而洵娴一弱女子，竟聆音识曲，尤难得哉！年二十余，以娩难亡。《咏七夕》云：“拜罢双星后，穿针上画楼。一钩今夜月，万古此时秋。玉露闲阶湿，金风小院幽。更深人未卧，何处笛声愁？”《咏镜》云：“照人空见影，是我总非真。”《菊花》云：“经霜秋正老，带月夜初长。”

一七　昆山徐懒云云路秀才，买书无钱，而书贾频至，乃自嘲云："生成书癖更成贫，贾客徒劳过我频。聊借读时佯问值，知非售处已回身。乞儿眼里来鸮炙，病叟床前对美人。始叹百城难坐拥，从今先要拜钱神。"余幼时，有"家贫梦买书"之句，盖实事也。今见徐生此诗，触起贫时心事，为之慨然。徐又有句云："风威两岸荻，雪意一天云。"

一八　祝芷塘《咏药》云："尝遍苦甘千百味，活人常少杀人多。"赵云松《憎蚊》云："一蚊便搅人终夕，宵小由来不在多。"程荆南《席上》云："名士庖厨宫气少，山人冠履古风多。"吴兰雪见赠云："三朝白发题襟遍，一代红妆立雪多。"四用"多"字，俱妙。余《春日园中》亦有句云："晴日不愁游女少，美人终竟大家多。"

一九　虞山赵氏多才，有名同钰、字子梁者，疑是洵娴女士之兄。诗善言情，《题若冰妹小照》云："忆得深闺未嫁年，阿兄把卷妹随肩。小红刚报酴醾放，草草梳妆到最先。"《山塘》云："春风油壁过山塘，双眼迷离诧艳妆。我亦多情祝飞絮，要他吹上绣衣裳。"《采菱》云："草草盘头便出湖，水云深处笑相呼。侬家不是贪多得，风信明朝知有无。"《消夏》云："扫眉深浅费工夫，云髻高低索婢扶。插过珠兰余几朵，不知还够饷人无。"又，《对镜》起句云："憔悴竟如此，非君我莫知。"可称超绝；惜下半首稍平，故不录。其室人屈婉仙亦能诗，《七夕》云："花自轻盈露自凄，碧阑干外玉绳低。不知何处凡乌鹊，侥幸云霄一夜栖。"

二〇　纤纤亡后，竹士《过妇家有感》云："愁听花铃语绣帏，封题如故笑言违。伤心小女无知识，绕膝询姑何日归。""新秋已报海棠开，可奈尘生旧镜台。莫怪见花拼一恸，去年曾折一枝来。""旅窗虫语警秋心，小病奄奄奈夜深。记汝当年珍惜意，露凉不敢立花阴。"《题纤纤小照》云："绣幙茶烟碧散丝，分明桐院比肩时。千呼不下卿何忍，一一如生我尚疑。絮语曲栏邀月证，寻诗深夜怯花知。可怜病后伶俜甚，莫怪珊珊玉步迟。"又句云："仙原暂谪留难住，事太伤心泪转无。"

批注：陈竹士悼妻之作，一片性灵，甚是感人。

二一　吴江闺秀汪宜秋《春夜》诗云："坐愁换过烛三条，才向妆台卸翠翘。只恐眠迟难早起，明朝记得是花朝。"《扫墓》云："略慰九原思子意，今朝弱息挈孙来。病躯只恐难重到，家事从头诉一回。"《夜坐》云："贪凉自启绿窗纱，风细炉烟缕缕斜。急把残灯遮护好，方才结得一双花。"《病起》云："手战愈增书格弱，目昏翻厌纸窗明。不知春是何时去，绿满帘栊夏景成。"《题玉函女士小照》云:“空阶策策堕梧桐,怨笛清砧断续风。只恐嫦娥也愁绝,良宵深闭广寒宫。”宜秋家赤贫，夫外出五年，撑拄家务，抚养五儿，俱以针黹供给，而有才如此。

批注：汪宜秋（玉轸）家赤贫，家务忙碌，犹不忘吟诗，真乃诗痴也。

二二　赵子梁《咏白牡丹》云：“断无富贵能安素，莫笑花枝爱着绯。”陈秋史夔《白雁》云：“平沙夜月空留影，远水芦花何处滩？”

二三　老友徐灵胎度曲嘲时文及题墓诗，余已载《诗话》中。甲寅八月，其子榆村爔送其儿秋试，又度曲赠我云:“千山万水，装点了吴越规模。天地又踌躇，须生个奇才异质，风雅超殊。放在中间，空前绝后，著出些三教同参万古书。更不让他才华埋没，又把月中丹桂，天街红杏，阆苑琼株，一一都教攀住。略展经纶，便使那万户黎民，争称慈父。才许他脱却朝衫，芒鞋竹杖，历尽了层峦叠嶂，游遍了四海五湖。方晓得花月神仙，诗文宗主。赢得随园才子，处处家家个个呼。端的是菩萨重来,现身说法,度尽凡夫。咱也乞洒杨枝一滴,洗净尘心,跳出迷途。”

二四　余雅不喜元遗山论诗，引退之《山石》句，笑秦淮海“芍药蔷薇”一联为女郎诗。是何异引周公之“穆穆文王”，而斥后妃之“采采卷耳”也。前于《诗话》中已深非之。近见毛西河与友札云:“曾游泰山，见奇峰怪崿，拔地倚天；然山涧中杜鹃红艳,春兰幽香,未尝无倡条冶叶,动人春思。此泰山之所以为大也。大家之诗，何以异此？”其言有与吾意相合者，故录之。

批注：元遗山以韩愈《山石》句，贬秦观诗，确无道理。不同风格之作岂可分轩轾？诗苑本该百花争艳。袁枚非之，良有以也，亦见其风格多元的思想。

二五　采诗如散赈也，宁滥毋遗。然其诗未刻稿者，宁失之滥。已刻稿者，不妨于遗。

二六　上海明经王梅屿坤培，淹雅能文，秋试屡荐不售，赋诗云：“蓬鬓依然绝世姿，敢将新样画蛾眉？鸳鸯欲绣偏难绣，肠断回针欲刺时。”较之唐人“苦恨年年压金线，为他人作嫁衣裳”，更觉深婉。

批注：唐人指秦韬玉，字仲明，京兆（今陕西西安）人。诗题《贫女》。

二七　乾隆乙卯春，予游吴下，海上书生王仲坚钰寄洛花十六株为寿，系诗云:“不羡安期枣似瓜,不须丹鼎炼黄芽。称觞何物堪同献？洛下飞来第一花。”“数从浅碧间深红，艳重香多薄日烘。自笑倾心同小草，也随桃李领春风。”署名称“私淑弟子仲坚”。于余素未谋面，而倾倒若此。旦华女史朱秀甫文毓，其室人也，亦工吟咏。前已采其《抚孤甥》诗，兹复录其《春暮》云：“春去分明有泪痕，丝丝微雨洒黄昏。残红落地无人管，蝴蝶飞来也断魂。”《瓶中海棠》云：“酒后轻红晕玉肌，百花谁及海棠姿？绿窗昼静嫌无伴，拗取名花当侍儿。”

二八 平江卜蕙阶日亨《闲居》诗云：“翛翛松竹绝尘喧，小筑青山郭外村。无数落花浮水面，尽随鸥鸟到柴门。”《偶成》云：“一窝青箬买茶回，忙煮清泉试几杯。推户恐惊啼鸟去，卷帘喜见落花来。邻翁只护穿篱笋，稚子争偷拂槛梅。诗债为愁多负却，海棠开到牡丹开。”二诗不减放翁。

二九 《如皋志》：“淳熙中，东孝里庄园有紫牡丹一本，无种而生。有观察见，欲移分一株，掘土尺许，见一石，题曰：‘此花琼岛飞来种，只许人间老眼看。’遂不敢移。自后乡老诞日，值花开时，必宴于其下。有李嵩者，三月八日生，自八十看花，至一百九岁。”

三〇 郑鱼门志钥先生督学江南，清廉爱士，所识拔皆一时名流，沈文悫公亦出门下。偶到金陵，游莫愁湖，有句云：“我来湖上愁难了，不信当年有莫愁。”已而落职。行至西湖，《别诸门生》云：“此后相逢明月夜，定知相忆在西湖。”亡何，竟归道山，停柩湖上。人皆以为诗谶。

三一 王元章《西湖》诗云：“湖边欲买三间屋，问遍人家不要诗。”近有以诗干人而索值者，余戏书此以示之。

三二 有汉西门袁某卖面筋为业，《咏雪和东坡》云：“怪底六花难绣出，美人何处着针尖。”又，杭州缝人郑某有句云：“竹榻生香新稻草，布衣不暖旧绵花。”二人皆贱工也，而诗颇有生趣。

批注：贱工不妨其诗佳，故录之。

三三 礼亲王世子檀樽主人，年少多才；客春，托桐城吴种芝太史索和《红豆》诗，余尚未答。今春，又托尤水村以诗索序，读之，美不胜收。姑录其《火盆》十二韵云：“熔铸因良冶，围圆制作严。候移暄冷易，匠巧实华兼。炽炭熔拳石，飞灰散臼盐。兽环分四角，铜耳露双尖。箸拨金茎小，钳挑玉腕纤。非铛茶可沸，象鼎器无嫌。刺绣依秋阁，裁衣傍锦幨。暮霜凝北户，疏雪洒南檐。密室春先到，沉檀爇更添。冰壶初解冻，书案渐生炎。微觉披裘燠，无烦裹手拈。萧条人静后，试卷却寒帘。”以仄韵而能整练若此，是何许才力耶！

批注：檀樽主人，名昭连，字汲修。清恭王永恩之子，封礼亲王。以事革爵。擅丹青。

三四 闺秀王贞仪字德卿，宣化太守王者辅之女也。随其父谪戍塞外，《过潼关》云：“重门严柝钥，盘岭踞咽喉。白日千岩俯，黄河一线流。”《登岱》云：“谷云蒸万岫，海日浴三宫。”女嫁宣城詹枚，《辰沅道中》云：“雾气昏崖底，猿声咽树间。”俱有奇杰之气，不类女流。同里余秋农秀才赠诗云：“修到詹何定几生，吟红闺里有双声。六朝山色分眉翠，九折黄流沁骨清。海徼宏篇饶健气，莺花小制亦多情。自惭同住乌衣巷，不识西邻道韫名。”

三五 余壬戌外用，走辞首相鄂文端公，蒙公留饭，论当代名臣，公少所许可。虽以杨江阴、尹望山之贤，公意未满也。余再三问。公曰：“汝此去惟有河督顾用方琮一人耳。富贵不能淫，威武不能屈，人称为铁牛，我许为铁汉。汝往见之，但告以是我门生，渠必异目相视。”余到清江，走谒，觉丰采温肃，果饶道气。谆谆以勿好名为戒。未几，公移节济宁，遂永诀矣。今五十余年，长安赵碌亭先生寄手卷来，乃公在梦中怀余座主留松裔少宰诗也。原唱云：“岁晚偏多兴，寒山画不成，松披云半岭，人立月三更。飘渺金台远，潺湲济水清。扁舟风雪夜，似听叩门声。”吾师和云：“有梦凭谁寄？新诗画里成。信随秋雁远，魂想御风轻。饮水心常淡，观河笑比清。《阳春》虽强和，终让凤凰声。”诗成，会稽王祺为作画，余加跋后，仍送还。碌亭，松裔先生之戚也。

批注：“鄂公留子才饭，断无之事”，“造言欺人，一何可笑”。（批本语）虽亦列出理由，但终觉涉嫌武断。

三六 诗有通首平正，无可指摘，而绝不招人爱。晋人称王安北相对不厌，去后人亦不思是也。唐霍王元轨有贤名。或问人：“霍王何长？”其人曰：“无长。”问者愕然。乃答曰：“人必有所短也，而后见所长。霍王无所短，又何所见其长？”二事皆可参悟。

批注：“文似看山不喜平”，通首平正之作无打动人处，自不招人爱。

三七 新安王太守廷言偶过随园，见园丁斫竹补篱，因得句云：“惜花须记把篱编。”苦难于对。一日，独酌无聊，忽得“嗜酒不妨和影醉”七字，急书以示余。余览之，击节不已。因记范味醇《旅思》云：“梦醒挑灯抱影眠。”亦佳。皆本于六朝“闲行影自随”五字也。

三八　伊公子继昌字述之，小尹太守公子也。年少，而诗笔甚佳。今春余过邗江，出诗见示。《霜信》云：“莫道坚冰意尚迟，新寒料峭已霜期。桥头可验惟人迹，镜里难期是鬓丝。凉夜丰山钟暗递，悲风绝塞草先知。枫林染遍如花样，消息传来又几时？”

三九　大兴方介亭维祺，藕船主人之弟也。过随园见访，适余已赴苏州，蒙其题壁云：“白门系缆月初生，欲访随园坐待明。若使当年恋斗米，安能此地驻长庚？著书久读知风格，好句遥传见性情。人到蓬山还隔面，追公直下润州城。”

批注：“好句遥传见性情”，道出性灵诗真谛。

四〇　杭州李堂字允升，不事举业，为人权参店事。余到杭州，以诗求见，年才弱冠，貌亦温雅。记其《早秋即事》云：“镇日柴扉掩绿阴，久抛双屐罢登临。入秋病鹤惟耽睡，经雨凉蝉欲废吟。拣墨试磨亲得研，焚香闲抚旧修琴。谦师煮茗通三昧，兴好频携短策寻。”佳句如：“雨声初到树，寒气欲侵衣。”“蘋牵花片聚，水啮树根虚。”“冻解空池梅有影，雪铺幽砌月无痕。”皆清雅可诵。

四一　华公子岑松，秋槎明府之子也。《西湖杂诗》云：“人穿柳絮如冲雪，船傍梨花半入云。花压玉楼春至早，月留金管夜归迟。”

四二　松江陈花南韶官居理问，而卜居西湖梅庄，置身吏隐之间。有《君山寻浮远亭》诗云：“不识君山路，偏寻浮远亭。江涛回岸白，树色接城青。樵响来何处？禅扉静不扃。娟娟修竹里，何日读《黄庭》？”

四三　吴门樊绍堂善隶书，能画，工篆刻，年三十而亡。诗稿散失，仅记其《别随园》一绝云：“西向仓山谒我师，离魂渺渺有谁知？真空悟彻三千界，待索灵根再学诗。”

批注：“灵根”，秉性灵，诗才也。

四四　康熙己卯，史胄斯宫詹公典试浙江，子文靖公年十八，读书京邸。宫詹令迟岁观场，不必亟亟。文靖公必欲观光，私求其母彭太夫人。彭述宫詹之意，且笑曰：“无力措办考具。”文靖公偷拔太夫人金簪去，曰：“办卷烛足矣。”太夫人佳其志，许之。遂领乡荐。次年，入翰林。宫詹公督学浙西，闻捷音，因事出意外，口占七律寄云："垂髫何意着先鞭？且喜书香得再延。事业千秋今日始，声名一夕满城传。登科岂足荣乡里？稽古还须及少年。律己贵严人欲恕，昔人明训有遗编。"从此食禄六十四年，官至相国。家有牙牌云"六部尚书，八省总督"，载余撰神道碑中。

批注："史文靖公名贻直，以附年羹尧党门下见用。年败，而史不入党祸，亦才人也。"（批本语）

四五 学，然后知不足。张月楼《自忏》云："自家谩诩便便腹，开卷方知未读书。最羡两堤杨柳树，看他越老越心虚。"

四六 胡进士森字香海，掌教真州，西江人也，而不染西江派，以诗见示。《真州城东水边》云："人事难谢绝，我心清且闲。开门送客去，傍水看花还。溪岸春三月，渔家屋半间。桥边有钓石，分坐听潺湲。"《舟中》云："新月看欲上，水程行未休。雁声沙际起，山色暝中收。心远偶思画，身闲时在舟。忘情羡渔者，垂钓坐溪头。"俱有王、孟遗音。

批注：袁枚于"西江派"（即南宋江西诗派）终无好感。

四七 壬寅，余游天台，留别送者琴典史齐公子云："七十年华千里路，劝侬还要再来游。"自分无再来之事，而不料庚戌春，又到天台矣。乙酉，余年五十，题嵇二公子诗云："者番一别侬衰矣，此后难禁三十年。"亦自料必无八十之寿也。及至乙卯，而又见公子于锡山。屈指计之，刚三十年。

四八 湖南龙阳女史赵玉畦《湖上泛舟》云："鱼鳞江上碧烟开，月影萧萧度树来。一片渔歌何处起？芦花深处小船回。"

四九 丹徒张舸斋之父名堂，字季升，号南原，生有清才，三十岁卒。舸斋以遗稿见示。录其《晚宿丁角村舍》云："夕晖将敛照，归鸟亦依林。平野烟光合，孤村树色深。倦投茅舍宿，醉拊瓦盆吟。一夕安眠好，来朝向碧岑。"《青山庄》云："平泉草木徒夸丽，金谷楼台已作尘。剩有斜阳七层塔，天风时复送铃声。"《春日雨霁》云："新月未生影，余春犹作寒。"《夜过云阳》云："秋声夹岸荻苇动，夜气入舟衾簟凉。"俱妙。

五〇 长洲秀才蒋砚畲耕堂，少有才名，惜不永年而卒。临终，以诗稿三册，付其门人陈竹士，中多佳句，如:《欲雪》云:“昨夜风高振林薄，萧萧飒飒涛声作。晓来饥雀啄空檐，寒云一片松梢落。”《郭外晚眺》云:“初晴携杖去，郭外望斜晖。野旷寒山出，天清远树微。晚烟依水聚，归鸟背云飞。寂寞江村暮，人家早掩扉。”佳句如《得陈红桥楚中书》云：“江衙吏散鼍鸣鼓，山阁灯寒虎叩门。”亦隽。

五一 前辈宋铁才司农，在京师同作翰林，比邻而居，今已仙去廿余年矣。春间，小住姑苏，其郎君蔼若观察执子侄礼来见，并以司农《红杏斋诗集》属余作序。因录其《湾址道中》云：“别路离怀惨不舒，四郊风物自萧疏。远山到眼青无数，一片晴光落笋舆。”“炊烟如线路如弓，水面吹来杨柳风。舞尽榆钱飞尽絮，菜花黄杀野田中。”

五二 近体诗有前用“花”字，后用“葩”字者，皆名手所无也。初学人不可不知。凡他用韵字义之犯重者，皆可类推。

五三 有人好自赞其诗者，人以为嫌。袁陶村云：“勿怪也。彼自己不赞，尚有何人肯赞耶？”又有人常露官气者，人以为嫌。陶村云:“勿怪也。彼除官外，一身尚有何物耶？”其言颇隽，故录之。

五四 田涵斋文龙宰长洲，政声廉明。其父香泉先生名玉，以武职告老，就养署中；终日跨驴虎丘、石湖间，赏花玩月，而民间无丝毫瓜李之嫌。其清风高节，可以想见。有《附蓬小草》，涵斋属余序而梓之。如《虎丘宴集》云：“喧喧歌吹趁时游，云敛天香正及秋。清客舫依沿岸树，美人帘卷傍山楼。但看七里花成市，肯信三生石点头？自是江南佳丽地，吴侬知乐不知愁。”《渡江即事》云：“不知帆席转，只讶市桥移。”《金山夜月》云：“风定铃无语，江流月有声。”《海昌塔庙思归》云:“长鱼跋浪飞寒雨，宿鸟惊林堕折枝。”《暮投寒庄旅店》云:“遥从寒水孤村外，一角青旂认酒家。”《乐安庄宴集》云：“林塘得雨鲦鱼戏，麦陇连云布谷飞。”《春兴》云：“红杏埭长回蛱蝶，绿杨墙短出秋千。”“宽杯酌酒愁心醉，大字抄诗笑眼花。”俱有夷犹自得之趣。其《晋秩自喜》有云：“少有大言身许国，老无恒产宦为家。”更足以想见其胸次矣。

批注：《附蓬小草》之序未见《小仓山房文集》。袁枚类似序文散佚者颇多。

五五 吴江周秉中尚书元理，余戊午同年；宰清远时，余过其邑，小住三日，极为款洽。后官直隶总督，内迁大司空，而芳讯从兹杳然矣。近访得其孙名霁、字朗宇者，年才弱冠，诗笔清嘉。得其《新妆》诗云：“新妆时样髻盘鸦，六幅裙拖越女纱。戏罢秋千身怯怯，倩郎插好鬓边花。”“深院重帘日影斜，当春桃李斗芳华。小姑笑拍肩头问：开否新栽豆蔻花？”又《以美人画障赠屠荻庄贺其纳妾》云：“绰约仙姿并藐姑，丹青好手苦为摹。他时打桨迎桃叶，如此人堪作样无？”又，《即事》云：“好诗喜自无心得，小别愁从隔夜生。”

五六　锡山吴省曾，传神名手也，为尹文端公所推重。三十年前，为余写《随园雅集图》，五人神采如生。时挈其儿松崖名宝书者来见，年才舞象。别二十余年，相遇上元署中，知已入泮。诗才清雅，而尤长于词。《山行》云：“匹练横空起，光从树杪分。飞来千尺水，散作万重云。鹤唳当风远，琴声隔浦闻。此间堪寄傲，载酒一寻君。谓邵无恙明府。”《梅花落》云：“月痕初挂镜眉新，又见冰梅落砌匀。愁煞江南春雨后，梨花庭院倚栏人。”嵇曼叔诵其《咏蕉》云：“香阶小步碧苔侵，叶叶芭蕉展绿阴。看取风前舒复卷，不知心里又藏心。”词如《更漏子》云：“嫩寒添，香雾软，分付画帘休卷。花漠漠，柳阴阴，夜长闲绣衾。　怜瘦影，慵开镜，又是去年春病。睡未足，酒初醒，黄鹂一两声。”《菩萨蛮》云：“无情流水催人去，多情花瓣留人住。今夜酒初阑，教人去住难。　明知成远别，心事无凭说。欲道不相思，泪痕衣上滋。”皆有柳屯田风味。

批注：“五人”指沈德潜、蒋士铨、尹似村、陈熙及袁枚。此图并非写实。柳屯田，北宋词人柳永。

五七　余老矣，年来多不识面之交。今秋，山右茹纶常容斋、陕西崔仰舜悟梅是也。复有京江杜童子克俊者，以诗见寄，云：“大雅于今孰典型？德星兼是老人星。编成文字五千卷，名著乾坤一草亭。北固江声流月去，南徐山色向人青。荷衣此日来趋谒，敢望高人启性灵？”《登月华山》云：“孤磬惊飞鸟，微风送落花。”《过击竹山房》云：“渡口梅花曾有信，门前松柏不知冬。”《偕闻抱苏抑庵访蔡芷衫师不遇》云：“忽忆停云来二妙，未邀明月作三人。”童子年甫十三，而诗已清妙如此。

五八　近时闺秀之多，十倍于古，而吴门为尤盛。兹又得松陵严禄华蕊珠女士《春日杂咏》云：“帘锁炉香尽日垂，曲栏低亚坐题诗。慈亲指点桃花笑，忆否当年靧面时？”“如烟小雨润苔衣，花坞风酣蛱蝶飞。最是无情堤畔柳，绾将春至放春归。”《新秋》云：“凉披薤簟卷帘迟，鹦鹉催成《白雪》诗。怪底凭栏鱼忽聚，鬓花倒影入清池。”震泽王秋卿蕙芳《病中和丽卿小姑诗》云：“长日恹恹坐小楼，未开奁镜懒梳头。负他帘外初三月，眉样教人画一钩。”《送兄公之淮上》云：“才唱邻鸡月尚明，夫君晓起送兄行。逍遥堂后风和雨，千万今宵莫作声。”“八公山下柳毵毵，漂母祠边驻客骖。屈指行程容易到，一千里路尚江南。”《病夜》云：“更残又转漏漫漫，瘦骨支离未得安。梦醒时闻儿学语，香微便觉夜生寒。垂头一穗灯花吐，隔帐频搓倦眼看。落月半钩清似水，今宵孤负好阑干。”吴江李凤梧《病起探春》云：“轻寒恻恻雨如麻，病里生涯事事赊。起傍阑干探消息，春红又到牡丹花。”其他佳句，如：“青知春树发，红漏夕阳深。”“点砚飞花初着雨，当窗高竹预迎秋。”皆楚楚可诵。凤梧为玉洲太史孙女，足征渊源有自也。

批注：严蕊珠，字禄华，吴江（今属江苏）人，卒年二十岁。十八岁时列为袁枚女弟子。因其博雅，被袁枚称为“闺中三大知己”之一。另两位是席佩兰、金逸。

五九　南齐有才女韩兰英，献《中兴颂》者。吾家侄妇戴兰英，名与之同，而才貌双绝，嫁从子□，□赴京兆试，卒于京师。兰英年才二十余，傫然嫠也，教其孤阿恩，冀他日有陶、欧两母之望。余为题其《秋灯课子图》。兰英赋长句谢云：“翁昔才名噪天下，惜墨南金重无价。春三闻泛武林舟，急命工师绘图画。杖朝今旦客缤纷，欲乞题词日不暇。辱索收录付侍史，顿释从前心胆怕。一回瞻拜一回幸，五月频烦三枉驾。白门归棹甫经旬，兔毫跃起珊瑚架。寄来展诵琳琅句，细楷高年真奇诧。九天云影忽下垂，千里河源惊直泻。卷中差比无盐齐，林下惭非咏絮谢。九龄稚子课未成，一盏秋灯贵难卸。蒙公椽笔撰长歌，俨似莲峰耸太华。滥厕弟子十三行，我较名姝有凭藉。夫婿君家旧竹林，一脉师门非外借。仓山山色晚逾青，道远枫江阻亲炙。读尽丹铅万卷书，弱草也沾时雨化。深闺寂处提唱稀，拟托闲吟辄兴罢。从今暗里度金针，络绎抽思昼复夜。蛩音岂作许田易？鸿藻翻同郑璧假。敢附齐代韩兰英，终愧君家袁大舍。”

批注：袁枚请尤诏绘《十三女弟子湖楼请业图》，戴兰英厕身其中，可见其于女弟子中的地位。

六〇　今人受业于师者，不过学干禄之文，为科第起见。故科第既得，而得鱼忘筌者，往往有之。其他势利之交，更无论矣。独吾门下有两君子焉：一韩廷秀，字绍真，金陵人；一吴贻咏，字种芝，桐城人。二人者，与余相识已久，无师弟称。韩中庚戌进士，吴入癸丑翰林后，都来执贽称师。其胸襟迥不凡矣。余按西汉惟于曼倩官廷尉后，才北面迎师，学《春秋》。二贤可谓有古人风。韩《题刘霞裳两粤游草》云："随园弟子半天下，提笔人人讲性情。读到君诗忽惊绝，每逢佳处见先生。经年共领江山趣，一点真传法乳清。努力更成三百首，《小仓集》定不单行。"余道此诗，亦随园派。所云"三百首"者，因余许其合《毛诗》之数，为代刻也。韩为人温恭博学，宰广西马平县，七日而亡。惜哉！吴现馆礼亲王家。平日诗稿，尚未寄来。

批注："提笔人人讲性情"道出随园派之特点。此处指出"随园派"一词甚是重要，可见当时其已成流派。"随园派"，即性灵派也。

六一　溧阳彭贲园先生，因余有《诗话》之选，寄其友京江许乃扬介山诗来。因录其《见燕》云："是向南飞向北飞，津亭杨柳已斜晖。此行倘过秦桥岸，只恐春归我未归。"《冬日闲步》云："一路看山出里门，残冬天气比春温。隔篱犬吠生疏客，始悟吟诗过别村。"又，九十三岁沈培龄文搂《燕山寺》句云："夕阳人散邮亭冷，夜月僧归石径孤。"《石屋山》云："紫电已飞炉焰熄，青山常在霸图休。"俱清妙可存也。

六二　门下士孙莲水秀才，自山左归，为余言学使阮芸台阁学风雅绝俗、爱士怜才。渠深感栽培之恩，并诵其《小沧浪雅集诗》云："北渚离尘鞅，明湖浸翠微。濠梁宜客性，山水愿人归。乐趣庄兼惠，吟情孟与韦。孤亭复虚榭，徙倚意无违。"《莱阳试院晓寒》云："渤澥阳和犹未回，晓闻昕鼓发轻雷。山风入院旆初动，潮气满城关未开。昨夜清樽思北海，何人博议似东莱？此时颇让江南客，官阁春深落古梅。"余为钦迟不已，惜乎未窥全豹。近复持衡两浙，吾乡多士，得一宗工，当何如抃庆耶？

批注：阮元（1764—1849），字伯元，号芸台，仪征（今属江苏）人。官至体仁阁大学士。学问渊博，经学、方志、金石学、训诂及诗词皆造诣深厚，著作等身。

六三　秋帆尚书家，一门能诗；自太夫人以下，闺阁俱工吟咏。余已摘所著，梓入《诗话》中。兹又得张恭人绚霄、号霞城者《踏青词》云："平原芳草乍芊眠，巷陌人家例禁烟。一阵风来闻笑语，绿杨楼外有秋千。"又，《剪秋罗》诗云："半晌无言倚竹扉，绕丛蛱蝶故飞飞。秋来也有风如剪，裁出香云作舞衣。"尚书长女智珠、号莲汀者《踏青词》云："绿窗今日下帘钩，女伴相邀结胜游。一样春光分冷暖，桃花含笑柳含愁。"又，《送春诗》云："韶光九十太匆匆，芳径香残蝶影空。一缕游丝无着处，也随飞絮过墙东。"藻思芊绵，皆不愧大家风范。其他佳句甚多，因《诗话》不能多载，别刻入诸女弟子集中。但老人未接风裁，而遽蹈好为人师之戒，或未免为扫眉才子所笑耶？霞城以子鄂珠贵，诰封恭人，曲阜衍圣公□□，其婿也。智珠善写生，花卉新艳。闲居，与张恭人撰《三唐诗钞》数十卷，嫁松江陈孝泳通政家。

六四　王孔翔秀才自都中归，有添香女史马翠燕者，托其带寄手札一函，诗词三种。不料三千里外，闺阁中犹爇随园一瓣香，尤足感也。来札云："添香家本维扬，寄居京国。性耽文史，获事才人。虽三五年华，未工染翰；而四千乡路，时切依云。盖以女子尽识韩康，黄金宜铸贾岛，每恨不获撰杖捧履，列弟子班也。郎主小山，宁海查声山之裔。扫眉窗下，许捧盘匜；问字灯前，得窥点画。犹恨小仓山远，大雅堂高，执业有心，望尘无分。谨藉双鱼之便，用申积岁之忱。附以涂鸦，敢求点铁？先生乐育为怀，当不挥诸门墙之外。谨呈旧作《鹊桥仙·七夕》词云：'银湾斜挂，金波徐展，天上人间今夕。黄姑渚畔路迢迢，何处问支机消息？　锦屏红烛，玉窗罗袜，剩喜鹊桥不隔。青鸾休促紫云车，且良夜倍相怜惜。'"

批注：马翠燕札可反映当时闺阁诗人对袁枚之崇仰。

六五　夫妇能诗，古今佳话。近今如张舸斋之与鲍茝香，尤其杰出者也。久载《诗话》中矣。今冬到京口，茝香出其母陈夫人逸仙诗，方知为海门居士皋之妻，诗才英妙。奁具旁一日无笔砚，便索然不乐。《南归》云："一载团圞客帝京，儿孙荐酒笑相倾。春风紫陌芳尘软，秋日金门步辇轻。绶带薄沾新雨露，自注：京中绶带花极茂。邮签重叠旧归程。朝朝盼断南来雁，白发何堪远别情？"《北河舟中》云："故国京华两路赊，人从云水泊天涯。闲寻归梦篷窗底，小艇撑来叫卖花。""乍晴乍雨杏花天，帆带斜阳柳带烟。正是客心惆怅处，晚风樯尾燕翩翩。"《中秋忆姑》云："丹凤城边转画轮，炷香遥祝北堂春。故乡一样今宵月，应对清光忆远人。"夫人抱此才，宜其子女俱以诗鸣。现任部郎雅堂居士，其长子也。

夫人长女之兰、季女之芬，俱耽吟咏。今录之兰《落叶》云："金飙何意太无情，处处园林似落英。疏柳飘残沟水急，（按：下缺。）"

批注：鲍氏一家皆诗人，亦是令人惊叹。

六六 镇江都统成警斋先生策见访随园，适余在扬州，未得一见。及余到京口，小住女弟子骆佩香家：先生晨夕过从，束脩之使无日不往还。将其见赠诸诗，已刻入《同人集》矣。犹记其佳句《咏风筝》云："遇雨不妨收掌握，乘风仍可至云端。"《即景》云："深院飞花随碧水，画帘微雨近黄昏。"《远望》云："红杏花娇堪驻马，绿杨丝细不遮楼。"《偶成》云："醇醪饮久翻羡淡，荼蓼尝多转觉甘。"俱新妙可喜。

卷 九

一　班史称河间献王云："夫惟大雅，卓尔不群。"盖盛称贤王之难得也。本朝文运昌明，天潢之裔，皆说《礼》敦《诗》。前已载瑶华主人、檀樽世子诗矣。今又接到豫亲王世子思元主人诗文四册，殷殷请益。其好学虚怀之意，尤可敬也。录其《从军行》云："拔剑请长缨，从军古北平。黄云迷野戍，白雪淡荒城。旗卷龙蛇影，弓争霹雳声。燕然勒铭者，投笔本书生。"《咏桂》云："月里亭亭花发时，天香不散任风吹。繁条细蕊无心折，欲折还须第一枝。"其他佳句，如《观瀑》云："气喷青嶂雨，凉泻碧天秋。"《秋思》云："啼蛩欲和相思韵，儿女偏怜薄命花。""草能蠲忿人宜佩，花到将残蝶竞扶。"录见赠一章，入《同人集》中，以志光宠。记《答谢瑶华主人》七律，有二句云："宗子久钦龙凤质，仙才多出帝王家。"可以移赠。

批注："思元主人名裕兴，为人忠厚，不免童呆气。爱习拳勇，酒量极宏，其与客饮，辄夜以继日，醉后往往咬人，尤为奇绝。后与瑶华、汲修，皆以事革为庶人。"（批本语）

《同人集》指《续同人集》。

二　又记瑶华主人《赋得"寒梅着花未"》一律云："把手问乡关，来时腊雪间。冻枝犹倔强，老铁可弯环。数点先胎玉，千重对面山。只应颜色好，无那鬓毛斑。此兴谁堪寄，何时梦得闲？南楼明月共，东阁绮筵攀。霜菊根难萎，烟蒲绿早删。凭君勤恳意，消息慰孤鹇。"末自跋云："此那东甫祭酒课士题也。友人卢药林请赋之，因见诸人赋此题者，不过一首梅花诗而已。如《随园诗话》中所谓‘相题行事’者，竟无一人。因书此以质之仓山居士。”大道无形，惟在心心相印耳，诗岂易言哉？

三　檀樽主人又有《游香界寺》诗云：“暮天微雨歇，松子落深岩。石磴千峰逼，危桥夕照衔。秋声惊客梦，凉意上吟衫。空际妙香发，天花自不凡。”《黑蝶》云：“谱翻别派写滕王，蝉翼轻翾堕马妆。栩栩漆园才入梦，果然身到黑甜乡。”佳句如《秋柳》云：“夕照村墟残万缕，东风楼阁忆三眠。”《寄人》云：“燕台十月清霜冷，江上三春细雨多。”俱能独写性灵，迥非凡响。

批注：“独写性灵”，是抒写性灵的高境界。“独写”，有个性、有创意之谓也。

四　近日金陵多少年英俊之士，年逾弱冠，而落笔清妙者，有五人焉。一严小秋文俊，《偶成》云：“无缘飘泊少人知，寓目园林任所之。有节竹能经雪压，无根萍总受风欺。好花易惹游人梦，衰柳难留宿鸟枝。独步苍苔添逸兴，月明楼上听吟诗。”又：“好山当户青于画，修竹盈窗绿上书。”“青山含月隐深树，红叶随风飞半天。”一金桐轩德荣，《春烟》云：“细草如茵卷翠帘，林阴深处袅轻烟。远山一角人难画，新柳千行昼欲眠。花气小窗风定后，莺声两岸雨余天。剧怜薄暮长江外，罨霭全迷渡口船。”“古寺迷离望不真，晴烟漠漠罩江村。漫山树色浓无影，隔浦岚光淡有痕。嫩绿池塘风荡漾，晚花庭院月黄昏。碧纱剩有熏炉伴，缭绕余香尚满轩。”又：“秋生桐叶怯，凉到葛衣知。”一庄穆堂元燮，《闺情》云：“锦幕低随小院门，阑干深处月黄昏。醉褰翠袖拈花影，笑把银灯照酒痕。好梦醒时云鬓乱，浓香熏罢绣衾温。更阑玉臂还同看，可有蛇医旧印存？”又：“月阶坐久惊花梦，病颊秋深褪粉光。”“裹山云似絮，远牧马如羊。”一司马灏莽高，《闺情》云：“云情叆叇画楼西，呼婢熏香翠袖低。不识檀郎千里外，可曾听见子规啼？”《访白秋水不值》云：“秋风吹我到君家，秋色犹存野菊花。料得高人行未远，案头杯有带烟茶。”又：“酒醉一枕上，船过几渡头。”一王西林汝翰，《再宿随园》云：“昔年身宿蕊珠宫，此日重披立雪风。山鸟多情如识我，骚坛有主合依公。花栽潘令开应早，琴对师襄鼓易工。一几乌皮书万卷，分明此景旧时同。”《舟行有见》云：“雾鬟烟鬟水上头，兰桡斜倚蓼花洲。眼波欲逐川流去，眉翠如含风色愁。细雨拟教樯燕寄，闲情敢望珮珠投？分飞八字帆何驶，还想前途一并舟。”又，《春寒》云：“人间富贵来多晚，天上阳和转亦难。”“山翠湿沾帽，水风凉上衣。”“独笑对花语，卷帘迎明月。”此五人者，离随园不过二三里。老人不负住秀才村，故录之，亦以勖其再进也。

批注：鼓励后学，袁枚视为己任。

五 黄蛟门《重到张香岩家》云："不到华堂廿载余，重来还认旧楼居。墙间半渍儿时墨，架上犹存校过书。满院枇杷阴不改，侵阶萱草茂于初。木公金母多情甚，音问频频说久疏。"此诗情文双至，家亦近随园。

六 和余《八十自寿》诗者多矣，余最爱程望川宗落押"愁"字韵云："百事早为他日计，一生常看别人愁。"和"朝"字韵云："八千里外常扶杖，五十年来不上朝。"将"杖朝"二字拆开一用，便成妙谛。

七 吾乡方伯张松园朝缙先生，受知于福敬斋公相、毕秋帆制府，而气局恢宏，椠椠大才，亦与两贤相似。口不谈诗，而兴到偶作，迥不犹人。《清明后一日和旭亭韵迟随园不至》云："天亦多情惜好春，故将春仲闰三旬。花当极盛难评色，水到长流不染尘。偶泛烟波摇画舫，每因诗酒盼才人。嫦娥忽掩今宵月，鬓影钗光看未真。"

方伯九姬，最爱者春芳叶氏，年将四旬，而风貌嫣然，似服仙家荀草者。以扇索诗，余即席赠云："一朵仙云出画堂，刘桢平视讶神光。牡丹开到三春暮，终是群花队里王。"八人者皆不悦，而夫人读而喜之。适余向方伯借车，夫人以肩舆相借，因再续云："偶向公孙借后车，竟逢王母赐花舆。坐来似欲乘风去，想见天衣重六铢。"

批注："松园是如皋人，子才以为同乡，可笑。张短而多髯，绰号'张三毛'，专为达官置办姬妾，和珅妾蕊香，即张托刘二秃所进。"（批本语）

八 溧阳王云谷，与余同寓苏州铜局，代主人杨仁山款待甚殷；诵其《咏秋月》云："八月西风夜气寒，桂花香冷露初抟。中庭地白三更后，独鹤与人相对看。"可谓清绝，不食人间烟火。

九 苏州陈竹士秀才与余同游四明，一路吟咏甚多。见赠云："神仙从古恋烟霞，一首诗成万口夸。到处探奇逢地主，避人祝寿走天涯。生来不饮偏知酒，先生不饮，而严于评酒。老去忘情尚爱花。路走二千年八十，山游不遍不归家。"《咏蚕》云："蚕娘辛苦说天晴，听唱罗敷《陌上行》。蓬底绿云吹不断，采桑风送剪刀声。"《湖庄》云："晓寒临水重，春梦近花多。"《钱塘江阻风》云："水能驱岸走，风不放潮归。”皆妙。

批注：手抄本《袁枚日记》载第一首诗，题曰《路上赠简斋夫子》，无小注，“路走”作“道里”。

一〇　己未座主留松裔讳保先生，于诸门生中待余最厚。乾隆七年，今上有保荐阳城马周之旨，公欲荐余，疏已定矣。余以亲老家贫，苦辞而出。今公去世已久，幸从赵碌亭先生处得公事略，为之立传。又采录其《游天台国清寺》云：“风定幡空月满廊，悄然铃铎梵音长。依依归鸟寻巢语，淡淡闲花带露香。籁静境随云共化，心空声与色俱忘。周围缓步饶幽趣，微妙还须叩法王。”《西湖断桥残雪》云：“湖旁积雪景堪描，点缀春寒属断桥。绝似钱塘苏小小，残妆剩粉不曾消。”

批注：《小仓山房续文集》卷三十三有《吏部侍郎留松裔先生传》：“公，完颜氏，名留保，字松裔，满洲正白旗人……迁通政使、礼部侍郎，署掌院学士。”

一一　今年二月，余小住真州，京江女弟子骆佩香迟余不至，寄诗云：“柳外江波绿泼醅，高楼延伫首频回。心怜春雨花朝过，目盼先生桂楫来。新作羹汤储夕膳，旧眠吟榻扫尘埃。真州底事勾留久？不到寒闺举酒杯。”

一二　香亭弟家居八年，有终老林泉之意。今岁因家事浩繁，治生无策，复作出山之云。恐余尼其行也，不以相告；引见后，方知之。离别之际，黯然神伤：盖余年八十，弟亦六十有六矣。别后，寄诗《留别》云：“不忍留行不送行，去留无计共伤情。明知衰朽深怜弟，怕以穷愁更累兄。未历风波先破胆，欲言离别强吞声。痴心五载乃寻约，还想重来事耦耕。”“岭峤分襟昔已伤，此行双鬓更苍凉。人当垂老何堪别？花到残枝那得香。誓及来生情可想，会期他日梦偏长。殷勤苦嘱双眶泪，不许临歧洒一行。”

批注：袁香亭（名树）约乾隆五十二年（1787）任端州太守，不久因前任霍丘事罢官，亭居八年。于乾隆六十年（1795）再赴广东任职，所谓“复作出山之云”也。

一三　乙卯二月，在扬州见巡漕谢香泉先生，乃程鱼门所拔士也，倜傥不凡。《游泰山》五古数章，直追韩、杜，以篇长不能备载，仅录其《飞瀑崖》云：“石罅中峰劈，飞潨曳练来。自天张水乐，平地起风雷。题咏此间遍，幽夐众妙该。

封峦经七二，御帐望中开。”又，《跨虹桥南，见唐陶山勒石绝句，欣然如见故人，时唐宰荆溪诗以寄之》云：“失喜陶山入望来，丹崖赤字独徘徊。吟情正忆鸣琴暇，罨画溪头日几回。”陶山名仲冕。余读之，方知楚南有此诗人，方以不得一见为恨。不料十月间，陶山宰吴江，忽以书至，云爱而不见，今秋以重价购余《全集》。方知天涯又得此知己也。以诗赐观。《扫墓》云：“梦里瞢腾色笑微，九原长恨隔春晖。羊肠细路通樵径，马鬣新阡隐石围。雾满藤萝侵屐湿，草枯蚱蜢傍衣飞。可怜身上拈残线，游子而今尚未归。”余尤爱其五言十字云：“云开如让月，风定为留花。”

一四　陶山有二友：一何君焕，一胡君大观，皆有诗来。何《春望》云：“池馆依稀小谢家，每凭朱槛玩春华。巢分院语东西燕，雨过枝添向背花。田树短篱皆种芋，人归村坞半收茶。渔童小结罣罳网，溪畔冲风一笠斜。”《偶兴》云：“风爱约萍行别涧，花如扶槛睡春阴。”胡《客中》云：“乡心秋雨集，旅况夜灯知。”《登城楼》云：“江浮鸭绿晴方好，山带螺青雨后来。”二人诗皆可入画。

一五　曹星湖龙树，江西孝廉，宰如皋，政尚宽和，邑多瑞应。乾隆癸丑春，有白乌集署，星湖诗云：“曙色遥分小院东，才栖画戟又帘栊。哺成巢子头先白，衔尽桃花口未红。可到瑶池曾浴羽？还疑雏鹤学迎风。生成一种幽闲性，莫怪丰标太不同。”未几，邑中麦有一茎二穗至八穗及连理者，又赋诗云：“四野农歌作美谈，荐随春韭赛随蚕。孪生也与人同孕，并种浑如玉出蓝。镰趁日中阴琐碎，耞喧树外亩东南。何当写入丹青里，共庆民间帝泽覃？”一时绅士和者千余首。

星湖又有《崇川夜舟》云：“西风吹送一帆斜，树杪危蹲几个鸦。两岸沙滩明似昼，又添霜月与芦花。”《游栖霞》云：“晴日树中疑雨至，隔江风里有云来。”真乃天机清妙。

一六　扬州方立堂孝廉之父觇楼居士，有《言诗》一首云：“情至不能已，氤氲化作诗。屈原初放日，蔡女未归时。得句鬼神泣，苦吟天地知。此中难索解，解者即吾师。”数言恰有神悟。又，《与王晴江进士集平山堂》云：“每逢登眺感遗踪，顿觉尘心似酒浓。不信但听亭子上，迷人楼打醒人钟。”末首云：“江左风流聚一坛，无名终恐是方干。”先生困于巾褐，二句殊可伤也。又，《赠朱草衣》云：“才高双眼白，吟苦一肩高。”第二句，酷肖诗人穷相。

批注：“情至不能已，氤氲化作诗”，道出性情诗创作的心理动力，亦情生文之意。

一七 余在观音门阻风，偕小秋访林铁箫，晚与诸诗人小集六松山庄。栖碧僧有句云："树密聚啼鸟，庵荒住懒僧。""天上若无难走路，世间那个不成仙？""有情山鸟啼深树，无事闲僧扫落花。"董容庵有句云："麈尾尽听前辈语，春风先上酒人颜。"刘寿轩有句云："蓬门久盼高轩过，蜡屐偏偕好雨来。"栖碧僧梦人出对句云："月出波微动。"僧答曰："风生树渐鸣。"

一八 京江左兰城尝云："凡作诗文者，宁可如野马，不可如疲驴。凡为士大夫者，宁可在官场有山林气，不可在山林有官场气。"有味哉其言！

批注："野马"，活；"疲驴"，死：诗须活，不能死。"山林气"，自在无拘束；"官场气"，束缚应酬语。

一九 昆圃外孙访戚于吴江之梨里镇，有闻其自随园来者，一时欣欣相告，争投以诗，属其带归，采入《诗话》。佳句如邱笔峰《野泛》云："棹惊归浦鸭，犬吠过桥僧。"沈云巢《杨花》云："夜月不知来去影，征衫偏点别离人。"屠荻庄《醒庵分韵》云："老衲一龛依古佛，斜阳半壁恋诗人。"汝阶玉《即事》云："寒忆衣裘春日典，贫愁薪米闰年添。"

二〇 处州山水清佳，而朴野已甚。余壬寅春游雁宕山，过缙云县，见县官讼堂养猪，为之一笑。伊小尹太守到任后，寄诗来云："弹丸十邑宰官分，四野谁歌挟纩温？山地畸零休论顷，人家三五便成村。清秋露冷猿啼树，黑夜风号虎到门。利用厚生当务急，就中俗吏恐难论。"又："四面青山秋意早，一城红叶市声稀。"皆酷是处州光景。

二一 族弟舒亭知守大同，寄诗册属余为序。余家有阿连，而竟不知，殊自愧也！录其《施竹田丈招同泛湖访恒上人》云："破晓重湖一望收，段家桥畔系扁舟。山寒无处不宜酒，木落有时还带秋。烟景落谁佳句里？好风吹我上方游。慈云佛火殊清绝，始信花宫胜十洲。"《闲吟》云："倦枕余闲午梦长，萧萧梧叶下虚廊。六时且喜得常静，一雨便成如许凉。花鸟心情闲甲子，湖山风月好家乡。征程千里怀人处，回首旗亭又夕阳。"又，《游圆通寺》云："路回依树曲，屋小抱山幽。"又，《同严历亭、江砚香送李宁圃从江宁移守松江，宴随园听孙啸壑弹琴》云："六朝风景记当时，伯氏樽开酒敢辞？珂马声嘶芳草渡，江云影入绿波池。喜无俗客开三径，别有清风向七丝。即此仙源欣共到，芳亭倚遍夕阳迟。”其清妙不减樊榭。

批注：袁知有《次主斋诗集》等。

二二　青衣郑德基，久选其诗入《诗话》矣。今秋从邳州归，又送诗来。再录其《濠梁题壁》云：“粉壁题诗半有无，好花看遍又非初。十年再到重游路，似理儿时旧日书。”《呈袁椒园先生》云：“奔走天涯岁又阑，孤飞聊借一枝安。琴除自赏知音少，衣代人裁合体难。”吴江唐陶山明府席上，出青衣吴振邦、钱圣达两人九月同游石湖登上方山诗，吴云：“短棹双飞漾白蘋，平湖秋淡胜于春。岭悬一线云边路，客倚残霞画里身。石洞黄花留夕照，佛楼清磬送游人。重寻旧日题诗处，藓壁模糊认不真。”钱云：“策杖登山最上头，一湖帆影去来舟。芦花点白明如雪，枫叶烘丹画出秋。落帽西风传塔语，如钩新月挂钟楼。招邀共举茱萸会，携得双螯酒一瓯。”又有“红蓼滩边一钓人”七字可绘作小照。余谓诗有因贵而传者，有因贱而传者，如此等诗，出于士大夫之手，而不出于奴星；则余反不采录矣。

批注：奴仆诗“因贱而传”，可见袁枚不无市民意识。

二三　昔曹子桓以金币购孔融文章，韩昌黎以光芒夸李、杜：皆追慕古人，非生同时者也。四川李太史雨村先生，名调元，与余路隔七千里，素无一面，而蒙其抄得随园诗，爱入骨髓。时方督学广东，遂代刻五卷，以教多士。生前知己，古未有也。二十年来，余虽风闻其说，终不敢信。今秋，先生寄信来，与所刻《随园诗》《童山集》。其最擅场者，以七古为第一。《观钱塘潮》云：“八月十五钱塘潮，吴侬拍手相呼招。士女杂坐列城下，人声反比潮声高。江头日上潮未起，渔子拏舟泊沙觜。笳鼓乍鸣人竞看，一齐东向沧溟指。忽闻江上声如雷，迢迢一线海门开。万马奔腾自天下，群龙踖跳随波来。潮头十丈飞霜霰，水气横空扑人面。天为破碎城为摇，百万貔貅初罢战。逭遝不闻市声死，群儿夸强弄潮水。小舸颠簸似浮萍，一时出没烟波里。我是人海中一粟，睹此目眩身局促。明朝风静渡钱塘，犹恐再遇灵胥纛。”即此一首，可想见先生之才豪力猛矣。又，《登峨嵋》有句云：“但见云堆平地上，始知身在半天中。”方知非有才者不能怜才。

批注：李调元崇仰袁枚，乃“有才者”怜才，故更为袁枚所看重。

二四 和希斋大司空，为致斋公相之弟，征苗功大，皇上加封伯爵。而公位愈尊，心愈下，寄书黄小松司马云："袁简斋圣世奇才，久思立雪。客中携《小仓山集》一部，朝夕捧诵，虔等梵经，如亲仪范"，云云。又寄随园札云："我辈当如生龙活虎，变化不测。宋儒之为道拘，犹士大夫之为位拘也。读先生之文，知先生之为人。以故愿为弟子之心，拳拳不释。"呜呼！此丙辰五月间公亲笔也。不料至八月，而公竟薨于军中。余感知己恩深，伤心一恸。除赋诗哭公外，访求公诗，仅得《西招杂咏》十余首，录其《中秋德庆道中》云："山峻肩舆缓，征人夜未休。久忘家万里，惊见月中秋。去岁姜肱被，今宵王粲楼。喜成充国计，含笑解吴钩。"《答瑶圃中丞问客况》云："遥想归旌绕乱山，山容新沐簇烟鬟。行人云际须眉露，恍驾鸾骖拾翠还。""山云初起电光斜，山雨吹来风力加。一霎小楼云雨过，最高峰上落梅花。"《西招四时吟》云："莫讶春来后，寒容似转添。小窗欣日色，大漠渺人烟。风怒沙能语，山危雪弄权。略存桃李意，塞上也争妍。""山阳四五月，嫩绿傍溪生。草长刚盈寸，花稀不识名。开窗纨扇废，挟纩纻罗轻。树有浓阴处，都翻弦索声。藏中妇女，无论贵贱，多于树阴连臂踏歌。"《春夜》云："银釭闪闪漏迢迢，风送边声助寂寥。残月印窗天似晓，寒鸡惊梦酒初消。频年客况春尤甚，一片乡心鬓易凋。莫以沐猴讥项氏，夜行衣锦笑班超。"

批注：和琳（希斋）于袁枚如此敬重，袁枚亦视其为"知己"。此高官攀附袁枚，非袁枚去巴结高官也。

二五 赵子昂云："诗用虚字便不佳。"余按曹孟德亦有此论。不知歌必曼其声裁韵多，舞不长其袖则态少：此《三百篇》中所以多"兮"字也。然唐人恰有诗曰："险觅天难问，狂搜海亦枯。不同文易赋，为著也之乎。"则又虚字不可多用之明证矣。

二六 余曾咏《夏姬》云："国色当年出楚宫，自餐荀草泣东风。谁知杀过三夫后，竟与巫臣共始终。"后见宋孙奭《孟子》"伯夷目不视恶色"《疏》引《史记》云："晋杀巫臣而娶夏姬。"遂删此诗。后考《史记》，并无此语。再按晁公武《读书志》言：孙奭《疏》兼取陆善经之说，如云："子莫执中，教人不可执中也。"此解尤奇，而今本无之。盖此《疏》乃邵武士人伪作，见《朱子语录》。

二七 汉平、勃安刘之功，起兵诛诸吕，不诛审食其。唐五王起兵复唐室，不诛诸武，而徒诛竖子无能为之二张，宜其留后患也。余幼时尝作诗曰："我为五王谋，兴唐欲灭周。全家诛产、禄，远谪辟阳侯。”同学徐鉴元笑曰：“君爱其貌似莲花耶？”

二八 陈季常作龟轩。东坡诗云:“人言君畏事,欲作龟头缩。”非讥其惧内也。坡《别季常》云:“家有红颊儿,能唱绿头鸭。”是季常有妾矣。又曰:“开门弄添丁，啼笑杂呱泣。”是季常有子矣。

二九 余出门归，必录人佳句，以壮行色。嘉庆初元，小住扬州，得许祥龄《过筱园》云：“楼当曲处疑无地，竹到疏时始见天。”孙光甲《红叶》云：“偷来花样山全改，费尽秋心树不知。”汪兰圃《夜坐》云：“半夜月明乌鹊噪，一天风急斗星摇。”程赞宁《金山》云：“不知风浪连天涌，只觉楼台尽日浮。”《江塔》云:“晓风断渡铃先语，落日中流影渐斜。”郑奇树《遣兴》云:“花落有人常闭阁，风来无客自开门。”林远峰《登大观台》云:“遥看万户炊烟起，一个人家一朵云。”严翰鸿《舟行》云:“船头水响知风顺,林际钟来识寺深。”顾云亭《大江遇风》云:“不信山头还有岸，但看人面总无魂。”亦有七字甚佳者，如汪砚香之“开到桃花雨便多”、张紫珍之“云压炊烟势不高”，皆佳。

三〇 石门孝女闻璞以无兄弟,故不嫁,训蒙养母,有齐婴儿之风。《春暮》云:“桃花落尽柳花飞，啼鸩声中绿又肥。愁绝新来双燕子，帘前相对说春归。”

三一 钱塘徐紫珊诗未刻而人死矣。有人记其《过亡姬墓》诗云：“伤心人出武林城,陇上松间鸟雀声。地下想来无日月,人间愁杀是清明。一杯冷酒梨花谢,二月春寒细草生。老泪无多收拾起,赤山桥畔听弹筝。”《赠谋吉地卜葬者》云:“踏遍千山与万山，寻龙不见又空还。算来此去无多路，只在灵台方寸间。”

三二 余在扬州，年家子方维璋、杨兆品两郎舅，各以诗来，皆翩翩少年。方《踏春词》云：“一层层灿赤城霞，亚字阑干曲曲遮。行过长堤忽回首，碧桃深处阿谁家？”《虹桥修禊》云：“名园此日小勾留，荡漾春风意未休。风雨不来波不起，采兰人上木兰舟。”杨《咏美人梳头》云：“低头才理发鬖鬖，待月临风独倚栏。偶堕鬓边花点点,隔宵抹丽不曾干。”“丝丝委地怕沾尘,忙握牙梳半欠身。如鉴发光如玉指，未成云鬓也怜人。”“兰膏润后绿油油，蜿若游龙绕指柔。分付小鬟合双镜，要从三面看梳头。”

三三 伶人天然官，色艺俱佳，而天性跳荡，如野马在御，蹀躞不能自止。余赠云：“何必当筵舞鬓斜，但呼小字便妍华。万般物是天然好，野卉终胜剪彩花。”“我欲怜卿先自怜，春蚕老去枉缠绵。摩挲便了三生愿，与汝同超色界天。”

批注：“万般物是天然好，野卉终胜剪彩花”，可悟作诗之旨。

三四　古无别号，所称“五柳先生”“江湖散人”者，高人逸士，偶然有之，非若今之市侩村童，皆有别号也。作俑自史卫王家纨袴子弟，闲居无俚，创为“云麓十洲”之号，此后，好事者从风而靡。前朝黄东发、本朝姜西溟两先生辨之详矣。近日士大夫凡遇歌场舞席，有所题赠，必讳姓名而书别号，尤可嗤也！伶人陈兰芳求题小照，余书名以赠云：“可是当年陈子高？风姿绝胜董娇娆。自将玉貌丹青写，镜里芙蓉色不凋。”“叔子何如铜雀妓？古人谐语最分明。老夫自有千秋在，不向花前讳姓名。”

三五　以诗受业随园者，方外缁流，青衣红粉，无所不备。人嫌太滥。余笑曰：“子不读《尚书大传》乎？东郭子思问子贡曰：‘夫子之门，何其杂也？’子贡曰：‘医门多疾，大匠之门多曲木，有教无类，其斯之谓欤？’”近又有伶人邱四、计五亦来受业。王梦楼见赠云：“佛法门墙真广大，传经直到郑樱桃。”布衣黄允修客死秦中，临危，嘱其家人云：“必葬我于随园之侧。”自题一联云：“生执一经为弟子，死营孤冢傍先生。”

批注：有教无类，故袁枚门生众多，性灵派队伍亦因之壮大。

三六　青浦邵明经西樵玘，余甲子分房之荐卷也。后三十年，《过随园》云：“白首再投前荐主，绛帷宁拒老门生？”余读而感焉，问其年登八十，家有园林，在朱家角。余甲寅到松江，顺道访之，拟师生再作盘桓，而西樵殁矣！所镌出游山居诗甚多，仅记其《病足》一联云：“跬步疑分域，同居怅各天。”《梧巢》云：“高树送声疑雨至，虚窗弄影怯灯孤。”

三七　山阴王梅卿女子，能诗，精音律。自伊父被议殁后，茕茕无依。余虑名门之女，竟至流落，故认为继女，而教陈竹士秀才聘为继室。合卺后，子固、叔姬双双归宁。梅卿献诗，情词悱恻。并云：“俟干阿奶百年之后，愿持三年之服。”余感其天良，为之泪下。诗曰：“等闲扶上碧云端，得遂依依膝下欢。风力尽催花絮堕，日光能破雪冰寒。回生法试慈悲大，入骨恩深报答难。愿化衔环双喜鹊，为爷百岁报平安。”梅卿有诗稿百余首，余选其尤佳者，交梓人刊入《闺秀集》中。竹士两娶才女，先纤纤，后梅卿，亦奇！梅卿初名雅三。

批注：《闺秀集》，即《随园女弟子诗选》。

三八 雅三父名谋文，字达溪，为交河令，《狱中寄女》诗云："寻常小别已牵愁，况我年衰作楚囚。劝饮花前何日再？课诗灯下此生休。舟倾宦海真如梦，柝搅离魂又到秋。料得闺中垂发女，也应北望泪双流。"此诗梅卿记之，而诵与余听者也。

三九 两雄相悦，如变风变雅，史书罕见。余在粤东，有少艾袁师晋，见刘霞裳而悦之，誓同衾枕；忽为事阻，两人涕泗涟如。余赋诗咏之。不料事隔十载，偕严小秋秀才游广陵，遇计五官者，风貌儒雅，亦慕严不已，竟得交欢尽意焉。为严郎贫故，转有所赠。余书扇赠云："计然越国有精苗，生小能吹子晋箫。哺啜可观花欲笑，芳兰竟体笔难描。洛神正挟陈思至，严助刚为宛若招。自是人天欢喜事，老夫无分也魂消。"临别，彼此洒泪。小秋作《离别难》词云："花落鸟啼日暮，悲流水西东。悔从前意挚情浓。问东君仙境许依通，为底事玉洞桃花，才开三夕，偏遇东风？最堪怜，任有游丝十丈，留不住飞红。　　春去也，五更钟。隔云烟、十二巫峰。恨春波一色摇绿，曲江头明日挂孤篷。偏逢着杜宇啼时，将离花放，人去帷空。断肠处，洒尽相思红泪，明月二分中。"

批注："两雄相悦"，乃当时社会风气。袁枚亦不能免俗，虽年老"无分"，亦觉"魂消"，仍抱赞赏之怀。

四〇 前人《吊张江陵相公》云："恩怨尽时方论定，封疆危日见才难。"张船山太史题其曾祖遂宁相国祠堂云："功名立后田园尽，恩怨消时俎豆公。"余哭西林相公云："边疆功过青天在，将相荣华碧水沉。"三诗意境，不谋而合。

批注：本卷以下十余条嘉庆本原缺，据乾隆本补。

四一 扬州巨商汪令闻，余姻戚也。己卯、庚辰间，余及见其盛时，招致四方名士徐友竹、方南塘、曹学宾诸公，有琴歌酒赋之欢；然其徽言佳句，竟不传也。今三十余年矣，余过扬州，其孙号源波者，以诗来见。有句云："高峰匿景昼如晦，野草作花秋似春。"又云："特地篷窗高卷起，不辞风露为看山。"皆清峭可爱。问其近况，久不名一钱矣。吁！家产尽而后诗人生，异哉！

四二 李松云太守修莫愁湖，游者题咏甚多。有姑苏名士朱滋年题三首云："亭台好占水云涯，水上雕窗透碧纱。爱煞梁间双燕子，栖来犹恐是卢家。""传神妙笔等分香，雾鬓云鬟浅淡妆。道是洛神生劫后，题诗合写十三行。""玉勒金鞍几辈过，看诗人比看潮多。争呼十五双鬟女，教唱随园《水调歌》。"盖墙上见余诗而作也。

四三　乾隆乙卯，秋闱榜发。主试刘云房、钱云岩两先生入山见访。余告之曰："今科第二名孙原湘，余之诗弟子也。渠癸卯落第时，室人席佩兰以诗慰之，有'人间试官不敢收，让与李、杜为弟子'之句。今孙郎出二公门下，唐钱、刘与李、杜并称；伊妇之诗，竟成谶耶？"二公大喜。余将此语札致佩兰。渠覆书云："读先生札，夫妇笑吃吃不休；因兰《贺外》诗，与老人心心相印也。"其诗载《女弟子集》中。

批注："刘云房名权之，湖南人，官至大学士。"（批本语）

四四　余憎人自称别号，前已论之详矣。偶翻《杨升庵集》，有《讥别号》诗，云："曾子名参字未传，如今别号转纷然。子规本是能言鸟，恰又教人唤杜鹃。"

四五　圣祖南巡，偶觅《乐府解题》一书，出千金，竟不可得。后见郭茂倩解乐府云："'藁砧'者，砆也。'山上山'者，出也。'大刀头'，镮也。'破镜飞上天'，半月也。言夫在何处，'山上复有山'，已出门也。'何当大刀头'，还期不过半月。盖隐语也。"余按：汉景帝时，夏侯宽为乐府令。武帝乃立乐府采诗。郑樵云："乐府有因声而造歌者，有因歌而造声者，亦有声有歌者，无声无歌者。崔豹以义说名，吴兢以事解目，其失传一也。"

四六　丁酉二月，陈竹士秀才寓吴城碧风坊某氏。一夕，梦有女子傍窗外立，泣且歌曰："昨夜春风带雨来，绿纱窗下长莓苔。伤心生怕堂前燕，日日双飞傍砚台。""东风几度语流莺，落尽庭花鸟亦惊。最是夜阑人静后，隔窗悄听读书声。"及晓，告知主人。主人泫然曰："此亡女所作。"

四七　余过观音门，有《题燕子矶》诗，不知何人之作；虽刻画"燕子"二字，有伤大方，然其苦心难没。诗云："满岸蒹葭伴侣稀，金陵化石影依依。潮回似欲衔泥去，浪急还疑贴水飞。绝似谢安高第在，还猜杜甫片帆归。矶边莫怪春风冷，岁岁苍苔换羽衣。"又："山峻喜添龙虎势，台空懒傍凤凰飞。"

四八　香亭在南安舟中书《所见》云："沿滩鱼网列西东，十网扳来九网空，能狎风波无耐性，也难江上作渔翁。"又："每到急流争捷处，大船让与小船先。"俱诗外有诗。

批注："诗外有诗"，有寄托也。

四九　乙卯春，余偕陈竹士游四明，渠《路上》诗云：“风外潺潺识坝来，百夫缆曳客船回。波心一掷如飞弩，怒把春江水划开。”

五〇　梅卿与竹士别后寄余诗云：“一春邗上侍清游，赏尽名花扫尽愁。明月招人骑白鹤，轻风先我别红楼。”“无端小病孤清兴，寄父原约送至苏州，以病不果。独唱骊歌上钓舟。拟遣梦魂随膝下，奈他潮水不西流。金陵在江之东。”

五一　王符《潜夫论》曰：“脂蜡所以明灯，太多则晦；书史所以供笔，用滞则烦。”近今崇尚考据，吟诗犯此病者尤多。赵云松观察嘲之云：“莫道工师善聚材，也须结构费心裁。如何绝艳芙蓉粉，乱抹无盐脸上来？”

批注：王符，东汉政论家、思想家。

五二　诗空谈格调，不主性情，杨诚斋道是“钝根人所为”。近又有每动笔专摹古样者。不知铸钱有范，而人之求之者，买钱不买范也。遗腹子祭墓，备极三牲五鼎，而终不知乃翁之声音笑貌在何所，岂不可笑！

批注：“空谈格调，不主性情”，此批评沈德潜拟古格调说。

五三　六朝人称诗之多而能工者沈约也，少而能工者谢朓也。余读二人之诗，爱谢而不爱沈。佛书性理，俱叠床架屋，至数十万言，不若《论语》《大学》数章之有味。记某有句云：“闻香知梦醒，见性觉经烦。”

五四　初，相士胡文炳决我六十三而生子，七十六而考终。六十三果生阿迟，心以为神，故临期自作生挽诗索和。不料过期不验，乃又作《告存》诗以解嘲。奇丽川中丞抚苏州，镌白玉印见赠，一曰“仓山叟”，一曰“乾隆壬子第一岁老人”。其见爱甚笃，而落想尤奇。

五五　余四妹嫁扬州汪氏，以娩难亡。妹夫楷亭为梓《绣余吟稿》。丙辰春，见女士程友鹤云著《绿窗遗稿》，有硗岩老人序云：“其诗不在家楷亭室人之下。”余读之怃然。《咏蝴蝶》云：“东风为剪五铢衣，觅叶寻香伴亦稀。未必邻家春独好，如何偏欲过墙飞？”《冬夜》云：“帘垂小阁夜生寒，睡鸭香消漏已残。独有梅花心耐冷，一枝和月上阑干。”断句如：“柳飞三径雪，花落一庭烟。”“一湾流水下孤鹜，几点远峰横落霞。”俱佳。

批注：《绣余吟稿》刻入《袁家三妹合稿》。

五六　乾隆丙辰，余觅馆京师，蒙征士蘧云墀先生荐与河南张太守讳学林者司书记事；聘定矣，以路远不果行。乃书扇赠云："十年独坐早知名，又见星轺奉使旌。入谒过蒙追夙好，先生任粤西，与家叔有旧。攀车无那动离情。寒花偶有难开色，德水长流不断声。此日渔阳禾正好，期公一笑比河清。"今又嘉庆丙辰矣，在扬州遇其孙□□，出前扇见示。诗虽不佳，而音尘若梦，乃录而存之。

五七　郑夹漈诋昌黎《琴操》数篇为《兔园册子》，语似太妄。然《羑里操》一篇，文王称纣为"天王圣明"，余心亦不以为然，与《大雅》诸篇不合，不如古乐府之《琴操》曰："殷道溷溷，浸浊烦兮；炎炎之虐，使我愆兮。"其词质而文。要知大圣人必不反其词以取媚而沽名。余《文集》中辨之也详。

批注：《兔园册》，为唐杜嗣先或虞世南著，今已佚。属启蒙教科书。《羑里操》，传周文王被商纣拘于羑里（今河南汤阴）时所作。

五八　刘宾客诗云："集中惟觉祭文多。"余按：刘公本传，七十七而薨，宜其祭文之多也。今余年又过之，而平生乐道人之善；凡王侯、公卿及交厚者，不忍其湮没，《文集》中碑志、墓铭、哀词之类，不止二三百首。在当日诸公必不料余为后死之人；而余亦不料天为诸公身后事，而使我后死也。呜呼！

批注：袁枚集多祭文，亦谋生手段，图润笔费也。

五九　余雅不喜诗坛、吟社之说，大概起于前明末年鸱张门户之恶习。李、杜、韩、苏，坛筑何处？社结何方？惟刘文房有句云："遥闻诗将会河南。"以诗称"将"，似为坛坫先声。

六〇　布衣刘南庐死四十年矣，墓在通州。林铁箫来，诵其佳句云："溪冷鹿驮红叶雨，门闲犬有白云心。"又曰："茶烹雨里烟俱湿，笑向风前齿亦凉。"铁箫诵毕别去，不十日而病死于观音门僧寺中。余为葬于瑶坊门外，题石碣云"清故诗人林铁箫之墓"。犹记其《龙江关》云："一带寒山入暮烟，风帆沙鸟尚依然。回思岁月如流水，再过江头十五年。"

六一　"貌将花自许，人与影相怜。"又："欲语先为笑，将归又转身。"此种绮语，非六朝人不能。唐人李建勋《殴妓》诗云："当时心已悔，彻夜手犹香。"只此十字，胜罗虬之《比红》百首远矣！

六二　赵云松观察渡江见访，曰："一幅蒲帆两草鞋，借名送考到秦淮。老夫别有西来意，半为栖霞半简斋。”余请其小饮，以诗辞云：“灵山五百阿罗汉，一个观音请客难。”

批注：简斋，袁枚号也。原作存斋。

六三 《潇湘录》:“高宗患头风,宫人穿地置药炉,有金色虾蟆跳出,头戴‘武’字。”此杜诗所云“王母顾之笑”是也；以为刺杨妃者，误。

六四 余咏宋子京有句云:“人不风流空富贵,两行红烛状元家。”家香亭袭之,赠张船山云:“天因著作生才子，人不风流枉少年。”似青出于蓝。余咏桂林山云：“奇山不入中原界，走入穷边才逞怪。桂林天小青山大，山山都立青天外。”某太史袭之，作《高黎贡山歌》云：“巨灵开荒划世界，奇峰驱出中原外。走入穷边绝徼中，掀天负地逞雄怪。”似青出于蓝而不如蓝。

批注：“某太史”，指赵翼也。

此嘲笑赵翼，模仿自己而不如。

六五 润笔之说，始于陈皇后以黄金丐相如作《长门赋》。而《北史》所载：高颖笑郑译草上柱国制词曰“笔干”是也。宋汤思退草刘婉仙制词，高宗赐金数万。君之于臣，尚且如此，则刘乂所攫者，何足算哉？王安石制诰，以所得润笔钱制中书省，欲表廉也。后祖无择代其职，尽取为公费。安石大怒，乃文致其罪而窜之。第古人以有韵者谓之文，无韵者谓之笔，见《文心雕龙》。故谢元善为诗，任随工于笔，称“任笔沈诗”。又，刘孝绰“三笔六诗”。皆见《南史》。

六六 尝读《古诗纪》，而叹六朝之末，诗教大衰:凡吟咏者，皆用古乐府旧题，而语意又全不相合。甚至二陆之仿《三百篇》，傅长虞之《孝经诗》《论语诗》《周易、周官诗》，编抄经句，毫无意味。其他《饮马长城窟》，而并无一字及“马”;《秋胡行》，而反称尧、舜：尤可笑也！至于“妃呼豨”“伴阿那”，则本来有音无乐矣。初唐陈子昂起而扫空之。杜少陵、白香山创为新乐府，以自写性情。此三唐之诗之所以盛也。

批注：拟古乐府，属模仿，故袁枚批之；杜、白创新乐府，自写性情，故袁枚赞之。

六七 骆佩香孀居后，《咏月》云：“不是嫦娥甘独处，有谁领袖广寒宫？”余喜其自命不凡，大为少妇守寡者生色。

卷一〇

一　六朝诗有足法者。写景则《咏雨》云："细落疑含雾，斜飞为带风。"《咏月》云："山明疑有雪，岸白不关沙。""雨住便生热，云晴时作峰。"言情则："莫嫌春茧薄，犹有万重丝。""若不信侬来，请看霜上迹。摘门不安横，无复相关意。"又："回黄转绿无定期，世事反复君所知。""人寿百年能几何？后来新妇变为婆。"

批注：写景细致而有变化，言情真挚而有哲思。

二　左思之才，高于潘岳；谢朓之才，爽于灵运。何也？以其超隽能新故也。齐高祖云："三日不读谢朓诗，便觉口臭。"宜李青莲之一生低首也。

批注：将"才"与创新能力挂钩，是袁枚独见。

三　诗家两题，不过"写景、言情"四字。我道：景虽好，一过目而已忘；情果真时，往来于心而不释。孔子所云"兴、观、群、怨"四字，惟言情者居其三。若写景，则不过"可以观"一句而已。因取闲时所录古人言情佳句，如吴某云："平生不得意，泉路复何如？"《赠友》云："乍见还疑梦，相悲各问年。"《寄远》云："路长难计日，书远每题年。无复生还想，还思未别前。"七言如："相见或因中夜梦，寄来都是隔年书。""重来未定知何日，欲别殷勤更上楼。""凉月不知人散尽，殷勤还下画帘来。""饯虽难忍临期泪，诗尚能传别后情。""三尺焦桐七条线，子期、师旷两沉沉。""最怕酒阑天欲晓，知君前路宿何村？""愿将双泪啼为雨，明日留君不出城。""垂老相逢渐难别，大家期限各无多。""若比九原泉路隔，只多含泪一封书。"

批注：诗家“写景、言情”，终以“言情”为主。“写景”亦常是借景抒情而已。此关乎诗的本质属性。

四 或《瘗旅客》云：“半面为君申一恸，不知何处是家乡。”无情之情，转觉深远。

五 近时孙廷扬《送客之楚》云：“落日苍苔正晚钟，送君聊复坐从容。亦知少驻终成别，毕竟权留胜再逢。黄叶亭空听络纬，白蘋江冷梦芙蓉。倘经回雁峰头过，珍重平安信一封。”此诗亦复情深。

六 诗不能作甘言，便作辣语、荒唐语，亦复可爱。国初阎某有句云：“杀我安知非赏鉴，因人决不是英雄。”《咏汉高》云：“能通关内风云气，不讳山东酒色名。”“英雄本不羞贫贱，歌舞何曾损帝王？”可以谓之辣矣！或《赠道士》云：“炼成云母堪炊饭，收得雷公当吏兵。”或《自述》云：“我向大罗看世界，世界不过手掌大。当时只为上升忙，不及提向瀛洲卖。”可以谓之荒唐矣！

批注：“辣语、荒唐话”，可使人产生惊奇、意外的审美感受，较平庸之作显得“可爱”。然亦不可泛滥成灾，宜少而精。

七 宋人绝句有补采者，如：“人老簪花不自羞，花应羞上老人头。醉中扶过平康里，十里珠帘半上钩。”“一百二十四门生，春风初长羽毛成。衰翁渐老儿孙小，他日知谁略有情。”“暮鼓晨钟自击撞，关门欹枕有残缸。白灰拨尽通红火，卧听萧萧雪打窗。”“沙软波清山路微，手持筇杖着深衣。白鸥不信忘机久，见我犹穿岸柳飞。”“冢上为亭鬼莫嗔，冢头人是冢中人。凭栏莫问兴亡事，除却虚空总是尘。”“天一峰前是我家，满床书籍旧生涯。春城恋酒不归去，老却碧桃无限花。”“闲把罗衣泣凤凰，先朝曾教舞衣裳。春来却羡庭花落，得逐晴风出苑墙。”

八 每见今人知集中诗缺某体，故晚年必补作此体，以补其数：往往吃力而不讨好。不知唐人：五言工，不必再工七言也；古体工，不必再工近体也；是以得情性之真，而成一家之盛。试观李、杜、韩、苏全集，便见大概。

批注：诗无须追求体裁俱备，只求“得性情之真”，此性灵说要义。

九 诗有见道之言，如梁元帝之“不疑行舫往，惟看远树来”，庾肩吾之“只认己身往，翻疑彼岸移”：两意相同，俱是悟境。王梵志云：“昔我未生时，冥冥无所知。天公忽生我，生我复何为？无衣使我寒，无食使我饥。还你天公我，还我未生时。”八句是禅家上乘。陈后山云：“美人梳洗时，满头间珠翠。岂知两片云，戴着几村税？”四语是《小雅》正风。

一〇 胡书巢太守官罢，两次捐复，家资搜括已尽，第三次再捐。余寄宋人《咏被虏女子》诗云：“到底不知颜色误，马前犹自买胭脂。”胡卒不听以行，未及补官而卒。余为刻其《碧腴斋诗集》，而葬之于金陵瑶坊门外。

一一 有童子作《讨蚊檄》云：“成群结队，浑家流贼之形；鼓翅高吟，满眼时文之鬼。”盖憎其师之督责时文故也。语虽恶，恰有风趣。

一二 余曾两题漂母祠，后有所感，又作一首，云：“莫说英雄解报恩，也须早贵似王孙。倘教漂母身先死，谁辇千金到九原？”

一三 吾乡厉太鸿与沈归愚，同在浙江志馆，而诗派不合。余道：厉公七古气弱，非其所长；然近体清妙，至今为浙派者，谁能及之？如：“身披絮帽寒犹薄，才上篮舆趣便生。”“压枝梅子多难数，过雨杨花贴地飞。”“白日如年娱我老，绿阴似水送春归。”《入都会试途中除夕》云：“荒村已是裁春帖，茅店还闻索酒钱。”“烛为留人迟见跋，鸡防失旦故争先。”皆绝调也。

批注：于沈氏格调派与厉氏浙派，袁枚显然青睐于后者，盖因其自成“清妙”风格也。

一四 唐人最重五律，所以刘长卿有“长城”之号。近日吴门何岂匏锦专工此体。《听铁师弹琴》云：“抱琴来几年，孤寺夕阳天。往往辍残课，泠泠调古弦。未秋先落叶，无壑忽鸣泉。自觉疏慵甚，来听输鹤先。”通首一气呵成，殊难得也。其他佳句如：“衣着旧棉重，窗糊新纸明。”“呈诗多越座，避酒或凭栏。”皆是作诗，不是描诗。

批注：“作诗”，独抒性灵；“描诗”，照猫画虎，摹仿他人。

一五 田实发进士《咏晓钟》云：“雨云魂梦初惊后，名利心思未动前。”亦妙。

一六 扬州陈又群实孙《秋闺月》云：“欲眠初卷幔，月已到床前。因怯衾裯冷，依然不敢眠。”又，《遣兴》云：“远山明向斜阳后，春睡浓于细雨时。”甘肃吴承禧有句云：“收心强学人端坐，改字频忘墨倒磨。”又曰：“却笑山居人懒甚，落花不扫待风来。”

一七　乙卯春，余在扬州。巡漕谢香泉侍御移尊寓所，有梦楼侍讲、香岩秀才、歌者计赋琴。门下士刘熙即席云："谢公清兴轶云霄，宾馆移尊慰寂寥。地足骋怀宁厌小，客仍是王不须招。无边烟景刚三月，盖世才人聚一宵。定有德星占太史，千秋高会续红桥。""一枝玉树冠群芳，入座题襟兴倍长。从古佳人是男子，见《东汉书》。于今问字有歌郎。计郎学诗于随园。酒倾长夜真如海，灯照名花别有光。细数平生游宴处，几回似此最难忘？"

一八　离随园数武，地名小桃源，有东岳道院羽士徐景仙直青，颇爱吟咏。《溪上》云："野塘深柳夕阳斜，断岸无人噪晚鸦。风满绿荷香不定，蜻蜓飞上水荭花。"《漫兴》云："药炉丹鼎伴闲身，山似屏遮树作邻。自得桃源为地主，不成仙也胜凡人。"他如："鹤声带月啼萧寺，树里开山对蒋山。"皆佳。

批注：袁枚《子不语》颇多抨击恶道士之文，然于善吟咏之风雅道士亦不排斥。

一九　枚少时虽受知于傅文忠公，而与福敬斋公相从未侔面。前年，蒙其在西藏军中通书问讯，见怀四诗，情文双美。今年五月，在楚征苗薨逝。枚不禁泣下，赋二诗哭之。后见外孙陆昆圃代作四章，更觉庄重，遂加润色，远寄京师；而自己所撰，又不忍割舍，故留于《诗话》中。云："铜柱勋名万口传，骑鲸人去未华颠。马援力疾犹临阵，祖逖英年早着鞭。底事三军刚洗甲，忽教一柱不擎天？圣恩加到难加处，王爵追封到九泉。""塞外高吟诗四章，远教驿使寄袁羊。未曾识面成知己，才得通书便断肠。万里魂归凭马革，九重亲到奠椒浆。谁知朝野衔哀外，别有闲鸥泣数行？"

批注："子才壮年所交者，止尹文端一人。其余如奇丽川、孙补山，则相交皆在六七十岁后，不能十分得力。若福敬斋、和希斋，则更后之后者。不及半年，福、和均死军中。若早十年，子才自有无限好机会也。""哭福安康诗，无味应酬。"（批本语）

二〇　王荆公行新法，自知民怨沸腾，乃咏《雪》云："势大直疑埋地尽，功成才见放春回。村农不识仁民意，只望青天万里开。"祖无择笑曰："待到开时，民成沟中瘠矣！"荆公初召用度支判官，不就；修起居注，不就。赍册吏拜而求之，乃逃于厕。授知制诰，方起。故有人见其《雪》诗而刺之，云："不知落得几多雪，作尽北风无限声。"又，咏《泉》云："流到前溪无一语，在山作得许多声。"余少时读《荆公传》云："寡识不知《周礼》伪，好谀忘却仲尼尊。"

批注：袁枚于王安石多贬语，或不满其"新法"亦原因之一耶？

二一　弟香亭诗才清婉，而近日从澳门寄诗来，殊雄健，信乎江山之助，不可少也！《渡海》云："万顷碧琉璃，双瞳忽净洗。内洋水色碧如翡翠，至大洋则黑。数点山浮空，四面天垂水。腾身登巨航，渐入重洋里。雨细风不生，水摇浪自起。变态出须臾，奇光闪黄紫。溅沫泼头上，埋舟入井底。尾低头倏昂，左仄右复欹。人若釜内鱼，身作箕中米。惴惴忍颠危，频频问遐迩。出险试凝眸，得岸已在彼。拂拭湿衣裾，检点旧行李。回首一长吁，已渡海来矣。"《越岭至深澳》云："海风大于天，海山横截浪。山裹风轮中，人行山顶上。风欲拔山飞，山怒与风抗。业已路断绝，强就天依傍。头仰方惧压，踵旋顿迷向。细径曲沿边，侧身与石让。心共悬旌摇，舆作纸鸢放。崎岖万千盘，变幻顷刻状。耻为杨朱泣，强学王尊壮。五体及百骸，安放难稳当。官途竟至此，嗒然神气丧。"又，《忆随园》云："十年杖履畅追寻，花里弹棋月下吟。过去何曾嫌日永，别来倏已及春深。画非共赏难娱目，诗未经看不放心。万里漫言归路远，梦魂常到旧山林。"

批注：袁树，号香亭，诗才清婉，但此所写澳门山水诗确乎"雄健"，可见风格亦受"江山"影响。

二二　余尝有句云："水常易涸终缘浅，山到成名毕竟高。"偶阅《词科掌录》载：沈归愚《咏北固山》云："铁瓮日沉残角起，海门月暗夜潮收。"《渡江》云："帆转犹龙冲岸出，水声疑雨挟舟飞。"严遂成《曲谷》云："雕盘大漠寒无影，冰裂长河夜有声。"《太行山》云："孕生碧兽形何怪，压住黄河气不骄。"二人四诗，皆气体沉雄，毕竟名下无虚。

批注：袁枚批评沈氏格调说，但却不抹杀其"气体沉雄"之佳作，此其胸襟宽广也。

二三　燕以均年虽老，而诗极风趣。近咏《七夕》云："相看只隔一条河，鹊不填桥不敢过。作到神仙还怕水，算来有巧也无多。"

批注：不仅风趣，而且有新意。

二四　人但知满口公卿者为俗，而不知满口不趋公卿者为尤俗，必也。素其位而行，不忮不求，无适无莫，其斯谓之君子乎？《唐阙史》载：中书舍人路群之高淡，给事中卢宏正之富贵，雪中相过，所服不同，所言不同，而两意相忘，相好特甚。时人两美之。余尝与亚相庄滋圃赴尹文端公小饮，赋七古，有句云："赤也端章点也狂，夫子难禁莞尔笑。"

二五　宋人诗云："梧桐直不甘凋谢，数叶迎风尚有声。"又云："曾经玉貌君王宠，还拟人看似昔时。"此四句，皆为失时者言，恰有余味。

二六　余少年时，最怕早起。国初人有句云："从来甘寝处，最是欲明天。"凡种松者，初往上长，到五六十年后，便不锐上，而枝叶平铺。六朝人有句云："泉高下溜急，松古上枝平。"每见雀斗，必一齐下地。李铁君有句云："斗禽双坠地，交蔓各升篱。"游天台，夜闻雨，自觉败兴；不料早起，而路已干，可游。查他山有句云："梦里似曾听雨过，晓来仍不碍山行。"方知物理人情，无有不被古人说过者。

二七　代人悼亡，最难落笔。然古人有亡于礼者之礼，则自有亡于情者之情。吴兰雪《过竹士瘦吟楼哭纤纤夫人》云："片纸吹来已断肠，青青潘鬓乍成霜。今生文字因缘重，此去人天离别长。三岛旧游云惨绿，一楼残梦月昏黄。罗衣单薄仙风冷，鹤背先愁怯晚凉。""书奁药裹乱成堆，日日题笺傍镜台。一代红妆归间气，九闺彩笔杖仙才。生前手草教亲定，病里心花更怒开。闻说前宵犹强坐，挑灯为和一诗来。""文采谁传绛幔经，寄生小凤乍梳翎。夫人继沈散花女史女凤珍为女。床前诗卷抛犹满，画里眉峰惨不青。蝴蝶飘来秋影瘦，水仙梦到夜凉醒。旁人只赏流传句，不管酸心不要听。"

二八　金陵燕子矶有永济寺，往来士大夫，往往阻风小泊，辄有题句。国朝相国张文端英、鄂文端尔泰，墨迹淋漓，尚存僧舍。老僧默默，曾刻一集，竟被火焚。余二十七岁游此寺，今八十一矣。今春又为风阻，遣家人抄存。尹少宰会一云："芙蓉几朵领花宫，钟磬声高递远风。一岭白云归老纳，半潭秋水住渔翁。香林鸟语天机活，古塔龙吟地势雄。为问攒眉陶处士，可能大醉与禅通？""收缆停舟燕子矶，穿云拾级叩僧扉。远公卓锡闲随鹤，惠海蓬头自补衣。欲向三乘窥妙相，却因一语悟真机。此间早识黄梅熟，何必风幡问是非？"张宗伯廷璐云："一径秋阴蹋藓苔，翠萝深处寺门开。悬岩石色窗中出，绕阁江声树杪来。露有禅房容徙倚，尚留先泽重徘徊。流光五十余年事，又到蒲公旧讲台。康熙壬戌，先公有

《赠蒲公和尚》诗。”李炯云：“偶因江水阻，散步过林巅。雾隐三台洞，云生一线天。倚松惊戏鼠，坐石盥流泉。惟爱钟山色，朝朝作紫烟。”又：“山开榆力健，桥仄柳身支。”亦佳。

二九 金纤纤女子诗才既佳，而神解尤超。或问曰：“当今诗人，推两大家，袁、蒋并称，何以袁诗远至海外，近至闺门，俱喜读之，而能读蒋诗者寥寥？”纤纤曰：“乐有八音：金、石、丝、竹、匏、土、革、木，皆正声也。然人多爱听金、石、丝、竹，而不甚喜听匏、土、革、木。子试操此意，以读两家之诗，则任、沈之是非，即邢、魏之优劣矣。”人以为知言。纤纤又语其郎君竹士云：“圣人曰：‘《诗》三百，一言以蔽之，曰思无邪。’余读袁公诗，取《左传》三字以蔽之曰：‘必以情。’古人云：情长寿亦长。其信然耶？”

批注：金纤纤评袁枚与蒋士铨诗，虽有阿谀老师之嫌，但亦符合实际。

三〇 礼亲王世子汲修主人能诗念旧，近致书王梦楼太史，以故人贾虞龙孝廉诗，属其转寄随园，刻入《诗话》，因梦楼与贾君本系旧交故也。其诗尤工七古，篇长不能备录，录其《梦楼斋中夜话》云：“黄叶愁风雨，青衫感岁华。年来贫到骨，久住即成家。奇数真三黜，吟情尚八叉。多君车笠意，深夜笑言哗。”《别内》云：“莫讶频斟金叵罗，匆匆马首欲如何？已迟婚嫁欢情少，为历饥寒絮语多。聊向左家供杖屦，休疑王粲滞关河。他时谱就《房中》曲，留得金徽好和歌。”又句云：“夜月故人千里梦，他乡诗思一天秋。”

三一 方大章秀才诗，初学明七子，后受业门下，幡然改辙，专主性灵，可谓一变至道。近命其门人王鼎来谒，诗颇清新。《过陈山人崖居》云：“为有僮佟癖，诛茅古洞根。山泉飞过屋，崖石巧为门。灶冷青苔长，云屯白昼昏。我来相揖罢，晞发淡忘言。”《过野寺》云：“片片闲云傍水隈，方知香界少尘埃。路于红树丛中出，门向青山缺处开。老衲偶然行药去，游人都为听泉来。偶留鸿爪题新句，一扫空廊壁上苔。”又句云：“诗思因春长，归心在腊先。”“行尽深山方见寺，参完古佛未逢僧。”俱佳。

批注：方大章由学明七子拟古改为“专主性灵”，自然是老师袁枚教诲之功。

三二 余过同里与从子湘湄、笛生谈诗，其二子皆髫也，倚膝而听，若领解者。余问：“能诗否？”其长者陶甡，呈其《咏秋海棠》云：“初过凉雨拓窗纱，绿叶凄凄映晚霞。秋夜月明如水好，上阶先照海棠花。”其弟陶容《舟行》云：“远望青山似白云，忽闻岸上有人声。夜深那有人来到？却见扳罾一盏灯。”

三三　阮芸台学士提学浙中，尝制团扇一柄，自写折枝于上，命多士咏之。钱塘诸生陈文杰赋《团扇词》一篇，末句云：“歌得《合欢》词一曲，想教留赠合欢人。”学士大加称赏，批其旁云：“不知谁是合欢人。”即以团扇赠之。

批注：“芸台极好名，名山宝刹，到处立碑；及铸钟鼎之属，以留姓氏；又爱搜罗古钱。”（批本语）

三四　余过吴江梨里，爱其风俗醇美；家无司阍，以路无乞丐也；夜户不闭，以邻无盗贼也；行者不乘车，不着屐，以左右皆长廊也。士大夫互结婚姻，丝萝不断。家制小舟，荡摇自便，有古桃源风。诗人徐山民邀余住其家三日，率其妻吴珊珊女士，双拜为师。二人诗，天机清妙，已分刻《同人集》及《女弟子集》中矣。又见山民《寄内书》云：“心随书至，何嫌十里之遥；船载人归，当在一更以后。”想见其唱随风致，有刘纲夫妇之思。随放棹吴江，访唐陶山明府。同行者陈秋史、徐懒云、陈竹士、侄笛生。行至八坼，大风阻舟，四人联句云：“荒荒月色逼人寒，头压低篷拥被看。一夜北风吹作雪，天教于此卧袁安。”“如吼风声浪欲奔，篷窗人语听昏昏。东船西舫相依住，一夜真成水上村。”笛生《调山民》云：“妆楼上有女门生，应怨先生太不情。已过一更程十里，夺人夫婿一齐行。”懒云《调竹士》云：“留人今夕且团圞，明日分飞雁影单。君欲寻梅问消息，我能替竹报平安。”时懒云先欲辞归，竹士托寄内子梅卿书，故有此诗。时嘉庆丙辰十一月十三日。

批注：此时距袁枚去世整一年，年八十一，犹有此雅兴，令人钦佩！

三五　吴江多闺秀。徐秀芳、彩霞，山民堂姊也，俱归李氏，以姊妹为妯娌，唱酬无虚日，惜皆早卒。山民仅记秀芳《重九》云：“满帘秋色正重阳，懒去登高倚绣床。旧日愁怀尽抛却，近时诗思已全荒。庭梧叶落寒初动，篱菊花开晚更香。一卷残书聊自遣，消闲此外别无方。”彩霞《读秀芳姊遗稿》云：“一卷丛残稿，蹉跎录未成。开缄双落泪，看杀不分明。”又，陈素芳《春雨次韵》云：“到地初融絮点残，洒空兼润鹊声干。暗添芳草迷香径，尽洗新花出药阑。帘阁夜吟穷百箭，池塘幽梦失三竿。遥山断浦皆生色，未怕春衫有薄寒。”《新绿》云：“烟景乍惊梅实七，风情多学柳眠三。”素芳，即吴江茂才李会恩之聘室，未嫁而卒。又，潘掌珍字湘蘋，《寒食对雪》云："今年寒食雪连绵，偏遇佳辰三月天。应是司霜怜好景，故将美玉种春田。难分飞絮盈阶白，只觉残花点地鲜。却笑城南游玩客，春衫空典买舟钱。"《哭丰儿》云："苦雨凄风暑气微，忍寒扶病启窗扉。偶然想到亡儿话，掩泪回身换袷衣。儿病中常嘱母当保重。"

批注：吴江多闺秀诗人，可称江南闺秀诗人之代表。

三六　又有朱文虎字荔生者，惯作无题诗。《闺情》云："卍字阑干白石街，自挑花虱拔金钗。新晴微觉莓苔滑，独自闺房换绣鞋。""好风连夜小桃开，雌蝶雄蜂次第来。采得盆中红豆子，娇憨捉臂要人猜。"又有句云："芦随小港绿三里，云漏斜阳红半天。"

三七　又有朱尔澄字春池者，《冬夜客舍》云："客舍灯残淡月斜，夜深岑寂感年华。故园手植梅千树，每到花开不在家。"《过孙明府潢寓斋》云："携屐盘盘松径回，疏钟远渡寺门开。茶烟透处棋声落，傲吏闲时冷客来。山拥翠鬟罗卷轴，湖浮明镜倒楼台。眼前便觉红尘隔，竹下谈诗坐石苔。"

三八　诗往往有畸士贱工脱口而出者，如成容若青衣某有诗云："一杯一杯又一杯，主人醉倒玉山颓。主人大醉卷帘起，招入青山把客陪。"又，芦墟缝人吴鲲有诗云："小雨阴阴点石苔，见花零落意徘徊。徘徊且自扫花去，花扫不完雨又来。"

批注："脱口而出者"，属袁枚所谓"天籁"也。

三九　无锡杨某妻薛氏，有色，尝以诗答夫之从弟；夫疑之，讼于府。太守巴公赞其诗，不以奸科，而许其离异。妇有子尚幼，乃托为子之词，呈府求复合，太守许之。杨有族某利其财，勿许妇归，转讼于金匮县尹邵无恙。邵置笔札于庭，命妇赋诗见志。成绝句云："人间无路事茫茫，欲诉哀衷已断肠。一曲琵琶千古恨，愿郎留妾妾归郎。"尹大喜，追偿器用，许其复合；而令族弟他徙，以绝后侮。判云："因母子而夫妇重谐，不过体太守全伦之意；远兄弟而男女有别，亦以绝小人渔色之心。"有周生者，咏其事云："忍使文君怨白头？蘼芜许为故夫留。使君身是圆通佛，消尽人间弃妇愁。""葛洪何处返仙凫，曾为怜才护薛姝。从此双鱼仍比目，衔珠应傍贺家湖。"

批注:邵无恙亦风雅之官。邵名帆,字无恙,山阴(今浙江绍兴)人。有《镜西阁诗选》。

四〇 满洲王公耐溪敬作江宁固山府,好贤礼士。金陵诗人蔡芷衫、曹淡泉、余秋农诸人,俱从之游。诗才清妙,雅有唐音。今春,袖其稿来。《秦淮泛舟》云:"青鬟雅小发垂髫,戏倚雕栏学语娇。最是系人幽兴处,绛纱窗里篆烟飘。"《赠诗会诸友》云:"锦绣篇成妙入神,西园清夜绝微尘。归迟莫虑无灯月,自有文光照见人。"

批注:多次以"唐音"赞本朝人诗,可见袁枚对唐诗之偏爱。

四一 吴江严蕊珠女子,年才十八,而聪明绝世,典环簪为束脩,受业门下。余问:"曾读仓山诗否?"曰:"不读不来受业也。他人诗,或有句无篇,或有篇无句。惟先生能兼之。尤爱先生骈体文字。"因朗背《于忠肃庙碑》千余言。余问:"此中典故颇多,汝能知所出处乎?"曰:"能知十之四五。"随即引据某书某史,历历如指掌。且曰:"人但知先生之四六用典,而不知先生之诗用典乎?先生之诗,专主性灵,故运化成语,驱使百家,人习而不察。譬如盐在水中,食者但知盐味,不见有盐也。然非读破万卷且细心者,不能指其出处。"因又历指数联为证。余为骇然。因思虞仲翔云:"得一知己,死可无恨。"余女弟子虽二十余人,而如蕊珠之博雅,金纤纤之领解,席佩兰之推尊本朝第一:皆闺中之三大知己也。

蕊珠扶其母夫人出见,年六十二岁矣。白发飘萧,呼余为伯父。余愕然。夫人曰:"伯父抱我怀中,赐果,而忘记乎?"询之,乃李玉洲先生之女孙,余尝住其家故也。记抱时夫人才四岁耳。方知人果寿长,便有呼彭祖为小儿之意。满座为之辗然。

批注:严蕊珠(1781—1800),字绿华。有《露香阁诗存》。严蕊珠之"博雅",非虚传也。

四二 余二十七岁,权知溧水。离任时,吏民泣送,有以万民衣披我身者,金字辉煌,皆合郡人姓名也。车中感成一律云:"任延才学种甘棠,不料民情如许长。一路壶浆擎父老,万家儿女绣衣裳。早知花县此间乐,何必玉堂天上望?更喜双亲同出境,白头含笑说儿强。"此诗,《全集》忘载,故载之《补遗》及《诗话》中。

批注:乾隆七年(1742)三月,袁枚于翰林院庶常馆参加散馆考试,满文不及格,遂外放为江南知县,五、六月之间抵首站即江苏溧水。颇有政绩,有"大好官"之誉。

但任职一两个月又改江浦县任。

四三 圣祖不饮酒，最恶吃烟。南巡，驻跸德州，传旨戒烟。蒋陈锡《往水恭记》云："碧碗水浆潋滟开，肆筵先已戒深杯。瑶池宴罢云屏敞，不许人间烟火来。"

四四 嘲嗜烟者，董竹枝云："不惜千金买姣童，口含烟奉主人翁。看他呼吸关情甚，步步相随云雾中。"又，《嘲女子吃烟者》云："宝奁数得买花钱，象管雕镂估十千。近日高唐增妾梦，为云为雨复为烟。"

四五 德清蔡石公先生会试，有妓爱而狎之，蔡赋《罗江怨》词以谢云："功名念，风月情，两般事，日营营，几番搅扰心难定。待要倚翠偎红，舍不得黄卷青灯，玉堂金马人钦敬。欲待要附凤攀龙，舍不得玉貌花容，芙蓉帐里恩情重。怎能两事兼成：遂功名，又遂恩情，三杯御酒嫦娥共。"后竟中康熙九年状元。其词正而不腐，故录之。

批注：江山、美人，如同鱼与熊掌也。蔡石公袒露心曲，毫不掩饰其两难之情，确实"正而不腐"。批本语："石公名启樽。"

四六 古无自刻文集者，惟五代和凝以其文镂板行世，人多讥之。至今庸夫浅士，多有集行世，殊为可嗤。然素无一面，而为之代刻其诗文以行世者，古未有也。近日满洲赵碌亭佩德侍御，绝无交往，而为我镌《自寿诗》十四首，自以隶、楷二体书之，备极精工，与李调元太史同有嗜痂之癖。二人者，吾没齿不能忘也。至于书之改卷为页，则始于唐，见《万物原始》。不可不知。

四七 周青原侍郎未第时，梦为九天玄女召去，命题公主小像。周有警句云："冰雪消无质，星辰系满头。"玄女爱其奇丽，为周治心疾而醒。

四八 秦松龄太史《咏鹤》云："高鸣常向月，善舞不迎人。"世祖赏其有身份，即迁学士。

四九 余摘近人五言可爱之句，如费榆村之"水清鱼可数，树秃鸟来稀"，"苔新初过雨，石古欲生云"。岑振祖《过丹阳》云："乡心随落雁，帆影过奔牛。"可称巧对。

五〇 榆村又有句云："读书不知味，不如束高阁。蠹鱼尔何如？终日会糟粕。"此四句，可为今之崇尚考据者下一神针。

五一 余年逾八十，偶病河鱼之疾。医者连用大黄，人人摇手，余斗胆服之，公然无恙。又病中无事，好吟自家《诗集》。严历亭司马寄诗相嘲云："医学都凭放胆为，将军专断敌方摧。休论功业文章事，病也无人学得来。""自家诗稿自长吟，元气淋漓病敢侵？从此鸡林论价值，少须十倍紫团参。""追算当年求挽日，重生今始七龄人。不禁惹我疑心起，逃学儿童病不真。"

五二　豫亲王扈跸滦河，佳句已梓入前卷中矣。其时蒲快亭孝廉从行，得诗十章。兹录其《过青石梁》云："梁亘长虹起，危峰驾六鳌。不知牛、斗近，但觉马蹄高。岚翠沾衣袂，岩花拂佩刀。白云浑似海，南望首频搔。"《广仁岭》云："飞磴盘云上，青天豹尾悬。五丁开不到，双峡断何年？亭倚高霞出，山围大漠圆。滦阳看咫尺，瑞霭落吟边。"

五三　严小秋丁巳二月十九夜，梦访随园。过小桃源，天暗路滑，满地葛藤，非平日所行之路。不数武，见二碑，苔藓斑然，字不可识。时半钩残月，树丛中隐约有茅屋数间，一灯如豆。急趋就之，隔窗闻一女郎吟曰："默坐不知寒，但觉春衫薄。偶起放帘钩，梅梢纤月落。"又一女郎吟曰："瘦骨禁寒恨漏长，勾人肠断月茫茫。伤心怕听旁人说，依旧春风到海棠。"方欲就窗窥之，忽闻犬吠惊觉。此殆女鬼而能诗者耶？

批注：此《子不语》文字也。

五四　小秋妹婿张卓堂士淮，弱冠，以瘵疾亡。弥留时，执小秋手曰："子能代理吾诗稿，择数句刻入随园先生《诗话》中，吾虽死犹生也。"余怜其志而哀其命，选其《春雨》云："雨声淋沥响空庭，酿就轻寒洗尽春。一夜听来眠不得，那禁愁煞惜花人。"《病中》云："病真空蓄三年艾，梦醒忙温一卷书。""夜深还累妻煎药，仆懒翻劳客请医。"小秋哭之云："心高徒陨命，身死不忘名。"小秋妹佩秋润兰亦能诗，赠小秋云："梅能傲雪香能永，枫不经霜色不红。"哭夫云："身在众中嫌赘物，心期地下伴亡人。"果不一年，亦以疾亡。

批注：张卓堂弥留时仍不忘诗入《诗话》，《诗话》之风靡不难想见。